《史记研究集成》
  总主编 袁仲一 张新科 徐 晔 徐卫民

《史记研究集成·十二本纪》
  主 编 赵光勇 袁仲一 吕培成 徐卫民

《史记研究集成·十二本纪》编辑出版委员会

总顾问 张岂之

主　任 安平秋　徐　晔

副主任 张新科　马　来　徐卫民

编　委（以姓氏笔画为序）

王子今　尹盛平　田大宪　吕培成　吕新峰

李　雪　李颖科　杨建辉　杨海峥　吴秉辉

何惠昂　陈俊光　张　萍　张　雄　张文立

赵生群　赵建黎　骆守中　高彦平　郭文镐

徐兴海　商国君　梁亚莉　彭　卫　程世和

主　编 赵光勇　袁仲一　吕培成　徐卫民

"十三五"国家重点图书出版规划项目

史记研究集成·十二本纪

周本纪

尹盛平　赵光勇　编

西北大学出版社
·西安·

图书在版编目（CIP）数据

周本纪 / 尹盛平，赵光勇编. —西安：西北大学出版社，2019.3

（史记研究集成 / 赵光勇，袁仲一，吕培成，徐卫民主编. 十二本纪）

ISBN 978-7-5604-4044-6

Ⅰ. ①周… Ⅱ. ①尹…②赵… Ⅲ. ①中国历史—古代史—纪传体②《史记》—研究 Ⅳ. ①K204.2

中国版本图书馆 CIP 数据核字(2017)第 132168 号

"十三五"国家重点图书出版规划项目

史记研究集成·十二本纪·周本纪
SHIJIYANJIUJICHENG SHIERBENJI ZHOUBENJI

尹盛平　赵光勇　编

出版发行	西北大学出版社			
地　　址	西安市太白北路 229 号	邮　编	710069	
网　　址	http://nwupress.nwu.edu.cn	邮　箱	xdpress@nwu.edu.cn	
电　　话	029-88303593　88302590			
经　　销	全国新华书店			
印　　装	西安华新彩印有限责任公司			
开　　本	787 毫米×1092 毫米　1/16			
印　　张	29			
字　　数	554 千字			
版　　次	2019 年 3 月第 1 版　2019 年 3 月第 1 次印刷			
书　　号	ISBN 978-7-5604-4044-6			
定　　价	165.00 元			

如有印装质量问题，请与西北大学出版社有限责任公司联系调换。电话：029-88302966

版权所有　　　侵权必究

总　序

司马迁是我国西汉时期左冯翊夏阳（今陕西韩城市）人，伟大的史学家、思想家、文学家，1956年被列为世界文化名人。他的巨著《史记》，是我国第一部纪传体通史，记载了从黄帝到汉武帝时期中华民族三千多年的历史，体现了中华民族的智慧和力量，展现了中华民族维护统一、积极进取、坚韧不拔、革故鼎新、忧国爱国等民族精神。司马迁以"究天人之际，通古今之变，成一家之言"为宗旨，突破传统，大胆创新，开辟了中国史学的新纪元，在中国文化史上树立了一座巍峨的丰碑，正如清人李景星《史记评议·序》所说："由《史记》以上，为经为传诸子百家，流传虽多，要皆于《史记》括之；由《史记》以下，无论官私记载，其体例之常变，文法之正奇，千变万化，难以悉述，要皆于《史记》启之。"在世界文化史上，《史记》作为巨幅画卷，也是当之无愧的。苏联学者图曼说："司马迁真正应当在大家公认的世界科学和文学泰斗中占有重要的地位。"《史记》和古希腊史学名著比较，其特点在于它的全面性，尤其是对于生产生活活动、学术思想和普通人在历史上的地位的重视。"希腊历史学家的著作，往往集中到一个战争，重视政治、军事。普鲁塔克的传记汇编所收的人物也限于政治家和军事家，即使是最著名的希腊思想家、科学家如亚里士多德，在他的著作中也没有一字提到，更没有一个关于从事生产活动者的传记了。"[①]《史记》在唐以前传至海外，18世纪开始传入欧美，一直以来都是世界汉学界研究和关注的对象。毋庸置疑，《史记》是世界文化宝库中一颗璀璨的明珠。

一

据《汉书》记载，西汉宣帝时司马迁的外孙杨恽将《史记》公之于众。但当时史学还没有应有的独立地位，加之在正统思想家眼里，《史记》是离经叛道之作，是"谤书"，因而并没有受到重视。直到东汉中期，《史记》才逐渐流传。魏晋以后，史学摆脱了经学附庸，在学术领域内形成一门独立的学科，《史记》的地位得到相应的提高，抄写、学习《史记》的风气逐渐形成。谯周《古史考》等书对《史记》史实的考证，

[①] 齐思和：《〈史记〉产生的历史条件和它在世界史学上的地位》，载《光明日报》1956年1月19日。

揭开了古史考辨的序章。裴骃的《史记集解》是这个时期最有代表性的《史记》注本。此一时期，扬雄、班氏父子、王充、张辅、葛洪、刘勰等人对《史记》发表过许多评论，他们肯定了司马迁的史才，肯定了《史记》"不虚美，不隐恶"的实录精神。由于史论的角度不同，班彪、班固在《汉书·司马迁传》中提出"史公三失"问题。随之，以王充和张辅为开端，开始了"班马异同"的学术讨论，也即开《史记》《汉书》比较研究之先河。

唐代由于史学地位的提高，尤其是"正史"地位之尊，使《史记》在史学史上备受尊崇，司马迁开创的纪传体成为修史之宗。唐代编纂的《晋书》《梁书》《陈书》等八部史书全部采用纪传体的写法。史学理论家刘知幾对纪传体的优点也予以肯定："《史记》者，纪以包举大端，传以委曲细事，表以谱列年爵，志以总括遗漏，逮于天文、地理、国典、朝章，显隐必该，洪纤靡失，此其所以为长也。"① 史学家杜佑发展了《史记·八书》的传统，著《通典》一书，成为政书体的典范。唐代注释《史记》，成就最大的是司马贞的《史记索隐》与张守节的《史记正义》。这两部书和南朝刘宋年间裴骃所作的《史记集解》，被后人合称为《史记》"三家注"。"三家注"涉及文字考证、注音释义、人物事件、天文历法、山川草木、鸟兽虫鱼、典章制度等，是《史记》研究总结性、系统性的成果，因而也被认为是《史记》研究史上的一座里程碑。司马贞、张守节、刘知幾、皇甫湜等人，对司马迁易编年为纪传的创新精神做出了许多肯定性的评论。如皇甫湜《皇甫持正集》认为，司马迁"革旧典，开新程，为纪为传为表为志，首尾具叙述，表里相发明，庶为得中，将以垂不朽"。特别是唐代韩愈、柳宗元掀起的古文运动，举起了向《史记》文章学习的旗帜，使《史记》所蕴藏的丰富的文学宝藏得到空前的认识和开发，奠定了《史记》的文学地位。

宋代的《史记》研究步入一个新阶段。由于统治者对修史的重视，加之印刷技术的发展，《史记》得以大量刊行，广为研读。宋人特别注重《史记》的作文之法。如文学家苏洵首先发明司马迁写人叙事的"互见法"，即"本传晦之，而他传发之"②，开拓了《史记》研究的领域。郑樵在《通志·总序》中称《史记》为"六经之后，惟有此作"，肯定司马迁前后相因、会通历史的作史之法，这也是第一次在理论上从"通"的角度评论《史记》。本时期的评论，还把"班马优劣论"发展到一个新的阶段，苏洵、郑樵、朱熹、叶适、黄履翁、洪迈等人都发表过评论，涉及思想、体例、文学等方面的比较，乃至出现了倪思、刘辰翁的《班马异同》及娄机的《班马字类》这样的专门著作，把《史记》比较研究向前推进了一步。

元代除了在刊刻、评论《史记》方面继承前代并有所发展外，主要贡献在于把

---

① ［唐］刘知幾撰，浦起龙释：《史通通释·二体》，上海古籍出版社1978年版，第28页。
② ［宋］苏洵著，曾枣庄等笺注：《嘉祐集笺注》，上海古籍出版社1993年版，第232页。

《史记》中的历史人物、历史事件搬上舞台。元代许多杂剧的剧目取材于《史记》，仅据傅惜华《元代杂剧全目》所载就有180多种，如《渑池会》《追韩信》《霸王别姬》等，这些剧目的流传，又扩大了《史记》的影响。

明代是《史记》评论的兴盛期。印刷技术进一步提高，给刻印《史记》提供了有利条件，尤其是套版印刷的兴起，给评点《史记》提供了方便。明代从文学角度评论《史记》取得的成就最大，对于《史记》的创作目的、审美价值、刻画人物形象的方法、多样化的艺术风格等都进行了有益的探索①。唐顺之、归有光、茅坤、王慎中、钟惺、陈仁锡、金圣叹等人都是评点《史记》的大家。同时，由于《史记》评点著作大量出现，辑评式研究应运而生。凌稚隆《史记评林》搜集整理万历四年（1576）之前历代百余家的评论，包括"三家注"及各家评点和注释，并载作者本人考辨，给研究者提供了便利，后来李光缙对该书进行了增补，使之更加完备。明代晚期，《史记评林》传入日本，深刻影响了日本对《史记》的研究。另外，朱之蕃《百大家评注史记》，葛鼎、金蟠《史记汇评》，陈子龙、徐孚远《史记测义》等也进行了辑评工作。明代由于小说的繁荣，人们对《史记》的认识也开辟了新的角度，探讨《史记》与小说的关系，这是前所未有的新成就。在《史记》历史事实的考辨方面，杨慎《史记题评》、柯维骐《史记考要》、郝敬《史记愚按》等，以及一些笔记著作，均颇有新意。

清代迎来了《史记》研究的高峰期。专门著作大量涌现，如吴见思《史记论文》、汪越《读史记十表》、杭世骏《史记考证》、牛运震《史记评注》、王元启《史记三书正讹》、王鸣盛《史记商榷》、邵泰衢《史记疑问》、赵翼《史记札记》、钱大昕《史记考异》、梁玉绳《史记志疑》、张文虎《校勘史记集解索隐正义札记》、郭嵩焘《史记札记》、李慈铭《史记札记》、吴汝纶《桐城吴先生点勘史记》、程馀庆《历代名家评注史记集说》等，都是颇有特色的著作。这些著作最大的成就在于考据方面。清人考据重事实、重证据，大至重要历史事件，小至一字一句、一地一名，对《史记》史事和文字的考证极为精审。钱大昕为梁玉绳《史记志疑》作序，称其"足为龙门之功臣，袭《集解》《索隐》《正义》而四之矣"。许多学者是考中有评，如赵翼说："司马迁参酌古今，发凡起例，创为全史，本纪以序帝王，世家以记侯国，十表以系时事，八书以详制度，列传以志人物"，"自此例一定，历来作史者，遂不能出其范围，信史家之极则也。"② 其他非专门研究《史记》的著作如顾炎武《日知录》、刘大櫆《论文偶记》、章学诚《文史通义》以及一些古文选本等，也对《史记》发表了许多值得重视的评论。

---

① 详参张新科、俞樟华：《史记研究史略》第四章"明人评点《史记》的杰出成就"，三秦出版社1990年版。

② ［清］赵翼著，王树民校证：《廿二史札记校证》卷一，中华书局1984年版，第3页。

近现代以来，中国内地及港澳台地区《史记》研究呈现出继承传统研究方法的同时，研究领域不断拓宽、研究问题不断深入的特点。从政治到经济、从思想到文化、从史学到地理、从文学到美学、从伦理到哲学、从天文到医学、从军事到人才，都进行了广泛深入的探索。诸如李笠的《史记订补》、王叔岷的《史记斠证》、钱穆的《史记地名考》、瞿方梅的《史记三家注补正》、陈直的《史记新证》、王恢的《史记本纪地理图考》等，从《史记》文本文字、地理名物及《史记》研究的再研究等方面进行考证或订补。另外，杨燕起等编纂的《历代名家评史记》，精选1949年前的《史记》评论资料；近年来，由张大可、丁德科主编的《史记论著集成》汇辑当代学者的专题研究成果；赵生群主持修订的中华书局《史记》点校本使《史记》校勘更上层楼。同时，各种不同类型的《史记》选注本、全注本、选译本、全译本相继问世。

《史记》在日本影响很大，近现代以来颇具影响的《史记》研究专家有泷川资言、水泽利忠、宫崎市定等。20世纪30年代出版了泷川资言的《史记会注考证》，之后水泽利忠对该书进行校补，使之成为《史记》研究总结集成式的成果，该书在辑佚、校勘、对《史记》史实的考证、对司马迁所采旧典的考证、对"三家注"的再考证、对词句的训释等方面，均取得了显著的成果。但缺点也是显而易见的，施之勉的《史记会注考证订补》、严一萍的《史记会注考证斠订》等均针对其缺憾专门做了订正。欧美学者对《史记》的研究，诸如法国的沙畹、康德谟，美国的华兹生、倪豪士，以及汉学家高本汉、崔瑞德、鲁惟一、陆威仪等，在关注《史记》传统研究方法的同时，以西方思维、理论及方法，将《史记》与西方传统的史学著作进行比较研究，亦颇具特色。

从以上简单勾勒《史记》研究的历史可以看出，近两千年《史记》研究呈现出"历代不辍、高潮迭起"的状态。不仅如此，海外汉学界特别是日本的《史记》研究亦有突出的表现。

二

《史记》研究积累了大量丰富的资料，这些资料是不同时期承前启后、不断深化的学术成果，这其中有就个别问题的深入探究，有零散的评论，亦有专题式的系统研究。除此之外，系统整理前代研究成果、提出新见的集成式整理方式，更有划时代的意义。在这个层面上，南朝刘宋至唐代形成的《史记》"三家注"和20世纪30年代日本学者泷川资言完成的《史记会注考证》，被视为《史记》研究系统、全面、最有代表性的著作，甚至被称为《史记》研究的两座里程碑。

今天，《史记会注考证》出版已经八十余年，《史记》研究又经过了一个不凡的历程，海内外《史记》研究新见迭出，特别是在研究方法上出现了新的变化，突出特征是由"史料学"向"史记学"发展，即从史料的整理和挖掘中分析司马迁的思想，通过具体史料探讨《史记》丰富的思想内涵及其价值。这也在客观上对《史记》研究成果再次进行集成式整理提出了新的学术要求，《史记研究集成》的编纂正是顺应这一学术发展的重要尝试。

《史记研究集成》系"十三五"国家重点图书出版规划项目，在陕西省人民政府参事室（陕西省文史研究馆）的关心、指导和支持下，由陕西省司马迁研究会和西北大学出版社具体组织实施。集成规模浩大，搜罗宏富；分类选目，采撷众家；纵横有序，类别集成。在总体架构上，分别形成"十二本纪""十表八书""三十世家""七十列传"各部分研究集成。集成以汇校、汇注、汇评为编纂体例，总体编纂表现出资料搜集的全面性、类别整理的学术性，以及体例设置的科学性和出版所具有的实用性特点，具体如下：

首先，资料翔实完备，涉及古今中外所有研究成果，是近两千年来《史记》研究的集大成之作。本集成所收资料，上自汉魏六朝下至21世纪初，不仅包括中国历代《史记》研究形成的资料，亦广泛涉及海外研究成果，特别注重对新材料、新观点的采撷吸收。近现代以来，《史记》研究呈现出以史学、文学为主干，包括政治、经济、文化、军事、哲学、地理、天文等多学科的特点，相关的研究成果自然也就成为本集成的组成部分。同时，遴选搜集所能见到的《史记》研究的相关资料，又针对性地搜集补充海外研究资料，充分显示了《史记研究集成》资料搜集的全面性。

其次，观点采撷众家，厘定甄选，兼及考古资料补正，充分体现了《史记研究集成》的学术性。《史记》研究者之众，多不胜数；成果之丰，可谓汗牛充栋。经过了汉魏六朝开启至唐代的注释繁盛期，两宋传播和品评期，明代评论兴盛期，清代考据高峰期，以及近现代的拓展深入期这些不同阶段，积累了大量学术资料，这些资料就观点看，前后相继，但会通整理难度之大超乎想象。编纂者一要质其要义，二要考其先后，三要会通甄选以厘定条目，除此之外，还要参酌考古新发现做深入补正或提出新见解，这也体现出集成的学术性特点。

再次，体例设置科学，出版具有实用性。《史记研究集成》以汇校、汇注、汇评分类，以观点先后列目，类编得当，条贯秩然。一方面网罗《史记》研究多学科、多层次、全方位之学术观点，另一方面完整呈现《史记》研究的学术脉络，每篇前有"题解"，后有"研究综述"，在收集历代研究成果的同时，对一些有争议的或者重大的学术问题加以编者按语。本集成系全面，方便使用，具有工具书的性质。

《史记研究集成》的编辑出版，无疑具有重要的学术价值。第一，它为《史记》研究者提供了非常丰富的有价值的资料，古今中外的重要成果尽收眼底，为理论研究铺路搭桥，为立体化的研究提供依据。第二，它既是历代资料的精选荟萃，又是近两千年《史记》研究史的全面呈现，具有学术史的认知价值。第三，它与前代的《史记》"三家注"、《史记会注考证》等里程碑式的著作相比，体现了编纂者的创新精神和力争超越前代的学术追求，有助于推动《史记》研究向纵深发展，有助于推动"史记学"的建立。第四，《史记》具有百科全书的特点，在中国和世界文化史上占有重要地位。集成的编辑出版，一方面可以为史学、文学、哲学等人文社会科学乃至有关的自然科学研究提供有益的资料，有助于促进这些学科的发展，繁荣当代学术；另一方面，有助于深入挖掘《史记》中蕴含的至今仍具有现代意义的价值理念、道德规范与治国智慧，以传承弘扬中华优秀传统文化，推动传统文化创造性转化与创新性发展。

三

《史记研究集成》的编纂是一项基础性文化工程，资料的搜集与会通整理不仅需要认真严谨的学术态度，也需要多学科的知识储备，更需要学术界的通力合作。书稿在编纂和审定过程中，得到了著名史学家、西北大学张岂之先生，中国《史记》研究会原会长、北京大学安平秋先生，中国秦汉史研究会原会长、中国人民大学王子今教授，中国社会科学院学部委员彭卫研究员，中国历史文献研究会会长、南京师范大学赵生群教授等学者的大力支持和帮助，在此谨表谢忱。

限于体例和篇幅，以及资料的限制，前贤时彦的成果难以全部吸收，颇有遗珠之憾，不足之处，敬请读者批评指正。

《史记研究集成》编辑出版委员会
（张新科执笔）
2019 年 3 月 18 日

《史记研究集成·十二本纪》编辑出版说明

作为《史记研究集成》的一部分，《史记研究集成·十二本纪》（以下简称"集成"）编纂工作实际始于1994年。它是在赵光勇教授审择资料、构设体例的基础上，由陕西省司马迁研究会组织启动编纂的。对于这项重大文化工程的实施，时任陕西省省长白清才、陕西省政协副主席董继昌、陕西师范大学原党委书记李绵等人高度重视，并给予重要支持。在几近十年的编纂中，十余位专家勤勉有为，爬梳浩如烟海的资料，会通比较，厘定条目，汇校、汇注、汇评出近两千年《史记》研究发展的学术脉络，至2003年形成初稿。

2013年，书稿经过十年"周转沉淀"，在陕西省人民政府参事室（陕西省文史研究馆）的支持下，西北大学出版社接手编辑出版，并邀纳资深编审郭文镐等组建《史记研究集成》编辑部，组织项目的编辑加工。从2013年至今，在六年的精心组织与实施中，编辑部的同志进行了大量细致的资料核查工作，其中不乏深入的校雠勘误；在内容处理上，听取专家意见，同样进行了庞杂的"考量删繁以求简练"的编辑加工。在此基础上，各位编纂者又进行了系统的补遗与增订。《史记研究集成·十二本纪》至此完成编辑审定。这期间，2015年，《史记研究集成》被列入"十三五"国家重点图书出版规划；2016年、2018年，出版社和陕西省司马迁研究会先后组织了两轮专家审定，形成了系统的修改意见，从增删与补遗等方面有力地保证了"集成"的全面性与学术性，从而提高了"集成"出版的代表性与权威性。

《史记研究集成·十二本纪》项目实施前后25年，十余位专家，淡泊名利，潜心以为，他们以司马迁"忍辱负重，发愤而为，成一家之言"的精神为榜样，砥砺前行，在此我们感念良多。殚精竭虑、因病辞世的吕培成教授，年愈九旬、依旧念兹的赵光勇教授，耋老鲐背、勉力而为的袁仲一先生等，他们都是司马迁精神不衰的实践与体现。已故陕西省司马迁研究会原副会长张登第先生在"集成"编纂的组织过程中发挥了重要作用。书稿的编、审、校前后持续六年，这期间，出版社的编辑同志承担着大量繁重的工作，他们珍视与编纂者的合作，在工作上与编纂者并肩前行，在专业上不断历练提高，受益良多。可以说，"集成"的编辑出版，是编纂者与出版者密切合作的结果，也充分体现着双方致力于文化传承创新的责任与使命意识。

值此《史记研究集成·十二本纪》付梓之际，特别感谢北京大学安平秋教授、杨海峥教授，中国人民大学王子今教授，中国社会科学院彭卫研究员，南京师范大学赵生群教授等专家学者所提供的重要的学术支持。同时，感谢社会各界给予的关心和指导。

西北大学出版社

2019 年 3 月 19 日

凡 例

1. 本书《史记》正文以中华书局1959年版点校本为底本，参考《史记》新校本（修订本），汇集历代兼及国际汉学界《史记》研究资料，简体横排。凡古今字、通假字、俗字等，以及人名、地名中的异体字，均一仍其旧。各卷编排：卷前为题解，卷末为研究综述，正文分段，每段为单元，标示注码，段后依次排列汇校、汇注、汇评资料。

2. 本集成遴选的资料，录自古代文献和近现代学术专著，有参考价值的今人研究成果也予以酌录。汇校部分，以他校为主（点校本已作版本校）。汇注部分，不限于字词义诠释，句义、段义以及天文地理等考释也包括在内。所有部分，皆不惮其繁，一一罗列各家之言。

3. 本集成引录的资料中使用的书名简称依旧，个别生僻者，首次出现时，随文加"编者按"予以说明。如：《锥指》（编者按：《禹贡锥指》）；《经典》（编者按：《经典释文》）。

4. 本集成引录的资料中的原有夹注，改为括注，字体字号同正文。为方便读者解读研究资料中的个别问题，本书编者间或加有"编者按"，按语相应随文或置于该条资料文末。

5. 每条研究资料于文末括注出处，录自古代文献和近现当代学术专著者括注书名、卷名或章名，连续两条或三条出处相同者，后条简注"同上"；录自现当代期刊者括注篇目及期刊年次期次。书末附《引用文献及资料》，详注版本信息。

目 录

总　序 …………………………………………………… (1)

《史记研究集成·十二本纪》编辑出版说明 ………… (1)

凡　例 …………………………………………………… (1)

正文及校注评 …………………………………………… (1)

研究综述 ………………………………………………… (429)

引用文献及资料 ………………………………………… (441)

周本纪第四

【题解】

刘知幾：按：姬自后稷至于西伯，嬴自伯翳至于庄王，爵乃诸侯，而名隶本纪。若以西伯、庄王以上，别作周、秦世家，持殷纣以对武王，拔秦缪以承周赧，使帝王传授，昭然有别，岂不善乎？必以西伯以前，其事简约，别加一目，不足成篇。则伯翳之至庄王，其书先成一卷，而不共世家等列，辄与本纪同编，此尤可怪也。（《史通》卷二《本纪》）

张守节：因太王所居周原，因号曰周。《地理志》云右扶风美阳县岐山在西北中水乡，周太王所邑。《括地志》云："故周城一名美阳城，在雍州武功县西北二十五里，即太王城也。"（《史记正义》）

陈　栎：周之先，始于弃，为唐虞后稷。佐禹治水，播时百谷，封于邰，其曾孙公刘，能修后稷之业，迁国于豳，民多归之。又数世而为古公亶父，是为太王，修后稷公刘之业，去豳，邑于岐山之下居焉。国始号周，肇基王迹，周业寖盛。（《历代通略》卷一《周》）

刘咸炘：《史通·本纪篇》谓"西伯以上，当为世家"。王拯曰："是过论也。溯自先公，史例至当。"按：此语不足以破知幾，特三代纪述先世缘起，事文简略，寄在篇首，尚无害耳。（《太史公书知意·周本纪》）

朱孔阳：周，姬姓，后稷之后，帝喾元妃姜嫄生稷，封于邰，四传至公刘，修后稷之业，周道之兴实始于此。至太王去邠，居岐，武王伐纣有天下，以王德王，都镐。（《历代陵寝备考》卷八《周》）

马持盈：周：太王居于周原，因号曰周。周故城一名美阳城，在陕西武功县西北二十五里。（《史记今注·周本纪》）

王　恢：周：周姬姓，黄帝苗裔，后稷之后，世业农官（参《左传》昭二十九年）。不窋失其官而奔戎狄之间，其孙公刘徙邠，太王去邠逾梁山，邑于岐山之下周原，因号曰"周"。王季居京——京即程。文王作邑于丰，武王徙镐，称为宗周，迄幽王为犬戎所弑，史称"西周"。平王东迁洛邑，是为"东周"。东周后又分东西，秦庄

襄王灭之，周亡。(《史记本纪地理图考·周本纪·周初都邑》)

刘毓庆：前人认为，周的命名始于太王。《史记集解·周本纪》引皇甫谧云："邑于周地，故始改国曰周。"意思是，因为古公迁居周原，所以称国曰周了。近代和现代的学者，还有人继续沿用这种观点，这是不正确的。因为武丁时甲骨文中，就已有了周的称谓。据《西羌传》，古公迁周是在武乙之世。武丁距武乙，中间尚有四王。据《尚书·无逸》，武丁在位五十九年（汉石经作百年），《太平御览》引《史记》：祖庚七年，祖甲十六年（今本《尚书·无逸》作三十三年，此属错简，不可据），廪辛六年，康丁三十一年（《古本竹书纪年》记有武乙三十五年事。《帝王世纪》即作三十五年）。如果不连武丁、武乙在位的年数，中间尚隔六十年，也就是说，古公比武丁最少要晚六十年。就是退一百步说，若《西羌传》的记载不可靠，那么，从武丁到帝辛共是九王。《古本竹书纪年》记文丁为十一年，甲骨文记帝乙为三十年，帝辛为二十二年。九王所历约二百多年，而古公到武王仅四世，必须每人在位五十多年以上，方可充够其数，这无论如何都是不可能的。因此可以说，周之为号，远在古公之前。可是有的学者却认为，武丁甲骨文所记之周，因在太王之前，当与周族无关。这种观点是欠妥当的。周族世代从事农业，周字甲骨文作田，像播谷田中之状，即显示了它与农业国——周的密切关系。再则甲骨文中犬戎与周常发生关系，此与太王因犬戎寇边而徙岐的记载，也相吻合。参之《山海经》"西周之国"的记载，恐怕在公刘之前，就有了周的称号。古代部族的迁徙，往往要把旧称带到新地，如商迁到那里也叫商，周也当如此。周原当因周族而得名，不是周族因周原而有称。(《雅颂新考·〈大雅·绵〉诗新考·太王迁周为失去商之保护考》)

[日] 泷川资言：《史公自序》云："维弃作稷，德盛西伯，武王牧野实抚天下；幽厉昏乱，既丧丰镐，陵迟至赧，洛邑不祀。作《周本纪》第四。"愚按：《周纪》，穆王以前，多采《诗》《书》《逸周书》，穆王以后，多采《国语》《左传》；威烈王以后，多采《战国策》。叶适曰：以迁所纪五帝三代考之，尧舜以前固绝远，而夏商残缺无可证，虽孔子亦云。独周享国最长，去汉未久，迁极力收拾，然亦不过《诗》《书》《国语》所记而已。他盖不能有所增益也，是则古史法止于此矣。(《史记会注考证》卷四)

又：《周本纪》概括地记述了周王朝兴衰的历史，勾画出一个天下朝宗、幅员辽阔的强大奴隶制王国的概貌，以及其间不同阶级不同君王厚民爱民或伤民虐民的不同政治作风，君臣之间协力相助共图大业或相互倾轧各执己见的不同政治气氛。(同上)

张大可：这是《史记》中一篇宏大的史传，记述了周朝一代八百年的兴衰历史，包括西周及春秋、战国时代。本篇重点是写西周史，平王东迁后"政由方伯"，事详各诸侯世家。周朝之兴，是积德累善得天下的典型。周祖先后稷是唐尧时的农师，他改进了农业耕作技术，受到人民的爱戴。周民族一直重视农业，公刘迁豳，古公亶父居岐，都是发展生产有贡献的革新型人物。古公亶父正式建立了国家，设官分职，广行仁义，周事业方兴未艾。又经过季历、文王的招抚人民，到了武王一举灭纣而有天下。周幽王被犬戎杀灭，又恰似纣王的自焚于鹿台，是自己暴虐人民的结果。司马迁写夏、殷、周三本纪，对创业的开国之君与败家的亡国之主，对比强烈，表现了作者同情人民疾苦，颂扬贤君，鞭笞暴君的儒家政治理想。周代历运，据本篇《集解》引《汲冢纪年》曰："自武王灭殷以至幽王，凡二百五七年。"据此，上据武王伐纣是公元前1027年。秦并东周在公元前249年。周代共历七百七十九年，西周传十一世，十二王，东周传二十世，二十五王。（《史记全本新注·周本纪·题解》）

编者按：关于周族的得名，旧说倒果为因。古公亶父居邠时，其族就称为周族。殷墟甲骨卜辞中，有关周族的记录七十余条，除单称"周"以外，还有称"周方""周侯"的。这些卜辞的时代，武丁时期的居多，也有祖庚、祖甲、武乙、文丁时期的。武丁、祖庚，甚至祖甲，都早于太王迁岐。这就是说，太王迁居周原以前，其族就被称为周族了。周族不是因居地而得名，而是因为善于农耕而被称为"周"。徐中舒在《周原甲骨初论》中指出："周就是一个发达的农业区，田像农田整饬，中有农作物之形。"（《古文字研究论文集》，《四川大学学报》丛刊第十集）《周本纪》说："公刘虽在戎狄之间，复修后稷之业，务耕种，行地宜……周道之兴自此始。""周道"就是农业之道，其族得名为周，很可能是从公刘开始，或稍后。田昌五在《对周灭商前所处社会发展阶段的估计》中说："现在看来，姜原当是一个姜姓氏族部落居住之原，如前述姬原一样。在这个原上居住的姜姓氏族部落的女子统称姜原。"（《华夏文明》第二辑，北京大学出版社，1990年）姜姓部族属于西戎的一支，与羌族同源，即文献中的四岳族，其后世称为姜氏之戎，起源于宝鸡与天水东部的陕甘一带。扶风刘家姜戎墓地的发掘（《扶风刘家姜戎墓葬发掘简报》，《文物》，1984年第7期），使我们得知，周太王迁岐之前，周原本来是姜戎族居住的高原。古代女子未必都有名有姓，周后稷弃的母亲，很可能因为是居住在姜原上的姜姓女子，所以才被称为姜原。周原原本当叫姜原，后来因为周族迁此居住，因此称为周原。刘毓庆认为"周原当因周族而得名，不是周族因周原而有称"，此说甚是。

周后稷①，名弃②。其母有邰氏女③，曰姜原④。姜原为帝喾元妃⑤。姜原出野，见巨人迹⑥，心忻然说⑦，欲践之⑧，践之而身动如孕者⑨。居期而生子⑩，以为不祥，弃之隘巷⑪，马牛过者皆辟不践⑫；徙置之林中，适会山林多人；迁之而弃渠中冰上⑬，飞鸟以其翼覆荐之⑭。姜原以为神，遂收养长之。初欲弃之，因名曰弃⑮。

① 【汇注】

皇甫谧撰、徐宗元辑： 周后稷，始封邰，今扶风是也。及公刘徙邑于豳，今新平漆水之东北有豳亭是也。故《诗》称，笃公刘，于豳斯馆。至太王避狄，循漆水，逾梁山，徙邑于岐山之阳，西北岐城旧址是也。故《诗》称，率西水浒，至于岐下。南有周原，故始改号曰周。（《帝王世纪辑存·周第四》）

陈士元： 稷名弃。……及为成人，好耕农，尧举为农师，天下得其利，舜封之于邰，号曰后稷，别姓姬氏。《路史》云：弃字曰庚辰，勤百谷而死于黑水之山，娶姞生蔾、䲠，世为后稷。《周礼·大司徒》注云："弃为尧稷官，立稼穑，死配稷，名为田正。诗人谓之'田祖'。"（引自《湖海楼丛书·论语类考》卷七《稷》）

陈士元： 后稷：名弃，字庚辰，见《楚辞》。《路史》作度辰。（《孟子杂记》卷三《辨名》）

陈蒲清： 后稷：周始祖。古公亶父曾大力开辟周原（今陕西省岐山南部大片原野），故以"周"为国号。（引自王利器主编《史记注译·周本纪》）

② 【汇评】

牛运震： 周后稷，名弃，按篇首"名弃"二字，似无紧要，却预为下文伏笔，妙！（《史记评注·周本纪》）

③ 【汇注】

康海： 夫武功，古有邰氏之国也。有邰氏有女曰姜原，为帝喾元妃。生弃。教民稼穑有功，尧封于邰，号曰后稷。（《武功县志》卷一《地理志》）

又： 古邰城，在县南八里漆村东，古有邰氏之国也。今县西南三十里亦有邰城者，前汉徙置之尔。（同上）

陈蒲清： 有邰氏：部族名。邰是其居地，在今陕西省武功县西南。据说是炎帝之后，故姓姜。（引自王利器主编《史记注译·周本纪》）

赵生群： 有邰氏原作"有吕氏"，据凌本、殿本改。绍兴本、耿本、黄本、彭本、柯本作"有台氏"，"台"同"邰"。按，《说文·邑部》："邰，炎帝之后姜姓所封，周弃外家国。"（点校本二十四史修订本《史记》）

编者按： 秦汉时的邰县城遗址位于扶风县揉谷乡法禧村一带，这里发现大量灰坑、秦汉粗绳纹砖瓦、云纹瓦当、五角陶水管、铸铁作坊遗址等。村南稻田以北，东从杨陵区永安村，西到揉谷乡小村之间，1978 年发现有宽约十米左右的秦汉城墙墙基。尤为重要的是这里出土了刻有"邰"字铭记的秦代铜鼎和铜温壶等，证明这里就是邰县城，亦即后魏之武功县城所在（参见《扶风县文物志·古遗址》）。

邰亭遗址，清嘉庆《扶风县志》记载"在东南三十里"，以里程方位看，当在姜嫄嘴一带。这里出土过"邰林"铜鼎，也有面积很大的秦汉遗址和墓葬区，出土过大量秦汉粗绳纹砖瓦、云纹瓦当、五角陶水管道和青铜器。县志记载，这里是邰城，可能是邰亭之误。另外，扶风县法门镇和眉县境内都出土过刻有"邰亭"的陶罐等（参见《扶风县文物志·古遗址》）。

《武功县志》卷一《地理志》，康海云："今县西南三十里亦有斄城者，前汉徙置之尔。"扶风县揉谷乡法禧村一带的方位、里程与康海所云三十里正合，这一带当是汉代的邰县城址。

④【汇注】

刘　向：弃母姜嫄者，邰侯之女也。当尧之时，行见巨人迹，好而履之，归而有娠，浸以盖大，心怪恶之。卜筮禋祀，以求无子。终生子，以为不祥而弃之隘巷，牛羊避而不践，乃送之平林之中，后伐平林者咸荐之覆之，乃取置寒冰之上，飞鸟伛翼之。姜嫄以为异，乃收以归，因命曰弃。姜嫄之性，清静专一，好种稼穑，及弃长而教之种树桑麻。弃之性明而仁，能育其教，卒致其名。尧使弃居稷官，更国邰地，遂封弃于邰，号曰后稷。乃尧崩，舜即位，乃命之曰："弃，黎民阻饥，汝后稷播时百谷。"其后世世居稷，至周文、武而贵为天子。君子谓姜嫄静而有化，《诗》云："赫赫姜嫄，其德不回，上帝是依。"又曰："思文后稷，克配彼天，立我丞民。"此之谓也。（《列女传》卷一《弃母姜嫄》）

裴　骃：《韩诗章句》曰："姜，姓。原，字。"或曰姜原，谥号也。（《史记集解》）

张守节：邰，天来反，亦作"斄"，同。《说文》云："邰，炎帝之后，姜姓，封邰，周弃外家。"（《史记正义》）

宋世荦：斄城在（扶风）县东南三十五里，有姜嫄庙（今姜嫄嘴是也）。（《扶风县志》卷八《古迹·斄城》）

又：《史记正义》引《括地志》，故斄城一名武功县，西南二十二里古斄国也。《水经注》斄城东北有姜嫄祠。宋敏求《长安志》：姜嫄祠在武功西南二十二里，今以道里按之，适当姜嫄嘴无疑。（同上）

编者按：《正义》引《说文》云："邰，炎帝之后，姜姓，封邰，周弃外家。"《正义》又引《括地志》云："故斄城一名武功城，在雍州武功县西南二十二里，古邰国，后稷所封也。有后稷及姜嫄祠。"邰原作吕，赵生群《史记》修订本中的《周本纪》，末尾所附《校勘记》[二]说："有邰氏原作'有吕氏'，据凌本、殿本改。"由此可知，古代的吕地在今宝鸡市，包括漆水下游武功县、杨凌区一带的区域，是姜姓四岳国的封地。这一带正是郑家坡类型先周文化分布的密集区。

【汇评】

朱孔阳：姜嫄者，炎帝之后，有邰氏之女，姓姜字嫄。帝喾之元妃，后稷之母也。……夏有天下，载祀四百，禹之祚也；商有天下，载祀六百，契之祚也；周有天下，载祀八百，稷之祚也。……昔者，周文、武之烈，本于后稷，后稷之生，本于姜嫄，故《诗》曰：厥初生民，时维姜嫄。……是知姜嫄有德于周。（《历代陵寝备考》卷三《五帝》）

编者按：《诗经·大雅·生民》云："厥初生民，时维姜嫄。""姜嫄"即"姜原"。"姜原"本为地名，是姜姓部落居住的黄土高原，后来周族徙此立国，因名周原。"姜原"其人原本当无名，因为她是居住在姜原的姜姓部落的女子，所以指地为名称之为"姜原"，后世加女旁称为"姜嫄"。西汉的刘向说："弃母姜嫄者，邰侯之女也。"东汉许慎的《说文》说："邰，炎帝之后，姜姓，封邰，周弃外家。"可见汉代人都认为邰地是姜姓部族有邰氏的居住地，姜嫄当属于姜姓四岳国的女子。

⑤【汇注】

司马贞：谯周以为"弃，帝喾之胄，其父亦不著"，与此纪异也。（《史记索隐》）

康　海：姜原墓，《旧志》云在上南门外，南去三百六十步，又西四十步，有三坎，墓在坎上，与东原梅家庄直。（《武功县志》卷一《地理志》）

马持盈：有云后稷为帝喾之后裔，非即其子。（《史记今注·五帝本纪》）

张大可：元妃：元配，嫡妻。（《史记全本新注·周本纪》）

【汇评】

牛运震：按：后稷为帝喾子，而《诗·大雅》溯厥本始，推自姜嫄，殆以著其母生之异也。《史记》述稷母为有邰氏而带及帝喾，极有手法，正与《诗·大雅》同旨。（《史记评注·周本纪》）

⑥【汇注】

朱孔阳：郑氏云：祀郊禖时有大人之迹，姜嫄履之，足不能满其拇指之处，心体歆歆然，如有人道感己，遂有身而生子。说殊怪诞，盖出于司马子长本纪。欧阳公谓稷弃非高辛之子。毛公于《史记》既不取其履足之怪，而取其诡谬之世次第。毛公赵人，为河间献王博士，在司马子长之前数十年，未必见《史记》世次，而世次之说出于《世本》，其书在宋时已亡矣。（《历代陵寝备考》卷三《五帝》）

于省吾：在我国典籍之外，世界其他各地，也往往有"巨迹"的传说。近代民俗学家曾经这样说过："巨形的鸟与兽，如在各处所发现者，其成为化石的足迹，可以说是，虽然不过为幻想的解释，与在岩石面上所有的空陷处及印迹为相同；所以我们便有了无数的关于神道们或有大力的人们的足迹印入岩石上的神话。锡兰岛神圣的足迹，在亚当峰的巅顶上者乃是岩石的一个陷迹，量之有一公尺半长，八公寸阔。婆罗门教徒、佛教徒及回教徒至今仍爬上山，对此圣迹致敬。"这与我国古籍所说的"大人迹"，恰好可以互相验证。大迹的来历不外乎二端：一、据地质学家说，中生代的巨大爬虫和巨大兽类，在岩石上曾留下较大的足印；二、由于各处岩石经过若干年的风雨剥蚀，往往形成了各种各样的陷坑，有的很像大人所履的足迹。原始人们看到这样的异形奇迹，因而在思想上就有着一定的推测。至于后代宗教徒们称"大迹"为"圣迹"，向它致敬，这与原始人们对于大迹由来的理解，由于时代的不同而不同。（《诗"履帝武敏歆"解》，载《中华文史论丛》第六辑）

⑦【汇注】

陈蒲清：忻：同"欣"。忻然：喜欢的样子。说：同"悦"，高兴。（引自王利器主编《史记注译·周本纪》）

⑧【汇注】

杨延祐：履迹坪：见《一统志》，在州南门外，姜嫄出祀郊禖，履巨人迹于此。（引自《邠州志》卷一《古迹》）

⑨【汇注】

列御寇："后稷生于巨迹"。（张湛注："传记云，高辛氏之妃名姜原，见大人迹，好而履之，如有人感己者，遂孕，因生后稷。"）（《列子·天瑞篇》）

闻一多：《春秋元命苞》："周本姜嫄，游閟宫，其地扶桑，履大迹，生后稷。"閟宫即禖宫。上云禖祀，下云履迹，履迹乃祭祀仪式之一部分，疑即一种象征的舞蹈。所谓"帝"实即代表上帝之神尸。神尸舞于前，姜嫄尾随其后，践神尸之迹而舞，其事可乐，故曰"履帝武敏歆"，犹言与尸伴舞而心甚悦也。"攸介攸止"，介，林义光读为盍，息也，至确。盖舞毕，而相携止息于幽闲之处，因而有孕也。《论衡·吉验篇》曰："后稷之时，履大人迹，或言衣帝喾衣，坐息帝喾之处，有妊。"此说当有所本。其云"坐息帝喾之处"，则与《诗》"攸介攸止"合，此可证与帝同息，犹前此之舞亦与帝同舞也。（《神话与诗·姜嫄履大人迹考》）

[日] 泷川资言：《诗·生民》疏引"居"作"及"。崔述曰：是因《诗·大雅·生民》篇"履帝武"之文而附会之者，郑氏笺《诗》，遂用其说。至宋欧阳修、苏洵出，皆从毛氏，以为从帝喾之行，而驳《史记》，然后经义始明，圣人之诬始白。胡一桂曰：后稷后世王天下数百年，学者欲神其事，故附会其说，不知血气之类，父施母生，圣贤所同也，何必有谈诡谲诞之事，然后为圣且贤哉？（《史记会注考证》卷四）

【汇评】

王　圻：巨迹之说，如苏子麒麟、蛟龙之喻，固足以破群疑矣。以予言之，先儒之疑，未能以意逆高辛氏妃。谓之妃，有夫之称也。盖姜嫄之祀郊禖，当在有家之后，非谓为处子时也。使为处子，无人道之感，感巨迹而生稷，是诚怪异。然天下岂有无父之人哉？况未嫁而求子，是乃淫滥无耻之女，使姜嫄有此，诗人宜为之讳，安有形之歌咏以告于神明哉？今人致疑于有无之间，止泥于无人道而有子一句耳，后世史臣叙帝王之生，往往附会立异，多神其事，如汉高母与龙遇之类，未必非巨迹有以启之也。姜嫄庙在邠州道中，因过此而评之。(《稗史汇编》卷一一二《文史门·辨讹上·巨迹神异》)

牛运震："欲践之，践之而身动"。按此处叠二字，有态。(《史记评注·周本纪》)

崔　述：凡不本于雄，则必不孕于雌；若孕于雌，必本于雄；无古今，无灵蠢，皆若是而已矣。且鸟卵者，气耶？形耶？人之精血为人道，鸟之卵何以独为天地之气乎！巨人者何耶？鬼神耶，则不得有足迹；有迹，是有形也；有形，是迹一物而已，安得为天地之气乎！凡物皆以同类相交为正，异类相交为妖；况不待交而但以卵与迹，是戾气之所钟耳。……甚矣说之贵于怪也，怪则人信之，不怪则人不信之矣！嗟乎，斯诚理之不可解者矣！(《崔东壁遗书·丰镐考信录》卷一《辨践迹孕弃之说》)

⑩【汇校】

张文虎：居期而生子，《生民疏》引作"及期而生弃"。(《校刊史记集解索隐正义札记·周本纪》)

张　照：《毛诗·生民·疏》曰：司马迁之言，未可信也。(《钦定史记·周本纪·考证》)

梁玉绳：居期而生子，附按：《诗》"诞弥厥月"，《疏》曰："人十月而生，此言终月，必终人之常月。《周本纪》云'及期而生子'，则终一年矣，司马迁之言未可信也。"《卮林》驳之曰："人十月而生，往往有不然者。颖达《诗·白华》疏曰'《帝王世纪》以为幽王三年嬖褒姒，褒姒年十四。则其生在宣王三十六年。自宣王三十六年上距流彘之岁为五十年，流彘时童姜七岁，则生女时母年五十六，凡在母腹五十年。其母共和九年而笄，年十五而孕，自孕后尚四十二年而生，作为妖异，不与人道同，此妇人之最异者'。孔氏信五十年处胎之褒姒，而不信离里之邰公，何欤？"所驳甚当。然余谓期宜读如字，言及十月之期也，与《诗》弥月合，读者误为期年耳。又疏引《周纪》作"及期"，疑此"居"字是传写之误。(《史记志疑·周本纪》)

吴国泰：居者，至之借字。古读居如诸。至、诸同为纽双声，故可相假。居期即至期也。(《史记解诂》，载《文史》第四十二辑)

【汇评】

严　粲：古无巨迹之说，特列于异端，司马迁好奇，郑氏信谶讳，以帝武疑似之辞，藉口而为是说耳。至谓姜嫄无人道而生子，谬于理而妨于教，莫此为甚。……今依毛以敏为疾，而不用其帝为高辛之说，依郑以帝为上帝，而不用其敏为拇指之说。合二家而去取之，可以折衷矣。(《诗辑》)

方　回：紫阳方氏曰：帝王之生，固不偶。然好事者多从而附益之，则怪以传怪，《生民》之诗谓姜嫄之生后稷也，履大人之迹，歆然身动如孕，不假人道而生，《列子》《史记》皆有是言。朱文公则疑"履帝武敏歆攸介攸止"，"歆"字在上下句之间，皆不成文，盖心不然之也。文公又按毛公之说，不过谓姜嫄出祀郊禖，履帝喾之迹而行，将事齐敏而已，然无如郑玄之笺，本诸《列子》《史记》之妄何？文公谓诸儒多是毛公而非郑，亦谓郑非臆说，以其有所本也。因则谓《列子》《史记》皆不足信，惟诞寘之隘巷、平林、寒冰一章，若姜嫄尝弃后稷而不子者故，或者得以神其说。四谓姜嫄当时恐不无郑庄公寤生之惊而恶之，故有不举之意。厥初祀郊禖以求子焉，得无人道而虚求之？《诗》有"先生如达"一句足证也。盖以其生之时，忽然而堕，故其家异之耳。以敏字训为足大指，岂非好怪而至于此欤？回断然以为稷之名"弃"，不过有如庄姜之恶而弃之，所以招此怪说也。（《古今考》卷一《母媪梦与神通》）

崔　迈：大抵人情，子孙于其先世，往往表其奇异以为夸诩震耀之端；而后世诞妄者则又好因近似之语，造事以惑人。（《崔德皋先生遗书·尚友堂文集》卷上《〈生民〉诗〈集传〉辨》）

于省吾：感生之说的历史背景，是由于母权制时代，人们知有母而不知有父。《诗·閟宫》传笺和《周礼·大司乐》郑注，都说周人特立先妣姜嫄之庙，而不及后稷之父，是知有母而不知有父之证。周族当时僻处西方，文化落后于中原地区，当系母权制社会，还意识不到妇女怀孕系由于"男女构精"，遂产生了妇女感图腾童胎入居体内而妊娠的虚幻想法。到了父权制和阶级社会时代仍有感生之说，而旧籍由于辗转传说和附会，遂以感生为感神灵或感上帝而生子，但是前者出于蒙昧无知，而后者则逐渐加以神化。尤其是阶级社会的统治者，不过想利用感生之说，神化其所自出，以愚惑民众而已。总之，原始人们对于妇女怀孕，无论中外，都有着不谋而基本上相合的理解，如果用后人眼光以推测初民精神生活，一概斥为妄诞不经，那就不合乎历史的实际情况了。（《诗"履帝武敏歆"解》，载《中华文史论丛》第六辑）

⑪【汇注】

司马贞：已下皆《诗·大雅·生民篇》所云"诞寘之隘巷，牛羊腓字之；诞寘之平林，会伐平林；诞寘之寒冰，鸟覆翼之"，是其事也。（《史记索隐》）

杨延祐：隘巷：在州治南，生后稷之所。《生民》之诗曰"诞育之隘巷"，即此地。（引自《邠州志》卷一《古迹》）

【汇评】

梁玉绳：以为不祥，弃之隘巷。按：践迹之妄，已说在《殷纪》中。而稷之弃，实非以不祥也。苏洵《誉妃论》曰："稷之生无灾无害，或者姜嫄疑而弃之乎？郑庄公生寤生，姜氏恶之，事固有然者。吾非恶夫异也，恶夫迁之以不祥诬圣人也。"（《史记

志疑·周本纪》）

⑫【汇校】
　　张文虎："马牛"：《御览》"牛羊"。（《校刊史记集解索隐正义札记·周本纪》）
【汇注】
　　梁玉绳："马牛过者皆避不践"，案：《诗》言"牛羊腓字之"，此所说又异。（《史记志疑·周本纪》）
　　陈蒲清：辟：通"避"。（引自王利器主编《史记注译·周本纪》）

⑬【汇注】
　　陈蒲清：迁之：变换丢弃他的地方。"迁"与上句"徙"同义。（引自王利器主编《史记注译·周本纪》）
【汇评】
　　牛运震：隘巷、林中、冰上，三弃，叙次极错落。弃之隘巷，徙置之林中，迁之而弃渠中冰上，覆荐之，遂收养长之，屡用"之"字句法，摇曳作致。（《史记评注·周本纪》）

⑭【汇注】
　　马持盈：覆荐：鸟以翼覆之，以翼垫之，而使之温暖。荐，草席，所以垫物。言鸟以其羽翼把他上边盖着，下边垫着，使其得到温暖。（《史记今注·周本纪》）

⑮【汇注】
　　张守节：《古史考》云"弃，帝喾之胄，其父亦不著"，与此文稍异也。（《史记正义》）
　　马骕：《吴越春秋》：弃为儿时，好种树禾黍、桑麻、五谷，相五土之宜，青赤黄黑，陵水高下，粱、稷、黍、禾、菓、麦、豆、稻，各得其理。尧遭洪水，人民泛滥，逐高而居。尧聘弃使教民山居，随地造区，研营树之术。三年余，行人无饥乏之色，乃拜弃为农师，封之台。（《绎史》卷十八《周室始兴》）
【汇评】
　　张之象：前详叙弃之之事，从容委曲，文势舒缓，末复著"初欲弃之"一语，接下"因名曰弃"，则文势紧峭有力。（引自《史记评林·周本纪》）
　　孙琮：前既详叙弃之之事，此复结以初欲弃之一语，接下"因名曰弃"，文势紧峭。（《山晓阁史记选·周本纪》）
　　吴见思：句法错落古峭。以七"之"字作致。（《史记论文·周本纪》）
　　牛运震："初欲弃之，因名曰弃"。按：上文详叙弃之隘巷、林中云云，文势舒缓，却用"初欲弃之"一语接下文，便紧峭有力。（引自《史记评注·周本纪》）
　　又："因名曰弃"一语，收截。遥与篇首"名弃"二字相应，遂成一片结构，此

文家情法相生，妙手！（同上）

顾颉刚：《诗经》里却没有"弃"这名字。那时还是母系社会，妇女是氏族的主人，人们只知道有母而不知道有父，所以《生民》说"厥初生民，时维姜嫄"，《閟宫》说"鸟翼覆之"，正是表现后稷初生时的种种奇迹，说明周族以农立国的伟业。到了父权社会，妇女成了男子的附属品，才把无夫而孕看做不道德的事而有弃儿的行为，这就是后稷名弃的由来。例如《左传》宣四年："若敖娶于䣊，生斗伯比。若敖卒，从其母畜于䣊，淫于䣊子之女，生子文焉，䣊夫人使弃诸梦中，虎乳之。䣊子田，见之，惧而归。夫人以告，遂使收之……以其女妻伯比。"这才清楚表现了父权社会中对于私生子的残酷处理！《尧典》称稷为"弃"，正是它晚出的证据。（《顾颉刚古史论文集》第二册《虞初小说回目考释》）

于省吾：自汉以来，关于姜嫄履大迹而怀孕，以为无夫而生子，后稷被弃后，鸟兽庇护之，事属怪异，于是纷纭揣测，呶呶不休。其实，这都是不了解原始社会的实际生活情况而妄生异议。各原始民族由于生活困难和属于宗教上某些禁忌的关系，弃子是时常见到的事。根据各民族志所记，有的只养二男一女，过此则杀之；有的以双生子为不祥，因而杀之；有的投诸野外，或置之路旁；有的溺而毙之；有的投诸水中，浮则取之，沉则弃之。像这类的事实，不烦备述。至于被弃后，有的出现一些神异事迹，古籍中往往有这类的记载。《左宣四年传》叙楚令尹子文之生，"䣊夫人使弃诸梦中，虎乳之。䣊子田，见之，惧而归。夫人以告，遂使收之"。原始社会弃子并不稀奇，但是，如果被弃者为后世统治阶级的远祖或始祖，则多神化其事，显示他们来历的非凡。《国语·楚语》所谓"宠神其祖，以取威于民"，无非是借以迷惑群众，想要长久维持他们的统治地位而已。由此可见，姜嫄之生后稷，既弃而复取之，当系实有其事。但是，被弃后的一些神异事迹，则是属于姜嫄后世子孙的周人"踵事增华"以附会之者。至于后稷因被弃而名弃，弃子既然是原始社会常见的事，则"弃"字这种抽象称名，也系周人所追加，并非后稷的本名。（《诗"履帝武敏歆"解》，载《中华文史论丛》第六辑）

弃为儿时，屹如巨人之志①。其游戏，好种树麻、菽②，麻、菽美③。及为成人，遂好耕农，相地之宜④，宜谷者稼穑焉⑤，民皆法则之。帝尧闻之，举弃为农师⑥，天下得其利，有功。帝舜曰："弃，黎民始饥⑦，尔后稷播时百谷⑧。"封弃于邰⑨，号曰后稷⑩，别姓姬氏⑪。后稷之兴，在陶唐、虞、夏之际，皆有令德⑫。

① 【汇校】
郭嵩焘："忔如巨人之志"。《札记》云："游、王、柯本并作'屹'，凌、毛本论作'忔'，吴校改作'仡'。"（《史记札记·周本纪》）
【汇注】
马持盈：屹如巨人之志：卓然有大人的志气。屹音意，独立不群，出类拔萃的样子，言与普通一般儿童不同。（《史记今注·周本纪》）

② 【汇校】
张文虎：种树麻菽：《生民疏》"树"作"殖"，"菽"作"麦"，下同。（《校刊史记集解索隐正义札记·周本纪》）
【汇注】
马持盈：种树两个字，合在一起作动词用，即种植之意，不是种树木之意。（《史记今注·周本纪》）

③ 【汇注】
陈蒲清：种树：栽种。菽：豆类。（引自王利器主编《史记注译·周本纪》）

④ 【汇注】
陈蒲清：相：观察。（引自王利器主编《史记注译·周本纪》）

⑤ 【汇注】
张守节：种曰稼，敛曰穑。（《史记正义》）
陈蒲清：稼穑：种植和收割。这里泛指从事农业生产。（引自王利器主编《史记注译·周本纪》）
张大可：谷：黍、稷作物之总称。稼：播种。穑：收割。（《史记全本新注·周本纪》）

⑥ 【汇评】
程大昌：后稷以播种启封，后世竟以农事王天下。周公封鲁，周之礼、乐在焉。夫子实出其地，惟圣与贤，固天生德，然随其地见闻所甚著者而精之，故周之农政，鲁之礼、乐，遂冠万世而造极焉。则山东出相，山西出将，何怪哉？（《考古编》卷九《土风》）
［日］泷川资言：举弃者舜，非尧也。（《史记会注考证》卷四）

⑦ 【汇注】
裴　骃：徐广曰："《今文尚书》云'祖饥'，故此作'始饥'。"祖，始也。（《史记集解》）

⑧【汇注】

马持盈：时，同"莳"字，即言播种这些百谷。（《史记今注·周本纪》）

张大可：时：同莳，栽种。（《史记全本新注·周本纪》）

⑨【汇注】

裴　骃：徐广曰："今斄乡在扶风。"（《史记集解》）

司马贞：即《诗·生民》曰"有邰家室"是也。邰即斄，古今字异耳。（《史记索隐》）

张守节：《括地志》云："故斄城一名武功城，在雍州武功县西南二十二里，古邰国，后稷所封也。有后稷及姜嫄祠。"毛苌云："邰，姜嫄国也。后稷所生。尧见天因邰而生后稷，故因封于邰也。"（《史记正义》）

钱　穆：案：注家皆以陕西之斄说邰，亦由邠、岐地望已失而误。今山西稷山县南五十里有稷山，一名稷神山，俗呼稷王山，相传为后稷始教稼穑地。《左》宣十五"晋侯治兵于稷"，是也。周阳城在闻喜县东二十九里。古山、古水在绛县西北。盖古公所居董泽，在闻喜县东北四十里。疑《诗》云"笃公刘"，"笃""董"声转而讹。《左传》："魏、骀、芮、岐、毕，吾西土也。"岐、毕近在河西，魏、芮则在河东；骀即有邰，不能独至武功之斄。疑骀之得名，以古臺骀氏之所处，则正与上述稷山、周阳、古水、董泽地望相近。谕周人之始起者，当于此寻之。（《史记地名考·邰》）

曲英杰：弃之所居在邰。《诗经·大雅·生民》载："厥初生民，时维姜嫄。……诞后稷之穑，有相之道。茀厥丰草，种之黄茂。实方实苞，实种实褎，实发实秀，实坚实好，实颖实栗。即有邰家室。"毛传曰："邰，姜嫄之国也。尧见天因邰而生后稷，故国后稷于邰，命使事天以显神，顺天命耳。"郑玄笺云："尧改封（后稷）于邰，就其成国之家室，无变更也。"孔颖达疏云："此邰为后稷之母家，其国当自有君，所以得封后稷者，或时君绝灭，或迁之他所也。"《史记·周本纪》亦载：帝尧"封弃于邰，号曰后稷，别姓姬氏"。弃与尧既不同时，则所谓尧封弃于邰当非史实，然弃所居在邰当确有其事。邰亦作骀。……文王以前归顺周人者，然似不得早至夏世。弃所居之邰，其时或有可能仍为姜姓之国。《国语·周语上》载祭公谋父语曰："乃夏之衰也，弃稷不务，我先王不窋用失其官，而自窜于戎、狄之间，不敢怠业，时序其德，纂修其绪，修其训典，朝夕恪勤，守以敦笃，奉以忠信，奕世载德，不忝前人。"不窋为弃之子。由此可知，不窋虽继弃之业，然并未继弃为农官和居于邰地。（《先秦都城复原研究·周都邰》）

编者按：邰地在今陕西武功县境内，本无异说，但是1931年钱穆首创周族起源山西晋南说，他认为邰即晋南的骀地，并结合晋南有关周族早期历史的传说史迹，得出结论说："周人盖起源于冀州，在大河之东，后稷之居邰，公刘之居豳，皆今晋地，及大王避狄居岐山，始渡河而西。"(《周初地理考》，《燕京学报》第10期）此说对后来的学术界影响极大，至今尚有学者信从。陈梦家认为：斶、邠古今字耳，皆得名于汾。并引《水经·汾水注》为证，谓《汾水注》的汾山就是《说文》的斶山，乃古公迁岐以前的斶邑，古公得名于汾水支流的古水、古山等等。（《殷墟卜辞综述》，科学出版社，1956年）

关于周族的起源，周人自己的说法是："民之初生，自土沮漆。"（《诗·大雅·生民》）王引之《经义述闻》卷六说："沮，当为徂；徂，往也。"他还释"土"为杜，认为杜即陶唐氏之后唐杜氏之杜，在晋南临汾地区。邹衡认为："土即卜辞所见土方，也就是今天山西西南部的石楼县。据此，更可直接证明周人来自山西省。"（《夏商周考古学论文集·论先周文化》，文物出版社，1980年）王玉哲也说："这个'土'实即古史上经常提到的'土方'。《诗·长发》：'洪水芒芒，禹敷下土方。'土方既是与禹发生关系，其地望应当距夏墟不远，而夏墟古在山西南部。一直到商时山西南部仍居有土方之族。"（《先周族最早来源于山西》，《中华文史论丛》1982年第3辑）方述鑫认为："姬周族本属夏族，原为夏族中的一支。殷墟卜辞和古文献中的土方当即夏族，其所居中心唐土（今山西南部）当即姬周族所居。"（《姬周族出于土方考》，《西周史论文集》上册，陕西人民出版社，1993年）释"土"为"土方"或"唐土"，文字方面固然可通，但是山西省境内，特别是晋南地区，至今未发现先周文化遗存，考古上未得到证实。

王引之释"土"为杜是对的，但是杜不是"唐土"，即唐杜之杜，而是指杜水。杜水是漆水的上游，在今陕西省麟游县西部。"沮"虽然可以释为徂，但是古代每以漆、沮连言，"漆"为漆水，"沮"自然应该是指沮水，而且沮水必与漆水相关。《禹贡锥指》以为麟游之漆，当是沮水之讹。史念海《论西周时期黄河流域的地理特征》（《陕西师范大学学报》（哲学社会科学版）1978年第3、4期）中说："岐山之下的沮水就是现在的沣河。"沣河是雍水的下游，自西向东流经周原扶风县境，在武功县的浒西村东注入漆水。如是，沮水是漆水下游的支流。"民之初生，自土沮漆"，是说周族最初起源于杜水、沮水、漆水流域。这不仅与后稷封邰的传说吻合，而且在杜水、漆水、沮水流域的武功郑家坡等地已大量发现先周文化遗址，其文化遗存的年代上限不晚于殷墟文化一期，甚至可以早到商代二里岗上层文化时期，时代早于古公亶父迁岐。目前漆水流域虽然还没有发现夏代的先周文化，但已可证实在古公亶父迁岐以前，漆水流域就有周人居住。另外，在泾水上游的古斶地断泾等遗址，已发现时代相当于殷墟文化一期的先周文化，证明古公亶父确是从泾水上游的斶地迁徙至岐山之下，而不是从大河之东的晋南"始渡河而西"。后稷居邰的说法当有所据，是可以信从的。（参见尹盛平：《从先周文化看周族的起源》，《西周史研究》，《人文杂志》丛刊第二辑，

1984 年。《再论先周文化与周族起源》，《周文化考古研究论集》，文物出版社，2012 年）

⑩【汇注】

张　照："号曰后稷"，《困学纪闻》曰："《诗·正义》曰：稷之功成，实在尧时，其封于邰，必是尧之封，故笺传皆以为尧本纪，以后稷之号，亦起舜时，其言不可信也。"臣照按：弃为农师，固在尧时，而《舜典》明有"汝后稷，播时百谷"之言，《本纪》之言，何不可信？（《钦定史记·周本纪·考证》）

闻一多：周祖后稷，字当作畟，稷乃谷之类名。《说文》"畟，治稼畟畟进也"，畟当从田从夋省，畟畯一声之转，本为一字。周人称其田神曰田畯，实即后稷也。传言弃为帝喾子，帝喾者，一曰帝俊，俊亦与畯同。古周字从田，而周畤音复同，周即田畤本字。天神曰俊，田神曰畯，先祖曰后稷，氏曰有周，义皆一贯，然则郊祀而有象耕之舞，又何疑哉？（《神话与诗·姜嫄履大人迹考》）

编者按："号曰后稷"，是以官为号。稷是古代的农官、农神。"号曰后稷"，是因为在弃之前已有农官、农神。《左传》昭公二十九年说："有烈山氏之子曰柱，为稷，自夏以上祀之；周弃亦为稷，自商以来祀之。"《国语·鲁语上》说："昔烈山氏之有天下也，其子曰柱，能殖百谷百蔬。夏之兴也，周弃继之，故祀以为稷。"《礼记·祭法》说："柱为后稷，自夏以上祀之。"烈山氏即厉山氏，是炎帝氏族的名号，其子柱先为农师，夏代以前就被祀为稷，即农神，所以是前稷。弃在夏代开始为农师，商代开始被祀为稷，即农神，所以是后稷。后稷弃幼年生活在炎帝之后四岳国有吕氏之中，受善于经营农业的姜姓有吕氏的影响，自幼喜爱农业种植，所以《诗·大雅·生民》云："诞后稷之穑，有相之道。""有相"，谭戒甫认为是"有柱"之误。（《先周族与周族的迁徙及其社会发展》，《文史》，1979 年第 6 期）

⑪【汇校】

梁玉绳："封弃于邰，号曰后稷，别姓姬氏"。按：弃之封国赐姓与禹、契同时，皆出于尧，非舜也，已说见《殷纪》。而尧封稷于邰，《刘敬传》明载之，何史公自相抵牾耶？又《生民诗》疏曰："本纪以后稷之号亦起舜时，其言不可信。"（《史记志疑·周本纪》）

【汇注】

裴　骃：《礼纬》曰："祖以履大迹而生。"（《史记索隐》）

闻一多：姜嫄履大人迹而生弃，故弃为姬姓。……独迹姬字形字义，了不相涉，履大人迹而姬姓，其故难详，故王充疑其非实。其言曰："失意之遵，还反其字。苍颉作书，与事相连。姜嫄履大人迹，迹者基也，姓当为'其'下'土'，乃其'女'旁'臣'，非基迹之字，不合本事，疑非实也。"（《论衡·奇怪篇》）按王说非是。姬字从臣，臣古颐字，颚骨也。古语臣齿通称，齿从止声，故臣声字或变从止。……则姬亦可作妊。汉碑姬作妊，从正与从止同，是其确证。止为趾之本字，古通称足为止，足迹亦为止。姬从臣犹从止，是姬姓犹言足迹所生矣。王氏构于字形，不知求之于声，因疑乎周初以来所不以为疑者，而斥为"不合本事"，不亦诬乎？而王氏知迹训基，而不知姬基音同，音同则义同，故姬亦可训基。《广雅·释言》"姬，基也"。《史记·三代世表》褚先生曰"姬者本也"，本亦基也。王氏训诂逊褚张辈远远矣。……然则谓"姬之为言赜也，赜、蹟、迹一字，故履迹而生即得姬姓"亦无不可。王氏必执女旁姬之字与迹无涉，岂其然乎？（《神话与诗·姜嫄履大人迹考》）

⑫【汇注】

马持盈：令德：良好的德行。（《史记今注·周本纪》）

【汇评】

孙　琮：一语该约，为有天下根本。（《山晓阁史记选·周本纪》）

编者按："后稷之兴，在陶唐、虞、夏之际，皆有令德"。这说明"令德"不是后稷弃一人所为。古代世官，弃被举为农师后，其后世代代为农官，世世称后稷。所以后稷不是弃一代，而是有十几代后稷。不窋不是第一代后稷弃的儿子，而是末代后稷的儿子。周人世系中确有缺代。《毛诗疏》云："虞及夏、殷共有千二岁，每位在位皆八十年乃可充其数耳。命之短长，古今一也，不近人情之甚。以理而推，实难据信也。"《史记·周本纪》索隐云："言世稷官，是失其代数也。若以不窋亲弃之子，至文王千余岁唯十四代，实也不合事情。"《汉书·娄敬传》说："周之先自后稷，尧封之邰，积德累善十有余世。公刘避桀居豳。"由此可知有十多代后稷，除第一代后稷弃以外，都以官为号，失去名姓，也失去代数。周族世系中自不窋以下不缺代，所缺的十几代皆在夏代，即后稷时代。不窋是自弃以下十几代后稷中最后一代后稷的儿子。十几代后稷加上自不窋至文王的十四世，与夏商两代王世的总数基本相符。

后稷卒①，子不窋立②。不窋末年，夏后氏政衰③，去稷不务④，不窋以失其官而奔戎狄之间⑤。不窋卒⑥，子鞠立⑦。鞠卒，子公刘立⑧。公刘虽在戎狄之间⑨，复修后稷之业，务耕种，行地宜⑩，自漆、沮度渭⑪，取材用⑫。行者有资，居者有畜积，民赖其庆。百姓怀之，多徙而保归焉⑬。周道之兴自此始⑭，故诗人歌乐思其德⑮。公刘卒⑯，子庆节立，国于豳⑰。

① 【汇校】

浦起龙：按：《史记·周本纪》，后稷以下，曰不窋，曰鞠，曰公刘，曰庆节，曰皇仆，曰差弗，曰毁蝓，曰公非，曰高圉，曰公叔祖类，曰古公亶父，曰公季，曰西伯。凡十五世，文幅甚简。附按：罗氏《路史》云：夏十七世，商三十世，盖四十七世而后有周文王。此叙止十五世，疏脱甚矣。（《史通通释》卷二《本纪》）

【汇注】

皇甫谧撰、徐宗元辑：弃恤民勤稼，盖封地百里，巡教天下，死于黑水之间，潢渚之野。（《帝王世纪辑存·周第四》）

裴　骃：《山海经·大荒经》曰："黑水青水之间有广都之野，后稷葬焉。"皇甫谧曰："冢去中国三万里也。"（《史记索隐》）

马　骕：《山海经·海内经》卷十三云："西南黑水之间，有都广之野，后稷葬焉。爰有膏菽、膏稻、膏黍、膏稷，百谷自生，冬夏播琴（种）。鸾鸟自歌，凤鸟自舞，灵寿实华，草木所聚。爰有百兽，相群爰处。此草也，冬夏不死。"（《绎史》卷十八《周室始兴》）

张文虎："后稷卒"：《集解》"黑水青山之间有广都之野"，按：今见《海内经》云"西南黑水之间，有都广之野，后稷葬焉"，文小异。疑此因下"若木"条黑水青山之间而误，抑今本《山海经》非邪？又《海内西经》"之葬，山水环之"，注云"广都之野"，与此注合。（《校刊史记集解索隐正义札记·周本纪》）

曲英杰：古之称稷者有二：一为烈山氏之子柱，一为弃。《左传·昭公二十九年》载晋大史蔡墨曰："稷，田正也。有烈山氏之子曰柱为稷，自夏以上祀之。周弃亦为稷，自商以来祀之。"杜预注："烈山氏，神农氏诸侯。"《国语·鲁语上》载鲁大夫展禽语亦云："昔烈山氏之有天下也，其子曰柱，能殖百谷百蔬；夏之兴也，周弃继之，故祀以为稷。"韦昭注："烈山氏，炎帝之号也，起于烈山。《礼·祭法》以烈山为厉山也。""柱为后稷，自夏以上祀之"。"夏之兴，谓禹也。弃能继柱之功，自商已来祀也"。其以"夏之兴，谓禹也"恐不确。《国语·周语下》载太子晋曰："自后稷之始基靖民，十五王而文始平之。"韦昭注："基，始也。靖，安也。自后稷播百谷，以始安民，凡十五王，世循其德，至文王乃平民受命也。"《国语·周语下》又载卫大夫彪茎语云："后稷勤周，十有五世而兴。"韦昭注："自后稷至文王，十五世也。"如此，则自后稷至文王只有十五世，与商代自成汤至纣十七世大体相当。以此推之，周弃继起为稷当在夏末之世。所谓"夏之兴"，不当解为夏之初兴，而当解为夏人称帝，为盟主之时。《礼记·祭法》载："是故厉山氏之有天下也，其子曰农，能殖百谷。夏之衰也，周弃继之，故祀以为稷。"丁山据《国语·周语下》所载"孔甲乱夏，四世而陨"，以为"夏衰于孔甲，弃为后稷，实在孔甲之世"。较为有理。（《先秦都城复原研

究·周都邑》）

② 【汇校】

徐喜辰：这里把不窋作为后稷之子的说法是不对的。因为据《周本纪》载后稷相当于"陶唐、虞、夏之际"，不窋相当于"夏后氏政衰"，即夏代末年。《国语·周语》说："及夏之衰也，弃稷（指农官）弗务，我先王不窋（与《周本纪》的"不窋"同）用失其官，而自窜于戎狄之间。"崔述《丰镐考信录》云："《国语》所称夏衰，盖谓孔甲以后。"可见，不窋绝非后稷之子，在后稷之后，不窋之前，可能失传了一段较长时间的传闻。《史记·周本纪》也说："不窋以失其官而奔戎狄之间。"戎狄是春秋时期周人对周边氏族部落的通称。可见那时候的周族，仍然是一个民族部落的组织。（《历史人物论集·周文王及其在周族社会发展中的重要地位》）

【汇注】

司马贞：《帝王世纪》云"后稷纳姞氏，生不窋"，而谯周按《国语》云"世后稷，以服事虞、夏"，言世稷官，是失其代数也。若以不窋亲弃之子，至文王千余岁唯十四代，实亦不合事情。（《史记索隐》）

张守节：《括地志》云："不窋故城在庆州弘化县南三里。即不窋在戎狄所居之城也。"《毛诗疏》云："虞及夏、殷共有千二百岁。每世在位皆八十年，乃可充其数耳。命之短长，古今一也，而使十五世君在位皆八十许载，子必将老始生，不近人情之甚。以理而推，实难据信也。"（《史记正义》）

陈允锡：禹、稷同时，不窋亦应与启同时。夏后氏政衰，是太康尸位，非夏之末造也。（《史纬》卷一《周》）

戴震：周自公刘始居豳，书传阙逸，莫能详其时世。考《国语》《史记》所录祭公谋父谏穆王曰：昔我先王世后稷，以服事虞夏。及夏之衰也，弃稷弗务，我先王不窋，用失其官，而自窜于戎狄之间。盖不窋已上，世为后稷之官，不知凡几，传至不窋，然后失官也。夏之衰，疑值孔甲时，《史记》称：孔甲淫乱，夏后氏德衰，诸侯畔之，殆后稷之官，及有邰之封，此时乃相因而失。诸侯侵夺，天子不正之，是以远窜。禹至孔甲三百余年，《史记》十一世十四君，则有邰始封。至不窋亦且十余世。……《史记》不曰弃卒，而曰后稷卒，且上承后稷之兴在陶唐虞夏之际，皆有令德，此书法也。世次中阙，莫知其名。继弃而为后稷，谨修其官守，以至不窋，是不一人，故曰皆有令德。及最后为后稷者卒，其子不窋立。末年而失其世世守官，微窜之际，殆不绝如缕。典文牒记，一切荡然。虽公刘复立，国于豳，后已无旧人能追先世之代系，故《国语》称十五王，不数其皆有令德。而世后稷者，汉刘敬对高帝曰："周之先，自后稷尧封之邰，积德累善十有余世，公刘避桀居豳。"所谓积德累善十有余世，与本纪皆有令德之文，是汉初相传，咸知不窋已上代系中隔矣。（《戴东原集》

卷一《周之先世不窋已上阙代系考》)

又：据《国语》《史记》，公刘至文王十二世（《世本》十六世），孔甲之后，帝皋、帝发、帝桀，不窋之后鞠、公刘，此代系不相远者。昔人致疑于自契至汤十四世，自后稷至文王十五世，汤、文相去隔商之六百祀，使知周之先，自不窋上阙代系，不得而数，斯可无惑也。（同上）

梁玉绳：不窋始见《左文二》《周语上》。弃子，始见《史·周纪》《世表》，葬庆阳之安化州东三里。按：不窋非后稷亲子，说在《史记志疑》三。《路史发挥》引杜《释例》作仆窋，恐误，不窋之玄孙为皇仆，故知误也。（《汉书人表考》卷三《不窋》）

王骏图撰、王骏观续：《索隐》《正义》之说，可谓辨矣，虽然，其谓不窋非弃子，毋乃失考。无论谯周所云，世稷官以服事虞夏，不窋犹逮事虞，固知去弃非远，即下文云不窋末年，夏后氏政衰，《注》指太康失国。以年考之，亦为弃子无疑。盖弃与禹同时，而少于禹，以弃子之末年，当禹之孙，中间只隔启一代，启在位仅十载，则年数正合。何得谓非弃子哉！后文所谓昔我先王，世后稷以服事虞夏。夏之衰也，弃稷不务，我先王不窋，用失其官。唐团曰：父子相继曰世。韦昭曰：谓弃与不窋也。皆与此合，其中间脱漏者，盖在不窋失官以后，奔于戎狄，则其世数难稽。故史公莫得而著之，直至鞠与公刘，复修稷业，公刘又内迁于邠，故可稽耳。不然，考《古今人表》，公刘已在夏末，子庆节则入商初，岂有夏历四百余载，而弃后只三代之理，此不待辨而自明者。然则其所略者在不窋之后，不得并疑其他也。或又曰：不窋卒，子鞠立，此又何说？曰史公文省，不窋之后，已失其官，无所谓立。至鞠立而亦称为子者，直子孙之子耳。《五帝纪》，黄帝者，少典之子，《注》谓其后代子孙也。《索隐》亦引《左传》高阳氏才子八人，贾逵注以为后代子孙也。与此正同。《毛诗》后稷之孙，实推太王，孙字岂得作子之子耶？又杨氏慎据《吕梁碑》，谓后稷生台玺，台玺生叔均，叔均而下数世，始至不窋，不窋下传季历，犹十有七世，而太史公作《周纪》，拘于《国语》十有五王之说，乃合二人为一人，又删缩数人以合十五之数，亦甚迂矣云云。按杨说虽有《吕梁碑》可据，然谓弃后六七世始至不窋，殊与《帝王世纪》诸书年代不合，又且未悟子之训为子孙之子耳，又据《帝系》谓后稷十三传为王季，更与杨氏二十五六世之说参差太甚，足征升庵所论非实也。（《史记旧注评义·周本纪》）

齐思和：《国语·周语》："昔我先王世后稷，以服事虞、夏。及夏之衰也，弃稷不务，我先王不窋，用失其官，而自窜于戎狄之间。"《史记》称不窋为稷子，然《国语》称稷事虞舜，不窋当夏末，其非父子，极为显然。（《中国史探研·西周地理考》）

张天恩：史书所记的周世系，后稷至不窋之间是缺代的，司马贞和张守节也早都疑"失其代数"。《路史·后纪·高辛纪》"后稷勤百谷而山死，取姞人是生瞖玺……

藜𦎧生叔均"，《山海经·海内经》"稷之孙曰叔均，是始为牛耕，是始为国"。因而，后稷之后可查者尚有两代，谭戒甫先生说"恐怕不止二代"，此说不错。(《周秦文化论集·周人早期历史的传说与郑家坡先周遗址》)

曲英杰：不窋所居，据《太平寰宇记》庆州安化县引《水经注》云："尉李城，亦曰不窋城。洛水南径尉李城东北，合马岭水，号白马水。"谢钟英《补泾水》谓《寰宇记》所引洛水为泥水之误。泥水即今马莲河。尉李城，汉为郁郅县，属北地郡。唐时名弘化。《括地志》载："不窋故城在庆州弘化县南三里，即不窋在戎、狄所居之城也。"在今甘肃庆阳县境。不窋子鞠仍居此地，至鞠子公刘方开始东迁豳地。从弃学农艺于炎姜部族，不窋窜居于戎、狄之间来看，周人文化在其初始阶段当接近于姜戎文化，其本身特征不会十分明显。近些年来，关于先周文化曾有学者从各方面进行探讨，先后有光社文化、郑家坡类型文化、刘家类型文化和斗鸡台类型文化等为先周文化说。其各自主张虽不相同，但都是以周文化为基点向前推溯，强调某一种文化内涵与西周早期的周文化承袭关系密切。这对于探讨自公刘以后周人势力开始强大、文化面貌已显出其独特性之时的先周文化，虽可以说理由是充分的，但对于探讨公刘以前的先周文化则似不太合适。既如此，似亦不能以其中所主张的某一类型文化的分布范围来判定周人早期活动中心区域及邰或不窋所居当在何地。(《先秦都城复原研究·周都邰》)

【汇评】

祭公谋父：及夏之衰也，弃稷不务，我先王不窋用失其官，而自窜于戎、狄之间，不敢怠业，时序其德，纂修其绪，修其训典，朝夕恪勤，守以敦笃，奉以忠信，奕世载德，不忝前人。(引自《国语·周语下》)

崔 述：按《国语》："昔我先世后稷以服事虞、夏。"谯周云："言世稷官，是失其代数也。若不窋亲弃之子，至文王千余岁，惟十四代，亦不合事情。"《史记正义》又引《毛诗》疏云："虞及夏、殷共有千二百岁；每世在位皆八十年，乃可充其数耳。命之短长，古今一也。而使十五世君在位皆八十许载，子必将老始生，不近人情之甚。以理而推，实难据信也。"以此二说观之，则不窋之父，乃弃之裔孙袭为后稷者，不窋非弃子也。《国语》所称"夏衰"，盖谓孔甲以后，谓在太康之时，误矣。故今不从《本纪》《世纪》之说。(《崔东壁遗书·丰镐考信录》卷一《不窋非弃子》)

③【汇注】

陈蒲清：夏后氏：此指夏禹的后代帝王。(引自王利器主编《史记注译·周本纪》)

④【汇注】

裴 骃：韦昭曰："夏太康失国，废稷之官，不复务农。"(《史记集解》)

司马贞：《国语》云"弃稷不务"。此云"去稷"者，是太史公恐"弃"是后稷之

名,故变文云"去"也。言夏政衰,不窋去稷官,不复务农者也。(《史记索隐》)

马持盈: 去稷不务:废弃稷谷之事,不以为务。去,废弃也。(《史记今注·周本纪》)

【汇评】

牛运震: 去稷不务句古甚。(《史记评注·周本纪》)

⑤【汇注】

马 骕: 谯周按:《国语》云:世后稷以服事虞夏,言世稷官是失其世数也。若以不窋亲弃之子,至文王千余岁,惟十五代,实不合事情。又欧阳公、洪容斋、罗长源皆辨其非。(《绎史》卷一八《周室始兴》)

梁玉绳: 按:不窋之非稷亲子。先儒历辨之,词繁语杂,不能悉载,窃取其精确者申而明之,曰《国语》祭公谋父云"昔我先王世后稷,以昭事虞、夏",则《本纪》《世表》书四世之误可知。斯本罗泌说也。余因考《竹书》,"少康三年复田稷。后稷之后不窋失官,至是而复"。以不窋为后稷之后,亦一的证。又《路史发挥》言稷生鼗玺,鼗玺生叔均。虽谱牒散亡,叔均至不窋之世系无征,而不窋之不得为稷子,更有明验矣。史公惑于《国语》十五王之说,直以不窋继后稷,即仅有可征之鼗玺、叔均亦省削弗录,而岂晓《国语》之不能无误也。先儒俱就年之远近代之修短置辨,都不论及《国语》。夫年代之悬殊何待辨哉,所可疑者太子晋、卫彪傒称十五世耳。《前编》云"《史》谓周道之兴始于公刘,自公刘数至文王为十五。不然则以数有德者,犹殷言圣贤之君六七作,汉言七制之主"。此两解又与《国语》原文不合。窃疑"十五"当是"廿五",简素屡易,篆隶递更,遂致讹舛。二十为廿音入。《说文》本字也,始皇石刻"廿有六年"足以证已。不窋,《路史·发挥》引杜《释例》作"仆窋",恐非。(《史记志疑·周本纪》)

⑥【汇注】

王在晋: "不窋墓",府城东三里,碑久剥落,上有片石,大书"周祖不窋氏陵",后稷之子,奔戎翟居此。(《历代山陵考》卷上《庆阳府》)

⑦【汇校】

梁玉绳: 鞠,不窋子。惟见《史·周纪》《世表》。有文在手曰鞠。按:《周语下》注、《酒诰·释文》《路史》引《世本》并作"鞠陶",《豳诗谱》疏引《史》同,疑今本脱"陶"字,此《表》似亦缺。(《汉书人表考》卷四《鞠》)

又:"子鞠立",附按:《国语》韦注、《酒诰·释文》及《路史》引《世本》皆作"鞠陶",《豳诗》谱疏引此纪亦作"鞠陶",则今本《史记》于《纪》《表》并脱"陶"字。(《史记志疑·周本纪》)

郭嵩焘:"子鞠立",《札记》云:《诗·豳》谱疏引作"鞠陶",《国语》韦昭注、

《路史》引《世本》并作"鞠陶",然《三代世表》《汉书人表》亦只作"鞠"。(《史记札记·周本纪》)

⑧【汇注】

　　班　固：郇邑有豳乡,《诗》豳国,公刘所都。(《汉书·地理志》)

　　张文虎："不窋卒,子鞠立。鞠卒,子公刘立":《诗》豳谱疏引"鞠"作"鞠陶",《公刘》疏引作"后稷生不窋,不窋生鞠陶,鞠陶生公刘"。《酒诰》疏、《国语》韦注、《路史》引《世本》并作"鞠陶",疑今本脱"陶"字。然《三代世表》《汉书·人表》亦只作"鞠"。(《校刊史记集解索隐正义札记·周本纪》)

【汇评】

　　司马光：鞠生公刘,能修后稷之业,务耕种,行地宜。行者有资,居者有积,民赖其庆。多徙而归保焉,故诗人歌乐思其德。(《稽古录》卷八《周》上)

　　马　骕：《吴越春秋》：公刘慈仁,行不履生草,运车以避葭苇。公刘辟夏桀于戎狄,变易风俗,民化其政。(《绎史》卷十八《周室始兴》)

　　编者按：据《史记·五帝本纪》载,周始祖后稷弃和商始祖契,与夏族的大禹同时代或稍早一些。《史记·匈奴列传》说："夏道衰,而公刘失其稷官,变于西戎,邑于豳。其后三百有余岁,戎狄攻大王亶父,亶父亡走岐下,而豳人悉从亶父而邑焉,作周。其后百有余岁,周西伯昌伐畎夷氏。后十有余年,武王伐纣而营雒邑,复居于酆鄗,放逐戎夷泾、洛之北,以时入贡,命曰'荒服'。"据此,商代周族自公刘至武王十三世历四百余年,再加上不窋和鞠二世约六十年,自不窋至武王十五世,总积年在五百年以上,与商代的总积年大体相当,所以,周族世系中自不窋以下不缺代,缺代是在不窋以上,即夏代。夏代世系为十七世,商族自契至成汤十四世,那么周族自后稷弃以下,还应有至少十三世的后稷,才能与夏代世系和夏代商族世系相符。这就是说,夏代周族的世系至少缺载了十三代。《史记·周本纪》所说的"后稷卒,子不窋立",此"后稷"不是指周族的始祖后稷弃,而应是夏代最后一代后稷,即末代后稷。故太史公司马迁在此之前,用"后稷之兴,在陶唐、虞、夏之际,皆有令德",对弃以下历尧、舜、禹及夏朝数百年的历代后稷进行了概括性的总结,而且对不窋之父未称弃,仅以官名称"后稷"。可以肯定的是,由于夏代周族的先公每一代都以官名称后稷,失去了私名,也失去了代数,而到了不窋时,因为不再担任农官,不能再称后稷,只能称私名,所以留下了不窋这一私名,因此司马迁只能用"后稷卒,子不窋立"这种笼统的手法交代夏商交替时周族的世系。这种一笔带过的手法,可谓高明,但是也给后世造成了误解。

⑨【汇注】

　　赵本植：西姬峪,在(庆阳)府西南三里,相传为公刘子民之居。(《庆阳府志》

卷七《山川·西姬峪》)

⑩【汇校】

　　张文虎："行地宜"：《诗·大明》疏引"行"作"相"。(《校刊史记集解索隐正义札记·周本纪》)

⑪【汇注】

　　王　恢：漆沮：《汉志》《说文》，扶风有二漆水而无沮水。《寰宇记》邠州新平(邠)县，《水经注》云："漆水自宜禄(长武)界来，又东过扶风漆(邠)县北。(按今本《水经注》无此文)以《水经》验之，《汉志注》云'漆水在县西'，今县西九里有白土川水(今黑河)，东北流注于泾水，或是汉之漆水也。"又凤翔府普润(麟游)县漆水"水出县东南漆溪。按许慎《说文》曰：'出杜阳岐山，东入渭。'也。"一入泾，一入渭，皆在泾水西。《锥指》以为麟游之漆，当是沮水之讹。或是也。程大昌《雍录》谓踰梁山以达岐，与漆、沮无干。按去邠，度漆沮，踰梁山，至岐下，当西南行，邠西之漆，正当去岐下之道。《绵》之诗"自土沮漆"，"土"为杜，杜山在**麟游**西北，杜水所出，东南流合麟游之漆(沮)，于义为顺。说者以扶风无沮水，以"沮"作"徂"义为顺，但《云汉》之诗"自郊徂宫"，《皇矣》"以按徂旅"，《周颂》"自堂徂基。自羊徂牛"，"我徂维求定"，皆不作沮。或又据"古公亶父，陶复陶穴，未有家室"。谓其时尚在"穴居"，不知晋陕甘陇，今犹图冬暖夏凉而乐穴居者。观《公刘》之诗，称几筵、鞞琫，厉锻之属，服用且备矣。(《史记本纪地理图考·周本纪·周初都邑》)

　　又：漆水出铜川县东北大神山，西南流至耀县，古时盖折而东流入洛。洛水下流本有沮名，因纳漆入渭，并称漆沮，或称沮漆。后漆南入渭，沮水亦北移其名于黄陵县境。(《史记本纪地理图考·夏本纪·雍州》)

　　陈蒲清：漆、沮：皆渭水支流，在陕西耀县合流后称石川河，南流入渭水。(引自王利器主编《史记注译·周本纪》)

　　刘毓庆：古今学者都把渭认为是今之渭水。……以渭为现在的渭河，起码有两点不通。其一，依旧说，渭水是古邰国的所在地，公刘既离渭水迁至豳，为何至豳以后又返回来，渡渭水取"厉锻"？其二，豳距渭水200余里，公刘为何要跑那么远去取材用？此实有可疑。《西山经》有关于渭水的特殊记载："榆次之山，漆水出焉，北流注于渭。"《水经注》也说："漆水出扶风杜阳县俞山，东北入于渭。"渭水本在漆水之南，为何二书俱云北流入渭呢？原来泾西有二漆水，一北流注泾以入渭，一南流入渭。《山海经》《水经注》所说的北流入渭者，显然是指北流入泾的漆水，因泾水入渭，所以有时泾水也可叫做渭水，如同湖北境内汉水与夏水合流，而汉水也兼称夏水一样。《大明》写文王娶有莘氏之女时说："亲迎于渭，造舟为梁。"文王在岐周(或说在毕郢），莘国在合阳，都在渭水之北，何故要在渭水上"造舟为梁"作浮桥呢？这里的渭，显然也是指泾水。因为莘国在泾东，周在泾西。比舟而渡，于理为顺。(《雅颂新考·〈大雅·公刘〉新考》)

⑫【汇注】

张守节：公刘从漆县漆水南渡渭水，至南山取材木为用也。《括地志》云："豳州新平县即汉漆县也。漆水出岐州普润县东南岐山漆溪，东入渭。"(《史记正义》)

【汇评】

牛运震："务耕种……取材用"云云，按数语隐括《公刘》全篇，最妙！(《史记评注·周本纪》)

【汇评】

孙　琮：段段提起世德，束到人心，见周家得人心，全由世德，通篇关键在此。(《山晓阁史记选·周本纪》)

⑬【汇注】

吴国泰：保者，垺之借字。垺，依也。言民多依归之也。《高帝本纪》"踰城保刘季"与此同意。(《史记解诂》，载《文史》第四十二辑)

⑭【汇校】

张文虎："自此始"："王本"始"，宋本、中统、旧刻、游、柯、毛作"后"，《书·武成》疏引作"自此之后"，《御览》作"盖自此始也"。(《校刊史记集解索隐正义札记·周本纪》)

⑮【汇注】

司马贞：即《诗·大雅篇》"笃公刘"是也。(《史记索隐》)

【汇评】

郭嵩焘："公刘虽在戎……故诗人歌乐思其德"。按此据《诗·大雅·公刘》篇、《孟子·梁惠王》篇为文，较《夏》《殷本纪》采《诗》《书》所载以叙一代时事者，为有陶炼之功。(《史记札记·周本纪》)

⑯【汇注】

杨延祐：公刘祠，在州东八十里王陵村。(引自《邠州志》卷一《古迹》)

⑰【汇注】

裴　骃：徐广曰："新平漆县之东北有豳亭。"(《史记集解》)

司马贞：豳即邠也，古今字异耳。(《史记索隐》)

张守节：《括地志》云："豳州新平县即汉漆县，《诗》豳国，公刘所邑之地也。"(《史记正义》)

王　恢：豳：《旧唐书·地理志》云，开元十三年改作邠。《纪要》(五四)"陕西三水（旬邑）县西三十里有古豳城"。《清统志》（二四八）"《括地志》县西三十里（今本《史记》落'三'字）有豳原，豳城在原上。《元和志》豳国在陇川水西，盖公刘之邑。豳，谷名也，与故旬邑相去约五十里。（秦旬邑在东北）《县志》，县西南三十里为古公乡，亦谓之古公原。上连土墙，迤南即公刘墓"。按当今邠县东北，旬邑县西。（《史记本纪地理图考·周本纪·周初都邑》）

齐思和：《汉书·地理志》右扶风旬邑下自注曰："有豳都，《诗》豳国，公刘所都。"按汉旬邑旧治在今陕西邠县北之旬邑县东二十五里。古豳城在县东三十里，相传为公刘始都之处。后世之说豳地望者，率本班氏之说。郑玄《诗谱》："豳，今属右扶风旬邑。"又《郑志》答张逸问曰："豳地今为旬邑县，在广山北，沮水西，北有泾水，从此西南行，正东乃得周，故言东西云。岐山在长安西北四百里，豳又在岐山西北四百里。"《史记集解》引徐广曰："新平漆乡县之东北有豳亭。"杜预《左传集解》："豳，周之旧国，在新平漆县东北。"按晋代之旬邑，并入漆县，故二氏俱云豳在漆县也。《续汉书·郡国志》："旬邑有豳乡。"刘昭注："郑玄《诗谱》曰，豳者，公刘自邰而出，所徙戎、狄之地。"《括地志》："豳州新平县，即汉漆沮县豳国，《诗·公刘》所邑之地也。"江永《春秋地理考实》："按漆县今邠州，旬邑今三水，邠州东北有豳亭、豳谷，三水有豳谷，又有古公城，今为古公乡。"按民国以来，又改三水为旬邑，故清之三水，即今之旬邑也。（《中国史探研·西周地理考》）

曲英杰：《诗经·大雅·公刘》叙公刘迁都之事云："……笃公刘，于豳斯馆。"毛《传》曰："公刘居于邰，而遭夏人乱，迫逐公刘。公刘乃辟中国之难，遂平西戎而迁其民，邑于豳焉。"其说恐不完全合于史实。周人在不窋时已离开邰地，公刘不当是自邰而迁，而当是自不窋所居地而迁。自周人始祖弃至公刘为四世，以弃之时相当于夏孔甲之世，孔甲至桀为四世推之，公刘之世当在夏末商初。所迁缘由不当是为人迫逐，而当是周人已开始形成一种较大的势力，为寻求进一步的发展而迁。而后直至商代后期古公亶父迁居周原，周人皆居此地。自公刘至古公亶父，凡十世。（《先秦都城复原研究·豳》）

编者按：关于周族的起源，除过我们在前面的"按语"中提到的起源于晋南和关中土著两种说法外，史学界还有一种周人出于白狄说。徐中舒《先秦史论稿》（巴蜀书社，1992年）在《周王朝的兴起》一节中，开篇就提出周人出于白狄说：

向来认为周人是农业民族，古代关中农业由于周人的经营，已达到很高的发展水平，所以诗人称其农稼所获乃有"千斯仓""万斯箱"的丰裕景象（见《诗·小雅·甫田》）。金文周作🌾，从田即象界划分明的农田，其中小点象田中禾稼之形，从口与"君""商"等字同意，示国家政令所从出。但是周人是否向来农业就很发达呢？这就不一定了。周人本来是白狄一支，并不是农业民族。周人初居邰，后来古公亶父迁于岐山下的周原，才称为周。《史记·周本纪》称周祖后稷，"后稷卒，子不窋立，不窋末年，夏后氏政衰，去稷不务，不窋以失其官而奔戎狄之间。不窋卒，子鞠立。鞠卒，子公刘立。公刘虽在戎狄之间，复修后稷之业，务耕种，行地宜，自漆、沮度渭，取材用。行者有资，居者有畜积，民赖其庆，百姓怀之，多徙而保归焉，周道之兴自此始"。如果说后稷作为我国最早的农神，其时周人已达到高等农业阶段，他的儿子不窋却倒退到粗耕农业与戎狄同俗，传至不窋的孙子公刘又能在戎狄之间恢复到后稷的高等农业水平，这是不太合理的。周之先祖应自不窋始，从不窋到公刘他们世居邠，属于黄土高原地带的粗耕农业民族。

《尔雅·释地》"西至于邠国"，邠，《说文·水部》引作汃，汃即汾之省文。据此知古代邠地极为辽阔，从今甘肃庆阳以东至于山西汾水流域，皆属古代长林丰草野猪出没的黄土高原地带。居民营粗耕农业的复合经济，春夏以采捕游猎为生，居徙无常，秋冬始还旧居。

沈长云受徐中舒的启发，近年来发表《周族起源诸说辨正——兼论周族起源于白狄》一文（《中国史研究》，2009年3期）。沈文在内容提要中说：周族非起源于晋南，亦非出自关中土著，而是出自居住在今陕西东北部及山西西部黄河两岸一带的戎狄族人，也就是以后文献所称的白狄。文献记载周人与这些戎狄族人都奉黄帝为其祖先，而黄帝氏族正发祥于我国北方晋陕冀交界一带。今考古发现分布于陕西东北与山西西部黄河两岸一带的李家崖文化与先周文化具有十分密切的关系，亦可为此提供证明。

正文中，沈长云对上述论点进行了详细的论证。周族起源于白狄，虽然可以备一说，但是并没有确切的证据。先周文化虽然受到李家崖文化的一些影响，但是李家崖文化并不能为周族起源于白狄提供证明，因为先周文化并不是来源于李家崖文化，先周文化自有渊源。确定先周文化是有标准的，标准就是西周文化，李家崖文化与西周文化二者不属于同一谱系的文化。总之，研究周族的起源问题，还是要围绕着先周文化问题。

我们认为：周族的信史虽然应该从不窋开始，但是不窋自窜于戎狄之间，踪迹不详，所以周族的信史从公刘开始比较靠谱。《诗经·大雅·公刘》说："笃公刘，于豳斯馆。"毛传曰："公刘居于邰，而遭夏人乱，迫逐公刘。公刘乃避中国之难，遂平西戎而迁其民，邑于豳焉。"《续汉书·郡国志》说："旬邑有豳乡。"刘昭注："郑玄《诗谱》曰：'豳者，公刘自邰而出，所徙戎、狄之地。'"公刘果真由邰迁豳，那么他到了豳地"复修后稷之业，务耕种，行地宜，自漆、沮度渭，取材用"，也就合情合理了。总之，从公刘时代开始，周族就成为一个善于经营农业的部族，所以得名为周族。

庆节卒，子皇仆立。皇仆卒，子差弗立①。差弗卒，子毁隃立②。毁隃卒，子公非立③。公非卒，子高圉立④。高圉卒，子亚圉立⑤。亚圉卒，子公叔祖类立⑥。公叔祖类卒，子古公亶父立⑦。古公亶父复修后稷、公刘之业，积德行义，国人皆戴之⑧。薰育戎狄攻之⑨，欲得财物，予之⑩。已复攻⑪，欲得地与民。民皆怒，欲战⑫。古公曰："有民立君⑬，将以利之。今戎狄所为攻战，以吾地与民。民之在我，与其在彼，何异？民欲以我故战，杀人父子而君之，予不忍为⑭。"乃与私属遂去豳⑮，度漆、沮⑯，逾梁山⑰，止于岐下⑱。豳人举国扶老携弱，尽复归古公于岐下⑲。及他旁国，闻古公仁⑳，亦多归之㉑。于是古公乃贬戎狄之俗㉒，而营筑城郭室屋㉓，而邑别居之㉔。作五官有司㉕。民皆歌乐之，颂其德㉖。

① 【汇注】

梁玉绳："子差弗立"，附按：《路史》引《世本》作"弗差"，以"差弗"为非，恐不足据。别本作"羌弗"，形近而讹。(《史记志疑·周本纪》)

② 【汇注】

裴　骃：(隃)，音逾。《世本》作"榆"。(《史记集解》)

司马贞：《系本》作"伪榆"。(《史纪索隐》)

梁玉绳："子毁隃立"，附按：《人表》及《国语》韦注与此纪同，而《世表》作"毁渝"，《索隐》引《世本》作"伪榆"，《路史》引作"伪隃"，它本《集解》又引《世本》作"揄"。宋宋庠《国语补音》云或作"愉"，今有作"伪揄"者。余考《酒诰释文》云"毁揄为昭。揄音投"。则隃、渝、榆、愉皆揄之误，盖因揄有踰音，且字相近故也。伪，亦当作"毁"。(《史记志疑·周本纪》)

③ 【汇注】

司马贞：《系本》云："公非辟方。"皇甫谧云："公非字辟方也。"(《史记索隐》)

④ 【汇注】

裴　骃：宋衷曰："高圉能率稷者也，周人报之。"(《史记集解》)

司马贞：《系本》云"高圉侯侔"。(《史记索隐》)

马　骕：宋衷云：高圉，能率稷者也。周人报之。(《绎史》卷一八《周室始兴》)

又：《纪年》：殷祖乙十五年，命邠侯高圉。（同上）

⑤【汇注】

裴　骃：《世本》云："亚圉云都。"皇甫谧云："云都，亚圉字。"（《史记集解》）

司马贞：《汉书·古今表》曰："云都，亚圉弟。"按：如此说，则辟方侯侔亦皆二人之名，实未能详。（《史记索隐》）

马　骕：盘庚十九年，命邠侯亚圉。（《绎史》卷一八《周室始兴》）

⑥【汇校】

张　照："亚圉卒，子公叔祖类立"，《路史·发挥》曰：杜预《释例》云：高圉，仆窋九世孙，而《史·索》亦以辟方侯侔为皆二人斯得之矣。独《史记》乃无辟方侯侔云都诸鉴，至皇甫谧，遂以为公非高圉亚圉祖绀之字，盖牵于单穆公十四世之说，乃合二人以为一耳。臣照按：三代以还，典籍湮没，非《诗》《书》所载，但可存而弗论，必欲伸此绌彼，有如捕风。（《钦定史记·周本纪·考证》）

【汇注】

司马贞：《系本》云："太公组绀诸鉴。"《三代世表》称叔类，凡四名。皇甫谧云"公祖一名组绀诸鉴，字叔类，号曰太公"也。（《史记索隐》）

梁玉绳："公非卒，子高圉立。高圉卒，子亚圉立。亚圉卒，子公叔祖类立"。按：《人表》公非后有辟方，高圉后有夷竢。亚圉后有云都，《史》注引《世本》同。史公不知《国语》十五王之误，既以不窋为后稷子，又删缩辟方三世不书，以求合于《国语》，皇甫谧附会其词，遂以辟方等为公非诸君之字，《路史·发挥》及《前编》俱纠其谬也。又《路史》谓侯侔是亚圉父，恐非。余疑亚圉乃高圉之弟，并未是高圉之子，不然，则父子同名"圉"矣。晋杜预《春秋释例·世族谱》云都作"灵都"。公叔祖类，《竹书》作"组绀"，《世本》作"太公组绀诸鉴"，《国语》韦注依《人表》作"公祖"，宋庠《补音》云"本或作'公组'"，《稽古录》作"公叔祖赖"，此处《索隐》引《世表》作"叔类"，而《礼·中庸》疏引此纪作"太公叔颖"，以一人而有数名，增损改易，疑莫能定。盖其中传写之讹，亦所不免，故《索隐》《礼疏》引《史记》皆与今本异也。（《史记志疑·周本纪》）

吴汝纶：《索隐》"组绀诸鉴"，钱云："鉴"当作"鲧"，"鲧""类"声相近也。鲧，绿色。绀，青赤色。故又谓之绀组。梁云：《索隐》引《世表》作"叔类"，《中庸》疏引此作"太公叔类"。（《桐城吴先生点勘史记读本·周本纪》）

钱大昕：子公叔祖类立。《索隐》云："《系本》云：'太公组绀诸鉴。'""鉴"当作"鲧"，音戾，"鲧""类"声相近也。鲧，绿色；绀，青赤色，与绿相似，故又云"组绀"。（《廿二史考异》卷一《周本纪》）

⑦【汇注】

皇甫谧撰、徐宗元辑： 古公亶父，是为太王，以修德为百姓所附，狄人攻之，以皮币事之，不得免焉，又事之以玉帛，不得免焉，又事之以犬马，不得免焉，遂策杖而去，止于岐山之阳，邑于周地，故始改国曰周。豳人闻之曰：仁人不可失也。东循而奔，从之者如归市焉，一年而成三千户之邑，二年而成都，三年五倍其初。王于是改戎俗，筑城郭，立宗庙，设官司，即《诗》所谓：乃召司空，乃召司徒，俾立室家，其绳则直，缩版以载，作庙翼翼……筑之登登，削屡冯冯。周道之端，盖自此始。（《帝王世纪辑存·周第四》）

陈士元： 古公亶父，《史记》云公叔祖类子也。《路史》云：叔祖绀是为祖类，子诸盩是为太公。太公子亶父，是为古公。太王世表云：太公即祖绀，诸盩即叔类。皇甫谧云：公祖一名组绀诸盩，字叔类，号太公。诸说不同。（《孟子杂记》卷三《辨名》）

顾炎武：《祭义》，以事天地山川社稷先古。先古，先祖也。《诗》曰"以似以续，续古之人"，亦谓其先人也。近曰先，远曰古。故周人谓其先公曰古公。（《日知录·先古》）

梁玉绳： 大王始见《书·武成》《诗·周颂·天作》《鲁颂·闷宫》，亶父始见《诗·大雅·绵》、大王亶父始见《庄子·让王》《吕氏春秋·审为》。公祖子，始见《史·周纪》，大又作泰，父又作甫。亦曰古公，单称古，亦曰豳公，亦曰周公，亦曰豳王，去邠邑岐，其南有周原，始改国曰周，寿百二十。（《汉书人物考》）卷二《大王亶父》

崔　述： 按：《索隐》所引《世本》之文，自公非至大王凡九世。《史记·周本纪》则云"公非卒，子高圉立；高圉卒，子亚圉立；亚圉卒，子公叔祖类立；公叔祖类卒，子古公亶父立"，仅五世耳。《帝王世纪》以"辟方"为公非字，"云都"为亚圉字。"组绀诸盩"为一人名，即公叔祖类也。余按：不窋下至文王，据《本纪》仅十有四世，其数之不符，前已辨之矣。然即使不窋当夏末造，其世数亦仍不止于是也。不窋之窜在夏桀时，至文王时不下六七百岁，安得每君皆享国五十年之久乎？《汉书·古今人表》以云都为亚圉弟，然则辟方、侯牟、诸盩皆当别为一人，非其字矣。况毁隃以前皆但举其名，何以公非以后四世皆兼举其字？盖《史记》因《国语》之文而遗此四世，《世纪》又因《史记》之文而强为说以曲全者也。《世本》之文虽亦不能保无漏误，然多此四世则较之《史记》于事理为近。（《崔东壁遗书·丰镐考信录》卷一《世本世数较史记可信》）

乔松年： "古公亶父"，"古公"非其称也。"公亶父"三字当连文如"公刘"耳。"古"者，昔也，犹言"昔公亶父"。不可以"古公"相连。此崔东壁说，极允。（《萝

摩亭札记》卷五，引自《崔东壁遗书》附录《古公亶父》)

⑧【汇校】

　　[日]泷川资言：《国语·鲁语》"太王帅稷者也"，古钞、南本"复"上无"亶父"二字。(《史记会注考证》卷四)

⑨【汇注】

　　陈蒲清：薰育：又作"獯鬻"。古代北方部族名。夏代称薰育，周代称猃狁，战国秦汉称匈奴。(引自王利器主编《史记注译·周本纪》)

　　[美]帕克：中史谓匈奴之先出于夏后氏之苗裔曰淳维，以失行遁入北荒，建国称王。自是以迄西元前二世纪，中国北方诸邦，屡遭此辈游牧民族侵寇之害；然其世代年系绝少纪述，今日钩稽古籍，于此辈往略迹窥一二；顾其蒙昧之状，比之希罗多德之纪塞种，无以异也。斯时东胡民族尚未为中国所知，两者接触，犹在数百年后。唯匈奴以泱泱大国，故知之甚悉。后来屡用突厥人或突厥塞种(Turko—Scythian)之名以称匈奴帝国中各同种部落；然在西元后第五世纪以前，犹无突厥之名，漫以此称往昔匈奴，将不免通人之讥矣。(《匈奴史·匈奴之古史》)

　　【汇评】

　　孙　琮：和戎始此。(《山晓阁史记选·周本纪》)

⑪【汇注】

　　陈蒲清：已：已而，不久。(引自王利器主编《史记注译·周本纪》)

⑫【汇评】

　　吴见思：作民怒，欲战，添一倍色泽。(《史记论文·周本纪》)

⑬【汇注】

　　陈蒲清：有民：民众。"有"是名词词头，无义。(引自王利器主编《史记注译·周本纪》)

⑭【汇注】

　　牛运震：古公曰"有民立君，将以利之"云云，按此数语，较《孟子》所载为繁，然特明透，曲折有情。(《史记评注·周本纪》)

　　【汇评】

　　孙　琮：此一念，为周家享国长久之本。(《山晓阁史记选·周本纪》)

⑮【汇校】

　　张文虎："乃与"，《御览》作"以"。(《校刊史记集解索隐正义札记·周本纪》)

⑯【汇注】

　　裴　骃：徐广曰："水在杜阳岐山。杜阳县在扶风。"(《史记集解》)

　　赵生群：水在杜阳岐山，"在"，《水经注》卷一六《渭水》引徐广《注》作

"出"，疑是。（点校本二十四史修订本《史记》）

⑰【汇注】

张守节：《括地志》云："梁山在雍州好畤县西北十八里。"郑玄云："岐山在梁山西南。"然则梁山横长，其东当夏阳，西北临河，其西当岐山东北，自豳适周，当逾之矣。（《史记正义》）

王　恢：梁山，《汉志》："右扶风好畤有梁山宫，秦始皇起。"吴卓信《补注》："此太王所踰之梁山，非《禹贡》梁山也。"《清统志》（二四七）：山在今乾县西北五里。又（二三五）云，在扶风东北接乾县界。（《史记本纪地理图考·周本纪·周初都邑》）

齐思和：胡渭《禹贡锥指》："《尔雅》曰'梁山晋望也'，正谓夏阳之梁山。夏阳故少梁，秦地也。《左传》文十年，晋人伐秦，取少梁，梁山由是入晋。成五年，梁山崩，晋侯所以问伯宗而行降服彻乐之礼。下逮战国，少梁犹属魏，故梁山虽在雍域而实为晋望，蔡氏以为在冀州，即离石之吕梁，何其考之不详也？"按：胡氏所驳正者甚是。梁山自以夏阳之梁山为是。……《孟子》谓去邠逾梁至岐，则梁山自在邠、岐之间。按梁山甚多。《禹贡》："治梁及岐。"《诗》："奕奕梁山。"此梁山在陕西韩城县。至太王所逾之梁山，则在岐山县界。胡渭谓："雍州有二梁山，一在韩城县西北，《诗》所谓'奕奕梁山'者，《禹贡》之梁山也。一在乾州西北，西南接岐山县界，即《孟子》所云'太王去邠逾梁山者，非禹贡之梁山也'。"按胡氏之说是矣。（《中国史探研·西周地理考》）

⑱【汇注】

裴　骃：徐广曰："山在扶风美阳西北，其南有周原。"骃按：皇甫谧云"邑于周地，故始改国曰周"。（《史记集解》）

徐文靖：《笺》按：《汉书·匈奴传》，戎狄攻太王亶父，亶父亡走岐山下。《地理志》右扶风美阳西北中水乡，周太王所邑。林氏曰：邠在岐西北四百余里。《括地志》：故周城一名美阳城。雍州武功北七里。《郡县志》：岐山，一名天柱山。在凤翔府岐山县东北十里。徐广曰：邑于周地，故始改国曰周。（《竹书纪年统笺》卷六《康丁元年，邠迁于岐周》）

梁玉绳："遂去豳，渡漆、沮，逾梁山，止于岐下"。《四书释地》曰："程大昌《雍录》谓渭水实在梁山之南，循渭西上，可以达岐，与漆、沮无干。"（《史记志疑》）

雷学淇：古公迁岐之事，《通鉴前编》系于小乙二十六年，误也。按《庄子》《吕览》《尚书大传》《吴越春秋》，皆谓太王杖策去邠，盖太王时已耆艾矣。果如《前编》之说，以小乙二十六年迁岐，以祖甲二十八年薨，是自迁岐至卒，已九十五年，岂杖乡、杖国之人又历九十五年而后卒乎？此必不然矣。《竹书》云：武乙元年，邠迁于岐，命周公亶父，赐以岐邑。二十一年，周公亶父薨。《汉书·西羌传》曰：武乙暴虐，犬戎寇边，周古公逾梁山而避于岐下。（《介庵经说》卷九《孟子·续说》）

编者按：前人多认为周文王迁都丰邑后，分岐周地为周公旦、召公奭采邑。岐周是指古公亶父迁岐后所建立的都邑"周"，即周邑，史称岐邑。周文王作邑于丰后，不是把故都周邑分给周公旦、召公奭为采邑，而是在岐周，也就是在周邑的近畿为周、召二公分封了采邑。西周早期，周邑是周王室的故都，西周中晚期，周邑成为实际的王都。

周邑，也就是岐周故址，今称周原遗址，位于岐山县与扶风县北部交界一带的岐山之下，分布在岐山县的京当乡、扶风县的黄堆乡和法门镇三个乡镇内，遗址的中心位置在时沟河的东西两岸。周公、召公的采邑都在今岐山县城以西，与周原遗址之间的东西距离约为六十华里。

庞怀靖说："大体说来，岐周地方的东半部属周公旦的采地……岐周地方的西半部，属召公奭的采地。"（《跋太保玉戈——兼论召公奭的有关问题》，《考古与文物》，1986年第1期）曹玮认为："周公采邑当在今岐山县的北郭乡和周公庙附近。"（《太王都邑与周公封邑》，《考古与文物》，1993年第3期）

《史记·鲁周公世家》正义引《括地志》说："周公城，在岐山北九里，此地周之畿内，周公食采之地也。"此说可信。近年在岐山北郭乡周公庙西周遗址的考古发掘，证明这里确是西周周公的采邑。这里不仅有周公采邑的遗址，而且还有周公家族的墓地陵园。周公庙西周遗址位于今岐山县城西北约5公里，正因为这里是周公旦的采邑，所以唐代在其西侧西周称之为"卷阿"的地方创建了周公庙。

召公奭的采邑在今岐山县城西南约4公里的刘家原村一带，该村旧名召亭村，著名的太保玉戈清代出土于刘家原村西约2.5公里处。今岐山县城以东不远，北面有北吴邵村，南面有南吴邵村，都保留了"召"这一地名。今岐山县城西南当是召公奭的采地，县城西北当是周公旦的采地。周公旦与召公奭的采邑在今岐山县城附近，不是东西分布，而是呈南北布局。

王　恢：岐山，徐广曰："在右扶风美阳西北，其南有周原。"《渭水注》："小横水历周原下，水北即岐山。"《清统志》（二三五）"在岐山县东北五十里"。（《史记本纪地理图考·周本纪·周初都邑》）

又：《史地考》（三）："邠盖山西汾旁之邑。古公者，山西绛县西北有古山古水，其流入汾。古公盖自此渡河津，逾韩城县梁山，而耕植于漆沮二水间，即今洛水与石川河之平原也。"又曰："旧说去邠踰梁至岐下，在乾县西北五里，然按之地势事情均不合。盖邠郊地望皆误，因并梁山而不得其处。"又曰："《汉志》右扶风安陵，惠帝置。阚骃曰：本周之程邑。《括地志》：安陵故城在咸阳县东二十一里。《周书》称文王在程，作《程寤》《程典》，字又作郢，即《孟子》所谓毕郢也。又名鲜原。《诗·大雅》'度其鲜原，居岐之阳'，然则文王居岐，正在咸阳。上推古公，亦复如此，不当远在凤翔岐山。今就岐阳、鲜原之说求之，岐山断为九嵕嵯峨无疑。"钱穆先生对周初居邑破旧立新，只以两千年来积非成是，仅存其说而已。（同上）

编者按：《史记集解》引皇甫谧云："邑于周地，故始改国曰周。"这种说法是错误的，古公亶父迁至岐山之下，并没有改国号和族名，而是把都邑名称改称为"周"。周族居豳时，族称为"周"，而都邑名称为"京"。《诗·公刘》云"乃陟南冈，乃觏于京"，"京"是公刘居邑的名称。古公迁岐后，沿袭先王居邑名称不变，仍把自己居住的小地名叫"京"，但是把整个的都邑却以其族名称之为"周"。《诗·大明》云："挚仲氏任，自彼殷商，来嫁于周，曰嫔于京。""周"是指整个都邑，即周邑、岐邑，"京"是指王宫，所以《诗·思齐》云"思媚周姜，京室之妇"。"京室"即周族王室居住的宫室。郑笺："太姜言周，太任言京，见其谦恭自卑小也。"以大地名称太姜为"周姜"，以小地名称太任为"京室之妇"，所以，"见其谦恭自卑小也"。

成王五年以前，西周金文中，包括《尚书》中，称镐京为"蒿"或"周"。成王五年建成东都雒邑后，定名为"成周"，表示是成王自己建立的"周"，或者是表示王业成功的意思；又把镐京定名"宗周"。这是因为周人"祖文王宗武王"，尊文王为祖，敬武王为宗，定名镐京为"宗周"，就是表示镐京是宗，也就是武王所建的"周"。"宗周""成周"之名，表明周人沿袭先王都邑名称不变，证明古公亶父在岐山之阳所建的都邑确实称之为"周"，所以成王五年以后，金文中仍称岐邑为"周"。

"周"，后世史家多称为"岐邑""岐周"。《后汉书·匈奴列传》说："亶父亡走岐下，而豳人悉从亶父而邑焉，作周。"司马贞《史记索隐·述赞》说："后稷居邰，太王作周。"古公亶父迁岐，并未改族名、国名，而是以自己原有的族名，始改都邑名称为"周"，表示是周族居住的地方。周原本不叫周原，而是由于周族迁去居住，从此才叫周原。关于周原与周族的名称，传统的说法是倒果为因。（参见尹盛平：《试论金文中的"周"》，《陕西省考古学会第一届年会论文集》，收入《考古与文物》丛刊第三号，1983年）

1976年至1981年，在岐山（箭括岭）之南略偏东的周原遗址，进行了大规模的考古调查和考古发掘，在岐山县京当乡凤雏村西南、贺家村北，发掘出周王室早期宗庙遗址，出土从文王时期到西周康王时代的卜甲碎片21000多片，有字者293片，共计900多字。这些甲骨卜辞，记录了文王到西周早期许多鲜为人知的史实。在扶风县法门镇召陈村北，发掘了几组西周中晚期的大型宫室建筑基址，又在庄白村南发掘了一处大型西周铜器窖藏，出土从西周初期至西周晚期微氏家族七代人所作的青铜礼乐器103件，有铭文的74件，铭文最长的284字。这批铜器铭文，记载了西周微氏家族的先祖原是商末微子启的史官,商亡后投奔了周武王,武王命周公在"周"(岐邑)给予了居所,从此这个家族世代担任周王朝的"作册"(史官),主管威仪。在扶风黄堆乡云塘村南发掘了西周制骨作坊遗址。还在岐山贺家村、扶风庄白村、齐家村、黄堆村等地,发掘了从太王迁岐后至西周晚期数百座墓葬。这一系列的重大考古发现,证明古公亶父迁岐所建的"周",就在岐山县与扶风县北部的交界处。遗址中心区东西约5公里,南北约4公里,其间包括岐山县京当乡的凤雏、董家、贺家、礼村、王家咀;扶风县黄堆乡强家、云塘、齐镇、下樊;法门镇召陈、齐家、任家、庄白等二十几个村庄。遗址的位置正在岐山以南(即所谓的岐山之阳)周原的腹地,今称之为周原遗址。

通过周原遗址的发掘与研究,可知文王迁丰后,"周"并未废弃,也没有分封给周、召二公作"采邑"。西周的周邑,不仅周王室的"京宫"未毁,而且还营建了新的王宫"康宫",特别是西周中期又建造了新王宫,因为是在周邑建造的王宫,所以称之为"琱宫"。"琱"字从王从周,是周邑的王宫。当时管理"琱宫"的王臣,例如"琱宫"的大总管"宰琱生",其家族的铜器窖藏发现于召陈村西南的齐家村、任家村一带;膳夫克的铜器窖藏发现于任家村;统领"琱宫"禁卫军的将领师翻家族的铜器窖藏,发现于召陈村西北的强家村西。所以,召陈村一带的西周中晚期大型建筑基址群,应该就是"琱宫"的遗存。正因为如此,所以西周中晚期铜器铭文中,周王常在"周"朝见、册命、赏赐大臣。

《汉书·地理志》引臣瓒说:"穆王以下都于西郑。"这与西周中晚期金文中周王经常在"周"的记载是吻合的。"西郑"是指周原西部的凤翔一带,周原遗址当包括在"西郑"的范围之内。

总之,西周时"宗周""成周""周"三都并立。西周早期至穆王时代,西周的王都是"宗周",在丰、镐地区。周穆王以下的西周中晚期,西周的王都实际是在"周",即周邑(岐周)。当然岐周是故都,"宗周"并未废弃,只是周王很少到"宗周",而是常在"周",也就是常在岐周。终西周一代,"成周"虽是陪都,但是它作为周王室在东方的一个经济和军事重镇,却发挥了不可替代的作用。

刘毓庆:考商王武丁时代,当是周先祖高圉时代。武丁至帝辛是七世,而高圉至武王也是七世。周从公刘至太王,中间八世,俱无事迹传世,惟《鲁语》云:"高圉、太王,能帅稷者也。"所谓帅稷,当指能兴后稷之业,发展农业。参之甲骨文则不难推想:高圉是由于有商人的保护,才能在戎狄之间,得以生存和发展的。(《雅颂新考·〈大雅·绵〉诗新考·太王迁周为失去商之保护考》)

又:《西羌传》云:"武乙暴虐,犬戎寇边,周古公逾梁山而避于岐下。"这条记载,有两个意思,一是太王迁周是因犬戎寇边;二是犬戎寇边是因武乙暴虐。换句话说,太王迁周,是因武乙暴虐,不能保周,周受到了游牧部落侵扰的缘故。此正好与甲骨文的记载相印证。武丁时征伐多方,"自彼氐羌,莫敢不来享,莫敢不来王"。至祖甲后诸王,由于政衰,以前从属于商的犬戎,也开始摆脱商人的控制,为害西北。与犬戎为邻的农业国——周,原靠商人作后盾,现在也失去依靠,受害于犬戎,因此在古公时,只好被迫南逃了。(同上)

编者按:《诗·鲁颂·閟宫》云:"后稷之孙,实维太王。居岐之阳,实始翦商。"太王即古公亶父。多年来关中西部商代考古发掘证明:商代殷墟文化二期以后,周原地区发生了考古学文化的更迭。商代二里岗上层偏晚阶段至殷墟文化二期时,岐山、扶风境内的周原地区,分布着关中西部的商文化地方类型——京当型商文化。约当殷墟文化二期时,中心区原在宝鸡市周围的刘家文化,即姜姓四岳族的姜戎文化进入了岐山、扶风境内的周原地区。殷墟文化三期后段时,早周文化,或称先周文化进入了岐山、扶风一带的周原,而京当型商文化从殷墟文化二期以后,在岐山、扶风一带的周原完全消失了,当地成为早周文化与姜戎文化的分布区。这一现象与古公亶父迁岐,与当地的姜姓部族结盟,从此周族在周原发祥的历史不无关系。刘军社认为:"古公亶父,'迁于岐阳,实始翦商',就是指将壹家堡类型文化为代表的商文化势力从关中西部赶走的情形,因为商人是不会主动让出经营多年的地盘,又因为这是先周人第一次对商人的宣战,故称之为'始翦商'。"(《太王"翦商"史事辨》,《西周史论文集》,陕西人民教育出版社,1993 年)壹家堡类型商文化即京当型商文化,很可能是商代入居邠、岐之间的畎夷的文化遗存,商代畎夷是亲商的势力,其君犬侯经常奉商王之命率军扑伐周族。畎夷为秦人的先祖,所以西周金文中秦人被称为"秦夷"。畎夷被从周原和关中西部赶走以后,西迁甘肃天水地区的礼县一带,即所谓的"西犬丘"一带。

【汇评】

齐思和:太王迁居周原之后,其民族始得周之名称,故此民族之称周,实自太王迁岐后始,而周人后来富强之基,亦即始于是,故太王之迁周,实周民族早年迁徙最重要之大事。(《中国史探研·西周地理考》)

⑲**【汇注】**

马 骕:《庄子》太王亶父居邠,狄人攻之,事之以皮币而不受,事之以犬马而不受,事之以珠玉而不受,狄人之所求者,土地也。太王亶父曰:"与人之兄居而杀其弟,与人之父居而杀其子,吾不忍也。子皆勉居矣,为吾臣与为狄人臣,奚以异?且吾闻之,不以所用养害所养。"因杖策而去之。民相连而从之,遂成国于岐山之下。(《绎史》卷一八《周室始兴》)

⑳**【汇评】**

唐 锜:夫上之爱民至于宁弃其国,而民之从之亦至于自弃其家,则太王之德于是为至,其神明尸祝之道,皆天命人心之不容自已者,盖不俟追王而已然矣。(引自

《邠州志》卷四《周太王祠记》)

㉑ 【汇注】

[日] 泷川资言："薰育戎狄攻之"以下采《孟子·梁惠王》篇,参以《诗·大雅·绵》篇。又见《庄子·让王》篇、《吕氏春秋·审为》篇、《尚书大传》与《淮南子·道应训》。《后汉书·郡国志》,美阳有周城。美阳故城在今陕西凤翔府岐山县。崔述曰:《史记·周本纪》称太王曰"古公",朱子《诗传》因之,曰"古公号也"。按周自公季以前,未有号为某公者,微独周,即夏、商他诸侯亦无之,何以太王乃独有号?《书》曰"古我先王",古犹昔也,故《商颂》曰"自古在昔"。"古我先王"者,犹"昔我先王"也。"古公亶父"者,犹言"昔公亶父"也。"公亶父"相连成文,而冠之以"古",犹所谓公刘、公非、公叔类者也。(《史记会注考证》卷四)

徐文靖:《笺》按,《书·传》说太王迁岐,民束脩奔而从之者三千乘,止而成三千户之邑。则是岐山之下始未有邑,至是成邑。而武乙因赐之也。《鲁颂》曰:至于太王,居岐之阳,实始翦商。《毛传》曰:翦,齐也。《郑笺》曰:翦,断也。《说文》作戬商。戬,福也。三说皆非也。《尔雅·释诂》曰:劳来强事谓翦翦,勤也。实始翦商,盖谓实始勤商耳。与《周书》太王其勤王家之意正自符合。齐、断、勤三训,皆见《尔雅》,注《诗》者未之考也。(《竹书纪年统笺》卷六《武乙三年命周公亶父赐以岐邑》)

【汇评】

马 骕:方獯鬻之来侵也,太王曰:狄人之所求者土地也,吾不忍以所用养害所养,遂杖策而去之。夫国之所以为国者以有土,土之所以为土者以有人也。弃人与土,宁必有以立吾国者?惟太王弗欲以土地之故,残民于锋镝,国之存亡不计焉。于是豳人相帅负老携幼而从之,遂居于岐山之下,一年成邑,二年成都,旁国亦多归之,其民五倍。《诗》所谓"爰契我龟,憎其式廓"者也。(《绎史》卷一八《周室始兴》)

㉒ 【汇注】

马持盈:贬戎狄之俗:变革戎狄的风俗。(《史记今注·周本纪》)

陈蒲清:贬:损减。这里有部分地加以改变的意思。戎狄之俗:指西北部族的游牧风俗。(引自王利器主编《史记注译·周本纪》)

㉓ 【汇注】

张文虎:"室屋":中统本作"宫室"。(《校刊史记集解索隐正义札记·周本纪》)

曲英杰:周城所在,在今陕西扶风、岐山二县交界地带。《汉书·地理志上》载右扶风属县"美阳,《禹贡》岐山在西北。中水乡,周大王所邑"。《后汉书·郡国志一》载右扶风属县"美阳,有岐山,有周城"。……自古公亶父营筑周城至周文王徙居丰邑,周城为周人之都凡历三世,当在百年上下。由于其北倚岐山,人亦多以岐周称之。

如《墨子·非命上》云:"昔者文王封于岐周,绝长继短,地方百里。"《孟子·离娄下》云:"文王生于岐周,卒于毕郢,西夷之人也。"文王徙丰后,以其地为周公采邑。(《先秦都城复原研究·周》)

㉔【汇注】
　　裴　骃:徐广曰:"分别而为邑落也。"(《史记集解》)
　　陈蒲清:邑别:分别成邑落。(引自王利器主编《史记注译·周本纪》)

㉕【汇注】
　　裴　骃:《礼记》曰:"天子之五官曰司徒、司马、司空、司士、司寇,典司五众。"郑玄曰:"此殷时制。"(《史记集解》)
　　陈蒲清:作五官有司:建立各种官职,使各有管理的职责。《礼记·曲礼下》:"天子之五官曰司徒、司马、司空、司士、司寇,典司五众。"(引自王利器主编《史记注译·周本纪》)
　　解惠全:有司,官吏。古代设官分职,各有专司,所以称有司。(《全译史记·周本纪》)

【汇评】
　　牛运震:"于是古公乃贬戎狄之俗……作五官有司",按此又隐括《绵》诗,妙!(《史记评注·周本纪》)

㉖【汇注】
　　司马贞:即《诗颂》云"后稷之孙,实维太王,居岐之阳,实始翦商"是也。(《史记索隐》)
　　陈蒲清:颂其德:指《诗》对古公亶父的称颂。如《周颂·天作》云:"天作高山,大王荒之。"《鲁颂·閟宫》云:"后稷之孙,实维太王,居岐之阳,实始翦商。"太王,是武王灭商后追尊古公亶父的称号。(引自王利器主编《史记注译·周本纪》)

【汇评】
　　牛运震:"故诗人歌乐,思其德","民皆歌乐之,颂其德",两以诗歌结,极古雅。(《史记评注·周本纪》)

　　古公有长子曰太伯,次曰虞仲。太姜生少子季历①,季历娶太任②,皆贤妇人③;生昌④,有圣瑞⑤。古公曰:"我世当有兴者,其在昌乎⑥?"长子太伯、虞仲知古公欲立季历以传昌,乃二人亡如荆蛮⑦,文身断发⑧,以让季历⑨。

① 【汇注】

张守节：《国语注》云："齐、许、申、吕四国，皆姜姓也，四岳之后，太姜之家。太姜、太王之妃，王季之母。"（《史记正义》）

张之象：太姜固太伯、虞仲、季历母也。此独曰"太姜生少子季历"者，盖季历取太任，妇姑相继，故下以皆贤妇人一句统之。（引自《史记评林·周本纪》）

朱之蕃：《国语》云：齐、许、申、吕四国，皆姜姓也。四岳之后，太姜之家，太姜，太王之妃，王季之母。（引自《百大家评注史记·周本纪》）

梁玉绳："古公有长子曰太伯，次曰虞仲，太姜生少子季历"。附按：《左传·僖五年》疏曰，"如《史记》之文，似王季与太伯别母，司马迁之言疏谬"。而《评林》引明张之象谓妇姑相继皆贤妇，故曰"太姜生少子季历"。张评所以著太姜系季历之故，解颇明白，史公本不以季历与太伯为异母也，《孔疏》自误耳。（《史记志疑·周本纪》）

吴汝纶：《左传》疏如《史记》之文，似王季与太伯别母。（《桐城吴先生点勘史记读本·周本纪》）

【汇评】

刘　向：太姜者，王季之母，有吕氏之女，太王娶以为妃，生太伯、仲雍、王季。贞顺率道，靡有过失。太王谋事迁徙，必与太姜。君子谓太姜广于德教，德教本也，而谋事次之。《诗》云"古公亶父，来朝走马，率西水浒，至于岐下。爰及姜女，聿来胥宇"，此之谓也。盖太姜渊智非常，虽太王之贤圣，亦与之谋，其知太王仁恕，必可以比国人而景附矣。（《列女传》卷一《周室三母》）

杨　慎：尝见《吕梁碑》所载：后稷生台玺，台玺生叔均，叔均而下数世始至不窋，不窋下传季历犹十有七世。而太史公作《周纪》，拘于《国语》十有五王之说，乃合二人为一，又删缩数人，以合十五之数，不知《国语》之说十五王，皆指其贤而有闻者，非谓后稷至武王千余年而止十五世，太史公亦迂哉！（引自《史记评林·周本纪》）

张天恩：仔细研究这一段历史，我们发现，太王更换继承人的原因，并不在于季历有一个好儿子，而在于他有一个好母亲。《史记正义》引《列女传》云"太姜，太王娶以为妃，生太伯、仲雍、王季"，这个说法是错误的。这是秦汉以后儒家的观念，是不想让季历作为一个庶出的儿子，硬要画蛇添足地去注《周本纪》后，把一个清楚的问题搞糊涂了。其实《周本纪》说得很明白："古公有长子曰太伯，次曰虞仲。太姜生少子季历。"说明三个儿子并非一母所生。（引自《周秦文化研究论集·试论太王传位季历的目的和意义》）

② 【汇注】

裴　骃：《列女传》曰："太姜，有邰氏之女。太任，挚任氏之中女。"（《史记索隐》）

张守节：《国语注》云："挚、畴二国，任姓。奚仲、仲虺之后，太任之家。太任，王季之妃，文王母也。"（《史记正义》）

梁玉绳：大任（王季妃，生文王），大任嫔于王季，生文王。始见《诗·大明》《思齐》，所谓挚仲氏任，文王之母也（《毛传》云：挚国任姓之中女，《国语》中注以挚为仲虺后，《唐书》任氏、薛氏世系表，《路史·后纪》五《国名纪》一谓仲虺后祖己七世孙成，徙封于挚），任又作妊（《潜夫》五《德志》）。（《汉书人表考》卷二《大任》）

【汇评】

刘　向：太任者，文王之母，挚任氏中女也。王季娶为妃。太任之性，端一诚庄，惟德之行。及其有娠，目不视恶色，耳不听淫声，口不出敖言，能以胎教。溲于豕牢，而生文王。文王生而明圣，太任教之以一而识百，君子谓太任为能胎教。古者妇人妊子，寝不侧，坐不边，立不跸，不食邪味，割不正不食，席不正不坐，目不视于邪色，耳不听于淫声，夜则令瞽瞍诵诗，道正事如此。则生子形容端正，才德必过人矣。故妊子之时，必慎所感，感于善则善，感于恶则恶，人生而肖父母者，皆其母感于物，故形意肖之。文王母可谓知肖化矣。（《列女传》卷一《周室三母》）

③ 【汇注】

张守节：《列女传》云："太姜，太王娶以为妃，生太伯、仲雍、王季。太姜有色而贞顺，率导诸子，至于成童，靡有过失。太王谋事必于太姜，迁徙必与。太任，王季娶以为妃，太任之性，端一诚庄，维德之行。及其有身，目不视恶色，耳不听淫声，口不出傲言，能以胎教子，而生文王。"此皆有贤行也。（《史记正义》）

【汇评】

牛运震："皆贤妇人"句，质古。（《史记评注·周本纪》）

④ 【汇注】

李　昉：《帝王世纪》曰：文王昌，龙颜虎肩，身长十尺，胸有四乳，晏朝不食，以延四方之士。（《太平御览》卷八四《周文王》）

【汇评】

司马光：昌有圣德，在傅弗勤，处师弗烦，不闻亦式，不谏亦入。古公知其必兴周家，欲立季历以传昌。太伯、仲雍知其指，自窜于句吴，以让季历。太伯犹服端委，仲雍遂从夷俗，断发文身，以示不可用。古公薨，季历立，是为王季，王季笃行于仁义，诸侯顺之。王季薨，昌立，是为文王，都丰。文王徽柔懿恭，怀保小民。发政施

仁，必以鳏寡孤独为先。自朝至于日中昃，不遑暇食，用咸和万民。（《稽古录》卷八《周》上）

⑤【汇注】

张守节：《尚书·帝命验》云："季秋之月甲子，赤爵衔丹书入于酆，止于昌户。其书云：'敬胜怠者吉，怠胜敬者灭，义胜欲者从，欲胜义者凶。凡事不强则枉，不敬则不正。枉者废灭，敬者万世。以仁得之，以仁守之，其量百世。以不仁得之，以仁守之，其量十世。以不仁得之，不仁守之，不及其世。'"此盖圣瑞。（《史记正义》）

⑥【汇注】

孙　琮：说破，何等光明！（《山晓阁史记选·周本纪》）

⑦【汇注】

张守节：太伯奔吴，所居城在苏州北五十里常州无锡县界梅里村，其城及冢见存。而云"亡荆蛮"者，楚灭越，其地属楚，秦灭楚，其地属秦，秦讳"楚"，改曰"荆"，故通号吴越之地为荆。及北人书史加云"蛮"，势之然也。（《史记正义》）

王　恢：荆蛮：楚为《禹贡》荆州之域，本称荆。周初南方文化低落，贱称曰荆蛮。鲁僖公元年始见楚称。楚灭越，故吴越又称西楚、东楚。（《史记本纪地理图考·周本纪·荆蛮孤竹》）

又：太伯奔吴，相传居无锡梅里。《清统志》（八七）："泰伯城在无锡县东南三十里，今曰梅里乡。"《吴越春秋》："泰伯之荆蛮，自号为句吴。起城周三里，名曰故吴。刘昭《后汉志·注》：'无锡县东（五十里）皇山（西麓吴王墩）有泰伯冢（按《元和志》卷二五，葬县东三十九里梅里山）。去县十里有旧宅，井犹存。'《史记·吴世家》正义：自泰伯至寿梦俱居梅里村，在无锡县东南六十里，苏州北五十里，诸樊始徙吴。《寰宇记》云：泰伯城西去县四十里，平地高三丈。顾野王《舆地记》：吴筑城于梅里平墟，即此。"《吴世家》："武王克殷，求太伯、仲雍之后，得周章。周章已君吴，因而封之（《穆天子传》大王封其元子太伯于东吴，妄也）。乃封周章弟虞仲于周之北故夏虚，是为虞仲，列为诸侯。"晋献公灭之。《世本》谓吴越皆楚族。近人疑太伯、仲雍所逃即夏虚。（《史记本纪地理图考·周本纪·周初都邑》）

王骏图撰、王骏观续：泰伯逃于荆蛮，经史皆同，是周初时即谓之荆，非因秦讳子楚始改称荆也。《诗》言荆舒是惩，岂亦避秦讳乎？盖吴楚地属荆州，彼时又在南方蛮夷之列，故通号吴楚为荆蛮，《正义》解未达其旨。（《史记旧注评义·周本纪》）

陈蒲清：亡：逃走。荆蛮：即楚。吴越原属楚，秦灭楚后，改称荆，以避秦庄襄王子楚之讳。太伯、虞仲奔吴越事，详《吴太伯世家》。（引自王利器主编《史记注译·周本纪》）

编者按：吴太伯、仲雍奔"荆蛮"问题，唐代人的解释，前人多有怀疑，以古文献为证据，提出太伯之奔，在今陕西陇县。关于这个问题，今有地下考古资料以为证。故探讨如下：20世纪80年代以前，陕西汉中洋县、城固县就发现了大量的商代青铜器。由于青铜器群所显示的文化面貌，与宝鸡市西周弓鱼国文化面貌有一些相似之处，因此引起考古学界的关注。关于城固商代青铜器群的文化性质，原《简报》认为是羌方文化（唐金裕、王寿之、郭长江：《陕西省城固县出土殷商铜器整理简报》，《考古》，1980年第3期，第211—218页），上世纪70年代末，笔者在研究宝鸡市区发现的西周弓鱼氏墓葬的族属时，读了刘和惠《荆蛮考》一文，他指出："句吴，过去多释为地名，这是不确的……句吴，为族名，在考古资料中也得到论证，出土和传世吴器中的工𠨞、攻敔铭文，即是文献所说的句吴（句音勾）。"他认为古代南方多用复音语，所以吴国诸王自称其族名为工𠨞和攻敔（刘和惠：《荆蛮考》，《文物集刊》第3期，文物出版社，1980年）。由于受到他上述论述的启发，所以笔者悟出：弓鱼字用复音语可以读为弓鱼，春秋时代金文中吴王自称的工𢓜、工𠨞、攻敔、攻吴等族名，都是由弓鱼这一族名而来，西周的弓鱼氏家族是文献中的句吴族。弓鱼氏家族所作的铜器铭文中，弓鱼字早期作𩵋或𩵋，晚期弓鱼字多数作𩵋，有的已简化为弓鱼。弓鱼字早期为什么从自、从弓、从鱼，这是因为其族以渔猎为生，所以自称为弓鱼（句吴）族。弓、工、攻与句（音勾）为一声之转，𢓜、𠨞、敔、吴与鱼音同字通。从音韵方面来说，弓鱼氏族就是吴太伯、仲雍奔"荆蛮"所投奔的句吴族，并在文章中顺便指出："汉中城固发现的殷商时代的青铜武器呈现出巴蜀文化的特征，当是商代巴人的遗物。"（尹盛平：《西周弓鱼国与太伯、仲雍奔"荆蛮"》，《陕西省文物考古科研成果汇报会论文选集》，陕西省文物事业管理局编印，1981年，第133页。又见尹盛平：《周文化考古研究论集》，文物出版社，2012年，第120页）后来又指出其文化性质是早期的巴文化（尹盛平：《巴文化与巴族的迁徙》，《巴蜀历史·民族·考古·文化》，巴蜀书社，1991年）。但是也有学者认为是早期蜀文化（李伯谦：《城固铜器群和早期蜀文化》，《考古与文物》，1983年第2期，第66—70页）。由于宝鸡市弓鱼氏文化中有马鞍形口罐，所以还有研究者认为是氐文化，很可能是商周之际氐人居徙、活动所留下的遗迹（卢连成等：《宝鸡茹家庄、竹园沟墓地有关问题的试探》，《文物》，1983年第2期）。

为了解决汉中商代文化的性质，揭开其文化之谜，从1998年开始，西北大学文博学院考古专业，连续数年对城固县宝山村遗址的发掘，终于揭示出该遗址文化遗存的真实面貌：其房屋为地面建筑，房屋附近多有烧烤坑；陶器以圜底釜、高柄豆、小底杯、高柄器座、小底尊、高圈足杯等为主，也有少量釜形鼎、分档鬲等炊器。由于宝山遗址的文化遗存面貌独特，与相邻地区同时期其他的考古学文化有明显的不同，所以发掘报告命名为宝山文化。

湖北宜昌路家河二期后段遗存，年代为商代二里岗下层至殷墟早中期。宝山文化的年代约从二里岗上层偏晚延续到殷墟三期或略晚。宝山文化虽然略晚于路家河二期后段遗存,但是二者的文化面貌基本一致。路家河二期后段遗存与宝山文化,二者之间有着继承和发展的关系。宝山遗址发掘报告在结语中,将宝山文化与路家河二期后段遗存比较之后说:

> 三星堆文化既为早期蜀文化的代表,那么路家河二期后段遗存当为巴文化则是可以推断的。……而从路家河二期后段遗存分化而来的宝山文化,也理应属于巴文化的性质。……使用宝山文化的人类共同体,应为巴人的一支。

> 宝山文化与西周早中期的"彄国"墓地文化面貌有颇多相似点。……它们有相同的文化根源,"彄国"文化当源自宝山文化,即它们同为不同时期的巴人所创造的文化(西北大学文博学院:《城固宝山——1998年发掘报告》,文物出版社,2002年,第183—187页)。

关于汉中商代文化、西周彄氏文化的性质,争论了20年后终于水落石出,有了一个结果。既然宝山文化与彄氏文化,都属于巴文化,那么使用宝山文化的族群和西周的彄氏人群都是巴人。关于巴人《后汉书·南蛮西南夷列传》引《世本》说:

> 巴郡南郡蛮,本有五姓:巴氏、樊氏、瞫氏、相氏、郑氏。皆出于武落钟离山。……因共立之,是为廪君。乃乘土船,从夷水至盐阳。

武落钟离山据说在湖北省长阳县西北七十八里,又据《水经·夷水注》,夷水即今湖北省的清江,所以过去学界认为巴族起源于清江上游地区。岂不知最早的夷水在今湖北省的荆山之下。巴族是廪君蛮,又称武夷。湖北江陵九店56号墓出土的楚简简43云:

> 囗敢告囗囗之子武彊。尔居復山之巸,不周之埜(野)。

香港中文大学教授饶宗颐指出:"巴国东境之鱼复,即是复山所在,武夷弨旁作彊,演化为后来板楯蛮之与白虎复夷。"(饶宗颐:《说九店楚简之武夷与复山》,《文物》,1997年第6期)这说明巴族又称武夷,那么巴族,也就是武夷,早期在哪里呢?《左传》桓公十三年说:"楚屈瑕伐罗,及鄢,乱次以济。"杜注:"鄢水,在襄阳宜城县入汉。"鄢水又称夷水,《水经注·沔水注》说:

> (沔水)又南过宜城县东,夷水出自房陵,东流注之。夷水,蛮水也,桓温父名夷,改曰蛮水。夷水导源中卢县界康狼山,山与荆山相邻,其水东南流,历宜城西山,谓之夷谿。又东南经罗川城,故罗国也,又谓之鄢水,春秋所谓楚人伐罗渡鄢者也。

沔水就是汉水,夷水是宜城县境内汉水的支流。鄢水古代为什么称为夷水、蛮水呢?这是因为这条水,与今称清江的那条夷水一样,都是因为武夷在此居住过而得名。

顾颉刚说:"'巴',《左传》记它的事情都和楚、邓发生关系,当在邓之南、楚之北;邓为今河南西南角的邓县,计巴国当在汉水流域;其后为楚所迫,迁入夔门,立国于今四川重庆市，见童书业《古巴国辨》。刘钧仁作《巴国考》，证明春秋时的巴都即《汉书·地理志》所载南郡的邔县，原来巴为楚灭，属楚为邑，书'巴'为'邔'，后人误省一笔作'邔'。汉的邔县，今湖北宜城县北五十里是。"（顾颉刚：《鸟夷族的图腾崇拜及其氏族集团的兴亡——周公东征史事考证四之七》，《古史考》第六卷《帝系的偶像》，海南出版社，2003年，第40页）

据上述，巴人句吴族的原居地，是在湖北荆山下今宜城市境内的夷水流域，因此被称为"荆蛮"，又称为武夷。关于太伯、仲雍奔"荆蛮"，《史记·周本纪》说：

古公有长子曰太伯，次曰虞仲。太姜生少子季历，……长子太伯、虞仲知古公欲立季历以传昌，乃二人亡如荆蛮，文身断发，以让季历。

虞仲就是仲雍，昌就是季历的少子，即后来的周文王姬昌。《史记·吴太伯世家》说：

太伯之奔荆蛮，自号句吴。荆蛮义之，从而归之千余家，立为吴太伯。

"自号句吴"，就是自称为句吴（弓鱼）族。屈原《离骚》中的《天问》说："南岳是止"，是说吴太伯奔荆蛮，是在"南岳"（吴岳、吴山）停止了下来，建立了虞国。这件事有《诗》为证，《诗经·大雅·绵》云："虞芮质厥成，文王蹶蹶生。"关于虞、芮两国的地望，前辈学者齐思和在其所著《中国史探研·西周地理考》中指出：

虞之地望，自来说《诗》者皆以为在山西平陆县。……余考古虞本在今陇县境，汉之汧县也。《地理志》"吴山在西"。古虞、吴通。《水经注·渭水注》："《国语》所谓虞也。"是古虞在雍州之证。《地理志》："芮水出西北，东入泾。"是虞、芮同在陇县，地相毗连，地在岐山西北，古之虞、芮当即在是。

张筱衡在发表于《人文杂志》1958年第3、4期的《散盘考释》中又指出：

虞国就是陇县一带的吴国，芮就是《汉书·地理志》右扶风郡下的"芮水，出西北，东入泾"之芮，地点在今甘肃华亭县。

以上所引学者关于虞、芮两国地望的论述，与《天问》所说"南岳是止"吻合，可知虞国早期在陕西的陇县境内，而芮国早期在甘肃的华亭县境内。两国耕地相邻，因此发生了矛盾而争执不下，两国之君去找周文王断案，他们到了文王的国度内，被民众的礼让之风所感动，自觉惭愧，主动返回后，互相礼让解决了纠纷，这就是所谓的周文王断虞芮之讼。周文王时，虞国之君已不是吴太伯、仲雍二人，很可能是仲雍的儿子季简或者是仲雍的孙子叔达。

综上所述，可知吴太伯、仲雍奔"荆蛮"不是到了江浙一带的蛮族地区，而是投奔了当时在陕南洋县、城固一带的句吴（弓鱼）族，然后有一千多户句吴族人，受太伯、仲雍的义举所感动，因此追随太伯、仲雍在古代的矢地内，即今宝鸡市汧水上游的陇县境内建立了虞国。至于太伯、仲雍为什么要到汧水上游矢地内的陇县建国，很可能是因为汧河下游今宝鸡市区一带有其盟友"姜氏之戎"，可以接纳他们。

汧水流域古代的地名称为"夨"，虞国宗室以居地为氏称夨氏族。江苏省原丹徒县出土的宜侯夨簋铭文中，周康王改封虞国之君时，称其为虞侯夨，改封后称为宜侯夨。唐兰认为"夨"是人名，是指虞国之君周章，理由是"夨"与周章读音相近（唐兰：《宜侯夨簋考释》，《考古学报》，1956年第1期）。后来学者指出："宜侯夨即周章之说并无真正可靠的依据。"（李伯谦：《吴文化及其渊源初探》，《考古与文物》，1982年第3期）周章是武成时代的人物，而宜侯夨簋是康王时代的铜器，所以铭文中的虞侯，也就是宜侯不可能是周章，只能是周章之子熊遂。铭文中虞侯改封后称宜侯，他死去的父亲"虞公"才是周章。"夨"是氏族名称，而不是人名。虞侯夨的含义是虞侯夨氏族。改封仪式结束后，铭文中虞侯夨自称为宜侯夨，含义是宜侯夨氏族。我们说虞国宗室称夨氏族有以下证据：

1974年陇县曹家湾乡南坡村出土一批西周早期铜器，其中M6：5青铜戈，形制古朴，有"夨仲"二字，时代为周初武成时期，有人认为夨仲戈就是虞仲戈，并说："这件戈就是虞仲未分封到山西以前在陇县活动时的遗留。"（刘启益：《西周夨国铜器的新发现与有关历史地理问题》，《考古与文物》，1982年第2期）

1981年宝鸡市纸坊头强伯墓两件夨伯鬲，铭文为"夨伯作旅鼎"。于省吾《商周金文录遗》101有夨伯甗，铭文为"夨伯作旅彝"。以上三件夨伯器，时代均为周初武成时期，是虞国之君周章所作的铜器。

1984年岐山县青化乡出土一件夨叔簋，铭文为"夨叔作旅簋"，时代为西周中期（庞文龙等：《陕西岐山近年出土的青铜器》，《考古与文物》，1990年第1期）。2015年7月—2016年1月，湖北省文物考古研究所、武汉大学历史学院等单位组成联合考古队，对枣阳郭家庙墓地曹门湾墓区进行了第二次发掘，共清理春秋早期墓葬二十七座，其中曹门湾M43保存完整，出土的太保簋、夨叔匜是研究曾国官制以及曾国政治联姻关系的重要资料。夨叔匜（M43：2）有铭文23字："唯九月初吉壬午，夨叔夆（？）父媵孟姬元女匜盘（盘），其永寿用之。"（《湖北枣阳郭家庙墓地曹门湾墓区（2015）M43发掘简报》，《江汉考古》，2016年第5期）。夨叔匜铭文证明夨氏族是姬姓，与虞国宗室的姓相同，这说明原在陇县一带的虞国宗室确实是以居地为氏，称夨氏族。

传世的夨令彝、夨令簋铭文中有作册夨令，过去都误认为"夨令"是人名，但是按照金文通例，"夨"是氏名，"令"才是人名。夨令属于姬姓的夨氏族，担任西周王室的史官"作册"。有学者认为夨令与宜侯夨是同一个人（曹定云：《古文"夏"字考》，《中原文物》，1995年第3期。曹定云：《古文"夏"字再考》，北京大学考古学丛书《考古学研究》（五），科学出版社，2003年），这是不正确的。夨令与宜侯夨的时代虽然基本相同，但是二人的身份不同，而且私名也不同。矢令是王臣作册，私名为"令"；宜侯矢是诸侯，私名是熊遂，这二人完全不是同一个人。

1975年12月，河南省襄县丁营乡霍庄村古墓，出土四件西周初期有铭文的青铜器，其中鼎、尊、卣三件铜器铭文中有一个字当时未能释出（河南省博物馆：《河南襄县西周墓发掘简报》，《文物》，1977年第8期）。近年有学者将这三件铜器铭文释为："父辛夏矢"（鼎）、"夏矢作父辛宝彝"（尊、卣），并指出："这是西周初年，矢封于'夏'地的文字见证"（曹定云：《古文"夏"字考》，《中原文物》，1995年第3期。曹定云：《古文"夏"字再考》，北京大学考古学丛书《考古学研究》（五），科学出版社，2003年）。

据《史记·吴太伯世家》记载：周武王灭商后，求太伯、仲雍之后，得周章，此时周章已是吴国之君，因而追封为诸侯，史称其国为西虞、西吴。又分封周章之弟虞仲于故夏虚的平陆县为诸侯，史称北虞、北吴。夏矢，是指故夏虚的矢氏族；虞侯矢，去掉"侯"字就是虞矢；宜侯矢，去掉"侯"字，就是宜矢。西虞、北虞、宜侯（吴国）宗室都称"矢"，说明"矢"只能是氏名，而不可能是人名。我们明白了"矢"为氏族名称，那么虞矢只能是虞国（西虞、西吴）宗室的矢氏族；夏矢只能是故夏虚的北虞、北吴宗室的矢氏族；宜侯矢只能是后世东南吴国宗室的矢氏族。

宜侯矢簋铭文中，虞字作"虞"，从虍从矢。《说文》云："虞，驺虞也。白虎黑文，尾长于身，仁兽也。从虍吴声。"巴族是以白虎为图腾崇拜的民族，虞国的国民有一千多家巴族"句吴"人，所以"虞"字从虍，表明其国民是巴人。

过去误将矢氏族归入了矢王之国（简称矢国）是错误的（卢连成、尹盛平：《古矢国遗址、墓地调查记》，《文物》，1982年第2期），其实矢氏族属于姬姓的虞国，其国在陇县境内；矢王之国是"姜氏之戎"建立的一个姜姓方国，所以其君西周时自称"矢王"，其国在今宝鸡市贾村塬一带。

据《华阳国志·巴志》记载，周武王灭商的"牧野之战"，有巴人的军队参加，参战的巴人当是句吴族，也就是弓鱼族。"荆蛮"句吴族因为参加武王伐纣有功，因此周武王灭商后封功臣谋士时，将其首领的采邑封在今宝鸡市区，所以西周早、中期彊伯家族的墓葬在今宝鸡市区。正因为伯是畿内的采邑主，所以他既不称王，也不称侯，而是称伯，使用五鼎四簋。"伯"，是西周畿内采邑主担任周王室伯爵一级大臣的称谓，所以有学者认为彊伯的级别不够国君，属于卿大夫一级。

周太王长子太伯、次子仲雍奔"荆蛮"，是周族发展史上的一件大事，太史公司马迁在《史记·周本纪》以及《吴太伯世家》中，并没有说明奔"荆蛮"是奔到了哪里，也没有说明"荆蛮"是什么蛮族，而唐代的史家不知道吴国有改封之事，而吴国春秋时却是在江苏苏州市，所以张守节《史记正义·周本纪》说：

太伯奔吴，所居城在苏州北五十里常州无锡县梅里村，其城及冢见存。而云"亡荆蛮"者，楚灭越，其地属楚，秦灭楚，其地属秦，秦讳"楚"，改曰"荆"，故通号吴越之地为荆。及北人书史加云"蛮"，势之然也。

今天看来，上述说法完全是附会之言。吴太伯奔"荆蛮"，是投奔了当时迁徙在陕南的句吴族，也就是弓鱼族，然后在宝鸡市的陇县境内建立了虞国。西周康王时，虞国之君被改封到江苏宁镇地区为宜侯。春秋时国君诸樊南徙吴，将国都迁徙到吴地（今苏州市），从此称吴国。虞国宗室的氏名为"矢"，所以"虞"字早期从"矢"，读"吴"声，而吴字本作吴，也从矢，读"吴"声。《水经·渭水注（上）》引《汉书·地理志》说："吴山在县西，古之汧山也，《国语》所谓虞矣。"由此可知，古代吴与虞音同字通，吴国、虞国，其国名都是来源于其国宗室氏族名称"矢"字的读音。

⑧【汇注】

裴　骃：应劭曰："常在水中，故断其发，文其身，以象龙子，故不见伤害。"（《史记集解》）

梁玉绳："乃二人亡如荆蛮，文身断发"，按：断发文身，未知其事之有无，即有其事，亦何害为泰伯、仲雍。但此及《吴世家》并谓二人，而《左传》哀七年载子贡之言，以"泰伯端委，仲雍裸饰"，《孔疏》谓《史》作二人谬。诸书或从《史》，或依《传》，惟《黄氏日抄》卷二辩之曰："泰伯、仲雍始入吴而断发文身者，随其俗也。泰伯果端委于其先矣，仲雍继之为君而方断发文身，岂人情耶？且断发文身者，始入吴之事也，端委而治者，吴人尊信之后，泰伯君吴之事也。发虽断何妨复长，身虽文何妨被衣，两义固不相害。其始随俗，及得位则临之以礼，理固然也；若谓泰伯端委，至仲雍继位而复断发文身，是谓仲雍不肖也。"黄氏之辩如此，余谓仲雍在吴必早已断发文身，至其嗣位仍而不改耳。《左传》乃子贡对吴之言，非如《墨子》公孟说越王勾践翦发文身可比，不得斥以为妄。（《史记志疑·周本纪》）

王骏观撰、王骏图续：吴楚之地，风俗如此，与《赵世家》所谓被发左衽，黑齿雕题，同一时尚装饰以为美观，故泰伯、仲雍亦随俗为之，无所谓象龙避害也。且二人皆为吴君，非必下同民庶，常在水中，有何蛟龙之害乎？应氏之说，亦好怪异！（《史记旧注评义·周本纪》）

⑨【汇注】

梁玉绳：大伯，大伯始见《诗·皇矣》《左僖》五，大又作泰（《论语》），大王嫡子（《左闵元》注），季历之兄（《史记·吴世家》，亦曰吴大伯（《闵元》《晋语》一），其名先阙（《世家·索隐》）。季历贤而有圣子昌，大王欲立季历以及昌（《世家》），大伯、仲雍辞行采药，遂奔荆蛮（本书《地理志》，《吴越春秋》一云古公病，托名采药衡山），文身断发，以避季历，自号句吴，荆蛮义而归之千余家（《世家》），后武王追封为吴伯（《晋语》注），葬吴郡无锡县东皇山（《续郡国志注》，而《吴越春秋》及《世家·集解》引《皇览》谓冢在吴县北梅里聚，非也）。宋哲宗元符三年封至德侯。(《汉书人表考》卷二《大伯》)

又：王季始见书于《武成》《诗·大明》《皇矣》，泰伯少弟。大王以王季之可立，易其名为历。历者，适也。亦曰季历，亦曰周公季历，亦曰公季，作程邑，文王迁焉（《竹书》）；寿百岁，葬鄠县南山，在涡水之尾。(《汉书人表考》卷二《王季》)

马 骕：《传》曰：太王有翦商之志，泰伯不从，是以不嗣。说《诗》者可谓以文害辞矣。《诗》称"至于太王，实始翦商"，谓太王避狄迁岐，百姓归其仁。周家代商之业，实始基于此云尔。文王犹勤服事之节，岂太王遽有图商之志？且是时受辛未作，商命未改，太王方弃国于可御之狄，乃欲取天于未乱之商，岂不厚诬哉！(《绎史》卷一八《周室始兴》)

刘绍攽：古注谓王季贤，又生圣子文王昌，必有天下，故泰伯以天下三让于王季，《集注》从《史记》，谓太王有翦商之志，泰伯不从，因逃去之。于是有让商、让周之说。于泰伯则得，太王、王季皆不免不臣之心，文王之服事亦虚矣。泰伯所处，当与伯夷同。当时所让者国，事后追论，乃曰天下尔，不察乎此，则经义之不明，所失犹小，权奸之藉口，所关岂细哉？(《九畹古文》卷八《三以天下让辩》)

古公卒①，季历立②，是为公季③。公季修古公遗道，笃于行义，诸侯顺之④。

① 【汇注】

蒋廷锡：按《竹书纪年》，武乙三年，命周公亶父，赐以岐邑。二十一年，周公亶父薨。(《古今图书集成·明伦汇编·皇极典》卷九《商·帝武乙本纪》)

又：按《竹书纪年》，武乙三十四年，周公季历来朝，王赐地三十里，玉十縠，马十匹。三十五年，周公季历伐西落鬼戎。(同上)

又：按《竹书纪年》，文丁二年，周公季历伐燕京之戎，败绩。四年，周公季历伐余无之戎，克之，命为牧师。七年，周公季历伐始呼之戎，克之。十一年，周公季历伐翳徒之戎，获其三大夫来献捷。十二年，有凤集于岐山。(《古今图书集成·明伦汇编·皇极典》卷九《商·帝太丁本纪》)

徐文靖：《笺》按：自组绀以上，皆曰邠侯，自亶父迁于岐周，始命为公，故曰周公亶父也。武乙元年，文王生。至是年二十一矣。太王以文王生有圣德，欲传位季历以及文王，此也。(《竹书纪年统笺》卷六《武乙二十一年，周公亶父薨》)

②【汇注】

马　骕：《论衡》：太王薨，太伯还，王季避之。太伯再让，王季不听。三让，曰："吾之吴越。吴越之俗，断发文身。吾刑余之人，不可为宗庙社稷之主。"王季知不可，权而受之。（《绎史》卷一八《周室始兴》）

③【汇注】

梁玉绳：季历立是为公季，按：《竹书》云"季历作程邑，文王迁程"。《周书·大匡解》所谓"周王宅程"也。而唐李吉甫《元和郡县志》、宋宋敏求《长安志》皆谓王季迁都栎阳，盖误以迁都为王季，又误以程为栎阳耳。程在咸阳东之安陵城，伯休父于此得姓，地属右扶风。栎阳属左冯翊，非一地也。《史》不书文王先迁程，必是疏脱，而宋程大昌《雍录》不信宅程之事，谓"《孟子》明曰文王生于岐周，卒于毕郢，若王季既已去岐，则文王之生安得在岐周"。斯言殊失考。毕郢即程，王季元未去岐，且文王固生于太王时，将不生岐而生程哉。（《史记志疑·周本纪》）

刘咸炘："是为公季"，从其本爵，史家通例也。《汉书·高纪》初称沛公，继称汉王，后乃称帝、称上，即此例。（《太史公书知意·周本纪》）

④【汇注】

马　骕：《后汉书》：武乙暴虐，犬戎寇边，周古公逾梁山，而避于岐下。及子季历，遂伐西落鬼戎。太丁之时，季历复伐燕京之戎，戎人大败周师。后二年，周人克余无之戎。于是太丁命季历为牧师，自是之后，更伐始呼、翳徒之戎，皆克之。（《绎史》卷一八《周室始兴》）

又：三十五年，周王季伐西落鬼戎，俘二十四翟王。（同上）

又：文丁二年，周人伐燕京之戎，周师大败。（同上）

又：四年，周人伐余无之戎，克之。周王季命为殷牧师。（同上）

又：七年，周人伐始呼之戎，克之。（同上）

又：十一年，周人伐翳徒之戎，捷其三大夫。（同上）

又：王嘉季历之功，赐之圭瓒秬鬯，九命为伯，既而执诸塞库，季历困而死。（同上）

公季卒①，子昌立②，是为西伯③。西伯曰文王④。遵后稷、公刘之业，则古公、公季之法⑤，笃仁⑥，敬老⑦，慈少。礼下贤者，日中不暇食以待士，士以此多归之⑧。伯夷、叔齐在孤竹⑨，闻西伯善养老，盍往归之⑩。太颠、闳夭、散宜生、鬻子、辛甲大夫之徒皆往归之⑪。

① 【汇注】

皇甫谧撰、徐宗元辑：（王季）葬鄠县之南山。（《帝王世纪辑存·周第四》）

又：楚山，一名漷山，鄠县之南山也。（同上）

又：南山曰商山，又名地肺山，亦谓楚山。（同上）

裴　骃：皇甫谧曰："葬鄠县之南山。"（《史记集解》）

徐昂发：《国策》：惠子曰"昔王季历葬于楚山之尾，栾水啮其墓"。姚宏续注云："楚山，《吕氏春秋》作涡山、栾水。《后语》作蛮水。注：盛弘之《荆楚记》曰宜都县有蛮水，即乌水也。今襄州南有乌水。"按：古公亶父以修德为百姓附，与太姜逾梁山，而止于岐山之阳。故《诗》曰："率西水浒，至于岐下。"是生季历，卒，葬鄠县南，今之葬，山名也。而皇甫谧云：楚山一名漷山，鄠县南山也。纵有楚山之名，不宜得蛮水啮。惠子之书五车，未为稽古也。续云：栾音鸾，《说文》云：漏流也。一曰浅也。墓为漏流所浅，故曰："栾水啮其墓。"（《昭代丛书》壬集卷四《畏垒笔记》）

徐文靖：《笺》按：《吕氏春秋·首时篇》"王季困而死，文王苦之，有不忘羑里之丑，时未可也"。高诱曰：季历勤劳国事以至薨没，故文王哀思苦痛也。时《竹书》未出，诱不知有文丁杀季历事也。刘知幾《史通·杂说上》曰：《竹书纪年》出于晋代，学者始知后启杀益、太甲诛伊尹，文王杀季历，则与经典所载乖剌甚多。李氏维祯曰：群书芜秽，典训凌迟，杀益诛尹，犹曰颇刑，季历之弑，古今大恶，而以之污蔑至圣，不忧舌过鼻乎？是皆不知《史记》太丁即文丁误，以文丁为文王，由不见《竹书》本文故也。又按：《晋书·束晳传》亦言文丁杀季历。（《竹书纪年统笺》卷六《文丁十一年王杀季历》）

朱孔阳：《魏策》，昔王季历葬于楚山之尾，栾水啮其墓，见棺之前和。文王曰："嘻！先君必欲一见群臣百姓也夫！故使栾水见之。"于是出而为之张朝，百姓皆见之。三日而后更葬。《注》栾，漏流也。《春秋后语》作蛮水，《注》引《荆楚记》宜都乌水，按季历卒，葬鄠县之南。皇甫谧云：楚山一名漷山，鄠之南山，虽有楚山之名，不宜得蛮水所啮。栾音鸾，《说文》云"漏流也，一曰溃也"。墓为漏流所溃故云。《吕氏春秋》作葬于涡水之尾，后云天故使明水见之。《初学记》引一作涡山，《论衡》作滑山。（《历代陵寝备考》卷八《周》）

② 【汇校】

郭嵩焘："子昌立……西伯曰文王"，《杂志》云："衍'曰'字，脱'也'字，此是承上句而申明之，故曰'西伯，文王也'。《文选·报任少卿书》注引此正作'西伯，文王也'。"（《史记札记·周本纪》）

【汇注】

朱孔阳：《大纪》曰：昌为世子，娶于有莘氏，曰太姒。太姒不妒忌，而西伯有内行，此德政之所以流行而风化之所以大兴也。太姒有子十，长曰伯邑考，蚤卒。次曰发，西伯以为世子。(《历代陵寝备考》卷八《周》)

钱　穆：《史记》言周文王以前世系，不如殷商之详。惟《周语》太子晋谓："自后稷始基，十五王而文始平之。"卫彪傒谓："后稷勤周，十有五世而兴。"皆与《史记》合。今自文王上推十五世，仅与商汤略同时，则《史记》谓周先后稷子不窋适当夏后氏政衰者近是，谓后稷在陶唐、虞、夏之际则非矣。似周乃文化后起之族，而强上推其先世至虞代以与夏、商并比耳。(《国史大纲》)第一编第三章《封建帝国之创兴》)

③【汇注】

司马光：古之王者，择诸侯之贤者，分掌天下诸侯，文王为西伯，掌西方诸侯。(《稽古录》卷八《周》上《注》)

马　骕：《孔丛子》：羊容问子思曰："古之帝王，中分天下，使二公治之，谓之二伯。周自后稷封为王者，后子孙据国，至太王、王季、文王，此固世为诸侯矣，焉得为西伯乎？"子思曰："吾闻诸子夏，殷王帝乙之时，王季以功，九命作伯，受圭瓒秬鬯之赐，故文王因之，得专征伐。此以诸侯为伯，犹周、召之君为伯也。"(《绎史》卷一八《周室始兴》)

刘绍攽：《史》称文王为西伯，不言其详。孔颖达据屈原《天问》：疑伯号始于文王(《天问》曰："伯昌号衰，秉鞭作牧。"王逸注曰：伯谓文王也)。郑康成《诗谱》：商王帝乙之初，命王季为西伯。至纣，又命文王典治南国江、淮、汝坟之诸侯，则文王继父业为西伯也。与《孔丛子》同。且以《史》言之，其曰公季修古公遗道，笃于行义，诸侯顺之。顺之则长诸侯矣。又曰公季卒，子昌立，是为西伯。其词若相袭然，况王瑞自太王兴。一传而长诸侯，不亦宜乎！益知郑说之信也。(《九畹古文》卷八《西伯辩》)

梁玉绳："子昌立，是为西伯"。按：文王之为西伯，因于王季，《竹书》可证，非文王始为之也。《史》不书季之为伯，失之。(《史记志疑·周本纪》)

顾颉刚：西伯——周文王。"伯"，《释文》云："亦作'柏'。"惠栋《九经古义》谓郭璞《穆天子传·注》云"古'伯'字多从'木'"。今观《汉书·古今人表》，"伯"大多作"柏"，可证明其说的合于事实。"伯"古读bà，音义同"霸"。古时称诸侯中强大者为"伯"，即"霸"。周为西方强国，故称"西伯"。(《〈尚书·西伯戡黎〉校释译论》，载《中国历史文献研究集刊》第一集)

【汇评】

刘咸炘：《史通·本纪篇》谓西伯以上当为世家。王拯曰："是过论也。溯自先公，史例至当。"按：此语不足以破知幾。特三代纪述先世缘起，事文简略，寄在篇首，寄无害耳。(《太史公书知意·周本纪》)

④**【汇校】**

张文虎："西伯曰文王"：《杂志》云衍"曰"字，脱"也"字。《文选·报任少卿书》注作"西伯，文王也"。(《校刊史记集解索隐正义札记·周本纪》)

郭嵩焘：按：史公称诗人道西伯受命之年而断虞、芮之讼，然《大雅·长发》诗传但云"诸侯归西伯者四十余国"，不云尊西伯为王也。圣人言"文王三分天下有二，以服事殷"；若受命称王，尚可"服事"之有乎？史公于《伯夷列传》云"武王载木主号为文王，东伐纣"，最为得其实。盖伐纣而明正其罪，不当以臣礼自处，而奉文王以临之；号为文王者，至是始尊号为文王也。《大传》叙追王太王、王季、文王在牧野之后，允矣。而《中庸》云"周公成文、武之德，追王太王、王季"，不言文王，盖文王当牧野誓师时已尊为王矣。此尤书传之信而有征者也。汉世儒者竟据《文王》诗曰"文王受命，有此武功"，遂谓受命称王，而援诸侯归周者四十余国，断为受命之据，实由史公之误发之，而并"改法度、制正朔"。皆在文王之世，即追王太王，王季亦在武王未即位以前，其诬谬亦甚矣。(《史记札记·周本纪》)

吴汝纶："西伯曰文王"，依《选·注》无"曰"字，句下有"也"字。(《桐城吴先生点勘史记读本·周本纪》)

【汇注】

皇甫谧撰、徐宗元辑：周，姬姓也，文王始修政，三年而天下二分归之。入为纣三公，年十五，而生太子发。文王九十七而崩。(《帝王世纪辑存·周第四》)

编者按："文王龙颜虎肩"，黄善夫本作"文王龙颜虎眉"。

张守节：《帝王世纪》云"文王龙颜虎肩，身长十尺，胸有四乳"。《雒书·灵准听》云："苍帝姬昌，日角鸟鼻，高长八尺二寸，圣智慈理也。"(《史记正义》)

朱孔阳：文王，讳昌，太王孙，王季子也。母太任，挚氏仲女，能以胎教。生有圣德，自受命为西伯，得专征伐，三分有二，以服事殷。九年而崩。凡享国五十年，寿九十有七。武王定鼎，尊为文王。墓在陕西西安府咸阳县。国朝载入祀典。(《历代陵寝备考》卷八《周》)

【汇评】

刘　向：太姒者，武王之母。禹后有莘姒氏之女，仁而明道，文王嘉之，亲迎于渭，造舟为梁。及入，太姒思媚太姜，太任旦夕勤劳，以进妇道。太姒号曰文母。文王理阳道而治外，文母理阴道而治内，太姒生有十男，长伯邑考，次则武王，次则周公，次则管叔鲜，次则蔡叔度，次则曹叔铎，次则霍叔武，次则成叔处，次则康叔封，次则聃季载。太姒教诲十子，自少及长，未尝见邪辟之事。及其长，文王继而教之，卒成武王、周公之德。武王缵太王、王季、文王之绪，一戎衣而有天下，身不失天下之显名，尊为天子，富有四海之内，宗庙飨之，子孙保之。武王末，受命周公，成文、武之德，追王太王、王季，上祀先公以天子之礼。斯礼也，达乎诸侯、大夫、及士、庶人，父为大夫，子为士，葬以大夫，祭以士。父为士，子为大夫，葬以士，祭以大夫。期之丧，达乎大夫三年之丧，达乎天子父母之丧，无贵贱一也。盖十子之中，惟武王、周公成圣。要其安民以播烈光，制礼以广达孝而言之，则盛德自然著矣。若管、蔡监殷而叛，乃人才质不同，有不可以少加重任者。《易》曰：力小而任重，鲜不及矣。反思其受教之时，未必至于斯也。岂可以累太姒耶？故君子谓太姒仁明而有德，《诗》曰：大邦有子，俔天之妹。文定厥祥，亲迎于渭，造舟为梁，不显其光。又曰：太姒嗣徽音，则百斯男。此之谓也。（《列女传》卷一《周室三母》）

杨　慎：据《太史公书》，契至汤十三世，后稷至文王十四世。夫稷、契同时，而其子孙传世之长短可疑也。契至汤四百余年，而传世十三，是矣；稷至文王一千一百年，而传世止十四，有是理乎？凡史传所纪世次，皆不可信。（引自《史记评林·周本纪》）

⑤【汇注】

陈蒲清：则：法则。这里用如动词，效法。（引自王利器主编《史记注译·周本纪》）

⑥【汇注】

陈蒲清：笃：真诚，纯一。这里用如动词，专心实行。（引自王利器主编《史记注译·周本纪》）

⑦【汇注】

马　骕：《亢仓子》：文王之为太子也，其孝大矣。寺人言疾，太子肃冠而斋，膳宰之馔必敬视之，汤液之贡必亲尝之。尝馔善则太子亦能食，尝馔寡则太子亦不能饱，以至于复初，然后亦复初。君后有过，怡声以讽，君后所爱，虽小物必严龚，是以孝成于身，道治天下。（《绎史》卷一九《文王受命》）

⑧【汇注】

马　骕：《墨子》：文王封于岐周，绝长继短，方地百里，与其百姓兼相爱，交相利，则是以近者安其政，远者归其德。闻文王者，皆起而趋之。（《绎史》卷十九《文王受命》）

编者按：作于西周共王世的墙盘铭文，对文、武、成、康、昭、穆六位先王一生中主要的业绩进行了概括性地颂扬，对周文王的颂词是："曰古文王，初敎（𢿐）龢

（和）于政，上帝降憨（懿）德大雩（粤），匍（敷）有上下，逌（合）受万邦。"

"鳌"读戾，《广雅·释诂》云："戾，善也。"贾谊《新书·道术篇》云："刚柔得适谓之和。""初戾和于政"，是颂扬文王能开始善于刚柔相济治于政事。"雩"，《说文》省作粤，读屏，保定也。"上帝降懿德大粤"，是说上帝降下美德屏定王位，这与《诗》《书》"文王受天命"，大盂鼎铭"文王受天有大命"的说法一致。"敷有上下"，大盂鼎、师克盨、痶钟铭均作"敷有四方"，是指文王广有四方臣民。"合受万邦"，是说文王受众多诸侯、方国的拥戴。史墙对文王的颂词，内容与《史记·周本纪》，以及《诗经》《尚书》关于文王的德政和受天命的说法一致。（陕西周原考古队：《西周微氏家族青铜器群研究·墙盘铭文考释》，文物出版社，1992年）

⑨【汇注】

裴　骃：应劭曰："在辽西令支。"（《史记集解》）

张守节：《括地志》云："孤竹故城在平州卢龙县南十二里，殷时诸侯孤竹国也，胎氏也，姓墨。"（《史记正义》）

王　恢：孤竹，《汉志》："辽西令支有孤竹城。"乾隆御制《热河考》，滦河过迁安县西，四十三里，经孤竹城，入卢龙县界。《清统志》（一九）："孤竹城在卢龙县南。《水经注》：孤竹城在濡口之东，元水之南。旧《志》谓在县西十五里，转在滦河之西，盖后人所附会。"又（一八）云："孤竹山在卢龙县西，城在山侧，肥如县南二十里，水之会也。"按即青龙河入滦河处。（《史记本纪地理图考·周本纪·周初都邑》）

⑩【汇注】

王好问：伯夷、叔齐，墨胎氏九世孙，孤竹君之子，名初，字子朝；伯夷名允，字公信。叔齐名智，字公达。夷、齐其谥也。君薨，遗命立叔齐，叔齐让伯夷。伯夷曰："父命也。"遂逃去。叔齐亦不立而逃之。率乎天理之常，以全性命之情，证在《论语》卫君之问："夷知有父，齐知有兄，国何有焉，大故陨越，食不下咽，仓卒而逃，糗粮安备？饿于首阳所必至矣。以齐景观之，奚啻鸱枭之视鸾凤，民不称彼而称此，在仁不在国也。"孔子叹曰："嗟哉！斯人彼有内求于心，弃国不顾如夷齐者独何人哉？彼所以千古不泯者，岂以贵贵哉？"《诗》曰："采苦采苦，首阳之下。"在河东之蒲坂，盖晋地也。国人立君之中子，终丧，三年夷还，而居北海之滨于稽，其地乃渤海之北，燕齐之交，为夷所居。汉时于此置郡，是为幽分。夷岂比迹箕山而欲成其为逸耶？避纣故耳。一闻文王起为西伯，遂欣然喜曰："盍归乎来，吾闻西伯善养老者而归之。"当不为口体计，诚欲佑文王以清天下。而身为天民，故孟子以大老称夷。考其时，宜在文王为西伯之初年。《世纪》：文王专征伐，质虞芮，伐犬戎，五十年间之事，而夷、齐之归为首，以是知之然，竟不得与太颠、闳夭、散宜生、鬻子、辛甲、太公之徒同其用，无亦老之，故或病且死，民不夭而逸之，亦命也。归周时称为天下之大老，五十年之后夷盖殁焉。不及如师尚父之谅武王也。而齐之存殁，先后已不可考。（《夷齐考》，引自涂国柱纂《永平府志》）

梁玉绳："伯夷、叔齐在孤竹，闻西伯善养老，盍往归之"。按：《刘敬传》言伯夷归周在断讼后，当是也。此与《竹书》以为在囚羑里前，似抵牾未确。而《伯夷传》又依《庄子·让王篇》《吕氏春秋·诚廉篇》谓伯夷之归在武王初年，尤非，盖欲以实其"父死不葬"之说耳。至宋王安石《临川集·伯夷论》，疑夷、齐不及武王之世而死，则凿空之言，不足信也。又"盍"字当衍。（《史记志疑·周本纪》）

【汇评】

林有望：孟子于避纣之事，尝屡言之，使果有扣马之谏，岂有置古今之奇节于绝口不道者！（引自《史记评林·周本纪》）

⑪【汇校】

郭嵩焘：楚建国当唐、虞之世，周有天下而降为子。《楚世家》叙为重黎后，云"鬻熊事文王，早卒；其后熊绎当成王时始封于楚"，据昭十二年《左传》为词。其实《左传》叙熊绎跋涉之艰，以明楚之所以大，非谓其始封时然也。世传《鬻子书》，而谓文王实师事之，其谬诞不足信。刘向《别录》以为鬻熊封楚，已与史公异。大抵周以前载籍多无可征，而楚为重黎后，其建国必在周以前无疑也。（《史记札记·周本纪》）

【汇注】

裴　骃：刘向《别录》曰："鬻子名熊，封于楚。辛甲，故殷之臣，事纣。盖七十五谏而不听，去至周，召公与语，贤之，告文王，文王亲自迎之，以为公卿，封长子。"长子，今上党所治县是也。（《史记集解》）

陈士元：散宜生，朱注云：散姓，宜生名。盖从赵注。然《姓谱》诸书有散宜复姓。尧取散宜氏，见《帝王世纪》并《人表》。（《孟子杂记》卷三《辨名》）

马维铭：散宜生，周之贤臣也。文王为西伯时，宜生与太颠、闳夭、鬻熊、辛甲大夫之徒往归之。值崇侯虎谮西伯于纣，囚之于羑里，宜生与闳夭之徒，求美女、文马、奇货以献，乃赦西伯。及武王伐商，至纣宫，宜生执剑以卫。（《史书纂略·周臣列传》卷一《散宜生》）

马　骕：《荀子》：闳夭之状，面无见肤。（《绎史》卷一九《文王受命》）

又：《鬻子》：昔文王见鬻子，年九十。文王曰："嘻，老矣！"鬻子曰："若使臣捕虎逐麋，臣已矣，坐策国事，臣年尚少。"（同上）

又：刘向《别录》：辛甲，故殷之臣，事纣盖七十五，谏而不听，去至周，召公与语，贤之，告文王。文王亲自迎之，以为公卿，封长子。（同上）

又：《汉书》道家《鹖子》二十二篇……小说家《鹖子说》十九篇。（同上）

又：《帝王世纪》：太颠、闳夭、散宜生、南宫适之属咸至，是为四臣。文王虽在诸侯之位，袭父为西伯。（同上）

徐文靖：《笺》按，刘向《别录》曰：辛甲事纣，七十五谏而不听之，去，周文王以为公卿。《襄四年传》，魏庄子曰：辛甲之为周太史也，命百官官箴王阙。《汉书·艺文志》：《辛甲》二十九篇。《地理志》上党长子县，周史辛甲所封。（《竹书纪年统笺》卷六《帝辛三十九年，大夫辛甲出奔周》）

编者按：唐代裴骃《史记集解》引刘向《别录》说："辛甲，故殷之臣，事纣。盖七十五谏而不听，去至周，召公与语，贤之，告文王，文王亲迎之，以为公卿，封长子。"徐文靖《竹书纪年统笺》卷六《帝辛三十九年，大夫辛甲出奔周》说："《地理志》上党长子县周史辛甲所封。"

《吕氏春秋·诚廉》说："武王即位……又使保召公就微子开于共头之下，而与之盟曰：'世为长侯，守殷常祀，相奉桑林，宜私孟诸。'"河南省鹿邑县太清宫西周初年长子口大墓，发掘报告推测墓主可能是辛甲或箕子（见《鹿邑太清宫长子口墓》，中州古籍出版社，2000年）。我们认为长子口有可能是西周宋国的始封君微子开，也就是微子启（见《鹿邑太清宫西周大墓墓主研究》，《华夏考古》，2009年第3期）。微子启的始封地在山西潞城县东南，周武王灭商后，微子启降周，被封为长侯，封地应该在长子县，与潞城县的始封地邻近。周公与成王东征平叛后，又把微子启徙封到河南商丘，成为宋国国君。辛甲所封与微子启改封长侯有矛盾之处，有待于进一步研究。

梁玉绳：大颠始见《史·周纪》，大本作泰，泰氏，颠名。按：墨子言文王举闳夭、泰颠于置罔之中，授之政而西土服，此《兔罝》之诗所为作也。吴氏《刊误补遗》谓太颠即太公，诞甚。（《汉书人表考》卷二《大颠》）

又：闳夭始见《书·君奭》《逸书·克殷》《晋语》四。闳氏，夭名，其状面无见肤，亦曰闳公。（《汉书人表考》卷二《闳夭》）

又：散宜生始见《书·君奭》，散氏，宜生名。有文德而为相。按：《帝系》言尧娶散宜氏之子，此表亦云尧妃散宜氏女，《困学纪闻》二据之，谓散宜生当以散宜为氏，但历考诸书，皆云氏散，未有言复姓散宜者。孔、马之外，如《公羊定六年》疏举散宜生与虑不齐对，以证二名，《后汉·史弼传》闳、散、怀、金注，引《世纪》称宜生，《广韵》散字注言散姓，《通志·氏族略》四有散氏，宋赵明诚《金石录》散季敦引宋吕大临《考古图》云：是武王时器，其时散氏惟有宜生，季疑其字，朱文公《孟子集注》亦依其说，则以为复姓者恐非也。（《汉书人表考》）卷二《散宜生》）

又：南宫适始见《书·大传》，南宫又作南君，适本作括，南宫氏，括名。按：《逸书·克殷解》有南宫忽、南宫百达，《史记》作南宫括，明《杨升庵集》谓即《论语》八七中之伯达、伯适、仲忽，皆南宫氏也。《表》于第四等列八士，而别出南宫适于上中，似属复见。但《晋语》四，胥臣曰：文王询于八虞，谋于南宫，分作二科，《表》盖本此，当是别一人，不为重出。至《路史·后纪》十四注，谓禹后有南氏宫括为文王臣，封南阳侯，妄矣。四友见《书大传·四八目》。（《汉书人表考》卷二《南宫适》）

编者按：西周有散氏，矢人盘（旧称散氏盘）铭文记载，矢国因损害了散邑，"迺即散用田"，就是在靠近散邑的地方拿出土地，付给散氏两块田作为赔偿，一块田叫眉田，另一块田叫井邑田，即靠近井邑的一块田。眉田之眉，即河湄之湄，指水边的崖地。眉田因在"浇水"岸边，所以称之为眉田，即湄田。考古发掘与考古调查已证实西周的矢国在今陕西凤翔县的汧水沿岸（见《古矢国遗址、墓地调查发掘记》，《文物》，1982年2期），因此矢人盘铭文中的"浇水"就是汧水，而"井邑"在今凤翔县城以南的"下减"，即雍水上游一带，所以"井邑田"当在今凤翔县汧水东岸，靠近"井邑"。那么，"散邑"应在今凤翔县城以北。五祀卫鼎铭中的"散田"，即散氏之田，在周原。据散伯簋、散姬鼎、散季诸器和矢王簋盖等铜器铭文，知散氏为姬姓，与姜姓矢国通婚。散宜生可能是西周金文中散伯车父、散季的先祖，即使散宜生与散伯车父、散季没有血缘关系，那么散宜生也应当是以居地为氏，所以散宜生一称，散是氏名，宜生是其私名或字。矢人盘铭文中的散邑当是散宜生的采邑，在今陕西凤翔县汧水东岸。

西周有南宫氏，康昭时期有伐鬼方和虎方的统帅南宫盂（见小盂鼎、中方鼎铭），康王二十三年向其授民授疆土，可能是封为畿内诸侯（采邑主），其祖为"南公"（见大盂鼎铭），可能就是南宫括。夷王世有南宫柳，周王册命其掌管西六师有关农牧的事务（见南宫柳鼎铭）。宣王世有南宫乎，官为司土（徒），当为南宫柳之孙，而南宫柳应是南宫盂的后人，他们都应是南宫括的后裔。总之，南宫是氏名，括是其私名。西周时期，南宫是一个显赫的氏族。

【汇评】

马骕：周室以仁厚始基，开国承家，世有令德。历夏、商千有余载，王业始成，祚年八百，本固者其枝茂，源深者其流长也。后稷在陶唐虞夏之际，播时百谷，受封有邰，功诚伟矣。使其世嗣农官，守土保邦，俾无废先人之业，宜足以报其厚德矣。顾不数传而不窋失官，窜于戎翟，公刘际夏桀之虐，亶父遭獯鬻之偪，转徙播迁，如是其艰难也。曰：非忧患无以启贤圣，非积累无以基崇高。史称公刘修后稷之业，生聚再繁，邦家再盛，周道之兴自此。故诗人歌思其德，当其相宜取材，行有资而居有积，可想其度地建国和辑人民之规焉。（《绎史》卷一八《周室始兴》）

牛运震："士以此多归之""盍往归之""皆往归之"，叠三"归之"，有法有态。

（《史记评注·周本纪》）

　　崇侯虎譖西伯于殷纣曰①："西伯积善累德②，诸侯皆向之③，将不利于帝④。"帝纣乃囚西伯于羑里⑤。闳夭之徒患之，乃求有莘氏美女⑥，骊戎之文马⑦，有熊九驷⑧，他奇怪物，因殷嬖臣费仲而献之纣⑨。纣大说，曰："此一物足以释西伯⑩，况其多乎？"乃赦西伯⑪，赐之弓矢斧钺，使西伯得征伐⑫。曰："譖西伯者，崇侯虎也。"西伯乃献洛西之地⑬，以请纣去炮烙之刑⑭。纣许之。

① 【汇注】
　　陈蒲清：崇侯虎：崇国的诸侯，名虎。崇国，在今陕西省户县东，西安市西南。譖：诬陷、中伤。（引自王利器主编《史记注译·周本纪》）
【汇评】
　　崔　述：谗言何以能使人信也？盖有巧术存焉，其始托为无心，微示其意，使听之者涵之于心；渐而增之累之，听之者遂信以为实。故孔子曰："浸润之譖不行焉，可谓明也已矣。"向使其譖之初而即平心核其真伪，其实邪，则致之罪——孟子所谓"见不可焉，然后去之；见可杀焉，然后杀之"者也——其诬邪，则治言者之罪，此后谁复敢诪张为幻者！（《丰镐考信别录》卷一《〈巧言篇〉之"信谗"》）

② 【汇评】
　　吕不韦：文王曰："父虽无道，子敢不事父乎？君虽不惠，臣敢不事君乎？孰王而可畔也。"纣乃赦之。天下闻之，以文王为畏上而哀下也。（《吕氏春秋·行论》）

③ 【汇注】
　　马持盈：向，归向也。（《史记今注·周本纪》）

④ 【汇注】
　　梁玉绳：崇侯之譖，羑里之赂，洛西之献，阴行之诈，皆乖事实，已辨在《殷纪》中。而此又谓纣告西伯是崇侯譖之，盖因《大传》而误也。文之伐崇，固奉纣命，岂有命之修怨乎？纣亦必无此语。又此处两"帝"字及下文"以告帝纣""帝纣闻武王来""以大卒驰帝纣师"三"帝"字，《史诠》谓"皆当作'商'字之讹也"。据徐广云"帝一作'商'"，则《史诠》是。（《史记志疑·周本纪》）

⑤ 【汇注】

刘　安：文王砥德修政，三年而天下二垂归之。纣闻而患之曰："余夙兴夜寐，与之竞行，则苦心劳形，纵而置之，恐伐余一人。"崇侯虎曰："周伯昌行仁义而善谋，太子发勇敢而不疑，中子旦恭俭而知时，若与之从则不堪其殃，纵而赦之，身必危亡。冠虽弊，必加于头，及未成，请图之。"屈商乃拘文王于羑里。（《淮南子》卷一二《道应训》）

李　昉：桓子《新论》曰：文王修德，百姓亲附。是时崇侯虎与文王列为诸侯，德不能及文王，常嫉妒之，乃谮文王于纣曰：西伯昌，圣人也，长子发、中子旦，皆圣人也。三圣合谋，君其虑之。乃囚文王于羑里。（《太平御览》卷八四《周文王》）

马　骕：《新书》：纣作梏数千，睨诸侯之不谐己者，杖而梏之。文王桎梏于羑里，七年而后得免。及武王克殷，既定，令殷之民投撒桎梏而流之于河。民输梏者，以手撒之，弗敢坠也；跪入之水，弗敢投也。曰："昔者文王尝拥此。"故爱思文王，犹敬其梏，况其法教乎！（《绎史》卷十九《文王受命》）

崔　述：《封州闻见记》一则："相州汤阴县北有羑里城，周回可三百余步；其中平实，高于城外丈余。相传文王演《易》之所。按：此东顿邱、临黄诸县多有古小城，或周一里，或三百步，其中皆实。然则小城而实，皆古人因依立家，以为保固耳。"余按：汤阴之西为林县，其北为安阳，又北为磁州。距余乡近者百里，远者二百余里。其在山中者，山上多垒石为城寨。在平地者，其村外往往有高广如封氏所言者。其城或尚存，或已颓，或半颓。余数往来于诸县间，问之土人，皆云前代避乱之所。然则汤阴此台亦如是而已矣。封氏之言是也。盖筑城自保，势须据险，以高临下，有山则据山，无山则筑平地使高，筑城其上，方足以制仰攻，本理之常，无足异者。但临大道者少，人或不之见，见亦不为意。而汤阴之台东逼驿道，人皆知之。既莫考其所始，而其地近殷墟，故好事者遂以羑里之事附会之耳。余又尝居开州，即唐顿邱之南境也。城以南如汤阴此台者不下数十，盖即封氏所谓"古小城"者。其城率已颓，古人呼为"骨堆"。（《丰镐考信别录》卷二《羑里城》）

【汇评】

韩　非：或曰，仲尼以文王为智也，不亦过乎？夫智者，知祸难之地，而辟之者也。是以身不及于患也。使文王所以见恶于纣者，以其不得人心邪？则虽索人心以解恶可也。纣以其大得人心而恶之，己又轻地以收人心，是重见疑也，固其所以桎梏囚于羑里也。郑长者有言：体道无为无见也，此最宜于文王矣。不使人疑之也。仲尼以文王为智，未及此论也。（《韩非子·难二》）

崔　述：按羑里之事本战国人所述。既相传为有此事矣，秦、汉以后因以演《易》附会之。既复相传有演《易》之事矣，魏、晋以后因又以古小城附会之。证据既多，遂成牢不可破之说。市有虎而曾参杀人，三人言之，未有不信者矣；而孰知其说皆相因而生者乎？邠州山上，有水自洞口下，名水帘洞；山下果树甚繁，好事者遂以为《西游记》孙悟空发祥之所，而建猴王庙焉。呜呼，古所言古迹者，大率皆如此矣！故今并附辨之。(《丰镐考信别录》卷二《羑里城·古迹相因而生》)

刘毓庆：纣囚文王，囚后如何，众说不一。《左襄十一年传》云："纣囚文王七年，诸侯从之囚，纣于是惧而归之。"《赵策》说：纣将文王"拘之于牖里之库百日，而欲之死"。《尚书大传》说："纣乃囚之，四友献宝，乃得免于虎口。"《殷本纪》说："西伯之臣闳夭之徒，求美女奇物善马以献纣，纣乃赦西伯。"历史学家们总想把纣描写成一个荒淫无道的昏君，而将文王说成深得众心的圣王。结果是越传越离奇，难怪崔东壁要说："去圣盖远则诬亦多"了。请听他的这段论辩："且《春秋传》以为囚之七年，《战国策》以为拘之百日，其久暂固已悬殊矣。《尚书大传》以为在西伯戡耆之后，《史记》以为在虞芮质成之前，其先后亦复抵牾矣。《春秋传》以为诸侯从之而纣归之，《尚书大传》认为散宜生赂之，而纣释之。其所以得出之故，又不一说矣。学者将何所取信乎？尤可异者，《殷本纪》以为窃叹九侯而被囚，《周本纪》则以为积善累德而见谮；《殷本纪》以为献洛西而赐斧钺，《周本纪》以为赐斧钺而献洛西。此一人之书也，而先后矛盾亦如是，其尚可信以为实邪？"崔东壁对群儒的讹说大胆怀疑，十分可取。但他干脆否定文王被囚之事，未免过于武断。牖里之事，百家不言，不会无据。(《雅颂新考·文王之什新考·文王死于纣手考》)

⑥【汇注】

张守节：《括地志》云："古莘国城在同州河西县南二十里。《世本》云莘国，姒姓，夏禹之后，即散宜生等求有莘美女献纣者。"(《史记正义》)

王　恢：有莘：《河水注》："河水迳郃阳城东，周威烈王之十七年，魏文侯伐秦至郑，还筑汾阴郃阳，即此城也；故有莘邑矣。"《清统志》(二四四)："莘国故城在今郃阳县治东南。《县志》云：县东南有有莘里，即古莘国。"(《史记本纪地理图考·周本纪·西伯文王》)

⑦【汇注】

张守节：《括地志》云"骊戎故城在雍州新丰县东南十六里，殷、周时骊戎国城也。"按：骏马赤鬣缟身，目如黄金，文王以献纣也。(《史记正义》)

马　骕：《尚书大传》："散宜生之犬戎氏，取良马，骢身朱鬣鸡目者，陈于纣之庭。纣出见之，还而观之，曰：'此何人也？'散宜生遂趋而进曰：'吾西蕃之臣，昌之使者。'"《注》云：散宜生，文王四臣之一也。吕尚有勇谋而为将，散宜生有文德而为相。(《绎史》卷一九《文王受命》)

王　恢：骊戎，《汉志》："京兆尹新丰，骊山在南，故骊戎国，秦曰骊邑。"《渭

水注》："戏水迳骊戎城东。"《清统志》（二二八）故城在临潼县东二十四里。（《史记本纪地理图考·周本纪·西伯文王》）

陈蒲清：骊戎：部族名，姬姓。居地在今陕西省临潼县一带。文马：漂亮的骏马。传说这种马赤鬣缟身，目如黄金。（引自王利器主编《史记注译·周本纪》）

⑧【汇注】

张守节：《括地志》云："郑州新郑县，本有熊氏之墟也。"按：九驷，三十六匹马也。（《史记正义》）

⑨【汇注】

皇甫谧撰、徐宗元辑：散宜生、南宫括、闳夭学乎吕尚。尚知三人贤，结朋友之交，及纣囚文王，乃以黄金千镒与宜生，令求诸物与纣。（《帝王世纪辑存·周第四》）

梁玉绳：费中始见《晏子春秋·谏上》《墨子·明鬼》，亦作费仲。费，姓；仲，名。费昌之后，武王禽之，死牧之野。（《汉书人表考》卷九《费中》）

王世贞：文王之安于囚也，臣道也；太公、散宜生之以术陷纣也，亦臣道也。（引自《史记评林·周本纪》）

又：以纣之囚西伯，而闳夭之徒以有莘美女献纣，纣大悦，乃赦西伯。或曰西伯之圣，闳夭之徒之贤，乃以不正之赂而求赎，有此事乎？呜呼！纣之不可以君，久矣！此圣人权道所系也，谓有此事可也。（同上）

【汇评】

王世贞：宋儒曰：毋也，西伯必不赂免。王子曰：否。西伯必以赂免。于何知之？曰：纣知之。纣也尝醢九侯而脯鄂侯，于西伯何有？……欲加之罪，何患无辞？且纣庸俟罪乎？以圣德请也。圣人之心有七窍，请视诸，夫纣何圣之恤？嗜艳妖色，骋骏奇技淫巧，其素也。骤赦而骤喜，其所欲戮之人，此必有以探其素而深中其嗜明矣。然则闳夭之徒非欤？曰：何可非也。曰：内文明外柔顺，俟命正志，生死不易，文王之德也。委曲万变，以出其主，而任其过，颠夭之德也。文王之德，臣德也，身谋之也。颠夭之德，亦臣德也，为君谋之者也。……夫子赞曰：巽以行权，呜呼至哉！（《弇州四部稿》卷一百十一《闳夭不赂纣》）

瞿方梅：案：《殷本纪》言：纣醢九侯、脯鄂侯，西伯窃叹，故因之。《赵策》鲁连子说亦然。大率《殷纪》本《赵策》而《周纪》本《淮南》，故不同也。《淮南子·道德训》：崇侯曰："周伯昌行仁义而善谋，未及成，请图之。"是也。（《史记三家注补正·周本纪第四》）

⑩【汇注】

裴　骃：一物，谓娎氏之美女也。以殷纣淫昏好色，故知然。（《史记集解》）

陈蒲清：此一物：这样的一件东西。旧说，指有莘氏之美女。（引自王利器主编

《史记注译·周本纪》）

⑪【汇注】

司马光：时纣方无道，诸侯多去纣归文王。纣怒，囚文王于羑里，七年，诸侯皆从之囚，纣于是惧而归之。（《稽古录》卷八《周》上）

【汇评】

吕不韦：昔者纣为无道，杀梅伯而醢之，杀鬼侯而脯之，以礼诸侯于庙。文王流涕而咨之，纣恐其畔，欲杀文王而灭周。文王曰："父虽无道，子敢不事父乎？君虽不惠，臣敢不事君乎？孰王而可畔也！"纣乃赦之。天下闻之，以文王为畏上而哀下也。《诗》曰："维此文王，小心翼翼，昭事上帝，聿怀多福。"（《吕氏春秋》卷二〇《达郁》）

方孝孺：羑里之事不经见，《史》所称献美女、善马之说，皆好事者意搆之词，恐非其实也。（引自《史记评林·周本纪》）

⑫【汇注】

沈　约：文王受命九年，大统未集，盖得专征伐。受命自此年始。（引自《史记评林·周本纪》）

孙之騄：沈约曰：按文王受命九年，大统未集，盖得专征伐，受命自此年始。《伏湛传》"文王受命征伐五国"注："伐犬夷、密须、耆、邘、崇。"《史通》曰："按《尚书·西伯戡黎》始咎周，此犹之荆蛮之灭诸姬，季氏之伐颛臾也。"又曰："文王受命称王，此犹之楚及吴越僭号而陵天子也。夫戡黎伐崇，自同王者服事之道。理不如斯，要亦犹之司马文王害权臣，黜少帝，坐加九锡，行加六马。及其殁也，而荀勖犹谓人臣，终未可知也。至昔《泰誓》三篇，数纣过失，亦犹之吕相为书绝秦，陈琳为袁檄魏，欲加之罪，患无辞乎！"（《考定竹书》卷七《王锡命西伯得专征伐》）

徐文靖：《笺》按，《韩非子》曰：文王侵孟、克莒、举丰，三举事而纣恶之。文王乃惧。请入洛西之地赤壤千里，以请解炮烙之刑。天下皆说。《史记·殷本纪》曰：西伯献洛西之地，以请除炮烙之刑。纣许之，赐弓矢斧钺，得专征伐，为西伯。徐坚曰：《周礼》，其川洛汭，洛一名漆沮，出冯翊，此左辅之洛，非河南洛也。（《竹书纪年统笺》卷六《帝辛三十三年王锡命西伯得专征伐》）

【汇评】

司马光：于时西有昆夷之患，北有獯狁之难，文王以天子之命，命将帅，遣戍役，以守卫中国。远近之人，皆畏而爱之，则而象之，诸侯大邦畏其力，小邦怀其德。（《稽古录》卷八《周》上）

⑬【汇注】

刘绍攽：《史》云：西伯献西洛，以除炮烙。徐笔峒疑之。谓尺地莫非其有，西洛岂文王私物？不知天下虽统于纣，有邰实封于舜，五帝子孙至周犹存，纣虽虐，不能并无名之土。西伯所以献，炮烙所以除乎？（《九畹古文》卷八《西伯献地除炮烙辩》）

⑭【汇注】

马　骕：《吕氏春秋》：文王处岐事纣，冤侮雅逊，朝夕必时，上贡必适，祭祀必敬。纣喜，命文王称西伯，赐之千里之地。文王再拜稽首而辞曰："愿为民请炮烙之刑。"文王非恶千里之地，以为民请炮烙之刑，必欲得民心也。得民心则贤于千里之地。故曰文王智矣。（《绎史》卷一九《文王受命》）

又：《越绝书》：文王以务争者，纣为天下残贼奢侈，不顾邦政。文王百里，见纣无道，诛杀无刑，赏赐不当，文王以圣事纣，天下皆尽诚，知其贤圣从之，此谓文王以务争也。纣以恶刑争，文王行至圣以仁义争，此之谓也。（同上）

解惠全：炮烙，商纣时酷刑之一。《列女传》："膏铜柱，下加之炭，令有罪者行焉，辄堕炭中，妲己笑，名曰炮烙之法。"（《全译史记·周本纪》）

【汇评】

韩　非：昔者文王侵孟、克莒、举丰。三举事而纣恶之，文王乃惧，请入洛西之地、赤壤之国方千里，以解炮烙之刑。天下皆悦。仲尼闻之曰：仁哉文王，轻千里之国，而请解炮烙之刑。智哉文王，出千里之地，而得天下之心。（《韩非子·难二》）

刘　安：人能遵道行义，喜怒取予，欲如草之行风。……文王辞千里之地，而请去炮烙之刑。故圣人之举事也，进退不失时。（《淮南子·缪称训》）

司马光：纣疑文王之得民，故囚之。既释而又献地以止其虐刑，是正信崇侯虎之谮于纣也。岂所谓遵养时晦以蒙大难者哉？且纣惟不胜其淫虐之心，故为炮烙之刑。若能自止而不为，则不待受西伯之地，若不能自止，虽受地于西伯而为之如故，谁能禁之哉？（《司马文正公传家集》卷七三《周文王》）

李维桢：西伯自羑里既释，如鸟脱笼，翻然翱翔，不可复制。而昌黎《文王操》曰："臣罪当诛，天王圣明兮。"可谓得圣人之心？而昧其迹者矣？（《史通评释》卷一三《疑古》）

方孝孺：为史者之言曰：西伯之囚羑里，崇侯实谮之。及西伯得赐斧钺，专征伐，而归五年，果伐崇侯虎。果若其言，是西伯挟天子之柄，而报私怨也。此必不然。圣人之于赏罚，岂尝容心于其间哉？观人之善恶何如耳！……崇侯之事远，不可知其详矣。吾意其人必比凶党恶，不供臣职于天子，而侵害其舆图，杀虐其民人，弃蔑其宗庙，故西伯伐之，必不以其谮己也。苟憾其谮己，是微量浅智之人，齐桓、晋文之流之所为，岂足为圣人哉？且羑里之事不经见，史所称献美女、善马、珍怪之说，皆战国之末，好妄言者意构之辞，非其事之实也。妄言者见诗歌伐崇，求其罪而不得，遂诬其谮西伯，以为伐崇之端，而不自知其谬也。西伯尝伐犬戎、密、耆及邘矣，则此四国者又岂皆潛西伯者邪？故谓西伯伐崇者是也，谓崇侯潛西伯，以女马赂纣得脱者，皆非也。曰：然则史氏所述西伯之事，亦有足信者欤？曰：惟献地请去炮烙之刑者近之，余皆无足取焉耳。（引自《皇明文衡》卷五四《西伯伐崇》）

西伯阴行善①，诸侯皆来决平②。于是虞、芮之人③有狱不能决④，乃如周⑤。入界⑥，耕者皆让畔，民俗皆让长⑦。虞、芮之人未见西伯⑧，皆惭，相谓曰："吾所争，周人所耻，何往为？只取辱耳⑨。"遂还⑩，俱让而去⑪。诸侯闻之⑫，曰："西伯盖受命之君⑬。"

① 【汇注】

　　李　昉：《傅子》曰：文王葬城隅之枯骨，天下怀其仁。（《太平御览》卷七七《皇王部二》）

　　马持盈：阴行善：暗暗地行善，而不声张。（《史记今注·周本纪》）

【汇评】

　　刘重华：伯之所谓阴者，非恐纣知之，恐天下知之耳。恐天下知之者，恐天下德我而仇纣，附我而去商。盖纯圣之心，惟伯自知之，惟天地神鬼知之，岂特不求人知，且也尝恐人知矣。夫是以名之曰"阴"也。而他说不甚谬乎哉？或曰：千古而遥，子何以洞伯之心，亦有所本乎？曰"善则归君，过则归己"，经言伯矣。又曰"臣罪当诛兮天王圣明"，韩子亦尝言之矣。此文王之所以为文王也，世儒不暇知也。（引自《人物论》卷二《西伯阴行善辨》）

　　王世贞：按灵台、灵沼戒令，勿亟七十里之囿，与民同之，皆文王事也。以是为阴执谓之阳，战国策士以私意窥圣人一至于是，而马氏信之，谬矣！（引自《百大家评注史记·周本纪》）

　　陈士元：史迁云"西伯阴行善"，岂文王以服事殷之心哉！（引自《湖海楼丛书·论语类考》卷七《文王》）

　　王　圻：西伯阴行善，此史迁之谬也。孔安国论《西伯戡黎》而曰文王貌虽事纣，内秉王心。夫迁之不知文王，固也。安国号称儒者，乃亦为是言陋矣，按商纣之世袭称西伯，故胡五峰、吕成公、陈少峰、薛季龙、金仁山诸儒皆以戡黎为武王事，详见《通鉴前编》，若武王称西伯，则见《吕氏春秋》，固为学者当知也。（《稗史汇编》卷一二〇《文史门·辨讹上·西伯》）

赵南星： 史称西伯归，乃阴行善修德，"阴"字莫作不好字看。阴者是妙用，不是私心。辟如献洛西之地，以请除炮烙之刑，率殷叛国以事纣。夫除刑，行善也，献洛西之地则阴矣。事纣，行善也，率殷叛国则又阴矣。诸如此类，恐蹈九侯、鄂侯之辙，身且不保，何有于善？所以不得不出于阴，阴也者，"明夷"所谓晦也。阴行善者，"明夷"所谓用晦而明也。圣人妙用，正在于此。（引自《增定二十一史韵》末卷《读史小论·周文王》）

牛运震： 公刘虽在戎狄之间，复修后稷之业，古公亶父复修后稷、公刘之业，西伯曰文王，遵后稷、公刘之业，则古公、公季之法纪，周家世德相承，层累回环，不厌其复，此太史公手法之妙也。（《史记评注·周本纪》）

② 【汇注】

马持盈： 诸侯皆来决平：诸侯之间，如有争端，皆来文王处，请其仲裁决定，以求其平。这就是《尚书·尧典》所谓"平章百姓"之意，"平章"就是仲裁、裁判，主张公道。平章百姓，就是仲裁许多部落间之争执事件，与文王之"诸侯皆来决平"，同一意义。（《史记今注·周本纪》）

【汇评】

胡一桂： 文王三分天下有其二，以服事殷。孔子曰："周之德其可谓至德也已矣。"《史》乃谓其"阴行善，诸侯皆来决平"。毋乃以小人之心，度君子之腹者乎？愚尝读《周颂》至"太王实始翦商"，读《鲁论》至"文王三分天下有其二"，未尝不慨后之论者皆不能不以辞害意也。盖太王当祖甲之时，去高宗中兴未远也。"翦商"之云太王非但不出于口，亦决不萌于其心，特以其有贤子圣孙有传立之志，于以望其国祚之绵远焉，岂有一毫觊觎之私心哉？议者乃谓太王有是心，太伯不从，遂逃荆蛮。则是太王固已尝形之于言矣。……《诗》称"实始翦商"，谓王季、文王之立，由于太王以至武王有天下，推原其故，则"翦商"实自太王始尔，非谓太王真有"翦商"之心也。夫文王虽大圣，诸侯也；纣虽下愚，天子也。安得以诸侯而有天子三分有二之天下哉！纵使果有之，以纣暴恶，肯容之乎？以崇侯虎之鸷害，乃不潜毁之乎？此必无之事也。而夫子有是言者，特以文王之圣，道化所及，极其形容之广云尔，岂谓天下三分有二之版图，诚归之于周哉！（引自《纲鉴合编》卷二《周纪·文王》）

③ 【汇注】

裴　骃： 《地理志》，虞在河东大阳县，芮在冯翊临晋县。（《史记集解》）

张守节： 《括地志》云："故虞城，在陕州河北县东北五十里虞山之上，古虞国也。故芮城在芮城县西二十里，古芮国也。《晋太康地记》云虞西百四十里有芮城。"《括地志》又云："闲原在河北县西六十五里。《诗》云'虞芮质厥成'。毛苌云：'虞芮之君相与争田，久而不平，乃相谓曰："西伯仁人，盍往质焉。"乃相与朝周。入其境，则耕者让畔，行者让路。入其邑，男女异路，班白不提挈。入其朝，士让为大夫，大夫让为卿。二国君相谓曰："我等小人，不可履君子之庭。"乃相让所争地以为闲原'。至今尚在。"注引《地理志》芮在临晋者，恐疏。然闲原在河东，复与虞、芮相接，临晋在河西同州，非临晋芮乡明矣。（《史记正义》）

陈蒲清：虞：在今山西省平陆县境内。芮：在今陕西大荔县东南。一说在今山西省芮城县境内。（引自王利器主编《史记注译·周本纪》）

④【汇校】

张文虎：有狱，《御览》作"讼"。（《校刊史记集解索隐正义札记·周本纪》）

【汇注】

马持盈：虞：国名，在山西平陆县。芮：国名，在山西芮城县。音纳。（《史记今注·周本纪》）

王　恢：虞、芮，《正义》引《括地志》："故虞城在陕州河北县东北五十里虞山上，古虞国也。故芮城在芮城县西二十里，古芮国也。晋《太康地记》云：虞西百四十里有芮城。《括地志》又云：'闲原在河北县西六十里，乃虞芮相让所争地以为闲原，至今尚存。'注引《地理志》芮在临晋者恐疏（按：指《集解》）。然闲原在河东，复与虞芮相接，临晋在河西，非临晋芮乡明矣。"《清统志》（一五四）："虞城在平陆县东北；古芮国在芮城县西二十里郑村。闲原在平陆县西四十里。《水经注》（四）：'河水又有左右二水，二源疏引，俱导薄山，南流会成一川，其二水之内，世谓之闲原，言虞芮所争之田。'《元和志》（六）：闲原在平陆县西六十五里。《寰宇记》（六）：闲原在平陆县西六十里，东西七里，南北十三里。《县志》：（闲原）在县西南侯涧仪家沟之间，俗名让畔城。"按河西之芮，与周同姓，周初所封，国于今朝邑县，近年出土芮公钟，据考古家推测，可能是公元前八百年的制品。（《史记本纪地理图考·周本纪·虞芮质厥成》）

齐思和：虞之地望，自来说《诗》者皆以为在山西平陆县。朱右曾《诗地理征》：《郡县志》故虞城在陕州平陆东北五十里虞山之上，古虞国。闲原在平陆县西六十五里，即虞、芮让为闲田之所。右曾按："平陆县今属解州，在州东南九十里。闲原今让畔城。"又曰："芮城县今属解州，在州西九十里。"按此乃春秋时之虞，而非周初之虞国也。平陆距岐山，远在数百里之外，是时周室初兴，崇、墉未服，声威所及，恐不能若是之远。余考古虞本在今陇县境，汉之汧县也。《地理志》："吴山在西。"古虞、吴通。《水经注·渭水注》："《国语》所谓虞矣。"是古虞在雍州之证。《地理志》："芮水出西北，东流泾。"是虞、芮同在陇县，地相毗连，地在岐山西北，古之虞、芮，当即在是。（《中国史探研·西周地理考》）

编者按：齐说甚是，张筱衡《散盘考释》（《人文杂志》，1958年第3、4期）也认为虞国在陇县境内,指出芮就是《汉书·地理志》右扶风郡下的"芮水,出西北,东入泾"之芮,地点在今甘肃华亭县。另外,陇县城的北河发源于华亭县境内,西南流经陇县城北,于城东注入汧河。乾隆《陇州志》称此水为芮水,当与古芮国在陇县、华亭一带有关。山西平陆的虞国史称北虞、北吴,是周武王灭商后,分封陇县虞国之君周章弟虞仲为诸侯时所建立的诸侯国,春秋时为晋国所灭;芮国当是周初由华亭、陇县徙封至山西芮城县一带,后来迁至黄河西岸的朝邑,最后有一支迁至韩城县,与韩城县境内的梁国邻近,战国时同为秦国所灭。陇县周章之虞国史称西虞、西吴,西周康王时将其改封到江苏镇江一带的宜地为宜侯,春秋时徙都苏州,史称东吴,后来被越国所灭。闲原之说是后人的附会之言,不可信。

⑤【汇校】

张文虎:"如",《御览》作"诣"。(《校刊史记集解索隐正义札记·周本纪》)

【汇注】

马持盈:乃如周:如,往也,往周国也。(《史记今注·周本纪》)

【汇评】

刘　向:虞人与芮人质其成于文王。入文王之境,则见其人民之让为士大夫;入其国,则见其士大夫让为公卿。二国者相谓曰:"其人民让为士大夫,其士大夫让为公卿,然则此其君亦让以天下而不居矣。二国者未见文王之身,而让其所争以为闲田而反。孔子曰:"大哉文王之道乎,其不可加矣。不动而变,无为而成,敬慎恭己,而虞芮自平。"故《书》曰:惟文王之敬忌,此之谓也。(《说苑》卷一《君道》)

⑥【汇校】

张文虎:"入界",《御览》作"入其界"。(《校刊史记集解索隐正义札记·周本纪》)

⑦【汇评】

班　固:及至周文,开基西郊。杂遝众贤,罔不肃和。崇推让之风,以销分争之讼。(《汉书》卷三十六)

⑧【汇评】

吴见思:作"未见西伯"妙!潜移默夺,又胜在朝让列一层。(《史记论文·周本纪》)

牛运震:虞、芮之人"未见西伯,皆惭",按此处插"未见西伯"四字,妙有神理!(《史记评注·周本纪》)

⑨【汇评】

牛运震:"吾所争,周人所耻,何往为",语极古练;"只取辱耳",赘一句,神情毕露。(《史记评注·周本纪》)

⑩【汇校】

张文虎："遂还"，旧刻无"还"字。(《校刊史记集解索隐正义札记·周本纪》)

赵生群：遂还俱让而去，景祐本无"还"字，《后汉书》卷五六《王畅传》李贤注引《史记》同。(点校本二十四史修订本《史记》)

⑪【汇评】

赵南星：文王时，国人耕者让畔，行者让长，此固渐陶于圣德，相化而不自知也。若夫虞芮争田，则彼一是非，此一曲直，两争未决。周人之礼让，与彼何与？奚以入境之后，遂皆愧悦。且曰："我所争，周人所耻，何往为？"觉羞恶辞让是非之心，一时俱现。并恻隐亦跃然矣。四端并发，是岂寻常易得者乎？可见良知本心，人人备具。……虽然，虞芮不易得也。若在近世，则浇凌成习，且将笑让畔者为荣，嗤让长者为迂。安能有观感而兴如虞芮者乎？故虞芮者亦圣贤之徒也。(引自《增定二十一史韵》末卷《读史小论·虞芮》)

⑫【汇注】

司马光：天下闻之而归周者四十余国。(《稽古录》卷八《周》上)

⑬【汇注】

马骕：《家语》：虞芮二国争田而讼，连年不决，乃相谓曰：西伯仁人也。盍往质之。入其境，则耕者让畔，行者让路。入其朝，士让为(于)大夫，大夫让于卿。虞芮之君曰："嘻！吾侪小人也。不可以入君子之朝。"遂自相与而退，咸以所争之田为闲也。孔子曰："以此观之，文王之道其不可加焉。不令而从，不教而听，至矣哉！"(《绎史》卷一九《文王受命》)

梁玉绳：虞、芮之事，当时必有成文，今无可考。然以《大传》《毛传》及《说苑·君道篇》较之，《史》所载颇缺略不全，复有异同之语，疑史公所增损也。(《史记志疑·周本纪》)

马持盈：受命之君，受上天之命而为君。(《史记今注·周本纪》)

【汇评】

孙 琮：应圣瑞。(《山晓阁史记选·周本纪》)

吴见思：轻轻点出"受命"二字，为下文作引。势已积，机已动，遥遥挑逗，事势如此，文势如此。(《史记论文·周本纪》)

牛运震："诸侯闻之，曰'西伯盖受命之君'"。此二句衬贴作收结，妙！(《史记评注·周本纪》)

明年，伐犬戎①。明年，伐密须②。明年，败耆国③。

殷之祖伊闻之，惧④，以告帝纣。纣曰："不有天命乎？是何能为？"明年，伐邘⑤。明年，伐崇侯虎⑥，而作丰邑⑦。自岐下而徙都丰⑧。明年，西伯崩⑨。太子发立⑩，是为武王⑪。

① 【汇校】
张文虎："犬戎"：《文王诗疏》引作"犬夷"。（《校刊史记集解索隐正义札记·周本纪》）

赵生群：融吾生并明，并明生白犬，二"并明"，本书卷一〇〇《匈奴列传》"周西伯昌伐畎夷氏"，《索隐》引《山海经》作"弄明"。按：《汉书》卷九四上《匈奴传》上颜师古注引《山海经》亦作"弄明"，与《山海经·大荒北经》合。（点校本二十四史修订本《史记》）

【汇注】
裴　骃：《山海经》曰："有人，人面兽身，名曰犬戎。"（《史记集解》）

张守节：又云"黄帝生苗龙，苗龙生融吾，融吾生弄明，弄明生白犬。白犬有二，是为犬戎"。《说文》云"赤狄本犬种"，故字从犬。又《后汉书》云"犬戎，槃瓠之后也"，今长沙武林之郡太半是也。又《毛诗疏》云"犬戎昆夷"是也。（《史记正义》）

[日]泷川资言：《尚书大传》"文王四年，伐畎夷，纣乃囚之，四友献宝，乃得免于虎口，出而代耆"。愚按：《尚书·西伯》戡黎盖武王事，说见《殷纪》。（《史记会注考证》卷四）

王　恢：犬戎：《诗》称畎夷、昆夷。种族繁杂，游牧无定所。盖即黄帝所逐之荤粥，商高宗所伐之鬼方，周太王所事之獯鬻，曾被迫去邠邑于岐之下，而文王事之犹谨，今奋而伐之，武王复逐之泾洛之北。（《史记本纪地理图考·周本纪·征伐》）

又：穆王时，"犬戎以其职来王"，而王征之，"得四白狼、四白鹿以归"（小说家乃神其说，撰为《穆天子传》，卫挺生著为"今考"，按日锥指行程计之，远至中亚，以合穆王告庙之三万五千里。予谓"研究《穆传》著作时代内容的尽多，对穆王何以有此远征？却无令人满意的解释"。卫曾为文答解，无非空言不著实际。前人限于时代地理知识不足怪，今犹视为实录，殊可怪耳）。（同上）

又：春秋以后，史称为"狄""狄之广漠，于晋为都"（《左传·庄公二十八年》）。与西方之戎相呼应，诸夏皆受其患。齐桓"尊王攘夷"，始杀其猾夏之势，孔子所以有"微管"之叹。由于攘夷，促进彼族之同化；其顽固者，秦、赵、燕进诸塞外，筑长城以限之。至汉而称匈奴，为汉劲敌。其后降汉之一部虽曾统治北方，但终为中华民族

的大熔炉所同化。其逃于漠北者,或为突厥及今蒙古。数千年来,惟满清一代以其同为少数民族,怀抚统治无边患。(同上)

齐思和:据《史记》,虞、芮成后之明年,文王又伐犬戎。《尚书大传》则以为伐畎夷,在虞、芮成后四年。而《诗·大雅·绵》篇:"肆不殄厥愠,亦不陨厥问,柞棫拔矣,行道兑矣,混夷驳矣,维其喙矣。"又似在服虞、芮之前。孰先孰后,已难详考。郑《笺》谓:"混夷,夷狄国也。见文王之使者将士众过己国,则惶怖惊走突奔,入此柞棫之中而逃,甚困剧也。"余考《孟子》称:"文王事昆夷。"又曰:"肆不殄厥愠,亦不陨厥问,文王也。"赵注:"言文王不殄灭畎夷之愠怒,亦不陨文王之善声问也。"则混夷即昆夷,昆夷即畎夷,故《史记》《尚书大传》皆作犬戎。是则文王初年,犹有夷患,直至文王国富兵强,夷始惊走,不敢再犯焉。(《中国史探研·西周地理考》)

赵生群:今长沙武陵之郡太半是也,"武陵"原作"武林",据黄本、彭本、柯本、凌本、殿本改。按:《后汉书》卷八六《南蛮传》:"(犬戎)今长沙武陵蛮是也。"又曰:"秦昭王使白起伐楚,略取蛮夷,始置黔中郡。汉兴,改为武陵。"(点校本二十四史修订本《史记》)

编者按:集解引《山海经》曰:"有人,人面兽身,名曰犬戎。"正义又云:"黄帝生苗龙,苗龙生融吾,融吾生并明,并明生白犬。白犬有二,是为犬戎。"《说文》云"赤狄本犬种",故字从犬。又《后汉书》云:"犬戎,槃瓠之后也。"今长沙武林之郡太半是也。又《毛诗疏》云"犬戎昆夷"是也。

古代文献中,战国以后犬戎又与犬夷、畎夷相混,所以又称为昆夷、混夷、昆戎、绲戎。《孟子·梁惠王下》说:"文王事昆夷。"《毛诗·小雅·采薇》正义引皇甫谧《帝王世纪》说:"文王受命四年,周正月丙子朔(朔),昆夷氏侵周,一日三至周之东门,文王闭门修德,不与战。"《史记·周本纪》说:"(文王)明年伐犬戎。"正义引《毛诗疏》说:"犬戎,昆夷是也。"《史记·匈奴列传》说:"西伯昌伐畎夷氏。"索隐引韦昭云:"《春秋》以为犬戎。"又引大颜云:"即昆夷也。"可见后世犬戎与畎夷相混。

犬戎是何种民族呢?我们认为:犬戎为"允姓之戎",是三苗的后裔,即后世的氐族。俞伟超推测洞庭、鄱阳之间,北抵伏牛山麓,南达江西修水一带的古文化为三苗遗存,并指出:"无论是江汉平原东部的滆水流域还是西部的沮漳河流域,原有文化系统的去向,到二里头时期就很不清楚。"(俞伟超:《先楚与三苗文化的考古学推测》,《文物》,1980年第10期)三苗的考古学文化虽然不知了去向,但是三苗族人的去向在文献中却有线索。《左传·文公十八年》说:

舜与尧,宾于四门,流四凶族,混沌、穷奇、梼杌、饕餮,投诸四裔,以御魑魅。

《尚书·尧典》说：

流共工于幽州，放驩兜于崇山，窜三苗于三危，殛鲧于羽山，四罪而天下咸服。

《左传·昭公九年》说：

先王居梼杌于四裔，以御魑魅，故允姓之奸居于瓜州。

杜预注："'允姓'，阴戎之祖，与三苗俱放三危者。"

《史记·五帝本纪》说：

迁三苗于三危，以变西戎。

由以上所引，可知"瓜州"与"三危"是同一个地方，居于瓜州的"允姓之奸"，即"允姓之戎"，是三苗的后裔。但是杜预将"允姓之戎"与"姜氏之戎"混为一谈。《左传·襄公十四年》说："将执戎子驹支，范宣子亲数诸朝，曰：'来！姜戎氏！昔秦人迫逐乃祖吾离于瓜州。'"杜注："四岳之后皆姜姓，又别为允姓。'瓜州'，地在今敦煌。"杨伯峻说："瓜州之戎本有两姓，一为姜姓，此戎是也；一为允姓，昭九年《传》'故允姓之奸居于瓜州'是也，杜注混而一之，不确。"（杨伯峻：《春秋左传注》，中华书局，1983年，第1105页）此说正确，但是我们要指出的是：不是瓜州之戎有两姓，而是瓜州有两处。允姓所居的瓜州在今甘肃省渭源县以南的洮河流域；而春秋时期"姜氏之戎"所在的瓜州，在今陕西关中西部的汧陇一带，处于秦、晋的西北。（见顾颉刚《史林杂识·瓜州》，中华书局，1963年）

姜戎氏就是"姜氏之戎"，与"允姓之奸"本来是居于两地的两个不同的族体。"姜氏之戎"是姜姓的羌族，而"允姓之戎"是犬戎，就是后来的氏族。因为两者的居地都称"瓜州"，杜预就混二为一，既说姜戎氏是"四岳之后皆姜姓"，又说"别为允姓"，自相矛盾。

杜预错将"姜氏之戎"与"允姓之戎"二者所居的"瓜州"混为一地，而且误指"瓜州"在敦煌，把两个不同的族别混为一谈，可是他的错误是有所本的。《后汉书·西羌传》说："西羌之本出自三苗，姜姓之别也。其国近南岳。及舜流四凶，徙之三危，河关之西南羌地是也。"可见《后汉书·西羌传》就将西羌与"允姓之戎"混在一起，错指西羌为三苗之后，说什么"姜姓之别也"。杜预不明《后汉书·西羌传》的说法是错误的，只好跟上说姜戎氏既是姜姓，"又别为允姓"。

对于《后汉书·西羌传》的错误，徐旭生早已指出："姜与羌本属同源，为西方著名的氏族。把南方的'允姓之奸'迁到那里，使姜姓的酋长管理生业，也是可以有的事情……因为三苗氏族窜到西北的一部分曾同姜姓发生过关系，就说他们的氏族完全属于姜姓，这种用偏概全的办法是很不对的。"（徐旭生：《中国古代的传说时代》，文物出版社，1985年，第123页）姜与羌同族，是西北的土著民族，与南方的三苗没有族源上的关系。

《太平御览》卷五十引《河图括地象》曰："三危山在鸟鼠山之西南，与汶（岷）山相接。"鸟鼠山即鸟鼠同穴山，在今甘肃省渭源县以西，所以"三危"就是"瓜州"，在今甘肃的渭源县西南，四川的岷山以北，今陇南洮河流域的临洮县一带正可当之。

寺洼文化，是因为最早发现于甘肃省临洮县寺洼山而得名。寺洼文化虽然具有羌文化色彩，但是在文化面貌上它与卡约、辛店、刘家等羌戎文化差异很大。寺洼文化的典型器物马鞍形口罐最具有文化特征，而这类陶器在卡约、辛店、刘家等羌文化中都没有发现。甘青地区的马家窑、齐家、卡约、辛店、刘家等古文化器类中均没有陶鼎，而唯独寺洼文化有陶鼎。夏鼐指出：

就文化的全貌而论，自然以辛店文化较为接近马家窑文化。但辛店和寺洼可能是同一时代的两种文化，前者是承袭马家窑文化一系统，后者是从外界侵入洮河流域的外来文化。（夏鼐：《考古学论文集·临洮寺洼山发掘记》，科学出版社，1961年，第44页）

寺洼文化有陶鼎、高圈足器，而且陶土中有屑和料，这些特征与长江中游的古文化，也就是三苗文化有某些渊源关系，很有可能是三苗文化侵入洮河流域后形成的外来文化。所以我们曾提出：寺洼文化是"允姓之戎"，也就是犬戎的文化遗存（尹盛平：《猃狁、鬼方的族属及其与周族的关系》，《人文杂志》，1985年第1期）。后来赵化成通过在甘肃东南部的考古调查也提出："对寺洼文化族属的考察可以看出，这一文化与商周时期活动于周西北部的犬戎有关。"（赵化成：《甘肃东部秦和羌戎文化的考古探索》，俞伟超主编：《考古类型学的理论与实践》，文物出版社，1989年，第174页）

夏鼐根据寺洼山的火葬墓并结合古代文献记载，推论寺洼文化为古代氐羌族的文化遗留（见《临洮寺洼山发掘记》，《考古学论文集》，第10—11页）。甘肃省博物馆在《甘肃文物考古工作三十年》一文中，认为寺洼文化"或许是古代氐族的遗留"（《文物考古三十年》，文物出版社，1979年，第139—153页）。卢连成、胡智生也主张寺洼文化是早期氐人的遗存（卢连成、胡智生：《宝鸡茹家庄、竹园沟墓地有关问题探讨》，《文物》，1983年第2期）。《三国志·魏书·乌丸鲜卑东夷传》注引《魏略·西戎传》说：

氐人有王，所从来久矣。……其种非一，称槃瓠之后，或号青氐，或号白氐，或号蚺氐，此盖虫之类而处中国，人即其服色而名之也。

《史记·周本纪》正义引《后汉书》云："犬戎，槃瓠之后也。"今本《后汉书》无此语。槃瓠，是南方苗民的图腾崇拜，犬戎是三苗的后代，所以称槃瓠之后也。氐族，也"称槃瓠之后"，所以我们在《猃狁、鬼方的族属及其与周族的关系》一文中，也认为犬戎是后来的氐族。关于氐族的起源、分布和移动，马长寿指出：

氏族的原始分布地和秦汉时氏族分布中心大体是一致的。自冉駹（嘉戎）以东北，是西汉水、白龙江、涪水上游等地，这些地区自古就是氐族分布的所在。（马长寿遗著：《氐与羌》，上海人民出版社，1984年，第32页）

文献中氐族的原始分布地西汉水、白龙江流域，正是寺洼文化拦桥类型的分布区域，而寺洼文化拦桥类型是商周时期犬戎的文化遗存，这说明秦汉时期的氐族是犬戎的后世。根据《汉书·地理志》的记载，氐族的分布地域后来又向东移动了，主要分布在汉代的武都郡（今甘肃陇南地区），东边到达陕西汉中的略阳县和宝鸡市的凤县一带。羌族与氐族是西戎的两大民族，所以《后汉书·西羌传》引《诗经》说："自彼氐羌，莫敢不来王。"

【汇评】

牛运震："明年，伐犬戎"以下，凡六用"明年"字，只见其庄，未觉其复。（《史记评注·周本纪》）

② 【汇注】

裴　骃：应劭曰："密须氏，姞姓之国。"瓒曰："安定阴密县是。"（《史记集解·周本纪》）

张守节：《括地志》云："阴密故城在泾州鹑觚县西，其东接县城，即古密国。"杜预云姞姓国，在安定阴密县也。（《史记正义》）

马　骕：《说苑》：文王曰："吾欲用兵，谁可伐？密须氏疑于我，可先往伐。"管叔曰："不可。其君，天下之明君也。伐之不义。"太公望曰："臣闻之，先王伐枉不伐顺；伐崄不伐易，伐过不伐不及。"文王曰："善。"遂伐密须氏，灭之也。（《绎史》卷一九《文王受命》）

蒋廷锡：按《竹书纪年》帝辛三十二年，密人侵阮，西伯帅师伐密。三十二年，密人降于周师，遂迁于程，王锡命西伯得专征伐。（《古今图书集成·明伦汇编·皇极典》卷九《商·帝辛本纪》）

徐文靖：《笺》按：《大雅·皇矣》云：王赫斯怒，爰整其旅，以遏徂旅，是其事也。皇甫谧曰：文王问太公：吾用兵孰可？太公曰：密须氏疑于我，我可先伐之。遂侵阮徂共而伐密须。密须之伐，《书传》以为在文王受命之四年，今据《竹书》是在殷末锡命文王之前一年也。（《竹书纪年统笺》卷六《帝辛三十二年西伯帅师伐密》）

又：《笺》按，《杜注》：密须，姞姓国也。在安定阴密县东，故密城是也。（《竹书纪年统笺》卷六《帝辛三十三年密人降于周师》）

王　恢：密须，《汉志》："安定郡阴密，《诗》密人国。"应劭曰："密须姞姓之国。"《清统志》（二七二）："阴密故城在甘肃灵台县西五十里。"简称密。《诗·大雅·皇矣》："密人不恭，侵阮徂共。"文王灭之以封姬姓。本纪"共王游于泾上，密

康公从"。"共王灭密"。(《史记本纪地理图考·周本纪·征伐》)

齐思和：此事《诗·大雅·皇矣篇》记之甚详："密人不恭，敢拒大邦。侵阮徂共。王赫斯怒，爰整其旅，以按徂旅。以笃于周祜，以对于天下。""依其在京，侵自阮疆，陟我高冈。无矢我陵，我陵我阿。无饮我泉，我泉我池"。读此诗，则与密交战之原因，出兵之路线，皆可以知矣。盖阮、共乃二小国，臣服于周者。密乃周西北之强国，且侵二小国，周制止之不听，所谓"敢拒大邦"也。其侵阮、共也，乃自京出师，自阮侵入，而及于周之高冈。周人大怒曰："勿阵于我陵，此我之陵也。勿饮我泉，此我之泉也。"而文王亦遂整其师旅，以遏止其众焉。密即《左传》之密须。《吕氏春秋·用民篇》"密须之民，自缚其主，而与文王"。盖密人终败而献其君。《左传》昭公十五年传："密须之鼓，与其大路，文所以大蒐也。"此盖伐密之战利品也。(《中国史探研·西周地理考》)

赵生群：即古密国。"密国"，疑当作"密须国"。按：本书卷五《秦本纪》"迁阴密"，《正义》引《括地志》作"密须国"。《左传·昭公》十五年"密须之鼓"，杜预注："密须，姞姓国也，在安定阴密县。"(点校本二十四史修订本《史记》)

陈蒲清：密须：部族名。姞姓。居地在今甘肃省灵台县西。(《史记注译·周本纪》)

③【汇注】

裴　骃：徐广曰："一作'肌'。"(《史记集解》)

张守节：即黎国也。邹诞生云本或作"黎"。孔安国云黎在上党东北。《括地志》云："故黎城，黎侯国也，在潞州黎城县东北十八里。《尚书》云'西伯既戡黎'是也。"(《史记正义》)

孙之騄：耆，侯爵，一曰仇黎也。《史记》言文王伐邘，又曰明年败耆国，明年伐邘，明年伐崇侯虎，东坡《书传》"周人乘黎，黎在上党壶关"。《路史》"崇，鲧国，伯爵。今崇有崇城，崇侯坟"。《九域志》"虎也"。文王伐崇，迁其重器，有崇鼎、贯鼎、贯亦国名，《春秋繁露》曰："受命而王，必先祭天，乃行王事。"文王之伐崇是也。《诗》曰："济济辟王，左右奉璋。"其下曰："周王于迈，六师及之。以是见文王之先郊而后伐也。文王受命则郊，郊乃伐崇。"(《考定竹书》卷七《三十四年，周师取耆及邘，遂伐崇，崇人降》)

蒋廷锡：按《竹书纪年》，帝辛三十四年，周人取耆及邘，遂伐崇，崇人降。(《古今图书集成·明伦汇编·皇极典》卷九《商·帝辛本纪》)

徐文靖：《笺》按：《殷本纪》西伯伐饥国，灭之。徐广曰：饥一作肌，又作耆。即饥国也。《左传》僖二十九年：祝鲍曰：分康叔以殷民七族，有饥氏是也。《周本纪》谓西伯败耆国，《正义》曰：即黎国也。然《尚书·西伯戡黎》乃武王袭封西伯后三

年事也，安在文王所伐之耆即黎乎？（《竹书纪年统笺》卷六《帝辛三十四年周师取耆及邢遂伐崇》）

顾颉刚：黎，汉代古文本作"饐"，汉代今文本作"耆"。亦作"饥"（见《史记·殷本纪》）。又作"阢"（见《史记正义·殷本纪》《史记正义·周本纪》）。或作"䢩"（见《史记·宋世家》。《集解》"䢩音耆"）。陈乔枞《今文尚书经说考》及皮锡瑞《今文尚书考证》都说这些是今文三家异文，然罗泌《路史》、孙星衍《尚书今古文注疏》则说"阢""䢩"为"饥"的误字。其说是。按《说文》，"饐、殷诸侯国，在上党东北"。《续汉书·郡国志》"上党郡·壶关"条，"有黎亭，故黎国"，注云："文王戡黎即此。"其地在今山西省长治县西南。（《〈尚书·西伯戡黎〉校释译论》，载《中国历史文献研究集刊》第一集）

又：我们可以肯定西伯所戡的"黎"就在今山西长治市南面壶关境内。（同上）

又：由甲骨文中有"勹"及《商书》作"黎"，而承先秦博士伏生之说的《尚书大传》作耆及《史记·周本纪》亦作"耆"来看，似乎有可能是商人读"黎"，周人读"耆"，同是指壶关附近这一地方。（同上）

王 恢：《周纪》饥作"耆"，《宋世家》作"阢"，《商书·西伯戡黎》，《大传》黎作"耆"。《志疑》（二）据《竹书》《路史》，谓："耆与黎为二国。史公误以《西伯戡黎》之篇载于伐耆下，并为一案，于是传注皆以为文王，失之矣。"

陈槃《春秋大事表撰异》（一二二），谓："史公说本《尚书大传》……《六韬》似亦是文王灭黎，而武王复以封汤后。然则《殷本纪》之说，非无所据而云然矣。梁氏引证《竹书》，分耆与黎为二，然今本《竹书》，其说未详所据。又引《路史》，然《路史》亦云文王戡黎，是其说矛盾矣。"

《清统志》（一四二）："黎国本在长治县黎侯岭下。至晋立黎侯，或徙于今黎城县地，故《寰宇记》（四五）于上党县则曰本黎国，即西伯戡黎之所；于黎城县则曰古黎国，引晋荀林父灭潞立黎侯，是春秋以后之黎，非商周黎国故地也。"按：《左》宣十五年，晋景公立黎侯。（《史记本纪地理图考·周武王伐纣》）

齐思和：伐密灭崇之外，文王又尝侵黎，此事详见《西伯戡黎》篇。黎，《尚书大传》《史记》俱作耆，盖一音之转。黎国，《伪孔传》谓在上党东北。《正义》："黎国，汉之上党郡壶关所治黎亭是也。"师古引应劭亦谓黎国在汉上党郡壶口黎亭。《续汉书·郡国志》：壶关有黎亭，故黎国。刘注："文王戡黎即此。"《说文》"饐"下："殷诸侯国，在上党东北。"《水经注·漳水注》"迳壶关县故城西，又屈迳其城北，故黎国也，有黎亭，县有壶口关"，则黎在汉之上党郡壶关，为汉以来之古说。按汉壶关在今山西长治县东南。《读史方舆纪要》：黎亭在山西长治县西南三十五里。至《括地志》则谓"故黎城，黎侯国也，在潞州黎城县东北十八里，《尚书》云'西伯既戡黎'

是也"。蒋廷锡《尚书地理今释》采其说。按黎城县隋置，原属汉潞县，乃春秋时之黎国，非《伪孔传》所释古黎国之地望。惟是汉儒黎在壶口之说，是否可信，亦是疑问。若汉儒之言果信，则周之势力，已由陕西而伸至山西，宜乎商臣之震惊而力诤殷纣矣。（《中国史探研·西周地理考》）

【汇评】

陈世隆：考亭云："西伯戡黎，看来只不伐纣，其他事亦都做了。若说文王终守臣节，何故有此？只是后人因孔子'以服事殷'一句，遂委曲回护如此。"其说然否？曰：文王三分天下有其二，以服事殷，其中有多少道理？多少忠孝？多少诚心委曲？至此便是至德。其伐崇戡黎，只因纣赐弓矢斧钺，得专征伐。故不道之国，西伯得而伐之耳。然则祖伊之奔告谓何？盖臣子之心，有见于兴亡之会，故因戡黎之事，恐而奔告，虑纣之必亡，欲其改过以图存，非谓文王取纣之天下也。观其奔告之词，只称殷之不德，而不及周，则其本情可知矣。若曰文王伐崇、戡黎都做了，只不伐纣，是谓曹操东征西讨都做了，只未取汉，是一样，然则孔子何私于文王，特为溢美？后人何私于孔子，曲为回护？若以孔子之言未可信，则天下更有可信之言乎？或曰：武王继文王为西伯，戡黎者武王也，纣使胶鬲视师，而曰西伯何来？盖武王将欲伐纣而先戡黎也。若然，则文王之心事愈益明白，使西伯而文王也，则祖伊之恐，徒以其理；使西伯而武王也，则祖伊之恐，明见其势。可恐而卒不如所恐，文之所以为文也。可恐而即如其所恐，武之所以为武也。而考亭于武之伐纣，则曰武王于此，自是住不得，于文王以服事殷，则曰只不伐纣。是以文王之不伐纣，反不如武王之伐纣为直截也。失之矣。（《北轩笔记》）

徐孚远：上党潞州，河北之地，近纣都矣。故祖伊恐惧也。先伐黎，后伐崇，黎远崇近，虽为殷倖臣，力不及援矣。（《史记测议·周本纪》）

④【汇注】

范 晔：及文王为西伯，西有昆夷之患，北有猃狁之难，遂攘戎狄而成之。莫不宾服。乃率四戎，征殷之叛国以事纣。（《后汉书·西羌传》）

⑤【汇注】

裴 骃：徐广曰："邘城在野王县西北，音于。"（《史记集解》）

张守节：《括地志》云："故邘城在怀州河内县西北二十七里，古邘国城也。《左传》云'邘、晋、应、韩，武王之穆也'。"（《史记正义》）

徐文靖：《笺》按，《地理志》河内野王县。孟康曰：故邘国，今邘亭是也。又《大戴记》曰：纣不说诸侯之听于周昌，别嫌于死，乃退伐崇、许、魏，以客事天子。注：许、魏不在五伐。盖时小伐也。客事者，谓忍而臣之也。《尚书大传》曰：文王既受命，专征，一年断虞、芮之质，二年伐邘，三年伐密须，四年伐犬夷，五年伐耆，六年伐崇。今据《竹书》，取耆伐邘、遂伐崇，皆一年事也。《明堂位》曰：崇鼎，天子之器也。郑注曰：文王伐崇，迁其重器。(《竹书纪年统笺》卷六《帝辛三十四年周师取耆及邘遂伐崇》)

齐思和：伐黎之外，《尚书大传》《史记》又载文王伐邘之事。崔述《丰镐考信录》以其不见于经传，疑而不取。余考伐邘事亦《韩非子·难二篇》，则亦系先秦故说，非汉人之杜撰也。徐广谓邘在野王县西北。《说文解字》："邘，周武王所封，在河内野王是也。"《汉书·地理志》，野王在河内郡，师古注引孟康曰："故邘国也，今邘亭是也。"《续汉书·郡国志》"野王有邘城"。其地在今河南怀庆。按《左传》："邘、晋、应、韩，武之穆也。"其地似为武王征服后以封其子者，未必文王所伐者也。(《中国史探研·西周地理考》)

【汇评】

陈子龙：周之东伐，先繇泽潞据太行之脊，以临河内，根本拔矣。其后则繇孟津济师，倾之易也。(《史记测议·夏本纪》)

⑥【汇注】

张守节：皇甫谧云夏鲧封。虞、夏、商、周，皆有崇国，崇国盖在丰、镐之间。《诗》云"既伐于崇，作邑于丰"，是国之地也。(《史记正义》)

梁玉绳：文王伐国先后之次本不可考，故《大传》《竹书》及《古史》《大纪》诸书并与《史》异，未详孰是。至以祖伊告纣事系伐耆下，乃《史》之误，说在《殷纪》。(《史记志疑·周本纪》)

马持盈：崇，国名；虎，崇侯之名也。崇国盖在丰、镐之间，诗云："既伐于崇，作邑于丰。"可见是伐崇之后而始建设丰邑也。(《史记今注·周本纪》)

【汇评】

方孝孺：崇侯之事，远不可知其详矣。吾意其人必比凶党恶，不供职于天子，而侵害其舆图，故西伯伐之，必不以其谮己也。不然，西伯尝伐犬戎、密及耆矣，则此四国者，又岂皆谮西伯者耶？(引自《史记评林·周本纪》)

⑦【汇注】

裴骃：徐广曰："丰在京兆鄠县东，有灵台。镐在上林昆明北，有镐池，去丰二十五里。皆在长安南数十里。"(《史记集解》)

张守节：《括地志》云："周丰宫，周文王宫也，在雍州鄠县东三十五里。镐，在雍州西南三十二里。"(《史记正义》)

王恢：丰，《诗·大雅·文王有声》："既伐于崇，作邑于丰。"前人误为一地。崇在河南崇山境，丰故址在陕西鄠县东北五里丰水岸平等寺西，秦渡镇西北，大原村与小丰村附近，东北距西安四十里，常掘出陶器及丰宫瓦，四周列四神像，中间作篆书"丰"字。文王自岐下徙都之（《世纪》先徙程，再徙丰）。武王再徙丰水东岸之镐，相去二十五里，封其弟为丰侯。《竹书》成王十九年"黜鄷侯"，其后为戎所据，《秦本纪》"襄公元年，以女弟缪嬴为丰王妻"，故平王谓襄公曰："戎无道，侵夺我岐、丰之地，秦能逐戎，即有其地。"（《史记本纪地理图考·周本纪·都丰》）

张永禄：丰京：丰亦作鄷，与镐京同为西周国都。周文王末年伐灭崇国，于崇国故地今陕西长安县西南沣河以西而建。《诗·大雅·文王有声》："文王受命，有此武功；既伐于崇，作邑于丰。"又《史记·周本纪》：周文王"明年，伐崇侯虎，而作丰邑，自岐下而徙都丰"。经考古勘察，丰京遗址在今沣水以西，南起秦渡镇，北至客省庄、马王村，西至灵沼河的方圆六七平方公里范围内。据《诗·大雅·文王有声》"筑城伊淢，作丰伊匹"，"王公伊濯，维丰之垣"。《长安志》"鄷宫，文王宫也"。《三辅黄图》"周灵囿，文王囿也"，"文王灵囿，在长安县西四十二里"等记载，可知丰京筑有城垣，修有护城沟，建有丰宫，京邑周围有供周王渔猎游玩的苑囿。解放后，曾在丰京遗址一带发现大量的铜器、陶器、骨器密集的居住遗址、墓葬坑及殉葬的车马坑。文王于迁都丰京的第二年去世，武王继位虽迁都于沣河东岸的镐京，而丰京并未放弃，仍作为周王祭祀宗庙和处理国事之处。西周时期，丰京与镐京，同为全国的政治文化中心，故西周都城，以丰镐并称。（《汉代长安词典》三《都城》）

⑧【汇校】

梁玉绳："自岐下而徙都丰"：当做"自程徙"也。（《史记志疑·周本纪》）

【汇注】

马　骕：《纪年》：周大饥，西伯自程迁于丰。按《逸周书》称：周王宅程，三年，遭天之大荒。此文王所以都丰欤？（《绎史》卷一九《文王受命》）

蒋廷锡：按《竹书纪年》，帝辛三十五年，周大饥，西伯自程迁于丰。三十六年，西伯使世子发营镐。（《古今图书集成·明伦汇编·皇极典》卷九《商·帝辛本纪》）

曲英杰：丰邑所在，《说文》云："鄷，周文王所都，在京兆杜陵西南。"郑玄曰："丰邑在丰水之西。"徐广曰："丰在京兆鄠县东，有灵台。"《括地志》云："周丰宫，周文王宫也。在雍州鄠县东三十五里。"汉杜陵县在今西安东南，隋以前鄠县在今户县城北二里。隋唐时期鄠县即在今户县城。依此，丰邑当在今户县东秦渡镇一带。秦渡镇北，今存灵台遗址，石璋如以为即丰邑所在，当是对的。（《先秦都城复原研究·丰》）

编者按：关于丰邑的位置，沣西地区经过近八十年的考古调查、发掘，特别是为配合西咸新区规划，中国社会科学院考古研究所对丰京遗址进行了钻探，现已查明丰京遗址位于今西安市沣水中游西岸，遗址东界为沣水，西至灵沼河（今名沧浪河），北至马王镇的客省庄、马王村、张家坡和海家坡村北，南至曹家寨、西王村和冯村，总面积8平方公里多一点。遗址区内以马王镇的客省庄、张家坡、马王村、冯村、曹家寨、新旺村等地的周人遗址和墓葬最为密集，特别是文王时期的早周晚期遗迹多集中在客省庄、张家坡一带。经钻探得知，丰京遗址分布在称为郿坞岭的一片高岗地上，遗址北界客省庄村以北，南界冯村等村庄以南，都是低洼地，不适合人居；而遗址东邻沣河，西邻灵沼河。这种地形限制了丰京向四周的扩展，这可能也是周武王迁都镐京的原因之一。

【汇评】

顾炎武："汤以七十里，文王以百里"，孟子为此言，以证王之不待大尔。其实文王之国不止百里。周自王季伐诸戎，疆土日大，文王自岐迁丰，其国已跨三四百里之地，伐崇伐密，自河以西，举属之周。至于武王，而西及梁、益，东临上党，无非周地。纣之所有，不过河内殷墟，其从之者，亦但东方诸国而已。一举而克商，宜其如振槁也。《书》之言文王曰"大邦畏其力"，文王何尝不藉力哉？（《日知录·文王以百里》）

齐思和：文王之迁丰，不徒便于向东发展，与商争霸，抑丰、镐之间川渠纵横，土地肥饶，自古号称膏腴之地。汉东方朔称其"有秔、稻、梨、栗、桑、麻、竹箭之饶，土宜薑、芋，水多琨鱼，贫者得以人给足，无饥寒之忧，故酆、镐之间，号为土膏，其贾亩一金"。是其地肥美，至汉犹然。文王以前，周之建都，多在渭北，自是文王都丰，武王都镐，皆在渭南，渭之支流，多在渭南，其地较渭北尤为富饶。（《中国史探研·西周地理考》）

马正林：周人把他们的国都迁到沣水流域，也是和这里优越的自然条件分不开的。沣水是渭水的重要支流，它流经关中平原中央地区，恰好也是关中平原最开阔的地带。根据考古发掘，沣水两岸是关中地区新石器时代遗址最密集的地方，今天位于这里的所有村庄几乎都是建筑在古代遗址的基地上。这说明自古以来，这里就是关中人口最稠密的地区。周人建都于丰，既可以控制东来西往的水陆交通要道，又便于发展农业生产，比较周原显然要优越得多。周原虽美，但却地势高亢，容易受到旱灾的袭击。周人是一贯经营农业的部族，从发展农业生产的角度来看，周原是不如沣水两岸优越的。这里地势低平，一望无垠，而且又靠近沣、渭，容易解决城市用水和发展农田水利。同时，国都所在，用粮必多，也需要选择自然条件更优越的地方进行生产。好在崇国对沣水两岸的经营已有了一定的基础，在此基础上继续发展，当然易于收到成效。（《丰镐—长安—西安》二《周原和周都丰镐》）

⑨【汇注】

裴　骃：徐广曰："文王九十七乃崩。"（《史记集解》）

张守节：《括地志》云："周文王墓在雍州万年县西南二十八里原上也。"（《史记

正义》）

司马光：文王为诸侯四十二年，更称元年。三分天下有其二，以服事殷。九年崩，寿九十七。太子发立，是为武王。（《稽古录》卷八《周》上）

章　衡：享国五十年，寿九十七。（《编年通载》卷一《周》）

又：武王追尊古公为太王，西伯为文王。（同上）

马　骕：《吕氏春秋》：周文王立国八年，岁六月，文王寝疾五日，而地动东、西、南、北，不出国郊。百吏皆请曰："臣闻之，地之动为人主也。今王寝疾五日，而地动四面，不出周郊，群臣皆恐，曰：'请移之。'文王曰：'若何其移之也？'对曰：'兴事动众，以增国城，其可以移之乎。'文王曰：'不可。夫天之见妖也，以罚有罪也。我必有罪，故天以此罚我也。今故兴师动众，以增国城，是重吾罪也。不可。'"文王曰："昌也请改行重善以移之，其可以免乎？"于是谨其礼秩皮革以交诸侯，饰其辞令币帛以礼豪士，颁其爵列等级田畴以赏群臣。无几何，疾乃止。文王即位八年而地动，已动之后四十三年，凡文王立国五十一年而终。此文王之所以止殃翦妖也。（《绎史》卷一九《文王受命》）

徐文靖：《笺》按，《汉书·刘向传》：文、武、周公葬于毕。臣瓒曰：《汲郡古文》毕西于丰三十里。师古非之曰：毕陌在长安西北四十里也。《礼·文王世子》：文王九十七而终。《尚书·无逸》文王受命惟中身，厥享国五十年。《孔传》曰：文王即位，年四十七，言中身，举全数。今据《竹书》，文王生武乙元年庚寅，以文丁十二年戊子嗣父即位，年四十六，故曰受命惟中身。又按《通典》曰：文王葬毕。初，王季都之，后毕公高封焉。《后汉书·苏竟传》武王上祭于毕。注以为古无墓祭，此盖上祭于毕星。若然，文王初禴于毕，亦可谓上禴于毕星乎？知不然矣。（《竹书纪年统笺》卷六《受辛四十一年春三月西伯昌薨》）

又：又成汤自帝癸十五年始为诸侯，十八年而代夏有天下，至帝辛四十一年而文王卒，共计五百零二年。故《孟子》云由汤至文王五百有余岁。《通鉴前编》谓始汤终纣共六百六十一年，与《孟子》殊舛，当依《竹书》为是。（同上）

惠　栋：周文王立国八年，岁六月，文王寝疾，五日而地动东、西、南、北，不出国郊。又曰：文王即位八年而地动，已动之后四十三年，凡文王立国五十一年而终。（《九曜斋笔记》卷下《文王》）

梁玉绳："西伯崩"，按：天子曰崩，古之制也，以西伯而僭称为崩，岂误解受命之言乎？（《史记志疑·周本纪》）

陈梦家：《尚书大传》谓文王受命七年而崩。《史记·周本纪》曰"盖受命七年称王而断虞、芮之讼，后七年而崩"，实本《大传》。然《大传》以受命之"六年伐崇则称王"，《文王世子·正义》引《殷传》称王一年而崩。凡此均与《书·无逸》"文王受命惟中身厥享国五十"之战国传说不合。按《大传》述文王受命后伐邘、伐密、伐畎夷、伐耆、伐崇凡五伐，而《荀子·仲尼篇》曰"文王诛四"，似《大传》起于秦、汉之际，稍晚于此则有《逸周书》文王受命九年而崩之说。（《西周年代考》第三部）

荣孟源：文王，公元前1065—1059年，共七年。（《历史笔记·试谈西周纪年》）

李仲操：文王受命年数，从汉以来存在有九年和七年两种说法。查二说的主要依据：九年说是《尚书·武成》和《逸周书·文传》，七年说是《尚书大传》和《史记》，二者相比，《尚书·武成》是最权威的文献。《尚书大传》和《史记》的时代已晚，应以《武成》的记述为准。所以文王受命后九年崩是可靠的。（《西周年代》四《文武两世年数及其历日》）

【汇评】

林亦之：古之人有不幸而处君臣机阱之际，而终焉无可愧之事者，其惟文王乎！商之季年，天地如膏火，生民如麋鹿，父食子之骸，兄饮弟之血，仁人君子，痛心疾首，孰不引领而属之文王也。文王之化，自北而南，江汉之国，汝坟之域，莫非文王之民也，文王一举手则易死而为生，更乱而为治，去憔悴而为欢欣，文王何惮而不为之乎？文王之事纣，方且如舜之事尧，战战惕惕，不敢少慢，德弥盛而身弥屈，民愈归而心愈畏，君益昏而臣益恭者，文王之心也。文王之心，苟或不然，则天地其易位也久矣。……舜不以天下而动其心，文王亦不以天下动其心。故尝谓武王似汤，文王似舜，其是之谓也，非其所学俱至于是，则其出处何以如是之同也？（《网山集》卷三《文王论》）

郭孔延：孔子称文王为至德。……第据《史记》，西伯受命，今年伐犬戎，明年伐密须，明年败耆国，明年伐邘，明年伐崇侯虎，而作丰邑。改法度，制正朔。夫崇侯虎非恶西伯于纣者邪？事类修怨，迹嫌投鼠，不奉正朔，何名事殷？诸如此类，理不可晓，此祖伊之所以惧，而子玄所以疑也。（引自《史通评释》卷一三《疑古·附评》）

齐思和：周至文王而始大，实开灭殷之基。《论语》称：文王之时，已三分天下有其二，以服事殷。朱熹《集注》因谓盖天下归文王者六州，雍、梁、荆、豫、徐、扬也，惟青、兖、冀，尚属纣耳。今按九州之说不足信，抑殷、周之疆域，亦不若是之广也。崔述驳之曰："余按：三分有二，但大略言之，以见周盛商微，无庸服事殷耳，不必取九州而缕分之也。《诗》曰'虞、芮质厥成'，虞、芮在冀州境。成王世始践奄，奄在徐州境，是西北固不止于雍、豫，而东南犹未逮夫徐、扬也。即所余一分，亦不尽属纣。商政既衰，诸侯多叛。叛商者自叛商，归周者自归周，不得以宋、金之画疆而守，例商、周也。"按崔述所驳正者极是。大抵至文王之时，周之势力已达于陕西全省、甘肃、山西、河南之一部，似可断言。（《中国史探研·西周地理考》）

⑪【汇注】

　　司马迁：武王同母兄弟十人。母曰太姒，文王正妃也。其长子曰伯邑考，次曰武王发，次曰管叔鲜，次曰周公旦，次曰蔡叔度，次曰曹叔振铎，次曰成叔武，次曰霍叔处，次曰康叔封，次曰冉季载。冉季载最少。同母昆弟十人，惟发、旦贤，左右辅文王，故文王舍伯邑考而以发为太子。及文王崩而发立，是为武王。伯邑考既已前卒矣。（《史记·管蔡世家》）

　　刘于义：武王，讳发，以岁己卯春二月克商，即天子位。定都镐。在位七年。王来自商，至于丰，乃偃武修文，归马于华山之阳，放牛于桃林之野，示天下服。列爵惟五，分土惟三，建官惟贤，位事惟能，重民五教。惟食丧祭，惇信明义，崇德报功，垂拱而天下治。（《陕西通志》卷四八《帝系一·武王》）

　　田惟均：武王，商帝乙二十有三祀壬辰，武王生。（《岐山县志》卷八《人物·武王》）

　　荣孟源：武王，公元前1058—1053年，共六年。（《历史笔记·试谈西周纪年》）

【汇评】

　　康　海：史迁历言文王、武王志在倾商，累年伺间，备极形容。文字既工，烫人耳目，学古之士，无所折衷，则或两是之，曰武王之事不可以已，而夷、齐则为万世立君臣之大义也。昌黎韩公之论是矣。其偏信者，则曰夷齐于武王谓之弑君，孔子取之，盖深罪武王也。眉山苏公之论是矣。呜呼！此事孔、孟未尝言，而史迁安得言此欤！（引自《百大家评注史记·周本纪》）

　　王　圻：又他碑所载后稷生台玺，台玺生叔均，而下数世始至不窋，不窋下至季历犹十有七世，而太史公作《周纪》，拘于《国语》，遂有十五王之说，乃合二人为一人，又删数人，以合十五之数，不知《国语》之语十五王，皆指其贤而有闻者，非谓后稷至武王千余年而止十五世。太史公亦迂哉！（《稗史汇编·人物门·统系·虞周世系》）

　　西伯盖即位五十年①。其囚羑里②，盖益《易》之八卦为六十四卦③。诗人道西伯④。盖受命之年称王而断虞芮之讼⑤。后十年而崩⑥，谥为文王⑦。改法度，制正朔矣⑧。追尊古公为太王⑨，公季为王季⑩；盖王瑞自太王兴⑪。

①【汇注】

　　刘　坦：文王为西伯四十三年。至四十四年，断虞、芮之讼，始受命。四十五年伐犬戎，四十六年伐密须，四十七年败耆国，四十八年伐邘，四十九年伐崇侯虎，自岐下徙都丰，五十年崩。（《史记纪年考》卷二《周共和以前纪年考·文王》）

张家英：连用"盖"字或用"盖若""盖……云"以传疑，此应为太史公的一项创造。清人刘淇亦注意到这一点，在其所著《助字辨略》中说："太史公每遇传疑，多用'盖'字。"（《〈史记〉十二本纪疑诂·周本纪》）

【汇评】

孙　琮：此已过接武王矣。复覆文王一段，最是奇突不可捉摸处。（《山晓阁史记选·周本纪》）

②【汇注】

皇甫谧撰、徐宗元辑：文王居于羑里，演六十四卦，著九六之爻，谓之《周易》，与《连山》《归藏》为三《易》。（《帝王世纪辑存·周第四》）

③【汇校】

陈允锡：六十四卦，伏羲已具，文王演卦辞耳。（《史纬》卷一《周》）

李景星：按："六十四卦"，夏、商之《易》皆有之，此云文王所益，非是。（《史记评议·周本纪》）

【汇注】

张守节：《乾凿度》云"垂黄策者羲，益卦演德者文，成命者孔也"。《易·正义》云伏羲制卦，文王《卦辞》，周公《爻辞》，孔《十翼》也。按：太史公言"盖"者，乃疑辞也。文王著演《易》之功，作《周纪》方赞其美，不敢专定，重《易》故称"盖"也。（《史记正义》）

周洪谟：按《系辞》下《传》曰："作《易》者其有忧患乎？"言文王因有忧患而后作《易》也。观下文迭陈九卦之德以明处忧患之道，与《史》所谓昌退而修德者合，则知文王演《易》不在羑里，明矣。（引自《史记评林·周本纪》）

马　骕：按《易·正义》：伏羲制卦，文王《卦辞》，周公《爻辞》，孔子《十翼》，非文王盖为六十四卦也。《史》说误。（《绎史》卷一九《文王受命》）

梁玉绳："其囚羑里，盖益《易》之八卦为六十四卦"。按：此及《世表》皆言文王益卦，其实非也，盖与世俗言文王作爻词同谬。孔氏《易·正义》论重卦之说有四：王弼以为伏羲，康成以为神农，孙盛以为夏禹，司马迁以为文王。四说惟弼最当。以《系辞》考之，十三卦体已具于羲、农、黄帝、尧、舜之世。以《洪范》考之，其七卜筮贞、悔已见于禹锡九畴之时。以《周礼》考之，太卜掌三《易》之法，其经卦皆八，其别皆六十四。注以别为重，则不但可为伏羲因重之验，并知夏、殷之《易》亦有因重。先儒多以司马迁等为臆说，故自唐陆德明以至宋程、朱，并依王辅嗣定为伏羲重卦，《路史·余论》亦有伏羲重卦辨，至《论衡·齐世》《对作》两篇既误以为文王益卦，而《正说篇》又云"伏羲得河图，周人因曰《周易》。其经卦皆六十四，非伏羲作之，文王演之"。此王充之歧见也。又文王之演卦辞，因囚羑里而后作，非在羑里中作之，向来亦有误解者。若《大纪》谓《易》爻辞乃周公居东时所作，未敢为信矣。（《史记志疑·周本纪》）

编者按：西周广泛使用一种记录八卦卦象的数字符号，这种数字符号及其记录的卦象在西周甲骨文、金文、陶文中都能见到。1950年在殷墟四盘磨发现一片兽骨，横刻三行小字：一行为"㐂曰隗"；一行为"㐃曰魁"；另一行为"㐄"（《一九五〇年春殷墟发掘报告》，《中国考古学报》，第五册）。1956年长安沣西张家坡出土三块刻有数字符号的卜骨（《沣西发掘报告》），第一片刻辞为：㐅、㐆（释为：五一一六八一、六八一一五一）；第二片刻辞为：㐇（释为：一一六一一一）；第三片刻辞为㐈、㐉（释为：六六八一一六、一六六六六一）。李学勤最早提出："这种纪数的辞和殷代卜辞显然不同，而使我们联系到《周易》的'九''六'。"（《谈安阳小屯以外出土的有字甲骨》，《文物参考资料》，1956年第4期）。张政烺经过多年研究，特别是1977年周原发现大量西周甲骨文之后，他结合周原甲骨文此类刻辞和铜器中数字符号铭文材料，释出此类刻辞是"易卦"。他按照奇数是阳爻、偶数是阴爻的原则，写出《周易》的卦名（《试释周初青铜器铭文中的易卦》，《考古学报》，1980年第4期）。周人发明了记录"易卦"的数字符号，增加了周文王"益《易》之八卦为六十四卦"的可信性。

【汇评】

牛运震："西伯盖即位五十年，其囚羑里，盖益《易》之八卦为六十四卦"云云，按此处已点出武王复将文王事叠叠道之，缭绕往复，总括作结，笔法极妙！（《史记评注·周本纪》）

④【汇注】

陈蒲清：诗人：指《诗》中歌颂文王诗篇的作者们。（引自王利器主编《史记注译·周本纪》）

⑤【汇校】

方　苞："西伯盖受命之年称王"：文王无受命称王之事，欧阳公、朱子辨之甚详。太史公盖据《大雅·有声》之诗，文王受命，而误为此说也。其实伐崇，断虞、芮之讼，乃方伯之职，《诗》所谓受命，乃受方伯之命耳，其曰"文王"，则诗人所追称，观其于文王称王后，于武王称皇王，即此可证受命称王之说为妄矣。

又：王莽之篡，刘歆辈窜经诬圣以为之徵，至增《康诰》篇首，谓周公称王，或此篇亦为所伪乱，今删去"之年称王及改法度、制正朔矣"十一字，辞义相承，浑成无间。（《史记注补正·周本纪》）

李景星："诗人道西伯，盖受命之年称王"，按《书》言"诞受厥命"，《诗》言

"其命维新",皆指文王得专征伐而以为默受天命,非真有受命称王之事也。此云"受命之年称王",亦非是。(《史记评议·周本纪》)

【汇注】

张守节:二国相让后,诸侯归西伯者四十余国,咸尊西伯为王。盖此年受命之年称王也。《帝王世纪》云:"文王即位四二年,岁在鹑火,文王更为受命之元年,始称王矣。"又《毛诗》云:"文王九十七而终,终时受命九年,则受命之元年年八十九也。"(《史记正义》)

凌稚隆:按《考要》云,《诗》曰:虞芮质厥成。又曰文王受命,并未尝言称王也。若其改元之事在列国亦有然者,非自谓受命辄改王号也。(《史记评林·周本纪》)

马 骕:其称盖者疑辞耳。文王实无称王改元事也。《正义》曰:若文王称王改正朔,则是功业成矣;武王何复云"大勋未集也"。《礼记》云:牧之野、武王成大事,退而追王太王、王季、文王。据此文,乃是追王为王也。(《绎史》卷一九《文王受命》)

马持盈:文王断虞、芮二国之讼,二国感受其化而相让,于是诸侯归西伯者四十余国,咸尊西伯为王,盖此年即其受命之年而称王也。(《史记今注·周本纪》)

【汇评】

梁　肃:太史公曰:诗人道西伯,以受命之年称王,而断虞芮之讼,遂追王太王王季,改正朔,易服色,十年而崩。或谓《大雅·序》"文王受命作周",《泰誓·序》"十有一年,武王伐殷",妄征二经以实其说,予以为反经非圣,不可以训,莫此为甚焉。(引自《唐文粹》卷四二《西伯受命称王议》)

吴汝纶:此总结文王而神气趋注;武周之定天下,如水盘旋将落,如苍鹰侧翅下视。(《桐城吴先生点勘史记读本·周本纪》)

⑥【汇校】

陈蒲清:十:或为"九"之误,后文有"九年武王上祭于毕"之说。(引自王利器主编《史记注译·周本纪》)

【汇注】

张守节:十当为"九",其说在后。(《史记正义》)

孙之騄:"(帝乙)四十一年春三月西伯昌薨"。徐广曰:"文王九十七乃崩。"《吕览》:"文王立国五十一年而终。"沈约曰:"周文王葬毕,毕西于丰三十里。"阎百诗《释地》曰:"周文王墓在雍州万年县西南二十八里毕原上。在唐名毕原,在殷则名毕郢。"孙疏竟以郢为楚故都,在南郡。大非。宋太祖诏祭文王于咸阳县西北毕陌中大冢,亦非。此秦悼武王陵,皇甫谧所谓葬毕者是。(《考定竹书》卷七)

【汇评】

刘毓庆：《春秋传》说文王囚七年而被释，以《大传》《史记》受命七年而崩推之，所谓被释之年，正是所死之年，于是不得不怀疑文王到底是受命七年被囚死呢？还是被囚七年而被释呢？由此推论，西伯被囚，死于羑里，这是可以肯定的。而且作出此结论，种种疑问，便可迎刃而解了。（《雅颂新考·〈文王之什〉新考·文王死于纣手考》）

⑦【汇注】

张守节：《谥法》："经纬天地曰文。"（《史记正义》）

王 圻：王昌，姬姓，裔出帝喾，在商为西伯，武王即位，追谥"文"。（《谥法通考》卷二《周王及后谥》）

朱孔阳：文王讳昌，太王孙，王季子也。母太任，挚氏仲女，能以胎教，生有圣德，自受命为西伯，得专征伐，三分有二，以服事殷。九年而崩，凡享国五十年。寿九十有七，武王定鼎，尊为文王。墓在陕西西安府咸阳县。国朝载入祀典。（《历代陵寝备考》卷八《周》）

钱 穆：何以言周文王与殷纣有君臣大小上下之分也？曰，此周人自言之，若于《诗》《书》，历有其徵。《诗·大明》："挚仲氏任，自彼殷商，来嫁于周，曰嫔于京，乃及王季，维德之行。"此殷周早相闻接之证也。《书·召诰》曰"大国殷"，此康王之言也；《多士》曰"天邑商"，此周公言之也。以此合之于三代受命之说，当时殷、周国际往还，其为有君臣大小上下之分显然矣。今出土甲文乃有"命周侯"一片，不是证《诗》《书》之非无稽乎！（引自《崔东壁遗书》附录《钱穆序》）

李学孔：古史以文王冠《周纪》，武王次之。夫文王，纯臣也。生前率殷之叛国以服侍殷，殁后十三年，犹是殷之天下。及武王克殷为天子，周公始追谥曰"文王"。曾谓有殷已死之忠臣，而可以冠《周纪》乎？今以文王历行善政，详载纣史中，至武王践阼，始改号为周。极知狂僭罪大，然而文、武在天之灵，或以我为知己也。（《皇王史订》卷四《周纪》）

【汇评】

左丘明：《周书》数文王之德曰："大国畏其力，小国怀其德。"言畏而爱之也。（《左传》襄公三十一年）

又：周之兴也。其诗曰："仪刑文王，万邦作孚。"言刑善也。（《左传》襄公十三年）

墨 子：《皇矣》道之曰："帝谓文王，予怀明德，不大声以色，不长夏以革，不识不知，顺帝之则。"帝善其顺法则也，故举殷以赏之，使贵为天子，富有天下，名誉至今不息。故夫爱人利人，顺天之意，得天之赏者，既可得而留已。（《墨子·天志

中》）

  班　固：武王曰："象者，象太平而作乐，示已太平也。合曰《大武》者，天下始乐周之征伐行武，故乐人歌之'王赫斯怒！爰整其旅'，当此之时，天下乐文王之怒以定天下，故乐其武也。"（《白虎通·礼乐》）

⑧【汇注】

  解惠全：改法度、制正朔：改变殷之法律制度，制定新的历法，即废除殷历，改用周历。正，一年的开始，即正月。朔，一月的开始，即每月的第一天。正朔就是一年开始的时候。古代改朝换代，都要改法度，制正朔。夏代以建寅之月（即冬至后二月，相当于现今阴历正月）为岁首，殷代以建丑之月（即冬至后一月，相当于现今阴历十二月）为岁首，周代以建子之月（即包括冬至的月份，相当于现今阴历十一月）为岁首。按：《正义》以为文王改法度，制正朔的记载亦误。（《全译史记·周本纪》）

⑨【汇注】

  崔　述：《史记·周本纪》称大王曰"古公"；朱子《诗传》因之，曰："古公，号也。"余按：周自公季以前未有号为某公者；惟独周，即夏、商他诸侯亦无之，何以大王乃独有号？《书》曰："古我先王。"古，犹昔也；故《商颂》曰"自古在昔"。"古我先王"者，犹言"昔我先王"也。"古公亶父"者，犹言"昔公亶父"也。"公亶父"相连成文，而冠之以"古"，犹所谓公刘、公非、公叔类者也。故今以公季例之，称为公亶父云。（《丰镐考信录》卷一《"古公"非号》）

⑩【汇注】

  张守节：《易纬》云"文王受命，改正朔，布王号于天下"。郑玄信而用之，言文王称王，已改正朔布王号矣。按：天无二日，土无二王，岂殷纣尚存而周称王哉？若文王自称王，改正朔，则是功业成矣，武王何复得云大勋未集，欲卒父业也？《礼记·大传》云"牧之野，武王成大事而退，追王太王亶父、王季历、文王昌"。据此文，乃是追王为王，何得文王自称王改正朔也？（《史记正义》）

【汇评】

  牛运震："追尊古公为太王，公季为王季"，此为古公、公季作结案也。盖"王瑞自太王兴"句，倒煞最有力。（《史记评注·周本纪》）

  梁玉绳："诗人道西伯，盖受命之年称王而断虞、芮之讼。后十年而崩，谥为文王。改法度，制正朔矣。追尊古公为大王，公季为王季"。按：娄敬当汉初，其告高帝已有质成受命之说，盖其说起于战国好事之口，史公亦仍而载之。但受命二字，实本于《诗》《书》，《诗》曰"文王受命，有此武功"，《书》曰"文王受命惟中身"。受命云者，一受殷天子之命而得专征，一受天西眷之命而兴周室。凡《经》言文王，并后世追述之，曷尝有改元称王之说哉。自有此说，而改元称王之论纷如聚讼，独不思改元始于秦、魏两惠王，称王始于徐偃，皆衰周叛乱之事，奈何以诬至德之文王。《逸书·文传》言"受命九年"，《大传》言"受命七年"，皆谓受命得专征伐之年也，今妄以文王为改元，遂指诸《经》所追述之文王，概以为生前之称矣。既改元称王，自应定法度，易正朔，追王先代，其殁也书崩，其谥也书王，俨然商、周之际有二天子焉，不亦乖诞之甚乎！（《史记志疑·周本纪》）

⑪【汇注】

张守节：古公在邠，被戎狄攻战夺民。太王曰"民之在我，与彼何异，杀人父子而君之，予不忍为"。遂远去邠，止于岐下。邠人举国尽归古公。他国闻古公仁，亦多归之。乃贬戎狄之俗，为室屋邑落，而分别居之。季历又生昌，有圣瑞。盖是王瑞自太王时而兴起也。然自"西伯盖即位五十年"以下至"太王兴"，在西伯崩后重述其事，为经传不同，不可全弃，乃略而书之，引次其下，事必可疑，故数言"盖"也。（《史记正义》）

凌稚隆：按《考要》云：文王之得谥，太王王季之追王，皆武王克商以后事。旧史所传不同，而史迁失于参考耳。（《史记评林·周本纪》）

【汇评】

吴见思：就文王总序一遍，借追王事，结到太王、王季，是前一段大收束处。（《史记论文·周本纪》）

牛运震：《周本纪》自篇首至"盖王瑞自太王兴"，叙周家世德，质古笃雅，提挈过接，收裁照应，无法不备，可悟史家纪事用笔之妙！（《史记评注·周本纪》）

编者按：周原甲骨H11：82号卜辞的大意为："在文武……其邵祭，大戌典册告周方伯未有乖戾的灾祸，王受有保祐。"H11：84号卜辞的大意是："贞：王其求侑大甲，告周方伯光明正大，不佐受有祐。"（参见徐锡台：《周原甲骨文综述》，三秦出版社，1978年）

这两条卜辞中的"周方伯"是周文王，"伯"，霸主也，"方伯"指一方之霸主，证明太史公称周文王为"西伯"，是有根据的，文献中"赐之弓矢斧钺，使西伯得征伐"，也应当是可信的。上述卜辞中的"王"，有人认为是商王，也有人认为是指周文王。如果是指周文王，那么文王生前已称王。但是《礼·大传》说："牧之野既事而退，遂柴于上帝，追王太王、王季、文王，改正朔，殊徽号。"由此可知，文王生前并没有称王。方苞已指出："《诗》所谓受命，乃受方伯之命耳，其曰'文王'，则诗人所追称。"（引自《史记注补正·周本纪》）

武王即位①，太公望为师②，周公旦为辅③，召公、毕公之徒左右王④，师修文王绪业⑤。

① 【汇注】

张守节：《谥法》"克定祸乱曰武"。《春秋元命苞》云"武王骈齿，是谓刚强也"。（《史记正义》）

曲英杰：《说文》云："武王所都，在长安西上林苑中。"郑玄云："镐京在丰水之东。"《后汉书·郡国志一》载京兆尹属县长安，"镐在上林苑中"。《古史考》曰："武王迁镐，长安丰亭镐池也。"徐广曰："镐在上林昆明北，有镐池，去丰二十五里。"《水经注·渭水》载："渭水又东北与镐水合。水上承镐池于昆明池北，周武王之所都也。……自汉帝穿昆明池于是地，基构沦褫，今无可究。"据胡谦盈考察，汉昆明池在今北常家庄之南；东缘在孟家寨、万村之西；南缘在细柳原北侧，即今石匣口村；西界在张村和马营寨之东，池址总面积约十平方公里。今北常家庄"石婆庙"内"牛郎"石像以北至"千龙岭"（南丰镐村至上泉北村之间土堤）之间的洼地原是镐池旧址。镐为周都，自武王至周幽王，凡十二王，历时三百余年。在此期间，曾有穆王居西郑、懿王居犬丘、厉王居彘等，皆为临时出居，不得视为迁都。……后宣王即位，仍以镐为都，直至犬戎攻杀幽王，平王即位，方东迁洛邑。（《先秦都城复原研究·镐》）

【汇评】

于慎行：《本纪》曰：周武王为天子，其后世贬号称王。盖夏殷天子亦皆称帝故也。然考之《商颂》，武丁孙子武王靡不胜，则汤亦号为武王矣。其时曰帝曰王，亦随时称号不同，非以为王卑于帝，帝卑于皇也。《史记》记事，多所舛误，如云诗人道西伯受命之年称王，而断虞、芮之讼，后十年而崩，则文王已经称王矣。及详诗语，不过谓虞、芮质成而已，安得有受命称王之事邪？（《读史漫录》卷一）

李学孔：从来践阼必改元。而武王独不改元，何也？盖以易侯而王，非武王志也。乃圣人之不幸也。故仍西伯之年，而不忍改其常耳。此圣人仁孝之至意，常情恶足以知之？（《皇王史订》卷四《周纪·武王》）

② 【汇注】

陈士元：太公望：姓吕，名尚，一名涓，字子牙。谯周云：姓姜，名牙。盖太公本太岳之后。太岳之先炎帝，姓姜也。虞舜以太岳有功，封之吕，故又为吕姓。（《孟子杂记》卷三《辨名》）

编者按：杨宽推定西周中央有两大官署，即卿事寮和太史寮（《西周中央政权机构剖析》，《历史研究》，1984年第1期）。他认为："卿事寮主管'三事四方'，即管理王畿以内三大政事和四方诸侯的政务；卿事寮的长官，早期是太保和太师，中期以后主要是太师，其属官主要是'三有司'，即司马、司土、司工。太史寮主管册命、制禄、祭祀、时令、图籍等，其长官即是太史，所属有后稷、膳夫、农正等官。"（《西周王朝公卿的官爵制度》，见《西周史研究》，载《人文杂志》丛刊第二辑）西周早期金文中卿事寮的长官为太保，不见太师一职。西周中晚期金文中出现太师。"为师"当如姚南青所云："师太公"，即以太公为师。师，当不能以官名太师解之。

③【汇注】

解惠全：辅：天子左右大臣的通称。《尚书大传》："古者天子必有四邻：前曰疑，后曰丞，左曰辅，右曰弼。"（《全译史记·周本纪》）

④【汇注】

梁玉绳：召公始见《逸书·克殷》《书·序》《诗·序》。与周同姓，始见《史记·燕世家》，召，采地，又作邵。为三公，名奭，封于北燕，死谥康，故称曰召伯，亦曰太保，亦曰太保奭，亦曰保召公，亦曰君奭，亦曰保奭，亦曰姬奭，亦曰伯相，亦曰燕公，亦曰召康公，寿百九十余乃卒。（《汉书人表考》卷二《召公》）

又：毕公始见《周书》，名高，封于毕。按：《左侯世四》毕为文昭，则是文王子也，惟世家言与周同姓，不依《左氏》说。（《汉书人表考》卷二《毕公》）

⑤【汇注】

吴汝纶：方文辀以"师"属下，是也。姚南青乃云"王，武王；师太公"。以师属上，殊误。（《桐城吴先生点勘史记读本·周本纪》）

【汇评】

孙　琮：自后稷而公刘，而古公、而文王、武王，蝉联递接，有一步一回头之景。（《山晓阁史记选·周本纪》）

九年①，武王上祭于毕②，东观兵③，至于盟津④。为文王木主⑤，载以车，中军⑥；武王自称太子发⑦。言奉文王以伐，不敢自专。乃告司马、司徒、司空，诸节⑧："齐栗⑨，信哉⑩！予无知，以先祖有德臣，小子受先功⑪。毕立赏罚⑫，以定其功。"遂兴师。师尚父号曰⑬："总尔众庶⑭，与尔舟楫⑮，后至者斩⑯。"武王渡河⑰，中流，白鱼跃入王舟中⑱，武王俯取以祭⑲。既渡，有火自上覆于下，至于王屋，流为乌⑳，其色赤㉑，其声魄云㉒。是时，诸侯不期而会盟津者八百诸侯㉓。诸侯皆曰㉔："纣可伐矣㉕。"

武王曰："女未知天命，未可也。"乃还师归㉖。

① 【汇注】
陈蒲清：九年：文王九年。文王于九年逝世后，武王继续采用文王年号。（引自王利器主编《史记注译·周本纪》）

② 【汇注】
裴　骃：马融曰："毕，文王墓地名也。"（《史记集解》）
司马贞：按：文云"上祭于毕"，则毕，天星之名。毕星主兵，故师出而祭毕星也。（《史记索隐》）
张守节：上，音时掌反。《尚书·武成篇》云："我文考文王，诞膺天命，以抚方夏，惟九年，大统未集。"《太誓篇序》云："惟十有一年，武王伐殷。"《太誓篇》云："惟十有三年春，大会于孟津。"《大戴礼》云："文王十五而生武王。"则武王少文王十四岁矣。《礼记·文王世子》云："文王九十七而终，武王九十三而终。"按：文王崩时武王已八十三矣，八十四即位，至九十三崩，武王即位适满十年。言十三年伐纣者，续文王受命年，欲明其卒父业故也。《金縢篇》云："惟克商二年，王有疾，不豫。"按：文王受命九年而崩，十一年武王服阕，观兵孟津，十三年克纣，十五年有疾，周公请命，王有瘳，后四年而崩，则武王年九十三矣。而太史公云，九年王观兵，十一年伐纣，则以为武王即位年数，与《尚书》违，甚疏矣。（《史记正义》）
程大昌：《孟子》曰：文王生于岐周，卒于毕郢。岐周既为一地，则毕郢之名设尝两出，亦当同在一地矣。《书》曰：周公薨，成王葬于毕。则单言葬毕，不云毕郢也。毕之为地，或云在渭之北，或云在渭之南。其主渭北者，则汉刘向言文武周公葬于毕。而师古释之曰：在长安西北四十里也。长安西北四十里即咸阳矣。故《元和志》曰：咸阳县治毕原也。此皆以毕在渭北者矣。至其命为渭南者，《皇览》曰：文武周公冢皆在京兆长安镐聚东杜中。又曰：秦武王冢在安陵县西北，毕陌中大冢是也。人以为周文王冢者，非也。周文王冢在杜中。按杜中即杜县之中也。杜县在镐之东，于长安县为东南二十里。此说如果不谬，则毕陌又在渭南也。予于是取此数说而参求之，长安有毕陌，咸阳又有毕原，则原之为地，亘渭南北有之。故古记于毕皆著文武葬地者，因毕名两出，而亦两传也。此其误之所起也。若以人情言之，文都丰，武都镐，丰镐与杜相属。则《皇览》谓文王葬于渭南者，其理顺也。文王既葬渭南，则周公葬毕必附文墓矣。《刘向传》臣瓒引汲郡古文为据曰：毕西于丰三十里，则地在渭南甚明。安陵有大冢，《皇览》明指其为秦文王墓，则渭北之"文"冢，其不为周文而为秦文亦可据矣。……至于毕原也者，语出左氏，曰毕原酆郇文之昭也。是文王四子分封四国而为四侯者也。毕之与原既非一国，则毕原之语，必因其地有原名毕，故名之以为毕原。而夫原、毕西国未必同在此地也。通《元和》一志，皆李吉甫为之。而周公之墓亦遂两出，一云在万年县西南二十八里，一云在咸阳县北十三里，则是自相殊异，可以见其不确矣。予故知其辗转生误皆起于毕名之两出也。（《雍录》卷七《毕陌》）

林有望：毕谓毕星，古无墓祭。（引自《史记评林·周本纪》）

牛运震："武王上祭于毕"，谓祭毕星也。马融注云祭文王墓，按古不墓祭，墓祭不得为上祭。（《史记评注·周本纪》）

梁玉绳："九年，武王上祭于毕"，附按：此以下疑即汉时伪《泰誓》文，其曰"九年"，乃武王即位为西伯之九年，下文曰"十有一年"，乃武王之十一年，与《书序》合，甚为明划，其言亦必有所据，与文王不相涉。师行载主，亦古之制，无足异者。乃自改元称王之说兴，于是以武王之年为文王之年，而反斥《史记》为误，真所谓不狂为狂矣。夫《泰誓》伪书也，尚无武继文年之语，奈何以之释经乎？至祭毕之解有二：《集解》引马融曰"毕，文王墓地名"；赵岐注《孟子》"毕郢"同。欧公《泰誓论》云"祭文王之墓"，从马、赵说也。《后汉·苏竟传》曰"毕为天网，主网罗无道之君。武王将伐纣，上祭于毕，求天助也"。《索隐》谓"文云'上祭'，则毕天星之名"。从苏说也。二者当以前为是，古不墓祭之论殊未然。（《史记志疑·周本纪》）

赵翼：古无墓祭，先儒备言之，其最明切者，晋博士傅纯曰："圣人制礼，以事缘情。制冢椁以藏形，而事之以凶，立以庙祧以安神，而奉之以吉。送形而往，迎精而反，此墓庙之大分，形神之异制也。至于宗庙寝祊，所以广求神之道，而独不祭于墓，明非神之所处也。"韩昌黎《丰陵行》亦云："臣闻神道尚清静，三代旧制存诸书，墓藏庙祭不可乱，欲言非职知何如？"又程子谓："生不野合，死不墓祭。"唐顺之亦云："墓祭非古也。"《史记》"武王上祭于毕"。马融以毕为文王墓地名，其后武王、周公亦皆藏此。然司马贞、林有望以为祭毕星而非祭墓，又按《竹书纪年》，纣六祀"文王初禴于毕"，则文王已祭毕，非墓祭可知也。（《陔余丛考》卷三二《墓祭》）

朱孔阳：《史记·周本纪》武王上祭于毕。马融曰：毕，文王墓地名也。《日知录》："此纬书之言，不可信。"《索隐》按文："上祭于毕，则毕天星之名，毕星主兵，故师出而祭也。"（《历代陵寝备考》卷八《周》）

王　恢：毕有二说，一云天星，见《后汉书·苏竟传》。马融曰："文王墓地名。"毕原是也。惟毕原又有二：一在渭南，一在渭北。在渭南者，史称"周公葬于毕，毕在镐东南杜中"。《郡国志》刘昭注引《皇览》曰："文王、周公冢皆在镐聚杜中。"古本《竹书》毕西于丰三十里。《括地志》："毕原在万年（长安东区）县西南二十八里。"《魏世家》："周文王、武王墓在县西南二十八里毕原上。"韩愈《南山诗》："前寻径杜墅，岔蔽毕原陋。"杜即古杜伯国。汉室帝葬其地，因名杜陵。杜中，对下杜伯冢言，在长安东南。在渭北者，《孟子》云："文王卒于毕郢。"郢即程，又作京。《世纪》"文王徙宅于程。"《括地志》："安陵故城在咸阳县东二十一里，周之程邑也。周公墓在咸阳北十三里毕原上。"渭北亦有杜，白起死杜邮，即唐咸阳县治。刘台拱《经传小纪》曰："毕者程地之大名，程者毕中之小号。毕地有二：其一文王墓地，在万年县西南二十八里毕原上，在渭南。其一为王季所邑之毕程，后文王卒于此，毕公高封于此，在渭北。异所同名，往往相乱。"《清统志》桥山黄陵考证纰漏，而于毕原周陵（二二九）说得甚是："文王陵、武王陵，俱在咸阳县北十五里。文王陵在南，武王陵在北，成王陵在文王陵西南，康王陵在东南，周公墓在东，太公墓在东北。以《史记·周本纪赞》证之，当从《皇览》《括地志》，在今咸宁（长安）县西南为是。惟遗迹无可考。自《元和志》《寰宇记》以文王陵、周公墓俱在咸阳，诸志从之，其实非也。"（《史记本纪地理图考·周本纪·武王伐纣》）

赵生群：万年县西南二十八里原上，"原"上疑脱"毕"字。按：下文云"九年，武王上祭于毕"。《集解》："马融曰：毕，文王墓地名也。"本书卷三三《鲁周公世家》"葬周公于毕，从文王"，《正义》引《括地志》："周公墓在雍州咸阳北十三里毕原上。"本书卷四四《魏世家》"而高封于毕"，《正义》引《括地志》："毕原在雍州万年县西南二十八里。"（点校本二十四史修订本《史记》）

又：社中，疑当作"杜中"。按：《周本纪》赞语："所谓'周公葬于毕'，毕在镐东南杜中。"本书卷五《秦本纪》"武王死"，《集解》引《皇览》："周文王冢在杜中。"（同上）

刘毓庆：《周本纪》据《太誓》述意云："武王上祭于毕，东观兵至于盟津。"马融云："毕，文王墓地名也。"所谓文王墓地的毕，就是孟子说的毕郢。实际上毕郢并没有文王的墓，武王出师，伯夷谏阻时说："父死不葬，爰乃干戈，可谓孝乎？"分明文王没有安葬，毕郢怎会有文王之墓？武王"上祭于毕"，显然是上祭毕星。《史记索隐》云："则毕，天星之名，毕星主兵，故师出而祭毕星也。"《史记·天官书》云："毕为罕车，为边兵，主弋猎。"《后汉书·苏竟传》云："毕为天网，主网罗无道之君，故武王将伐纣，上祭于毕，求天助也。"此说正可以正孟子之误。另据《山海经·海外南经》记载，文王葬于汤山，并非毕郢。《经》说："狄山，帝尧葬于阳，帝喾葬于阴……吁咽、文王皆葬其所。一曰汤山。"汤、狄古俱属舌尖音，为一声之转。据《五帝本纪索隐》引《皇览》云："帝喾冢在东郡濮阳顿丘南台阴野中。"《集解》引《括地志》云："尧陵在濮州雷泽县西三里。"又云："雷泽县本汉城阳县也。"顿丘在今河南濮阳北，雷泽在今山东鄄城南，二地相距约百余里。《山海经》说尧、喾、文王葬于一地，虽不甚确，但必有所因。由其意推之，文王葬地距尧喾冢当不会甚远。由音求之，汤当为荡之假。《地理志·河内郡》云："（荡阴）西山，羑水所出，亦至内黄入荡。有羑里城，西伯所拘也。"羑里即牖里。疑汤山即荡阴县之西山，荡、羑二水并出于此。《水经·荡水》云："荡水出河内荡阴县西山东。"《注》云："荡水出县西石尚山。"是荡之西山，亦名石尚山。"石尚"即"荡"缓言，荡阴有牖里城，此地与《山海经》所言虽不全合，但大范围仍不甚误，而且与文王所囚之地暗暗相合。此正可证孟子之误了！（《雅颂新考·文王之什新考·文王死于纣手考》）

编者按：裴骃《史记集解》引马融曰："毕，文王墓地名。"《周本纪》末太史公曰：所谓"周公葬（于）毕"，毕在镐东南杜中。宋代程大昌《雍录》卷七《毕陌》引《皇览》说："文武周公冢皆在京兆长安镐聚东杜中。……按杜中即杜县之中也。杜县在镐之东，于长安县为东南二十里。"

王恢《史记本纪地理图考·周本纪·武王伐纣》说："《郡国志》刘昭注引《皇览》曰：文王、周公冢皆在镐聚杜中。古本《竹书》：毕西于丰三十里。《括地志》：毕原在万年（长安东区）县西南二十八里（《魏世家》）。周文王、武王墓在县西南二十八里毕原上。……杜即古杜伯国。汉宣帝葬其地，因名杜陵。杜中，对下杜伯冢言，在长安东南。"

杜地在今西安市南山门口乡与长安区交界一带，这里有杜城村，其西北有沈家桥村，著名的杜虎符就出土于此。《元和郡县志》：万年县"毕原，在县西南二十八里"。1989 年，长安区韦曲北东韦村出土唐代韦豫、韦最两通墓志，都记载其葬地在毕原。长安区文管会还藏有一方墓志，也记载墓主人的葬地为毕原。唐代的毕原在今西安市长安区当无可疑。

1992 年，在长安区进行黑河引水工程时，长安区以南约两公里神禾塬申店乡的徐家寨村南，出土了西周的吴虎鼎。铜鼎铭文记载周宣王在岐周康宫中的夷宫（周夷王庙）册命善夫丰生、司工（空）雍毅，重申厉王的命令：在邻近吴蓥（可能是吴虎的父、祖辈人）旧疆域的地方付给吴虎田地。铭文记载了所付田地的四界：其南界是毕人的田界；其西界是荞姜的田界。荞姜是荞京的姜姓之人，荞京是指西周时丰京的王室宗庙、宫室区（尹盛平：《西周史征》第二章第二节《西周的都邑——丰镐遗址与宗周》，陕西师范大学出版社，2004 年）。付给吴虎的田地，西与荞京的姜姓人的田地搭界，那么这块田地在神禾塬上，应该是合理的解释。果真如此，西周时的毕原当是今西安市长安区神禾塬，这里的方位与"毕西于丰三十里"大体符合。

【汇评】

刘绍攽：永叔之论《春秋》曰：司马迁作《周本纪》，谓武王即位九年，祭于文王之墓，然后治兵于盟津，至《伯夷列传》，则又载父死不葬之说，皆不可为信。是说也，余尝以疑史迁，三复之而知其义之各有所主也。九年观兵，太史之文也，父死不葬，古传之辞也。夷齐事无可考，所据者鲁论，而古传特详其父子兄弟之事，史迁故述及之，以资尚论之参考。而特书"其传曰"以别之，明非己说也。观《齐世家》《鲁世家》，俱称武王即位九年，观兵盟津，此当时之实录，固与本纪相发明也。若其斩纣头、悬太白，与夫白鱼跃舟皆出于伪《泰誓》，武帝所增，迁固因之，非有取焉，此诵《诗》、读《书》者之所以必论世也。（《九畹古文》卷一〇《书周本纪后》）

③【汇注】

邢云路：《史记》云：九月观兵，说者疑人臣无观兵胁君之理。……夫时世既远，记年之误诚有之。观兵不见经传，其有无亦不足信。（《古今律历考》卷三《尚书考》）

④【汇注】

裴　骃：徐广曰："谯周云，史记武王十一年东观兵，十三年克纣。"（《史记集解·周本纪》）

李　尤：洋洋河水，赴宗于海。经自中州，龙图所在。黄函自神，赤符以信。昔在周武，集会孟津。鱼入王舟，乃往克殷。（引自《涵芬楼古今文钞·孟津铭》）

孙之騄："（帝乙）五十一年冬十一月戊子，周师渡盟津而还"。谯周云："《史记》武王十一年东观兵，至于盟津。十三年克纣。盟，古孟字，孟津在河阴。"《十三州记》云："河阳县在于河上，孟津是也。"《郡县释名》云："孟津县。《禹贡》东至于孟津，周武王观兵于孟津，是。"郭颁《世语》曰："晋文王之世，大鱼见孟津，长数百步，高五丈，头在南岸，尾在中渚。上有河平侯祠，即斯祠也。汉为孟津关。金以名县。徙治孟津渡。渡在县东，一名富平津。"（《考定竹书》卷七）

徐文靖：《笺》按：是年己丑，周武王即位之十年也。《唐·天文志》云：武王十年夏正十月戊子，周师始起，则《竹书》称十一月戊子，盖犹是商正也。《一统志》孟津在怀庆府城南六十里，周武王令诸侯于孟津，即此。《史记正义》曰：孟津在洛州河阳县南门外。《孔氏书传》曰：武王观兵孟津，以卜诸侯伐纣之心。诸侯金同，乃退以示弱，是渡盟津而还之事也。王充《论衡》曰：武王与八百诸侯咸同此盟，故曰盟津。又《水经注》曰：河南有钩陈垒，世传武王伐纣八百诸侯所会处。河水至此有盟津之目。（《竹书纪年统笺》卷六《受辛五十一年冬十一月戊子周师渡盟津而还》）

郭嵩焘："九年，武王上祭于毕。东观兵，至于盟津"。按《泰誓》"维十有三年春，大会于孟津"，明谓武王即位之十三年。《洪范》"维十有三祀"，且改"年"称"祀"，以从殷礼，示不敢变殷也，岂有文王受命称王，而武王用以纪年之礼？《大戴礼》云："文王十五而生武王。"《文王世子》云："文王九十七乃终，武王九十三而终。"汉儒因之定为武王在位十年，不得有十三年……于是创为文王受命称王九年之说以强合之。《武成》古文伪书有云"惟九年，大统未集"，则或据为西伯时言之，必不以受命称王而犹谓之"大统未集"也。周秦之世载籍传疑者多矣，受命称王则由汉儒附会以证成其说，未足为确证也。（《史记札记·周本纪》）

⑤【汇注】

　　[日]泷川资言：事又见《伯夷传》。师行载主，古之制，见《礼记·曾子问》。《桃源抄》引师说云，"车"当作"居"，车、居声同而讹。皇甫谧《帝王世纪》曰"作文王木主，以居中军"。（《史记会注考证》卷四）

　　解惠全：木主：神主，即牌位。用木做成，书死者谥号以供祭祀。古代帝王出军、巡狩或去国，载庙主及社主以行。（《全译史记·周本纪》）

【汇评】

　　马骕：《史·本纪》称武王观兵载木主矣，而《伯夷列传》又有父死不葬之说，此皆非实也。自文王有受命改元之诬，说者遂谓武王嗣立，不改元，即上接文王之年，而《泰誓》称十一年者，毕丧伐纣也。此等妄说，皆不可信。欧阳氏辨之详矣。（《绎史》卷二〇《武王克殷》）

⑥【汇注】

　　马骕：《淮南子》：武王伐纣，载尸而行，海内未定，故不为三年之丧。（《绎史》卷二〇《武王克殷》）

　　马持盈：载以车，中军：载于中军之车上。古时行军，以中军为发号施令之所，主帅自将之。武王将兵伐纣，即居于中军之车，故奉文王木主亦载于其车之上。（《史记今注·周本纪》）

　　陈蒲清：中军：主帅所在的部队。（引自王利器主编《史记注译·周本纪》）

⑦【汇注】

　　王圻：唐虞而上，皆传之贤，故无太子之文。夏、商之王虽传之子，其文略矣，至周始见"文王世子"之目，武王继之称"太子发"，此其始也，汉天子号皇帝，故其嫡称皇太子，此其始也。（《稗史汇编·人物门·帝王下·太子》）

　　李光缙：《尚书中侯》曰：太子发以纣存三仁，虽即位，不称王，与太史公所谓"武王自称太子发"互相印证，夫武王且不称王，安有西伯称王之理哉？（《增订史记评林·周本纪》）

⑧【汇注】

　　裴骃：马融曰："诸受符节有司也。"（《史记集解》）

　　马持盈：诸节：各受符节之军事人员。（《史记今注·周本纪》）

⑨【汇注】

　　马持盈：齐栗：齐者，疾也，捷也，齐栗，即行动迅速庄敬之意。（《史记今注·周本纪》）

⑩【汇注】

　　马持盈：信哉：信实。（《史记今注·周本纪》）

⑪【汇注】

　　裴　骃：徐广曰："一云'予小子受先公功'。"(《史记集解》)

⑫【汇校】

　　张文虎："毕立"："宋本、毛本作"力"。(《校刊史记集解索隐正义札记·周本纪》)

⑬【汇注】

　　裴　骃：郑玄曰："号令之军法重者。"(《史记集解》)

　　李光缙：按《诗》曰："维师尚父。"《诗说》曰："师之尚之父之，故曰师尚父。"(《增订史记评林·周本纪》)

　　编者按：《史记·齐太公世家》说：

　　太公望吕尚者，东海上人，其先祖尝为四岳，佐禹平水土甚有功。虞夏之际封于吕，或封于申，姓姜氏。

　　集解引《吕氏春秋》曰："东夷之土。"姜姓四岳国封于吕地，因此太公望称为吕尚。关于"或封于申"的问题，《史记·周本纪》说："于是封功臣谋士，而师尚父为首封。"周武王封功臣谋士不是分封诸侯，而是为功臣谋士封采邑。所以师尚父，也就是姜太公的采邑封在申地，史称西申，在今陕西周至县城关镇与眉县青化镇之间。(尹盛平：《西周史征》，陕西师范大学出版社，2004年，第85—86页)《诗经·大雅·崧高》云："申伯信迈，王践于郿。""郿"，又作湄，是指河边的高地。"郿"，今作眉，即今陕西眉县。渭河南岸的周至县城关镇与眉县青化镇一带，是一片隆起的高地（高原），因此《崧高》说："王践于眉"，是指宣王改封申伯到河南南阳为申侯时，宣王到申邑，在渭河南岸的高原上为申伯送行。《左传·襄公十四年》说：

　　范宣子亲数诸朝，曰："来！姜戎氏！昔秦人迫逐乃祖吾离于瓜州，……"对曰："昔秦人负恃其众，贪于土地，逐我诸戎。惠公蠲其大德，谓我诸戎，是四岳之裔胄也，毋是翦弃。"

　　这段话印证了吕尚是四岳的后裔，也证明姜子牙属于"姜氏之戎"。西周金文中有一个姜姓的夨国，是"姜氏之戎"建立的一个古国，在今宝鸡市陈仓区贾村塬一带，其君从西周早期一直到西周晚期自称夨王，姜子牙当是姜姓的夨国之人。关于"姜氏之戎"、姜姓夨国的来历，《国语·周语下》说：

　　其在有虞，有崇伯鲧，播其淫心，称遂共工之过，尧用殛之于羽山。其后伯禹念前之非度……共之从孙四岳佐之……祚四岳国，命以侯伯，赐姓曰"姜"、氏曰"有吕"，谓其能为禹股肱心膂，以养物丰民人也。

　　韦昭注：引贾侍中云："共工，诸侯，炎帝之后，姜姓也。""共"，就是共工。"从孙"，是指旁系孙辈。《诗经·大雅·崧高》云："崧高惟岳，骏极于天。惟岳降

神,生甫及申。""嶽",就是"岳"。顾颉刚指出:

按:"岳"为山名(《周官·职方氏》:"正西曰雍州,其山镇曰岳山。"《尔雅·释山》:"河西,岳")。在今陕西陇县西,即吴山,是姜姓一族的发源地(《国语·周语下》"祚四岳国,……赐姓曰姜,氏曰有吕")。周人居岐山,在吴山东,相去密迩,因此姬和姜成为世通婚姻的两族,和辽的耶律氏和萧氏一样(顾颉刚:《鸟夷族的图腾崇拜及其氏族集团的兴旺——周公东征史事考证四之七》,见《古史考》第六卷,海南出版社,2003年,第249页)。

吴山又称吴岳,原在陕西陇县的西南,今划归宝鸡市陈仓区,位于宝鸡市区西北约35公里。陇县川口河村发现一批齐家文化陶器,属于齐家文化中晚期的遗存(尹盛平:《陕西陇县川口河齐家文化陶器》,《考古与文物》,1985年第5期),其年代相当于虞夏时期,是姜姓四岳国的文化遗存。商代早期,姜姓四岳国的后裔"姜氏之戎"在今宝鸡市区兴起,其文化遗存是刘家文化。我们指出:刘家文化"可能是在齐家文化川口河类型的基础上,与甘肃的董家台、山家头类型,特别是与有鸭嘴形足尖的袋足分档鬲、鼓腹双耳罐的刘家坪类型接触、交流后形成的一种新的考古学文化"(尹盛平、尹夏清:《姜氏之戎与宝鸡》,《宝鸡文理学院学报》(社会科学版),2017年第2期,第23页)。

《史记·齐太公世家》说吕尚是东海上(东夷之土)的人,但是有关姜子牙的史迹都在今宝鸡市区。《吕氏春秋》说:"太公钓于兹泉,遇文王。"郦道元在《水经·渭水注》说:"磻溪中有泉,谓之兹泉。……东南隅有石室,盖太公所居也。"姜太公的钓鱼台,在今宝鸡市区的伐鱼河上游。宝鸡市石鼓山三号墓出土的中臣鼎铭文说:"中臣(登)鼎。帝后(姤)。""帝姤",是周武王妃姜太公的女儿邑姜。铭文中的"帝姤"相当于族徽,因知中臣属于姜太公的族人,所以宝鸡市石鼓山商周墓地,很可能是商末周初姜太公家族的墓地。总之,姜太公应是西土之人,《史记》中说他是东海上人,很可能是因为他曾客居东夷的海滨一带。

⑭【汇注】

陈蒲清:总:集合。众庶:众人,指各自统领的军队。(引自王利器主编《史记注译·周本纪》)

⑮【汇注】

马持盈:总尔众庶,与尔舟楫:集合你们的众庶和你们的舟楫。(《史记今注·周本纪》)

⑯【汇评】

牛运震:"乃告司马、司徒、司空、诸节"云云,至"师尚父号曰'总尔众庶,与尔舟楫,后至者斩'"。按此段极有节制声势。(《史记评注·周本纪》)

⑰【汇注】

马　骕：《宋书·符瑞志》：渡孟津，中流，白鱼跃入王舟，王俯取鱼，长三尺，目下有赤文成字，言纣可伐，王写以"世"字，鱼文消，燔鱼以告天。有火自天，止于王屋，流为赤乌，乌衔谷焉。谷者，纪后稷之德。火者，燔鱼以告天。天火流下，应以吉也。（《绎史》卷二〇《武王克殷》）

⑱【汇校】

李　笠："白鱼跃入王舟中"，按：《索隐》无"王"字。（《史记订补》卷一《周本纪》）

【汇注】

裴　骃：马融曰："鱼者，介鳞之物，兵象也。白者，殷家之正色，言殷之兵众与周之象也。"（《史记集解》）

孔颖达：《太誓》止云"白鱼"，不言鱼之大小，《中候合符后》云："鱼长三尺，赤文，有字题之目下。"（《诗·周颂·思文疏》）

司马贞：此已下至火复王屋为乌，皆见《周书》及《今文泰誓》。（《史记索隐》）

⑲【汇注】

陈蒲清：俯取以祭：殷尚白，武王斩白鱼祭天象征伐殷。（引自王利器主编《史记注译·周本纪》）

⑳【汇注】

陈蒲清：乌：乌鸦。《尚书·泰誓》作"流为雕"。（引自王利器主编《史记注译·周本纪》）

解惠全：流为乌：不断变化，最后现出乌的形象。流，往来不定或运转不停。（《全译史记·周本纪》）

【汇评】

孙　琮：用白鱼、赤乌一事以为点缀，忙中闲笔。（《山晓阁史记选·周本纪》）

崔德皋：伪《泰誓》之言曰："白鱼入于王舟，有火复于王屋，流为乌。"司马迁载之《史记》，而董仲舒亦引其语，以为王者受命之符。幸而已黜其书；使其书至今存，而无今书《泰誓》，则亦将旁引曲说，同于巨迹、𩾌卵之事矣。（《崔德皋先生遗书·尚友堂文集》卷上）

㉑【汇注】

马　骕：《吕氏春秋》：文王之时，天先见火，赤鸟衔丹书集于周社。文王曰：火气胜。火气胜，故其色尚赤，其事则火。（《绎史》卷一九《文王受命》）

㉒【汇注】

裴　骃：马融曰："王屋，王所居屋。流，行也。魄然，安定意也。"郑玄曰：

"《书说》云,乌有孝名。武王卒父大业,故乌瑞臻。赤者,周之正色也。"(《史记集解》)

司马贞:按:《今文泰誓》"流为雕"。雕,鸷鸟也。马融云"明武王能伐纣",郑玄云"乌是孝鸟,言武王能终父业",亦各随文而解也。(《史记索隐》)

郭之奇:占者曰:乌为孝鸟。赤者,周所尚之色。魄者,安定之意。武王之承父志而集大统,莫显著于此矣。(《稽古篇》卷三八《占验总传》)

钱锺书:"流为乌,其色赤,其声魄云"。《集解》:"魄然,安定意也。"《考证》:"魄然,状其声也。"按《后汉书·五行志》一载桓帝初童谣:"城上乌,尾毕逋。"即"魄";与古乐府《两头纤纤》之"腷膊膊膊鸡初鸣"皆一音之转,将鸟之振羽拍翼声。(《管锥篇》第一册《周本纪》)

瞿方梅:按:即《周礼·幕人》所云"帷幕幄帟"是也。郑注曰:"王出宫则有是事,在旁曰帷,在上曰幕,皆布为之。四合象宫室,曰幄。帟,坐上承尘,皆缯为之。"(《史记三家注补正·周本纪第四》)

吴国泰:《经传释词》云:"云:犹然也。""其声魄云"者,犹言其声魄然也。魄然者,状其声也。凡云字在句尾不作曰字解者,皆应借作然。(《史记解诂》,载《文史》第四十二辑)

张家英:《经传释词》卷三"云"字条引家大人曰:"云,犹'然'也。"需要补充的是,此"魄云"之"魄",应读为 bō,是个象声词,是用以形容声音的响亮的。(《〈史记〉十二本纪疑诂·周本纪》)

【汇评】

吴见思:是伪《太誓》,文法隽永可观。(《史记论文·周本纪》)

牛运震:"其色赤,其声魄云",魄字奇,笔法亦古隽可喜!(《史记评注·周本纪》)

梁玉绳:按:白鱼赤乌之说,乃汉初民间所得伪《泰誓》文,详见《书序》及《诗·思文》两疏中,西京诸儒信以为真,董仲舒为汉儒宗,其贤良策对犹言之,况史公之爱奇者乎?其书唐初尚存,故孔仲达、颜籀、小司马、章怀太子皆见之,不知亡于何时也。《吕氏春秋·名类篇》言"文王之时,赤乌衔丹书集于周社",盖战国末有此妄谈,何足信哉。(《史记志疑·周本纪》)

㉓【汇校】

陈蒲清:八百诸侯:"诸侯"两字与上文重复,疑涉下文而衍。(引自王利器主编《史记注译·周本纪》)

【汇注】

毛 晃:孟津,《水经》:河水又东迳平县故城北,郦《注》云:河南有钩陈垒,世传武王伐纣,八百诸侯所会处。《尚书》所谓不期同时也。紫微有钩陈之宿,主斗讼兵陈,故《遁甲攻取之法》,以所攻神与钩陈并气,下制所临之辰,则秩禽敌,是以垒资其名矣,河水于斯,一有盟津之目。(《禹贡指南》卷三《孟津》)

【汇评】

王　充:纣为至恶,天下叛之。武王举兵,皆愿就战;八百诸侯,不期俱至。(《论衡·恢国篇》)

㉔**【汇校】**

李　笠:按"八百"以下,疑衍"诸侯"二字。《论语·微子》疏引《本纪》,"诸侯"二字亦不重。(《史记订补》卷一《周本纪》)

㉕**【汇注】**

梁玉绳:纣始见《易·系下》。辛,帝乙子,始见《史·殷纪》,是为纣,始见《世表》,又作受。受、纣音相乱。长巨姣美,垂腴尺余,材力过人,手格猛兽,倒曳九牛,索铁伸钩,抚梁易柱,自谓天王。亦曰殷辛,亦曰商辛,亦曰后辛,亦曰帝辛,亦曰王纣,亦曰商王受,亦曰商王纣,亦曰商纣,亦曰殷王纣,亦曰商王帝辛,亦曰辛纣,亦曰受辛,亦曰季纣,亦曰受德,亦曰暴辛,亦曰人螭,在位五十二年,以甲子日兵败,取天智玉环身,自蟠于火而死。武王斩纣头,悬太白之旗。按:桀、纣,名也,先儒已言之,而《独断》:"残人多垒曰桀,残义损善曰纣。"《吕氏春秋·功名》注:"残义损善曰桀,贱仁多累曰纣。"《史·集解》:"贼人多杀曰桀,残义损善曰纣。"《通典·礼六十四》遂以桀、纣为谥,皆不足据。《书·戡黎》疏云:殷时未有谥法,后人见其恶,为作恶谥耳。(《汉书人表考》卷九《辛》)

㉖**【汇评】**

熊尚文:无连帅之命而东观兵孟津,此举意欲何为?诸侯皆曰"纣可伐矣",此言奚为而至曰"女未知天命",曷不曰"女未知天伦"。可惜此时无有个夷、齐扣马之谏。(《读史日记·周武王》)

　　居二年①,闻纣昏乱暴虐滋甚②,杀王子比干③,囚箕子④。太师疵、少师强抱其乐器而奔周⑤。于是武王遍告诸侯曰⑥:"殷有重罪⑦,不可以不毕伐⑧。"乃遵文王⑨,遂率戎车三百乘,虎贲三千人⑩,甲士四万五千人⑪,以东伐纣⑫。十一年十二月戊午⑬,师毕渡盟津⑭,诸侯咸会。曰:"孳孳无怠⑮!"武王乃作《太誓》⑯,告于众庶⑰:

"今殷王纣乃用其妇人之言⑱,自绝于天,毁坏其三正⑲,离逷其王父母弟⑳;乃断弃其先祖之乐,乃为淫声,用变乱正声,怡说妇人㉑。故今予发维共行天罚㉒。勉哉夫子㉓!不可再,不可三㉔!"

① 【汇注】
梁玉绳:"乃还师归,居二年",按:班师再伐,说在《殷纪》。(《史记志疑·周本纪》)

又:按《殷》《周》两纪、《月表》《齐世家》《汉·律历志》《竹书》俱称武王观兵孟津而归,居二年乃伐纣,故《礼乐记》云"武始而北出,再成而灭商",盖本于汉初伪《泰誓》也,而晚出之《泰誓》遂撰为"观政于商"之语。然《中庸》称"一戎衣而有天下",即《史》载刘敬说高帝亦云"武王伐纣不期而会孟津之上八百诸侯,皆曰'纣可伐矣',遂灭殷"。故宋儒均言武王无还师再举之事。(《史记志疑·殷本纪》)

陈蒲清:居二年:指文王十一年。据《尚书》记载,武王观兵孟津是十一年,伐纣是十三年。比《史记》所记载的迟两年。(引自王利器主编《史记注译·周本纪》)

② 【汇注】
陈士元:邢昺氏曰:"纣名辛,字受,商末世之王也。"冯猗氏曰:"纣,谥也,残义损善曰纣。"元按:《尚书》称商王受。《史记·殷本纪》云:"帝乙崩,子辛立,是为帝辛,天下谓之纣。纣资辨捷疾,闻见甚敏,才力过人,手格猛兽。"又《帝王世纪》云"纣倒曳九牛,抚梁易柱",而《泰誓》举纣之罪,更不言其绝力也。曰沈湎冒色,敢行暴虐,曰秽德彰闻,曰罪浮于桀。又甚,则称之仇,称之为独夫,今观史鉴所载,淫虐之行,天下之恶何加焉。而子贡乃谓"纣之不善,不如是之甚",何也?窃疑《周书》之过其实也。希写有言:文王拘羑里,武王羁玉门,《吕氏春秋》云:"季历困死,文王告之,不忘羑里之丑,至武王事之,亦不忘玉门之辱。"罗泌氏云:文王见辱玉门,颜色不变,而武王卒擒纣于牧野,释谅闇而即戎,载木主而示述。武王于纣,盖有怨辞焉,岂谓《泰誓》耶?孔子云:"武未尽善。"子贡云:"纣恶未甚。"其意将以儆戒于君臣之际而苏氏遂以武王非圣人,吁!非所以论世矣。(引自《湖海楼丛书·论语类考》卷七《纣》)

马骕:《春秋繁露》:桀、纣皆圣王之后,骄逸妄行。侈宫室,广苑囿,穷五采之变,极饰材之工,困野兽之足,竭山泽之利,食类恶之兽,夺民财食、高雕文刻镂之观,画金玉骨象之工,盛羽族之饰,穷白黑之变,深刑妄杀以陵下,听郑卫之音,充倾宫之志。虎咒文采之兽,以希见之意,赏佞赐谗。以糟为丘,以酒为池,孤贫不养，杀圣贤而剖其心，生燔人闻其臭，剔孕妇见其化（《帝王世纪》，纣剖比干妻，以视其胎），斮朝涉之足察其拇，杀梅伯以为醢，刑鬼侯之女取其环。诛求无已，天下空虚，群臣畏恐，莫敢尽忠。纣愈自贤。（《绎史》卷二〇《武王克殷》）

崔　述：《战国策》称纣醢九侯，脯鄂侯。《史记》称纣有酒池肉林，倮逐之戏，炮烙之刑。《新序》称纣为鹿台，七年而成，其大三里，高千尺，临望云雨。《帝王世纪》称纣剖比干妻以视其胎，烹伯邑考为羹以赐文王。《水经注》称老人晨将渡水而沉吟难济，左右曰："老者髓不实故也。"纣乃斮胫而视髓。由是伪《古文尚书》遂以"焚炙忠良，刳剔孕妇，斮朝涉之胫"等语入《泰誓》篇中。余按：纣之不善，《尚书·微子》《牧誓》等篇言之详矣。约其大概有五。一曰听妇言，《牧誓》所谓"牝鸡之晨"者也。二曰荒酒，《酒诰》所谓"酣身"，《微子》所谓"酗酒"者也。三曰怠祀，《牧誓》所谓"昏弃肆祀"，《微子》所谓"攘窃牺牷牲"者也。四曰斥逐贵戚老成，《牧誓》所谓"昏弃王父母弟"，《微子》所谓"耄逊于荒"，咈其耇长"者也。五曰牧用憸邪小人，《牧誓》所谓"多罪逋逃是信，是使"，《立政》所谓"羞刑暴德同于厥邦"，《微子》所谓"草窃奸宄，罪合于一"者也。《论语》之称"三仁"，《晋语》之述妲己，皆与此合。即《大雅·荡》之篇为后人之托言，而其讥切纣失亦不外此五端。盖惟迷于酒色，是以不复畏天念祖，以致忠直逆耳，佞人倖进，故《牧誓》必推本于"妇言"，《酒诰》悉归咎于"荒腆"；惟仁贤不用而蟊贼在位，是以民罹其殃，故《召诰》于"徂亡出执"必推本于"智藏瘝在"也。经传之文互相印证，纣之不善了然可见，初无世俗所传云云也。（《崔东壁遗书·商考信录》卷二《纣之不善五端》）

刘宝楠：《正义》曰：《列子·杨朱篇》："天下之美，归之舜、禹、周、孔。天下之恶，归之桀纣。"《汉书·叙传》："班伯以侍中起眡事时，乘舆幄坐张画屏风，画纣醉踞妲己，作长夜之乐。上因顾指画而问伯：'纣为无道，至于是乎？'伯对曰：'《书》云乃用妇人之言，何有踞肆于朝？所谓众恶归之，不如是之甚者也。'"《杨敞传》恽书曰："下流之人，聚毁所归。"《后汉书·窦宪传·论》："宪率羌胡边杂之师，一举而空朔庭。列其功庸，兼茂于前多矣。而后世莫称者，章末衅以降其实也，是以下流，君子所甚恶焉。"诸文皆以天下之恶为恶名，此注与之同也。皇《疏》引蔡谟曰："圣人之化，由群贤之辅。闇主之乱，由众恶之党。是以有君无臣，宋襄以败，卫灵无道，夫奚其丧。言一纣之不善，其乱不得如是之甚，身居下流，天下恶人皆归之，是故亡也。"此以天下之恶为恶人，其说亦通。《左昭七年传》："楚芉尹无宇曰：昔武王数纣之罪以告诸侯曰：'纣为天下逋逃主，萃渊薮。'"杜《注》："天下逋逃，悉以纣为渊薮，集为归之。"《孟子·滕文公篇》言纣臣有飞廉，《墨子·非乐》有费中、恶来、崇侯虎。《淮南·览冥训》有左强，《道应训》有屈商：见纣时恶人皆归之证。

(《论语正义·子张篇》)

【汇评】

王　充：传语又称"纣力能索铁伸钩，抚梁易柱"，言其多力也。"蜚廉恶来之徒，并幸受宠"，言好伎力之主，致伎力之士也。或言武王伐纣，兵不血刃。夫以索铁伸钩之力，辅以蜚廉恶来之徒，与周军相当，武王德虽盛，不能夺纣素所厚之心；纣虽恶，亦不失所与同行之意。虽为武王所擒时，亦宜杀伤十百人。今言不血刃，非纣多力之效，蜚廉、恶来助纣之验也。……夫以索铁伸钩之力当人，则是孟贲、夏育之匹也。以不血刃之德取人，是则三皇五帝之属也。以索铁之力，不宜二全。不得二全，则必一非。孔子曰："纣之不善，不若是之甚也。是以君子恶居下流，天下之恶皆归焉。"(《论衡·语增篇》)

崔　述：世所传纣之事，犹今人语谶必归之诸葛孔明、刘伯温，语奸诈必归之曹操也；犹以周新折狱之事尽加之海瑞也。其意不过欲甚纣之恶耳，不知君子之论贵于持平，不但当为圣王辩其诬，亦不必为暴主增其罪。且使人知纣之恶未至如世所传而已足以亡国，其为后世炯戒不更大乎！（《崔东壁遗书·商考信录》卷二《纣之不善五端》）

李慈铭："子贡谓纣之不善，不如是之甚也"。吾尝三复斯言，而叹圣贤救世之心何其深且切也。夫言纣之不善者，《伪尚书古文》之言不足据，若《西伯戡黎》《微子》《牧誓》《大诰》《酒诰》《多士》《多方》之篇，《史记·周本纪》所载《太誓》古文及《论语》《孟子》所言，不过谓其淫戏酗酒，遗弃耆旧，崇信奸回，喜用妇言，暋弃肆祀，指为天丧，名为独夫，而其事之显著者，则比干之死，箕子之囚，妲己之宠，崇侯之谮，及文王之拘而已。较之后世孙皓、刘聪、石虎、苻生、慕容熙、刘子业、刘彧、刘昱……之穷凶极暴，堕灭三纲，其罪固百不逮一；即以视秦始皇、汉武帝、后汉灵帝、宋孝武、魏太武、明成祖、世宗之诛杀臣下如刈草菅，亦为少胜焉。而亡国罪独具以为百世之鉴，子贡乃犹原之，以为下流归恶者。呜呼，此圣贤之立言，其苦心无一不系于君与民者也。（《越缦堂文集》卷一《纣之不善论》）

顾颉刚：我们若把《尚书》中纣的罪恶聚集起来，结果，便可以看出他的最大的罪名是酗酒。……其实酗酒是那时的风气，并不是纣的独特的罪恶，所以《酒诰》又说"我民用大乱丧德，亦罔非酒惟行"，"殷之迪诸臣惟工，乃湎于酒"。而武王对于妹土，竟命康叔"群饮，汝勿佚，尽执拘以归于周，予其杀"。我们只要看周朝用了死刑来禁酒，便可知道商人的喝酒正似现在人的吸鸦片，已经成了有普遍性的深入骨髓的痼癖了。（《顾颉刚古史论文集》第二册《纣恶七十事的发生次第》）

③【汇校】

张文虎："杀王子比干，《御览》引作'剖比干'"。（《校刊史记集解索隐正义札记·周本纪》）

【汇注】

马维铭：王子比干者，纣之亲戚也。见纣淫佚，作炮烙之刑，乃陈先王艰难，天命不易，国家将亡之明征，请王洗心易行。伏于象魏之门。纣大怒曰："比干自谓圣人。吾闻圣人心有七窍，信乎？"乃遂杀比干，刳视其心。武王伐纣，克殷，乃封比干之墓。（《史书纂略》卷一《商列传·比干》）

④【汇注】

荀　子：比干剖心，箕子佯狂。（《荀子·尧问篇》）

马维铭：箕子名胥余，纣诸父，食采于箕，故曰箕子。纣始为象箸，箕子叹曰："彼为象箸，必为玉杯。"纣又淫佚，作炮烙之刑，箕子谏不听，乃解衣披发佯狂，而去之，遂隐而鼓琴以自悲。故传之曰《箕子操》。及武王克殷，访问箕子，箕子乃为之陈《洪范》。于是武王乃封箕子于朝鲜，而不臣也。其后箕子朝周，过殷墟，感唐室尽为禾黍，箕子伤之，欲哭不可，欲泣不可，乃作《麦秀之诗》以歌之。（《史书纂略》卷一《商列传·箕子》）

陈士元：朱子曰：箕子，纣诸父。元按：《宋世家》云：箕子，纣亲戚也。纣为淫佚，箕子谏，不听，乃披发佯狂，而为奴，遂隐而鼓琴以自悲，是为《箕子操》。《世家》以箕子为纣之亲戚，未尝言其为父为兄。郑玄、王肃皆言纣之诸父，《朱子集注》从之。而服虔、杜预则又以为纣之庶兄，其说不同如此。箕子名无考，惟司马彪注《庄子》云：箕子名胥余，不知何据。（引自《湖海楼丛书·论语类考》卷七《箕子》）

孙之騄："王囚箕子，杀王子比干，微子出奔"，《易林》曰："渊涸龙忧，箕子为奴。干叔陨命，殷破其家。"东坡曰："父师箕子。纣之诸父，少师比干也。微子，纣兄也。"《通雅·尸子》云："箕子名昌余。比干名胥余。"庄注：司马彪曰"箕子名胥余，于庄本文不复耶？"唐徐彦伯《过比干墓》诗云："哲妇亦同殉，骊龙暴双骨。"按纣刳剔孕妇，皇甫谧以为即比干妻，武王封比干之墓。而邹阳书云"封孕妇墓"。《世纪》云"殷纣杀比干妻以视其胎"是也。（《考定竹书》卷七）

【汇评】

陈子桱：按微子、箕子、比干尚在，犹足维系人心。迨微子奔，比干杀，箕子囚，民望既绝，无复可冀，故伐之耳。（引自《史记评林·周本纪》）

⑤【汇校】

王若虚：《殷纪》云：纣淫乱不止，微子数谏，不听，乃与太师、少师谋，遂去。比干强谏纣，纣剖比干，观其心；箕子惧，佯狂为奴。纣又囚之。殷之太师、少师乃持其祭乐器奔周。按《尚书·微子篇》所谓太师、少师，即箕子、比干也。今乃言奔周，与《书》所记异矣。而《周纪》又云：纣杀王子比干，囚箕子。太师疵、少师强抱其乐器而奔周，则迁所谓太师、少师者，其乐工邪？若《殷纪》所称，亦止于乐工，则微子何至与此辈谋决去就，而此辈之奔，亦何为并持祭器乎？至《宋世家》则曰：武王克殷，微子持其祭器造于军门。前后参差，殆不可晓。（《㳺南遗老集》卷九《史记辨惑》）

张文虎："乐器"：《类聚》十二引作"祭器"。（《校刊史记集解索隐正义札记·周本纪》）

李　笠："太师疵、少师强抱其乐器而奔周"，按：马骕《绎史》武王克殷，引《太公金匮》云"太师、少师抱其祭器乐器奔周"，与《殷本纪》乃持其祭乐器奔周正合。疵强虽乐官，然庙堂之上，礼动乐应，春官太师、小师（"大小"与"太少"古字通）并掌大祭祀登歌，是乐师之设，所以明祀典，乐师亡则祭祀废矣。疵、强惧礼器散失，典制遂亡，故抱乐器而并及祭器与微子之抱祭器用心各不同也。后人疑抱祭器者为微子，故于乐上删"祭"字，校者审以《周纪》为是，《殷纪》为衍"祭"字矣。《艺文类聚》卷十二引《史记》"乐器"作"祭器"，盖足证《史记》"乐"上当有"祭"字，《类聚》脱"乐"字耳。（《史记订补》卷一《周本纪》）

【汇注】

徐孚远：太师疵、少师强，二人名也。抱乐器归周，此是实事，至微子抱祭器归周，微子亦称太师，相类而讹也。（《史记测议·周本纪》）

顾炎武：古之官有职异而名同者，太师、少师是也。比干之为少师，《周官》所称三孤也。《论语》之少师阳则乐官之佐，而《周礼》谓之山师者也。故《史记》言纣之将亡，其太师疵、少师强抱其乐器奔周，而后儒之传误以为微子也。（《日知录·少师》）

马　骕：《吕氏春秋》：殷内史向挚见纣之愈乱迷惑也，于是载其图法，出亡之周。武王大悦，以告诸侯曰："商王大乱，沉于酒德，避远箕子，爱近姑与息。妲己为政，赏罚无方，不用法式，杀三不辜，民大不服，守法之臣，出奔周国。"（《绎史》卷二〇《武王克殷》）

又：《太公金匮》：太师、少师抱其祭器、乐器奔周，内史向挚载其图法亦奔周。武王问太公曰："殷已亡三人，可伐乎？"太公曰："臣闻之：知天者不怨天，知己者不怨人，先谋后事者昌，先事后谋者亡。且天与不取，反受其殃，非时而至，是谓妄成。故夏条可结，冬冰可释，时难得而易失也。"（同上）

梁玉绳：太师疵，少师强：二师惟见《史·周纪》，殷纣昏暴，抱其乐器奔周。按：二师乃纣乐官，虽明于择主，比较师挚诸伶之避乱守正为少逊，乃挚等八人在第三，而疵、强列第二，岂不慎乎！（《汉书人表考》卷二《太师疵、少师强》）

孙国仁："太师疵、少师强"，仁按：此二师列上中，次师尚父、毕公后，同为周武王臣，则是周之太师、少师也。《表》又有太师挚、少师阳，与干、缭、缺等同列上下。师古曰：自太师以下八人皆纣时奔走分散而去。此即《周书·微子篇》所云父师、少师也，则又殷之乐师。《论语·微子篇》记太师挚、少师阳去国之事，当是记者追记之笔，且事隶于《微子篇》，亦以挚、阳为殷之乐师也。视疵、强当有别。近人或以疵、挚、强、阳并同声，疑即一人，恐误。（《汉书人表略校》）

⑥【汇注】

　　孙　琮：暗对"诸侯皆曰"。（《山晓阁史记选·周本纪》）

⑦【汇评】

　　夏曾佑：中国言暴君，必数桀纣，犹言圣君，必数尧舜汤武也。今按各书中，所引桀、纣之事多同，可知其间必多附会。盖既亡之后，其兴者必极言前王之恶，而后己之伐暴为有名，天下之戴己为甚当，不如此不得也。今比而观之，桀宠妹喜，纣宠妲己，一也；桀为酒池，可以运舟，一鼓而牛饮者三千人，纣以酒为池，悬肉为林，使男女倮，相逐其间，为长夜之饮，二也；桀为琼台瑶室，以临云雨，纣造倾宫瑶台，七年乃成，其大三里，其高千仞，三也；桀杀关龙逄，纣杀比干，四也；桀囚汤于夏台，汤行赂，桀释之，纣囚文王于羑里，西伯之徒，献美女、奇物、善马，纣乃赦西伯，五也；桀曰"时日曷丧"，纣曰"我生不有命在天"，六也。故一为内宠，二为沉湎，三为土木，四为拒谏，五为贿赂，六为信命，而桀纣之符合若此，夫天下有为善而相师者矣，未有为恶而相师者也。故知必有附会也。（《中国古代史·桀纣之恶》）

⑧【汇注】

　　裴　骃：徐广曰："（伐）一作'灭'。"（《史记集解》）

　　梁玉绳："殷有重罪，不可以不毕伐"，附按：徐广谓伐一作"灭"，恐非。而《后汉书·袁术传》引《史》曰"殷有重罪，不可不伐"，与今本异。（《史记志疑·周本纪》）

⑨【汇注】

　　马持盈：乃遵文王：以遵奉文王之遗志。（《史记今注·周本纪》）

　　张家英："毕伐"之"毕"，非常用义。《淮南子·览冥训》："昔者王良，造父之御也。……投足调均，劳逸若一；心怡气和，体便轻毕。"高诱注："毕，疾也。"《墨子·非乐上》："老与迟者耳目不聪明，股肱不毕强。"孙诒让《闲诂》："毕，疾也。"此"毕"字应解为"迅速，快捷"。武王之所以说"不可不毕伐"殷，是因为两年之前，八百诸侯齐集盟津，主张"纣可伐矣"，武王的回答是："女未知天命，未可也。"可是，"居二年，闻纣昏乱暴虐滋甚，杀王子比干，囚箕子"。而且"太师疵、少师强抱其乐器奔周"，于是武王才发出了"殷有重罪，不可以不毕伐"的号召。此"毕"字表示了不能再有任何延缓的意思，是不可缺少的一个重要的修饰"伐"的词语。（《〈史记〉十二本纪疑诂·周本纪》）

⑩【汇校】

丁　晏："虎贲三千人",何云"当从《书·序》作'三百人'"。"千"字谬改。(《史记毛本正误·周本纪》)

【汇注】

裴　骃：孔安国曰："虎贲,勇士称也。若虎贲兽,言其猛也。"(《史记集解》)

程大昌：沈约《宋·志》"虎贲,旧作虎奔",言如虎之奔走也。王莽以古有勇士孟贲,故以奔为贲。此说非也。《书》"虎贲三千人",奔之为贲久矣,古贲奔通,不必取孟贲为义。(《演繁露》卷一四《虎贲》)

梁玉绳：按：《孟子》亦言"武王伐纣,革车三百两,虎贲三千人"。《苏秦传》依《国策》言"武王卒三千人,革车三百乘",《韩子·初见秦篇》,《吕氏春秋》之《简选》《贵因》二篇,《淮南》之《本经》《主术》《兵略训》,《风俗通·正失篇》并同,然皆非也,当依《书·牧誓序》以"虎贲三百人"为断。《示儿编》谓《孟子》引《经》之误,是已。考《周礼》虎贲氏之官,其属虎士八百,安得有三千之多? 古车战之法,一车甲士三人,步卒七十二人,至临敌制变,更以甲士配车而战,一车实有百人,每乘以虎贲一人为右。武王时尚侯国,未备六军,故《牧誓》称"司徒、司马、司空"三卿。百乘为一军,一卿主之,是以车三百乘,虎贲三百人。《周书·克殷解》作"三百五十乘",《墨子·明鬼》下篇作"车百辆,虎贲之卒四百人",俱孤文歧说,不足取证。若甲士之数兼步卒在内,以三百乘计之,一车七十五人,止有二万二千五百人,即一车百人,亦止三万人,何云"四万五千人"耶? 下文"大卒",《正义》云"大卒,谓戎车三百五十乘,士卒二万六千二百五十人,有虎贲三千人"。(《史记志疑·周本纪第四》)

[日]泷川资言：《书·牧誓序》云"武王戎车三百两,虎贲三百人,与受战于牧野",与此异。何焯曰："三千人"当从《书序》作"三百人","千"字不知何时谬改。梁玉绳曰：《孟子》亦言武王伐纣,革车三百两,虎贲三千人。《苏秦传》依《国策》言"武王卒三千人,革车三百两",《韩子·初见秦篇》,《吕氏春秋》之《简选》《贵国》二篇,《淮南》之《本经》《主术》《兵略训》,《风俗通·正失篇》并同,然皆非也,当依《书序》以"三百人"为断。说详于《志疑》。(《史记会注考证》卷四)

⑪【汇注】

高　锐：车兵(主力部队)称"甲士",是从"国人"平民(自由民)阶级中征集的。(《中国军事史略》第四章第三节《西周的军事制度·等级兵役制度》)

编者按："虎贲"西周金文中称为"虎臣",是周王的禁卫部队,编制分为左右两支,所以西周金文中有"左右虎臣"之称。"虎贲"取如虎奔走之义,古代贲与奔通用。"虎贲""虎臣"是指勇猛敢死的战士。

⑫【汇注】

韩　婴：武王伐纣，到于邢丘，楯折为三，天雨三日不休，武王心惧，召太公而问曰："意者纣可伐乎？"太公对曰："不然。楯折为三者，军当分为三也。天雨三日不休，欲洒吾兵也。"武王曰："然，何若矣？"太公曰："爱其人及屋上乌，恶其人者憎其骨。余咸刘厥敌，靡使有余。"武王曰："於戏！天下未定也。"周公趋而进曰："不然，使各度其宅而佃其田无获，旧新百姓有过，在予一人。"武王曰："於戏！天下已定矣。"乃修武勒兵于宁，更名邢丘曰怀宁，曰修武，行克纣于牧之野。《诗》曰：牧野洋洋，檀车皇皇，驷騵彭彭，维师尚父，时维鹰扬。凉彼武王，肆伐大商，会朝清明。既反商，及下车，封黄帝之后于蓟，封帝尧之后于祝，封舜之后于陈；下车而封夏后氏之后于杞，封殷之后于宋，封比干之墓，释箕子之囚，表商容之闾，济河而西，马放华山之阳，示不复乘，牛放桃林之野，示不复服也。车甲衅而藏之于府库，示不复用也。于是废军而郊射，左射狸首，右射驺虞，然后天下知武王不复用兵也。祀乎明堂而民知孝，朝觐然后诸侯知以敬，坐三老于大学，天子执酱而馈，执爵而酳，所以教诸侯之悌也。此四者，天下之大教也。夫武之久，不亦宜乎？《诗》曰"胜殷遏刘，耆定尔功"，言伐纣而殷亡武也。（《韩诗外传》卷三）

荣孟源：武王伐纣是哪一年，各家说法不同：1. 刘歆《世经》作己卯年，即公元前1122年。吴其昌《金文历朔疏证》从之。2. 皇甫谧《帝王世纪》作乙酉年，即公元前1116年。3. 僧一行《历度议》作庚寅年，即公元前1111年。4. 唐兰《中国古代历史上的年代问题》作公元前1075年。5. 《易乾凿度》作辛未年，即公元前1071年。6. 姚文田《周初年月日岁星考》作甲戌年，即公元前1066年。日本新城新藏《东洋天文学史研究》从之。7. 张钰哲《哈雷彗星的轨道演变的趋势和它的古代历史》作公元前1057年。8. 章鸿钊《中国古历析疑》作公元前1055年。9. 《史记·周本纪》集解引《汲冢纪年》作"自武王灭殷，以至幽王，凡二百五十七年也"。陈梦家《西周年代考》据此从武王克殷作公元前1027年。（《历史笔记·试谈西周纪年》）

【汇评】

马　骕：《晋书》：纣之无道，天下离心，八百诸侯，不谋而至。武王犹曰殷有人焉，回师返旆。三仁诛放，然后奋戈牧野。金仁山曰：诸贤尚在，犹足维系人心，迨民望既绝，无复可冀矣，故伐之。（《绎史》卷二〇《武王克殷》）

⑬【汇注】

欧阳修：《书》之《泰誓》称十有一年，说者因以谓自文王受命九年及武王居丧二年并数之尔。遂以西伯听虞芮之讼谓之受命，以为元年，此妄说也。古者人君即位，必称元年，常事尔，不以为重也。后世曲学之士，说《春秋》，始以改元为重事，然则果常事欤？固不足道也。果重事欤？西伯即位，果改元矣。中间不宜改元而又改元。至武王即位，宜改元反不改元，乃上冒先君之元年，并其居丧称十一年，及其灭商而得天下，其事大于听讼远矣，又不改元。由是言之，谓西伯以受命之年为元年者妄说也。后之学者，知西伯生不称王，而不间不再改元，则《诗》《书》所载，文、武之事，灿然明白而不诬矣。（引自《纲鉴合编》卷二《周纪·武王》）

徐文靖：《笺》按：是年庚寅，周武王即位十一年矣，周始伐殷。一月戊午，师渡盟津，作《泰誓》三篇。《书》曰：惟十有三年春，大会于孟津。陆氏《释文》曰：惟十有三年，或作十有一年。后人妄看《序》文辄改之。今据《竹书》，则《书·叙》十有一年是也。张子南轩曰：《书·叙》称十有一年，而《书》复称十有三年者，字之误也。（《竹书纪年统笺》卷六《受辛五十二年庚寅周始伐殷》）

⑭【汇注】

张守节：毕，尽也。尽从河南渡河北。（《史记正义》）

梁玉绳："十一年十二月戊午，师毕渡盟津"，附按：十一年者，武王之十一年。十二月者，即十一年之十二月。自晚出《泰誓》有"十三年"之文，与《书·序》"十一年"异，伪《孔传》遂以月份系于十三年，而以年为武继文，违经背义，莫斯为甚。《史》同《书序》，本无讹谬，故欧阳子《泰誓论》、邵子《经世书》、胡氏《大纪》并作"十一年"，以"十三年"为非也。《竹书》纣四十二年武王嗣为西伯，五十二年十二月伐殷，亦与《史》合，惟《吕氏春秋·首时篇》言武王立十二年而成甲子之事，盖并其为天子之年数之耳。至此作"十二月"，《书序》作"一月"者，殷之十二月，周之一月，《序》就周言之，其实改正在克商后，当依商作"十二月"为是。《诗·文王》疏谓文王受命十三年辛未之岁，殷正月六日杀纣，凿空之论，未知何据？（《史记志疑·周本纪》）

⑮【汇注】

陈蒲清：孳孳：通"孜孜"，勤奋不懈。（引自王利器主编《史记注译·周本纪》）

⑯【汇注】

马骕：《书·序》：惟十有一年，武王伐殷，一月戊午，师渡孟津。作《泰誓》三篇。（《绎史》卷二〇《武王克殷》）

吴见思：《太誓》虚，下乃概括《太誓》《牧誓》，而自为章法。（《史记论文·周本纪》）

梁玉绳："武王乃作《泰誓》"，按：伏生《尚书》本有《泰誓》，合三篇为一，故今文有二十九篇，《大传》载《泰誓》篇目可证。其后伏生之《泰誓》亡，即以民间伪《泰誓》三篇充伏生之数，孔仲达所谓上篇观兵时事，中、下二篇伐纣时事也。今虽佚不传，而以《史》考之，疑上文"九年，武王上祭于毕"，至"乃还师归"，与

《齐世家》所载"苍兕"诸语，皆是上篇文。"居二年"至"孳孳无怠"，与《殷纪》所载"剖心"诸语，皆是中篇。此下所载"告于众庶"至"不可再，不可三"，乃是下篇。其中或有删省，不全登录。至《困学纪闻》卷二谓"《太誓》与《大诰》同，卫包改定今文，始作'泰'"，恐不尽然。《九经古义》曰："顾彪《古文尚书义疏》云'泰者，大之极也。此会中之大，故称《泰誓》'。彪字仲文，隋炀帝时为秘书学士，当时已改为'泰'，非始于卫包。"余因惠氏之言考之，古大、泰、太三字音义并通，俱可通写，如董仲舒《策》"阳居太夏，阴居大冬"，实用《管子·山国轨篇》泰春、泰夏、泰秋、泰冬之语。《庄子·应帝王篇》以大庭氏为"泰氏"，《淮南子·诠言训》以太王为"泰王"，以太羹为"泰羹"，《汉书·袁盎传》以太常为"泰常"，《后汉书·班固传·东都赋》以太师为"泰师"，《隶释·凉州刺史魏元丕碑》以太夫人为"泰夫人"。而一部《史记》俱作"太"字，范蔚宗《后汉书》避其家讳改"太"作"泰"，盖本于此。是乃通用之证。有谓后人加点为"太"，以别大小字者，非也。（《史记志疑·周本纪》）

吴汝纶：《困学纪闻》：《泰誓》与《大诰》同。梁云：古大、太、泰三字并通。（《桐城吴先生点勘史记读本·周本纪》）

⑰【汇评】

王若虚：子贡曰："纣之不善，不如是之甚也。是以君子恶居下流，天下之恶皆归焉。"晦庵曰："卑下之处，众流之所归；不善之地，恶名之所聚。言人当常自警省不可一置其身于不善之地，非谓纣无罪而虚被恶名也。"其说甚佳。东坡以为子贡言此者，盖不许武王伐纣之事。而张无垢亦称其有恕纣之心，贤于孟子贼仁残义之说：皆谬见也。子贡之意在使人慎所居，而二子乃为恕纣而甚武王，不亦异乎！子贡虽恶称人之恶者，亦何至湔洗桀纣以为忠厚哉！汤、武大义，圣人固有定论矣。今乃妄坐訾毁，而为独夫，是亦惑之甚也。（《滹南遗老集》卷七《论语辨惑》四）

牛运震："乃作《太誓》，告于众庶"云云，此与今所传《泰誓》下篇词旨略同，足征孔安国《古文尚书》太史公未尝不见也。乃于原文字句略加点窜，便古雅绝伦。（《史记评注·周本纪》）

⑱【汇评】

孙　觉：《泰誓》言纣之恶终于悦妇人。《牧誓》之言纣之恶始于用妇言，岂非纣之始终出于此乎！（引自《增订史记评林·周本纪》）

⑲【汇注】

裴　骃：马融曰："动逆天地人也。"（《史记索隐》）

张守节：按：三正；三统也。周以建子为天统，殷以建丑为地统，夏以建寅为人统也。（《史记正义》）

马持盈：三正：三位正士，微子、箕子、比干，即孔子谓"殷有三仁"。言纣王毁坏其三位正士而不用。又有人解释天、地、人，为三正，似涉于空虚。又有人解释为夏、商、周之三家正朔，亦不妥，纣王当时是天子，周家之正朔，纣王亦不承认。(《史记今注·周本纪》)

⑳【汇注】

　　裴　骃：郑玄曰："王父母弟，祖父母之族。必言'母弟'，举亲者言之也。"(《史记集解》)

　　马持盈：离逷其王父母弟：逷，音踢，疏远也。即言纣王离开而疏远其至亲至近之人也。王父母弟，即祖父母之族，关系至近的人。(《史记今注·周本纪》)

㉑【汇注】

　　裴　骃：徐广曰："怡，一作'辞'。"(《史记集解》)

【汇评】

　　刘知幾：又按武王为《泰誓》，数纣过失，亦犹近代之有吕相为晋绝秦，陈琳为袁檄魏，欲加之罪，能无辞乎？而后来诸子，承其伪说，竟列纣罪，有倍五经。故子贡曰：桀、纣之恶不至是，君子恶居下流。班生亦云：安有据妇人临朝！刘向又曰：世人有弑父害君，桀纣不至是，而天下恶者必以桀、纣为先。此其自古言辛、癸之罪，将非厚诬者乎？(《史通》卷一三《疑古》)

㉒【汇注】

　　马持盈：共行天罚：共，即"恭"字，恭敬的执行上天的惩罚。(《史记今注·周本纪》)

㉓【汇注】

　　裴　骃：郑玄曰："夫子，丈夫之称。"(《史记集解》)

㉔【汇校】

　　马　骕："今殷王纣乃用其妇人之言……不可三"：此伪《泰誓》之文，其辞旨亦与古文相出入。(《绎史》卷二〇《武王克殷》)

　　二月甲子昧爽①，武王朝至于商郊牧野②，乃誓③。武王左杖黄钺④，右秉白旄⑤，以麾⑥。曰："远矣，西土之人⑦！"武王曰："嗟！我有国冢君⑧，司徒、司马、司空、亚旅、师氏、千夫长、百夫长⑨，及庸、蜀、羌、髳、微、纑、彭、濮人⑩，称尔戈⑪，比尔干，立尔矛，予其誓。"

王曰："古人有言：'牝鸡无晨⑫。牝鸡之晨，惟家之索⑬。'今殷王纣维妇人言是用，自弃其先祖肆祀不答⑭，昏弃其家国⑮；遗其王父母弟不用，乃维四方之多罪逋逃是崇是长⑯，是信是使⑰，俾暴虐于百姓，以奸轨于商国⑱。今予发维共行天之罚⑲。今日之事，不过六步七步，乃止齐焉⑳，夫子勉哉！不过于四伐五伐六伐七伐，乃止齐焉㉑，勉哉夫子㉒！尚桓桓㉓，如虎如罴，如豺如离㉔；于商郊，不御克奔㉕，以役西土㉖，勉哉夫子㉗！尔所不勉㉘，其于尔身有戮㉙。"誓已㉚，诸侯兵会者车四千乘㉛，陈师牧野。

① 【汇校】
梁玉绳："二月甲子昧爽"，附按：二月误，当依徐广注作"正月"为是。《齐世家》作"正月"，此乃后人传写妄改也。盖周之改正在克殷后，斯时周师初发，不得遽改殷建丑之正月为二月。况上文依殷言十二月，不用周建子之月称正月，何以此依周正作"二月"乎？（《史记志疑·周本纪》）

【汇注】
裴　骃：徐广曰："（二月）一作'正'。此建丑之月，殷之正月，周之二月也。"（《史记集解》）
又：孔安国曰："昧，冥也；爽，明，蚤旦也。"（《史记集解》）
徐孚远：《吕氏春秋》，殷使胶鬲侯周师、武王期以甲子，冒雨而行以救胶鬲之死，此言非也。武王虽在军中，指麾自尚父主之，且冒雨疾行，非用师之道也。（《史记测议·周本纪》）
马　骕：《书》既戊午，师渡孟津。癸亥，陈于商郊。俟天休命。时甲子昧爽，王朝至于商郊牧野，乃誓。（《绎史》卷二〇《武王克殷》）
编者按：1976年陕西省临潼县南罗村出土的利簋铭文曰："珷（武）征商，唯甲子朝，岁（钺）鼎克昏，夙又（有）商。"证实周武王是在甲子日早晨向纣王发起攻击，到了晚上就完全占领了商都，从而印证了《尚书·牧誓》和《周本纪》关于武王在甲子日克殷灭商的记载是可信的。

② 【汇注】
皇甫谧撰、徐宗元辑：武王军至鲔水，纣使胶鬲候周师，见王问曰：西伯将焉之？

王曰：将攻薛也。胶鬲曰：然，愿西伯无我欺！王曰：不子欺也。将之殷，胶鬲曰：何日至？王曰：以甲子日。以是报矣。胶鬲去而报于纣，而雨甚。军卒皆谏王曰：卒病，请休之。王曰：吾已令胶鬲以甲子报其主矣。吾雨而行，所以救胶鬲之死也。遂行，甲子至于商郊。（《帝王世纪辑存·周第四》）

又：牧野在朝歌南七十里。（同上）

马　骕：《说苑》：武王伐纣，过隧斩岸，过水折舟，过谷发梁，过山焚莱，示民无返志也。至于有戎之隧，大风折旆，散宜生谏曰："此其妖欤！"武王曰："非也，天落兵也。"风霁而乘以大雨，水平地而啬。散宜生又谏曰："此其妖欤？"武王曰："非也。天洒兵也。"卜而龟熸，散宜生又谏曰："此其妖欤？"武王曰："不利以祷祠，利以击众，是熸之已。"故武王顺天地，犯三妖而禽纣于牧野，其所独见者精也。（《绎史》卷二〇《武王克殷》）

徐文靖：周武王"十二年辛卯，王率西夷诸侯伐殷，败之于坶野"。《笺》按《书叙》曰："武王戎车三百两，虎贲三千人，与纣战于牧野，作《牧誓》。"《武成》曰："既戊午，师渡孟津，癸亥，陈于商郊，甲子朝誓。昧爽，受率其旅若林，会于牧野，国有敌于我师。""牧"，《说文》作"坶"，云地名。在朝歌南七十里。《博物志》：武王伐纣，会于几，逢大雨焉。襄舆三百乘，甲三千，一日一夜行三百里，以战于牧野。孔晁注曰：牧野，商郊。纣出朝歌二十里而迎战也。戎车三百五十乘，则士卒三万六千三百五十人，有虎贲三千五百人也。（《竹书纪年统笺》卷七）

俞　樾：此当以郊牧野三字连文。《尔雅·释地》：邑外谓之郊，郊外谓之牧，牧外谓之野。此正释《尚书》郊牧野三字之义。合言之曰"郊牧野"，从省则但曰"牧野"。《诗·大明篇》"牧野洋洋"是也。又从省，但曰"牧"。《国语·周语》曰："庶民弗忍欣戴武王，以致戎于商牧"是也。此篇以《牧誓》名篇，是武王作誓，实在郊外之牧，而史臣并举郊野者。是时诸侯会者八百，车徒众多，其所屯聚，必非一处，前军及郊，后军至野，中军在牧，亦情事所应尔也。……盖野者对邑而言，邑外郊，郊外牧，牧外野，野外林，林外坰，虽分五名，然郊、牧、林、坰实皆野也。故亦有称"牧之野"者。《诗·閟宫篇》致天之，届于牧之野。《礼·大传》曰："牧之野，武王之大事也。"牧称"牧之野"，犹坰称"坰之野。"《駉篇》曰："駉駉牡马，在坰之野"是也。"坰之野"即林之坰，牧之野即郊外之牧，若以牧为地名，岂坰亦鲁之地名乎？（《群经平议》卷五《尚书三》）

马持盈：朝：早晨。商郊牧野，《括地志》谓：纣都朝歌在河南卫辉东北七十三里之处。牧野即朝歌以南平原之地。（《史记今注·周本纪》）

吴树平："牧"或作"坶"。《说文》云："坶，朝歌南七十里地。《周书》：武王与纣战于坶野。"故地在今河南淇县境内。（《风俗通义校释》第一《三五》）

于省吾：《汲冢周书·世俘》："越若来二月既死魄，越五日甲子朝，接于商。"据王国维考证，月之二十三日至晦为"既死霸"，则"越五日甲子"当为二月二十七日。盖周师于是日朝，与商师会战于牧野。故《诗·大雅·大明》云："牧野洋洋，檀车煌煌，维师尚父，时维鹰扬，凉彼武王，肆伐大商，会朝清明。"（《利簋铭文考释》，载《文物》1977年第8期）

王　恢：牧野，《郡国志》："朝歌纣所都居，南有牧野。"《清水注》："自朝歌以南，南暨清水，土地平衍，据皋跨泽，悉牧野矣。"按：即牧畜之郊野。（《史记本纪地理图考·周武王伐纣》）

梁友尧：周武王伐纣的牧野之战，是我国古代具有重大历史意义的一场战争，通过这场战争，推翻了商王朝，建立了周王朝，历史进入了一个新的时期。但是，周武王克殷年代在今人诸家著述中，众说纷纭，分歧很大。大致有公元前1130年、1122年、1117年、1116年、1111年、1078年、1075年、1067年、1066年、1055年、1051年、1050年、1047年、1027年等十四种说法。其中具有代表性的有三说：一是范文澜《中国通史简编》一书主张的公元前1066年说；二是吕振羽《简明中国通史》一书中主张的公元前1122年说；三是郭沫若主编的《中国史稿》一书主张的公元前1027年说。（《中国史问题讨论及其观点·关于周武王克殷的年代》）

赵光贤：另一种意见认为，根据天象的研究，武王克殷是在公元前1057年。其推算方法和主要根据是：第一，《淮南子·兵略训》记载："武王伐纣，东西而迎岁……彗星出，而授殷人其柄。"《国语·周语》记载："武王伐殷，岁在鹑火。"这说明武王伐殷之时，哈雷彗星与木星晨见东方，而且木星正在鹑火之次。根据天文记载推算，"哈雷彗星于公元前1057年3月7日到近日点时，木星黄经为127°2，在张宿中运动，正当鹑火之次"。又据推算，公元前1057年初三个月里，岁星都在鹑火之次。可见，公元前1057年武王克殷已为天象所证实。第二，新出土的《利簋》铭文记载："武王征商，唯甲子朝，岁，鼎（贞）克昏夙又（有）商。"这说明武王克殷在甲子日的清晨。看到木星，这是武王克殷时见到岁星的最有力的证明，与天象完全相合。第三，《史记·周本纪》虽未载明共和以前的各代周王在位年数，但《史记·鲁世家》却记载着除伯禽以外各代周王的在位年数，并被史学界公认为是正确的。通过《鲁世家》的各个君王在位年数与周朝历代君王换算，记明武王克殷正好在公元前1057年。（《从天象上推断武王伐纣之年》，《历史研究》1979年第10期）

编者按：武王伐纣之年，众论纷纭，莫可折中。鲁实先在《史记会注考证驳议》四中指出："《国语》伶州鸠曰：'昔武王伐殷，岁在鹑火，月在天驷，日在析木之津，辰在斗柄，星在天鼋。'其记载可谓详明矣，而后人于武王伐纣之年，异论滋多，卒无定说。""夏商周断代工程"确定武王伐纣之年为公元前1046年。

美国学者夏含夷说：据现代天文学之推算，公元前11世纪的五星聚合现象只能发生在公元前1059年，对此毫无置疑之余地。公元前1059年如果是帝辛二十八年，他的元年就可推为公元前1086年，这与上文帝辛征人方卜辞所推出的年代，又刚可以与所复原的《竹书纪年》之载帝辛在位四十二年及公元前1045年武王克商这两个数据相配合。（夏含夷：《〈竹书纪年〉与周武王克商的年代》，见陈致主编《当代西方汉学研究集萃》上古卷，上海古籍出版社，第78页）夏含夷的研究，得出的周武王灭商的年代仅比夏商周断代工程确定的年代早了一年，难能可贵。

③【汇注】

裴　骃：孔安国曰："癸亥夜陈，甲子朝誓之。"（《史记集解》）

张守节：《括地志》云："卫州城，故老云周武王伐纣至于商郊牧野，乃筑此城。郦元注《水经》云自朝歌南至清水，土地平衍，据皋跨泽，悉牧野也。"《括地志》又云："纣都朝歌在卫州东北七十三里朝歌故城是也。本妹邑，殷王武丁始都之。《帝王世纪》云帝乙复济河北，徙朝歌，其子纣仍都焉。"（《史记正义》）

吴见思：下乃《牧誓》全文。（《史记论文·周本纪》）

刘　坦：《齐太公世家》载："文王崩，武王即位。九年，欲修文王业，东伐以观诸侯集否。"又载："居二年，纣杀王子比干，囚箕子，武王将伐纣，卜龟，兆不吉，风雨暴至，群公尽惧，唯太公强之，劝武王，武王于是遂行。十一年正月甲子，誓于牧野，伐商纣。"按此云武王即位九年，东伐以观诸侯，居二年遂行伐纣，与《周本纪》合。至谓"十一年正月甲子，誓于牧野，伐商纣"。则与《周纪》十二年"二月甲子昧爽，武王朝至商郊牧野，乃誓"之说相谬。又《鲁周公世家》亦谓："武王九年，东伐至盟津，周公辅行。十年，伐纣至牧野，周公佐武王，作《牧誓》。"说与《齐太公世家》合。然以事无足征，殊难决定孰是。（《史记纪年考》卷二《周共和以前纪年考·武王》）

【汇评】

王　鏊：孟子于《太誓》不尽信，太史公乃取异书入此，更难信。（引自《史记评林·周本纪》）

④【汇注】

陈蒲清：钺：大斧。（引自王利器主编《史记注译·周本纪》）

⑤【汇注】

裴　骃：孔安国曰："钺，以黄金饰斧。左手杖钺，示无事于诛；右手把旄，示有事于教令。"（《史记集解》）

陈蒲清：旄：装饰有牦牛尾的大旗。（引自王利器主编《史记注译·周本纪》）

编者按：1976年扶风庄白一号窖藏出土的西周共王时代的墙盘铭文曰："盭（勠）

围武王,遹征四方,达(挞)殷畯(畯)民,永不巩(恐)狄虞,镸(髟)伐尸(夷)童(僮)。"不仅证实了周武王克殷灭商的史实,而且形象地描绘了武王"秉白旄"指挥周军攻打殷纣王以东夷奴隶组成的军队。"白旄",是指白色的旄牛尾。"髟",即"髟鼬"之髟,《后汉书·马融传》"羽毛纷其髟鼬",注:"髟鼬,羽旄飞扬貌。""髟鼬"即"飘摇"。《说文》"髟,长发猋猋也",猋猋,即飘飘。"髟伐",是形容武王手握着白色的旄牛尾迎风飘摇着指挥作战。"白旄",也有学者认为是指装饰有旄牛尾的白色大旗。

⑥【汇注】

解惠全:麾:挥动,指挥。(《全译史记·周本纪》)

⑦【汇注】

裴　骃:孔安国曰:"劳苦之。"(《史记集解》)

⑧【汇校】

张文虎:"有国":游本"友国"。(《校刊史记集解索隐正义札记·周本纪》)

【汇注】

裴　骃:马融曰:"冢,大也。"(《史记集解》)

马持盈:冢君:大君,乃尊称各国诸侯之词。(《史记今注·周本纪》)

编者按:《华阳国志·巴志》云:"周武王伐纣,实得巴蜀之师,著乎《尚书》。巴师勇锐,歌舞以凌,殷人前徒倒戈,故世称之曰:'武王伐纣,前歌后舞也。'"《尚书·牧誓》中参加武王伐纣的八个少数民族有蜀而没有巴,但《巴志》说巴参加了武王伐纣,"著乎《尚书》"。我们认为,参加武王伐纣的"巴"就是周初封于今宝鸡市区一带的弓鱼国族。弓鱼族就是太伯、仲雍奔"荆蛮"所投奔的"句吴"族,也就春秋时代金文中吴国诸王自称的工䓣、攻敔、攻吴族,其族属于原居于湖北荆山之下的武夷,是巴人的一支,商代迁居于陕南洋县、城固县一带。周初因为参加武王伐纣有功,因此其君长彊伯的采邑封在今宝鸡市区清姜河东岸的茹家庄一带。"嗟!我有国冢君",《尚书·牧誓》作"嗟!我友邦冢君"。因为彊国之君属于"友邦冢君",故没有列入庸、蜀、羌、髳、微、卢、彭、濮等少数民族之中。由于巴族彊国隐于"友邦冢君"之中,所以《牧誓》没有提到巴。(详见尹盛平:《再论西周的彊国与吴太伯、仲雍奔"荆蛮"》,《周文化考古研究论集》,文物出版社,2012年)

⑨【汇注】

裴　骃:孔安国曰:"亚,次。旅,众大夫也,其位次卿。师氏,大夫官,以兵守门。"(《史记集解》)

又:孔安国曰:"师率,卒率。"(同上)

马持盈:司徒:掌民政之官。司马:掌兵事之官。司空:掌土地之官。(《史记今

注·周本纪》）

又：亚旅：众大夫。师氏：率兵之官。千夫长：千夫之帅。百夫长：百夫之帅。（《史记今注·周本纪》）

编者按：西周金文中司徒称司土，是主管土地和农业的长官，同时又是主管民事，包括土地纠纷的长官。金文中司空称司工，顾名思义是主管工匠的长官，主要是主管建筑和建材。金文中司工、司马经常协同司土裁决民事，包括土地诉讼案件。司土、司工、司马是卿事寮的"三有司"，是三个管理民事的长官，司马在金文中不见担任军事长官。师氏是率领氏族军队的将领，故称师氏。

⑩【汇注】

裴　骃：孔安国曰："八国皆蛮夷戎狄。羌在西。蜀，叟。髳、微在巴蜀。纑、彭在西北。庸、濮在江汉之南。"马融曰："武王所率，将来伐纣也。"（《史记集解》）

张守节：髳音矛。《括地志》云："房州竹山县及金州，古庸国。益州及巴、利等州，皆古蜀国。陇右岷、洮、丛等州以西，羌也。姚府以南，古髳国之地。戎府之南，古微、纑、彭三国之地。濮在楚西南。有髳州、微、濮州、纑府、彭州焉。武王率西南夷诸州伐纣也。"（《史记正义》）

王夫之：庸、蜀、羌、髳、微、纑、彭、濮，按此八国传注多有疏失，今考庸，上庸也，在今郧阳竹溪县西。蜀国本在成都，帝喾支庶所封，世为侯国。羌者参狼白马之羌，汉为武都之羌道，今文县千户所其地也。髳，按《说文》云"汉令有髳长"。大县曰令，小县曰长。今考汉《郡国志》无髳县，惟羌郡属国有旄牛县。《华阳国志》云："旄，地也，在今黎州安抚司。微者，《华阳国志》上庸郡之微阳县也。计其为国，当在竹山、房县之间。纑者，汉《郡国志》南郡有中卢县。"《襄阳耆旧传》曰："古纑戎也。"《春秋传》："罗与纑戎两军之。"卢地近罗，罗在宜城西山中，今南漳县地。则纑戎之国当在谷城保康之间矣。彭，苏氏以为武阳之彭亡聚，则是眉州之彭山县。苏说非也。彭之为国滨于彭水，当在上津县之南也。濮与麇为邻，故《春秋传》云："麇人率百濮聚于选。"麇，今郧阳府治，其东则楚也，其西则濮也。是濮之为国夹汉水而处，居郧阳之上流，在白河之东南矣。（《诸经稗疏·书经稗疏》卷四《牧誓》）

徐文靖：《笺》按：《孔氏书传》曰：八国皆蛮夷戎狄，属文王者。国名羌在西，蜀、髳、微在巴蜀。纑、彭在西北，庸、濮在江汉之南。《括地志》云：房州竹山县及金州，古庸国也。益州及巴、利等州皆古蜀国。陇右、岷、洮、丛等州以西，羌也。姚府以南，古髳国之地。戎府以南，古微、纑、彭三国之地。濮在楚西南，《左传》昭元年，赵孟曰：吴濮有衅。杜注：建宁郡南有濮夷，是也。（《竹书纪年统笺》卷六《受辛五十二年庸蜀羌髳微纑彭濮从周师伐殷》）

顾颉刚：自楚营濮，濮人当散处武当、荆、巫诸山脉中。其北接麇，其东北邻楚，

故能为麇所率，与楚对垒。集诸证观之，濮地在楚之西南，可以论定。(《史林杂识初编》)

又：《牧誓》之"濮"，自应从《左传》所记，在楚国附近，今湖北省境，无疑也。(同上)

马持盈：庸：湖北郧阳一带之地。蜀：四川北部一带之地。羌：西戎之地。髳：山西南部濒河之地。微：与眉通，即陕西郿县。纑：即春秋时之纑戎，在湖北襄阳以南之地。彭：四川彭县。濮：湖北荆州府之地。以上八国，皆蛮夷戎狄之族。(《史记今注·周本纪》)

王　恢：庸：《伪孔传》："八国皆蛮夷戎狄：羌在西。蜀、髳、微在巴蜀。纑、彭在西北。庸、濮在江汉之南。"《括地志》张其说曰："房州竹山县及金州，古庸国。益州及巴、利等州皆古蜀国。陇西岷、洮、丛等州以西，羌也。姚府（云南姚安）以南，古髳国之地。戎府（四川宜宾）之南，古微、纑、彭三国之地。濮在楚西南，有髳州、微州、纑府、彭州焉。武王率西南夷诸州伐纣也。"庸说在汉之滨，尚近是。《左》文十六年，楚人、秦人、巴人灭庸，秦置上庸县。今湖北竹山县东四十里。其他偏远之地，盖昧于地理环境、时代背景，汉武开西南夷其艰困为何如？其史地知识之幼稚毋庸辨。(《史记本纪地理图考·周本纪·武王伐纣》)

编者按：传世的宗周钟不是西周昭王时代的铜器，而是厉王㝬铸造的青铜乐器。铭文中的"服子"也不是"濮子"，而是指淮夷。

西周厉王时代，南淮夷入侵成周洛阳的王畿之地，周厉王命虢仲率军征伐。今本《竹书纪年》云："厉王无道，淮夷侵洛，王命虢仲长父伐之，不克。"厉王时代的虢仲盨铭文说："虢仲㠯（以）王南征，伐南淮夷。"以《竹书纪年》证之，虢仲的征伐没有取得击退南淮夷的胜利。

周厉王十三年，王亲率大军征伐南淮夷。厉王十三年的㝬生盨铭文说："王征南淮夷，伐角潗，伐桐遹，㝬生从，执讯斩首，俘戎器，俘金。"鄂侯驭方鼎铭说："王南征，伐角、㓖（潗），惟还自征，在坯。噩（鄂）侯驭方内（纳）丰（礼）于王，乃祼之。"厉王亲征取得了胜利，归途中鄂侯驭方献上了礼物。但是后来鄂侯驭方反叛了，率领南淮夷、东夷"广伐南国"，侵入到成周洛阳的王畿以内，厉王倾全力征伐。禹鼎铭文说："乌虖（呼）哀哉！用天降丧于下或（国），亦惟噩（鄂）侯驭方率南淮夷、东夷广伐南国，至于历内。王迺（乃）命西六（师）、殷八（师）曰：'（扑）伐噩（鄂）侯驭方，勿遗寿幼。'……禹（师）武公徒驭至于噩，敦伐噩，休，（师）获厥君驭方。"

这次战争很惨烈，战前厉王对西六师与殷八师下达了扑伐鄂侯驭方，对其国民老少全部杀光的残暴命令。禹率领当时执政大臣武公的步兵和战车驭手，首先攻入鄂国的都城，抓获了鄂侯驭方。正因为有了这次胜利，所以传世的宗周钟铭文说：

　　王肇遹省文武勤疆土。南国𠬝（服）孳（子）敢臽（陷）处我土，王敦伐其至，扑伐厥都，𠬝孳遣间来逆邵王，南夷、东夷具视二十又（有）六邦……

　　鄂侯驭方率领的南淮夷，是指成周洛阳以南的淮夷，东夷是指成周洛阳以东的淮夷。他们"广伐南国，至于历内"，正是"南国服子敢陷处我土"的所指；禹率军首先攻入鄂国都城，抓获鄂侯驭方，正是"扑伐厥都"的所指。宗周钟铭文中的"王"是厉王无疑。

　　"服子"，杨树达认为是濮子，也是不正确的。"服子"是指淮夷，而不是指濮族。宣王时代的兮甲盘铭说："淮夷旧我𪐗（帛）晦（贿）人，母（毋）敢不出其𪐗（帛）、其责（积）、其进人。"师𡐫簋铭文说："淮夷繇（旧）我𪐗（帛）晦（贿）臣。""𪐗"是指布帛，"责"是指积蓄，"进人"是指要进献的奴隶等人。"帛贿臣"就是"帛贿人"，说明西周时淮夷要向周王朝献纳布帛之类贡品，这是淮夷的职责，也就是他们的服事，所以宗周钟铭称其为"服子"。

　　为了加强对淮夷地区服物的征收，宣王曾选派官员去南淮夷催征布帛之类的贡品。驹父𪭢盖铭文说：

　　惟王十又（有）八年正月，南仲邦父命驹父殷南诸侯，率高父见南淮夷厥取厥服，堇（谨）夷俗，剭不敢不苟（敬）畏王命，逆见我厥献厥服。我乃至于淮，小大邦亡敢不毄（储）鼎（具）王命……

　　南仲邦父即《诗经·大雅·常武》中的"王命卿士，南仲大祖，大师皇父"，是宣王的卿士，即执政大臣，官为太师。南仲命驹父去视察南国诸侯，并率领高父去见南淮夷各邦国的酋长，催促他们献纳布帛之类的服物，这就是"厥取厥服"。他们到了淮水流域，大小邦国没有敢不储备好服物以便满足王命的。总之，"服子"是指交纳服物的人，不是指"濮子"。

　　西周王朝对淮夷布帛之类贡品的征收，是引起西周中晚期淮夷不断反叛的主要原因。

⑪【汇注】

　　裴　骃：孔安国曰："称，举也。"（《史记集解》）

⑫【汇评】

　　吴见思：起如风雨，亦有千人万人之势，如见当日军容。（《史记论文·周本纪》）

⑬【汇注】

　　裴　骃：孔安国曰："索，尽也。喻妇人知外事，雌代雄鸣，则家尽也。"（《史记集解》）

　　解惠全：惟家之索：等于说"惟索家"，意思是只能使家破败。惟，用"唯"，

只。索，尽，这里有破败、毁败的意思。(《全译史记·周本纪》)

吴国泰：索者，祟之借字。《说文》："祟，神祸也。"引申训祸。见《庄子·天道》篇"其鬼不祟"李注。又，"祟为祸咎之征也"。(《汉书·江充传》注）索、祟双声，故得以相假。(《史记解诂》，载《文史》第四十二辑)

编者按：《国语·晋语》云：殷辛伐有苏，有苏氏以妲己女焉（韦昭注：殷辛，汤三十世，帝乙之子，殷纣也。有苏，己姓之国，妲己，其女也）。妲己有宠，于是乎与胶鬲比而亡殷（韦昭注：胶鬲，殷贤臣也。自殷适周，佐武王以亡殷也）。

⑭【汇注】

裴　骃：郑玄曰："肆，祭名。答，问也。"(《史记集解》)

郭嵩焘："自弃其先祖肆祀不答"，《札记》云："《集解》'问'字疑误，《元龟》五引作'报也'。"按《鲁语》韦昭注云："报，报德，谓祭也。"(《史记札记·周本纪》)

马持盈：肆：祭享宗庙也。不答：不理，不顾。(《史记今注·周本纪》)

⑮【汇注】

解惠全：昏弃：弃去。昏，同"泯"，蔑（用王引之说）。(《全译史记·周本纪》)

张家英：王引之《经义述闻》卷三"昏弃"条：《牧誓》"昏弃厥肆祀弗答，昏弃厥遗王父母弟不迪"。引之谨按：昏，蔑也，读曰泯。昏弃即泯弃也。"泯、蔑"，声之转耳。《传》以"昏"为"乱"，失之。(《〈史记〉十二本纪疑诂·周本纪》)

⑯【汇注】

解惠全：多罪逋逃：指罪恶多端的逃犯。逋逃：逃亡。是崇是长：即"崇是长是"，抬高这些人，重视这些人。崇，高，这是指使高、抬高的意思。长，以为长，即重视的意思。(《全译史记·周本纪》)

⑰【汇注】

裴　骃：孔安国曰："言纣弃其贤臣，而尊长逃亡，罪人信用之也。"(《史记集解》)

【汇评】

吴见思：四"是"字，俊。(《史记论文·周本纪》)

⑱【汇注】

马持盈：以奸轨于商国，作奸轨之事以祸乱于商国。(《史记今注·周本纪》)

⑲【汇注】

李仲操：受命十三年，即武王即位之第四年伐商。故《泰誓》曰："十三年春，惟戊午王次于河朔，群后以师毕会。"同年，即克商，释箕子囚，以箕子归，作《洪范》。故《洪范》曰："惟十又三祀，王访于箕子。"(《西周年代》四《文武两世年数及其历

日》）

⑳【汇注】

　　裴　骃：孔安国曰："今日战事，不过六步七步，乃止相齐。言当旅进一心也。"（《史记集解》）

㉑【汇注】

　　裴　骃：孔安国曰："伐谓击刺也。少则四五，多则六七，以为例也。"（《史记集解》）

　　王　炎：六步、七步，足法也。六伐、七伐，手法也。使止齐者，使三军之手足如一人。然上"止齐"，戒其轻进；下"止齐"，戒其贪杀。（引自《增订史记评林·周本纪》）

㉒【汇评】

　　吴见思：夫子两句，颠倒成法。（《史记论文·周本纪》）

㉓【汇注】

　　裴　骃：（桓桓）郑玄曰："威武貌。"（《史记集解》）

㉔【汇注】

　　裴　骃：徐广曰："此训与'螭'同。"（《史记集解》）

㉕【汇注】

　　裴　骃：郑玄曰："御，强御，谓强暴也。克，杀也。不得暴杀纣师之奔走者，当以为周之役也。"（《史记集解》）

　　陈蒲清：不御克奔：不拒绝能奔来投降的殷纣士兵；或说不强暴地杀戮战败奔跑的殷纣士兵。御：强暴。克：杀戮。（引自王利器主编《史记注译·周本纪》）

㉖【汇注】

　　马持盈：不御克奔，以役西土：不要抵制那些前来投降的人，以使他们到西方为我们服劳役。御：抵制，拒绝。克奔：能够奔来投降的人。以役西土，使之服役于西土。（《史记今注·周本纪》）

【汇评】

　　陈大猷：兵贵武勇，又贵节制。武王虑其拘，故喻以虎貔之勇。又虑过于勇而妄杀，故以杀降为戒。言能奔来降者，勿迎击之以劳役我西土之人也。注非。（引自《增订史记评林·周本纪》）

　　吴见思：六步、七步，四伐、五伐，如虎、如貔等俱以叠句应还前段。（《史记论文·周本纪》）

㉗【汇注】

　　张家英：古之所谓"丈夫"，可以用于指称男子，可以用于妻子称夫，也可以用于指称有作为的人。而古之所谓"夫子",也是一个多义词,可以用作对男子的敬称,对孔子的尊称,对功业有成者的敬称,还有妻子对丈夫的称呼。在作词语训释时,如果不加以限定,是不能用一个多义词去作另一个多义词的解释语的。《尚书·泰誓》与《牧誓》中,三次使用了"勖哉夫子"句,还用了一次"夫子勖哉"句。孔安国都训解为"'夫子'谓将士"。《周本纪》中的一个"夫子勉哉"和三个"哉勉夫子",都是源于《尚书》的。它们都出现于武王在进攻商纣之前的誓师会上发表的训词中。明白了这个,就能明白孔安国的"谓将士"和郑玄的"丈夫之称"的意思了。这个"夫子"相当于今天所说的"男子汉们、好汉子们、好男儿们"一类的褒义词语。还有一种观点认为,孔子之前,"夫子"是只限于对大夫以上的男子作为敬称的。如果那样,则武王所一再鼓励的"夫子",其对象就只含有"将"而不含有"士"了。(《〈史记〉十二本纪疑诂·周本纪》)

【汇评】

吴见思:又叠一句,精神之极!(《史记评注·周本纪》)

㉘【汇注】

陈蒲清:所:若,如果。(引自王利器主编《史记注译·周本纪》)

㉙【汇校】

张文虎:"其于":游、凌作"予"。(《校刊史记集解索隐正义札记·周本纪》)

【汇注】

裴　骃:郑玄曰:"所言且也。"(《史记集解》)

㉚【汇注】

董　鼎:此临战誓师之词。先仗钺秉旄肃己之容,称戈比干立矛,肃人之容,然后发命。自"古人有言"至"共行天罚",所以声罪致讨而激士卒之义。自"今日"至"止齐焉",所以明审法令,而示行阵之礼。自"勉哉"以下,又勉之临阵之勇,抚众之仁,盖谨畏戒惧如此!蔡沈曰:此篇严肃而温厚,与《汤誓·诰》相表里,真圣人之言也。《泰誓》《武成》一篇之中似非尽出一个之口,岂独此篇为全书乎?(引自《增订史记评林·周本纪》)

㉛【汇注】

孟　子:武王之伐殷也,革车三百两,虎贲三千人。王曰:"无畏。宁尔也。非敌百姓也。"若崩厥角稽首。(《孟子·尽心下》)

梁玉绳:"诸侯兵会者四千乘",附按:自此以下至"罢兵西归",皆录《逸书·克殷解》,颇有次第可观,惟斩纣一节系后人窜入,不足信也。史公所载,较今本《周书》字句各殊,短长互见,《吹景集》曾疏其异同辨之,然尚有漏略,所说亦有未安,余更加考订,条列于后。其文异而义同者,则弗论矣。四千乘并诸侯兵言之,武王止

三百乘而已，《周书》言"三百五十乘"，非，说见前。（《史记志疑·周本纪》）

帝纣闻武王来①，亦发兵七十万人距武王②。武王使师尚父与百夫致师③，以大卒驰帝纣师④。纣师虽众，皆无战之心。心欲武王亟入⑤，纣师皆倒兵以战⑥，以开武王⑦。武王驰之⑧，纣兵皆崩畔纣⑨。纣走，反入登于鹿台之上，蒙衣其殊玉⑩，自燔于火而死⑪。武王持大白旗以麾诸侯⑫，诸侯毕拜武王⑬；武王乃揖诸侯⑭，诸侯毕从⑮。武王至商国⑯，商国百姓咸待于郊⑰。于是武王使群臣告语商百姓曰："上天降休。"商人皆再拜稽首⑱，武王亦答拜⑲。遂入，至纣死所。武王自射之，三发而后下车，以轻剑击之⑳，以黄钺斩纣头㉑，县大白之旗㉒。已而至纣之嬖妾二女㉓，二女皆经自杀㉔。武王又射三发，击以剑，斩以玄钺㉕，县其头小白之旗㉖。武王已乃出复军㉗。

① 【汇注】

于省吾：《史记·周本纪》裴骃集解引《汲冢纪年》："自武王灭殷，以至幽王，凡257年也。"幽王之末年为公元前771年，由此上推257年，则武王征商，当在公元前1027年。（《利簋铭文考释》，载《文物》1977年第8期）

② 【汇注】

陈子龙：纣止发畿内之兵，疑无七十万之众也。且三代用兵，亦无近百万者。（《史记测议·周本纪》）

梁玉绳："帝纣闻武王来，亦发兵七十万人距武王。"按：三代用兵无近百万者，况纣止发畿内之兵，安能如此其多。《书·武成》疏曰，"纣兵虽众，不得有七十万人，《史》虚言之"。（《史记志疑·周本纪》）

③ 【汇注】

裴 骃：《周礼》："环人，掌致师。"郑玄曰："致师者，致其必战之志也。古者将战，先使勇力之士犯敌焉。"《春秋传》曰："楚许伯御乐伯，摄叔为右，以致晋师。许伯曰：'吾闻致师者，御靡旌，摩垒而还。'乐伯曰：'吾闻致师者，左射以菆，代御执辔，御下，两马掉鞅而还。'摄叔曰：'吾闻致师者，右入垒，折馘，执俘而还。'皆

行其所闻而复。"(《史记集解》)

梁玉绳：师尚父始见《诗·大明》《逸书·克殷》，师之尚之父之，故曰师尚父。炎帝之裔伯夷，掌四岳有功，封之于吕，子孙从其封姓。本姓姜，师尚父其后也。名望，字子牙，号太公。又名涓，故曰太公望，亦曰吕太公望，亦曰吕望，亦曰周望、亦曰吕牙，亦曰姜牙，亦曰吕尚，亦曰太公尚，亦曰望尚，亦曰姜望，亦曰师望，亦曰姜公，亦曰姜老，河内汲人，封于齐，卒年百余岁，葬镐京，陪文、武之墓。唐上元元年尊为武成王，宋大中祥符元年加谥昭烈武成王。(《汉书人表考》卷二《师尚父》)

王叔岷：《正义》：致师，挑战也。案：《逸周书·克殷解》百作伯，古字通用；又：孔晁"致师"下注云："挑战也。"即《正义》所本。(《史记斠证》卷四《周本纪第四》)

马持盈：致师：单车挑战，谓之"致师"，致其决心作战之意于敌人也。(《史记今注·周本纪》)

④【汇校】

张文虎："驰帝纣师"：《大明诗疏》引无"帝"字。《元龟》四十四作"商"。(《校刊史记集解索隐正义札记·周本纪》)

【汇注】

裴　骃：徐广曰："帝，一作'商'。"(《史记集解》)

张守节：大卒，谓戎车三百五十乘，士卒二万六千二百五十人，有虎贲三千人。(《史记正义》)

郝　敬：按百人为卒。"大卒"，谓天子六军，"左右"，谓将帅。(《批点史记琐琐》卷一《周本纪》)

于省吾：《汉书·律历志》引《周书·武成》："惟一月壬辰，旁死霸，若翌日癸巳，武王乃朝步自周，于征伐纣。"据王国维考证，月之二十五日为"旁死霸"，则武王兴师，当在一月二十六日。(《利簋铭文考释》，载《文物》1977年第8期)

⑤【汇注】

陈蒲清：亟：同"急"。(引自王利器主编《史记注译·周本纪》)

【汇评】

孙　琮：古练处，本汲书旧文，其明快却由史公笔。(《山晓阁史记选·周本纪》)

⑥【汇校】

张文虎："倒兵"：《大明·疏》作"戈"。《类聚》作"干戈"。(《校刊史记集解索隐正义札记·周本纪》)

【汇注】

马　骕：《淮南子》：纣之地，左东海，右流沙，前交趾，后幽都。师起容关，至浦水，士亿有余万，然皆倒戈而射，傍戟而战。武王左操黄钺，右执白旄以麾之，则瓦解而走，遂土崩而下。纣有南面之名，而无一人之德，此失天下也。（《绎史》卷二〇《武王克殷》）

又：《鹖子》：武王率兵车以伐纣，纣虎旅百万，陈于商郊，起自黄鸟，至于赤斧。三军之士，靡不失色。武王乃命太公把白旄以麾之，纣军反走。（同上）

又：《新书》：纣将与武王战，纣阵其卒，左肟右肟，鼓之不进，皆还其刃，顾以向纣也。（同上）

⑦【汇注】

荀　子：武王之诛纣也……朝食于戚暮宿于百泉，旦压于牧之野，鼓之而纣卒易乡，遂乘殷人而诛纣。盖杀者非周人，因殷人也。故无首虏之获，无蹈难之赏。（《荀子·儒效》）

马持盈：以开武王：为武王作开路之先锋。（《史记今注·周本纪》）

【汇评】

吴见思：忙处偏用闲笔。（《史记论文·周本纪》）

牛运震：心欲武王亟入，纣师皆倒兵以战，以开武王，写情事明透。（《史记评注·周本纪》）

⑧【汇评】

苏　轼：武王，非圣人也。昔者孔子罪汤、武。顾自以为殷之子孙，而周人也，故不敢。然数致意焉，曰："大哉！巍巍乎尧舜也。""禹，吾无间然"。其不足于汤、武也，亦明矣。曰："武尽美矣，未尽善也。"又曰："三分天下有其二以服事殷，周之德其可谓至德也已矣。"伯夷、叔齐之于武王也，盖谓之弑君，至耻之不食其粟，而孔子予之，其罪武王也甚矣。此孔氏之家法也。世之君子，苟自孔氏必守此法。国之存亡，民之死生，将于是乎在，其孰敢不严！而孟轲乃乱之曰："吾闻武王诛独夫纣，未闻杀君也。"自是，学者以汤、武为圣人之正，若当然者，皆孔氏之罪人也。使当时有良史如董狐者，南巢之事，必以叛书；牧野之事，必以弑书。而汤、武，仁人也，必将为法受恶。（《武王论》）

⑨【汇校】

张文虎："纣兵皆崩畔纣"：《类聚》引作"纣军溃畔"。《元龟》引作"纣军皆溃畔纣"。（《校刊史记集解索隐正义札记·周本纪》）

⑩【汇校】

张文虎："殊玉"，按：据《逸周书》"天智玉"云云，疑"殊"字是。各本作

"珠玉"。(《校刊史记集解索隐正义札记·周本纪》)

【汇注】

张守节：衣音於既反。《周书》云："甲子夕，纣取天智玉琰五，环身以自焚。"注："天智，玉之善者，缝环其身自厚也。凡焚四千玉也，庶玉则销，天智玉不销，纣身不尽也。"(《史记正义》)

高似孙：《汤誓》曰：遂伐三朡，俘厥宝玉。谊伯、中伯作《典宝》。《周书》曰：武王俘商旧宝玉万四千，佩玉亿有八万。其多如此。《韩子》曰：周有玉版，纣令胶鬲索之。文王不予。文王有一玉版，纣尚欲得之，宝玉可知矣。《汤诰》曰：不殖货利。《盘庚》曰：无总货宝，兹所以戒也。《帝王世纪》曰：纣败绩，登鹿台，蒙宝衣玉席，投于火而殁。《汲冢书》曰：纣取天智玉自焚，玉不销。(《纬略》卷三《商宝玉》)

⑪ **【汇注】**

梁玉绳："蒙衣其珠玉，自燔于火而死"。按：《周书·世俘解》："纣取天智玉琰五，环身厚以自焚。"《殷纪》所云"衣其宝玉衣"也，此"珠"字疑"宝"字之误，余说在《殷纪》。(《史记志疑·周本纪》)

钱大昕：武王克殷，《国语》以为岁在鹑火，古法岁星与太岁恒相应。星在鹑火，则太岁必在未。孔颖达《诗正义》谓是岁辛未，此用古法超辰之率定之。后世不用超辰，则断以为己卯。干支虽有不同，于积算元无多少，似异而实非异也。《竹书》周武王十二年辛卯伐纣，十七年陟，皇甫谧云：武王定位元年，岁在乙酉，六年庚寅崩。唐一行以康王十一年岁在甲申，上溯武王克商之岁，当在壬辰，三说皆非是。(《十驾斋养新余录》卷上《武王克殷之年》)

【汇评】

方孝孺：牧野之兵，非武王之志也，圣人之不幸也。《武成》载其时事，但曰"壹戎衣"，不书纣之死者，为武王讳，故不忍书也。他书谓纣自焚死，意为近之。盖武王之于纣，非有深仇宿怨，特为民去乱耳。当斯时，使纣悔过迁善，武王必不兴兵而逾孟津。及纣兵已北，使纣不死而降，武王必将封之以百里之邑，俾奉其宗庙，必不忍加兵于其身也，况纣已死乎！吾意武王见纣之死也，必踊而哭，则命商之群臣以礼葬之矣。岂复有余怒及其既死之身乎？迁史乃谓武王至纣死所三射之，躬斩其首，悬于太白之旗，此战国薄夫之妄言，迁取而信之，谬也。(引自《纲鉴合编》卷二《周纪·武王》)

顾炎武：自古国家，承平日久，法制废弛，而上之令不能行于下，未有不亡者也。纣以不仁而亡天下，人人知之，吾谓不尽然。纣之为君，沉湎于酒，而逞一时之威，至于刳孕割胫，盖齐文、宣之比耳。商之衰也久矣，一变而《盘庚》之书，则卿大夫不从君令，再变有《微子》之书，则小民不畏国法，至于攘窃神祇之牺牲，用以容，将食无灾，可谓民玩其上，而威刑不立者矣。即以中主守之，犹不能保，而况以纣之狂酗昏虐，又祖伊奔告而不省乎？文、宣之恶，未必减于纣，而齐以强。高纬之恶，未必甚于文、宣，而齐以亡者，文、宣承神武之余，纪纲粗立，而又有杨愔辈为之佐，主昏于上，而政清于下也。至高纬而国法荡然矣。故宇文得而取之。然则论纣之亡，武之兴，而谓以至仁伐不仁者，偏辞也，未得为穷源之论也。（《日知录·殷纣之所以亡》）

⑫【汇校】
　　吴汝纶："武王持大白之旗"，"之"字依《通志》补。（《桐城吴先生点勘史记读本·周本纪》）

⑬【汇评】
　　孙　琮：极写人心竞劝。（《山晓阁史记选·周本纪》）

⑭【汇注】
　　张守节：武王率诸侯伐天子，天子已死，诸侯毕贺，故武王揖诸侯，言先拊循其心也。（《史记正义》）

⑮【汇注】
　　朱孔阳：河南卫辉府获嘉县同盟山有武王庙。相传武王伐纣，与诸侯盟此。（《历代陵寝备考》卷八《周》）

⑯【汇注】
　　张守节：谓至朝歌。（《史记正义》）

⑰【汇注】
　　解惠全：百姓：百官。在战国以前，百姓是贵族的总称，因为当时只有贵族才有姓，一般平民没有姓。（《全译史记·周本纪》）

　　【汇评】
　　吴见思：一路四诸侯，两商国字连络而下。（《史记论文·周本纪》）
　　牛运震："武王持太白旗以麾诸侯，诸侯毕拜武王"云云，至"商国百姓咸待于郊"，按此处四诸侯，两商国，联叠而下，极有势。（《史记评注·周本纪》）

⑱【汇注】
　　解惠全：稽首：叩头到地。古时九拜礼仪中最恭敬的一种。（《全译史记·周本纪》）
　　编者按：墙盘铭对武王的颂词有"达（挞）殷畍（畯）民"，大盂鼎铭有"畯正厥民"。"畯民"为"畯正厥民"的省略语。"挞殷畯民"，是指周武王挞伐了殷王朝，恢复了殷民正常的生活，使殷贵族改恶向善。"民"指殷族"百姓"和殷贵族。由于纣昏乱殷族"百姓"，武王挞伐了殷纣，殷"百姓"生活恢复了正常，殷贵族改恶从善，所以墙盘铭云："挞殷畯民。"正因为如此，所以武王在进入商都前，使群臣告语商百姓曰"上天降休"，"商人皆再拜稽首"。

2003 年 1 月 19 日，陕西省眉县马家镇杨家村发现的西周铜器窖藏，出土西周单氏家庭窖藏的青铜礼器 27 件，件件有铭文，铭文最长的是作于宣王四十三年的逨盘，共有 372 字。其铭曰：

逨曰："丕显朕皇高祖单公，趚趚克明哲厥德，夹召文王、武王挞殷，膺受天鲁命，敷有四方，并宅厥堇疆土，用配上帝。"（《陕西眉县杨家村西周青铜器窖藏》，《考古与文物》，2003 年第 3 期）

这是逨自述其家族的始祖单公，追随文王、武王的左右，帮助他们父子挞伐了殷王朝，接受了上天授予的美好命运，普有了四方（天下），并且在殷商王朝的国土上建立了国家（西周王朝），所以他们父子都能德配上帝，也就是都能成为天神。这说明挞伐殷王朝，推翻殷王朝，建立西周政权的大业，是文王、武王父子两代人完成的。

⑲【汇注】

司马贞：武王虽以臣伐君，颇有惭德，不应答商人之拜，太史公失辞耳。寻上文，诸侯毕拜贺武王，武王尚且报揖，无容遂下拜商人。（《史记索隐》）

梁玉绳："于是武王使群臣告语商百姓曰：'上天降休。'商人皆再拜稽首，武王亦答拜"。按：《索隐》云"武王不应答商人之拜，太史公失辞耳。寻上文诸侯毕拜贺，武王尚且报揖，无容遂下拜商人"。但《周书》作"群宾佥进曰：'上天降休！'再拜稽首，武王答拜"。《索隐》依《史》误文说之，故以为失辞也。明胡应麟《三坟补遗》曰："诸侯毕拜之时，武王方在师旅，未暇答拜，至入商郊，群臣佥进稽首，武王乃答拜。《周书》之文自明。其答拜者，盖前诸侯及商臣佥皆在其中，《史记》但言商人再拜，注遂谓武王不应止揖诸侯而答拜商人。《史记》固讹，注者亦失考。"（《史记志疑·周本纪》）

⑳【汇注】

张守节：《周书》作"轻吕击之"。轻吕，剑名也。（《史记正义》）

㉑【汇评】

荀　子：汤、武之诛桀、纣也，拱揖指麾，而强暴之国，莫不趋使，诛桀、纣，若诛独夫。故《泰誓》曰"独夫纣"，此之谓也。（《荀子·议兵》）

王　直：史迁历言文王武王志在倾商，累年伺间，备极形容。文字既工，荡人耳目。学古之士，无所折衷。则或两是之。曰：武王之事，不可以已，而夷齐则为万世立君臣之大义也，昌黎韩公之论是已。而偏信者则曰：夷齐于武王谓之弑君，孔子取之，盖深罪武王也，眉山苏公之论是矣。呜呼！此事孔孟未尝言，而史公安得此欤！（引自《史记评林·周本纪》）

方希古：司马迁之为《史记》，其志以作《春秋》自拟，亦非不知《春秋》者矣。至于记载往昔之事，奇闻怪说，无所不录。而于三代之本纪，多背经而信传，好立异而诬圣人。其他微者未足论，若武王与纣之事，见于《书》最详，而迁乖乱之尤甚。牧野之兵，非武王之志也，圣人之不志也。《武成》载其时事，但曰"一戎衣天下大定"，不书纣之死者，为武王讳，且不忍书也。他书谓纣自焚死，意为近之。武王之于纣，非有深仇宿怨，特为民去乱耳。当斯时，使纣悔过迁善，武王必不兴师而逾孟津。及纣兵已北，使纣不死而降，武王必将封之以百里之邑，俾奉其宗庙，必不忍加兵于其身也，况纣已死乎？吾意武王见纣之死也，不踊而哭之，则命商之群臣以礼葬之矣，岂复有余怒及其既死之身乎？迁乃谓武王至纣死所三射之，射斩其首，悬于大白之旗，又斩其二嬖妾，悬于小白之旗。此皆战国薄夫之妄言，齐东野人之语，非武王之事，迁信而取之，谬也。……苟信迁之言，是使后世强臣凌上者葅醢其君，而援武王以藉口，其祸君臣之大义不亦甚哉！吾故辨之，以为好奇信怪者之戒。（引自《皇明文衡》卷五十四《武王诛纣》）

㉒【汇评】

汤滨尹：武王伐纣为天下除暴也。纣已死矣，又斩以黄钺而悬之白旗，何悖耶？贾子言纣死，弃王门之外，观者皆近蹴之，武王使人帷而守之，犹不止也，此近于事理矣，太史公之轻信汲冢之书，误之也。（引自《百大家评注史记·周本纪》）

又：自此以后，曰"王道微缺"，曰"王道衰微"，曰"王室遂衰微"，皆关键处。（同上）

华庆远：张和仲曰：武王既丧，商民不靖，武庚挟殷畿之众，东至于奄，南及淮徐，相挺而起。自秦、汉之势言之，所谓山东大抵皆反者也。盖汤之放桀，亦听其自屏一方而终耳。未至黄钺、白旗之甚者也。故夏人之痛不如商人。当是时若非周公之圣，消息弥缝其间，商周之事未可知也。且汤既胜夏，犹有惭德，栗栗危惧，若将陨于深渊。至武王则全无此等意思矣。由是论之，汤武岂可并言哉！（引自《论世编》卷四《周》）

张尔岐：信如此言，武王岂特非圣人已也。《新语》云：纣死，纣之官卫，举纣之躯，弃之王门之外，民之观者，皆进蹴之，武王乃使人帷而守之，此为近情。《史》乃舍此而录彼，何也？（《蒿庵闲话》卷二）

陈允锡：《史》言"武王斩纣头，县太白之旗"，夫汉高犹以王礼葬项羽，武王乃为此乎？且不见《尚书》。（《史纬》卷一《周》）

㉓【汇校】

张文虎："至纣之嬖妾二女"，"至"，《元龟》作"致"，义较胜。然《克殷解》作"乃适二女之所"，则《史》文作"至"，非误。（《校刊史记集解索隐正义札记·周

本纪》）

㉔【汇评】

　　孙　琮：写事，一一有次第，一时光景宛在目，如扮如画。（《山晓阁史记选·周本纪》）

㉕【汇注】

　　裴　骃：《司马法》曰："夏执玄钺。"宋均曰："玄钺用铁，不磨砺。"（《史记集解》）

　　陈蒲清：玄钺：黑色的大斧，铁制。（引自王利器主编《史记注译·周本纪》）

㉖【汇注】

　　梁玉绳："遂入至纣死所。武王自射之，三发而后下车，以轻剑击之，以黄钺斩纣头，县大白之旗。已而至纣之嬖妾二女，二女皆经自杀。武王又射三发，击以剑，斩以玄钺，县其头小白之旗"。按：此乃战国时不经之谈，窜入《逸书·克殷解》，史公误信为实，取入《殷》《周》二纪及《齐世家》。三代以上无弑君之事，讵圣如武王而躬行大逆乎？《世表》于帝辛下书"弑"，盖因误信悬旗一节，故书弑字。《孟子》称武王诛一夫纣，未闻弑君，奈何妄加以弑哉！武之伐纣，非有深仇宿怨，特为民除暴耳。纣之死，武之不幸也。吾意武王当日必以礼葬焉，于何征之！《贾子·连语篇》言"纣斗死，纣之官卫舆纣躯弃王门之外，民之观者皆进蹵之，蹈其腹，躣其肾，践其肺，履其肝。武王使人帷而守之"。夫仓卒之际，尚使人帷守，则事定而必以礼葬可知，宁忍亲戮其身耶？汤之于桀，放之而已。《竹书》谓"汤放桀三年而卒，禁弦歌舞"，不失旧君之道。武之待纣，岂遂不知汤之待桀，奚至以已焚之枯骨，矢射剑击，斩钺悬旗，复分尸枭首之惨哉。孟子读《武成》不信"血流漂杵"之语，悬旗之诬悖百倍于敌师，其可信乎？《论衡·恢国篇》云："齐宣王怜衅钟之牛，楚庄王赦郑伯之罪，君子恶不恶其身。纣尸赴于火中，所见悽怆，非徒色之觳觫，袒之暴形也，就斩以钺，悬乎其首，何其忍哉！"又《雷虚篇》云"纣至恶也，武王将诛，哀而怜之，故《尚书》曰'予惟率夷怜尔'"。此与帷守一端，足明武王之心。先儒之辨甚繁，不及尽录，余窃取其要而论之。由斯以推，则《离骚》云"后辛菹醢"，《周书·世俘解》云"武王在祀，太师负纣悬首白旗、妻二首赤旗，先馘入燎于周庙"。《荀子·正论》及《解蔽篇》云"纣悬于赤斾"，《韩子·忠考篇》云"汤、武人臣，而弑其主，刑其尸"。《墨子·明鬼》下篇云"武王入宫，万年梓株折纣而系之赤环，载之白旗"。《淮南子·本经训》云"武王杀纣于宣室"。褚生《补龟策传》云"纣自杀宣室，身死不葬，头悬车轸，四马曳行"。歧词诡说，同为诬矣。至《殷纪》但言杀妲己，此依《周书》言二女自经。一杀一经，已属参差，而又增"嬖妾"二字，不知嬖妾之即妲己欤？抑妲己之外更有二女欤？即《史记》所载，未免乖错，射、击、斩、悬，亦事之所必无者，斯皆害义伤教，令后世叛乱之臣，进刃于其君，戕及骨肉，而援武王以藉口，直是此等记载开之，《古史》不书，其见卓矣。又《史》不言武庚之母，而《史通·疑古篇》云："禄父，商纣之子也，父首枭悬，母躯分裂，仰天俯地，何以为生？"以武庚为妲己子，不知何据？它若《后汉书》孔融与曹操书，谓武王以妲己赐周公，乃诙嘲之语，非其事实。（《史记志疑·周本纪》）

㉗【汇校】
　　张文虎："乃出复军"：《御览》引作"复于军"。按：《克殷解》作"乃出埸于厥军"，"埸"即"复"字之讹，下当有"于"字。（《校刊史记集解索隐正义札记·周本纪》）

【汇注】
　　马持盈：复军：还于军中。（《史记今注·周本纪》）
　　孙　琮：连写武王，字面不觉重复，是文家得头脑处。（《山晓阁史记选·周本纪》）
　　牛运震："遂入，至纣死所，武王自射之"云云，至"已乃出复军"，按此皆汲冢书文，太史公采据以作本纪，昔人尝辨之以为当日情事未必然者也，然笔致精峭，写一时光景如画。（《史记评注·周本纪》）

　　其明日，除道，修社及商纣宫①。及期，百夫荷罕旗以先驱②。武王弟叔振铎奉陈常车③，周公旦把大钺，毕公把小钺④，以夹武王⑤。散宜生、太颠、闳夭皆执剑以卫武王⑥。既入，立于社南大卒之左，[左]右毕从⑦。毛叔郑奉明水⑧，卫康叔封布兹⑨，召公奭赞采⑩，师尚父牵牲⑪。尹佚筴祝曰⑫："殷之末孙季纣⑬，殄废先王明德⑭，侮蔑神祇不祀⑮，昏暴商邑百姓⑯，其章显闻于天皇上帝⑰。"于是武王再拜稽首，曰："膺更大命⑱，革殷⑲，受天明命⑳。"武王又再拜稽首㉑，乃出㉒。

①【汇注】
　　解惠全：社：祭祀土神的地方。（《全译史记·周本纪》）

② 【汇校】

陆伯焜:"百夫荷罕旗以先驱",《汲冢周书》作"百夫荷素质之旗于王前"。(引自《史记考证·周本纪》)

【汇注】

裴　骃:蔡邕《独断》曰:"前驱有九旒云罕。"《东京赋》曰:"云罕九旒。"薛综曰:"旒,旗名。"(《史记集解》)

陈蒲清:罕旗:即云罕旗。旗上有九条飘带。古代作为仪仗队的前驱。(引自王利器主编《史记注译·周本纪》)

赵生群:旒旗名,疑当作"旌旗名"。按:《文选·东京赋》"云罕九斿"薛综注:"云罕,旌旗之别名也。九斿亦旗名也。"《后汉书·志》第二十九《舆服志》上"前驱有九斿云罕"刘昭注:"《东京赋》曰:'云罕龙斿。'薛综回:'旌旗名'。"绍兴本作"旍旗名","旍"同"旌"。(点校本二十四史修订本《史记》)

③ 【汇校】

梁玉绳:"武王弟叔振铎奉陈常车",按:《周书》作"叔振奏拜假又陈常车",此脱"拜假"二字。(《史记志疑·周本纪》)

张文虎:"叔振铎奉陈常车",按:《克殷解》云"叔振铎奏拜假又陈常车",此"奉"字疑作"奏"。奏,进也,见《廉蔺传》。《杂志》云孔晁训为行,非。(《校刊史记集解索隐正义札记·周本纪》)

【汇注】

张家英:《逸周书·克殷》:"叔振奏拜假,又陈常车,周公把大钺,毕公把小钺(以夹王)。"孔晁注:"常车,威仪车也。"《尚书·君牙》:"惟乃祖乃父世笃忠贞,服劳王家,厥有成绩,纪于太常。"孔安国《传》:"王之旌旗,画日月曰太常。"《释名·释兵》:"九旗之名,日月为常,画日月于其端。天子所建,言常明也。"据此,则所谓"常车",是指一种载有"太常"旗帜的车。这种旗帜上画有日月的形象,是象征着王的地位及其威严的。(《〈史记〉十二本纪疑诂·周本纪》)

④ 【汇校】

梁玉绳:"毕公把小钺",按:毕公乃召公之误,《周书》及《鲁世家》是召公也。(《史记志疑·周本纪》)

张文虎:《志疑》云"毕公"误,《周书》及《鲁世家》是"召公"。(《校刊史记集解索隐正义札记·周本纪》)

郭嵩焘:毕公把小钺:按汲冢《周书》及《鲁世家》并作"召公把小钺"。据《左传》僖公二十四年"毕、原、酆、郇,文之昭也",是毕公为武王异母弟。成王顾命,毕公始见于传,此时尚未有毕公之名也。(《史记札记·周本纪》)

李景星："毕公把小钺"，按"毕公"乃"召公"之误，《周书》及《鲁世家》皆作"召公"。（《史记评议·周本纪》）

⑤【汇注】

解惠全：夹：在左右侍卫。（《全译史记·周本纪》）

⑥【汇注】

吴见思：一段，是外边卤簿辅卫。（《史记论文·周本纪》）

【汇评】

蒋廷锡：按《帝王世纪》商容与殷民观周师之入，见毕公至，殷民曰："是吾新君也。"容曰："非也。视其为人，严乎，将有急色。君子临事而惧。"见太公至，民曰："是吾新君也。"容曰："非也。视其为人，虎踞而鹰跱，当敌将众，威怒自信，见利即前，不顾其后。故君子临众，果于进退。"见周公至，民曰："是吾新君也。"容曰："非也。视其为人，忻忻休休，志在除贼，是非天子，则周之相国也。故圣人临众不恶而严，是以知之。"见武王至，民曰："是吾新君也。"容曰："然。圣人为海内讨恶，见恶不怒，见善不喜，颜色相副，是以知之。"（《古今图书集成·明伦汇编·皇极典》卷一〇《周·武王本纪》）

⑦【汇校】

梁玉绳："既入，立于社南大卒之左，右毕从"。按：《周书》云"王入，即位于社大卒之左，群臣毕从"，此误增"右"字，脱"群臣"字。或云，但"之"字下脱一"左"字耳。（《史记志疑·周本纪》）

【汇注】

张家英：《国语·楚语上》韦昭注："大卒，王士卒也。""卒"在古代系指步兵而言，"大卒"之"大"，是对王的褒称。所谓"王士卒"，是指王的直属武装或者警卫武装。在上古时代，一个国家的常规武装，其人数是很有限的。……窃以为所谓"大卒"，主要指此"虎贲"而言。而在《逸周书》中，此"大卒"正是作"虎贲戎车"的。（《〈史记〉十二本纪疑诂·周本纪》）

⑧【汇注】

裴　骃：《周礼》曰："司烜氏以鉴取明水于月。"郑玄曰："鉴，镜属也。取月之水，欲得阴阳之絜气。陈明水以为玄酒。"（《史记集解》）

司马贞：明，明水也。旧本皆无"水"字，今本有"水"字者多，亦是也。若惟云"奉明"，其义未见，不知"奉明"何物也。烜音毁。（《史记索隐》）

梁玉绳："毛叔郑"，按：此与《周书》并云毛叔名郑。《四八目》作"毛叔围"，未知孰是。至杜注定四年《左传》作"毛叔聃"，则误也。明陆粲《左传附注》曰"聃季是毛叔弟，何容乃取兄名为封国之号，斯必不然"。（《史记志疑·周

本纪》）

　　马持盈：明水：清洁之水，用以为玄酒，以奉祭祀。月夜之时，用镜取所得之水，谓之明水。（《史记今注·周本纪》）

⑨【汇注】

　　裴　骃：徐广曰："兹者，籍席之名。诸侯病曰'负兹'。"（《史记集解》）

　　司马贞：兹，一作"苙"，公明草也。言"兹"，举成器，言"苙"，见絜草也。（《史记索隐》）

　　李　笠：按《尔雅·释器》，蓐谓之兹。徐说是也。（《史记订补》卷一《周本纪》）

　　马持盈：布兹：布者，铺也。兹者，席也。即铺席之谓也。（《史记今注·周本纪》）

⑩【汇注】

　　张守节：赞，佐也。采，币也。（《史记正义》）

　　李　笠：按《尔雅·释诂》采，事也。《尚书·皋陶谟》载采采，《夏本纪》作"始事事"。此"赞采"者，亦谓赞事也。张说非（《礼记注疏》三十九《乐礼》疏引作"召公奭责兵"）。（《史记订补》卷一《周本纪》）

【汇注】

　　马持盈：赞采：赞：进也。采：币也，谓进币物也。（《史记今注·周本纪》）

　　张大可：赞采：奉献五色的彩帛。（《史记全本新注·周本纪》）

⑪【汇注】

　　李　笠：按《乐记》疏引"牵"作"率"。（《史记订补》卷一《周本纪》）

⑫【汇注】

　　张守节：尹佚读筴书祝文以祭社也。（《史记正义》）

　　张大可：筴祝：读策书祝文祭告土地之神。（《史记全本新注·周本纪》）

⑬【汇注】

　　张守节：《周书》作"末孙受德"。受德，纣字也。（《史记正义》）

⑭【汇注】

　　陈蒲清：殄废：抛弃干净。（引自王利器主编《史记注译·周本纪》）

⑮【汇注】

　　陈蒲清：神祇：泛指神鬼。祇，地神。（引自王利器主编《全译史记·周本纪》）

⑯【汇注】

　　解惠全：暴：欺凌。（《全译史记·周本纪》）

⑰【汇注】

马持盈：章显：章，同"彰"。言其罪恶彰明显著，上天都听到了。（《史记今注·周本纪》）

⑱【汇校】

李　笠：更、受，古字通用。（《史记订补》卷一《周本纪》）

张家英："膺"有"受"义。《尚书·毕命》："予小子永膺多福。"孔氏《传》："我小子亦长受其多福。"《文选》班固《东都赋》："天子受四海之图籍，膺万国之贡珍。"李善注："膺，犹受也。"（《〈史记〉十二本纪疑诂·周本纪》）

又："受"亦可作"更"。张文虎《校刊史记集解索隐正义札记》谓"游、王、柯、凌本'膺更'下注'监本作受'四字"，即其一例。又云："'更'古'明'，每与'受'相混。"又，《夏本纪》中有："孔甲赐之姓曰御龙氏，受豕韦之后。"《集解》引徐广曰："受，一作'更'。"（同上）

又："膺更"，《尚书大传》作"膺受"。"膺受"之义同于"承受"。《尚书·君陈》："惟予一人膺受多福。"孔氏《传》："惟我一人亦当受其多福，无凶危。"（同上）

【汇注】

张文虎："膺更大命革殷"：游、王、柯、凌本"膺更"下注"监本作受"四字，盖校者所加，今删。按：此文亦本《克殷解》。《文选》王元长《曲水诗注序》引《周书》云"膺受大命，革殷，受天明命"，与《史》同。今本《逸周书》失此十字，而其注犹存。"更"古作"明"，每与"受"相混。（《校刊史记集解索隐正义札记·周本纪》）

⑲【汇注】

章　衡：武王以太公望为师，周公旦为辅，召公、毕公为左右。九年，观兵至于盟津，十一年一月戊午伐纣，遂战于牧野，革商受命，天下号曰周，都镐京。（《编年通载》卷一《周》）

赵生群：膺受大命，"受"原作"更"，耿本、黄本、鼓本、柯本、凌本、殿本"膺更"下皆注曰："监本作'受'。"今据改。张文虎《札记》卷一："按：此文亦本《克殷解》。《文选》王元长《曲水诗注序》引《周书》云：'膺受大命，革殷，受天明命，与《史》同。今本《逸周书》失此十字，而其注犹存。'更'古作'夏'，每与'受'相混。"（点校本二十四史修订本《史记》）

⑳【汇校】

郭嵩焘：膺更大命，革殷，受天明命。《札记》云："《游》《王》《柯》《凌本》'膺更'下注'《监本》作受'四字。《文选》王元长《曲水诗》《注》引《周书》云'膺受大命，革殷，受天明命'，与《史》同，今本《逸周书》失此十字。"（《史记札

记·周本纪》）

㉑【汇注】

吴汝纶：此读祝未终，武王拜稽。而祝读前词曰"膺更大命"云云者，仍祝词也。至祝词既终，武王又拜稽也。（《桐城吴先生点勘史记读本·周本纪》）

【汇评】

牛运震："于是武王再拜稽首，曰：'膺更大命，革殷，受天明命。'武王又再拜稽首"，按此用夹叙法，甚奇。（《史记评注·周本纪》）

㉒【汇注】

吴见思：拜、稽作两层写，读祝至"上帝"句，武王拜稽，又读完，武王又拜稽也，是夹序法。（《史记论文·周本纪》）

梁玉绳："于是武王再拜稽首，曰：'膺更大命革殷，受天明命。'武王又再拜稽首，乃出"。附按：此史佚祝辞，《周书》无之，但云"周公再拜稽首乃出"。《吹景集》曰："史佚祝王，何缘周公再拜。若周公出，召公、尚父当皆出矣，何独书周公出耶？盖《书》误也。"（《史记志疑·周本纪》）

【汇评】

孙　琮：诸侯，商人稽首武王，武王稽首天命，见天命由于人心，总前作结。（《山晓阁史记选·周本纪》）

　　封商纣子禄父殷之余民①。武王为殷初定未集②，乃使其弟管叔鲜、蔡叔度相禄父治殷③。已而命召公释箕子之囚④；命毕公释百姓之囚⑤，表商容之闾⑥；命南宫括散鹿台之财⑦，发钜桥之粟⑧，以振贫弱萌隶⑨；命南宫括、史佚展九鼎保玉⑩；命闳夭封比干之墓⑪；命宗祝享祠于军⑫。乃罢兵西归⑬。行狩⑭，记政事，作《武成》⑮。封诸侯，班赐宗彝⑯，作《分殷之器物》⑰。武王追思先圣王⑱，乃褒封神农之后于焦⑲，黄帝之后于祝⑳，帝尧之后于蓟㉑，帝舜之后于陈㉒，大禹之后于杞㉓。于是封功臣谋士，而师尚父为首封㉔。封尚父于营丘㉕，曰齐㉖；封弟周公旦于曲阜，曰鲁㉗；封召公奭于燕㉘；封弟叔鲜于管㉙；弟叔度于蔡㉚。余各以次受封㉛。

① 【汇注】

凌稚隆：按《尚书大传》云：商民曰王之于人也，死者犹封其墓，况其生者乎？王之于贤也，亡者犹表其庐，况其存者乎？王之于财也，聚者犹散之，况其复籍之乎？（《史记评林·周本纪》）

徐文靖：按《周书·克殷解》：立王子武庚，命管叔相。《作雒解》：武王克殷，乃立王子禄父，俾守商祀。《史记·卫世家》：武王已克殷纣，复以殷余民封纣子武庚禄父，比诸侯，以奉其先祀，勿绝。《白虎通》曰：《春秋》讥二名，何？所以讥者，乃谓其无常者也，若乍为名，禄父元言武庚。（《竹书纪年统笺》卷七《立受子禄父是为武庚》）

【汇评】

苏　轼：殷有天下六百年，贤圣之君六七作，纣虽无道，其故家遗俗未尽灭也。三分天下有其二，殷不伐周，而周伐之，诛其君，夷其社稷，诸侯必有不悦者，故封武庚以慰之。此岂武王之意哉！故曰："武王，非圣人也。"（《苏文忠公全集·东坡后集·武王论》）

② 【汇注】

马持盈：初定未集：初次平定，尚未和聚。（《史记今注·周本纪》）

王　恢：《管蔡世家》："二人相纣子武庚禄父，治殷遗民。"《卫世家》复重之曰："令管叔、蔡叔傅相武庚禄父，以和其民。"盖周方克殷，而殷之"故家遗俗，流风善政，犹有存者"。（孟子语）殷之"顽民"，自多故国之思，未洽新朝之化，故区其国为三而怀柔之，"邶以封纣子武庚；鄘，管叔尹之；卫，蔡叔尹之。以监殷民，谓之三监"。（《汉志》）当然，管叔、蔡叔之"傅相"，更负有监视防范双重任务。《尚书大传》乃误解"使管叔、蔡叔监禄父"，"禄父及三监叛"。于是郑玄不数武庚而数霍叔。后人从其谬说，乃以管、蔡、霍为三监矣。（《史记本纪地理图考·周本纪·三监以殷叛》）

【汇评】

王　恢：武王克殷，史云"初定未集"，盖未能将殷人在东方深厚的势力彻底消灭，乃采怀柔政策，封纣子禄父以殷之余民，而使管、蔡相以治之。已而释箕子、百姓之囚，表商容之闾，封比干之墓，散鹿台之财，发钜桥之粟以振贫弱萌隶。可见安抚怀柔之至意。（《史记本纪地理图考·周本纪·怀柔与襃封》）

又：周之继绝存亡，治乱持危，对胜国之敬慎戒惧，可从《荡》之诗，《书·召诰》召公称"大国殷"，《多士》周公自称"我小国"，《大诰》成王称"小邦周"及《康诰》《酒诰》《梓材》等篇见之。苏轼《书传·多士》有曰："《大诰》《康诰》《酒诰》《梓材》《召诰》《洛诰》《多士》《多方》八篇，虽所诰不一，然大略以殷人心不服周而作也。予读《泰誓》《武成》，常怪周取殷之易，及读此八篇，又怪周安殷之难也。《多方》所诰，不止殷人，乃及四方之士，是纷纷焉不心服者，非独殷人也。予乃今知汤已下七王之德深矣。方殷之虐，人如在膏火之中，归周如流，不暇念先王之德，及天下粗定，人自膏火中出，即念殷先七王如父母，虽以武王、周公之圣，相继抚之，而莫能御也。……使无周公，则亦殆矣。"（同上）

③【汇注】

张守节：《地理志》云河内，殷之旧都。周既灭殷，分其畿内为三国，《诗》邶、鄘、卫是。邶以封纣子武庚；鄘，管叔尹之；卫，蔡叔尹之：以监殷民，谓之三监。《帝王世纪》云："自殷都以东为卫，管叔监之，殷都以西为鄘，蔡叔监之；殷都以北为邶，霍叔监之：是为三监。"按：二说各异，未详也。（《史记正义》）

朱鹤龄：郑氏《诗谱》云：武王封纣子武庚为殷后，乃三分其国，置二监，使管叔、蔡叔、霍叔尹而教之。自纣城而北谓之邶，南为之鄘，东谓之卫。三监导武庚叛，成王讨之，更于此建诸侯，以殷遗民封康叔于卫，使为之长。子孙稍并彼二国混而名之。按邶、鄘始封不详，以事理揆之，二国盖不与卫同封也。武王既克殷，其封武庚必以大国，又虑武庚不靖，乃使三叔为之监。监者，监而治之，盖以殷之畿内渐纣化日久，未可建国，且使三人为之监领，如王制使大夫监于方伯之国，国三人之类，非所封也。封国则管、蔡、霍是已。管即今管城，蔡即今上蔡，霍即今霍邑，皆不在殷旧都之内。蔡仲改行率德，周公复邦之蔡，此可证三叔各有所封，邶、鄘、卫非其国明矣。（《愚庵小集》卷一二《邶鄘卫三国辨》）

[日]**泷川资言**：崔述曰：《春秋传》云"管、蔡启商，惎间王室，王于是乎杀管叔而放蔡叔。"又云"管、蔡为戮，周公右王"，无有一言及霍叔者。《史记·殷周本纪》，亦但言管、蔡，不言霍叔，皆与《左传》合。《管蔡世家》称"封叔鲜于管，封叔度于蔡"，下云"二人相纣子武庚、禄父"，称封叔鲜、叔度，于霍则不言，是然则霍叔未尝监殷明矣。《尚书·大传》《汉书·地理志》所云亦皆与《左传》《史记》说同，不言霍叔。由是言之，以殷畔者，止管、蔡二叔，而无霍叔，故《左传》云"周公吊二叔之不咸"，不称三叔也。至皇甫谧作《帝王世纪》，始称"殷都以北为邶，霍叔监之"，《伪尚书》缘此，采《左传》语而增之，遂有"致辟管叔于商，囚蔡叔于郭邻，以车七乘，降霍叔于庶人，三年不齿"之文。无稽之说，不足据也。陈启源曰：殷既三分，三叔当分治，《汉志》既言管蔡卫鄘，则霍叔邶，不言可知，又与武庚同国，故略而弗著，非谓武庚亦一监也。盖二叔监之于外，以戢其羽翼，霍叔监之于内，以定其腹心，当日制殷方略想当如此。愚按：《书·金縢篇》云"武王既丧，管叔及其群弟乃流言于国曰'公将不利于孺子'"，既言"群弟"，其非蔡叔一人可知。《书序》《汉志》《大传》有"三监"之语，《逸周书·作雒解》云"武王克殷，乃立五子禄父

俾守殷祀，建管叔于东，建蔡叔、霍叔于殷，俾监殷臣"，据此，则言霍叔监殷者不始于皇甫谧，《正义》后说近是。（《史记会注考证》卷四）

编者按：西周大规模地分封有两次，一次是周武王灭商后的分封；另一次是成王、周公东征以后的分封。武王灭商以后的分封，内容包括两方面：一是追封先代圣王之后，二是"封功臣谋士"。

《史记·周本纪》说武王灭商以后，"追思先圣王，乃褒封神农之后于焦，黄帝之后于祝，帝尧之后于蓟，帝舜之后于陈，大禹之后于杞"。又封纣王之子武庚禄父以"殷之余民"。《史记·吴太伯世家》说："求太伯、仲雍之后，得周章。周章已君吴，因而封之。乃封周章弟虞仲于周之北故夏虚，是为虞仲，列为诸侯。"

《史记·周本纪》说："于是封功臣谋士，而师尚父为首封。封尚父于营丘，曰齐。封弟周公旦于曲阜，曰鲁。封召公奭于燕。封弟叔鲜于管，弟叔度于蔡。余各以次受封。"

晁福林指出："大致而言，武王时期的'分封'，只是夏商时代以来传统的分封现象的继续；周公东征以后大规模的封邦建国才是周代分封制的真正开始。"（晁福林：《试论西周分封制的若干问题》，《西周史论文集》，陕西人民出版社，1993年）此说正确，武王追封先代圣王之后，只是追封而已，给个名份罢了；武王"封功臣谋士"也不是真正意义上的西周分封制，是在王畿以内为功臣谋士封"采邑"。周公的采邑在今陕西岐山县周公庙；召公的采邑在今陕西岐山县刘家原村；姜太公的采邑在今陕西周至县城与眉县青化镇之间。武王"封功臣谋士"，不同于周公东征平叛以后在新占领的土地上和王畿以外的土地上分封诸侯，齐、鲁、燕等都是周公东征后成王所分封（详见尹盛平：《西周史征》第二章第一节，陕西师范大学出版社，2004年）。

④【汇校】

裴　骃：徐广曰："释，一作'原'。"（《史记集解》）

【汇注】

高　诱：箕子，纣之庶兄。《论语》云：箕子为之奴。武王伐纣，赦其囚，执问以《洪范》，封之于朝鲜也。（《淮南子注·主术训》）

徐文靖：《笺》按：《泰誓》曰：囚奴正士。《孔传》曰：箕子正谏，而以为囚奴。《世纪》曰：武王命召公释箕子之囚。赐贝千朋。又按《书·叙》：武王胜殷，杀纣立武庚，以箕子归，作《洪范》。司马彪注《庄子》曰：箕子名胥余，《汉官仪》曰：纣时胥余为太师。又按庾信《周齐王宪神道碑》：囚箕子于塞库。据《纪年附注》，塞库纣祖文丁囚季历处，纣因以囚箕子耳。（《竹书纪年统笺》）

梁玉绳：箕子始见《明·明夷》《书·武成》《洪范》。箕又作其，箕，国名。子，爵。纣之诸父，名胥余，为纣太师，微子称曰父师，亦曰箕伯，亦曰箕仁，武王封之

朝鲜，葬梁国蒙县北亳城西，宋徽宗大观三年追封辽东公，元封仁献公。(《汉书人表考》卷二《箕子》)

【汇评】

柳宗元：凡大人之道有三：一曰正蒙难；二曰法授圣；三曰化及民。殷有仁人曰箕子，实具兹道以立于世。故孔子述六经之旨，尤殷勤焉。当纣之时，大道悖乱，天威之动不能戒，圣人之言无所用。进死以并命，诚仁矣，无益吾祀，故不为。委身以存祀，诚仁矣，与亡吾国，故不忍。且是二道，有仁之者矣。是用保其明哲，与之俯仰。晦是谟范，辱于囚奴；昏而无邪，隤而不息。故在《易》曰："箕子之明夷。"正蒙难也。及天命既改，生人以正，乃出大法，用为圣师。周人得以序彝伦而立大典。故在《书》曰"以箕子归，作《洪范》"，法授圣也。及封朝鲜，推道训俗，惟德无陋，惟人无远。用广殷祀，俾夷为华，化及民也。率是大道，聚于厥躬，天地变化，我得其正，其大人欤？(《河东先生集·箕子碑》)

⑤**【汇注】**

陈士元：《姓书》云：毕公，文王少子。《魏世家》云：武王伐纣，而高封于毕。其苗裔曰毕万，乃魏之祖也。杜预氏云：毕在长安县西北。《括地志》云：毕原在雍州万年县西南。《周本纪》云：武王命毕公释百姓之囚，表商容之闾。《路史》云：周公薨，毕公高入职焉。盖高食采于毕，入为天子公卿也。《毕命篇》云：命毕公保厘东郊。又云：以周公之事往哉！又称为父师，是毕公代周公父师之职，治陕以东之郊也。(引自《湖海楼丛书·论语类考》卷七《乱臣十人》)

⑥**【汇注】**

高　诱：商容，殷之贤人，老子师。故表显其闾。《穆称篇》又云老子业于商容，见舌而知守柔矣，是也。(《淮南子注·主术训》)

邓名世："商"，出自商王之后，以国为氏。纣时有贤人商容，周武王式其闾。孔子弟子有鲁人商瞿，字子木；泽，字子季。《元和姓纂》曰："卫鞅封商君，子孙氏焉。"误矣。《左传》，齐大夫商子车、商子游皆为戎御，郑大夫商成公，徼司宫者。唐贞观所定扬州广陵郡四姓，其一曰商。(《古今姓氏书辩证》卷一三《商》)

马维铭：商容，不知何许人也。《书·牧誓》载武王克纣，式其闾。皇甫谧《高士传》以为老子师。容有疾，老子曰："先生无遗教以告弟子乎？"容曰："将语子。过故乡而下车，知之乎？"老子曰："非谓不忘故耶？"容曰："过乔木而趋，知之乎？"老子曰："非谓其敬老耶？"容张口曰："吾舌存乎？"曰："存。"曰："吾齿存乎？"曰："亡。""知之乎？"老子曰："非谓其刚亡而弱存乎？"容曰："嘻！天下事尽矣。"(《史书纂略》卷一《周本纪·商容》)

梁玉绳：商容始见《书·武成》，《礼·乐记》亦曰商先生。(《汉书人表考》卷四

《商容》）

  梁玉绳："命毕公释百姓之囚，表商容之闾"。附按：《吹景集》云："《周书》毕公下有卫叔，无表闾事，当依《史记》。"（《史记志疑·周本纪》）

  王先谦：商容：殷之贤人，纣所贬退也。（《荀子集解》卷一九《大略篇》注）

⑦【汇校】

  张　照："命南宫括散鹿台之财"，《汲冢周书》作南宫忽。（《钦定史记·周本纪·考证》）

  张文虎："鹿台之财"：《治要》作"钱"，《武成疏》引同。《杂志》云作"财"者，后人依晚出《古文》改。（《校刊史记集解索隐正义札记·周本纪》）

  吴汝纶：王校，"财"当为"钱"。（《桐城吴先生点勘史记读本·周本纪》）

【汇注】

  王世贞：鹿台，在直隶浚县西五十里，纣筑以聚财。（引自《通鉴合编》卷二《周纪·武王》）

  陈士元：南宫适，亦姓名，即八士之伯适。……《国语》晋胥臣云：文王之即位，度于闳夭，而谋于南宫，重之以周、召、毕、荣。韦昭注曰：南宫，即南宫适也。（引自《湖海楼丛书·论语类考》卷七《乱臣十人》）

  梁玉绳："命南宫括散鹿台之财"：按《人表》"括"作"适"，古字通用，然《周书》作"南宫忽"也。（《史记志疑·周本纪》）

  编者按：《汉书·古今人表》中南宫括作南宫适。2009年为配合工程建设，湖北省文物考古研究所、随州市博物馆，在随州㵐水东岸义地岗墓地群，抢救性地发掘了春秋时代的三座曾国墓葬，编号为：M1、M2、M3。本次发掘所获资料十分重要，尤其是M1出土的曾侯與编钟铭文，为研究曾国的分封提供了重要的证据。1号、2号曾侯與编钟铭文说：

  唯王正月，吉日甲午，曾侯與曰："伯括上庸，左右文武。达（挞）殷之命，抚定天下，王遣命南公，营宅汭（纳）土，君此淮夷，临此江（夏）。"

  这是曾侯與追述其先祖南宫括辅佐文王、武王灭商，取得天下的功绩，并被分封于淮夷（南淮夷）所在的江汉地区。铭文中的"王"当是成王，南宫括可能是周成王分封诸侯时，分封为汉阳诸姬中曾国的始封君。3号曾侯與编钟铭文说：

  唯王十月，吉日庚（？）午，曾侯與曰："余稷之玄孙。"

  由此可知，南宫氏族是姬姓后稷族群中的一个分支，他们与周王室虽为同姓，但是不同宗（湖北省文物考古研究所、随州市博物馆：《随州文峰塔M1（曾侯與墓）、M2发掘简报》，《江汉考古》，2014年第4期）。

  曾国是汉阳诸姬中第一个知道其始封君的封国，其他的汉阳诸姬，目前均不知道是什么人的封国，有待地下资料揭晓。南宫氏族除了南宫括为曾国的始封君外，周王室中尚有其分支。康王二十三年的大盂鼎铭文说：

> 王曰：盂，廼召夹死（尸）司戎，敏谏罚讼，夙夕召我一人（烝）四方。粤我其遹省先王，受（授）民受（授）疆土。易（锡）女（汝）鬯一卣、冂（冕）衣、市（绂）舄、辂（车）马。易（锡）乃且（祖）南公旂用□。易女邦司四伯，人鬲自（御）至于庶人六百又五十又九夫。易尸司王臣十又三伯，人鬲千又五十夫。……自厥土。

"南公"是指南宫括，是南宫盂的祖父。大盂鼎铭虽然没有明言封南宫盂为诸侯，但是铭文记载：康王查看了先王授民授疆土的资料后，赏赐南宫盂鬯酒、服饰、车马，并赏赐南公（南宫括）旗帜，还赏赐"邦司四伯"，就是赏赐四个管理官员，及其手下驾驭车马的驭手到庶人等家内奴隶与农业生产奴隶659人。赏赐属于王室的管理官员13名，及其单身奴隶1050人。从康王对南宫盂的赏赐物品，以及"授民授疆土"来看，大盂鼎铭文所记，完全像是分封南宫盂为诸侯，但是铭文中又说，康王册命南宫盂担任周王室的"司戎"之官，就是管军队与战争的官员。所以南宫盂应该是被康王册封为畿内诸侯，也就是采邑主，成为曾国的一个分支。西周金文中有南宫柳（见南宫柳鼎铭文）、南宫乎等王臣，南宫乎钟铭文说："司土南宫乎作大林协钟，兹钟名曰无斁。……先祖南公、亚祖公仲必父之家。"南宫乎的先祖南公，就是南宫盂的祖父南公，也就是南宫括。南宫柳、南宫乎等应该是南宫盂的后辈。

由于康王册命南宫盂担任"司戎"之职，所以南宫盂成为康、昭时期率军作战的主帅。据康王二十五年的小盂鼎铭文记载，康王晚年，南宫盂曾奉命率军征伐鬼方，前后进行过两次战役，斩获甚众，归来后献俘馘于周庙（文王庙）。昭王时代的中鼎铭文说："唯王令（命）南宫伐反虎方之年。""南宫"是指南宫盂，虎方是昭王伐楚前命南宫盂征伐的方国。虎方有可能是在今安徽一带的南淮夷，但是也有可能与巴方有关。巴人以白虎为图腾崇拜，其国与楚国相邻，在今湖北宜城市一带，昭王伐楚途中巴方是必经之地，欲伐楚国，先要征服巴方。所以昭王在伐楚之前，命南宫盂征伐反叛的虎方。虎方，有可能就是以白虎为图腾崇拜的巴方。

⑧【汇注】

高　诱：巨桥，纣仓名也。一说巨鹿漕运之桥。鹿台，纣钱藏府所积也。武王发散以振疲民。（《淮南子注·主术训》）

司马光：纣所积之府仓，皆散发以赈贫民。（《稽古录》卷八《周上·注》）

王世贞：钜桥在卫辉。（引自《通鉴合编》卷二《周纪·武王》）

⑨【汇注】

解惠全：振：同"赈"，赈济、救济。萌隶：指民众。萌，通"氓"，外来的百

姓，也泛指老百姓。隶，奴隶。(《全译史记·周本纪》)

⑩【汇校】

张　照："命南宫括、史佚展九鼎保玉"，《汲冢周书》作"乃命南宫百达、史佚，迁九鼎三巫（注云：三巫，地名）"。(《钦定史记·周本纪·考证》)

吴汝纶："南宫括"，《周书》作南宫伯达。(《桐城吴先生点勘史记读本·周本纪》)

【汇注】

裴　骃：徐广曰："保"，一作"宝"。(《史记集解》)

王世贞：九鼎，夏禹贡金九牧，铸九鼎以象九州之物，乃三代传国宝也。桀有昏德，鼎迁于商，商纣暴虐，鼎迁于周。成王定之于郏鄏，秦昭王取之。(《通鉴合编》卷二《周纪·武王》)

郝　敬："保玉"，按"宝""保"，古字通用。(《批点史记琐琐》卷一《周本纪》)

梁玉绳："命南宫括、史佚展九鼎保玉"。《吹景集》云：《周书》"括"作"伯达"，当从《周书》。"展"作"迁"，"保玉"作"三巫"。孔晁注"三巫，地名"，按鼎迁于洛邑，三巫未详。(《史记志疑·周本纪》)

崔　述：九鼎之铸，世皆以为禹事；然《传》既不称禹，而禹在位不久，恐亦未暇及此，或启或少康未可知也。(《崔东壁遗书·夏考信录》卷二《九鼎未必禹铸》)

唐　兰：周人伐商而得鼎，最早见于《逸周书·克殷解》，《史记·周本纪》也有这段记载，只是"南宫伯达"作"南宫括"，"迁九鼎三巫"作"展九鼎保玉"。徐广注"保一作宝"。看来三巫两字是宝玉两字的形讹。《尚书·汤誓》说："夏师败绩，汤遂从之，遂伐三朡，俘厥宝玉，谊伯仲伯作典宝。"商汤伐桀时俘宝玉；武王伐纣，当然也不会放过。《世俘解》说："凡武王俘商，得旧宝万四千，佩玉亿有八万。"可证。《书序》又说："武王既胜殷，邦诸侯，班宗彝，作分器，著王之命及受物。"是伐殷之后，武王曾经把从殷王朝掠夺来的青铜彝器作为赏赐之用，但九鼎不在此内，显然是把它们作为重器的。(《关于"夏鼎"》，《文史》第七辑)

⑪【汇校】

张文虎："命闳夭封比干之墓"：《武成疏》引句在"表商容"下，疑今本错。(《校刊史记集解索隐正义札记·周本纪》)

【汇注】

高　诱：比干，纣诸父也，谏纣之非，纣杀之，故武王封崇其墓以旌仁也。(《淮南子注·主术训》)

张守节：封，谓益其土及画疆界。《括地志》云："比干墓在卫州汲县北十里二百

五十步。"(《史记正义》)

王世贞：比干墓在卫辉府城北三十里，即武王所封者，有石题"殷太师比干之墓"。(引自《纲鉴合编》卷二《周纪·武王》)

梁玉绳：比干始见《书·武成》《论语》，纣诸父，以四月四日生，为少师，亦曰王子比干，亦曰干叔。谏纣，剖心而死。葬朝歌县南牧野，在汲县北十里，武王封其墓，唐贞观十九年赠太师，谥忠烈，元封仁显忠烈公。(《汉书人表考》卷二《比干》)

解惠全：封：聚土筑坟。此处指在墓上添土。(《全译史记·周本纪》)

【汇评】

王若虚：孟子对齐宣：闻诛一夫纣，未闻弑君也。而说者疑焉。予以为警时君之语耳。(《滹南遗老集》卷八《孟子辨惑》)

⑫【汇注】

陈蒲清：宗祝：管祭祀的官名。享祠：祭祀鬼神，当指祭奠阵亡将士。(引自王利器主编《史记注译·周本纪》)

⑬【汇注】

吴见思：多少"命"字，层虚句写。自"陈师牧野"至此，本汲冢书。(《史记论文·周本纪》)

编者按：《逸周书》卷四《克殷解》曰："尹逸策曰：'殷末孙受德，迭先成汤之明，侮灭神祇不祀，昏暴商邑百姓，其章显闻于昊天上帝。'武王再拜稽首乃出。立王子武庚，命管叔相。乃命召公释箕子之囚，命毕公、卫叔出百姓之囚。乃命南宫忽散鹿台之财，巨桥之粟。乃命南宫百达、史佚迁九鼎于三巫（地名）。乃命闳夭封比干之墓，乃命宗祝崇宾飨祷之于军。乃班。"与《史记·周本纪》在内容上略有出入。

【汇评】

刘　安：武王伐纣，发巨桥之粟，散鹿台之钱，封比干之墓，表商容之闾，朝成汤之庙，解箕子之囚，使各处宅其宅，田其田，无故无新，惟贤是亲，用非其有，使非其人，晏然若故有之。由此观之，则圣人之志大也。(《淮南子·主术训》)

王世贞：微子、胶鬲皆委质为臣。殷人咸喜曰："王之于人也，死犹封其墓，况生者乎？王之于仁贤也，亡者犹表其闾，况存者乎？王之于财也，聚者犹散之，况肯复籍乎？"(引自《纲鉴合编》卷二《周纪·武王》)

姚允明：还丰，诸侯大会，告《武成》，示之崇文德也。(《史书》卷一《周》)

⑭【汇注】

梁玉绳："行狩"，附按：《书·序》作"归兽"，与《史》异。盖"狩"为古"兽"字，非讹也。(《史记志疑·周本纪》)

吴汝纶：梁云：《书·序》作"归兽"。"狩"，古"兽"字。(《桐城吴先生点勘

史记读本·周本纪》）

⑮【汇注】

　　裴　骃：孔安国曰："武功成也。"（《史记集解》）

　　马持盈：作《武成》：记武功之成就。《古文尚书》有《武成篇》，《今文尚书》无。（《史记今注·周本纪》）

⑯【汇注】

　　陈蒲清：班：同"颁"，分。宗彝：宗庙祭祀用的宝器。（引自王利器主编《史记注译·周本纪》）

⑰【汇校】

　　张文虎："作《分殷之器物》"，此句文不成义，疑本云：分殷之器物，作《分器》。《分器》，《书》篇，《集解》引郑《注》可证。（《校刊史记集解索隐正义札记·周本纪》）

　　郭嵩焘："班赐宗彝，作《分殷之器物》"。《札记》云："疑本云：分殷之器物，作《分器》，《分器》，《书》篇，《集解》引郑《注》可证。"按"作"字当在"分殷之器物"句下，又脱"分器"二字。（《史记札记·周本纪》）

【汇注】

　　裴　骃：郑玄云："宗彝，宗庙樽也。作《分器》，著王之命及受物。"（《史记集解》）

　　王若虚：《书·序》云：武王既胜殷邦，诸侯班宗彝，作《分器》。《分器》自是篇名，而《周纪》乃云作《分殷之器物》，失其名矣。（《滹南遗老集》卷九《史记辨惑》）

　　马　骕：《书·序》：武王既胜殷邦诸侯班宗彝，作《分器》。（《绎史》卷二一《周建诸侯》）

　　梁玉绳："作《分殷之器物》"，《滹南集·辨惑》曰："《书序》作《分器》，是篇名，失其名矣。"（《史记志疑·周本纪》）

　　陈蒲清：《分殷之器物》：根据《尚书·分器序》，"殷之""物"三字当为衍文。《分器》，已亡佚。（引自王利器主编《史记注译·周本纪》）

　　张大可：《分殷之器物》，即《逸周书》中的《分器篇》。（《史记全本新注·周本纪》）

⑱【汇注】

　　杜　佑：周武王追尊王太王亶父、王季历、文王昌（原注：卢植曰：太王，王季之父也。美大，故号之。王季，文王之父也。太王实始翦商，王季绥和，文王怀保，王业所兴，故追王也。三妣亦同尊其号），所以追之，不以卑临尊也（原注：不用诸侯之号临天子也。追王太王、王季以下者，以王迹之所由也。文王称王早矣，于殷犹为诸侯，于是著焉）。（《通典》卷七二《天子追尊祖考妣》）

⑲【汇注】

　　裴　骃：《地理志》弘农陕县有焦城，故焦国也。（《史记集解》）

　　王　恢：焦：《汉志》弘农郡陕县："有焦城，故焦国也。"《河水注》："武王以封神农之后于此。"《正义》从之，误也。《左》襄二十九年："虞、虢、焦、滑、霍、扬、韩、魏，皆姬姓也。"周封异姓，无过成周西者。《汇纂》"周封神农之后于焦，后改为谯"是也。即今安徽亳县，与相传神农氏生于厉乡连境。（《史记本纪地理图考·周本纪·褒封圣王之后》）

⑳【汇注】

　　张守节：《左传》云："祝其，实夹谷。"杜预云："夹谷即祝其也。"服虔云："东海郡祝其县也。"（《史记正义》）

　　王　恢：祝：应即祝融之虚，亦即有熊之虚，黄帝之所都也。《郑语》：邬，祝融后。子男之国，虢邬为大。韦《解》："陆终第四子曰求言，为妘姓，封于邬。"王肃曰："武王封之于济、洛、河、颍之间，为桧子。"《诗·桧风》毛《谱》："桧者，祝融之墟。祝融氏名黎，其后妘姓处其地。"邬城，《元和志》（八）在新郑东北三十二里。《清统志》（一八七）说在密县东北五十里。《汇纂》说在山东长清县丰齐镇北祝柯城；《正义》引服虔、杜预说在江苏赣榆县之祝其，无非以"祝"字而臆度之也。（《史记本纪地理图考·周本纪·褒封圣王之后》）

㉑【汇校】

　　陆伯煴："黄帝之后于祝，帝尧之后于蓟"，《乐记》：封黄帝之后于蓟，封帝尧之后于祝，与此异。（引自《史记考证·周本纪》）

【汇注】

　　王　符：（炎帝）后嗣庆都与龙合婚，生伊尧，代高辛氏，其眉八彩，世号唐。作乐《大章》，始禅位，武王克殷，而封其后于铸。（《潜夫论·五德志》）

　　裴　骃：《地理志》燕国有蓟县。（《史记集解》）

　　吴汝纶：梁云《吕览·慎大篇》，封黄帝之后于铸，尧之后于黎。祝、铸同音，字亦得通。《乐记注》，祝或为铸。《淮南子·俶真训》"冶工铸器"，注云：铸读作祝。黎与蓟音相近。（《桐城吴先生点勘史记读本·周本纪》）

　　王　恢：蓟：《汉志》："广阳国蓟，故燕国，召公所封。"班氏直以蓟为召公封国，《㶟水注》承其误，而略其本封于无终之燕山，其后并蓟而徙居之也。《清统志》（二）《京师古迹》："《长安客话》：今都城德胜门外有土城关，相传古蓟门遗址，亦曰蓟邱（按今白云观西琴台）。旧有楼馆，并废。但门存二土阜，旁多林木，蓊郁苍翠，燕京八景，有'蓟门烟树'，即此。"又（八）《顺天府古迹》："蓟县故城在大兴西南。《史记》周武王克商，封召公奭于北燕，即此。……按《礼记·乐记》，武王封黄帝之后于蓟，陆德明《释文》，今蓟县即燕国都。孔安国、司马迁及郑康成皆以蓟、燕为一；而召公即黄帝之后，班固《汉志》亦谓召公封此。或又谓成王时黄帝后封蓟者已绝，故更封召公于蓟为燕，其说与《史记》封帝尧之后，及封功臣召公之文皆不合。张守节《史记正义》，召公始封，盖在北平无终县，以燕山为名，后渐强盛，乃并蓟徙居之，其说是也。又按《明统志》，旧燕城在府西南，辽金故都也。"按《清统志》说本顾氏《日知录》。顾氏并云："《唐书·地理志》，幽州范阳郡治蓟。开元十八年析置蓟州渔阳郡，治渔阳。及辽改蓟为析津县，因此蓟之名遂没于此而存于彼。今人乃以渔阳为蓟，而忘其本矣。"《正义》引《括地志》："燕山在渔阳县东南六十里。徐才宗《国都记》云：周武王封召公奭于燕，地在燕山之野，故国取名焉。"张守节曰："蓟、燕二国俱武王立，因燕山、蓟丘为名。蓟微燕盛，乃并蓟居之，蓟名遂绝。今蓟县，古燕国也。"（《史记本纪地理图考·周本纪·褒封圣王之后》）

㉒【汇注】

张守节：《括地志》云："陈州宛丘县在陈城中，即古陈国也。帝舜后遏父为周武王陶正，武王赖其器用，封其子妫满于陈，都宛丘之侧。"（《史记正义》）

王　恢：陈，《汉志》："淮阳国陈，故国，舜后胡公所封，为楚所灭。"《括地志》："宛丘县，即古陈国。帝舜后遏父为周武王陶丘，武王赖其器用，封其子妫满于陈，都宛丘之侧。"即今河南淮阳县治。秦昭王二十九年，取鄢，楚襄王东北保陈城。始皇二十三年，王翦取陈以南至平舆，虏荆王。秦王游至郢陈，即此。（《史记本纪地理图考·周本纪·褒封圣王之后》）

马　骕：舜之后，周武王封之陈，至楚惠王，灭之。有《世家》言。（《绎史》卷二一《周建诸侯》）

㉓【汇注】

司马迁：杞东楼公者，夏后禹之后苗裔也。殷时或封或绝。周武王克殷纣，求禹之后，得东楼公，封之于杞，以奉夏后氏祀。……楚惠王之四十四年，灭杞。（《史记·陈杞世家》）

又：陈胡公满者，虞帝舜之后也。昔舜为庶人时，尧妻之二女，居于妫汭，其后因为氏姓，姓妫氏。舜已崩，传禹天下，而舜子商均为封国。夏后之时，或失或续。至于周武王克殷纣，乃复求舜后，得妫满，封之于陈，以奉帝舜祀。是为胡公。……楚惠王灭陈。（同上）

张守节：《括地志》云："汴州雍丘县，古杞国。《地理志》云古杞国理此城。周武王封禹后为杞，号东楼公，二十一代为楚所灭。"（《史记正义》）

杜　佑：周武王克商，而封夏后于杞，殷后于宋，皆爵公。封舜后于陈，爵侯，以备三恪（原注：周得天下，封夏、殷二王后，又封舜后，谓之三恪。恪，敬也。义取王之所敬也。并二王后，为三国。其后转降，示敬而已，故曰三恪）。（《通典》卷七四《三恪二王后》）

梁玉绳：武王追思先圣王，乃褒封神农之后于焦，黄帝之后于祝，帝尧之后于蓟，帝舜之后于陈，大禹之后于杞。按：《乐记·疏》云"未及下车者，言速封诸侯。二代之后其礼大，故待下车而封之。《周本纪》武王追思先圣乃封，与未及下车义反，当以《礼记》为正"。但余考《乐记》，蓟为黄帝后，祝为帝尧后，《韩诗外传》三同。《潜夫论·五德志》亦言武王封尧胄于铸，而《史记》祝、蓟二国互易，岂以尧祖黄帝，可通言之欤？亦当依《乐记》为是。《吕览·慎大》云"武王封黄帝之后于铸，封帝尧之后于黎"，《史》盖仍其误。而黎与蓟以音近致伪，曰祝曰铸，其地不殊。古铸、祝同音，字亦得通，故康成注《乐记》云"祝或为'铸'"。又高诱注《淮南·俶真训》"冶工铸器"云，"铸读作祝"。《续郡国志》济北蛇邱有铸乡城，梁刘昭注云"武王未及下车封尧后于铸"。张守节以为东海祝其县，非也。《路史·国名纪》云"铸侯爵，祝也"。今究之龚邱治古蛇丘至杞国，非武王始封之，说在《夏纪》矣。（《史记志疑·周本纪》）

崔　述：《乐记》云：武王克商，未下车而封黄帝之后于蓟，帝尧之后于祝，帝舜之后于陈；下车而封夏后氏之后于杞，投殷之后于宋。《吕氏春秋》云："武王胜殷，未下车，命封黄帝之后于铸，帝尧之后于黎，帝舜之后于陈；下车命封夏后氏之后于杞，立成汤之后于宋以奉桑林。"余按：此二书所载，与《史记》国名互异，古书散佚，不可考矣。惟所云"未下车而封"者，于事理殊未允。古者王畿之外，莫非侯国，灭一国始封一国，今武王始克殷王城，安所取地而封之！封国，大典也，当先寻求其后，然后备礼而命之于庙中，又岂车中所能为者！而宋之封在成王世，尤不得属之克殷日也。（《丰镐考信别录》卷二《辨未下车而封国之说》）

【汇评】

苏　轼：昔武王既克商，散财发粟，使天下知其不贪，礼下贤俊，使天下知其不骄，封先圣之后，使天下知其仁，诛飞廉、恶来，使天下知其义，如此，则其教化天下之实，固已立矣。天下耸然皆有忠信廉耻之心，然后文之以礼乐，教之以学校，观之以射飨，而谨之以冠婚丧祭，民是以目击而心喻，安行而自得也。（《苏轼文集》卷八《策别安万民一》）

㉔【汇注】

解惠全：首封：在分封的各诸侯王之中，位次第一。（《全译史记·周本纪》）

㉕【汇注】

　　陈蒲清：营丘：今山东省淄博市临淄西北。（引自王利器主编《史记注译·周本纪》）

㉖【汇注】

　　裴　骃：《尔雅》曰："水出其前而左曰营丘。"郭璞曰："今齐之营丘，淄水过其南及东。"（《史记集解》）

　　张守节：《水经注》今临菑城中有丘云。青州临淄县古营丘之地，吕望所封齐之都也。营丘在县北百步外城中。《舆地志》云秦立为县，城临淄水故曰临淄也。（《史记正义》）

　　马持盈：山东临淄县古营丘之地，吕望所封于齐之都也。（《史记今注·周本纪》）

　　王　恢：《汉志》齐郡临淄："师尚父所封。"临淄，山东今县。《齐世家》略谓"太公望吕尚，其先祖虞夏之际封于吕，或封于申，姓姜氏"。吕尚之封，《国语·周语》"齐、许、申、吕由太姜"的外戚关系。《左》成七年，申公巫臣曰："此申、吕之国也。"《郑语》："当成周者，南有申、吕。申、吕方强。"《清水注》，申在宛城东，吕在宛城西。申在今河南南阳县北二十里，吕在县西三十里董吕村。齐太公始封是否于吕？仍不能无疑。如傅氏所云："吕既东迁而为齐，吕之故地犹为列国，其后且有称王者。其世系是否出之太公望，则不可知，其为诸侯则信矣。"……傅氏之结论曰："雒邑之形势，至今日犹有足多者。在当年实为形胜之要地，周人据之以控南方东方之诸侯也。齐、燕、鲁初封于此，以为周翰，亦固其所。循周初封建之疆，南不逾于陈、蔡，毛郑所谓文王化行江汉者，全非事实，开南国者召伯虎也。东方者，殷商之旧，人文必高，而物质必丰，平定固难。若平定之后，佐命大臣愿赐土于其地，以资殷富，亦理之常。夫封邑迁移，旧号不改，在周先例甚多，郑其著者。鲁、燕移封，不失旧号。吕以新就大国，定宅济水，乃用新号。"（《史记本纪·周本纪·封宗室功臣》）

　　编者按：齐、鲁、燕分别是太公姜尚、周公旦、召公奭长子的封国，均为成王所封。武王并没有分封师尚父、周公旦、召公奭为诸侯，而是留他们在王室为官，其爵位为公，所以称其为太公、周公、召公。三人在王畿内都封有采邑，周、召二公的采邑在周原，在今岐山县境内。太公的采邑在镐京以西，即今周至县城关镇、竹峪乡、眉县青化镇一带。周至竹峪乡下车岭出土一件太师簋，其铭曰："太师作孟姜饙毁。"城关镇出土一件王簋，其铭曰："王作姜氏尊毁。"刘启益推定"姜氏"是厉王妃（《西周金文中所见的周王后妃》，《考古与文物》，1980年第4期）。师尚父官为太师，其后世"世胙大师"（见《左传》襄公十四年），也就是世袭为太师，所以西周晚期为"孟姜"作器的"太师"必为太公的后代。"孟姜"与"姜氏"是同一个人。据《史记·周本纪》，厉王妃曰申姜，"孟姜"，也就是"姜氏"为厉王妃申姜无疑。眉县青化镇出土一件王鼎，时代为西周中期穆王世，其铭曰："王作仲姜宝鼎。"金文中穆王妃曰"王俎姜"，"仲"与"俎"同音，"王仲姜"即"王俎姜"。穆王、厉王均与申通婚，穆妃也应称其为申姜。申的初封地在今周至县城关镇至眉县青化镇一带，原为师尚父的采邑，西周宣王时改封申伯到河南省南阳北，是为申国，列为诸侯（见《诗·大雅·崧高》）。

现在看来，武王封师尚父、封周公旦、封召公奭，不是封齐、封鲁、封燕，而是在畿内封采邑，曰申、曰周、曰召。武王只追封了一些先王之后，其中包括追封太伯、仲雍之后周章为虞侯，并没有分封诸侯。周初分封的诸侯，都是在周公、召公平定了东方之乱后，由成王所封，有些则是康王将内服王臣改封的，所以《左传》昭公二十六年说："昔武王克殷，成王靖四方，康王息民，并建母弟，以藩屏周。"关于周初分封诸侯，《左传》定公四年、僖公二十四年，《汉书·王莽传》都说得很明白，加之有西周金文资料证明无须多辩。

齐国是师尚父长子吕伋的封国，不是吕尚的封地，但是齐国尊太公为祖，其分封也因太公有功。关于齐国的分封，清代学者崔述早已指出："太公至成王时犹在王室，是太公未尝亲就国也，安有夜衣而行之事乎！此文绝类战国策士之言，盖其所假托。"（《崔东壁遗书》，上海古籍出版社，1983年）

㉗【汇注】

裴　骃：应劭曰："曲阜在鲁城中，委曲长七八里。"（《史记集解》）

张守节：《帝王世纪》云："炎帝自陈营都于鲁曲阜。黄帝自穷桑登帝位，后徙曲阜。少昊邑于穷桑，以登帝位，都曲阜。颛顼始都穷桑，徙商丘。"穷桑在鲁北，或云穷桑即曲阜也。又为大庭氏之故国，又是商奄之地。皇甫谧云："黄帝生于寿丘，在鲁城东门之北。居轩辕之丘，《山海经》云'此地穷桑之际，西射之南'是也。"《括地志》云："兖州曲阜县外城即周公旦子伯禽所筑古鲁城也。"（《史记正义》）

王　恢：鲁，傅斯年《大东小东说——兼论鲁燕齐初封在成周东南后乃东迁》谓"三国初封皆在成周东南，鲁之至曲阜，燕之至蓟丘，齐之至营丘，皆后来事"。此说今为史家所认同。傅氏据《鲁颂·閟宫》："嘉尔元子，俾侯于鲁。大启尔宇，为周室辅！"此叙鲁之始封，其下乃云："乃命鲁公，俾侯于东。锡之山川，土田附庸。"此则初命伯禽于鲁，继命鲁侯于东，文义显然。如无迁移之事，何劳重复其辞？又："居常与许，复周公之宇。"谓许为鲁附庸；成周东邻周公之宇，本在今河南鲁山县，后迁山东之曲阜。曲阜，本奄国，成王残奄以封伯禽也。（《史记本纪地理图考·周本纪·封宗室功臣》）

编者按：成王时代的塱方鼎铭文曰：惟周公玕（于）征伐东尸（夷）、丰伯、専（蒲）古（姑），咸戈。公归，禀（获）玕（于）周庙。

唐兰说:"《汉书·地理志》说:'周成王时,薄姑氏与四国共作乱,成王灭之,以封师尚父,是为太公。'与此铭正合。前人误信《史记·周本纪》说武王克殷后,'封功臣谋士而师尚父为首封,封尚父于营丘曰齐',因而解释《书序》'迁其君于薄姑',为把奄君迁至齐地,并说《汉书·地理志》是错了。不知《史记》这一段所封齐、鲁、燕三国都是错的。武王还没有践奄,如何能封周公于鲁,武王根本没有讨伐到殷以北,如何能封召公于燕。这三国实际上都是周公东征以后才封的。"(《西周青铜器铭文分代史征》)唐兰此说甚是。《诗·鲁颂·閟宫》云:"王曰叔父,建尔元子,俾侯于鲁,大启尔宇,为周室辅。"这是周成王封鲁时对周公说的话,证明鲁国为成王分封的。

㉘【汇注】

张守节:封帝尧之后于蓟,封召公奭于燕,观其文稍似重也。《水经注》云蓟城内西北隅有蓟丘,因取名焉。《括地志》云:"燕山在幽州渔阳县东南六十里。《宗国都城记》云周武王封召公奭于燕,地在燕山之野,故国取名焉。"按:周封以五等之爵,蓟、燕二国俱武王立,因燕山、蓟丘为名,其地足自立国。蓟微燕盛,乃并蓟居之,蓟名遂绝焉。今幽州蓟县,古燕国也。(《史记正义》)

马持盈:《括地志》谓:"燕山在幽州渔阳县东南六十里。"即今河北蓟县之地。(《史记今注·周本纪》)

王　恢:燕,《汉志》广阳国蓟:"故燕国,召公所封。"蓟,今北平,乃后徙。傅氏(斯年)谓"'燕'字今经典皆作燕翼之燕,而金文则皆作'郾',历春秋战国初无二字。经典作燕者,汉人传写之误也,今河南之郾城,实括汉郾、召陵二县境。曰郾曰召,不为孤证,其为召公初封之燕无疑也。"陈槃《春秋大事表撰异》补其师说曰:"北燕之始国当在郾城,后乃徙玉田县之燕山。山系以燕者,因燕国移殖而得名也。"(《史记本纪地理图考·周本纪·封宗室功臣》)

编者按:考古发掘证实,燕国都城在北京市琉璃河。琉璃河1193号西周大墓出土的克罍、克盉铭文曰:

王曰:太保,惟乃明(盟)乃鬯,享于乃辟。余大对乃享,命克侯于匽(燕),旂(事)羌、马、𢵼、雩、驭、微。克宕匽(燕),入(纳)土眔(暨)厥又(有)眯(司)。用作宝䵼彝。

"太保"是召公奭的官名。"明"即"盟",是指盟誓。"鬯"是指鬯祭,是指用黑黍米酿造的酒进行祭祀。"享于乃辟",是指太保向其君王献酒。"克"是人名,当是太保召公奭的长子。"旂(事)羌、马、𢵼、雩、驭、微",与《左传》定公四年所载封鲁时分"殷民六族"、封卫时分"殷民七族"、封晋时分"怀姓九宗"是一样的,是授民六族。这篇铭文记述分封召公奭的长子克为燕侯,授民授疆土的史实。由于克是代替召公奭就封，所以分封时，是由召公奭进行盟誓、酆祭，并向周王献酒。克罍、克盉的时代为成王世，证明分封燕国不是武王所为，而是成王所封。

唐兰首先提出燕国是成王所封，他说："召公封匽，不知在何时，当在成王伐录之后……但《左传·昭公九年》说：'肃慎、燕亳，吾北土也。'从燕亳这个名称来说，显然与殷商有关，可能是伐录之后，接着就北进，一直歼灭燕亳。当时召公之子应在军中，所以随着被封在燕国了（《西周铜器铭文分代史徵》）。成王伐录子耳，见于余簋（旧称太保簋）铭文。不管封燕是不是在伐录之后，但是燕国是成王分封的。鲁、燕为成王所封，齐国也必为成王分封，分封的时间必在周公东征灭掉薄姑之后，所以齐国都营丘，在东夷薄姑国的旧都内。

㉙【汇注】

张守节：《括地志》云："郑州管城县外城，古管国城也，周武王弟叔鲜所封。"（《史记正义》）

马持盈：管：在今河南郑县。（《史记今注·周本纪》）

王　恢：管，《汉志》："河南郡中牟，有管叔邑。"《渠水注》，管，即今郑州。（《史记本纪地理图考·周本纪·三监以殷叛》）

㉚【汇注】

张守节：《括地志》云："豫州北七十里上蔡县，古蔡国，武王封弟叔度于蔡是也。县东十里有蔡冈，因名也。"（《史记正义》）

马持盈：蔡：河南上蔡县为古蔡国。（《史记今注·周本纪》）

王　恢：蔡，《汉志》："汝南郡上蔡，故蔡国，周武王弟叔度所封。度放，成王封其子胡，十八世徙新蔡。"上蔡，河南今县西南。《汉志》："汝南郡新蔡，蔡平侯自蔡徙此，故名。"即今新蔡县。（《史记本纪地理图考·周本纪·三监以殷叛》）

㉛【汇注】

左丘明：昔武王克商，光有天下，其兄弟之国者，十有五人；姬姓之国者，四十人，皆举亲也。夫举无他，惟善所在，亲疏一也。（《左传》昭公二十八年）

又：昔周公吊二叔之不咸，故封建亲戚以蕃屏周。管、蔡、郕、霍、鲁、卫、毛、聃、郜、雍、曹、滕、毕、原、酆、郇，文之昭也；邗、晋、应、韩，武之穆也；凡、蒋、邢、茅、胙、祭，周公之胤也。（《左传》僖公二十四年）

陆唐老：立七十一国，封兄弟之国十五人，姬姓之国四十人。周之子孙不狂惑者皆为诸侯。（《陆状元通鉴》卷二〇《外纪·周纪上·文武》）

王世贞：武王追思元圣，乃封神农之后于焦，黄帝之后于祝，帝尧之后于蓟，帝舜之后于陈，大禹之后于杞。于是封功臣谋士，而师尚父为首，封于营邱曰齐，封周公于曲阜曰鲁，弟叔鲜于管，召公奭于北燕，毕公高于毕，叔度于蔡，叔振铎于曹，叔武于郕，叔处于霍，康叔封于聃，季、载皆少未封，兼制天下，皆立七十一国。封兄弟之国十五人，姬姓之国四十人，周之子孙不狂惑者，皆为诸侯，班赐宗彝，分殷之器物于诸侯。（引自《纲鉴合编》卷二《周纪·武王》）

【汇评】

吴见思：以上四段，一段翼卫，一段赞襄，一段命召，一段分封，皆逐人点次，一样文法，济济楚楚，班次而前。（《史记论文·周本纪》）

武王征九牧之君①，登豳之阜②，以望商邑③。武王至于周④，自夜不寐⑤。周公旦即王所⑥，曰："曷为不寐⑦？"王曰："告女：维天不飨殷⑧，自发未生于今六十年⑨，麋鹿在牧⑩，蜚鸿满野⑪。天不享殷，乃今有成⑫。维天建殷，其登名民三百六十夫⑬，不显亦不宾灭⑭，以至今⑮。我未定天保⑯，何暇寐？"王曰："定天保，依天室⑰。悉求夫恶⑱，贬从殷王受⑲。日夜劳来定我西土⑳，我维显服㉑，及德方明㉒。自洛汭延于伊汭㉓，居易毋固㉔，其有夏之居㉕。我南望三涂㉖，北望岳鄙㉗，顾詹有河㉘，粤詹雒、伊㉙，毋远天室㉚。"营周居于雒邑而后去㉛。纵马于华山之阳㉜，放牛于桃林之虚㉝，偃干戈㉞，振兵释旅㉟：示天下不复用也㊱。

①**【汇注】**

陈蒲清：征：召集。九牧之君：九州的长官。（引自王利器主编《史记注译·周本纪》）

②**【汇校】**

陆伯焜："登豳之阜，以望商邑"，"登豳之阜"，《汲冢周书》作"升汾之阜"。（引自《史记考证·周本纪》）

【汇注】

吴汝纶：《史诠》云："豳"，《度邑篇》作汾。因汾与邠相近，遂误为豳。梁云，作"汾"者是也。汾近朝歌。即《郡国志》颍川、襄城之汾邱。若栒邑之豳，何从望商邑乎？（《桐城吴先生点勘史记读本·周本纪》）

钱　穆：案：唐三水县乃陕西栒邑县，岂能登此以望商邑？且按《史》文，其时武王尚未还至镐。据《周书》，作"升汾之阜"。《后汉·郡国志》"颍川襄城县有汾丘"，殆武王登此以望河南之故商邑耳。武王克纣，盖渡河南至商宋之野，而至成周，自此返镐。（《史记地名考·豳》）

王　恢：豳阜：《正义》以为即公刘之豳原。《志疑》（三）："《周书·度邑篇》作汾。汾近朝歌，即《郡国志》襄城之汾丘。若在旬邑之豳，何从登其阜以望商邑乎？"按此本《逸周书·度邑解》："九牧之师见王于殷郊，王乃升汾之阜以望商邑。"明言殷郊，固不远在旬邑——太王去豳，复何有于豳；襄城虽非殷郊，又远不当路。其阜盖在获嘉、修武之境。二县本宁邑。《韩诗外传》："周武王伐纣，勒兵于宁，因名修武。"甲骨文有汼阜、绵𡴀。疑传写汼省汾，又以汾为邠而作豳也。（《史记本纪地理图考·周本纪·经营洛邑》）

③【汇注】

张守节：《括地志》云："豳州三水县西十里有豳原，周先公刘所都之地也。豳城在此原上，因公为名。"按：盖武王登此城望商邑。（《史记正义》）

梁玉绳："登豳之阜，以望商邑"，附按：此下本《周书·度邑解》，亦有异同，兹据《吹景集》及他书考定列后，其文之详略弗论也。豳，《周书》作"汾"，《吹景集》曰"汾水在太原，从《史记》作'豳'是"。或云汾当作"邠"，即古"豳"字。《说文》引《尔雅》"西至于汃国"，今《尔雅》作"邠"字，汾岂汃之转讹耶？《史诠》曰"《度邑篇》》作'汾'，盖因汾与邠相近，遂误为'豳'耳"。余谓《史诠》从《周书》作"汾"，是也，即《郡国志》颍川襄城县之汾丘，若在栒邑之豳，何从登其阜以望商邑乎？（《史记志疑·周本纪》）

④【汇注】

马持盈：周：镐京在今陕西长安县西南。（《史记今注·周本纪》）

【汇评】

马正林：丰、镐尽管只有一河之隔，但把国都从丰迁到镐应该说是一件重大的事情，是对当地形势作过详细考察的。丰京和镐京遗址虽都位于沣河两岸的二级高地上，但丰京位于沣河与灵沼河之间，要建设一个大的国都，显然会受到当地自然条件的制约。向北、向南和向沣水西岸发展，由于地势较低，均会受到沣水泛滥的影响，而向西发展则又受到灵沼河的限制。灵沼河本是平地起水，它的水源就是一个海子（灵沼）。该河两岸地势低平，每当阴雨连绵，平地即积水成涝，潮湿异常。由此可见，在沣河与灵沼河之间这样一个南北狭长的地带上扩建丰京，显然是会受到限制的；要扩大国都，只有向沣水东岸发展才是惟一的出路。"武王都镐京，为四方来朝者丰不以容之"（《诗地理考》卷四《镐京》），我们认为这是符合当地的实际情况的。丰京不足以容四方之众，而又无法扩建，就不得不向地势开阔、平畴沃野的沣水东岸发展，另建镐京。(《丰镐—长安—西安》二《周原和周都丰镐》)

⑤【汇注】

张守节：周，镐京也。武王伐纣，远至镐京，忧未定天之保安，故自夜不得寐也。(《史记正义》)

⑥【汇注】

陈士元：周文公，名旦，文王第三子，武王之弟也。采于周，故称周公，文其谥也。周在岐下，《国名纪》云：黄帝时有周昌，商有周任，是周国久矣。自太王迁岐，而《竹书》《东汉书》及《孔丛子》俱称周公季历，是王季亦尝称周公也。杜预氏云：扶风雍东北有周城，盖即周，原岐之小地名，而太王所迁之岐，则在美阳之南，故《汉书》及《说文》俱谓文王封岐，在美阳中水乡，盖即周公之采邑。故谯周氏云：以太王所居之周公采邑是也。周公长子伯禽，成王封之鲁，次凡伯，次伯龄，封于蒋，男爵。次靖渊，封于邢，侯爵，次祭伯，事文王，受商之命，次胙，次茅。故《路史》云：凡、蒋、邢、茅、胙、祭，皆周公之裔也。(引自《湖海楼丛书·论语类考》卷七《周公》)

⑦【汇评】

牛运震："曷为不寐"，此句改汲冢《周书》本文，最爽妙。(《史记评注·周本纪》)

⑧【汇注】

陈蒲清：天不飨殷：上天不享用殷商的祭祀，意即上天抛弃了殷。(引自王利器主编《史记注译·周本纪》)

⑨【汇注】

陈蒲清：六十年：指从帝乙至伐纣的六十年间。这是殷代日益衰亡的年代。《史记会注考证》据此考定武王此时年未过六十岁，驳斥了武王八十四岁即位的说法。(引自王利器主编《史记注译·周本纪》)

⑩【汇注】

裴骃：徐广曰："此事出《周书》及《随巢子》，云'夷羊在牧'。牧，郊也。夷羊，怪物也。"(《史记集解》)

徐文靖：《笺》按，《周书·度邑解》王曰：呜呼！旦惟天不享于殷，发之未生至于今六十年，夷羊在牧，飞鸿遍野。又《周书》内史过曰：商之兴也，梼杌次于丕山；其亡也，夷羊在牧。韦昭注：夷羊，神兽。牧，商邑。曰：自发未生六十年，麋鹿在牧，飞鸿满野。徐广引内史过之言曰：夷羊在牧。张华以为文王之辞，曰：不知何物。《史记·货殖传》：其民羯羠不均。徐广：羯音兕，一音囚几反，皆健羊名。当即是夷

羊也。(《竹书纪年统笺》卷六《受辛四十八年夷羊见》)

⑪【汇注】

司马贞：按：高诱曰"蜚鸿，蠛蠓也"。言飞虫蔽田满野，故为灾，非是鸿雁也。《随巢子》作"飞拾"，飞拾，虫也。(《史记索隐》)

张守节：蜚，音飞，古"飞"字也。于今，犹当今，"于今六十年"，从帝乙十年至伐纣年也。"麋鹿在牧"，喻谗佞小人在朝位也。"飞鸿满野"，喻忠贤君子见放弃也。言纣父帝乙立后，殷国益衰，至伐纣六十年间，谄佞小人在于朝位，忠贤君子放迁于野。故《诗》云"鸿雁于飞，肃肃其羽。之子于征，劬劳于野"。毛苌云"之子，侯伯卿士也"。郑玄云"鸿雁知避阴阳寒暑，喻民知去无道就有道"。(《史记正义》)

杨　慎：注中三说皆如眯目而道黑白者。详此文，据实事言，非喻也。蜚鸿，马名，言其养无用而害有用也。此说为近。(引自《史记评林·周本纪》)

郝　敬：按杨慎云：蜚鸿，马名，言养无用害有用也。愚谓此田野荒废，闾里萧条之状，即《小雅》"鸿雁于飞"，注误信《冢书》为古，不欲以《小雅》解，故为凿说耳。若以蜚鸿为马，马在野，亦是常事。《诗》云："鸿雁于飞，集于中泽"，即满野之谓，流民之比。(《批点史记琐琐》卷一《周本纪》)

梁玉绳："麋鹿在牧，蜚鸿满野"：按：麋鹿二字，《周书》《国语》《淮南·本经训》《博物志》及《集解》引《随巢子》皆作"夷羊"，《竹书》"夷羊见"是也。蜚鸿二字，《淮南》作"飞蛩"，《索隐》引《随巢子》作"飞拾"，《博物志》作"飞蝗"，又不同。前贤所解各殊，具详《吹景集》中。余谓"麋鹿"乃"夷羊"之误，"蜚鸿"乃"飞蝗"之误。董斯张以《孟子》言"园囿汙池沛泽多而禽兽至"，《史记》言"纣广沙丘苑台，多取野兽蜚鸟置其中"，谓当作"麋鹿""蜚鸿"。但苑囿之禽兽是纣所畜养，与此言天灾不合，郊牧田野，亦非苑囿可拟。(《史记志疑·周本纪》)

马持盈：蜚鸿：蠛蠓也，食谷物之害虫。满野：满于田野。以上两句，言麋鹿游于郊区，飞鸿满于田野，表示天降灾异，农事不修，民无所食。(《史记今注·周本纪》)

⑫【汇注】

司马贞：言上天不歆享殷家，故见灾异，我周今乃有成王业者也。(《史记索隐》)

⑬【汇注】

陈蒲清："维天建殷"句：指殷朝初建立时，曾任用贤人三百六十人。登：任用。名民：贤人。三百六十形容众多。(引自王利器主编《史记注译·周本纪》)

⑭【汇注】

裴　骃：徐广曰："一云'不顾亦不宾成'，一又云'不顾亦不恤'也。"(《史记

集解》）

司马贞：言天初建殷国，亦登进名贤之人三百六十夫，既无非大贤，未能兴化致理，故殷家不大光昭，亦不即摈灭，以至于今也。亦见《周书》及《随巢子》，颇复脱错。而刘氏音破六为古，其字义亦无所通。徐广云一本作"不顾亦不宾成"，盖是学者以《周书》及《随巢子》不同，遂音改易耳。《随巢子》曰"天鬼不顾，亦不宾灭"，天鬼即天神也。（《史记索隐》）

⑮【汇校】

张　照："维天建殷……以至今"：臣照按：向以"宾灭"断句，而又不可得其解，故《索隐》改"宾"为"摈"，言不即摈灭，若然，则是武王灭殷之后，又以纣子武庚未殄而不暇寐也，岂圣人之心哉？且于上文"登名民三百六十"句，又如何可通？窃谓"灭"字应从下句读，言惟天建殷，而登名民三百六十，可谓济济多士矣。殷王不能显之，亦不能宾之，是故灭以至今，即《诗》"殷鉴不远"之意，故下文云："我未定天保，何暇寐！"求贤以自辅，而辗转反侧也。"三百六十"断句，"夫不显亦不宾"断句，乃可通。（《钦定史记·周本纪·考证》）

吴国泰：国泰按：当以"不显亦不宾"五字为句。宾者，摈字之省，谓摈弃也。显谓显用。显用、摈弃，意正相对也。灭字属下"以至今"四字为句。灭，假作蔑。蔑，无也。言殷室对于名民三百六十夫，即不显用又不摈弃，故遂亡国而无以至于今焉矣。（《史记解诂》，载《文史》第四十二辑）

于　薇："不显示不宾灭"是《史记·周本纪》中的关键文句，对理解西周武王时期的活动至关重要。但文本正写尚有争议，已有解释也不够完善。与《逸周书》及《随巢子》对校，此句应正写为"不顾亦不宾灭"，其含义为武王认为商既没有充分照顾先代遗留的旧势力，又没有及时伐灭他们，所以一直到周初都还留有隐患。依此解，《周本纪》后文"志我其恶贬从殷王受"与"存亡国宜"两处长期存在争议的文句也可相应读通。由此可知，周武王立国之初即深知旧族总是政治隐患，除了安抚之外，也考虑过威服的方面。（《〈史记·周本纪〉"不显示不宾灭"考》，《中山大学学报》（社会科学版），2011年第6期）

⑯【汇注】

马持盈：定天保：确定天命对我们的保佑。（《史记今注·周本纪》）

解惠全：定：确定，稳固。天保：皇统，国运。（《全译史记·周本纪》）

⑰【汇注】

马持盈：依天室：使四方之人都依从于中央政府。天室，代表京都之地，中央政府所在之地。（《史记今注·周本纪》）

张家英：陆（宗达）先生还说："周代把政治中枢比做北极星，又把雒邑看做政治中枢，这是由周王朝的政治形势决定的。"事实确实如此。武王是在眺望商邑，来到镐京以后才夜不能寐的。周公问他原因，武王说："我未定天保，何暇寐！"还说"定天保"是要"依天室"的。而所谓"天室"，是指天上星宿的布列位置。这也证明"天保"是由天的中枢引申来指人间的政治中枢的。具体来说，即指兴建新都雒邑。《小雅·天保》中的"天保"，也应该这样来作理解。(《〈史记〉十二本纪疑诂·周本纪》)

⑱【汇注】

陈蒲清："悉求"二句：把恶人全部找出来，像惩罚纣一样惩罚他们。夫(fú)：语气词，无义。受：殷纣的表字。(引自王利器主编《史记注译·周本纪》)

⑲【汇注】

司马贞：言今悉求取夫恶人不知天命不顺周家者，咸贬责之，与纣同罪，故曰"贬从殷王受"。(《史记索隐》)

梁玉绳："悉求夫恶，贬从殷王受"，附按：《索隐》云："言今悉取夫恶人不知天命不顺周家者，咸贬责之，与纣同罪。"钱塘邵氏泰衢《史记疑问》曰："悉求不顺，罪并殷王，孰谓武王圣德，竟等暴秦之坑诛哉。"《吹景集》依《周书》作"志我共恶，从殷王纣"。其论曰："《索隐》之说非也。歼厥渠魁，胁从罔治，曾圣人而淫刑以逞乎？言志我之所共恶者，亦惟从纣为虐，如费仲，恶来辈，余固无问也。《书·多方》曰'我惟大降尔命，尔罔不知'，降宥也，即其义。"钱塘王孝廉庚期曰："从，由也。谓当日指以为恶而贬斥者，乃由于殷王受之不明黜陟，今悉求其人而昭雪之。"王说是。(《史记志疑·周本纪》)

汪之昌：孟子述周公相武王，灭国者五十。赵岐注：灭与纣共为乱政者五十国也。赵氏初未分析五十国之名，考诸《周书》《史记》，均亦未载。……所灭之国见于《左氏传》者十有三，见于《逸周书》二十九，见于《竹书》者五，《吕氏春秋》一，《韩非子》二，适得五十国。考《春秋》昭二十八年《左氏传》，武王克商，封兄弟之国十有五人，姬姓之国四十人，《荀子·君道篇》立七十一国，姬姓五十有三人，使非先灭此五十国，亦安得有如许空闲土地以分封哉？此不足为旁证者矣。(《青学斋集》卷一〇《武王灭五十国考》)

吴国泰：天保犹天佑，天室犹天险，谓天然奥区也。此武王言天佑必据天险，固矣。而又宜尽取彼恶人而摈黜之，一从殷王之例始可也。意盖谓祈天永命，非尽关于山河之固，而必以进贤退不肖为贵也。旧解非是。(《史记解诂》，载《文史》第四十二辑)

⑳【汇校】

吴汝纶："定我西土"，"定"字校删。(《桐城吴先生点勘史记读本·周本纪》)

【汇注】

裴　骃：徐广曰："一云'肯来'。"(《史记集解》)

司马贞：八字连作一句读。(《史记索隐》)

梁玉绳："日夜劳来我西土"，附按：别本"我"上有"定"字，是。劳来乃定也，徐广谓"一云'肯来'"，恐非。余姚卢学士文弨曰："《周书·度邑解》作'四方赤宜未定我于西土'，文讹难晓。"窃以字形求之，"四方"与此"日夜"相近，"赤"疑"兀"，或"亦"之讹，《史记》无此字。"宜未"与此"劳来"相近。《周书》"定我于西土"，本有"定"字。(《史记志疑·周本纪》)

㉑【汇注】

解惠全：显服：办好各种事情。显，明。服，事。(《全译史记·周本纪》)

㉒【汇注】

张守节：服，事也。武王答周公云，定知天之安保我位，得依天之宫室，退除殷纣之恶，日夜劳民，又安定我之西土。我维明于事，及我之德教施四方明行之，乃可至于寝寐也。自此已上至"武王至于周，自夜不寐"，周公问之，故先书。(《史记正义》)

方　苞："我维显服，及德方明"："显服"与《尚书》"自服于士"中同义，言我思修明政事，当及我德方明，四方归往之日，而大营土中为朝会之地也。(《史记注补正·周本纪》)

㉓【汇注】

王　恢：伊汭："自洛汭延于伊汭"，曰"粤詹洛伊"，又曰"有夏之居"，洛汭，当指斟鄩，伊汭正指近年发掘的遗址及大量文物之二里头。而其地平易无险固，乃卜居洛阳瀍涧之间也。《括地志》说着了一半，他皆失之。(《史记本纪地理图考·周本纪·经营洛邑》)

㉔【汇校】

张文虎："居易毋固"："易"字，《度邑解》作"阳"，据《集解》《正义》，疑所见本亦作"阳"。(《校刊史记集解索隐正义札记·周本纪》)

㉕【汇注】

裴　骃：徐广曰："夏居河南，初在阳城，后居阳翟。"(《史记集解》)

司马贞：言自洛汭及伊汭，其地平易无险固，是有夏之旧居。(《史记索隐》)

张守节：《括地志》云"自禹至太康与唐、虞皆不易都城"，然则居阳城为禹避商均时，非都之也。《帝王世纪》云："禹封夏伯，今河南阳翟是。"《汲冢古文》云："太康居斟寻，羿亦居之，桀又居之。"《括地志》云："故鄩城在洛州巩县西南五十八里也。"(《史记正义》)

陈蒲清：其有夏之居：正是夏代定居的地方。（引自王利器主编《史记注译·周本纪》）

编者按：偃师县城以西，洛河北岸尸乡沟汤都西亳故城（偃师商城）的发现，证明偃师二里头遗址一至四期都是夏文化。二里头遗址在洛河与伊水之间的平原上，正可谓"自洛汭延于伊汭，居易毋固，其有夏之居"，当是夏都斟鄩。

㉖【汇注】

王 恢：三涂：《左》昭四年服虔注：太行、轘辕、崤函三处道。此云"南望"，当从杜说"在河南陆浑县南"。《伊水注》："伊水历崖口山峡北流，即古三涂也。《春秋》（昭十七）晋伐陆浑，请有事三涂，知是山明矣。"崖口在嵩县西南八里滩。（《史记本纪地理图考·周本纪·经营洛邑》）

陈蒲清：三涂：指河南省嵩县西南的三座名山，即太行山、轘辕山、崤渑山。（引自王利器主编《史记注译·周本纪》）

㉗【汇注】

王 恢：岳鄙：与岳阳同义，即太岳之麓，南阳（河内）之域。《索隐》《正义》说太行山、恒山边鄙之邑，转嫌迂阔失其意旨。（《史记本纪地理图考·周本纪·经营洛邑》）

㉘【汇注】

裴　骃：徐广曰："《周书·度邑》曰'武王问太公曰，吾将因有夏之居也，南望过于三途，北詹望于有河'。"（《史记集解》）

司马贞：杜预云三涂，在陆浑县南。岳，盖河北太行山。鄙，都鄙，谓近岳之邑。《度邑》，《周书》篇名。度，音徒各反。（《史记索隐》）

张守节：《括地志》云："太行、恒山连延，东北接碣石，西北接岳山。"言北望太行、恒山之边鄙都邑也。又"晋州霍山，一名太岳，在洛西北，恒山在洛东北"。二说皆通。《释例·地名》云"三涂，在河南陆浑县南五十里"。（《史记正义》）

㉙【汇注】

陈蒲清：粤：语首助词，无义。（引自王利器主编《史记注译·周本纪》）

㉚【汇校】

王 恢：天室，顾颉刚《史林杂识·四岳与五岳》："其地之水，北有大河，南有伊、洛，山则南有三涂，北有岳鄙，东南有太室——天室为'太室'讹文，犹太邑商之误为"天邑商"，极擅形胜，故武王拟建都于是。"（《史记本纪地理图考·周本纪·经营洛邑》）

【汇注】

张守节：粤者，审慎之辞也。言审慎瞻雒、伊二水之阳，无远离此为天室也。（《史记正义》）

马持盈：希望各方面对于中央都要接近，不可疏远。（《史记今注·周本纪》）

编者按："毋远天室"，就是不要远离太室山。出土于宝鸡市贾村原的何尊铭文说：惟武王既克大邑商，则廷告于天曰"余其宅兹中或（国），自之辥（乂）民"。这是说，周武王攻克了商王朝的都城殷都以后，就在广廷之中祷告于天说："我要建住宅于此中国（指洛阳），在这里治理民众。"由此可见，后来周公奉成王之命营建周洛邑，是为了实现周武王的遗愿，是为了在洛阳建立西周王朝的都城。成王曾迁居成周洛邑，但不知何种原因，他不久后又回到故都宗周的丰邑，从此成周洛邑成为陪都。所以《史记·周本纪述赞》太史公曰："学者皆称周伐纣，居洛邑，综其实不然。武王营之，成王使召公卜居，居鼎焉，而周复都沣、镐。至犬戎败幽王，周乃东徙于洛邑。""毋远天室"，就是武王告诉周公不要远离太室山，也就是不要远离崇山，可见武王是要迁都洛阳。

【汇评】

马持盈：以上是武王告诉周公的话，读此可见其忧国之切，安民之殷，心计之远，气魄之壮，可惜不数年而死，使其壮志不得展现。（《史记今注·周本纪》）

㉛【汇校】

郭嵩焘："武王征九牧之君……营周居于雒邑而后去"。按：此段文义出《逸周书·度邑解》，史公缀辑于此，以见武王保国安民之意。自始有天下，规模智虑固远矣；文气亦特俊爽，一直贯下百余字。"日夜劳来我西土"，金陵本作"日夜劳来定我西土"，《札记》引索隐本、宋本、中统本、游本、毛本并有"定"字，此脱。"居易毋固"，《逸周书》作"居阳毋固"。（《史记札记·周本纪》）

【汇注】

张守节：《括地志》云："故王城一名河南城，本郏鄏，周公新筑，在洛州河南县北九里苑内东北隅。自平王以下十二王皆都此城，至敬王乃迁都成周，至赧王又居王城也。《帝王世纪》云'王城西有郏鄏陌'。《左传》云'成王定鼎于郏鄏'。京相璠《地名》云'郏，山名。鄏，邑名'。"（《史记正义》）

马骕：《吕氏春秋》：然后济于河西，归报于庙，乃税马于华山，税牛于桃林，马弗复乘，牛弗复用，衅鼓旗，甲兵藏之府库，终身不复用。此武王之德也。故周明堂，外户不闭，示天下不藏也。惟不藏也，可以守至藏。（《绎史》卷二〇《武王克殷》）

陈允锡：言之未及营也。（《史纬》卷一《周》）

陈梦家：在洛阳东关泰山庙东北隅也发现了殷遗址……根据历史记载，周武王灭殷以后，周公成王迁殷顽民于成周，分九里以居之。因此今天洛阳附近的成周近郊，当有西周初期的殷人遗址。（《解放后甲骨的新资料和整理研究》，载《文物参考资

料》，1954年第5期）

王恢：雒邑，《书·洛诰》："乃卜涧水东，瀍水西，惟洛食。又卜瀍水东，亦为洛食。"盖周公于洛水北岸、瀍水东西营二雒邑：

西洛邑，朝诸侯，谓之王城，战国以后称河南。故址在今洛阳市西郊涧水东岸。《汉志》："河南郡河南，故郏鄏（《左》宣三年），周武王迁九鼎（《左》桓二年），周公致太平，营以为都，是为王城，至平王居之。"

东洛邑，在瀍水东。《汉志》："河南郡雒阳，周公迁殷民，是为成周。《春秋》昭公三十二年（原误二十一年），晋合诸侯于狄泉，以其地大成周之城，居敬王。"又称下都，战国时始称洛阳，东西六里，南北九里，故址今洛阳市东北三十里，城的西墙，西距白马寺三里。（《史记本纪地理图考·周本纪·经营洛邑》）

又：周代三十七王，武至幽十二王居镐，平至悼十三王居王城，子朝之乱，敬以下十二王居下都，赧王复西居卫城。周之开国规模，坐西朝东，以西都镐京为宗周，建东都于洛阳以临制东方之诸侯，故能稳建空前之大国。（同上）

曲英杰：周人灭商以后营建东都洛邑，而称成周。其当是取周人成功之义。《公羊传》曰："成周者何？东周也。"何休曰："名为成周者，周道始成，王所都也。"洛邑即今河南洛阳市。周人之所以要择此地营建东都，原是由于其以此为天下之中，想以此为东方的统治据点来加强对四方的控制。……《左传·桓公二年》载臧哀伯语曰："武王克商，迁九鼎于雒邑。"杜预注："武王克商，乃营雒邑而后去之，又迁九鼎焉。时但营洛邑，未有都城。至周公，乃卒营雒邑，谓之王城，即今河南城也。"……《史记·卫康叔世家》载："武王既崩，成王少。周公旦代成王治，当国。管叔、蔡叔疑周公，乃与武庚禄父作乱，欲攻成周。"亦可表明成周城的营建在武王时已初具规模。（《先秦都城复原研究·洛》）

【汇评】

牛运震："武王至于周"云云，至"营周居于雒邑而后去"，按此段《汲冢书·度邑篇》文也。看其改易约括处，眉目一新，意味深长。（《史记评注·周本纪》）

编者按：《逸周书·度邑解》：维王克殷……王乃升汾之阜，以望商邑，咏叹曰：呜呼，不淑兑天对，遂命一日，维显畏弗忘。王至于周，自鹿至于丘中，具明不寝。王小子御告叔旦，叔旦亟奔，即王曰："久忧劳问，害不寝！"曰："安！予告女。"王曰："旦！惟天不享于殷，发之未生，至于今六十年。夷羊在牧，飞鸿满野，天不享于殷，乃今有成。维天建殷，厥征天民，名三百六十夫，弗顾亦不宾灭，用戾于今。呜呼，于忧兹难，近饱于恤辰是不室。我未定天保，何寝能欲？"……录此片断，已知《度邑解》佶屈聱牙，辞意艰涩，经史公整理抉择，确实"眉目一新"，耐人寻味。牛运震之评点不诬。

㉜ 【汇注】
　　张守节：华山在华阴县南八里。山南曰阳也。(《史记正义》)
㉝ 【汇注】
　　裴　骃：孔安国曰："桃林在华山东。"(《史记索隐》)
　　张守节：《括地志》云："桃林在陕州桃林县西。《山海经》云'夸父之山，其北有林焉，名曰桃林，广员三百里，中多马，湖水出焉，北流入河也'。"(《史记正义》)

【汇评】
　　程大昌：春秋时，晋侯使詹嘉处瑕守桃林之塞。杜预曰："桃林塞，潼关是也。"《三秦记》曰："塞在长安东四百里。"按《元和志》：汉关在长安东正三百里。若更增百里，即为虢之阌乡矣，不得云在潼关也。《志》于阌乡县曰：东南十里有桃原焉。古之桃林，周武王放牛之地也。以此言之，桃原为桃林，虽去长安不啻四百里，而方向为顺，可云应古矣。而《元和志》于陕州灵宝县，则又有所谓桃林塞者焉，盖《元和》一书，其于桃林之名自始至此，凡三变其地也。一以为潼关，一以为阌乡，一以为灵宝，则三者竟孰是也？《志》于灵宝又该为之说曰："灵宝县西至潼皆是桃林塞。"此其为说，虽若泛漫，而实有理也。《书》著武王之事曰："归马于华山之阳，放牛于桃林之野。"盖桃林者，武王尝著放牛之迹，后人辗转攀慕，故一名而该地如此其多也。既有此名，后人因而传疑，不敢改定。故三地同分一名者，不云羡溢也。若夫华山之阳，则在华州华阳县南为甚明矣。其于潼关不甚相远。然尝思而求之：塞以陿塞为义，野以平旷为义，函关之间凡数百里，其中行路皆陿束河山，状皆数函，故名之为塞。如《元和志》所著桃原之地则在阌乡县南，正在陿束之内，则安得夷旷之地而名之为野也？孔颖达引杜预语亦以桃林塞为在关矣，且曰：华山之旁尤乏水草，非长养牛马之地，欲使自生自死，以示战时牛马不复乘耳。孔之此言深得事情之衷，则虽桃林无野，理亦长也。(《雍录》卷六《桃林、华阳》)
　　王世贞："纵马""放牛"云者，盖官不复录为兵车用，置之民间，听其耕牧而已。程大昌因其地在河山陿束，取孔颖达引杜预为证云：华山之旁，尤乏水草，非长养牛马之地，欲使自生自死。腐儒穿凿，一至于此，不知革车三百辆，为马千二百匹，所须地几何，可发一叹！(引自《增订史记评林》)
　　王　恢：桃林之虚，《书·武成·伪孔传》："在华山东。"《左》文十三年："晋侯使詹嘉处瑕以守桃林之塞。"杜注"桃林在弘农华阴县东潼关"。隋置桃林县。唐改灵宝。旧治今治东北古函谷关。函谷至潼关皆桃林之虚也。(《史记本纪地理图考·周本纪·经营洛邑》)

㉞【汇注】

　　司马迁：殷事已毕，倒置干戈，覆以虎皮，以示天下不复用兵。(《史记·留侯世家》)

　　马持盈：偃干戈：偃，息也，不用也。(《史记今注·周本纪》)

㉟【汇注】

　　裴　骃：《公羊传》曰："入曰振旅。"(《史记集解》)

　　解惠全：振兵释旅：整顿部队，然后解散。振，整顿。释，解散。旅，古代以士卒五百人为一旅。这里泛指军队。(《全译史记·周本纪》)

㊱【汇注】

　　班　固：殷、周以兵定天下矣。天下既定，戢臧干戈，教以文德，而犹立司马之官，设六军之众，因井田而制军赋。地方一里为井，井十为通，通十为成，成方十里；成十为终，终十为同，同方百里；同十为封，封十为畿，畿方千里。有税有赋，税以足食，赋以足兵。故四井为邑，四邑为丘。丘十六井也，有戎马一匹，牛三头。四丘为甸，甸六十四井也，有戎马四匹，兵车一乘，牛十二头，甲士三人，卒七十二人，干戈备具，是谓《乘马之法》。一同百里，提封万井，除山川、沈斥、城池、邑居、园囿、术路，三千六百井，定出赋六千四百井，戎马四百匹，兵车百乘，此卿大夫采地之大者也，是谓百乘之家。一封三百一十六里，提封十万井，定出赋六万四千井，戎马四千匹，兵车千乘，此诸侯之大者也，是谓千乘之国。天子畿方千里，提封百万井，定出赋六十四万井，戎马四万匹，兵车万乘，故称万乘之主。戎马、车徒、干戈素具。春振旅以搜，夏拔舍以苗，秋治兵以狝，冬大阅以狩，皆于农隙以讲事焉。(《汉书·刑法志》)

　　编者按："示天下不复用也"，苏辙《古史》作"示天下弗服"，其意大有出入，并自注云："天下虽安，兵不可戢。武王始诛纣，而遂归马、放牛，何也？商之亡也，天下诸侯盖有助为无道者矣。纣既灭，恐兵以次及之，必有不安之心，武王恐其自疑，而沮兵以自救，故为之归马、放牛，盖以权示天下弗服而已。"

　　　　武王已克殷①，后二年，问箕子殷所以亡②。箕子不忍言殷恶③，以存亡国宜告④。武王亦丑⑤，故问以天道⑥。

①【汇注】

　　张习孔：按武王克殷之年，《尚书·牧誓》仅记日，无年代，故史家推算，其说达十余种，范文澜《中国通史》作前1066年，兹从之。(《中国历史大事编年——远古至

东汉·西周·武王克殷》）

又：武王既克殷，乃分兵征伐诸侯，征服九十九国，臣服者六百五十二，商区遂定，班师西归，定都镐京（今陕西长安西北），号称宗周，西周建立。（《中国历史大事编年——远古至东汉·西周·武王都镐》）

② 【汇注】

陆唐老：武王既胜殷，乃改正朔，以建子为正月，色尚赤，服从冕。王亲虚己问箕子殷所以亡？曰："吾杀纣是与？非与？"箕子不忍言殷恶，而王亦丑之，乃问以天道，作《洪范》，封箕子于朝鲜而不臣也。余各以次受封。（《陆状元通鉴》卷二〇《外纪·周纪上·文武》）

马骕：《吕氏春秋》：武王入殷，闻殷有长者，武王往见之，而问殷之所以亡。殷长者对曰："王欲知之，则请以日中为期。"武王与周公旦明日早要期则弗得也。武王怪之。周公曰："吾已知之矣，此君子也。取不能其主，有以其恶告王，不忍为也。若夫期而不当言，而不信，此殷之所以亡也。已以此告王矣。"（《绎史》卷二〇《武王克殷》）

张习孔：约前1064年，周武王六年，武王访问箕子，咨以国事，箕子陈《洪范》（《尚书》篇名，讲治天下之法）。（《中国历史大事编年——远古至东汉·西周》）

【汇评】

崔述：按：武王"乱臣十人"莫非贤圣，乃复访于胜国遗贤者，何？盖圣人之心常自以为不足；好问好察，舜、武王无以异也。此所以继唐、虞而成成周之盛治也。（《丰镐考信别录》卷三《访箕之故》）

③ 【汇注】

张守节：箕子殷人，不忍言殷恶，以周国之所宜言告武王，为《洪范》九类，武王以类问天道。（《史记正义》）

④ 【汇校】

裴骃：徐广曰："（存），一作'前'。"（《史记集解》）

【汇注】

司马贞：六字连一句读。（《史记索隐》）

王鏊："存亡国宜告"，此句疑有误，不可解。（引自《史记评林·周本纪》）

方苞：此隐括《洪范》而为言也。鲧殛禹兴，存亡之迹也。《九畴》皆有国者所宜用也。（《史记注补正·周本纪》）

梁玉绳："以存亡国宜告"，附按：《评林》王鏊曰"此句疑有误，不可解"。方氏《补正》曰"此隐括《洪范》而为言也。鲧殛禹兴，存亡之迹，《九畴》皆有国者所宜用"。说本《正义》。王孝廉曰"依方氏说，则下文不可接，盖下文问天道乃陈《洪范》耳。窃意存亡国即兴灭继绝之意，宜者义也，以义所当行者告武王"。《左传》云"存三亡国"，语亦类比，盖谓当时灭国五十之事。《正义》非。（《史记志疑·周本纪》）

郭嵩焘："以存亡国宜告"：按存亡国宜告者，言国所以存亡之事宜也。（《史记札记·周本纪》）

张家英："存亡国"的"存"并非常用的"保存"或"生存"之义。《说文·子部》："存，恤问也。"……则所谓"存亡国"，并不是箕子向武王提出"兴灭继绝"即恢复已灭亡的殷商王朝的要求，而是箕子代表殷商王族所提出的温和而又柔弱的抗议。本篇上文记载：灭殷之后，"封商纣子禄父殷之遗民。武王为殷初定未集，乃使其弟管叔鲜、蔡叔度相禄父治殷"。《正义》《帝王世纪》谓以管叔、蔡叔、霍叔即"三监"监视殷民与殷王族。武王杀纣之后，曾释箕子之囚，箕子因此而有接近武王的机会。当武王问"殷所以亡"时，"箕子不忍言殷恶，以存亡国宜告"，宜即对"三监"举动表示不满，希望武王能改变措施，以表示对亡国者后代的体恤。此当为武王所始料未及。武王向以"行仁义"标榜，听到这委婉的劝告，故有"亦丑"的特殊反应。此"丑"字，《庄子·德充符》"寡人丑乎"，《释文》："李云'丑，惭也'；崔云'愧也'。"武王听了箕子的委婉劝告，虽有短暂的惭愧心理状态，但他很快改变战术，以攻为守，向箕子"故问以天道"。《考证》谓"一本无'故'字"。窃以为此"故"乃"故意"之意，是不可少的一个字。武王故意提出"天道"问题，实即暗示殷商之亡乃违反天道使然，亦即使二人的交谈又回到了"殷所以亡"的主题上。看来，《周本纪》中的这段记载虽然着墨无多，仍不失为古代政治斗争、思想斗争中的绝好史料。（《〈史记〉十二本纪疑诂·周本纪》）

⑤【汇注】

陈　沂："武王亦丑"，即《殷记》"既丑有夏"之意也。（引自《史记评林·周本纪》）

吴国泰：丑犹耻也。《吕氏春秋·不侵》篇："欲丑之以辞。"高注："丑或作耻。"盖丑耻二字双声相通，假丑为耻也。谓武王有惭德也。（《史记解诂》，载《文史》第四十二辑）

⑥【汇校】

郭嵩焘：武王亦丑，故问以天道：按问以天道，即《洪范》一书是也。疑此当作"武王故丑，亦问，问以天道"，于此遗一"问"字。（《史记札记·周本纪》）

【汇注】

司马迁：武王曰："於乎？维天阴定下民，相和其居，我不知其常伦所序。"箕子对曰："在昔鲧陻鸿水，汨陈其五行，帝乃震怒，不从鸿范九等，常伦所斁。鲧则殛

死，禹乃嗣兴。天乃锡禹鸿范九等，常伦所序。"（《史记·宋微子世家》）

邢云路：十有三年，武王胜殷，释箕子之囚，即四月以箕子归镐京，访问天道。（《古今律历考》卷三《尚书考》）

又：武王知箕子贤，不可得而臣，而其道则当师，于是访问天道。（同上）

吴汝纶：此言箕子不忍言殷恶，以武王存殷后，于义宜告，见箕子踌躇于中也。武王因此亦以殷事为耻。于是改问天道，此文无误，而熙父疑之，何也？（《桐城吴先生点勘史记读本·周本纪》）

【汇评】
牛运震：按此段写得笃厚深古得情得体，以存亡国宜告，言箕子劝武王恤商以存亡国之义相告也，诸解多误。（《史记评注·周本纪》）

　　武王病。天下未集，群公惧，穆卜①，周公乃祓斋②，自为质③，欲代武王④，武王有瘳⑤。后而崩⑥，太子诵代立⑦，是为成王⑧。

① 【汇注】
　　裴 骃：孔安国曰："穆，敬也。"（《史记集解》）
　　马持盈：穆卜：恭敬而卜之。（《史记今注·周本纪》）
　　编者按：西周的"京宫"太庙里始祖是太王，按照西周的昭穆制度，宗庙中始祖以下的次序：子为昭，孙为穆，所以王季是昭，文王是穆，武王是昭，成王是穆。《尚书·酒诰》中成王对康叔说："乃穆考文王，肇国在西土。"《周颂·载见》云："率见昭考，以孝以享，以介眉寿。"《诗序》说："载见，诸侯始见乎武王庙也。"《毛传》："昭考武王也。"可见，文王在宗庙中的次序是"穆"，武王在宗庙中的次序是"昭"。《尚书·金縢》说："既克商二年，王有疾弗豫，二公曰：我其为王穆卜。周公曰：未可以戚我先王。"唐兰说："过去都不懂得'穆卜'是什么意思，其实就是说要卜武王的'穆'。二公认为武王的病已经好不了，所以要卜下一代，周公阻止了他们，自己来告太王、王季、文王，请求替武王的死，所以说'其勿穆卜'。因为武王的次序是'昭'，那末，卜他的下一代，就应该是'穆卜'了。"（《西周铜器断代中的"康宫"问题》）"穆卜"以唐说为是。

② 【汇注】
　　张守节：祓，音废，又音拂。齐，音札皆反。祓，谓除不祥求福也。（《史记正义》）

王　圻：《左氏·注》曰"除地为墠，筑土为坛"。《书·金縢》"武王有疾，周公为三坛"，同墠。《黄帝内传》乃有筑坛墠事，是其制起自黄帝。（《稗史汇编·地理门·街衢·坛墠》）

马持盈：祓斋：祓，音拂，除不祥以求福也。周公斋戒沐浴，祷告于鬼神，请求保佑武王之健康。（《史记今注·周本纪》）

③【汇注】

张守节：质音至。周公祓斋，自以赘币告三王，请代武王，武王病乃瘳也。（《史记正义》）

梁玉绳："周公乃祓斋，自为质"，附按：《鲁世家》亦作"质"，如《周礼》"质剂"之"质"，《正义》解作"赘"非。明徐孚远《史记测议》曰："《书》作'自以为功'，此改作'质'字，义胜"。（《史记志疑·周本纪》）

④【汇注】

方　苞："自为质"，以身为质于神也。即书所谓"若尔三王，是有丕子之责于天，以旦代某之身也"。（《史记注补正·周本纪》）

⑤【汇注】

马持盈：瘳音抽，病愈也。（《史记今注·周本纪》）

⑥【汇注】

裴　骃：徐广曰："《封禅书》曰'武王克殷二年，天下未宁而崩'。"皇甫谧曰："武王定位元年，岁在乙酉，六年庚寅崩。"骃按：《皇览》曰"文王、武王、周公冢皆在京兆长安镐聚东杜中也"。（《史记集解》）

张守节：《括地志》云："武王墓在雍州万年县西南二十八里毕原上也。"（《史记正义》）

司马光：武王即位四年克商，克商七年而崩，寿九十三。（《稽古录》卷八《周上》）

章　衡：在位七年，寿九十三。（《编年通载》卷一《周》）

陈士元：元按：武王名发，西伯昌之子也。昌娶子有莘氏曰太姒，生十子，长曰伯邑考，早卒。次曰发，发生于帝乙之二十三祀壬辰。西伯薨，子发嗣，为西伯，乃伐纣，践天子位，七年而崩。墓在京兆长安东杜。《礼记·文王世子》篇，文王谓武王曰：我百尔九十，吾与尔三焉。文王九十七乃终，武王九十三而终。且如其言，则文王十五而生武王，前此已有伯邑考矣。武王八十一而生成王，后此又生唐叔虞焉，此理所无者，盖《戴记》之附会也。《竹书纪年》云，武王年五十四而卒，似为近理。（引自《湖海楼丛书·论语类考》卷七《武王》）

李学孔：乙酉十九年（在王位之七年）冬十二月，王崩。……寿九十有三，葬于

毕，西去丰三十里。太子诵立，时年十三。（《皇王史订》卷四《武王》）

孙之騄："冬十有二月，王陟，年九十四"，《论衡》："文王九十七而薨，武王九十三而崩。"《封禅书》武王克殷二年，天下未宁而崩。《路史》曰："武王之寿乌有九十三邪？按《竹书》武王五十四，今作九，非。"（《考定竹书》卷八）

又："夏六月，葬武王于毕"，《逸周书》"夏六月，葬武王于毕"。注云，弭，安，毕也。毕陌在长安西北四十里，文王墓地，武王亦葬之。（同上）

徐文靖：按《诗·清庙》疏，武王以成王年十岁十二月崩，今据《竹书》，武王九十四陟。是年丙申。以甲子计之，则武王生于武乙二十二年之癸亥。是时文王一十二岁生武王。盖武乙在位三十五年，加武王十四岁，加文丁十三年，则武王二十七岁，加帝乙九年，帝辛五十二年，则武王八十八岁，加伐商六年，武王九十四岁，岁在丙申。旧说文王十五生武王，而又有伯邑考为之兄，此大谬也。观《关雎》思得贤后以为之配，"求之不得，辗转反侧"，若文王十二三时，岂应作此语乎？（《竹书纪年统笺》卷七《王陟年九十四》）

梁玉绳："武王有瘳，后而崩"，按："后"字下有阙，《史》文未必如是。（《史记志疑·周本纪》）

朱孔阳：《逸周书》，乃岁十有二月，王崩于镐，殡于岐周。周公立，相天子。周公、召公内弭父兄，外抚诸侯。元年夏六月，葬武王于毕。《汲冢周书》，毕西于丰三十里。（《历代陵寝备考》卷八《周》）

王国维：文王之年，据《尚书·无逸》及《孟子》，自当至九十余。至武王之年则明见于《史记》。《史记》载武王克殷至于周，自夜不寐，告周公曰，惟天不飨殷，自发未生，于今六十年，麋鹿在牧，蜚鸿满野。《周书·度邑解》具有其文。此篇渊懿古奥，类宗周以前之书，与《文王世子》等秦汉间之书，文体大异，自为实录。据此则克商之前六十年武王尚未生，又二年而崩，年当近六十。自注："《路史》引真本《竹书纪年》谓武王崩年五十四，事较近之。"（《周开国年表》，引自《观堂集林·别集》卷一）

刘　坦：武王即位九年，东观兵盟津，十二年克殷，克殷后二年而崩，通凡十四年。（《史记纪年考》卷二《周共和以前纪年考·武王》）

陈梦家：武王克殷后在位年数有三说：一年说，《逸周书·作雒篇》曰"武王克殷……乃岁十二月崩"，此或有脱文。三年说，《书·金縢》曰"既克商二年王有疾弗豫……武王既丧"；《史记·周本纪》曰"既克殷后二年问箕子所以亡……武王有瘳而后崩"；又《封禅书》曰"武王克殷后二年天下未宁而崩"。计克殷一年，克殷后二年而崩，共在位三年。七年说，《逸周书·明堂位》曰"既克殷六年而武王崩"；《管子·小问篇》曰"武王伐殷既克之，七年而崩"。克殷一年，克殷后六年而崩，共在位

七年。今采用三年说。文、武、周公均在位七年之说，系误读《尚书》而来。(《西周年代考》第三部)

赵光贤：武王（前1055—前1043）：武王十一年克商，时当公元前1045年，克商后二年而崩，据历表知连克商之年为三年，在位共十三年。(《先秦史论集·西周诸王年代考》)

李仲操：《尚书·金縢》载："既克商二年，王有疾弗豫。"《史记·封禅书》亦载："武王克商二年，天下未宁而崩。"按克商年为受命十三年，则克商二年，应为受命之十五年，亦即武王即位之第六年。因此，武王的在位年数共为六年。(《西周年代》四《文武两世年数及其历日》)

编者按："夏商周断代工程"推算的西周年表：周武王姬发在位，约前1046年—约前1043年，共4年。

李裕民：武王年寿，旧有三说：一、《小戴礼记·文王世子》云："武王九十三而终。"《帝王世纪》同。二、《路史·发挥》卷四、金履祥《通鉴前编》卷六引《竹书纪年》："武王年五十四。"今本《竹书纪年》同。三、《真诰》卷一五注引《竹书》云："年四十五。"(《周武王年寿考》，载《文史》第二十五辑)

【汇评】

李学孔：王丕承文烈，建官唯贤，位事惟能，重民五教，惟食丧祭，敦信明义，崇德报功，垂拱而天下治。(《皇王史订》卷四《周纪·武王》)

龙体刚：武王归马放牛，散财发粟，此在后世开创贤君，犹能行者，若褒封五帝之后，不杀夷、齐、茅土十乱，旌比干、封箕子，至成王，又封微子于宋，坦荡公心，毫无私意，其视殷民如子，昭之以德，化之以道，以视后之戮忠谏、杜功勋、忌先朝胜国之嗣若虎狼然，天理人欲之判，迥然远矣。(《半窗史略》卷五《西周·武王》)

⑦【汇注】

皇甫谧撰、徐宗元辑：武王妃，太公之女，曰邑姜，修教于内，生太子诵。(《帝王世纪辑存·周第四》)

⑧【汇注】

皇甫谧撰、徐宗元辑：成王元年，周公为冢宰，摄政。王年少未能治事，故号曰孺子。八年，春，正月朔，王始躬政事。以周公为太师，封伯禽于鲁，父子并命。周公拜于前，鲁公拜于后。王以周公有勋劳于天下，故加鲁以四等之上，兼二十四附庸，地方七百里。既营都洛邑，复居酆、镐。淮夷、徐戎及郯叛，王乃大搜于岐阳，东伐淮夷。(《帝王世纪辑存·周第四》)

司马贞："成王诵"，或作"庸"，非。(《史记索隐》)

潘永圜：成王名诵，武王元子，丙戌即位，制礼作乐，颁度量，营洛邑，成明堂，

为有周令主,在位三十七年。《谥法》:安民立政曰成。(《读史津逮》卷一《周》)

孙之騄:武王崩,成王年十有三,而嗣立。周公摄政,以治天下。明年夏六月,既葬,冠成王而朝于庙,祝雍辞曰:"使王近于民,远于年,近于义,啬于财,亲贤而任能。"其颂曰:"令月吉日,王始加元服。去王幼志,服衮职,钦若昊天,六合是式。率是祖考,永永无极。"(《考定竹书》卷八《秋王加元服》)

蒋廷锡:按郑樵《通志·三王本纪》:成王元年,周公位冢宰,以天下初定,王年少,恐诸侯畔,周公摄政,当国南面。黼扆以朝诸侯。(《古今图书集成·明伦汇编·皇极典》卷一〇《周·成王本纪》)

成王少①,周初定天下,周公恐诸侯畔周②,公乃摄行政当国③。管叔、蔡叔群弟疑周公④,与武庚作乱⑤,畔周⑥。周公奉成王命,伐诛武庚、管叔⑦,放蔡叔⑧。以微子开代殷后⑨,国于宋⑩。颇收殷余民,以封武王少弟封为卫康叔⑪。晋唐叔得嘉谷⑫,献之成王,成王以归周公于兵所⑬。周公受禾东土,鲁天子之命⑭。初,管、蔡畔周,周公讨之⑮,三年而毕定⑯,故初作《大诰》⑰,次作《微子之命》⑱,次《归禾》⑲,次《嘉禾》⑳,次《康诰》《酒诰》《梓材》㉑。其事在《周公》之篇㉒。周公行政七年㉓,成王长,周公反政成王㉔,北面就群臣之位㉕。

① 【汇注】

梁玉绳:成王始见《周书》《周颂》。名诵,始见《史·周纪》《世表》。武王太子,始见《周纪》。诵又作庸,亦曰文子文孙,亦曰昭子;亦单称成,在位三十七年,葬咸阳。(《汉书人表考》卷二《成王诵》)

② 【汇注】

张习孔:商之属国奄(今山东曲阜旧城东)君,蒲姑(一作薄姑,今山东博兴东南)谓武庚曰:"武王死矣,成王尚幼,周公见疑矣,此百世之时也,请举事。"武庚从之,于是"三叔及殷(武庚)、东徐(今山东临沂一带)、奄及熊、盈以叛",周公乃奉命兴师东征。(《中国历史大事编年——远古至东汉·西周》)

编者按:反映武庚作乱的铜器铭较多,印证了周公东征的史实。小臣单觯铭文曰:

王后坂（反），克商。在成师，周公易（锡）小臣单贝十朋，用作宝尊彝。

陈梦家认为"王后坂（反），克商"，是"成王第二次克商，即克武庚之叛"（《西周铜器断代》，《考古学报》1955年9期），此说至确。

禽簋铭文说"王伐䇂（奄）侯，周公某（谋）"，这是说成王伐奄侯，是周公的谋略。唐兰："䇂即盖字……所以去与盍通，隶书盍字即从去作盍。盖，国名，古书多作奄。盖、奄声近通用。《墨子·耕柱篇》《韩非子·说林》均作商盖，《左传》昭公九年和定公四年则作商奄。那么，'王伐盖侯'，即是《书序》所说成王践奄之事。奄在今山东曲阜。记载伐奄的还有牺刲尊铭文。成王封鲁，正是在伐奄之后。周公伐奄时，还征伐了东夷的丰伯、薄姑等，见塱方鼎铭文。"（《西周青铜器铭文分代史征》）

③【汇注】

司马迁：武王既崩，成王少，在襁褓之中。周公恐天下闻武王崩而畔，周公乃践阼代成王摄行政当国。管叔及其群弟流言于国曰："周公将不利于成王。"周公乃告太公望、召公奭曰："我之所以弗辟而摄行政者，恐天下畔周，无以告我先王太王、王季、文王。三王之忧劳天下久矣，于今而后成。武王早终，成王少，所以成周，我所以为之若此。"于是卒相成王。（《史记·鲁周公世家》）

郑　玄：周公居摄，命大事则权称王。（《尚书注·大诰》）

司马光：成王年十三，周公为冢宰，摄行天子事。管叔、蔡叔、霍叔乃流言于国曰："公将不利于孺子。"遂奉武庚禄父、淮夷作乱。周公帅师东征，居东二年，罪人斯得，杀武庚禄父及管叔，囚蔡叔于郭邻。降霍叔于庶人，灭淮夷，三年而归。卜宅洛邑为王城，使四方入贡道里均，又作下都于瀍水东，命曰成周。迁殷顽民教治之。然天子犹往来常居镐京，曰宗周。（《稽古录》卷八《周》上）

唐汝询：周公名旦，武王弟也。自文王在时，旦仁孝异于群子，武王十一年伐纣，周公佐武王，作《牧誓》。武王已破殷践阼，封公于少昊之墟曲阜，是为鲁公。武王崩，成王少，周公恐天下叛，乃摄行政当国，于是管蔡流言，而成王疑之，公乃避位，居东二年。其后成王感风雷之变，而迎公，公遂东征，诛叔、武庚，还而相成王，制礼作乐，兴成周之制焉。（《诗史》卷一《周公·序》）

李学孔：丙戌元年，王谅阴，周公位冢宰，总百官摄政。（《皇王史订》卷四《周纪·成王》）

孙之騄："成王元年，丁酉，春正月，王即位，命冢宰周文公总百官"。《淮南子》：周公践东宫，履乘石，摄天子之位，负扆而朝诸侯。邢邵曰："周公摄政，在明堂，南面朝诸侯。"（《考定竹书》卷八）

编者按：1976年周原扶风庄白一号窖藏出土的商尊、商卣铭文曰：

惟五月，辰（晨）在丁亥，帝后（姤）賞（赏）庚姬贝卅朋，逨丝（丝）廿乎。

商用作文辟日丁宝尊彝。

"帝后",金文中首次出现。"后"或释"祠"不确。商代武丁以后,称死去的直系先王为"帝",例如卜辞中祖庚、祖甲称亡父武丁为"帝丁";廪辛或康丁称其亡父为"帝甲";帝乙称其亡父文丁为"文武帝";四祀邲其卣铭文中纣王称其亡父帝乙为"文武帝乙"。"帝姤"中的"帝"是指已死去的武王,"姤",是指武王的王妃,就是姜太公的女儿邑姜。宝鸡市石鼓山商周墓地3号墓,出土的中臣鼎铭末有"帝姤"二字,也是指邑姜。由此可知,武王死后,成王的母亲还活着,年龄可能还不大,因此成王还是个少年。

【汇评】

吴　兢:《书》所谓(周公)位冢宰,正百工,与《诗》所谓摄政,皆在成王谅阴之时,非以幼冲而摄也。其摄亦不过位冢宰之位而已。亦非如荀卿所谓摄天子之事也。三年之丧,二十五日而毕。方其毕时,周公固未尝摄,亦非有七年而后还政之事也。百官总己以听冢宰,在殷之高宗已然,岂特周公行之哉?此皆论周公者所当先知也。(引自《纲鉴合编》卷二《周纪·成王》)

陈　栎:周公辅成王,制礼作乐,经制大备。与召公夹辅周室,以致太平。古今相业,莫如周、召盛矣。(《历代通略》卷一《周》)

钱　穆:武王克殷二年,天下未宁而崩。此乃周初一个最严重的局面。不得已乃有周公之摄政。(《国史大纲》第一编第三章《封建帝国之创兴》)

④**【汇注】**

孙之騄:郑注《金縢》曰:文王崩后,明年生成王,则武王崩时,成王年九岁。服丧三年毕,成王年十二,明年将践祚,周公欲代之摄政,群叔流言,周公辟之居东都,时成王年十三也。居东二年,成王收捕周公之属党,时成王年十四也。《书》称"罪人斯得",谓周公之属党。《蒙恬传》周公旦走而奔于楚。(《考定竹书》卷八《周文公出居于东》)

⑤**【汇注】**

郭之奇:武庚者,纣子禄父,封于殷。三叔监之。周公摄政。三叔流言,奄君请举事,武庚从之,与管叔以殷畔。成王命周公东征,灭武庚,诛奄君,辟管叔。不言二叔畔者,恕之也。恕二叔,所以罪管叔也。周之畔,殷之顽也。(《稽古篇》卷四三《叛人总传》)

⑥**【汇注】**

顾应祥:丙戌(元年)周成王,三监以殷叛。淮夷叛。(《八代纪要》卷三)

又:周公居东,郑玄以为避位,孔安国以为东征。二说不同,今依《史记》书之以存疑。(同上)

袁　黄：三叔非叛也。夫武庚，商家元子也，少康复国，君子贤之，岂独不许武庚耶？三叔诚至戚，同为商之遗臣也，审去就而忘亲徇国，质之天地鬼神而生死无憾焉。周公之笃于亲，三叔之笃于君，纲常名教均无愧者也。（引自《增订史记评林·周本纪》）

孙之騄："武庚以殷叛"，《史通》曰：按禄父，纣之子也。属社稷倾覆，怨耻难言，而使其侯服事周，而全躯以保妻子，仰天俯地，何以为生？既而合谋，二叔殉节，三监虽亲之怨不除，而臣子之诚可见。苟以其功业不成，便以顽人为目。是则有君若夏少康，有臣若伍子胥，向若众败身灭，亦履迹丑徒，编名逆党者耶？（《考定竹书》卷八）

⑦【汇校】

张文虎："伐诛武庚管叔"：《类聚》《御览》引"管叔"上有"杀"字，《杂志》云后人删之。（《校刊史记集解索隐正义札记·周本纪》）

吴汝纶：王念孙依《类聚》《御览》"管"上增"杀"字。某按：王说非是，《通志》无。（《桐城吴先生点勘史记读本·周本纪》）

【汇注】

顾应祥：戊子，三监平，杀武庚。（《八代纪要》卷三）

又：封微子于宋，康叔于卫，箕子于高丽。辟管叔于商，囚蔡叔于郭邻，降霍叔为庶人。东平淮夷。（同上）

孙之騄：荥阳京县东北有管城，即管叔鲜所封之管国也。管除属桧，桧灭属郑。《左》宣十二年，晋师救郑，楚子次于管以待之。《逸周书》曰："立王子武庚，命管叔相。惟十有三祀，王在管也。"（《考定竹书》卷八《命监殷遂狩于管》）

【汇评】

范祖禹：象日以杀舜为事，舜为天子则封之，管、蔡启商以叛周，周公为相则诛之，其迹不同，其道一也。舜知象之将杀己也，故象忧亦忧，象喜亦喜，尽其诚以亲之而已矣。象得罪于舜，故封之。管、蔡流言于国，将危周公以间王室得罪于天下，故诛之。非周公诛之天下之所当诛也。周公岂得而私之哉？后世如有王者不幸而有害兄之弟如象，则当如舜封之是也。不幸而有乱天下之兄如管、蔡，则当如周公诛之是也。舜处其常，周公处其变，此圣人之所以同归于道也。（引自《纲鉴合编》卷二《周纪·成王》）

梁玉绳："周公奉成王命，伐诛武庚、管叔"，按：周公杀管叔一事，千古厚诬。夫周公宁有杀兄之事哉！自《左传》言之，《史记》著之，诸子述之，遂构虚成实，于是说《尚书》者谬解《金滕》"弗辟"为"刑辟"，伪作"蔡仲之命"者又谬解《周书》"降辟三叔"为周公致辟管叔，圣如周公，岂忍假王命以推刃同气乎？大义灭亲之说，亦后世藉口周公者所造耳。至《说苑·指武》载周公诛管、蔡，由于齐人王满生，尤属诞妄。然则管叔何以死？曰：《周书·作洛》云"管叔经而卒"，知罪自缢，未尝杀也。使管叔不死，当亦与蔡同放焉，杀云乎哉。（《史记志疑·周本纪》）

⑧【汇评】

刘知幾：《尚书·金縢》篇云："管、蔡流言，公将不利于孺子。"《左传》云："周公杀管叔而放蔡叔，夫岂不爱，王室故也。"按《尚书·君奭》篇《序》云："召公为保，周公为师，相成王，为左右。召公不说。"斯则旦行不臣之礼，挟震主之威，迹居疑似，坐招讪谤。虽奭以亚圣之德，负明允之才，目睹其事，犹怀愤懑。况彼二叔者，才处中人，地居下国，侧闻异议，能不怀猜？原其推戈反噬，事由误我。而周公自以不诚，遽加显戮，与夫汉代之赦淮南，明帝宽阜陵，一何远哉！斯则周公于友于之义薄矣。而《诗》之所述，用为美谈，何哉？（《史通》卷一三《疑古》）

田　锡：管、蔡流言，周公诛之，大义灭亲之断，自周公始也。（引自《涵芬楼古今文钞》卷二《断论》）

⑨【汇注】

马维铭：微子名启，帝乙之首子，而纣之庶兄也。食采于微，故曰微子。纣既立，淫乱于政，微子数谏，不听，遂亡。及周武王伐纣，克殷，封纣子武庚禄父，以续殷祀，使三叔监殷。周公当国，三叔胁武庚以叛。周公承王命，诛武庚，乃求微子而封之于宋，以代殷后。微子卒，嫡子早亡，立其弟为微仲。《礼》曰："微子舍其孙腯而立衍也。"（《史书纂略》卷一《商列传·微子启》）

张志淳：或问朱子"以武王既诛纣矣，时微子为纣兄，又贤，立以为君，夫岂不可？"朱子不答。愚以为使武王如或人之见，则武王不足以为圣人矣。盖圣人之心，大公无我，圣人之道，与时偕行。天之生纣，已绝商命矣，武王复立微子，则八百之诸侯，可能听武王以立微子哉？借曰听武王而立微子矣，则四海之民仇纣者，可能帖然而安乎？况已诛天子，再复臣位，虽以武王之圣，能处之无嫌，而周之公刘、后稷之业，子孙百世之计，九州四海之乱，有不自我而作乎？或曰：观《书经》旅商士之文告，则民犹思商，自苏氏以为在周为顽，在商为良，遂沿习莫考。夫不靖者皆纣之党也，溺纣之荒淫逸乐，以有位于朝者，何啻飞廉辈数人而已哉？此其党与，实繁有徒，所以诱惑齐民，又不可胜计也。乃指为在商为良，岂不误哉？夫民则去恶归善也，士则假善恣恶也，若以为真而与之，则乱从兹起，不但公刘、后稷不血食，而贻祸罔极，武王殆亦宋襄之流矣。天命人心之去留，圣人精义入神之大用于斯焉在此，岂胶固浅见所能测乎？（《南园漫录》卷六《微子》）

⑩【汇校】

梁玉绳："以微子开代殷后，国于宋"，按：微子封宋在武王时，不在成王诛武庚

后也，说在《殷纪》。(《史记志疑·周本纪》)

【汇注】

荀　子：武王怒，师牧野，纣卒易乡启乃下，封之于宋立其祖。(《荀子》卷一八《成相篇》)

张守节：今宋州也。(《史记正义》)

李学孔：既诛武庚，乃封微子以代殷，国号宋。用殷之礼乐，作宾于周而不臣。(《皇王史订》卷四《周纪·成王》)

马持盈：宋：在河南商丘县。(《史记今注·周本纪》)

⑪【汇注】

张守节：《尚书·洛诰》云："我卜瀍水东，亦惟洛食，以居邶、鄘、卫之众。"又《多士篇序》云："成周既成，迁殷顽民。"按：是为东周，古洛阳城也。《括地志》云："洛阳故城在洛州洛阳县东北二十六里，周公所筑，即成周城也。《舆地志》云'以周地在王城东，故曰东周。敬王避子朝乱，自洛邑东居此。以其迫陋不受王都，故坏翟泉而广之'。"按：武王灭殷国为邶、鄘、卫三监尹之。武庚作乱，周公灭之，徙三监之民于成周，颇收其余众，以封康叔为卫侯，即今卫州是也。孔安国云"以三监之余民，国康叔为卫侯。周公惩其数叛，故使贤母弟主之"也。(《史记正义》)

余有丁：按武王灭殷国，为邶、鄘、卫三监尹之。武庚作乱，周公灭之，徙三监之民于成周，颇收其余众以封康叔为卫侯，即今卫州是也。(引自《史记评林·周本纪》)

梁玉绳：康叔封始见《周书·序》及《康诰》《酒诰》《梓材》，封为卫，始见《史·周纪》。文王子，始见《史·管蔡世家》，康，圻内国名。叔，字；封，名。卫，国；侯，爵。故曰卫侯，亦曰孟侯，亦曰怀侯，亦曰卫叔，亦曰卫伯，为卫烈祖，称亚圣大贤。葬直隶大名府顿丘县东北九十里。(《汉书人表考》卷三《卫康叔封》)

又："颇收殷余民，以封武王少弟，封为卫康叔"，按：康叔封卫，《经》《史》皆以为成王时事，《大传》亦有"成王四年建侯卫"之文。但成王为康叔犹子，而《康诰》称"朕弟寡兄穆考"，又屡呼"小子封"，有是理乎？此或周公代王之辞，然《康诰》《酒诰》诸篇无一语及武王。亦无一语及武庚之叛，抑又何耶？考《竹书》"武王十五年诰于沬邑"，褚生《续三王世家》载丞相奏云"康叔扞禄父之难"，《后汉书·苏竟传》言"周公善康叔不从管、蔡之乱"，是武庚作叛，康叔守邦于卫，斯言未必无据，故先儒定为武王封康叔。《前编》谓成王灭三监之后，以殷余民益封康叔，义或然欤？宋车若水《脚气集》别有一说，云"当是武王已作诰命将封康叔，继思以旧地存武庚。既平武庚，成王始宣武王之诰以封康叔"。此臆解，不足凭。窃意纣畿内千里之地，武王以郑封武庚，孔晁注《周书·作雒解》云"封以郑祭成汤是已。又分其余地为三国,纣城朝歌以东曰卫,北曰邶,南曰鄘"。此所谓卫,因后益封康叔追系之,当时必别有名,使三叔各尹而监之也。《汉·地理志》言但分殷畿内为三国,邶以封武庚,管叔尹鄘,蔡叔尹卫,诛叛之后,尽以其地封康叔,而迁邶、鄘之民于洛邑。殊不然,《诗·疏》已辨之。郑《谱》以三监为管、蔡、霍,甚是,而谓以纣京师封武庚,恐非。纣京师封康叔,不封武庚耳。此纪《正义》引《世纪》云"管叔监卫,蔡叔监鄘,霍叔监邶"。《路史·国名纪》云"霍叔尹邶,管叔尹鄘,蔡叔尹卫"。所说各异。《作洛解》曰"建管叔于东,建蔡叔、霍叔于殷",注以东为卫,以殷为邶、鄘,霍叔相禄父,亦非也。(《史记志疑·周本纪》)

马持盈: 武王灭殷国为邶、鄘、卫,使三监监视之。武庚作乱,周公灭之,徙三监之民于成周,颇收其余众,以封康叔为卫侯,今河南卫辉、怀庆一带之地。(《史记今注·周本纪》)

王　恢: 卫:康叔封于卫,居故殷墟。(《史记本纪地理图考·周本纪·三监以殷叛》)

又: 康,《卫世家·索隐》云:"康畿内国名。宋忠(《世本》)曰:康叔从康徙封卫,卫即殷墟定昌之地。畿内之康不知所在。"《路史·国名纪》五:"康叔都康,在颍川。孔安国、宋忠以为畿内国。"《颍水注》:"颍水又东出阳关,历康城南。"江永《春秋地理考实》,襄二十九年传:"吾闻卫康叔、武公之德如是。今按康叔始食采于康,后徙封卫。"《括地志》云:"故康城在许州阳翟县西北三十五里。"阳翟,今禹县,合于所谓"邦畿千里",亦为第一期之封管、蔡、鲁诸国同在"小东"之弧内。蔡沈《书传》,盖承师说,以为"周公东征,叔虞已封于唐,岂有康叔得封反在叔虞之后,必无是理"。即不知先封于康,更徙于卫也。(同上)

张习孔: 约前1060年,周成王四年,周公封康叔于卫。康叔,名封,初封于康(今河南禹县西北),故称康叔。是时,周公以殷民七族(陶氏、施氏、繁氏、锜氏、樊氏、饥氏、终葵氏)封康叔,居黄河、淇河间故商墟,仍都朝歌(今河南淇县),国号卫。周公以康叔年少,乃作《康诰》,告诫康叔:"必求殷之贤人君子长者,问其先殷所以兴,所以亡,而务爱民";并要惩治奸恶不法之徒。又作《酒诰》,命其戒酒。又作《梓材》,告康叔为政之道,亦如梓人之治材,惟有实行德政,才能保住禄位。康叔至国,执行周公教诲,故能和集其民,民大悦。(《中国历史大事编年——远古至东汉·西周》)

编者按: 洛阳出土有康伯壶盖,蔡运章引《三国志·魏书·卫臻传》:"明帝即位,进封康乡侯。"《水经注·颍水》云:"颍水又东出阳关,历康城南。魏明帝封尚书右仆射卫臻为康乡侯,此即臻封邑也。"《太平寰宇记》卷七《阳翟县》云:"康城,《洛阳记》云:'夏少康故邑也。'"《路史·国名记》卷五:"康,《姓书》:'康叔故都,在颍州.'孔安国、宋忠以为畿内国。"顾祖禹《读史方舆纪要》卷七《禹州》云：
"康城在州西北三十五里。今为安康城。"江永《春秋地理考实》说："今按康叔始食
采于康，后徙封卫。"《括地志》云："故康城在许州阳翟县西北三十五里。"据考证，
康叔的始封地当在今河南禹州市西北，位于洛阳东南约 80 公里，正在西周陪都洛邑的
王畿之内。（蔡运章：《康伯壶盖跋》，《文物》，1995 年第 11 期）

又，刘起釪《古史续辨》一书中，也考证康叔的初封地当在今河南省禹州市西北。
卫康叔是指卫地的康叔，知先有氏名康，后徙卫也，王恢、张习孔、刘起釪、蔡运章
之说至确。

⑫【汇注】

裴　骃：郑玄曰："三苗同为一穗"。（《史记集解》）

陈蒲清：唐叔：成王弟叔虞，封于唐（今山西省冀城县一带）。唐后改称晋。事详
《晋世家》。嘉谷：象征吉祥的谷物。郑玄认为嘉谷是"二苗同为一穗"。（引自王利器
主编《史记注译·周本纪》）

张习孔：约前 1054 年，周成王十年，封叔虞于唐。叔虞，武王子，成王弟。唐，
古国，传说乃尧之后裔所建。是时，唐有乱，成王灭之，遂封叔虞于唐，都翼（今山
西翼城西，河、汾二水东，方百里）。其子燮（一作燮父）徙居晋水旁，改唐为晋，称
晋侯。（《中国历史大事编年——远古至东汉·西周》）

⑬【汇校】

张文虎："鲁天子之命"：按：依《书传》当有"作嘉禾"三字，后人以其与下复
而删之，然文义不完。《鲁世家》有。（《校刊史记集解索隐正义札记·周本纪》）

【汇注】

裴　骃：徐广曰："归，一作'馈'。"（《史记集解》）

马持盈：归，馈送也。（《史记今注·周本纪》）

⑭【汇校】

裴　骃：徐广曰："《尚书序》云'旅天子之命'。"（《史记集解》）

杨　慎："鲁"，当从《尚书》作"旅"。（引自《史记评林·周本纪》）

【汇注】

梁玉绳："鲁天子之命"：附按：《书序》作"旅天子之命"，《释诂》云"旅，陈
也"。《鲁世家》作"嘉天子命"，疑史公以意改之。然徐广谓"嘉一作'鲁'"，此又
明作"鲁"字，则《索隐》以"鲁"为误者非矣。考宋丁度《集韵》："旅古作
'鲁'。而字之所以通用者，古文旅、鲁字皆作'袾'，故旅亦作'鲁'，见《说文》及
《左传》首篇《疏》。"又宋董逌《广川书跋》云："《秦和钟》曰'以受毛鲁多釐'，
鲁，古文旅。"然则秦时已写旅为鲁，史公袭秦之旧文耳。（《史记志疑·周本纪》）

马持盈：鲁天子之命：《尚书序》云"旅天子之命"，序说天子之命令。当以旅字为是。(《史记今注·周本纪》)

吴国泰：鲁，假作胪，实为敷（胪、敷声近相假，故吕刑亦作甫刑也），敷者，布也。字亦假旅为之。《尚书·微子之命》云："旅天子之命。"（《史记解诂》，载《文史》第四十二辑）

⑮【汇注】

李学孔：管叔鲜及蔡叔度、霍叔处挟武庚以叛，王命周公东征，杀武庚，囚度，降处为庶人。（《皇王史订》卷四《周纪·成王》）

高　锐：东征军的兵力，进军路线，史无记载。但知第一步是"伐诛武庚"，而武庚被封在邶，即原商都朝歌以北地区。因此，周公东征走的仍然是武王伐纣的路线，首先将矛头指向邶地（朝歌北）。周师一到，"殷大震溃"，武庚被杀死（一说逃走了）。与此同时，周公分兵一路直取管叔驻地鄘（朝歌东），并迅速击破了管叔的武装，占领了城邑，管叔也被杀死。周师接着攻克蔡叔驻地，捉住了蔡叔，把他囚禁在郭凌（一作郭邻）。武庚与三叔的叛乱，很快平息了。东征之战第一步胜利结束。（《中国军事史略》第四章《西周军事》）

⑯【汇注】

李仲操：成王五年是平定武庚、管、蔡等叛乱，取得决定性胜利的一年。是开始对殷顽民实行迁而治之的一年。从这一年起西周政权开始趋于稳固。所以它是西周初期的一个历史转折点。（《西周年代》四《成王年数及其历日》）

⑰【汇注】

解惠全：《大诰》：《尚书》篇名。伪《孔子传》："陈大道以诰天下。"（《全译史记·周本纪》）

⑱【汇注】

裴　骃：孔安国曰："封命之书。"（《史记集解》）

周洪谟：按《书》云：《微子之命》，谓"肃恭神人"，指微子实德，而言抱祭器归周亦其一也。（引自《史记评林·周本纪》）

马持盈：《微子之命》：《古文尚书》有，《今文尚书》无。（《史记今注·周本纪》）

解惠全：《微子之命》：古文《尚书》篇名。《集解》引孔安国曰："封命之书。"封命指封命微子代殷后。（《全译史记·周本纪》）

⑲【汇注】

解惠全：《归禾》：《尚书》篇名。书序云："唐叔得禾，异苗同颖，献诸天子。天子命唐叔归周公于东，作《归禾》。"归，《鲁周公世家》作"馈"。（《全译史记·周本

纪》）

⑳【汇注】

解惠全：《嘉禾》：《尚书》篇名。书序云："周公既得命禾，旅天子之命，作《嘉禾》"。（《全译史记·周本纪》）

㉑【汇注】

裴　骃：孔安国曰："告康叔以为政之道，亦如梓人之治材也。"（《史记集解》）

梁玉绳：《梓材》，按：此篇本出伏生，而一篇之中前后语意不类，未定是否告康叔，存疑可也。（《史记志疑·周本纪》）

【汇评】

顾颉刚：商代末叶，饮酒的风气极盛，故传世青铜器中属于酒器的特多。周人继起，虽有意遏抑酒风，但礼节不可废，酒器继续制造。其大的为尊、壶、罍、彝，有如现今的酒瓮；小的为爵、觚、角、斝、觥、卮，有如现今的酒杯；其有提梁的叫卣，有如现今的酒壶。据王国维《宋代金文著录表》所记，全部四二〇五件，酒器一五二件，占百分之三七弱。即此可知在彼时人的生活中，喝酒是何等一件大事。（《酒诰校释译论·评论》，载《文史》第三十三辑）

又：在此篇中可见周公的政治方案。第一，他要继承文王的教训，又要摹仿商的先哲王，因为当时是不贪饮酒的。第二，要切实以商王纣为鉴戒，不要再为了酒弄到亡国。第三，要宽猛相济，先教后诛。要劝人努力生产，并知道稼穑的艰难，不该浪费食料作刺激品，更要从孝父、敬兄、事神之中饮酒，即把饮酒和伦理相配合。第四，禁酒要从官吏作起，官吏中又要分别殷、周人，对殷人尚可宽，对周人必须严。（同上）

㉒【汇校】

张文虎："其事在《周公》之篇"，《志疑》云"公"是"书"之误。（《校刊史记集解索隐正义札记·周本纪》）

郭嵩焘：其事在《周公》之篇。梁玉绳《史记志疑》云："'其事在《周公》之篇'，'周公'是《周书》之误。"（《史记札记·周本纪》）

【汇注】

梁玉绳："其事在周公之篇"，按："周公"二字不可解，必是《周书》之误。（《史记志疑·周本纪》）

张大可：其事在《周公》之篇：此为司马迁自注互见法，谓周公辅政，事详《鲁周公世家》。（《史记全本新注·周本纪》）

㉓【汇注】

左丘明：昔武王克商，成王定之。选建明德，以藩屏周。故周公相王室以尹天下，于周为睦。分鲁公以大路、大旂,夏后氏之璜,封父之繁弱。殷民六族:条氏、徐氏、萧氏、索氏、长勺氏、尾勺氏。使帅其宗氏,辑其分族,将其类丑,以法则周公,用即命于周,是使之职事于鲁,以昭周公之明德。分之土田陪敦,祝、宗、卜、史,备物典策,官司彝器,因商、奄之民,命以《伯禽》,而封于少昊之虚。分康叔以大路、少帛、綪茷、旃旌、大吕,殷民七族:陶氏、施氏、繁氏、锜氏、樊氏、饥氏、终葵氏。封畛土略,自武父以南,及圃田之北竟,取于有阎之土,以共王职。取于相土之东都,以会王之东蒐。聃季授土,陶叔授民,命以《康诰》,而封于殷虚。皆启以商政,疆以周索。分唐叔以大路、密须之鼓、阙巩、姑洗,怀姓九宗,职官五正。命以《唐诰》,而封于夏虚。启以夏政,疆以戎索。三者皆叔也,而有令德,故昭之以分物,不然文、武、成、康之伯,犹多而不获。是分也,唯不尚年也。(《左传》定公四年)

田惟均: 周公,文王子,武王同母弟,佐文、武有大勋劳。制礼作乐,教化大行。武王崩,成王年十三岁即位,周公相,践祚而治南面,负扆以朝诸侯。《书·大诰》《君奭》《无逸》《立政》诸篇皆公所作,《周礼》《周官》,皆公所定。(《岐山县志》卷八《人物·周公》)

荣孟源: 周公,公元前1052—前1046年,共七年。(《历史笔记·试谈西周纪年》)

㉔【汇注】

司马光: 周公摄政凡七年,制礼作乐,致太平,乃复政成王而告老。王曰:"公无困我哉!"留周公为太师,与召公共辅王室。周公作《无逸》以戒成王,曰:"君子所其无逸,先知稼穑之艰难,乃逸,则知小人之依。"又作《立政》,曰:"拜手稽首,告嗣天子王矣。宅乃事,宅乃牧,宅乃准,惟兹后矣。文王、武王克知三有宅心,灼见三有俊心,左右携仆,百司庶府。文王惟克厥宅心,乃克司牧人,以克俊有德。文王罔攸兼于庶言、庶狱、庶慎,惟有司之牧夫。是训用违,庶狱、庶慎,文王罔敢知于兹。"又作《周官》,命太宰、司徒、宗伯、司马、司寇、司空六卿,各帅其属,分掌天下之务。(《稽古篇》卷八《周》上)

章　衡: 成王诵:武王太子,即位年少,其叔父周公旦摄政当国,管叔、蔡叔流言曰:公将不利于孺子,乃与武庚作乱。周公奉王命征之。诛武庚、管叔,放蔡叔。天动威以彰公之德,成王悟,逆公,卒相。乃营洛邑,制礼作乐,七年,归政于王。(《编年通载》卷一《周》)

凌稚隆: 按《尚书中候》云:周公归政于成王,天下太平,制礼作乐。凤凰翔庭,成王援琴而歌曰:"凤凰翔兮于紫庭,余何德兮以感灵,赖先王兮恩泽臻,十胥乐兮民以宁。"(《史记评林·周本纪》)

孙之騄: "七年,周公复政于王",《书传》"七年,致政时,成王年二十一"。《淮

南子》：成王既壮，周公属籍致政，北面委质而臣事之。（《考定竹书》卷八）

又："八年春正月，王初涖阼亲政"，《书传》所谓明年乃即政，时年二十二也。（同上）

徐文靖：按《周书·明堂解》：夫维商纣暴虐，脯鬼侯以享诸侯，天下患之。四海兆民，欣戴文、武，是以周公相武王以伐纣，夷定天下。既克纣六年，而武王崩，成王嗣，幼弱未能践天子之位。周公摄政、弥乱，六年而天下大治。乃会方国诸侯于宗周，大朝诸侯明堂之位，制礼作乐，颁度、量，而天下大服，各致其方贿。七年，致政于成王。……又《鲁周公世家》曰：七年，还政成王。睧睧如畏然。徐广曰：睧睧，敬慎貌也。《蔡氏书传》曰：先儒谓成王，周公代王为辟，至是反政成王。故曰复子明辟。夫有失然后有复。武王崩，成王立，未尝一日不居君位，何复之有哉？今据《竹书》云：成王七年，周公复政于王。盖七年之前，成王尚幼，天下之政，皆听于冢宰。至是复政于王，令自亲政耳。岂曰我先为明辟，至是复子明辟哉？《书》义自明，传《书》者误耳。（《竹书纪年统笺》卷七《周公复政于王》）

钱　穆："周公反政成王"：非成王至是始长，乃大局至是始定也。（《国史大纲》第一编第三章《封建帝国之创兴》）

又：周公摄政七年，而始归政于成王，于是周人传子之制亦因而确定。（同上）

李仲操：按周公摄政当国是辅佐成王的，摄政年数应包括在成王纪年之内。摄政不是一代王世，它本身没有单独的纪年。《史记·周本纪》载："武王有瘳，后而崩，太子诵代立，是为成王。"明确记载代武王而立的是成王。又载"周公行政七年，成王长，周公反政成王，北面就群臣之位"。可知周公摄政是以成王的名义在行使职权。西周穆王时代的《史墙盘》，记载了文、武、成、康、昭、穆六代王世。而周王的纪年则是按王位继统排列的。所以把周公摄政年数与成王年数分开是不正确的。（《西周年代》四《成王年数及其历日》）

【汇评】

王　圻：有大忠者，有次忠者，有下忠者，有国贼者。以道格君而化之者，大忠也。周公于成王是也。（《稗史汇编·人物门·忠良类上·忠有次第》）

㉕【汇注】

解惠全：北面：古代君主面南而坐，臣子朝见君主则面北，所以谓称臣为北面。就：归就。（《全译史记·周本纪》）

　　成王在丰①，使召公复营洛邑②，如武王之意③。周公复卜申视④，卒营筑⑤，居九鼎焉⑥。曰："此天下之中，四方入贡道里均。"作《召诰》《洛诰》[7]。成王既迁殷遗民[8]，周公以王命告，作《多士》《无佚》[9]。召公为保[10]，周公为师，东伐淮夷，残奄[11]，迁其君薄姑[12]。成王自奄归，在宗周[13]，作《多方》[14]。既绌殷命，袭淮夷，归在丰[15]，作《周官》[16]。兴正礼乐，度制于是改[17]，而民和睦，颂声兴[18]。成王既伐东夷，息慎来贺[19]，王赐荣伯作《贿息慎之命》[20]。

① 【汇注】

陈蒲清：丰：地名。即丰邑。在沣水西岸，周文王都城。后周武王迁都沣水东岸，称镐京。故址在今陕西省长安县。（引自王利器主编《史记注译·周本纪》）

编者按：丰邑也称丰京，遗址的中心区域在今西安市长安区马王镇沣河西岸的客省庄、张家坡、马王村、大原村、冯村、曹家寨、新旺村一带，总面积约8.9平方公里。西周时，特别是成、康时期，周王常在丰京朝见诸侯，举行礼仪大典。《尚书·序》："成王既绌殷命，灭淮夷，还归在丰，作《周官》。"《左传》昭公四年："康有丰宫之朝。"金文中也常有"王在丰"之语。另外，金文中的"葊京"当在丰邑，成、康时把文王的王宫、太庙、灵台辟雍作为居息、朝见诸侯，举行礼仪大典的地方，因其在镐京近傍，所以被称为"旁"（见成王时代的高卣铭），康王时称为"葊京"（见康王世的麦尊、臣辰盉铭）。穆王时代"葊京"礼仪活动更加兴盛（见通簋、静簋、静卣、小臣静彝铭）。"葊京"还见于懿王时代的史懋壶、宣王时代的召伯虎簋等铜器铭文。西周一代，丰京作为宗周（镐京）的一部分，经久不衰。

② 【汇注】

李学孔：壬辰七年，营东都。（《皇王史订》卷四《周纪·成王》）

又：镐京为西都，谓之宗周，以王业所由起也。洛邑为东都，谓之成周，以王业所由成也。（同上）

孙之騄："（十四年）冬，洛邑告成"，《周书·作雒解》：周公立城，方千六百二十丈；郭方七十二里。南系于洛水，北因乎邙山，以为天下大凑。（《考定竹书》卷八）

张习孔：约前1057年，周成王七年，成王营成周。成周原名洛，亦称洛师，居"天下之中"。初，武王都镐京，是为西都；后欲营成周而未果。至是，王欲如武王之志，乃使召公先至洛视察地形，后使周公亲往营建，修筑成周于瀍水东岸，兴建王城于瀍水西岸（今河南洛阳王城公园一带），总称洛邑。是为东都（从《史记》《尚书大

传》系于成王五年)。(《中国历史大事编年——远古至东汉·西周》)

编者按：宝鸡贾村原出土的何尊铭文曰："惟王初迁宅于成周，复禀珷（武）王丰（礼）……惟珷（武）王既克大邑商，则廷告于天曰：'余其宅兹中或（国），自之辥（乂）民。'"成王"初迁宅成周"以前，金文与文献中，镐京与成周都曾单称"周"。何尊为成王五年器，铭文证实营建洛邑作为都城确是武王的愿望，成王完成了武王的遗愿，营筑了洛邑，并定名为"成周"，表示是成王营建的"周"，或者说是表示王业始成。称镐京为"宗周"，表示是"宗"的"周"，即武王的"周"（周人祖文王，宗武王，武王是"宗"）。周原岐邑仍称为"周"，史称"岐周"。"营洛邑"，一说为成王七年，《尚书大传》系于周公摄政五年，当以《尚书大传》为是。

③【汇注】

李学孔：初，武王以洛为天下之中，四方朝贡道里适均，迁九鼎于洛邑，有宅洛之志。至是，成王命周公、召公营之，既成，谓之东都，以朝诸侯，定鼎于郏鄏（即洛池也）。卜曰"传世三十，历年八百"。又卜瀍水东为下都，曰成周。以处殷遗民。作《洛诰》《召诰》。(《皇王史订》卷四《周纪·成王》)

解惠全：如：顺，遵从。(《全译史记·周本纪》)

④【汇注】

解惠全：申：重复，多次。(《全译史记·周本纪》)

⑤【汇注】

姚允明：七年，周公承武王志营洛。是惟地中，达德于四方，定鼎焉，曰成周，王则俾公以东伯，留抚其民。(《史书》卷一《成王》)

⑥【汇注】

宋应星：凡铸鼎，唐虞以前不可考。唯禹铸九鼎，则因九州贡赋壤则已成，入贡方物岁例已定，疏浚河道已通，《禹贡》业已成书。恐后世人君增赋重敛，后代侯国冒贡奇淫，后日治水之人不由其道，故铸之于鼎：不如书籍之易去，使有所遵守，不可移易，此九鼎所为铸也。年代久远，末学寡闻，如蠙珠、暨鱼、狐狸织皮之类，皆其刻画于鼎上者，或漫灭改形，亦未可知，陋者遂以为怪物。故《春秋传》有使知神奸、不逢魑魅之说也。此鼎入秦始亡。而春秋时郜大鼎、莒二方鼎，皆其列国自造，即有刻画，必失《禹贡》初旨，此但存名为古物。后世国籍繁多，百倍上古，亦不复铸鼎，特并志之。(《天工开物》卷八《冶铸·鼎》)

孙之騄："(十五年)冬，迁九鼎于洛"。王伯厚《地理通释》曰：武王初都镐，及伐纣，营洛邑而定鼎焉。今洛阳西洛水之北有鼎中观，是也。《逸周书》乃命南宫百达、史佚迁九鼎。三巫《公羊疏》曰：殷衰之时，鼎没于泗水，及武王克殷之后，鼎乃出见。《汉·艺文志》有《尹佚》二篇，尹佚，周太史，即史佚也。(《考定竹书

卷八）

徐文靖：《左传》宣三年王孙满劳楚子曰：成王定鼎于郏鄏。杜注曰：郏鄏，今河南也。武王迁之，成王定之。（《竹书纪年统笺》卷七）

[日]泷川资言：《书·召诰序》云"成王在丰，欲宅洛邑，使召公先相宅，作《召诰》"，《洛诰序》云"召公既相宅，周公往营成周，使来告卜，作《洛诰》"。崔述曰：《左传》宣公三年云"成王定鼎于郏鄏，卜世三十，卜年七百"。则迁鼎于洛者成王也。而桓二年《传》云"武王克商，迁九鼎于洛邑"，与此异者，盖古人之文多大略言之，迁鼎由于克商，克商，武王之事，不可云成王克商，迁九鼎于洛邑，故统之于武王耳。（《史记会注考证》卷四）

编者按：记载武王克商的利簋铭文说："武征商，唯甲子朝，岁鼎克闻，夙有商。"可知夺得殷王朝的九鼎是周武王。据何尊铭文记载，建都洛阳是周武王的遗愿。而《史记·周本纪》说："（武）王曰：'定天保，依天室。……无远天室。'营周居于雒邑而后去。"由此推测，武王克商时夺得的九鼎，很可能先放置在周武王营建的周居内。后来成王在丰邑命召公到洛阳经过考察、占卜，为成王选择了居址，周公去洛阳为成王营建的住宅（王城）建成后，把九鼎又正式迁入王城内。所以《左传》中既有"武王克商，迁九鼎于洛邑"，又有"成王定鼎于郏鄏"，这两种看起来是矛盾的，但是实际上又合理的说法。

【汇评】

王直：鲁臧哀伯曰：武王克殷，迁九鼎于洛邑，义士犹或非之。杜元凯以为伯夷之属也，此在孔孟之间，岂亦非欤？曰：非也。武成之后，岁月无几，散财、发粟、释囚、封墓、列爵、分土、崇德、报功，亟为有益之事，则吾闻之迁鼎恐非急务也，灭人之国，毁其宗庙，迁其重器，强暴者之所为，谁谓武王为之？使果有所谓鼎，则天下一家，无非周地，在彼犹在此矣，岂必皇皇汲汲负之以去，而后为快乎？况罪止纣身，为商立后，宗庙不毁，而重器何必迁乎？《书》称营洛乃成王、周公时事，在武王无之。自克商至于周衰，然后左氏载此语，盖已四五百年，四五百年之间岂无一士心非武王者，得称为义亦各有见也，而何必以夷齐实之乎？况左氏之近诬，未必斯言果出于哀伯乎？（《夷齐十辨》，引自《皇明文衡》卷十五）

⑦【汇注】

李仲操：《尚书大传》载：周公摄政"五年营成周"。摄政五年为成王七年，故《史记·鲁周公世家》载："成王七年二月乙未，王朝步自周至丰，使太保召公先之雒相土。其三月，周公往营成周雒邑。"可知《召诰》为成王七年作。（《西周年代》四《成王年数及其历日》）

⑧【汇注】

　　杨一奇撰、陈　简补：或谓周之顽民，殷之忠臣也。夫殷之臣孰有忠于微子、箕子者乎？而叛周者非微子、箕子，乃武庚及余党耳，谓殷之忠臣，然耶？（《史谈补》卷一）

　　白　玉：周公感到摄政以来，殷人虽然种田生活，但是殷人的心里没有完全归服于周朝，武庚叛乱就是明显的例证。周公鉴于东部地区的人民受商殷统治多年，一旦叫他们归服于周朝，是很不容易的，况且周又是新兴的西方小国，在殷民中威信不太高，西部和东部交通又不太方便，在镐京这里管理中原地区有很多困难。而殷民多半居住在东部地区。周公为了使周朝更好地统治殷民，巩固周朝政权，奉成王诵之命，继续兴建洛阳。工程分两个部分，一部分在涧水的东边，瀍水的西边，名叫王城，作朝会用。一部分是在涧水和瀍水的东边，名叫下都，是专门给殷民居住的地方，两地相距四十里，合起来叫成周。所使用的劳役，全是殷人和庶邦人民，经过几年营建，把洛阳城建造完了，周公这才安下心来。逐步地把大量的殷民迁到洛阳下都附近，进行集中管理。由周王朝直接派人到这里进行监督。把剩下的殷民仍然留在原来的地方，但派有重兵防守。从此殷朝的原有势力被周朝分散，再也无力反抗，使周王朝进一步控制天下。（引自《中国古史论集·简论周公的历史作用》）

⑨【汇校】

　　王若虚：《周本纪》云"成王既迁殷遗民，周公以王命告，作《多士》《无逸》"。《鲁世家》云"周公恐成王有所淫逸，乃作《多士》《无逸》"。自今考之，《多士》为殷民而作者也，《无逸》为成王而作者也；在《本纪》则并《无逸》为告殷民，在《世家》则并《多士》为诫成王，混淆差互，一至于此！盖不惟牴牾于经，而自相矛盾亦甚矣。至《世家》杂二篇之旨，支离错乱，不成文理，读之可以发笑。（《滹南遗老集》卷九《史记辨惑》）

　　李景星："成王既迁殷遗民，周公以王命告，作《多士》《无佚》"。按《多士》为殷民作，《无佚》为成王作，似不宜混而为一。（《史记评议·周本纪》）

【汇注】

　　陈蒲清：《多士》《无佚》：《尚书》篇名。（引自王利器主编《史记注译·周本纪》）

　　张习孔：约前1056年，周成王八年。周公作《多士》，洛邑既成，周在王城驻兵八师，监管殷顽民，周公以王命告，作《多士》：警告殷顽民，只要顺从周朝，就给以生活之路，否则将"致天之罚"。（《中国历史大事编年》）

　　又：周公作《无逸》，周公恐成王有所淫佚，乃作《无逸》以诫王；要成王勤于政务，不要过度游乐。（同上）

【汇评】

梁玉绳：《㴣南遗老集·辨惑》曰："《多士》为殷民而作，《无逸》为成王而作，在《本纪》则并《无逸》为告殷民，在《鲁世家》则并《多士》为诫成王，不惟牴牾于《经》，而自相矛盾亦甚矣。"（《史记志疑·周本纪》）

崔　述：周公何以作《无逸》也？大凡人立值四方多难之日，则忧勤惕厉之心生；当太平无事之时，则骄奢安佚之念渐启。方成王之初政，商、奄迭叛，王室不靖，成王之不自暇逸，固也。商、奄既定，天下宗周，飞廉戮，淮夷服，肃慎来，越裳贡，此正人主逸乐将萌之时也。然人主一有逸乐之念，则于庶政必有略不经意之时；一有逸乐之念，则左右臣僚之窥伺我者，必有逢迎意旨以惑君心而自固其宠者。昔梁武帝以开国之君，及其晚节，百度废弛，竟致侯景之乱。唐明皇帝躬戡大难，致开元之盛治，其后亦以荒淫无度，驯致安史之乱，播迁于蜀。周公知其如是，是以作此诫王以预遏其萌也。故《周颂》云："成王不敢康，夙夜基命宥密。"惟成王能服习周公之言，是以不敢荒宁，克基天命于无穷也。唐魏征谓"创业易，守成难"；宋李沆数以四方水旱入奏，以为太平无事，恐启人主泰侈之心，其意盖皆本之此篇。此治忽兴亡之大要，故古人皆兢兢于是也。（《崔东壁遗书·丰镐考信录》卷四《周公作〈无逸〉宗旨》）

⑩【汇注】

唐汝询：召公，名奭，周之同姓也。周武王之灭纣，封召公于北燕，其在成王时，召公为三公，自陕以西主之。自侯伯至庶人，各得其所，卒而百姓怀之，作《甘棠》之诗焉。（《诗史》卷一《召公·序》）

⑪【汇注】

裴　骃：郑玄曰："奄国在淮夷之北。"（《史记集解》）

张守节：奄音于险反。《括地志》云："泗水（州）徐城县北三十里古徐国，即淮夷也。兖州曲阜县奄里，即奄国之地也"。（《史记正义》）

孙之騄：《括地志》："兖州曲阜县奄里，即奄国之地。"杜注：徐、奄二国，皆嬴姓。孔安国曰：淮浦之夷与徐州之戎，并起为寇。（《考定竹书》卷八《奄盖、徐人及淮夷入于邳以叛》）

陆伯焜：《尚书·疏》引郑云："奄盖在淮夷之地，故孔颖达以为亦未能详。"（引自《史记考证·周本纪》）

吕思勉：周公之践奄也，杀其身，执其家，潴其宫。而邾娄定公之时，有弑其父者，公瞿然失席曰：寡人尝学断斯狱矣。臣弑君，凡在官者杀无赦；子弑父，凡在官者杀无赦。杀其人，坏其室，洿其宫而潴焉，然则周公伯禽之所行，皆东夷之法也。（《论学集林·陈志良〈奄城访古记〉跋》）

顾颉刚：《孟子·滕文公下》："周公……伐奄三年讨其君。"按周公东征时，奄是最大的敌国，平奄是东征的结束，所以孟子说"伐奄三年"。实际上，三年是平定东方的年数总计。（《奄和蒲姑的南迁》，载《文史》第三十一辑）

又：《尚书大传》："禄父及三监叛也，周公……杀禄父，遂践奄。践之云者，谓杀其身，执其家，潴其宫。"（《诗·豳风·破斧·疏》《释文·成王政·序》下引）按把敌方的人杀了，把他的宫室毁了，在原基础上挖掘成一个池塘，是最严重的刑罚。由此可见破奄的不易和恨奄的独深，所以既杀了奄君，还这样地破坏奄宫。《礼记·檀弓下》："邾娄公之时，有弑其父者，有司以告。公瞿然失席，曰：'是寡人之罪也！'曰：'寡人尝学断斯狱矣。臣弑君，凡在官者杀无赦。子弑父，凡在官者弑无赦。杀其人，坏其室，洿其宫而潴焉。'"郑玄《注》："明其大逆，不欲人复处之。"这和《大传》所述是同样深恶痛绝的处理。邾娄（即邾）是陆终的后裔，亦周人所谓东夷之一，但幸而未被迁徙。然则《大传》所云如为实事，恐怕周公即用东夷灭国后的处理方法来对付奄人吧？（同上）

又：《说文·邑部》："'郱'，周公所诛，郱国在鲁。"……今山东兖州府曲阜县县城东二里有"奄城"，云故奄国，即《括地志》之"奄里"。（同上）

王　恢：奄：《书·多士》"昔朕来自奄"，《伪孔传》："先诛三监，后伐奄、淮夷。"《多方》又曰："周公归政之明年，淮夷、奄又叛。鲁征淮夷，见《费誓》；王亲征奄，灭其国。"《左》定四年云："因商、奄之民，命以伯禽而封于少皞之虚。"《郡国志》："鲁国，古奄国。"《括地志》："曲阜县奄里，即奄国之地。"《清统志（一六六）》："奄里在曲阜县城东。"奄盖东夷大国，周公定之，徙鲁以镇之？今又联淮夷以叛，乃灭其国，迁其君于薄姑也。（《史记本纪地理图考·周本纪·成王东征》）

编者按：逨盘铭文说："雩朕皇高祖公叔，克逨（佐）匹成王，成（承）受大命，方狄（剔）不享，用奠四或（国）万邦。"公叔是西周单氏家庭的始祖单公之子，"公"当是谥称，"叔"当是排行。公叔当有伯、仲等同辈兄长，公叔可能是老三。公叔辅佐周成王承受大命、剔除了不享，也就是征服了那些反叛的、不纳贡的方国，从而奠定了四方万国。他可能参加了成王东征的战争，所以才能说他帮助成王承受大命，剔除不享，奠定四国万邦。这就进一步说明了周初成王面对的是反叛势力的挑战。

张家英：此"残"字为"摧毁，消灭"之义。《战国策·秦策五》："昔智伯瑶残范、中行，围逼晋阳，卒为三家笑。"高诱注："残，灭也。"又《中山策》："魏文侯欲残中山。"高诱注："残，灭之也。"（《〈史记〉十二本纪疑诂·周本纪》）

⑫【汇注】

裴　骃：马融曰："齐地。"（《史记集解》）

张守节：《括地志》云："薄姑故城在青州博昌县东北六十里。薄姑氏，殷诸侯，

封于此，周灭之也。"（《史记正义》）

孙之騄：薄姑故城在临菑县西北五十里，近济水。（《考定竹书》卷九《王命樊侯仲山甫城齐》）

又："（十六年）秋，王师灭蒲姑"。蒲姑，商诸侯。《路史》云：蒲城在乐安，隋博昌北，唐博兴，武王时伐之，未全灭也。晏子云："昔蒲姑氏因之，而后太公因之。"《正义》曰："《括地志》云：薄姑故城在青州博昌县东北六十里。薄姑氏，殷诸侯，封于此。周灭之也。"（《考定竹书》卷八）

又：沈约曰："薄姑与四国作乱，故周文公伐之。周公立，相天子，三叔及殷、东、徐、奄及熊盈以叛。凡所征，熊盈族十有七国，俘殷遗民，迁于九毕。"高诱曰："东夷八国，附从二叔，不听王命。周公伐奄，八国之中最大，余七国小，又先服，故不载于经。"（同上）

又："五年春正月，王在奄，迁其君于薄姑"，《书序》成王既践奄，将迁其君于薄姑，周公告召公，作《将蒲姑》。（同上）

顾颉刚：《书序》："成王东伐淮夷，遂践奄，作《成王政（征）》。成王既践奄，将迁其君于薄姑，周公告召公，作《将薄姑》。"《伪孔传》："已灭奄而徙其君及人臣之恶者于蒲姑。'蒲姑'，齐地，近中国，教化之。言将徙奄新立之君于蒲姑，告召公，使作册书告令之。"（《奄和蒲姑的南迁》，载《文史》第三十九辑）

又：陈志良《奄城访古记》："今常州城南二十里许有奄城遗址，亦作'淹城'。……遗址外观，高出地面丈许。城有三道：外城（原注：俗称外罗城）、内城（原注：俗称里罗城）、子城（原注：俗称紫禁城）。城用黄土筑成，未见版筑之迹。外城、内城各有河绕之，不相通流，深丈许，宽十一二丈。三城出入口只一道：外城在正西，内城在西南，子城在正南。全城直径一里半；外城周六里，内城周三里，子城周里许。……淹城当为古代奄族南迁后的居留地。……汉代又在淹城故址扩而充之，设立毗陵县。"按周公伐奄，直把奄人从今山东曲阜县赶到了江苏常州市，可以想见当时全力穷追的情状。这个奄城遗址，规模如此阔大，又可以想见奄国人数的众多，力量的雄厚，虽武力已失败，而仍有建设国家的能力。他们原居于殷的旧都，文化颇高，其向南迁徙，在一定的程度上必然为后起的吴国文化打下了基础。（同上）

王　恢：薄姑：《郡国志》："乐安国博昌，有薄姑城。"叶圭绶《续山东考古录》（十五）青州府博兴县："薄姑城在东南十五里柳桥。"又云："县东北十许里有奄城，俗曰嫌城，即奄君所迁。"雷学淇《竹书义证》："武王克商，削其地以封太公，蒲姑氏因以为乱，王乃灭之，尽以其地与齐，而以其君为附庸，至成王三年，又与奄同叛，遂绝其国，后乃以其地居奄君也。"盖综《左传》（昭九年）、《孟子》（《滕文公》）、今本《竹书》说也。古本《竹书》无，《汉志》辑论齐地，蒲姑氏成王灭之；惟《左》

昭九年，泛言"及武王克商"云云，要当以《孟子》为可信据。(《史记本纪地理图考·周本纪·成王东征》)

编者按：成王时代的牺刲尊铭文说："王征奄，赐牺刲贝朋。"禽簋铭文说："王伐奄侯，周公谋，禽祝。"與方鼎铭文说："唯周公征伐东夷，丰伯、蒲姑咸戈。公归，荐于周庙。"这些西周成王时代的金文资料，都印证了成王以"召公为保，周公为师，东伐淮夷，残奄"的史实。

⑬【汇注】

张守节：伐奄归镐京也。(《史记正义》)

裴　骃：孔安国曰："告众方天下诸侯。"(《史记集解》)

马持盈：在宗周：周公伐奄而归于长安。(《史记今注·周本纪》)

王　恢：《召诰》："王朝步自周，则至于丰。"丰、镐隔丰水，相去二十五里当不误。后东迁雒邑，亦谓之宗周。宗周，盖随周室所在而称也。(《史记本纪地理图考·周本纪·成王东征》)

⑭【汇注】

孙之騄：顾炎武曰："《多方》之诰曰：惟五月丁亥，王来自奄而多士。"王曰："昔朕来自奄。"是《多方》当在《多士》之前，后人倒其篇第耳。奄之叛周，是武庚既诛而惧，遂与淮夷、徐戎并兴，而周公东征，乃至于三年之久。《孟子》曰"伐奄三年，讨其君"是也。"既克而成王践奄，将迁其君于蒲姑"是也。《孔传》以为奄再叛者，拘于篇之先后，而强为之说。《考定竹书》卷八《夏五月王至自奄》)

解惠全：《多方》：《尚书》篇名。《集解》引孔安国曰："言国家设官分职用人之法。"(《全译史记·周本纪》)

李仲操：《尚书·多方》载："惟五月丁亥，王来自奄，至于宗周。周公曰：王若曰猷告尔四国多方。""今尔奔走臣我监五祀"。《释诂》谓："监，视也。"监五祀是鉴察了五年的意思。自名这年是"五祀"。《尚书大传》载：周公摄政"三年践奄"。摄政三年为成王五年，与《多方》"五祀"的记述相合。则《多方》必为成王五年所作。(《西周年代》四《成王年数及其历日》)

又：《尚书·多方》作于成王七年三月十九日甲子这天。《多士》载："昔朕来自奄，予大降尔四国民命。"此即践奄归来时所作的《多方》。《多士》作于七年，《多方》作于五年，故《多士》称《多方》这次为"昔"。(同上)

⑮【汇注】

焦　竑：周都丰镐，今陕西西安府长安县，关中也。徐广曰："丰、镐相去二十五里，皆在长安南。"《诗》曰："文王有声，作邑于丰。宅是镐京，维龟正之，武王成之。"盖都丰而迁镐也。又曰都洛阳者，洛阳今河南府洛阳县也。太史公曰："学者多称周伐纣，居洛邑。其实不然。武王营之，成王使召公卜之，居九鼎焉，而复都丰镐。至平王，乃迁洛。"（《焦氏笔乘续集》卷六《古今都会》）

⑯ 【汇注】

裴　骃：孔安国曰："言周家设官分职用人之法。"《古文尚书序》，《周官》，《书》篇名。（《史记集解》）

马持盈：《周官》：《尚书》篇名，言周家设官分职用人之法。（《史记今注·周本纪》）

⑰ 【汇校】

张文虎："度制"：中统、游本倒。（《校刊史记集解索隐正义札记·周本纪》）

⑱ 【汇注】

裴　骃：何休曰："颂声者，太平歌颂之声，帝王之高致也。"（《史记集解》）

⑲ 【汇注】

张大可：息慎：东夷名。郑玄认为息慎即肃慎，在今东北吉林省地区。（《史记全本新注·周本纪》）

吴国泰：息慎即肃慎。息肃双声相通。（《史记解诂》，载《文史》第四十二辑）

⑳ 【汇注】

裴　骃：孔安国曰："贿，赐也。"马融曰："荣伯，周同姓，畿内诸侯，为卿大夫也。"（《史记集解》）

孙之騄：《书序》云：成王既伐东夷，肃慎氏来贺，王俾荣伯作《贿肃慎之命》。荣，国名，同姓诸侯，为卿大夫。（《考定竹书》卷八《肃慎氏来朝，王使荣伯赐肃慎氏命》）

马持盈：息慎：东夷名。成王既伐东夷，息慎来贺，故赐（贿）之以命。（《史记今注·周本纪》）

陈蒲清：荣伯，人名。周同姓诸侯。《贿息慎之命》，《尚书》篇名。今亡佚。"息慎来贺"等句，《尚书序》作"王俾荣伯作《贿息慎之命》"，文意较明。（引自王利器主编《史记注译·周本纪》）

　　成王将崩，惧太子钊之不任①，乃命召公、毕公率诸侯以相太子而立之②。成王既崩③，二公率诸侯，以太子钊见于先王庙，申告以文王、武王之所以为王业之不易，务在节俭，毋多欲，以笃信临之④，作《顾命》⑤。太子钊遂立⑥，是为康王⑦。康王即位⑧，遍告诸侯，宣告以文武之业以申之，作《康诰》⑨。故成、康之际，天下安宁⑩，刑错四十余年不用⑪。康王命作策毕公分居里⑫，成周郊⑬，作《毕命》⑭。

① 【汇注】

张守节：钊音招，又古尧反。任，而针反。（《史记正义》）

李　昉：《帝王世纪》曰：周公居冢宰，摄政。成王年少，未能治事，故号曰"孺子"。八年，王始躬亲王事，以周公为太师，封伯禽于鲁。父子并命。周公拜于前，鲁公拜于后。王以周公有勋劳于天下，故加鲁以四等之上，兼二十四附庸。地方七百里，革车千乘，王既营都洛邑，复居酆、镐，淮夷、徐戎及商奄又叛，王乃大蒐于岐阳，东伐淮夷。七年，王崩，年十六矣。太子钊代立。（《太平御览》卷八四《成王》）

② 【汇注】

陆唐老：初，召公治西方，甚得民和。有司请召民，召公曰："不劳一身，而劳百姓，非吾先君文王之志也。"乃巡行乡邑，听断于陇陌阡亩之间，庐于棠树之下。以蚕桑耕种之时，乃泄狱出拘民，使得反业，自侯伯至庶人，无失职者。（《陆状元通鉴》卷二〇《外纪·周纪上·文武》）

李学孔：壬戌三十有七年，王作《顾命》。（《皇王史订》卷四《周纪·成王》）

又：四月甲子，王不怿，作《顾命》，命太保奭、芮伯、彤伯、毕公、卫侯、毛公保元子钊。次日王崩。（同上）

③ 【汇注】

班　固：成王元年正月己巳朔，此命伯禽俾侯于鲁之岁也。后三十年四月庚戌朔，十五日甲子哉生霸。故《顾命》曰："惟四月哉生霸，王有疾不豫，甲子，王乃洮沬水。"作《顾命》。翌日乙丑，成王崩。（《汉书·律历志下》）

章　衡：成王在位四十七年。（《编年通载》卷一《周》）

李学孔：成王名诵，武王子，在位三十七年，按《谥法》："安民立政曰成。"（《皇王史订》卷四《周纪·成王》）

徐文靖：按《书·叙》曰：成王将崩，命召公、毕公率诸侯相康王，作《顾命》。《书》曰：惟四月哉生魄，王不怿，乃同召太保奭、芮伯、彤伯、毕公、卫侯、毛公云云，王曰：兹予审训命汝。越翼日乙丑，王崩。《汉·志》曰：成王三十年四月庚戌朔，十五日甲子哉生魄。其说谓周公摄政七年，成王即政三十年，共三十七年。郑康成谓此年为成王之二十八年，章子平编年《通载》谓成王在位四十七年。今据《竹书》，"成王在位三十七年，陟"，是《汉·志》不谬也。（《竹书纪年统笺》卷七）

齐召南：成王：武王子，元年丙戌。……在位三十七年崩，子钊嗣。召公奭相。

(《历代帝王年表·周世表·成王》)

编者按：西周共王时代的史墙盘铭文说："宪圣成王，左右绶会刚鲧，用肇彻周邦。""绶"，通授。"会"，指计谋。"刚鲧"，为梗直。"肇"，是开始的意思。"彻"，含义为治理。《诗经·公刘》云："彻田为粮。"郑笺："度其原隰与原田多少，彻之使出税，以为国用。什一而税谓之彻。"《诗经·崧高》云："彻申伯土田。"毛传："彻，治也。"郑笺："治者，正其井牧，定其赋税。"史墙对成王的颂词是：成王左右的大臣出谋划策耿直无私，成王用他们来治理周王朝的土地。

西周真正的分封制度开始于成王，是成王东征灭国以后，开始在新占领的领土上，分封诸侯，建立诸侯国，首先分封了齐、鲁、燕三国，并将武庚禄父的封地改封给康叔，建立卫国。

成王一生主要的政绩是分封诸侯，所以《左传》定公四年说："昔武王克商，成王定之，选建明德，以蕃屏周。"成王在王畿以外的领土上分封诸侯，向外殖民的政策，被康王所继承，康王时改封了原在陕西陇县的虞侯矢氏族，到江苏的宜地为侯，故称为宜侯矢氏族（见宜侯矢簋铭文）。春秋时期宜侯矢氏南迁苏州建都。后世因为其国宗室的氏族名称为"矢"，而古代"矢"的读音为"吴"，所以称其国为吴国，史称东吴。康王还改封周公一个儿子到河北邢台市一带为诸侯，称为邢侯（见邢侯簋铭文）。邢侯原来的封邑在陕西凤翔县（详见尹盛平：《邢国改封的原因及其与郑邢、丰邢的关系》，原载《三代文明研究》（一），科学出版社，1999年。又见《周文化考古研究论集》，文物出版社，2012年）。

赵光贤：成王（公元前1035年—公元前1009年）在位二十七年。（《先秦史论集·西周诸王代考》）

荣孟源：成王，公元前1045年—公元前1014年，共三十二年。（《历史笔记·试谈西周纪年》）

李仲操：《世纪》又载："成王元年，正月己巳朔，此命伯禽俾侯于鲁之岁也。后三十年四月庚戌朔，十五日甲子哉生霸。故《顾命》曰'惟四月哉生霸，王有疾不豫。甲子，王乃洮沬水'，作《顾命》。翌日乙丑，成王崩。"这里记周公摄政后，成王的在位年数是三十年。则加摄政七年，成王的实际年数为三十七年。（《西周年代》四《成王年数及其历日》）

编者按："夏商周断代工程"推算的西周年表：成王在位约前1042年—约前1021年，共22年。

④【汇注】

解惠全：临之，指临朝政，治理国政。（《全译史记·周本纪》）

【汇评】

牛运震："申告以文王、武王之所以为王业之不易，务在节俭，毋多欲，以笃信临之"：按此段缜括《顾命》大旨，古质简老，可补《书·序》所未及。（《史记评注·周本纪》）

⑤【汇注】

裴　骃：郑玄曰"临终出命，故谓之顾。顾，将去之意也。"（《史记集解》）

王若虚：今其书但载成王末命，使之率循天下，燮和天下，以答扬文、武之训而已。曷尝有二公申告之事哉？（《滹南遗老集》卷九《史记辨惑》）

马持盈：《顾命》：《古文尚书》《今文尚书》皆有。言成王将死，召卿相大臣托以辅其后主之命也。（《史记今注·周本纪》）

解惠全：《顾命》：《尚书》篇名。《集解》引郑玄曰："临终出命，故谓之顾。顾，将去之意也。"又《尚书易解》引黄生《义府》云："书以《顾名》名。顾，眷顾也。命大臣辅嗣主，郑重而眷顾之也。"（《全译史记·周本纪》）

李仲操：《尚书·顾命》"惟四月哉生魄"，郑玄注："此成王二十八年。居摄六年为年端。"《顾命》为成王死年所作，郑玄说这年是成王二十八年，当然也就是成王在位共二十八年。……实际摄政时间没有七年，摄政起于成王三年，止于成王七年十二月，共五年时间。……所以成王年数应为三十七年。（《西周年代》四《成王年数及其历日》）

【汇评】

张　照：王若虚《辨惑》曰：今其书但载成王末命，使之率循天下，燮和天下，以答扬文、武之训而已，曷尝有二公申告之事哉？臣照按马迁之意，即指《康王之诰》上半篇所言，太保暨芮伯咸进相揖曰："敢告天子云云耳。"盖《顾命》与《康王之诰》本相连属，或古本于"惟予一人钊报"诰以下为《康王之诰》，以上皆属《顾命》，亦未可定，不得据以訾迁也。（《钦定史记·周本纪·考证》）

颜克述：《史记辨惑》："《周纪》云：'成王既崩，召、毕二公以太子钊见于先王庙，申告以文王、武王之为王业之不易，务在节俭，毋多欲，以笃信临之，作《顾命》。'今其书但载成王末命，使之率循天下，燮和天下，以答扬文、武之训而已，曷尝有二公申告之事哉！"（同书第58页）按：《尚书·顾命》载以成王末命告太子钊之事为："太保、太史、太宗皆麻冕彤裳，太保承介圭，太宗奉同瑁，由阼阶隮；太史秉书由宾阶隮，御王册命。"其前并有"成王不怿"，召太保奭与毕公等接受顾命之文，有"既弥留，恐不获誓言嗣，兹予审训命汝：昔君文王、武王宣重光，奠丽陈教，则肄肄不违，用克达殷集大命。在后之侗，敬迓天威，嗣守文武大训，无敢昏逾。今天降疾，殆弗兴弗悟，尔尚明时朕言，用敬保元子钊，弘济于艰难。柔远能迩，安劝小大庶邦。思夫人自乱于威仪，尔无以钊冒贡于非几"大段文字。细玩其义，实与"为王业之不易，务在节俭，毋多欲，以笃信临之"等语相近。而《顾命》于"御王册命"之后，有"道扬末命，命汝嗣训"语，实即此意。《史记》关于成王末命之记载，基本上与《尚书》一致。史迁为求通俗，往往改写"周诰殷盘"之文，此亦其例。王氏于《尚书》既未细考，又泥守《尚书》片断文字以非难《史记》，殊欠切当。（《王若虚〈史记辨惑〉质疑（上）》，载《中国历史文献研究集刊》第二集）

⑥【汇注】
朱孔阳：《纲目前编》：成王三十七年夏四月甲子，王命太保奭及群臣受顾命，乙丑，王崩。太保迎元子钊于毕门外，入翼室恤宅宗。癸酉元子钊麻冕黼裳即位，朝见诸侯于应门内，诸侯听命，出，王释冕反丧服。（《历代陵寝备考》卷八《周》）

⑦【汇注】
司马贞："康王钊"，（钊），古尧反，又音招。（《史记索隐》）
司马光：康王修文、武、成王之业，四海治安，成康之世，刑措不用者四十余年。（《稽古录》卷八《周上》）
潘永圜：康王，名钊，成王元子。癸亥即位。克遵洪业，敬恭神人，四彝宾服，囹圄空虚。在位二十六年。成康之世，刑措不用者四十年。《谥法》：温柔好乐曰康。（《读史津逮》卷一《周》）
刘于义：康王，讳钊，成王太子，以岁壬戌即位，在位二十六年。太子晋曰："自后稷之始基靖民，十八王而康克安之。"（《陕西通志》卷四八《帝系一·康王》）
梁玉绳：康王钊，成王子，始见《书·顾命》，亦单称康。在位二十六年，年五十七，葬咸阳。（《汉书人表考》卷三《康王钊》）

【汇评】
沈长云：对于康王在西周王朝建设中的作用，其实是周人自己表述得最清楚。《国语·周语下》引灵王太子晋的话说："自后稷以来宁乱，及文、武、成、康而仅克安之。自后稷之始基靖民，十五王而文始平之，十八王而康克安之，其难也如是。"这里不仅以文、武、成、康并提，而且视康王为周人基业的最终奠立者：从后稷开始打下治民的基础，过十五世到文王时期才始显出有些成就，过十八世到康王之手才终于定下了周家天下的规模，可见创业的艰难！（《西周史论文集》下册《论周康王》）

又：古本《竹书纪年》有"晋侯作宫而美，康王使让之"等语，岂非善自约束，不使个人及臣下沉湎于安乐之举！就金文资料来说，《大盂鼎》铭记康王对盂的训诰，谆谆教诲他要汲取殷亡教训，畏惧天威，不得酗酒，以免丧失百姓；又教导他要勤敏政事，朝夕入谏。这些，都表现了康王勤于政事，时刻戒惧自己，并采纳臣下建议的作风。故《周颂·执竞》云："丕显成康，上帝是皇。"颂成、康二王受上帝之嘉美；

又云"自彼成康,奄有四方,斤斤其明",赞成、康治理四方,具有明察秋毫般的英明,可见康王与成王同样受到周人的称许,后人艳称的"成康之治",亦是有根据的说法。(同上)

编者按：自汉代以来,儒学经士认为康王是一位贪图安逸的君主,诬其好色淫乐,致使周道衰微。其实康王是一位很有作为的君王。康王的业绩主要有两方面：一、改封诸侯。例如改封原为内服的邢叔为外服的邢侯（见邢侯簋铭文),改封原在关中西部陇县境内的虞侯矢氏族之君虞侯到江苏的宜地（今镇江一带）为宜侯（见宜侯矢簋铭文）。还分封南宫盂为诸侯（见大盂鼎铭文）。二、征服鬼方族。从成王中后期至康王晚年以前,成康之际"天下安宁,刑错四十余年不用",形成了中国历史上第一个治世,号称"成康之治"。根据小盂鼎铭文记载,康王二十五年,南宫盂率军征伐鬼方。经过两次战役,斩获甚众,捉到敌酋4人,杀死近5000人,活捉俘虏14000人以上,获得牛、马、羊480多头,战车100多辆,取得了空前的大捷。从此鬼方被彻底征服,直到西周晚期以前,金文中不见鬼方入侵的记载。关于康王的政迹,墙盘铭文颂扬说："肃哲康王,遂尹亿疆。""遂尹亿疆",就是通过分封、改封诸侯,扩大领土,从而统治着广大的疆域。

⑧【汇注】

蒋廷锡：按《竹书纪年》,康王元年甲戌春正月,王即位,命冢宰召康公总百官,诸侯朝于丰宫。……二十六年秋九月己未,王陟。(引自《古今图书集成·明伦汇编·皇极典》卷一〇《周·康王本纪》)

⑨【汇校】

王若虚：以《书》考之,此篇乃《康王之诰》耳。若《康诰》,则成王以命康叔者也。其谬误如此。且《本纪》既先序周公作《康诰》《酒诰》等篇,而于此复云,《书》岂有两《康诰》邪？(《滹南遗老集》卷九《史记辨惑》)

梁玉绳："作《康诰》",《滹南遗老集·辨惑》曰："此乃《康王之诰》,若《康诰》则命康叔者也,《书》岂有两《康诰》耶。"(《史记志疑·周本纪》)

张文虎："作康诰",按：当作"康王之诰"。(《校刊史记集解索隐正义札记·周本纪》)

郭嵩焘：作《康诰》,《札记》云："当作'《康王之诰》'。"(《史记札记·周本纪》)

【汇注】

左丘明：命以《康诰》,而封于殷墟。(《左传》定公四年)

李学孔：癸亥元年,诸侯来朝,王作《康诰》,宣示文武之功,由是诸侯率服。(《皇王史订》卷四《周纪·康王》)

孙之騄：《左传》，康有酆宫之朝，酆在始平鄠县东。康王于是朝诸侯。《康王之诰》曰："大保率西方诸侯入应门。"《左疏》云："于是太保召公领冢宰。"张超《诮青衣赋》："周渐将衰，康王晏起，毕公喟然，深思古道，感彼《关雎》，德不双侣。但愿周公，好以窈窕。防微消渐，讽喻君父。"齐、韩、鲁三《诗》皆以为康王晏朝，《关雎》刺之。（《考定竹书》卷九《元年甲戌春正月王即位命冢宰召康公总百官朝诸侯于酆宫》）

张　照：王若虚《辨惑》曰：以《书》考之，此篇乃《康王之诰》耳。若《康诰》，则成王所以命康叔者也。其谬误如此。且《本纪》既先序周公作《康诰》《酒诰》等篇，而此复云书，岂有两《康诰》耶？臣照按马迁或本作《康王之诰》，而相传之讹，致脱"王之"二字，或此篇本亦名《康诰》，后世以两《康诰》而改此为《康王之诰》，俱未可定，不得指为惑而强辨也。（《钦定史记·周本纪·考证》）

徐　鼒：《诗谱》疏引王肃《康诰》注云："唐，国名，在千里之畿内。既灭管、蔡，更封为卫侯。"又《史记·卫世家》注引《世本》云："康叔居康。"《诗地理考》亦引《世本》云："康叔居康，从康徙卫。"宋衷注云："康叔从畿内之康，徙封卫。卫即殷虚定昌之地。畿内之康，未知何在也。"鼒按《左传》："命以康诰"，"命以唐诰"。唐为国名，知康亦国名也。管叔、蔡叔、霍叔同是一例，蔡、霍亦国名也。（《读书杂释》卷二《康诰》）

【汇评】

吴汝纶：大顿束，笔力千钧。（《桐城吴先生点勘史记读本·周本纪》）

⑩【汇评】

姚允明：继德累世矣，而惟靖民以致刑措，故虞周媲治也。（《史书》卷一《康王》）

⑪【汇注】

裴　骃：应劭曰："错，置也。民不犯法，无所置刑。"（《史记集解》）

司马光：康王修文、武、成王之业，四海治安。成、康之世，刑措不用者四十余年。（《稽古录》卷八《周》上）

陈梦家：《太平御览》八五引《纪年》曰：成、康之世，天下安宁，刑错四十年不用。（《西周年代考》第三部）

陈蒲清：刑错：刑法停止不用。形容民不犯法，社会安定。错：通"措"，废止。（引自王利器主编《史记注译·周本纪》）

【汇评】

董仲舒：臣闻圣王之治天下也，少则习之学，长则材诸位，爵禄以养其德，刑罚以威其恶，故民晓于礼谊而耻犯其上。武王行大谊、平残贼，周公作礼乐以文之，至于成、康之隆,囹圄空虚四十余年,此亦教化之渐,而仁谊之流,非独伤肌肤之效也。至秦则不然。师申、商之法,行韩非之说,憎帝王之道,以贪狠为俗,诛名而不察实,为善者不必免,而犯恶者未必刑也。是以百官皆饰虚辞而不顾实,外有事君之礼,内有背上之心,造伪饰诈,趋利无耻,是以刑者甚众,死者相望而奸不息,俗化使然也。(引自《资治通鉴》卷一七《汉纪九》)

丁南湖:四十余年刑措不用,其果然乎?王充《论衡》云:尧舜虽优,不能使一人不刑,文、武虽盛,不能使一刑不用,言其犯刑者少,用刑希疏可也;言其刑措不用,后儒之增饰也。虽增饰,亦足为人主钦恤之劝矣。(引自《纲鉴合编》卷二《周纪·康王》)

龙体刚:再考古来革命,若商纣之败亡何易?以遇周家之父子兄弟,祖孙皆圣贤也。然灭商虽易,而周之创垂保定,又觉甚难。以商承六七世贤圣之君,数百年养士之泽,忠臣义士,亦唯商为多耳。受辛无道,商人咸以诛纣为幸。及商既灭,人思先泽,又莫不以亡国为悲,以故三监河、洛、奄、淮、徐、戎五十国,终不肯附,若非《破斧》《东征》,营都迁洛,廓清摧陷,殚厥心力,则成、康之际,何能永定大清若此耶?然则殷多忠义,而周乃视为顽者,何也?曰:此孔安国《书序》之言,非公之言也。《康诰》《酒诰》《洛诰》《多方》《多士》诸书,并无此语。若公诋殷士为顽,则首阳高节,安能廉立为百世师哉?今观《酒诰》曰"殷献(贤)臣",《多士》曰"商王士",曰"天邑商",《多方》曰"殷多士",自称曰"予小子",唯圣人卑以自牧,无亦殷士之贤,大惬圣心,故每敬而矜之,宁肯诋殷为顽民乎?然则迁殷民于洛又何也?曰:此迁殷世臣故家之在朝歌者,如后世徙大姓以实京师园陵之类耳,朝歌距洛四百里,移其大族于新城,朝夕劝诲,以训其不率,岂尽取而禁锢之耶?如尽取而禁锢之,则与后世之新安、长平何异?周公宁肯为之?盖自武王崩后,公两奉伐奄,抚驭十有余年,其归洛以告多方,成王时已二十四龄,而奄犹反侧靡常,非公之经营惨淡,镇静东方,则成康五十年刑错,皞皞乎若唐虞气象,岂易得哉?夫子删书,备录诸诰,以见文、武、成、康之业,绵世八百,其借公之抚绥保乂,后世莫与京矣!(《半窗史略》卷五《西周·康王》)

⑫【汇注】

陈蒲清:分居里,成周郊:分出成周的一部分民众迁往郊区居住,作为成周的屏藩。(引自王利器主编《史记注译·周本纪》)

解惠全:策:策书,古代帝王对臣下使用的一种文书,用以书教令。(《全译史记·周本纪》)

⑬【汇注】

裴　骃:孔安国曰:"分别民之居里,异其善恶也。成定东周郊境,使有保护也。

(《史记集解》)

⑭【汇注】

班　固：康王十二年六月戊辰朔，三日庚午，故《毕命丰刑》曰："惟十有二年六月庚午朏，王命作策《丰刑》。"（《汉书·律历志下》）

孙之騄：《毕命》曰："惟十有二年六月庚午朏，越三日壬申，王朝，步自宗周至于丰，以成周之众，命毕公保釐东郊。"王肃曰："毕公，代周公为东伯。"（《考定竹书》卷九《十一年夏六月壬申王如丰锡毕公命》）

解惠全：《毕命》：古文《尚书》篇名，伪孔氏传："言毕公见命之书。"（《全译史记·周本纪》）

李仲操：《毕命》载："惟十有二年六月庚午朏，越三日壬申，王朝步自宗周至于丰。以成周之众，命毕公保釐东郊。"庚午朏为一日，则壬申为三日，是康王至丰的时间，未记命毕公之日。《史䢅簋》载："乙亥，王賫（诰）毕公，酒易（锡）史䢅贝十朋，（䢅）占于彝，其于之朝夕监。"此记命毕公是在乙亥日。按《毕命》一日为庚午，则乙亥在六日。（《西周年代》四《康、昭、穆三世年数及其历日》）

【汇评】

方希古：余读《周书》，至于康王之命毕公，然后知周公之忠厚也。殷之顽民可谓顽矣，大者作乱，小者骄淫奢侈，不率法度，礼不得而齐之，德不得而服之，周公知其不可旦夕治也，既欲加兵诛之，又举而迁之于洛，其怒殷民亦甚矣……周公以王士义民待之，彼欲不修士君子之行，得乎？圣人之待人也恕，如此宜乎未历三纪而皆化也。至于康王不知圣人导民之微权，命毕公继周公之职，辄称之为顽民，举洛邑之民岂无善者哉？概而谓之顽，殷民闻之，得无怨且怒乎？号之以为顽，而欲责其不为顽不可得矣。然则周公婉辞和色，化殷民为君子，康王发片言而诬殷民为顽民，文王、武王忠厚之意至是销铄殆尽矣。不然，世之庸主无典则以遗后嗣者，子孙蒙其遗烈，犹可传数世无乱，以文、武、周公之大德，曷为不二三传而遽微乎？史称成康为至治，余谓周之衰，康王基之。（引自《皇明文衡》卷五四《毕命》）

牛运震："晋唐叔得嘉谷献之成王"云云至"作《毕命》"，按此处点次《书·序》以叙事迹，有删有润，笔法古雅绝伦。（《史记评注·周本纪》）

编者按：逨盘铭文说："宁朕皇高祖新室仲，克幽明厥心，柔远能迩，会召康王，方怀不廷。"《诗·大雅·民劳》云："柔远能迩，以定我王。"传曰："柔，安也。"笺云："能，犹如也。迩，近也。安远方之国，顺如其近者。""方怀不廷"，是说方使那些不入朝拜见的反叛者归来。解决反叛问题，不会象盘铭说得那样轻松，据康王时代的金文资料，康王晚年就进行过征伐鬼方的战争。

康王卒①，子昭王瑕立②。昭王之时③，王道微缺④。昭王南巡狩不返⑤，卒于江上⑥。其卒不赴告⑦，讳之也⑧。立昭王子满⑨，是为穆王⑩。穆王即位⑪，春秋已五十矣⑫。王道衰微⑬，穆王闵文武之道缺⑭，乃命伯冏申诫太仆国之政⑮，作《冏命》⑯。复宁⑰。

① 【汇注】

李学孔：康王，名钊，成王子。癸亥嗣立，在位二十六年。按《谥法》："温柔好善曰康。"（《皇王史订》卷四《周纪·康王》）

浦起龙：《公羊》隐三：天子曰崩，诸侯曰薨，大夫曰卒，士曰不禄。（《史通通释》卷五《因习·曰薨曰卒》）

齐召南：康王：成王子，元年癸亥。……在位二十六年崩，子瑕嗣。（《历代帝王年表·周世表·康王》）

朱孔阳：康王讳钊，成王元子。成、康之世，海内晏然，刑错不用四十余年，有唐、虞之风焉。二十六年戊子，王崩。陵在咸阳文王陵东南。（《历代陵寝备考》卷八《周》）

赵光贤：康王（公元前1008—前984年）在位二十五年。（《先秦史论集·西周诸王年代考》）

荣孟源：康王，公元前1013—前985年，共二十九年。（《历史笔记·试谈西周纪年》）

李仲操：康王在位年数，《史记》和《汉书》均无记载。《太平御览》引《帝王世纪》曰："康王元年释丧冕，作诰申诸侯。命毕公作策分民之居里于成周之郊。王在位二十六年崩。子瑕代立，是谓昭王。"《竹书纪年》亦记康王"二十六年秋九月己未，王陟"。则康王的在位年数应是二十六年。从《史记》等有关记载看，这个二十六年是接近实际的。《周本纪》载："故成康之际，天下安宁，刑错四十余年不用。"《太平御览》引《纪年》亦有与此相同的话。可知此话是有所本的。此成康两世的"刑错四十余年不用"，当包括康王全部年数和成王后期的二十余年。《毕命》载："惟周公左右先王，绥定厥家，毖殷顽民，迁于洛邑，密迩王室，式化厥训，即历三纪，世变风移，四方无虞"的政治局面。一纪为12年，三纪36年。则从康王十二年作《毕命》时起，上溯36年，为成王十三四年。知迁殷顽民于成周，从成王五年起，至十三四年，才最后完成。此后约有四五年的巩固时间，即进入天下安宁，刑措不用的成康盛世。这样至康王末年正是"四十余年"。可见康王在位确有26年。（《西周年代》四《康、昭、

穆三世年数及其历日》）

编者按："夏商周断代工程"推算的西周年表：康王在位为前1020年—前996年，共25年。逨盘铭文说："霝朕皇高祖惠仲盠父，盩龢于政，又（有）成于猷，用会邵（昭）王、穆王，欲政四方，扑伐楚荆。"《国语·齐语》记载管仲的话说："昔吾先王昭王、穆王，世法文、武远绩以成名。"据上述，可知昭穆两代，都是想向四方推行其政治，学习文王、武王经营四方而成名。康王死后，东夷大反，昭王派遣几路大军征伐东夷。昭王时代的小臣逨簋铭文说："歔东夷大反，伯懋父以殷八师征东夷。唯十又一月，遣自相师，述（经）东滕，伐海眉（湄）。雪昏（厥）复归，在牧师。"过去以郭沫若为代表的学者，认为伯懋父是成康时期的康伯髦，也就是王孙牟。近来出现第二种意见，彭裕商认为伯懋父是祭公谋父（彭裕商：《伯懋父考》，见《述古集》，巴蜀书社，2016年）。此说不仅新颖，而且可从。矢令簋铭文说："唯王于伐楚，伯在炎。"这是昭王第一次伐楚时，伯懋父率领殷八师征伐海边的东夷，驻军在今山东郯城县的驻军之所。这就证明伯懋父是昭穆时代的大臣，而不是成康时代的康伯髦。昭王时代的鲁侯簋铭文说："唯王令（命）明公遣三族伐东国，在费。"明公是第二代周公君陈之子，是昭王时代的执政大臣。费是鲁国都城曲阜东郊的地名。昭王时代的旅鼎铭文说："唯公太保来伐反夷年，在十有一月庚申，公在盩师。""公太保"，就是明公太保。总之，昭王早年有一次伐东夷的战争，平息了东夷的叛乱。但是这一史实，文献缺载，今以西周金文资料补充。

【汇评】

刘知幾：古者诸侯曰薨，卿大夫曰卒。故《左氏传》称楚邓曼曰："王薨于行，国之福也。"又郑子产曰："文、襄之伯，君薨，大夫吊。"即其证也。按夫子修《春秋》，实用斯义。而诸国皆卒，鲁独称薨者，此略外别内之旨也。马迁《史记》西伯已下，与诸列国王侯，凡有薨者，同加卒称，此岂略外别内邪？何贬薨而书卒也？（《史通》卷五《因习》）

黄逊淳：王名钊，即文王之曾孙，武王之孙，成王之元子也。在位二十六年，布政和平，抚民安乐，故谥曰康。（引自《金石续编》卷十三《大宋新修周康王庙碑》）

梁玉绳："康王卒"，按：史公诸《本纪》天子皆书"崩"，而有书"杀"者五，周幽王、哀王、思王及秦二世父子也。有书"死"者五，夏桀、殷武乙、辛受、周厉王、秦武王也。或残虐无道，或伤戕短命。其贬之固宜，而《周纪》又杂书"卒"者三，未晓何故？昭王不返，赧王遂亡，则降书以"卒"，犹可言耳；若康王之贤，与成并称，岂得下同昭、赧乎？夫前之文王，当书"卒"者也，而僭书曰"崩"；此之康王，当书"崩"者也，而降书曰"卒"，失义例矣。（《史记志疑·周本纪》）

② 【汇注】

皇甫谧撰、徐宗元辑： 昭王在位五十一年，以德衰南征，及济于汉，舡人恶之，乃胶船进王，王御船至中流，胶液解，王及祭公俱没水而崩。其右辛游靡长臂且多力，极得王，周人讳之，王室于是乎大微。王娶于房，曰房后，生太子满，代立，是谓穆王。（《帝王世纪辑存·周第四》）

潘永圜： 昭王，名瑕，康王子，己丑即位，南巡济汉，汉滨人载以胶舟，中流溺死。在位五十一年。《谥法》：仪容恭美曰昭。（《读史津逮》卷一《周》）

刘于义： 昭王，讳瑕，康王太子。以岁戊子即位，在位五十一年。（《陕西通志》卷四八《帝系一·昭王》）

梁玉绳： 昭王始见《逸书·祭公解》《左僖四》《周语上》《齐语》，名瑕。（《汉书人表考》卷九《昭王瑕》）

朱孔阳： 昭王讳瑕，康王子，五十一年己卯巡狩至汉崩，陵在河南之少室山。（《历代陵寝备考》卷八《周》）

③ 【汇注】

张习孔： 约前985年，周昭王十六年，昭王南征，涉汉水，伐楚荆、振旅凯旋而归。（《中国历史大事编年——远古至东汉·西周》）

④ 【汇注】

解惠全： 微缺：衰微，衰落。"微""缺"同义。（《全译史记·周本纪》）

【汇评】

姚允明： 以楚始大，南巡，崩于涉汉，不问也。柔至于不振，不可积矣。（《史书》卷一《昭王》）

吴汝纶： 由盛入衰。（《桐城吴先生点勘史记读本·周本纪》）

⑤ 【汇注】

王　恢： 昭王南巡，实为荆蛮。《史墙盘》："弘鲁邵（昭）王，广纰楚荆，隹狩南行。"据《竹书》，昭王南征凡三次：（一）五十六年伐楚荆，涉汉，遇大兕。（二）五十九年，天大曀，雉兔皆震，丧六师于汉。（三）末年（前1024），夜有五色光贯紫微，其年王南巡不反。昭王失败，周室遂衰；楚则快速发展。继其先"荜路蓝缕，以启山林"的勤奋开创精神，周夷王时（前924—前879），熊渠说："我蛮夷也，不与中国之号谥。"乃立其三子王江上：长子康为句亶王（湖北江陵），中子红为鄂王（鄂城马绩乡），少子执疵为越章王（江西九江）。周厉王暴虐，楚为保其实力，避免冲突，暂时取消三子王号。（《史记本纪地理图考·周本纪·昭王南巡》）

编者按： "南巡狩不返"，是指昭王伐楚死于汉江。墙盘铭文对昭王的颂词是"㲋（弘）鲁邵（昭）王，广髎（惩）楚荆，唯窦（焕）南行"。

"弘鲁"是溢美之词,意思是宏伟嘉善。"广鈇",陈世辉读为广惩,他引《诗·閟宫》所云"荆舒是惩"为证(《墙盘铭文解说》,《考古》,1980 年 5 期)。于省吾:"焕为奂的后起字。《汉书·韦玄成传》的'惟懿惟奂',颜注谓'奂,盛也'。《礼记·檀弓》的'善哉奂焉',郑注谓'奂言众多'。总之,奂训大,训盛,训众多,意义相涵。"(《墙盘铭文十二解》,《古文字研究》第五辑)"唯奂南行",是形容昭王南征荆楚时,士卒众多,军容盛大。盘铭只言南征盛况,而讳言结果,与伪称"南巡狩不返"是一致的。昭王在位十九年,两次南征,一次是十六年,一次是十九年。

⑥【汇注】

陆唐老:王巡狩,返,济汉,汉滨人以胶胶船,王至中流,胶液,王及祭公皆溺死,在位五十一年崩,子满立。(《陆状元通鉴》卷二〇《外纪·周纪上·昭王》)

章　衡:在位五十一年。(《编年通载》卷一《周·昭王瑕》)

王在晋:周昭王陵,登封县少室山阳城西谷。(《历代山陵考》卷上《河南府》)

李学孔:昭王,名瑕,康王子,己丑嗣立。在位五十一年。按《谥法》:"仪容恭美曰昭。"(《皇王史订》卷四《周纪·昭王》)

梁玉绳:"卒于江上",附按:《正义》引《世纪》谓胶船液解,溺于汉水。杜预亦云"涉汉船坏而溺"。《吕氏春秋·音初篇》谓"昭王征荆,涉汉梁败,坛于汉中,其右辛余靡振王北济"。《竹书》言"天大曀,丧六师于汉",无船解梁败之说,似《竹书》为可信。至所云"振王北济"者,振王之尸也,《左》《谷》二《疏》据高诱说以振王为非,未免错会。(《史记志疑·周本纪》)

朱孔阳:《史记》昭王之时,王道微缺。王南巡狩,不返,卒于江上。其崩,不赴告,讳之也。《左传》管仲曰:"昭王南征不复。"《外纪》,昭王南巡狩,反,济汉,汉滨之人以胶船进。王至中流,胶液船解。王及祭公皆溺焉。《大纪》曰:王征荆蛮,军旅旋涉汉、梁败,王及祭公坛于汉中。王右辛余靡振王北济,反振祭公。王因是发疾。诸说不同,未详孰是。今按少室山有昭王陵,似《大纪》之说为长。抑亦如黄帝桥陵群臣葬以衣冠耶?(《历代陵寝备考》卷八《周》)

陈梦家:《竹书纪年》曰:"周昭王十六年伐楚荆,涉汉,遇大兕。"又曰:"周昭王十九年天大曀,雉兔皆震,丧六师于汉。"(以上《初学记》七引)又曰:"周昭王末年夜清五色,光贯紫微,其年王南巡不返。"(《太平御览》八七四引)似昭王亡于十九年。(《西周年代考》第三部)

王　恢:江,《世纪》:"昭王南征济于汉,中流与祭公俱没。"《沔水注》:"沔水又东,迳左桑(按近今沔阳东北仙桃),昔周昭王南征,船人胶舟以进之,昭王渡沔,中流而没,死于是水。庾仲雍言,村老云,百姓佐昭王丧事于此,成礼而行,故曰佐丧——左桑字失体耳。沔水又东得合驿口,庾仲雍言:须导,村耆旧云,朝廷驿使合丧于是，因以名焉。今须导村正有大敛口，言昭王于此殡敛矣。沔水又东，谓之横桑，言得昭王丧处也。"虽附会野语，可略推其地理。（《史记本纪地理图考·周本纪·昭王南巡》）

荣孟源： 昭王，公元前984—前966年，共十九年。（《历史笔记·试谈西周纪年》）

李仲操： 古本《竹书纪年》载："昭王十六年伐楚荆，涉汉遇大兕。十九年，天大曀，雉兔皆震，丧六师于汉。昭王末年，夜清五色，光贯紫微，其年王南巡不返。"今本《竹书纪年》亦载："十六年伐楚，涉汉遇大兕。十九年春，有星孛于紫微。祭公章伯从王伐楚，天大曀，雉兔皆震，丧六师于汉。王陟。"古、今本《竹书纪年》都记昭王在位十九年。今本又在十九年下，加一"春"字，则昭王死时尚不足十九年。此说应是秦灭以前的记载，与实际必很接近，但还须证明。（《西周年代》四《康、昭、穆三世年数及其历日》）

又： 得《卫毁》历日日序为穆王二十七年三月九日既生霸戊戌。月相、干支正合。证明《竹书纪年》所记昭王在位十九年是正确的。（同上）

编者按： "夏商周断代工程"推算的西周年表：昭王在位为约前995年—约前977年，共19年。

【汇评】

龙体刚： 按《大纪》云：王陨于汉，有王右辛余靡振王北济，因发疾死。是岂胶舟溺崩？出后人之讹传耶？然考昭王时，月有光五色贯紫微，井水沸溢，已见天道之乖异矣，而十有四年，鲁侯弟沸即弑君幽公而自立，王不能讨，篡逆已造端于此，则汉人胶舟一事，未敢云无，但陨时未崩，北济后病殂之说，亦未必妄。（《半窗史略》卷五《西周·昭王》）

⑦【汇注】

解惠全： 赴告：讣告，报丧。（《全译史记·周本纪》）

⑧【汇注】

张守节：《帝王世纪》云："昭王德衰，南征，济于汉，船人恶之，以胶船进王，王御船至中流，胶液船解，王及祭公俱没于水中而崩。其右辛游靡长臂且多力，游振得王，周公讳之。"（《史记正义》）

马持盈： 昭王之死所以不赴告于天下诸侯，是因为周人以此事为不光明，故讳言之。（《史记今注·周本纪》）

【汇评】

陈　栎： 康王没，昭王继之，南征济汉，沉没不返，周人讳之，不赴告诸侯，周纲陵夷，渐见于此。（《历代通略》卷一《周》）

⑨【汇注】

司马贞：宋衷云："昭王南伐楚，辛由靡为右，涉汉中流而陨，由靡承王，遂卒不复。周乃侯其后于西翟也。"（《史记索隐》）

⑩【汇注】

李昉：《帝王世纪》曰：昭王在位五十一年，以德衰南征。及济于汉，舡人恶之，乃胶船进王。王御船，至中流，胶液解。王及祭公俱没水而崩。其右辛游靡长臂且多力，拯得王，周人讳之。王室于是乎大微。王娶于房，曰房后，生太子满，代立，是谓穆王。（《太平御览》卷八五《昭王》）

刘于义：穆王，讳满，昭王太子。以岁己卯即位，在位五十五年。（《陕西通志》卷四八《帝系—穆王》）

朱孔阳：穆王讳满，昭王子。欲肆其心周行天下，卒能听《祈招之诗》以自克，五十五年甲戌崩于祇宫，寿百有四岁。陵在西安府长安县。（《历代陵寝备考》卷八《周》）

张习礼：约前964年，周穆王十三年，穆王伐徐（不知何年，据《今本纪年》系此）。《中国历史大事编年》）

【汇评】

胡宏：史有谓昭王以楚人不朝，南征济汉，楚人密以胶舟进，中流舟解，王没于水。审若是，则楚有不赦之罪，嗣王所当寝苫枕戈，誓弗与共天下也。愚观穆王命君牙、伯冏之文，典雅弘奥，克己求善，盖贤君也。岂有忽弃君父，而不动天下之兵，以讨荆楚者乎？疑好事者为之，如尧幽囚、舜野死之类也，是以不取彼而取此。（《五峰集》卷四《皇王大纪论·昭王南征》）

吕祖谦：穆王之书三篇：《君牙》《冏命》，初年之书也。《吕刑》，末年之书也。观诸《君牙》《冏命》，其所望臣仆者深且长矣。然此心不继，造父为御，周游天下，将必有车辙马迹，导其侈者果出于仆御之间，抑不知伯冏犹在职否也。然中虽放逸，不克保始，而暮年哀敬，初心复还，谓之全德不可，犹不失为周之令主也。（《古今人物论》卷一《穆王》）

⑪【汇注】

潘永圜：穆王，名满，昭王子，庚辰即位，乘八骏周游，固征犬戎，至是荒服不至。作《吕刑》，在位五十五年。《谥法》布德执义曰穆。（《读史津逮》卷一《周》）

⑫【汇注】

梁玉绳："穆王即位，春秋已五十矣"。按：《竹书》言穆王以下都于西郑，臣瓒《汉·地理志》注亦云。《诗·小雅·谱疏》引《世本》《汉志》又言懿王徙犬邱，《竹书》谓迁槐里在十五年。槐里即犬邱。迁都大事，纪表皆不书，何也？然则东迁以前已再徙都矣。至史公言穆王即位已五十，必非无征，伪作孔《传》者变其文曰"穆王即位过四十"，孔《疏》谓"不知出何书"。迁若在孔后，当各有所据，而岂知其即据《史记》乎。（《史记志疑·周本纪》）

⑬【汇校】

张文虎："王道衰微"，《御览》引句上有"而"字。（《校刊史记集解索隐正义札记·周本纪》）

【汇注】

蒋廷锡：按郑樵《通志·三五纪》：穆王即位，王宠盛伯之女盛姬，为之筑重璧之台，怠于政治。徐夷作乱，帅九夷以伐宗周。西至于河上。穆王患其炽也，乃分东之诸侯，命徐子主之。徐子嬴姓，处潢池之东，地方五百里，行仁义，通渠陈、蔡之间，欲舟行上国。得朱弓朱矢，以为天瑞，自号偃王。陆地而朝者三十六国。皋陶之裔曰造父，以善御幸于穆王。王得八骏，日行千里，使造父御之，欲车辙马迹周于四方八极。西与王母宴于瑶池，作《白云》《黄竹》之歌，乐而忘归。闻徐偃王僭窃，复御八骏长驱而还。使造父告楚，令伐徐。王孙厉谓楚子曰："徐王好仁义，其志大矣。君若不伐，楚必事徐。"楚子曰："若有道，不可伐！"对曰："大伐小，强伐弱，犹石之投卵，虎之噬豚也。"楚子于是伐徐。偃王不忍斗，故败，乃北走彭城东山下，民从之者以万计。因名其山曰徐山。徐子将死，曰："吾为不忍，以至于此！"（引自《古今图书集成·明伦汇编·皇极典》卷一〇《周穆王本纪》）

赵生群：泗州徐城县北三十里古徐国，"泗州"原作"泗水"。本书卷五《秦本纪》、卷四三《赵世家》、卷九一《黥布列传正义》引《括地志》皆作"泗州"，《元和志》卷九《河南道》五泗州属县有徐城县，今据改。（点校本二十四史修订本《史记》）

【汇评】

牛运震："王道微缺""王道衰微""王室遂衰"，此等政与"周道初兴"遥对，有关键，有次第。（《史记评注·周本纪》）

⑭【汇注】

解惠全：闵：忧伤。（《全译史记·周本纪》）

⑮【汇注】

裴　骃：孔安国曰："伯冏，臣名也。"（《史记集解》）

又：徐广曰："'（诫）'，一作'部'。"（同上）

又：应劭曰："太仆，周穆王所置。盖太御众仆之长，中大夫也。"（同上）

梁玉绳：伯婴始见此。本作伯冏，又作臩……钱宫詹曰：婴当作臩，班史多古文，转写舛谬，失其旧矣。（《汉书人表考》卷四《伯婴》）

⑯【汇校】

张守节：《尚书序》云："穆王令伯冏为太仆正。"应劭云："太仆，周穆王所置。盖太御众仆之长，中大夫也。"（《史记正义》）

郝　敬：按"臩"，《书》作"冏"，周之仆正也。音拱，与冏声近。（《批点史记琐琐》卷一《周本纪》）

【汇评】

吕祖谦：穆王之命，望于伯冏者深且长矣。此心不继，造父为御，周游天下，将必有车辙马迹导其侈者，果出于仆御之间，抑不知伯冏犹在职乎否也？穆王豫知所戒，忧思深长，犹不免躬自蹈之，人心操舍之无常，可惧哉！（引自《史记评林·周本纪》）

⑰【汇校】

吴国泰："穆王闵文武之道缺，乃命伯臩申诫太仆国之政，作《臩命》。复宁"。国泰按：疑此有夺误，当作"乃命伯臩为太仆，申诫国之政，作《臩命》，复宁"。太仆上疑夺一"为"字。申诫二字复误书在太仆上，遂不可通矣。复宁上，以意度之，当有"国以"二字。（《史记解诂》，载《文史》第四十二辑）

【汇注】

梁玉绳："乃命伯臩申诫太仆国之政，作《臩命》。复宁"。附按：此云太仆国之政，则非太仆正矣。史公亲受古文，不应与《书·序》违异如此。盖太仆之官，其系于国政最重，太仆得其人，而国以永宁也。"复宁"二字，承上"文武之道缺"而言，史公意中有穆王周行天下一事，故为斯语耳。八骏远游之时，伯冏必已去位，穆王殆忘申诫太仆之心欤？王若虚斥为"不成文理"，粗莽之甚。（《史记志疑·周本纪》）

马持盈：复宁：国局又安定。（《史记今注·周本纪》）

编者按：逨盘铭文说："雩朕皇高祖惠仲盠父，盩龢（和）于政，有成于猷，用会昭王、穆王，盗政四方，扑伐楚荆。""盗"为盗的繁文，从次从皿。"盗"字训为欲，《六书正讹》说："次即涎字，欲也。欲皿为盗，会意，从次，欲从次，误。"秦公镈和王姬镈有"盗百蛮，具即其服"，就是想叫百蛮都履行其服事，交纳贡品。"欲政四方"，就是想向四方推行其政治，这是昭、穆两代周王极力想做的事情。"扑伐楚荆"，是昭王所为。由于昭王第二次伐楚死于汉江，周人不讣告，造成了政局不稳。穆王即位以后，太行山间的戎人大出于軧国，威胁成周的安全，穆王开始北征。臣谏簋铭文说："唯戎大出（于）軧，邢侯搏戎，诞命臣谏以师氏、亚旅处于軧，（从）王（征戎）。"铭文中的邢侯，不是周公之子第一代邢侯，而是周公之孙第二代邢侯。穆王北征，最重要的将领是伯懋父，也就是祭公谋父。师旅鼎铭文说："唯三月丁卯，师旅众仆不从王征于方雷，使厥友弘以告于伯懋父。"軧国在今河北省元氏县，方雷是国族名，可能在軧国附近。吕行壶铭文说："唯四月，伯懋父北征，唯还，吕行哉（载）爰

（镊）马，用作宝尊彝。"伯懋父三月北征方雷，四月回来，吕行在载地（今河南兰考县）用铜交换马匹，受到奖赏。穆王北征文献失载，今以金文补此。

逨属于西周单氏世族，根据逨盘铭文记载，其氏族八代人历经文、武、成、康、昭、穆、共、懿、孝、夷、厉、宣十二王。经考证，单氏世族八代人从其始祖单公开始，其后分为三个家族，单公长子一支为大宗，世代称为单伯。单公家族传至第三代，单公之孙新室仲从大宗单伯家族中分出来另立宗室，成为小宗单仲家族。惠仲盠父是第二代单仲，单名盠，惠是谥号，仲是排行，父是尊称。单仲家族传到第五代，共叔（可能是单叔五父）又从单仲家族分出来，另立宗室，形成小宗单叔家族。逨是第二代单叔。（详见尹盛平：《西周史征》第三章第二节《单氏世族》，陕西师范大学出版社，2004年）

西周单氏世族的封邑，也就是他们的"采邑"，是在今陕西眉县渭河北岸的马家镇杨家村、李村一带。1956年眉县李村出土盠器6件，其中驹尊甲铭说："王弗忘厥旧宗小子，螽皇盠身。"这说明单氏世族是周王室的姬姓宗亲。单氏世族，是目前发现的最完整的一个西周金文世族，对于研究西周的世族制度具有重要的价值。

【汇评】

王若虚：《周纪》云："穆王闵文、武之道缺……复宁。"绝不成文理。（《滹南遗老集》卷九《史记辨惑》）

颜克述：《史记辨惑》："《周纪》云：'穆王闵文武之道缺，乃命伯冏申诫太仆国之政，作《冏命》，复宁。'绝不成文理。"（同书第59页）按：此是文有舛误，王氏疑之是，而未知其所非。《尚书·冏命》序云："穆王命伯冏为周太仆正，作《冏命》。"《史记》此文之"国之政"三字与"作冏命"三字盖倒，应以正为"作《冏命》，国之政复宁"。则于文无害。《史记》之失，在于"乃命伯冏申诫太仆"语与《尚书》之文不合。（《王若虚〈史记辨惑〉质疑（上）》，载《中国历史文献研究集刊》第二集）

编者按：《史记·周本纪》说：

穆王即位，春秋已五十矣。王道衰微，穆王闵文武之道缺，乃命伯冏申诫太仆国之政，作冏命。复宁。

昭王第二次伐楚死于汉江，对周王室的权威损害很大，所以说"王道衰微"。周穆王即位以后，徐偃王乘政局动荡之机，率东方九夷反叛。《后汉书·东夷传》说：

徐夷僭号，乃率九夷，以伐宗周，西至河上。……穆王后得骥騄之乘，乃使造父御以告楚，令伐徐，一日而至。于是楚文王大举兵而灭之。

"徐夷"又称"徐戎"。《太平寰宇记》卷十六泗州下引《都城记》说：

伯益有二子，大曰大廉，封鸣（鸟）俗氏，秦为其后也；小曰若木，别为费氏，居南裔为诸侯，至夏氏末，其君费昌去夏归商，佐汤伐桀，有功入为卿士，……汤更封费氏之庶子于淮泗之间徐地，以奉伯益之祠，复命为伯，使主淮夷。

《史记·秦本纪》称伯益为柏翳，并说：

大费生子二人，一曰大廉，实鸟俗氏，二曰若木，实费氏。其玄孙曰费昌，子孙或在中国，或在夷狄。费昌当夏桀之时，去夏归商，为汤御，以败桀于鸣条。

《汉书·地理志》临淮郡下有徐县，注云："故国，盈姓。"盈姓即嬴姓。唐代的《括地志》云："徐城县北四十里有大徐城，即古徐国。"汉代的徐县隋代改为徐城县，即今安徽省泗县。九夷，即《后汉书·东夷传》所说的"畎夷、于夷、方夷、黄夷、白夷、赤夷、玄夷、风夷、阳夷。"《礼记·檀弓》记载徐国使者容居说："昔我先君驹王，西讨济河。"说明《后汉书·东夷传》的说法可信。

共王时代的史墙盘铭文对穆王的颂词是："祇显穆王，井（型）帅宇诲，緟（重）宁天子。""緟宁天子"，于省吾读为"重宁天子"。"重宁"与"复宁"同义，都是说使天下重新安宁的意思。墙盘铭文对穆王的颂词是说：显赫的穆王，能够遵循、效法文王、武王久远的教诲，使天下重新安宁。周穆王成为"重宁天子"，决不是一道"繄命"就能使天下重新安宁，而是经过了东讨西征的多年战争。

一、成周阻击战

徐夷反叛时，成周洛邑以南的南淮夷，也北上入侵成周地区，周王朝动用"成周八师"，分几路进行狙击。出土于周原遗址的录𢕌卣铭文说：

王命𢕌曰："淮夷敢伐内国，汝其以成周师氏戍于𦎫师。"伯雍父蔑录曆，锡贝十朋。录拜稽首，对扬伯休。……

录是氏名，录𢕌又称录伯𢕌，他可能是周初太保召公征伐的录子圣的后裔，属于殷遗。伯雍父又见于臤鼎、遇甗、𣪘尊等铜器铭文，是成周洛邑抵御淮夷入侵的主帅，又称师雍父。录簋铭文有"伯雍父来自𢻻（甫）"，臤鼎铭文记伯雍父到𢻻地"省道"，即到𢻻国考察军事路线。淮夷攻伐的"内国"，可能是指王畿之内的诸侯国。𢻻从夫声，与胡、甫等字音同字通。𢻻国即甫国，在今河南省偃城县一带。《说文》云："郙，汝南上蔡亭名。"郙亭应是甫国之亭，可能𢻻（甫）国之地包括上蔡的一部分，故上蔡县有郙亭。"成周师氏"，是指率领"成周八师"各个氏族军队的将领。叶师在汝水流域，在今河南省叶县，位于𢻻国西北不远。𢕌方鼎铭曰：

曰："乌虖（乎）！王念辟剌（烈）考甲公，王用肇吏（使）乃子𢕌達（率）虎臣御㵻（淮）戎。"……

"虎臣"，文献称为"虎贲"，是指勇猛敢死之士，是周王的警卫部队。录伯𢕌率领的是一支精锐之师，用来抵御淮夷对成周洛邑的入侵。"㵻戎"，是指徐戎。徐国是淮夷中的大国，淮夷始见于古本《竹书纪年》，据此书记载："夏后相元年征淮夷、畎夷。"淮夷与畎夷都属于东夷集团，是少昊氏族的后裔。夏代末年，淮夷、畎夷等东夷族归商灭夏，其中畎夷的一支进入了关中西部的邠、岐之间，商代甲骨文中称为犬夷，畎夷、犬夷很可能是秦人的先祖。淮戎就是潍戎。据顾颉刚考证，潍水之"潍"，是因为淮夷居住而得名（顾颉刚：《徐和淮夷的迁留——周公东征史事考证四之五》，《文史》，1990年总23期）。反过来讲，淮夷是因为居住在潍水流域而得名。《后汉书·东夷传》说："武乙衰敝，东夷寖盛，遂分迁淮岱，渐居中土。"淮夷当是起源于潍水流域，商代后期迁徙到淮河流域，因此称为淮夷。商代殷墟卜辞中称淮夷为"隹（wei）夷"，隹戎就是淮夷，是淮夷的旧名。翏簋铭文说：

惟六月初吉乙酉，在堂自（师），戎伐䟽。翏率有司、师氏奔追，御戎于䥥（棫）林，搏戎䵼（胡）。……

堂师应是《春秋·定五年》吴大夫概奔楚所封之堂溪。《水经·灈水注》："吴房县西北有堂溪城。"《史记·正义》引《地理志》云："堂溪故城在豫州郡偃城县西八十五里。"

"棫"字来源于今陕西省凤翔县的棫山，由于棫山在周原的西北部，所以棫字早期从周，作䥥，所以唐兰说"䥥"在周原附近（唐兰：《略论西周微史家族窖藏铜器群的重要意义》，《文物》，1978年第3期）。录伯翏与淮夷作战的战场棫林，即许地之棫林，距离堂师、叶师都很近。杨伯峻指出："棫林，许地，今河南叶县东北。与十四年传秦地棫林同名异地。"（杨伯峻：《春秋左传注》，中华书局，1983年，第1027页）竞卣铭文说："唯伯屖父以成师即东，命戍南夷。"

"成师"指成皋驻军之所的军队。"南夷"即"南淮夷"，是指淮河以南的淮夷，当时安徽一带的群舒就属于"南夷"、南淮夷。由竞卣铭可知徐偃王反叛时，淮河以南的群舒等南淮夷可能也反叛了，所以伯屖父率"成师"向东，去防守南淮夷的入侵。

穆王命伯屖父、伯雍父分两路狙击淮夷的入侵，伯屖父一路从成皋向东，去狙击南淮夷；伯雍父一路戍守叶师、堂师一带，狙击淮夷。录伯翏是伯雍父属下的主要将领，在棫林一战中，他率领的军队取得了胜利，杀死淮夷一百人，捉住敌酋二人，俘获盾、矛、戈、弓、箭袋、箭头、甲胄等135件，夺回被淮夷捉住的人114名。

二、三年静东国

《史记·秦本纪》说"徐偃王作乱，造父为缪王御，长驱归周，一日千里以救乱。"徐偃王是徐夷之君，偃与嬴为一声之转，徐偃王即徐嬴王。周穆王伐东国，已有西周金文资料印证。穆王时代的标准器班簋铭文说：

唯八月初吉，在宗周。甲戌，王命毛伯更（赓）虢鱥（城）公服，粤（屏）王位，乍（作）四方亟极，秉繇（繁）、蜀、巢命。……王命毛公以邦冢君土（徒）御、戜人伐东国（偃）戎，咸。王命吴（虞）伯曰："以乃师左比毛父。"王命吕伯曰：

"以乃师右比毛父。"趞命曰:"以乃族从父征,徣(出)(城)卫父身。"三年静东国,亡不咸(戡)天畏(威)……

虢城公为城虢公的倒文,城与郑音近字通,城虢公即郑虢公。郑虢是郑地之虢,即西虢,是虢仲的封邑,可能在今凤翔县的彪角镇、虢王乡一带。西周时汧水东岸的周原西部统称为郑,所以春秋时,秦德公在今凤翔县的秦雍城遗址内修建有大郑宫。西虢在郑地内,所以称为郑虢。郑地内还有一个井邑,所以西周金文中有一个郑井叔氏族。

班簋铭文中,穆王的第一道命令,是命令毛伯"赓虢城公服,粤(屏)王位,乍(作)四方亟(极),秉緐、蜀、巢命。""赓虢城公服",就是接替虢城公的职务和爵位。"粤(屏)王位,作四方亟(极)",是让毛伯屏障(夹辅)王位,作为四方诸侯首领,掌握緐、蜀、巢三国军队的指挥权。"緐",可能是《左传·襄公四年》"楚师犹在繁阳"的繁阳,杜注:"楚地,在汝南铜阳县南。""蜀",是《左传·成公二年》"楚侵晋至蜀"的蜀地,在今山东省泰安市西。"巢",当在今巢湖市一带。总之,三国都在东方。毛伯《穆天子传》中称为毛班。

穆王的第二道命令,是命令毛公率领各个邦国的步兵和车兵,以及拿特殊兵器(可能是梃)的徒兵,征伐东国戎。毛伯因为代替了城(郑)虢公的职务,官升一级,爵位也升了,所以穆王称他为毛公。唐兰说:"字疑与偃通,戎即徐戎,《书·费誓》说:'淮夷徐戎并兴。'可见徐是戎。"(唐兰:《西周青铜器铭文分代史征》,中华书局,1986年,第351页)

穆王的第三道命令是:王命吴伯曰:"以乃师左比毛父。"王命吕伯曰:"以乃师右比毛父。"这是命令吴伯带领自己的军队作为毛父的左军,命令吕伯带领自己的军队作为毛父的右军。很显然毛父是中军主帅。穆王时代的小臣静簋铭曰:"八月初吉庚寅,王以吴□、吕(牺)合(齒)、瞽师邦君,射于大池"。吴可能就是吴伯;吕牺可能就是吕伯。

穆王的第四道命令,即"趞命曰:'以乃族从父征,徣(出)(城)卫父身'"。郭沫若说:"虢城公当即下文'趞令曰'之趞,别有齩虢趞生殷者可为证。又有齩虢仲殷出土于凤翔,凤翔乃古西虢之地,《汉书·地理志》'西虢在雍州',是知齩虢即西虢。"(郭沫若:《两周金文辞大系图录考释》,科学出版社,1958年,释文,第21页)

近年来有学者对郭沫若的说法提出质疑,彭裕商说:"班应即是趞,其人与毛公同族。"(彭裕商:《班簋补论》,原载《追寻中华文明的踪迹——李学勤先生学术活动五十年纪念文集》,复旦大学出版社,2002年;又见彭裕商:《述古集》,巴蜀书社,2016年,第131页)如果"班应即是趞","趞命曰"下面的"以乃族从父征,徣(出)(城)卫父身"就讲不通了。"班"是毛班,他是周初毛叔郑的后代,毛叔郑的封邑是在成周洛邑附近。而"趞命曰:以乃族从父征,徣(出)齩(城)卫父身"这句话是穆王命令（郑虢生）说：率领你自己氏族的军队随从毛父出征，从郑地出发保卫毛父（毛公）的人身安全。（郑虢生）的封邑在郑地（西郑），因此穆王命令从郑地出发去保卫毛父的人身安全。我们认为郭沫若的说法是正确的。丰京遗址张家坡村发现的铜器窖藏，其中有一件西周穆王时代的孟簋，其铭文说：

孟曰：朕（朕）文考眔（暨）毛公、遣仲征无需，毛公易（锡）朕文考臣自厥（厥）工（功）……

毛公就是班簋铭文中的毛伯、毛公、毛父，也就是《穆天子传》中的毛班。遣与趞通用，遣仲就是郑虢生，是一代虢仲，因此称遣仲。"无需"，是方国首领的名子。商代帝辛（纣王）时期的般甗铭文说：

王宜（俎）人方无敄，咸。王赏作册般贝，用作父己尊。来册。

"俎"者，案也。"王宜（俎）人方无敄"，是说商王（殷纣王）砍下人方首领无敄的头颅放在案上，进行祭祀活动。孟簋铭文所记，当是毛伯接替了郑虢仲的职务以后，与孟的父亲、郑虢仲共同去征伐戎（徐戎）的史实，所以称为毛公。"无需"当是人方首领"无敄"的后代，很可能是徐戎之君，也就是徐偃王的私名。徐戎在今安徽省泗县附近，与商代甲骨文中人方的所在相符。孟的父亲随从毛公、遣仲征伐的徐国，当是商代的人方。

"三年静东国，亡不咸戁天威"，是说经过三年时间平定了叛乱，东国安静了，没有不敬畏天威的方国了。周穆王征讨徐偃王的战争，又见于《史记·赵世家》："赵氏之先，与秦共祖。……缪（穆）王使造父御，西巡狩，见西王母，乐之忘归。而徐偃王反，缪（穆）王日驰千里马，攻徐偃王，大破之。"这次战争，从时间、规模、性质来说，足可以与成王东征，也就是周公东征相提并论，所以西周共王时代的史墙盘铭文，称颂周穆王为"重宁天子"。

三、西征犬戎

西周穆王时，西北的犬戎不向周王朝交纳贡品，所以周穆王不听祭公谋父的劝告，发动了西征犬戎的战争。《国语·周语上》说：

穆王将征犬戎，祭公谋父谏曰："不可。先王耀德不观兵。夫兵戢而时动，动则威，观则玩，玩则无震。……王不听，遂征之，得四白狼，四白鹿以归。自是荒服者不至。"

《史记·周本纪》采录了《国语》这段话的全文。祭公谋父，据学者考证，就是西周金文中的伯懋父，是昭穆时代的大臣。穆王没有听从祭公谋父的劝告，于是西征犬戎。《后汉书·西羌传》说："至穆王时，戎狄不贡，王乃西征犬戎，获其五王，又得四白鹿，四白狼，王遂迁戎于太原。"可知穆王西征犬戎，活捉了犬戎五个部落的酋长，并且将其部众迁居于陇东高原。

据以上所述，可知周穆王经过东讨西征，然后才使西周王朝的天下重新得到安宁，因此史墙盘铭文颂扬他为“重宁天子”，说明周穆王的主要政绩是让天下“复宁”。

穆王将征犬戎①，祭公谋父谏曰②：“不可。先王耀德不观兵③。夫兵戢而时动④，动则威；观则玩⑤，玩则无震⑥。是故周文公之颂曰⑦：‘载戢干戈，载橐弓矢⑧，我求懿德⑨，肆于时夏⑩，允王保之⑪。’先王之于民也，茂正其德而厚其性⑫，阜其财求而利其器用⑬，明利害之乡⑭，以文修之⑮，使之务利而辟害，怀德而畏威，故能保世以滋大⑯。昔我先王世后稷⑰，以服事虞、夏⑱。及夏之衰也⑲，弃稷不务⑳，我先王不窋用失其官㉑，而自窜于戎狄之间㉒。不敢怠业，时序其德㉓，遵修其绪㉔，修其训典㉕，朝夕恪勤㉖，守以敦笃，奉以忠信。奕世载德㉗，不忝前人㉘。至于文王、武王，昭前之光明而加之以慈和㉙，事神保民㉚，无不欣喜㉛。商王帝辛大恶于民㉜，庶民不忍，䜣载武王㉝，以致戎于商牧㉞。是故先王非务武也，勤恤民隐而除其害也㉟。夫先王之制，邦内甸服㊱，邦外侯服㊲，侯卫宾服㊳，夷蛮要服㊴，戎翟荒服㊵。甸服者祭㊶，侯服者祀㊷，宾服者享㊸，要服者贡㊹，荒服者王㊺。日祭㊻，月祀㊼，时享㊽，岁贡㊾，终王㊿。先王之顺祀也(51)，有不祭则修意(52)，有不祀则修言(53)。有不享则修文(54)，有不贡则修名(55)，有不王则修德(56)，序成而有不至则修刑(57)。于是有刑不祭(58)，伐不祀，征不享(59)，让不贡(60)，告不王(61)。于是有刑罚之辟(62)，有攻伐之兵(63)，有征讨之备(64)，有威让之命(65)，有文告之辞(66)。布令陈辞而有不至，则增修于德，无勤民于远(67)。是以近无不听，远无不服。今自大毕、伯士之终也(68)，犬戎氏以其职来王(69)。天子曰(70)：‘予必以不享征之(71)。且观之兵(72)。’无乃废先王之训(73)，而王几顿乎⑭！吾闻犬戎树敦⑮，率旧德而守终纯固⑯，其有以御我矣⑰。"王遂征之⑱，得四白狼、四白鹿以归⑲。自是荒服者不至⑳。

① 【汇注】
　　韦　昭：征，正也，上讨下之称。犬戎，西戎之别名也，在荒服之中。(《国语注》卷一《周语上》)
　　裴　骃：徐广曰："犬，一作'畎'。"(《史记集解》)
　　李学孔：甲寅三十五年，征犬戎。(《皇王史订》卷四《周纪·穆王》)
　　马持盈：犬戎：西戎种族名，亦名畎夷，又名昆夷，大概在今陕西凤翔之北境。(《史记今注·周本纪》)
　　张习孔：约前965年，周穆王十二年，穆王征犬戎：犬戎诸部居西北地区，周初以来，被列为荒服(古五服最远的地方)，常贡于宗周。穆王时，势益强，穆王欲征之，祭公谋父谏曰："不可，先王耀德不观(示也)兵。"王不听，遂征之，得四白狼，四白鹿(或系氏族徽号)以归。自是荒服者不至。(《中国历史大事编年》)
　　编者按：犬戎为西戎之一，允姓，因为崇拜犬图腾而得名。西周晚期称"太原"一带的犬戎为玁狁，春秋时称其为允姓之戎，即后世的氐族。畎夷、昆夷为东夷之一，嬴姓，因居地犬丘和昆吾之虚而得名，是秦人的先祖。犬戎不是畎夷、昆夷。西周时畎夷的居地在西犬丘、西垂，即今甘肃的礼县一带。西周中期以前，犬戎的居地失载。犬戎的考古学文化是寺洼文化，赵化成区分寺洼文化为三个地方类型：早期为寺洼山类型，分布在甘肃的洮河流域；中期为栏桥——徐家碾类型，分布在白龙江、西汉水流域和葫芦河的上游；晚期为九站类型，过去称为安国类型，分布在固原、平凉、庆阳等陇东地区。(《甘肃东部秦和羌戎文化的考古学探索》，出自《考古类型学的理论与实践》，文物出版社，1989年) 寺洼山类型的时代为商代晚期偏早；栏桥——徐家碾类型的时代约相当于商代晚期(帝乙、帝辛)至西周早期；九站类型约相当于西周中晚期至春秋初年。陇东高原即古代的"太原"，因此我们曾提出九站类型晚期，即安国类型文化是玁狁的文化遗存。(尹盛平：《玁狁、鬼方的族属及其与周族的关系》，《人文杂志》1985年第1期，又见尹盛平：《犬夷与犬戎》，出自《周秦社会与文化研究》，陕西师范大学出版社，2003年) 犬戎最早的居住地当在甘南的洮河流域，后来向白龙江、西汉水，以及葫芦河流域迁徙。西周穆王所征的犬戎，其居地很可能是在天水以北的葫芦河上游地区。

② 【汇校】

梁玉绳：《表》列祭公在文王之世，而祭为周公子所封，后文于成王时书凡、蒋、邢、茅、胙、祭六侯是也。文王时安得有之？《路史·后纪》十、《国名记》五谓祭事文王，受商之命，以祭为商代国，不知何据。儿子学献疑曰：马融注《论语》乱有荣公，《晋语》四亦并称周、召、毕、荣，而表独缺，则祭字必荣之误，《礼·缁衣篇》祭公，《顾命》作叶公，《困学纪闻》五言其误，此又误荣作祭，皆因形近致讹也。荣公当即《书·序》荣伯，周同姓诸侯，《周语》上荣夷公是其后。（《汉书人表考》卷二《祭公》）

【汇注】

裴　骃：韦昭曰："祭，畿内之国，周公之后，为王卿士。谋父，字也。"（《史记集解》）

张守节：《括地志》云："故祭城在郑州管城县东北十五里，郑大夫祭仲邑也。《释例》云'祭城在河南，上有敖仓，周公后所封也'。"（《史记正义》）

孙之騄："十一年，王命卿士祭公谋父"，《释例》曰：祭城，在河南，上有敖仓。周公后所封也。（《考定竹书》卷九）

徐文靖：穆王"十一年，王命卿士祭公谋父"，笺按《书·序》曰：周公云殁，王制将衰。穆王因祭祖不豫询某守位，作祭公。又《周书》有《祭公解》，王曰：祖祭公，次予小子，虔虔在位，昊天疾威，予多时溥愆，公其告予懿德。祭公稽首曰：天子！谋父疾维不瘳，朕魂在于天。孔晁曰：祭公，周公之后，昭穆于穆王在祖列。（《竹书纪年统笺》卷八）

【汇评】

邹　泉：穆王愍文武之道缺，乃命君牙为大司徒，伯冏为太仆正，周以复宁，岂不称贤君哉？此心不继，造父为御，周游天下，将皆必有车辙马迹，虽祭公忠恳之谏，悉置弗听，君心操舍之无常，可惧哉？（《尚论编》卷二《穆王》）

余　诚：谋父此谏，前半在征字上起议；后半在犬戎上起议。前半在征字上起议，故于征字对面指出德字来，而以"耀德不观兵"一语，作通体立言。骨子历叙周家前王，无非自耀其德，即武王之用兵也，亦仍是耀德耳，并未尝有意观兵，语语皆与穆王之征相对。后半在犬戎上起议，故备评五服之制，见犬戎无可征处，亦终以见先王耀德不观兵意。末说到有以御我，尽情极谏，本欲冀其谏之行，而征可罢也。孰意王不听，而卒成无益有损之举耶！屡提先王处，典重有体，其言耀德处，归重勤恤民隐，措语亦有实际。（《古文释义新编》卷三《国语·谋父谏伐犬戎》）

刘咸炘：录祭公谏语，以其陈周德也。（《太史公书知意·周本纪》）

③【汇注】

韦　昭：耀，明也。观，示也。明德，尚道化也；不示兵者，有大罪恶，然后致诛，不以小小示威武也。（《国语注》卷一《周语上》）

编者按：唐兰说："按《穆天子传》穆王东征曾至于房，即房子，那么此器（师旂鼎）或是周初。据此，则伯懋父的活动，可能是昭末穆初，也未必是康伯髦了。疑伯懋父为祭公谋父，谋懋声近。祭公谋父的昭穆之际，时代正合。"（唐兰：《西周青铜器铭文公代史征》，第317页）

刘启益说："召圜器中的伯懋父即祭公谋父，1977年我曾就此问题向唐兰师请教，得到唐老首肯。"（刘启益：《西周康王时期铜器的初步清理》，《出土文献研究》，文物出版社，1985年）

彭裕商说："以上本文从年代、地位方面综合考察，得出的结论是金文中的伯懋父不是周初的康伯髦、王孙牟，而应是昭穆时的祭公谋父。"（《四川大学考古专业创建四十周年暨冯汉骥教授百年诞辰纪念文集》，四川大学出版社，2001年。又见彭裕商：《述古集》，巴蜀书社，2016年）

金文中的伯懋父，应该就是祭公谋父，他是昭王早年征东夷的主师之一，而且也是穆王初年征伐北戎方雷氏的主帅。他是周公旦之孙，是穆王的祖父辈，所以在班簋铭文中穆王称他为毛父。

④【汇注】

韦　昭：蒐，聚也。时动，谓三时务农，一时讲武，守则有财，征则有威。（《国语注》卷一《周语上》）

陈蒲清：蒐：收藏。时动：适时出动。（引自王利器主编《史记注译·周本纪》）

【汇评】

赵伯雄：为了劝谏对方不要做某件事，以"先王"不做此类事为最充分的理由；同时，"先王"的作法和规定，似乎又是应当绝对效法和遵守的。这是一种明显的"先王崇拜"。对于周王以及近支贵族来说，先王也就是祖先，因此对先王的崇拜必然带有祖先崇拜的色彩；但先王又不仅仅是祖先，还曾经是周人的最高政治领袖，因此对先王的崇拜更多地表现为对先王的政治行为、政治原则以及政治品德的崇拜。而且这种崇拜，往往集中在周初的几位王，特别是开国的文、武二王身上。（引自《西周史论文集·周人的先王崇拜》）

⑤【汇注】

韦　昭：玩，黩也。（《国语注》卷一《周语上》）

⑥【汇注】

裴　骃：韦昭曰："震，惧也。"（《史记集解》）

⑦【汇注】

韦　昭：文公，周公旦之谥也。颂，《时迈》之诗也。武王既伐纣，周公为作此诗，巡守告祭之乐歌也。(《国语注》卷一《周语上》)

⑧【汇注】

韦　昭：载，则也。干，楯也。戈，戟也。櫜，韬也。言天下已定，聚敛其干戈，韬藏其弓矢，示不复用也。(《国语注》卷一《周语上》)

裴　骃：唐固曰："櫜，韬也。"(《史记集解》)

马持盈：櫜：韬也，弓箭之衣也。(《史记今注·周本纪》)

⑨【汇注】

韦　昭：懿，美也。(《国语注》卷一《周语上》)

⑩【汇注】

韦　昭：肆，陈也。时，是也。夏，大也。言武王常求美德，故陈其功德，于时夏而歌之。乐章大者曰夏。(《国语注》卷一《周语上》)

马持盈：乐章大者曰夏。时夏即是夏，时者，是也，此也。(《史记今注·周本纪》)

陈蒲清：肆于时夏：推广到全中国。肆：呈现；扩张。时：是，此。夏，华夏，指中国。(引自王利器主编《史记注译·周本纪》)

⑪【汇注】

裴　骃：韦昭曰："言武王常求美德，故陈其功于是夏而歌之。信哉武王能保此时夏之美。乐章大者曰夏。"(《史记集解》)

余　诚："载戢干戈"五句：见《诗·周颂·时迈篇》。戢，聚；櫜，韬；肆，陈也。时，是；夏，中国；允，信也。(《古文释义新编》卷三《国语·谋父谏征犬戎》)

⑫【汇注】

韦　昭：懋(茂)，勉也。性，情性也。(《国语注》卷一《周语上》)

解惠全：茂：通"懋"，勉力，尽力。正，端正。厚：宽厚。这里是使宽厚的意思。(《全译史记·周本纪》)

⑬【汇注】

韦　昭：阜，大也。大其财求，不障壅也。器，兵甲也。用，耒耜之属也。(《国语注》卷一《周语上》)

李　笠：按汪远孙云："求"，古"賕"字，賕亦财也。马融本《吕刑》"惟求"，云有求，请賕也。(《释文》)此古求、賕相通之证。"财賕"与下"器用"作对文。笠按：汪说是也。(《史记订补》卷一《周本纪》)

解惠全：阜：物资多，丰富。这里是使多的意思。(《全译史记·周本纪》)

吴国泰：求者，"赇"之借字。《说文》："赇，以财物枉法相谢也。一曰载质也。"求，裘之古文，与财贿之义无涉。(《史记解诂》，载《文史》第四十二辑)

⑭【汇注】
　　韦　昭：示之以好恶也。乡，方也。(《国语注》卷一《周语上》)

⑮【汇注】
　　韦　昭：文，礼法也。(《国语注》卷一《周语上》)

⑯【汇注】
　　韦　昭：保，守也。滋，益也。(《国语注》卷一《周语上》)

⑰【汇注】
　　韦　昭：后，君也。稷，官也。父子相继曰世。谓弃与不窋也。(《国语注》卷一《周语上》)
　　裴　骃：韦昭曰："谓弃与不窋也。"唐固曰："父子相继曰世。"(《史记集解》)
　　方　苞：世后稷，谓世为农官也。(《史记注补正·周本纪》)

⑱【汇注】
　　韦　昭：谓弃为舜后稷，不窋继之于夏启也。(《国语注》卷一《周语上》)

⑲【汇注】
　　张守节：谓太康也。(《史记正义》)

⑳【汇注】
　　韦　昭：弃，废也。衰，谓启子太康，废稷之官，不复务农也。《书序》曰："太康失邦，昆弟五人，须于洛汭。"(《国语注》卷一《周语上》)
　　张守节：言太康弃废稷官。(《史记正义》)

㉑【汇注】
　　韦　昭：失稷官也。不窋，稷之子也。周之禘祫，文、武不先不窋，故通谓之王。《商颂》亦以契为玄王也。(《国语注》卷一《周语上》)
　　梁玉绳："昔我先王世后稷……我先王不窋"，附按：此仍《国语》也。不曰先公而曰先王者，韦昭谓子孙通称先世为王，如契称元王之比。伪《武成传·疏》亦言之。(《史记志疑·周本纪》)

㉒【汇注】
　　韦　昭：窜，匿也。尧封弃于邰，至不窋失官，去夏而迁于邠，邠西接戎，北近狄也。(《国语注》卷一《周语上》)
　　余　诚：窜，匿也。豳地西接戎，北近翟。(《古文释义新编》卷三《谋父谏征犬戎》)

㉓【汇注】

陈蒲清：序：继承。（引自王利器主编《史记注译·周本纪》）

解惠全：序：布舒、宣扬。（《全译史记·周本纪》）

㉔【汇注】

韦　昭：绪，事也。（《国语注》卷一《周语上》）

裴　骃：徐广曰："遵，一作'选'。"（《史记集解》）

马持盈：遵从而修明其绪业。（《史记今注·周本纪》）

㉕【汇注】

韦　昭：训，教也。典，法也。（《国语注》卷一《周语上》）

㉖【汇注】

陈蒲清：恪勤：恭谨而努力。（引自王利器主编《史记注译·周本纪》）

㉗【汇注】

韦　昭：奕，前人也。载，成也。（《国语注》卷一《周语上》）

张守节：前人谓后稷也。言不窋亦世载德，不忝后稷。及文王、武王，无不务农事。（《史记正义》）

马持盈：不忝前人：不至于遗辱于前人。（《史记今注·周本纪》）

㉙【汇注】

解惠全：昭：使光大。（《全译史记·周本纪》）

㉚【汇注】

韦　昭：保，养也。（《国语注》卷一《周语上》）

㉛【汇注】

吴见思：此是耀德不观兵。（《史记论文·周本纪》）

㉜【汇注】

韦　昭：商，殷之本号也。帝辛，纣名。大恶，大为民所恶也。（《国语注》卷一《周语上》）

梁玉绳："商王帝辛"，按：既曰商王，又曰帝辛，岐而复矣。此仍《国语》之失，有说在《殷纪》中。（《史记志疑·周本纪》）

㉝【汇校】

张文虎："䜣载"，柯、凌作"戴"。（《校刊史记集解索隐正义札记·周本纪》）

吴汝纶："载"作"戴"。（《桐城吴先生点勘史记读本·周本纪》）

陈蒲清：䜣：同"欣"。载：拥护，尊奉。载或作"戴"。（引自王利器主编《史记注译·周本纪》）

编者按：《国语》，载作戴，二者形近。韦昭注曰："戴，奉也。"

㉞【汇注】

　　韦　昭：戎，兵也。牧，商郊牧野。(《国语注》卷一《周语上》)

　　张守节：纣近郊地，名牧野。(《史记正义》)

㉟【汇注】

　　韦　昭：恤，忧也。隐，痛也。(《国语注》卷一《周语上》)

　　吴见思：此是兵以时动。(《史记论文·周本纪》)

㊱【汇注】

　　韦　昭：邦内，谓天子畿内千里之地。《商颂》曰："邦畿千里，维民所止。"《王制》曰："千里之内曰甸。"京邑在其中央，故《夏书》曰："五百里甸服。"则古今同矣。甸，王田也。服，服其职业也。自商以前，并畿内为五服。武王克殷，周公致太平，因禹所弼除甸内，更制天下为九服。千里之内，谓之王畿。王畿之外曰侯服，侯服之外曰甸服。今谋父谏穆王，称先王之制，犹以王畿为甸服者。甸，古名，世俗所习也。故周襄王谓晋文公曰"昔我先王之有天下也，规方千里，以为甸服"是也。《周礼》亦以蛮服为要服，足以相况也。(《国语注》卷一《周语上》)

　　解惠全：邦内：国都郊外四周五百里以内。甸服：国都郊外四周五百里的地区。服，服侍，服役，指为天子服役。按：古代把天子所居京都以外的地方按远近分为五等地区，每个地区五百里，叫"五服"，即甸服、侯服、绥服、要服、荒服。(《全译史记·周本纪》)

㊲【汇注】

　　韦　昭：邦外，邦畿之外也。方五百里之地，谓之侯服。侯服，侯圻也。言诸侯之近者，岁一来见也。(《国语注》卷一《周语上》)

　　梁玉绳："邦内甸服，邦外侯服"，按：《礼》"卒哭乃讳，已袝不讳"，春秋以降，虽生时亦已讳之，故鲁隐公名息姑，而《春秋》隐元年《经》云"公及邾仪父盟于蔑"，不言姑蔑者，讳也。定公名宋，而《左传》昭八年云"自根牟至于商、卫"，盖昭公事纪于定公之世，讳"宋"为"商"也。嗣后讳名甚严，汉法触讳者有罪，如高帝讳邦，之字曰国；惠帝讳盈，之字曰满；文帝讳恒，之字曰常；景帝讳启，之字曰开，武帝讳彻，之字曰通。马班作史，咸遵此典。又史公以父名谈，遂私讳为"同"，或改用"谭"字。乃余读两史，其余君父之名往往有不尽讳者，甚且文帝，武帝，直书其名，不一而足，岂非疏乎？邦内邦外，当作"国内""国外"，其余犯讳之处，俱分见各条。或问《史》亦有不避讳者否？曰：有。夏后启则不讳，盖不敢以今之天子易古天子之名也。是以微子之名改称"开"，而禹之子不称"夏后开"。《汉书》武帝元封元年诏称"启母石"，不因父景帝而改呼"开母石"。高后名雉亦不讳，《史》《汉》中雉字甚多，均所不避。魏如淳与师古未曾详考，谬从其说，并以误韩昌黎，其作《讳辨》云"汉讳吕后名雉为野鸡",而所以为兹说者,只缘《汉·郊祀志》本《封禅书》有"野鸡夜雊"一语耳。殊不知雉本一名野鸡,如《逸书·王会解》之称"皋鸡",非关避讳改称,故《杜邺传》亦言"野鸡著怪,高宗深动",全部《史》《汉》,惟此两见"野鸡"字,安得尽没数十见之"雉"不论,而反以单文只句为征耶? 即以《封禅书》观之,曰"有雉登鼎耳雊",曰"有物如雉",曰"白雉诸物",何故不皆改称"野鸡",则汉不讳"雉"甚审,必以僭乱黜之矣。唐《石经·明皇月令》曰"野鸡入大水为蜃","野鸡始雊",乃以讳高宗嫌名改,非礼也。(《史记志疑·周本纪》)

㊳【汇校】
　　凌稚隆:按《考要》云:"宾服"本《国语》,《禹本纪》不曰宾服,而曰"绥服",依《尚书》之旧也。孔颖达谓诸侯安王,则谓之绥,王敬诸侯则谓之宾。若乃夷蛮,谓之要服,孔安国谓要束以文教也。(《史记评林·周本纪》)

【汇注】
　　韦　昭:此总言之也。侯,侯圻也;卫,卫圻也。言自侯圻至卫圻,其间凡五圻。圻,五百也。五五二千五百里,中国之界也。谓之宾服,常以服宾见于王也。王圻者,侯圻之外曰甸圻,甸圻之外曰男圻,男圻之外曰采圻,采圻之外曰卫圻。《周书·康诰》曰:侯、甸、男、采、卫,是也。凡此服数,诸家之说,皆纷错不同。唯贾君近之。(《国语注》卷一《周语上》)

　　余　诚:甸服:甸,王田也。服其职业也。侯,侯圻也。卫,卫(圻)也。言自侯圻至卫圻,其间凡五圻,圻各五百里。常以服贡宾见于王。五圻者,侯圻之外曰甸圻,甸圻之外曰男圻,男圻之外曰采圻,采圻之外曰卫圻。圻,界也,宾,从也。(《古文释义新编》卷三《谋父谏征犬戎》)

　　张大可:侯卫宾服:指侯国以外的卫星国是宾服地区。宾,有外交关系而非隶属。(《史记全本新注·周本纪》)

㊴【汇注】
　　韦　昭:蛮,蛮圻。夷,夷圻也。《周礼》,卫圻之外曰蛮圻,去王城三千五百里,九州之界也。夷圻去王城四千里,《周礼》,行人职卫圻之外谓之要服,此言夷蛮要服,则夷圻朝贡,或与蛮圻同也。要者,要结好信而服从也。(《国语注》卷一《周语上》)

　　余　诚:五服之外曰蛮圻,曰夷圻。要者,要结约信而服从之。(《古文释义新编》卷三《谋父谏征犬戎》)

㊵【汇注】
　　韦　昭:戎狄去王城四千五百里,至五千里也。四千五百里为镇圻,五千里为蕃圻,在九州之外,荒裔之地,与戎狄同俗,故谓之荒,荒忽无常之言也。(《国语注》

卷一《周语上》)

余　诚：九州之外，荒夷之地，与戎翟同俗，故谓之荒。荒服者言荒野也。(《古文释义新编》卷三《谋父谏征犬戎》)

㊶【汇注】

韦　昭：供日祭也。此采地之君，其见无数。(《国语注》卷一《周语上》)

马持盈：甸服的国家，参加日祭。(《史记今注·周本纪》)

解惠全：祭：指供给祭祀天子祖父和父亲的祭品。(《全译史记·周本纪》)

㊷【汇注】

韦　昭：供月祀也。尧、舜及周，侯服皆岁见也。(《国语注》卷一《周语上》)

马持盈：侯服的国家，参加月祀。(《史记今注·周本纪》)

解惠全：祀：指供给祭祀天子高祖、曾祖的祭品。(《全译史记·周本纪》)

㊸【汇注】

韦　昭：供时享也。享，献也。《周礼》："甸圻二岁而见。男圻三岁而见。采圻四岁而见。卫圻五岁而见。其见也，必以所贡助祭于庙，《孝经》所谓'四海之内，各以其职来祭'者也。"(《国语注》卷一《周语上》)

马持盈：宾服的国家，参加四季之贡献。(《史记今注·周本纪》)

解惠全：享：献，指供给祭祀天子远祖的祭品。(《全译史记·周本纪》)

㊹【汇注】

韦　昭：供岁贡也。要服六岁一见也。(《国语注》卷一《周语上》)

解惠全：贡：纳贡，指供给天子祭神的祭品。(《全译史记·周本纪》)

㊺【汇注】

韦　昭：王，王事天子也。《周礼》："九州之外，谓之蕃国，世一见，各以其所贵宝为贽。故《诗》云'自彼氐羌，莫敢不来王'。"(《国语注》卷一《周语上》)

㊻【汇注】

韦　昭：日祭，祭于祖考，谓上食也，近汉亦然。(《国语注》卷一《周语上》)

㊼【汇注】

韦　昭：月祀于曾、高也。(《国语注》卷一《周语上》)

㊽【汇注】

韦　昭：时享于二祧也。(《国语注》卷一《周语上》)

㊾【汇注】

韦　昭：岁贡于坛墠也。(《国语注》卷一《周语上》)

㊿【汇注】

韦　昭：终，谓终世也。朝嗣王，及即位而来见。(《国语注》卷一《周语上》)

凌稚隆：按“日祭”，谓祭于祖考，“月祀”谓祀于曾、高，“时享”谓享于二祧，“岁贡”谓贡于坛墠，“终”谓世终也。（《史记评林·周本纪》）

余　诚：“日祭”，祭于祖考；月祀，祀于高、曾；时享，享于二祧；岁贡，贡于墠坛；终王，终，世终也，谓嗣王即位一见，以此终其身也。（《古文释义新编》卷三《谋父谏征犬戎》）

(51)【汇校】

梁玉绳：“先王之顺祀也”，按：顺祀非，当依《国语》作“先王之训”，盖此句与下文“废先王之训”相对也。其余与《国语》异处，皆义得两通，故不论。（《史记志疑·周本纪》）

【汇注】

裴　骃：徐广曰：“《外传》云‘先王之训’。”（《史记集解》）

陈蒲清：顺祀：指推行以上祭祀的制度。（引自王利器主编《史记注译·周本纪》）

解惠全：先王之顺祀：《集解》引徐广云：“《外传》云‘先王之训’。”顺，通“训”，教诲，教导。祀，当是衍文。（《全译史记·周本纪》）

(52)【汇注】

裴　骃：韦昭曰：“先修志意以自责也。畿内近，知王意也。”（《史记集解》）

(53)【汇注】

裴　骃：韦昭曰：“言号令也。”（《史记集解》）

(54)【汇注】

裴　骃：韦昭曰：“文，典法也。”（《史记集解》）

(55)【汇注】

韦　昭：名，谓尊卑职贡之名号也。《晋语》曰：“信于名，则上下不干也。”（《国语注》卷一《周语上》）

(56)【汇注】

裴　骃：韦昭曰：“远人不服，则修文德以来之。”（《史记集解》）

(57)【汇注】

裴　骃：韦昭曰：“序成，谓上五者次序已成，有不至者有刑罚也。”（《史记集解》）

陈蒲清：序成：上面诸事都依次办到了。修刑：用刑罚。（引自王利器主编《史记注译·周本纪》）

(58)【汇注】

陈蒲清：刑：惩治。（引自王利器主编《史记注译·周本纪》）

(59)【汇注】

解惠全：征：征讨，讨伐。按：古代天子有讨而不伐的说法。这两句“伐”与“征”对举，伐指命诸侯去征伐，征指天子派去征讨。(《全译史记·周本纪》)

(60)【汇注】

韦　昭：让，谴责也。(《国语注》卷一《周语上》)

(61)【汇注】

韦　昭：谓以文辞告晓之也。地远者罪轻。(《国语注》卷一《周语上》)

(62)【汇注】

韦　昭：刑不祭也。(《国语注》卷一《周语上》)

(63)【汇注】

韦　昭：伐不祀也。(《国语注》卷一《周语上》)

(64)【汇注】

韦　昭：征不享也。(《国语注》卷一《周语上》)

(65)【汇注】

韦　昭：责不贡也。(《国语注》卷一《周语上》)

(66)【汇注】

韦　昭：告不王也。(《国语注》卷一《周语上》)

(67)【汇注】

韦　昭：勤，劳也。(《国语注》卷一《周语上》)

吴见思：谓耀德不观兵。(《史记论文·周本纪》)

(68)【汇注】

韦　昭：大毕、伯士，犬戎氏之二君也。终，卒也。(《国语注》卷一《周语上》)

裴　骃：徐广曰：“犬戎之君。”(《史记集解》)

(69)【汇注】

韦　昭：以其职，谓其嗣子以其贵宝来见王。(《国语注》卷一《周语上》)

张守节：贾逵云：“大毕，伯士，犬戎氏之二君也。白狼、白鹿，犬戎之职贡也。”按：大毕、伯士终后，犬戎氏常以其职来王。(《史记正义》)

(70)【汇注】

张守节：祭公申穆王之意，故云“天子曰”。(《史记正义》)

(71)【汇注】

陈蒲清：天子：指穆王。(引自王利器主编《史记注译·周本纪》)

又：以不享征之：按不享的要求（对宾服的要求）来征伐它。(同上)

(72)【汇注】

韦　昭：享，宾服之礼，以责犬戎，而示之兵法也。（《国语注》卷一《周语上》）

(73)【汇注】

陈蒲清：训：教诲。（引自王利器主编《史记注译·周本纪》）

(74)【汇注】

韦　昭：几，危也。顿，败也。（《国语注》卷一《周语上》）

张守节：几，音祈。（《史记正义》）

(75)【汇注】

韦　昭：树，立也。言犬戎立性淳朴。（《国语注》卷一《周语上》）

裴　骃：徐广曰："树，一作'橶'。"骃按：韦昭曰"树，立也。言犬戎立性敦笃也"。（《史记集解》）

李　笠：按汪远孙云：韦氏训"树"为立，立惇二字，文不成义，复增性字以解之。《旧音》云鄯州界外羌中，见有树惇，盖是犬戎主名。其说是矣。而亦不了。宋公序诋为臆说。《北史·史宁传》，宁谓突厥木汗曰："树敦、贺真二城，是吐谷浑巢穴，今若拔其本根，余种自然离散，此上策也。"《新唐书·王难得传》从哥舒翰击吐蕃，拔树惇城，吐谷浑旧都，盖周时犬戎树惇所居，因以为名。今在甘肃西宁府西曼头山北。笠按汪说是。树一作橶者，盖与敦字相混致误也。（《史记订补》卷一《周本纪》）

吴国泰：树敦者，戎君之名。韦昭释树为"立"，言"犬戎立性敦笃"，失之远矣。上文"大毕伯士之终也"大毕伯士既为戎君名，则此当为戎之新君名，审矣。《通鉴·魏恭帝三年》："突厥袭吐谷浑，宇文泰使史宁追之。宁曰：'树敦、贺真二城，吐谷浑之巢穴也。'"胡三省注："树敦城在头曼山北，吐谷浑之旧都也。周穆王时，犬戎树敦居之，因以名城。"可以为证。中纯者，忠惇之借，《说文》："惇，厚也。"若解为纯一，则当假作"嫥"。"嫥，一也。"（《史记解诂》，载《文史》第四十二辑）

(76)【汇注】

韦　昭：帅，循也。纯，专也。固，一也。言犬戎循先王之旧德，奉其常职，天性专一，终身不移，不听穆王责其不享也。（《国语注》卷一《周语上》）

(77)【汇注】

韦　昭：御，犹距也。（《国语注》卷一《周语上》）

(78)【汇注】

孙之騄：（穆王）十二年，毛公班、共公利、逢公固帅师伐犬戎。《山海经》"犬封国曰犬戎国，状如犬"。《穆天子传》曹奴之人戏献良马，天子使逄固受之，即逄公固也。（《考定竹书》卷九》）

徐文靖：穆王"十二年，毛公班、共公利、逢公固帅师从王伐犬戎"，《笺》按

《穆传》曰：天子至于钘山之队，东升于三道之隥，命毛班、逢固，先至于周，即此毛公班、逢公固也。又按共公利，疑作井公。《穆传》曰：天子西征，至于䣙人，䣙柏絮且逆天子于智之□，先豹皮十、良马二六，天子令井利受之。又《穆传》曰：天子大朝于燕然之山，河水之阿，乃命井利、梁固聿将六师。又天子北入于邧，与井公博三日而决，即井公利也。（《竹书纪年统笺》卷八）

又：穆王"冬十月，王北巡狩，遂征犬戎"。《笺》按：《山海经》黄帝曾孙弄明生白犬，白犬有牝牡，是为犬戎。白犬，人名也。（同上）

⑦⑨【汇注】

韦　昭：白狼、白鹿，犬戎所贡。（《国语注》卷一《周语上》）

范　晔：至穆王时，戎狄不贡，王乃西征犬戎，获其五王，又得四白鹿四白狼，王遂迁戎于太原（太原，今甘肃东部）。（《后汉书·西羌传》）

孙之騄：《列子》："周穆王征西戎，西戎献昆吾之剑，火浣之布。其剑长尺有咫，炼钢赤刀，用之切玉如泥焉。"《北堂书抄》西胡献杯。《十洲记》云"周穆王征戎，戎献杯，是百玉之精"。（《考定竹书》卷九）

⑧⓪【汇注】

韦　昭：穆王责犬戎以非礼，暴兵露师，伤威毁信，故荒服者不至。（《国语注》卷一《周语上》）

【汇评】

余　诚：谋父之谏如此，穆王不听，遂竟征犬戎。及询其征之所获，仅得四白狼、四白鹿以归而已。然自是而诸戎之在荒服者，金不来王矣。谋父所谓王之顿坏，岂不信哉！（《古文释义新编》卷三《谋父谏征犬戎》）

编者按：《后汉书·西羌传》说："至穆王时，戎狄不贡，王乃西征犬戎，获其五王，又得四白鹿，四白狼，王遂迁戎于太原。"

清人顾栋高、崔述认为："犬戎即猃狁"（顾栋高：《春秋大事表》，中华书局，1993年，第2162页；崔述：《丰镐考信录》，上海古籍出版社，2013年，第239页）。后世大多数学者都持有类似观点，当然也有少数学者持不同意见，例如段连勤认为：犬戎、姜戎、狁戎（猃狁）是西戎三大支派，他们是民族渊源、经济生活、图腾崇拜等方面具有不同特点的民族共同体（段连勤：《犬戎历史始末述》，《民族研究》，1989年第5期）。他把犬戎与猃狁看作是两个不同的族体。沈长云也认为猃狁是"姜氏之戎"的一支，犬戎属于姬姓，二者并不是同族（沈长云：《先秦史》，人民出版社，2006年，第159页）。周伟洲认为猃狁是商代的鬼方，属于后来北方狄的系统，犬戎属于西戎系统（周伟洲：《陕西通史》民族卷，陕西师范大学出版社，1997年，第30—31页）。我们认为猃狁是犬戎的后世。

西周晚期金文中，出现了厱允一称，例如多友鼎铭文说："唯十月，用厱允放（方）兴，广伐京（师）。"根据多友鼎铭文等金文资料，厱允多次沿着泾水河谷南下侵周。《诗经·小雅·六月》云："狁犹匪茹，整居焦获，侵镐及方，至于泾阳。"焦获即焦获泽，在今陕西泾阳县西北，位于泾水东岸，故云"至于泾阳"。金文资料中，厱允也曾沿北洛水南下侵周。

由上述可知，厱允的发源地在泾水上游，即古代的太原，也就是甘肃平凉、庆阳、宁夏固原一带的陇东高原。《说文》云："厱，崟也，一曰地名。"《说文》又云："山之岑崟也，凡地高险者曰崟。"可知陇东高原因为地形地貌高而险，古代被称为崟（厱）地。厱允是指厱地的"允姓之戎"。所以西周晚期金文中的厱允，就是被周穆王迁到古代的太原，也就是陇东高原的犬戎，后世因为厱允是所谓的犬种（以犬为图腾崇拜），加犬旁称为玁狁，简化为狁犹。由于厱允的兴起与入侵，西周中期自懿王开始，形成了戎狄交侵的局面。戎是指徐戎等淮夷，狄是指厱允。

　　诸侯有不睦者，甫侯言于王①，作修刑辟②。王曰："吁，来！有国有土③，告汝祥刑④。在今尔安百姓⑤，何择非其人⑥，何敬非其刑⑦，何居非其宜与⑧？两造具备⑨，师听五辞⑩。五辞简信⑪，正于五刑⑫。五刑不简，正于五罚⑬。五罚不服⑭，正于五过⑮。五过之疵⑯，官狱内狱⑰。阅实其罪⑱，惟钧其过⑲。五刑之疑有赦⑳，五罚之疑有赦，其审克之㉑。简信有众㉒，惟讯有稽㉓。无简不疑㉔，共严天威㉕。黥辟疑赦㉖，其罚百率㉗，阅实其罪㉘。劓辟疑赦㉙，其罚倍洒㉚，阅实其罪。膑辟疑赦㉛，其罚倍差㉜，阅实其罪。宫辟疑赦㉝，其罚五百率㉞，阅实其罪。大辟疑赦㉟，其罚千率，阅实其罪㊱。墨罚之属千㊲，劓罚之属千，膑罚之属五百，宫罚之属三百，大辟之罚其属二百㊳，五刑之属三千㊴。"命曰《甫刑》㊵。

① 【汇校】

　　李景星："甫侯言于王"，按：《尚书》"甫"作"吕"。（《史记评议·周本纪》）

【汇注】

梁玉绳：吕侯始见此，本作甫侯。又作郙，炎帝之裔伯夷掌四岳，为禹心吕之臣，故封吕侯。吕是其后，宣王时改甫。按：《竹书》穆王五十一年作《吕刑》，命甫侯于丰，吕乃甫侯氏也。（《汉书人表考》卷四《吕侯》）

又："甫侯言于王"，按：《尚书》，"甫"作"吕"。孔《疏》曰："《礼记·书传》引此篇多称'甫刑'，《诗·崧高》云'生甫及申'，《扬之水》云'不与我戍甫'，明子孙改封甫侯，不知因吕国改作甫名？不知别封而为甫号？然子孙封甫，穆王时未有甫名，后人以子孙之国号名之，宣王以后，改吕为甫也。"《新唐书·宰相世系表》同其说，则宜称"吕侯"为是。而《通志·氏族略》曰"吕、甫声相近，未必改也"。但《竹书》云"穆王五十一年作《吕刑》，命甫侯于丰"，以分吕、甫为二。又《说文》云"邡，甫侯所封"。邡即许字，疑莫能定矣。（《史记志疑·周本纪》）

吴汝纶：《通志·氏族略》云："吕""甫"声相近。（《桐城吴先生点勘史记读本·周本纪》）

王叔岷：《集解》："郑玄曰：《书说》云：'周穆王以甫侯为相。'"《考证》："《尚书》甫作吕。孔疏云：《礼记》书传引此篇多称为甫刑。……宣王以后改吕为甫也。"案：《汉书人表》作吕侯，《御览》八五引《帝王世纪》亦作吕侯，云："或谓之甫侯。"（《史记斠证》卷四《周本纪第四》）

② 【汇注】

班　固：昔周之法，建三典，以刑邦国，诘四方。一曰，刑新邦用轻典；二曰，刑平邦用中典；三曰，刑乱邦用重典。五刑，墨罪五百，劓罪五百，宫罪五百，刖罪五百，杀罪五百，所谓刑平邦用中典者也。凡杀人者，踣诸市。墨者使守门，劓者使守关，宫者使守内，刖者使守囿，完者使守积。其奴，男子入于罪隶，女子入于舂槁。凡有爵者与七十者与未龀者，皆不为奴。周道既衰，穆王眊荒，命甫侯度时作刑，以诘四方。墨罚之属千，劓罚之属千，膑罚之属五百，宫罚之属三百，大辟之罚其属二百，五刑之属三千。盖多于平邦中典五百章，所谓刑乱，邦用重典者也。（《汉书·刑法志》）

裴　骃：郑玄曰："《书说》云周穆王以甫侯为相。"（《史记集解》）

马持盈：作修刑辟：制作刑法。（《史记今注·周本纪》）

【汇评】

吕祖谦：世衰则情伪繁，人老则经历熟。穆王之时，文武成康之泽浸微，奸宄日胜，其作书于既耄，阅世故而察物情者，亦熟矣。故古今扞狱言之略尽，用刑者所宜尽心焉。是书哀矜明练，固夫子存以示后世而微见其意者，亦不可不察也。（引自《史记评林·周本纪》）

③【汇注】
　　解惠全：有国：有国者，指诸侯。有土：有土者，指有采地的大臣。（《全译史记·周本纪》）
④【汇注】
　　裴　骃：孔安国曰"告汝善用刑之道也。"（《史记集解》）
　　马持盈：告汝祥刑：告诉你们以良善而有利的刑法。（《史记今注·周本纪》）
　　张大可：祥刑：善刑，指不专靠处罚而注重德教。（《史记全本新注·周本纪》）
【汇评】
　　胡　宏：穆王耄荒，德虽下衰，然犹曲尽典狱之情伪，以训诫天下后世，其仁民之意厚矣。孔子所以有取也。亦不得中行而与之，故思狂狷之意欤？（引自《纲鉴合编》卷二《周纪·穆王》）
⑤【汇注】
　　吴国泰：尔者，嬖之借字。《说文》："嬖，治也。"言治安百姓也。（《史记解诂》，载《文史》第四十二辑）
⑥【汇注】
　　裴　骃：王肃曰："训以安百姓之道，当何所选择乎？非当选择贤人乎？"（《史记集解》）
⑦【汇注】
　　陈蒲清：敬：慎重。（引自王利器主编《史记注译·周本纪》）
⑧【汇注】
　　裴　骃：孔安国曰："当何所敬，非唯五刑乎？当何所居，非唯及世轻重所宜乎？"（《史记集解》）
⑨【汇校】
　　张文虎："具备"：中统、游本倒。（《校刊史记集解索隐正义札记·周本纪》）
【汇注】
　　裴　骃：徐广曰："造，一作'遭'。"（《史记集解》）
　　梁玉绳："两造具备"，附按：徐广谓"造，一作'遭'"。考《书》曰"弗造哲，予造天役"，王莽作《大诰》云"予未遭其明悊，予遭天役"。《文侯之命》曰"嗣造天丕愆"，伪孔《传》亦训为遭，盖古通用也。（《史记志疑·周本纪》）
　　吴汝纶：《集解》："'造'一作'遭'。"钱云："'两遭'犹言'两曹'。"《说文》：曹，狱之两曹也。（《桐城吴先生点勘史记读本·周本纪》）
　　吴国泰：造者，"告"之借字。《列子·杨朱》篇："密造邓析而谋之。"《释文》："造，本作告。"两告，即所谓原告与被告也。孔安国训"至"失之远矣。（《史记解

诂》，载《文史》第四十二辑）

⑩【汇注】

裴　骃：孔安国曰："两谓囚证。造，至也。两至俱备，则众狱官听其入五刑辞。"（《史记集解》）

张守节：《汉书·刑法志》云："五听，一曰辞听，二曰色听，三曰气听，四曰耳听，五曰目听。"《周礼》云"辞不直则言繁，目不直则视眊，耳不直则对答惑，色不直则貌栚，气不直则数喘"也。（《史记正义》）

解惠全：师：士师，典狱官。听：治。五辞：旧注以为是五种审讯方法。《尚书易解》以为"辞"即五刑之辞。（《全译史记·周本纪》）

⑪【汇注】

解惠全：简信：确凿无疑。简，诚实。信，确实。（《全译史记·周本纪》）

⑫【汇注】

裴　骃：孔安国曰："五辞简核，信有罪验，则正之于五刑矣。"（《史记集解》）

解惠全：正于五刑：按五种刑罚判决。正，定罪。五刑，即下文的墨、劓、膑、宫、大辟。（《全译史记·周本纪》）

⑬【汇注】

裴　骃：孔安国曰："不简核。谓不应五刑，当正五罚，出金赎罪也。"（《史记集解》）

马持盈：五刑不简，正于五罚：如果依照五刑所定的罪，并不能核实恰当，就要从轻发落，依照五罚的法律来处罚。（《史记今注·周本纪》）

⑭【汇注】

陈蒲清：不服：不能使犯者心服。（引自王利器主编《史记注译·周本纪》）

⑮【汇注】

裴　骃：孔安国曰："不服，不应罚也。正于五过，从赦免之。"（《史记集解》）

马持盈：五罚不服，正于五过：如果依照五罚而定罪，犹不能使犯者心服口服，就要依照五过的法律来定罪。（《史记今注·周本纪》）

陈蒲清：五过：五种过失。《尚书·吕刑》："五过之疵，惟官，惟反，惟内，惟货，惟来。"蔡沈注释说，五过即倚仗威势，报私人德怨，通过受宠女人来求取名利，行贿，找私人门路办事。（《史记注译·周本纪》）

吴国泰：简者，"燅"之借字。燅从金声，金简声同，故简得假作燅。信，实也。正者，置之借字。服者，报字之借。"报，当罪人也"。言五刑之辞既已证实，则置之于五刑之罪。如五刑无证据者，则置之于五罚之科。如五罚不抵罪者，则置之于五过之赦。旧解穿凿不通。（《史记解诂》，载《文史》第四十二辑）

⑯【汇注】

解惠全：疵：毛病，弊病。《索隐》："按：《吕刑》云'惟官，惟反，惟内，惟货，惟来'，今此似阙少，或从省文。"按：《吕刑》即《尚书·吕刑》。"官"指依仗官势，"反"指报恩报怨，"内"指通过宫中受宠女子来干预。"货"指行贿受贿，"来"，《尚书易解》据《释文》以为当作"求"，指受人请求。（《全译史记·周本纪》）

⑰【汇注】

陈蒲清：官狱：利用做官的权势以假公济私的罪行。内狱：求情行贿等罪行。（《史记注译·周本纪》）

解惠全：官狱内狱：《会注考证》引孙星衍曰："官狱内狱者，举其重也。官狱，谓贵官之狱；内狱，谓中贵之狱。或畏高明，或畏投鼠忌器也。"（《全译史记·周本纪》）

⑱【汇注】

裴　骃：孔安国曰："使与罚名相当。"（《史记集解》）

司马贞：按：《吕刑》云："惟官，惟反，惟内，惟货，惟来"，今此似阙少，或从省文。"（《史记索隐》）

马持盈：五过之疵，官狱内狱，阅实其罪：五过的毛病，或由于假公行私（官狱），或由于勾通内谒（内狱），要检核其有无犯罪的实证。（《史记今注·周本纪》）

陈蒲清：阅实：察看核实。（引自王利器主编《史记注译·周本纪》）

⑲【汇注】

裴　骃：马融曰："以此五过出入人罪，与犯法者等。"（《史记集解》）

陈蒲清：钧其过：使处罚与过失相当。钧：同等；相当。或据《尚书·吕刑》马融注，执法的人如果不按事实而随便加重或包庇，他的罪过便与犯人相等。（引自王利器主编《史记注译·周本纪》）

⑳【汇注】

陈蒲清：疑：可疑之处。赦：赦免，从轻发落。（引自王利器主编《史记注译·周本纪》）

㉑【汇注】

裴　骃：孔安国曰："刑疑赦从罚，罚疑赦从免，其当清察，能得其理也。"（《史记集解》）

马持盈：五刑之疑有赦，五罚之疑有赦，其审克之：依照五刑所判的罪，如有可疑之处，则有赦免的办法。依照五罚所判的罪，如有可疑之处，也有赦免的办法。希望你们能够慎重处理。（《史记今注·周本纪》）

陈蒲清：审克之：周密考虑便能得其理。（引自王利器主编《史记注译·周本纪》）

㉒【汇注】

解惠全：简信有众：意思是在众人中加以核实。（《全译史记·周本纪》）

㉓【汇校】

李景星："惟讯有稽"，按：《吕刑》"讯"作"貌"。（《史记评议·周本纪》）

【汇注】

裴　骃：孔安国曰："简核诚信，有合众心，惟察其貌，有所考合，重之至也。"（《史记集解》）

司马贞：讯，依《尚书》，音貌也。（《史记索隐》）

梁玉绳："惟讯有稽"：按：《吕刑》讯作"貌"，此作"讯"，恐非。稽貌，犹《周礼》色听也，而《索隐》谓"讯音貌"则谬甚，讯安得有貌音乎？（《史记志疑·周本纪》）

马持盈：简信有众，惟讯有稽：要想检核确实而取信于民众，必须要有事实可查的口供。（《史记今注·周本纪》）

解惠全：讯：讯问。稽：合，同，即与事实相符。（《全译史记·周本纪》）

㉔【汇校】

梁玉绳："无简不疑"，附案：疑字乃湖本讹刻，它本是"不听"。（《史记志疑·周本纪》）

又：今本《史记》多作"不疑"，《集解》孔安国云"不听治其狱"。（同上）

张文虎："无简不疑"，《经》作"听"。《撰异》以为作"疑"乃《今文》。按：《集解》但引《书传》，《索隐》《正义》亦无辨，是所见本皆作"听"，今本传写误；否则如上句"惟讯"，小司马作音矣，段说殆非。又疑裴时"讯"亦本作"貌"，故亦但引《传》文。（《校刊史记集解索隐正义札记·周本纪》）

㉕【汇注】

裴　骃：孔安国曰："无简核诚信，不听治其狱，当严敬天威，无轻用刑。"（《史记集解》）

陈蒲清：共严天威：严敬天威。意思是不要轻易判决。表示对审判的极端重视。共，通"恭"。（引自王利器主编《史记注译·周本纪》）

㉖【汇注】

颜师古：墨，黥也。凿其面以墨湼之。（《汉书注·刑法志》）

㉗【汇注】

裴　骃：徐广曰："率即锾也，音刷。"孔安国曰："六两曰锾。锾，黄铁也。"（《史记集解》）

司马贞：锾，黄铁。锊亦六两，故马融曰"锊，量名，与《吕刑》锾同"。旧本"率"亦作"选"。（《史记索隐》）

㉘【汇注】

马持盈：黥辟疑赦，其罚百率，阅实其罪：犯了黥刑之罪而有可疑时，则罚他一百个锾，但是要核实他的罪过。（《史记今注·周本纪》）

吴国泰：王氏引之以阅为脱，其言是也。而以实字为语词，则犹未审。盖实寔同声。《诗·大雅·荡之什·韩奕》"实墉实壑"笺："赵魏之东，实寔同声。"实，假作寔。《说文》："寔，止也。"又《易》（姚信本）："寔于丛棘"注："寔，置也"。止，已也。"置，赦也"。是"脱寔其罪"者，谓脱已其罪也。而王氏以为语词，失之矣。（《史记解诂》，载《文史》第四十二辑）

㉙【汇注】

颜师古：劓，截鼻也。（《汉书注·刑法志》）

㉚【汇校】

吴玉搢：倍洒，倍蓰也。《史记·周本纪》"劓罚疑赦，其罚倍洒。"按，此即《尚书·吕刑》之文，而用字有异。"洒"有蓰音，此盖用洒为蓰也。《书》云"其罚惟倍"，而此云倍蓰。倍，一倍；蓰，五倍。其义不同，盖古人传本或异也。（《别雅》卷三）

梁玉绳："其罚倍洒"，按：洒即蓰也。然考蓰者五倍之名，膑刑重于劓刑，罚止倍差，岂有劓刑加罚倍蓰之理，当依《吕刑》作"惟倍"为是，盖罚二百锾也。（《史记志疑·周本纪》）

裴骃：徐广曰："（洒）一作'蓰'。五倍曰蓰。"孔安国曰："倍百为二百锾也。"（《史记集解》）

司马贞：洒音戾。蓰音所解反。（《史记索隐》）

马持盈：劓辟疑赦，其罚倍洒：犯了劓刑之罪而可疑时，他的罚款比黥刑要加一倍。（《史记今注·周本纪》）

㉛【汇注】

颜师古：膑罚，去膝盖骨。（《汉书注·刑法志》）

㉜【汇注】

裴骃：马融曰："倍二百为四百锾也。差者，又加四百之三分之一，凡五百三十三三分一也。"（《史记集解》）

张守节：倍中之差，二百去三分一，合三百三十三锾二两也。宫刑，其罚五百，膑刑既轻，其数岂加？故知孔、马之说非也。（《史记正义》）

马持盈：膑辟疑赦，其罚倍差：犯了膑刑之罪而有可疑时，他的罚款比劓刑要加

一倍而减三分之一。(《史记今注·周本纪》)

　　解惠全：倍差：于加倍之外又加差数，这里就是加一倍半，指比劓刑加一倍半，为五百锾。(《全译史记·周本纪》)

㉝【汇注】

　　颜师古：宫，淫刑也。男子割腐，妇人幽闭。(《汉书注·刑法志》)

㉞【汇校】

　　裴　骃：徐广曰："一作'六'。"(《史记集解》)

　　梁玉绳："其罚五百率"附按：徐广云"一作'六'"，是也，《吕刑》作"六百"。(《史记志疑·周本纪》)

　　李景星："其罚五百率"，按：《吕刑》"五百"作"六百"。(《史记评议·周本纪》)

㉟【汇注】

　　颜师古：大辟，死刑也。(《汉书注·刑法志》)

㊱【汇注】

　　吴国泰：黥辟疑赦，其罚百率，阅实其罪。劓辟疑赦，其罚倍洒，阅实其罪。膑辟疑赦，其罚倍差，阅实其罪。宫辟疑赦，其罚五百率，阅实其罪。大辟疑赦，其罚千率，阅实其罪。

　　《集解》：孔安国曰："倍百为二百锾也。"徐广曰："(洒)一作'蓰'。五倍曰蓰。"马融曰："倍二百为四百锾也。差者，又加四百之三分一，凡五百三十三三分一也。"

　　国泰按：果如其说，则劓辟之罚，当为千锾，膑辟之罚为五百三十三锾矣。五等之刑，膑重于劓，而宫更重于膑，今劓罚千锾，膑罚五百锾，是罪轻者罚重，而罪重者反罚轻矣，又岂有是理哉！故必有以知其不然矣。诸家之误皆缘不求诸字音，而逞其臆说，致有此失也。盖倍者，䩱之借字，洒、差、蓰皆卅之借字。《说文》："䩱，二百也。"二百比一百，恰多一倍，故引申为倍数之倍。"卅，三十并也"。膑刑"其罚倍差"者，谓罚二百三十锾也。劓刑"其罚倍洒"者，当从《尚书》"其罚惟倍"惟倍者，为䩱也。盖二百锾也。盖劓膑之刑，同为小残肢体，而不至如宫刑之伤及人道，故其罚亦略相等，所以一罚二百锾，一罚二百三十锾，惟后人不识洒差之义本同，以为一作差而一作洒，其义必有异也。于是改《尚书》惟倍之言而作"倍洒"。洒、蓰音同，故又作"蓰"，又因赵尔岐注《孟子》有"五倍为蓰"之言，于是训洒为五倍而义乃愈不可通矣。张守节、江声等心知其非，于是训差为"倍中之差""二百去三分一"或"三百三十锾，三分锾之一"，亦皆不明差字之本义，望文生训者也。又"其罚五百率"之"五"，徐广曰："一作六。"按：作五百者是，作六百者，伪古文所妄改。盖伪孔训倍差为倍之又半为五百锾。膑刑之罚为五百锾，宫刑之罚亦为五百锾，其言不可通，故改五百为六百耳。今《尚书》作六百，正为伪孔改本，惜无人发其覆耳！当依《史记》正之。盖五刑之罚大辟最重，故其罚为千锾。宫刑次之，故半于大辟为五百锾。膑刑又半于宫刑，为二百三十锾。劓、膑相近，故相差三十锾而为二百锾。墨刑最轻，故其罚又半于劓，而为百锾。自来解者，因不识“倍”“差”之义，故说来致难通也。世有好学深思之士，当不以余言为臆说也夫。（《史记解诂》，载《文史》第四十二辑）

【汇评】

李光缙：每条必言“阅实其罪”，恐听者或不详其意，止阅验核实其一，而忽其他，故不嫌其费辞也。（《增订史记评林·周本纪》）

㊲【汇注】

马持盈：墨罚之属千：墨罚的种类，共有一千条。属：种类也。（《史记今注·周本纪》）

㊳【汇注】

解惠全：“墨刑之属”五句：五句中的数目为刑罚的条目。《尚书易解》引孙星衍曰：“罪之条目必有定数者，恐后世妄加之。”（《全译史记·周本纪》）

㊴【汇注】

李光缙：上言罚，下言刑者，罪实而加以法谓之刑，罪疑而赎以金谓之罚。互见其义，以明刑罚之条其数不同也。（《增订史记评林·周本纪》）

刘咸炘：录《吕刑》，独泽罚数者，以此法始于《穆王传》，至后世不改也。（《太史公书知意·周本纪》）

㊵【汇校】

陈梦家：《史记》误《吕刑》为穆王作，又误以王为穆王，其实非也。（《西周年代考》第三部）

【汇注】

班　固：周道既衰，穆王眊荒，命甫侯度时作刑，以诘四方。墨罚之属千，劓罚之属千，髌罚之属五百，宫罚之属三百，大辟之罚，其属二百。五刑之属三千，盖多于平邦中典五百章。所谓刑乱邦用重典者也。（《汉书·刑法志》）

颜师古：穆王，昭王之子也。享国既百年，而王眊乱荒忽，乃命甫侯为司寇，商度时宜，而作刑之制，以治四方也。甫，国名也。（《汉书注·刑法志》）

李　昉：《帝王世纪》曰：穆王修德教，会诸侯于涂山，命吕侯为相，或谓之甫侯。五十一年，王已百岁，老耄，以吕侯有贤能之德，于是乃命吕侯作《吕刑之书》。（《太平御览》卷八五《穆王》）

李学孔：己巳五十年，命吕侯作《吕刑》。（《皇王史订》卷四《周纪·穆王》）

孙之騄："五十一年，作《吕刑》，命甫侯于丰"，《书序》穆王训夏赎刑，作《吕刑》。《书说》曰：周穆王以吕侯为相。《孔书传》吕侯后为甫侯，故称《甫刑》。扬雄《廷尉箴》云："天降五刑，惟夏之绩。乱兹平民，不回不僻。昔在蚩尤，爰作淫刑，延于苗民，夏氏不宁。穆王耄荒，甫侯伊谋。"（《考定竹书》卷九）

徐文靖：穆王五十一年作《吕刑》。马端临曰：《吕刑》一书，蔡氏谓《舜典》赎刑，施于官府、学校耳。五刑未尝赎也。穆王赎及大辟，盖巡游无度，财匮民劳，为此一切敛财之计。夫子录之，盖以示戒。愚以为未然。熟读此书，哀矜恻怛之意，千载之下犹使人感动。且拳拳乎富货之戒，其不为敛财设也，审矣。鬻狱，末世暴君污吏之所为，而谓穆王为之，夫子取之乎？且其所谓赎之意自有在。学者惟不详考之耳。其曰"墨辟疑赦，其罚百锾"，盖谓犯墨法之中，疑其可赦者，不遽赦之，而姑取其百锾以示罚耳。继之曰"阅实其罪"，盖言罪之无疑，则刑可疑，则赎，皆当阅其实也。其所谓疑者何也？盖唐、虞之世，刑法简，是以赎金之法，止及鞭、扑，至于周，而文繁俗弊矣。五刑之属，至于三千，若一按之律尽从而刑之，何莫非投机触罟者？天下之人无完肤矣。是以穆王哀之，而五刑之疑，各以赎论。姑以大辟言之，夫所犯至死而听其赎金以免，诚不可矣。然大辟之属二百，岂无疑赦而在可赎之列者？如汉世将帅出师失期之类，于法皆死，而赎为庶人，亦其遗意也。或曰：罪疑则降等施行可矣，何必赎乎？曰：古之议疑罪者降等，一法也；罚赎，亦一法也。《虞书》罪疑惟轻，此书上下比罪，上刑适轻，下服降等，法也。《虞书》金作赎刑，此书五刑之赎，罚，赎法也。固并行而不悖也。又按徐锴曰：《书》金作赎刑，古赎皆用铜，汉始用黄金，少其斤两。（《竹书纪年统笺》卷八）

解惠全：《甫刑》：即《尚书·吕刑》。周穆王采纳吕侯的意见，制定刑律，布告天下，谓之《吕刑》。因吕侯又为甫侯，所以又名《甫刑》。（《全译史记·周本纪》）

【汇评】

姚允明：远狩多不度，徐子偃以王于东，祭公谏而后回车。然偃虽诛，而不能革其僭号，耄而作《吕刑》，罪赎而多锾，不死矣。（《史书》卷一《穆王》）

华庆远：金仁山曰：《吕刑》不失哀矜之旨，然繁而宽，衰世之法也。（《世论编》卷四《周》）

李学孔：金丹曰：穆王肆心巡游，财困民穷，无以为计，乃作《吕刑》，以赎大辟，以敛民财，以济荒亡之欲，不仁甚矣！大辟而可赎，则凡有千锾之赀者，无所往而不可杀人矣。乌得不启后世之乱哉？但尽折狱之情伪曲折，而哀矜恻怛，犹有三代之遗风焉。圣人删《书》而存《吕刑》，亦以见世之变法之变，非以赎刑为可取也。（《皇王史订》卷四《周纪·穆王》）

龙体刚：至于《吕刑》，本"金作赎刑"之典，今亦疑焉？谓《舜典》所赎，官府、学校之刑耳，若五刑，则未尝赎也。五刑之宽，惟处以流，鞭扑之宽，方许其赎。穆王赎辟，实开利端而伤治化，为王政所不取。如张敞以讨羌兵食不继，建议入谷赎罪之法，并未尝议及盗与杀人；而萧望之等尚且非之，曾谓唐虞之世而有赎辟之典哉？第玩《吕刑篇》云："貌稽简听，具严天威，制刑唯中，元命配享。"皆敬慎刑狱之训诰。其可以人而废其言耶？至谓《舜典》赎刑，专为官教而设，岂官府学校之间，不论轻重，可尽入金赎条乎？而下文"怙终贼刑"又何以说？盖大辟不赎，必非疑案。疑则无不可赎，《禹谟》曰："罪疑惟轻，与其杀不辜，宁失不经。"夫圣人岂有疑而不经者哉？毋亦哀矜之意耳。且周之刑狱，视前代加密，时使然矣。如《大诰》《康诰》《立政》诸篇，兢兢言之，已虑末路之将无已，康王后五刑之属，多至三千，穆以既难尽去，择其疑者赎之，哀矜恻怛，曲尽乎忠厚之道，实有三代之遗意焉。以故享国永年，寿逾百岁，未必非仁慈之报，而必执法为不可赎，岂圣人祥意刑哉？（《半窗史略》卷五《西周·穆王》）

　　穆王立五十五年，崩①，子共王繄扈立②。共王游于泾上③，密康公从④，有三女奔之⑤。其母曰⑥："必致之王⑦。夫兽三为群，人三为众，女三为粲⑧。王田不取群⑨，公行不下众⑩，王御不参一族⑪。夫粲，美之物也。众以美物归女⑫，而何德以堪之⑬？王犹不堪，况尔之小丑乎⑭？小丑备物⑮，终必亡。"康公不献。一年，共王灭密⑯。共王崩⑰，子懿王囏立⑱。懿王之时⑲，王室遂衰⑳，诗人作刺㉑。

① 【汇注】

皇甫谧撰、徐宗元辑：穆王修德教，令诸侯于涂山，命吕侯为相。或谓之甫侯。五十一年，王已百岁老耄，以吕侯有贤能之德，于是乃命吕侯作《吕刑之书》。五十五年，王年百岁，崩于祇宫。（《帝王世纪辑存·周第四》）。

李　昉：《归藏》曰：昔穆王欲肆其心，周行天下，将必皆有车辙马迹焉。祭父作《祈招》之诗，以止王心。王是以获殁于祇宫。（《太平御览》卷八五《穆王》）。

章　衡："穆王满"：昭王子，即位年已五十。犬戎荒服者不至，命甫侯训夏赎刑。在位五十五年，年百四岁。（《编年通载》卷一《周》）。

李学孔： 甲戌五十五年，王崩于祗宫。（《皇王史订》卷四《周记·穆王》）。

又： 初，王得八骏，造父以善御得幸，王欲肆心，周行天下，祭公谋父作《祈招》之诗以止王心。……是以获殁于祗宫。（同上）

齐召南： 穆王：昭王子，元年庚辰。……在位五十五年崩，子繄扈嗣。（《历代帝王年表·周世表·穆王》）

梁玉绳： "穆王立五十五年崩"，附按：此与《竹书》同，韩昌黎《佛骨表》依《吕刑》称百年，恐非是。《吕刑》所云享国百年者，指书所作之年，而从其生年数之也。《御览》引《史》曰"年一百五岁"。（《史记志疑·周本纪》）

又： 穆王始见《书·序》，穆王满，昭王子，始见《史·周纪》。穆又作缪，亦曰周穆，亦曰穆满，亦单称穆。昭王娶房后，丹朱冯之生穆王，即位已五十，立五十五年崩。年百五岁，都南郑。（《汉书人表考》卷四《穆王满》）

赵生群： 陈仓县东四十里，"四"原作"西"。本书卷五《秦本纪》"灭小虢"《正义》引《括地志》作"四"，今据改。（点校本二十四史修订本《史记》）

编者按： 南郑当为西郑之误，西郑在今凤翔县一带。金文中有郑井氏、郑虢仲，郑井的"采邑"在散氏盘铭中称为"井邑"，在凤翔县的城南秦雍城遗址一带，郑虢即西虢，在凤翔县的彪角镇、虢王镇一带，可证西周时凤翔县一带为古代的郑地，史称西郑，南郑在汉中。穆王或共王世长由盂铭中的"下㣇应"，学者认为是周王的行屋，可知穆王在西郑，即今凤翔县雍水上游设有行宫，这可能就是穆王都西郑的来历。西周自穆王以下，实际上是都于岐周。（详见尹盛平：《邢国改封的原因及其与郑邢、丰邢的关系》《周原遗址为什么大量发现西周青铜器窖藏》，《周文化考古研究论集》，文物出版社，2012年版）

陈梦家： 《晋书·束晳传》记，隐括《竹书纪年》曰"自周受命至穆王百年，非穆王寿百年也"，若此百年包括穆王，则《竹书纪年》以成康之际四十余年，昭王十九年，穆王在位似在二十年左右。《竹书纪年》谓穆王三十七年伐越，此据《文选·江赋》注、《艺文类聚》九、《初学记》七、《太平御览》九三二、《通鉴外纪》三诸书所引。然《太平御览》三〇五及《路史·国名纪》已引作四十七年，《广韵》元部𪒠下引作十七年，《太平御览》七三引作七年。诸书所引年数不一，又事涉故事，非史实；故穆王在位三十七年以上之说，今暂不取。（《西周年代考》第三部）。

赵光贤： 穆王（公元前964—公元前937）在位二十八年。（《先秦史论集·西周诸王年代考》）

荣孟源： 穆王，公元前965—公元前912年，共五十四年。（《历史笔记·试谈西周纪年》）

李仲操： 穆王在位年数，《史记·周本纪》载："穆王立五十五年崩，子共王繄扈立。"《太平御览》引《帝王世纪》曰:"五十五年,王年百岁,崩于祇宫。"《竹书纪年》亦载:穆王"五十五年,王陟于祇宫。"穆王在位五十五年,史无异说。运用历日资料按此年数推算,均完全符合。证明穆王年数绝对正确。(《西周年代》四《康、昭、穆三世年数及其历日》)

编者按:"夏商周断代工程"推算的西周年表:穆王在位约前976年—约前922年,共55年。

【汇评】

龙体刚:穆王巡游见王母一事,本于汲冢,经史则不载也。考诸左氏,有"欲肆其心,周行天下"之语,《史记》仅言其略,《列子》则甚为形容,而杂书遂多附会,唐韩昌黎则云"穆王无道,好方士说,得八骏骑之西游,同王母宴于瑶池,讴歌忘归,四方诸侯争辩者,无所质正,咸宾祭于徐。王恐,命造父御归,与楚连谋伐徐。徐走彭城五原山"。故先儒谓穆王巡游无度,其作《吕刑》,非祥刑也,无非敛民财以济荒亡。孔子于《书》,宁真以仁民而取之乎?特示戒耳。然考瑶池歌宴诸事,经史既未有载,而王能闻《诗》止御,祇宫考终,岂与流连忘反者等耶?大抵先得八骏,御有造父,故西游时,曾有周行天下之想,厥后归而伐徐,又听《祈招》而止,亦为善补过者。迄今观伯礒之命,申戒仆御,忧深思远,其亦闻善而自克者乎?(《半窗史略》卷五《西周·穆王》)

② 【汇注】

司马贞:《系本》作"伊扈"。(《史记索隐》)

潘永圜:共王,名繄扈,穆王子。乙亥即位。在位十二年。《谥法》:既过能改曰共。(《读史津逮》卷一《周》)

梁玉绳:"子共王繄扈立",附按:《世表》及《世本》《人表》作"伊扈",此作"繄"字,古通也。而《竹书》单名繄,则是竹简烂脱,不可从。(《史记志疑·周本纪》)

朱孔阳:共王讳繄扈,穆王子。十二年丙戌王崩,寿八十有四,陵在咸阳文王陵南。(《历代陵寝备考》卷八《周》)

③ 【汇注】

顾应祥:丁丑(三),王游于泾上,密康公从。(《人代纪要》卷三)

④ 【汇注】

裴骃:韦昭曰:"康公,密国之君,姬姓也。"(《史记集解》)

张守节:《括地志》云:"阴密故城在泾州鹑觚县西,东接县城,故密国也。"(《史记正义》)

孙之騄:密康公,密国之君,姬姓也。城阳淳于县东北有密乡。《括地志》:阴密故城，在泾州鹑觚县西，东接县城，故密国也。《汉志》：密人国，有器安亭，汉之阴密。《盟会图》云：周圻内国，宣王灭之，此河南密也。《晋志》：密故周畿内。（《考定竹书》卷九《四年，王师灭密》）

梁玉绳：密康公始见《周语上》，姬姓畿内国。共王灭之，墓在泾州灵台。《汉书人表考》卷八《密康公》）

⑤【汇注】

郭嵩焘：密康公从，有三女奔之。按《国语》记此以见密康公之所以亡，由渔色之故也，无当于周氏之兴衰，史公引此文，故为无谓。（《史记札记·周本纪》）

【汇评】

胡一桂：密康公从受三女之奔，其母曰："必致之王。夫兽三为群，人三为众，女三为粲。粲，美物也，而何德以堪之？王犹不堪，况尔德之小丑乎！"康公不献。一年，王灭密。女色之倾人国，固如此夫！（引自《纲鉴合编》卷二《周纪·共王》）

⑥【汇注】

刘　向：密康公之母，姓魏氏。（《列女传》卷三《密康公母》）

王叔岷：案：今本《列女传·仁智篇》《密康公母传》隗氏作魏氏，隗、魏古通。（《史记斠证》卷四《周本纪第四》）

梁玉绳：密康公母，始见《周语上》，隗氏。（《汉书人表考》卷四《密母》）

【汇评】

柳宗元：康公之母诚贤耶？则宜以淫荒失度命其子，焉用惧之以数，且以德大而后堪，则纳三女之奔者，德果何如？若曰勿受之则可矣！教子而媚王以女，非正也。左氏以灭密微求之，无足取者。（引自《史记评林·周本纪》）

⑦【汇注】

马持盈：必致之王：必献之于王。（《史记今注·周本纪》）

⑧【汇注】

陈蒲清：三：表多数。粲：美女。这里指美女众多为"粲"。（引自王利器主编《史记注译·周本纪》）

⑨【汇注】

张守节：曹大家云："群，众，粲，皆多之名也。田猎得三兽，王不尽收，以其害深也。"（《史记正义》）

马持盈：王田不取群：王者田猎不可以取尽全群之兽。（《史记今注·周本纪》）

⑩【汇校】

吴见思：《国语》无"不"字，是。（《史记论文·周本纪》）

梁玉绳："公行不下众"，按：《国语》当衍"不"字。(《史记志疑·周本纪》)

张文虎："公行下众"，各本作"公行不下众"，注云"《国语》《列女传》皆无'不'字。按：据韦昭《注》、刘向《颂》及《正义》引曹大家，则"不"字衍，今删。《志疑》说同。(按：看上下文语气，"不"非衍字。朱骏声云："盖公行则人宜下车以避，有三人则下车较缓，且恐仍不及避以致罪也，此曲体人情也。"见朱氏《经史答问》卷二。中华本仍作"公行不下众")(《校刊史记集解索隐正义札记·周本纪》)

郭嵩焘："夫兽三为群……公行不下众"。《札记》云："'公行不下众'，《国语》《列女传》皆无'不'字。据韦昭《注》《刘向颂》及《正义》引曹大家，'不'字衍。"按行，谓行路也。下者，下车行而遇三人当路，则为之下也。群也，众也，粲也，皆据三而为之辞。(《史记札记·周本纪》)

李景星："公行不下众"，按《国语》无"不"字。(《史记评议·周本纪》)

解惠全：公：指诸侯。下众：对众人谦下。按：此句《国语》无"不"字。梁玉绳、张文虎皆以为"不"字衍。(《全译史记·周本纪》)

【汇注】

张守节：曹大家云："公，诸侯也。公之所行与众人共议也。"(《史记正义》)

李　笠：按：此文上句云"王田不取群"，下句云"王御不参一族"，疑此以"不"字为语势也。《国语·周语》《列女传》虽无"不"字，但不可例。此《尚书》"试可乃已"。《五帝纪》作"试不可用而已"。《世本》帝降，《夏纪》作帝不降，岂可尽以字义律之哉！(《史记订补》卷一《周本纪》)

马持盈：公行不下众：公者（诸侯）行道不可以使众人俱为下车。(《史记今注·周本纪》)

张大可：公：指诸侯。公行遇众，公先下车让道以示谦虚。(《史记全本新注·周本纪》)

⑪【汇注】

裴　骃：韦昭云："御，妇官也。参，三也。一族，一父子也。故取姪娣，以备三，不参一族之女也。"(《史记集解》)

方　苞：娶虽一国三女，而进御之夕，则不使一族之人偕，所以养其廉耻也。(《史记注补正·周本纪》)

马持盈：王御不参一族：王娶妃嫔，不可使三女（王御之数三）尽出于一家。(《史记今注·周本纪》)

⑫【汇注】

解惠全：归：通"馈"，赠予，送给。女：你。(《全译史记·周本纪》)

⑬【汇注】

　　陈蒲清：堪，受得住。（引自王利器主编《史记注译·周本纪》）

⑭【汇注】

　　解惠全：小丑：等于说小人物。丑，类。（《全译史记·周本纪》）

【汇评】

　　杨　慎：《国语》"况尔小丑"，语意更完足。（引自《史记评林·周本纪》）

⑮【汇评】

　　黄省曾：天子一娶九女，所以重国广继嗣也。九女者，法地有九州，承天之施，无所不生也。一娶者，娶而无再，恐其弃德嗜色，防淫佚也。天子且然，况其下乎！密康公室家久矣，又滥取奔女，以小丑备物而勿受，厥母之诫，则其覆宗宜然也。（引自《史记评林·周本纪》）

⑯【汇注】

　　徐文靖：共王"四年，王师灭密。"《笺》按：（密），《汉·志》：安定阴密县。（《竹书纪年统笺》卷八）

　　瞿方梅："一年共王灭密"，方梅按：一年者，谓踰年也。适当共王之四年。《纪年》曰：共王四年，王师灭密。（《史记三家注补正·周本纪第四》）

【汇评】

　　杨一奇辑、陈　简补：得奔女者，当询其主还之，受之则不可，不献斯亦已矣，以此灭人之国，尤不可。（《史谈补》卷一《共王》）

　　王在晋："密康公墓"，灵台县西五十里。（《历代山陵考》卷上《平凉府》）

　　龙体刚：康公不自度德，聚三女以胎倾国之祸，淫且愚矣。恭王因女色而灭同姓之国，淫虐益炽，其去幽、厉又何以寸？（《半窗史略》卷五《西周·恭王》）

　　又：《史记》谓懿王政衰，《诗》人作刺。考是时，王风未作，变风变雅中，均未有序，不知刺王者何诗？庸或删而逸之者耶？（同上）

⑰【汇注】

　　皇甫谧撰、徐宗元辑：恭王能庇昭穆之阙，故《春秋》称之。周自恭王至夷王四世，年纪不明，是以历依鲁为正。王在位二十年崩，子坚代立。（《帝王世纪辑存·周第四》）

　　李　昉：《帝王世纪》曰：恭王能庇昭穆之阙，故《春秋》称之。……王在位二十年崩，子坚代立。（《太平御览》卷八五《恭王》）

　　章　衡："共王扈"，穆王子，在位十二年。（《编年通载》卷一《周》）

　　顾应祥：丙戌（十二），王崩，子囏即位。（《人代纪要》卷三）

　　李学孔：共音恭，名繄扈，穆王子，乙亥嗣立，在位十二年。按《谥法》："既过

能改曰共。"(《皇王史订》卷四《周纪·共王》)

蒋廷锡：按：《竹书纪年》共王元年甲寅春正月，王即位。四年，王师灭密。……十二年，王陟（按《通志》，作在位十年）。(《古今图书集成·明伦汇编·皇极典》卷一〇（《周·共王本纪》)

齐召南：共王：穆王子，元年乙亥。在位十二年崩，子艰嗣。(《历代帝王年表·周世表·共王》)

赵光贤：共王（公元前936—公元前922）在位一十五年。(《先秦史论集·西周诸王年代考》)

荣孟源：共王，公元前911—公元前896年，共十六年。(《历史笔记·试谈西周纪年》)

编者按："夏商周断代工程"推算的西周年表：共王在位为前922年—前900年，共23年。

李仲操：懿王年数，《太平御览》引《史记》曰："懿王时王室遂衰，懿王在位二十五年崩。恭王弟辟方立，是为孝王。"《竹书纪年》亦载："懿王二十五年陟。"《通鉴外纪》也作二十五年，知懿王年数史无异说。(《西周年代》四《恭、懿两世年数及其历日》)

编者按："夏商周断代工程"推算的西周年表：懿王在位为前899年—前892年，共8年。

【汇评】

姚允明：恭以辅昭穆之缺，周之所以不遂衰也。(《史书》卷一《恭王》)

⑱【汇注】

皇甫谧撰、徐宗元辑：周懿王二年，王室大衰，自镐徙都犬邱，生非子。因居犬邱，今槐里是也。(《帝王世纪辑存·周第四》)

司马贞：《系本》作"坚"。(《史记索隐》)

顾应祥：丁亥，周懿王徙都槐里。(《人代纪要》卷三)

李学孔：丁亥元年，徙都槐里（今西安府兴平县）。(《皇王史订》卷四《周纪·懿王》)

潘永圜：懿王，名囏，共王子，丁亥即位，徙都槐里，王室遂衰。在位二十五年。《谥法》：温柔贤善曰懿。(《读史津逮》卷一《周》)

孙之騄："懿王元年丙寅春正月，王即位，天再旦于郑"，再旦，夜再明也。《春秋感精符》曰："人主排斥，则日夜出。"《遂古篇》云："白日再中，谁使然兮。北斗不见，藏何所兮。"《诗谱》："郑，宗周，畿内咸林之地，今京兆郑县。"《齐地记》："古有日夜出，见于东莱。"(《考定竹书》卷九)

梁玉绳：懿王始见《史·周纪》《世表》。名坚，始见《索隐》引《世本》及《世表》，诗人作刺始见《纪》《表》，在位二十五年，年五十。按：懿王为共王子，此云穆，误也。《纪》《表》谓懿王时周衰，诗人作刺，不言何诗？本书《匈奴传》以《采薇》为懿王时诗，岂谓是欤？（《汉书人表考》卷八《懿王坚》）

梁玉绳："子懿王囏立"，附按：囏字误，《索隐》曰"一作'坚'"，是也，各处皆作"坚"。（《史记志疑·周本纪》）

【汇注】

朱孔阳：懿王讳囏，共王子，王室始衰。徙都槐里，二十五年辛亥王崩，年五十岁。（《历代陵寝备考》卷八《周》）

⑲【汇注】

李　昉：《帝王世纪》曰：懿王二年，徙都犬丘。（《太平御览》卷八五《懿王》）

⑳【汇注】

蒋廷锡：按：《竹书纪年》懿王元年丙寅春正月王即位，天再旦于郑。……二十五年，王陟。懿王之世，兴居无节，号令不时，挈壶氏不能共其职，诸侯于是携德。（《古今图书集成·明伦汇编·皇极典》卷一〇《周·懿王本纪》）

编者按：《汉书·匈奴传》："至穆王之孙懿王时，王室遂衰，戎狄交侵，暴虐中国。"懿王时，周王室衰微的标志首先是淮夷重新反叛，其次是玁狁不朝贡。懿王时代的史密簋铭文曰：

隹（惟）十又二月，王令（命）师俗、史密曰："东征。"敆（敌）南尸（夷）：（膚）、虎；会杞尸（夷）、舟尸（夷），藿（观），不阶（折），广伐东国。齐师、族徒、述（遂）人，乃执䜌（鄙）、寬、亚。师俗率（率）齐师、述（遂）人左，周伐长必；史密右，率（率）族人、釐（莱）伯、僰、居，周伐长必，（获）百人。

师俗，又称师俗父、伯俗父，见于共王五年卫鼎、永盂和懿王时的师晨鼎，以及南季鼎等铜器铭文，是共、懿时的大臣之一。史密可能即伯密父鼎铭中的伯密父，他和师俗一个为左路军将领，一个为右路军将领，率军去长必这个地方围攻南淮夷膚、虎为首的叛军。史密簋铭文证实懿王时淮夷等又开始叛乱。懿王徙都犬丘，或许与淮夷反叛有关。

《后汉书·西羌传》："夷王衰弱，荒服不朝，乃命虢公率六师伐太原之戎，至于俞泉，获马千匹。""太原之戎"即玁狁，夷王时开始兴盛，厉王时大规模侵入邠地。多友鼎铭文曰：

惟十月，用严允放（方）兴（兴），寔（广）伐京师，告追于王，命武公："遣乃元士，羞追于京师。"

京师即《诗·公刘》"京师之野"之京师，在邠地。西周金文中的武公为夷王、厉王时代的军事统帅,他很可能是文献中率军伐淮夷、玁狁的虢公长父。多友鼎虽为厉王时代的铜器,但是仍然可以印证懿王、夷王时玁狁不朝贡,产生叛意的史实。淮夷与玁狁侵周,就是所谓的"戎狄交侵"。

【汇评】

吴汝纶:节节顿挫。(《桐城吴先生点勘史记读本·周本纪》)

㉑【汇注】

司马贞:宋忠曰:"懿王自镐徙都犬丘,一曰废丘,今槐里是也。时王室衰,始作诗也。"(《史记索隐》)

陆唐老:全《诗》无懿王之诗,史记所载,孟逸诗也。(《陆状元通鉴》卷二〇(《外纪·周纪上·懿王》))

徐文靖:"懿王之时,兴居无节,号令不时,挈壶氏不能共其职,诸侯于是携德"。《笺》按:《周礼》挈壶氏掌悬壶,以水火守之。分以日夜。《注》曰:悬壶以为漏。分以日夜者,异昼夜漏也。又按《齐风》序《东方未明》,刺无节也。朝廷兴居无节,号令不时,挈壶氏不能掌其职焉。(《竹书纪年统笺》卷八)

刘咸炘:"诗人作刺",著变风之始,盖以诗纬其中。(《太史公书知意·周本纪》)

陈蒲清:诗人作刺:诗人作诗讽刺。《索隐》:"宋忠曰:懿王自镐徙都犬丘,暴虐中国,一曰废丘,今槐里是也。时王室衰,始作诗也。"《史记会注考证》:"《汉书·匈奴传》云:懿王时,王室遂衰,戎狄交侵,中国被其苦,诗人始作疾,而歌之曰,靡室靡家,猃允之故。"囏:人名,通"艰"。(引自王利器主编《史记注译·周本纪》)

【汇评】

牛运震:"王室遂衰,诗人作刺",按:此二语,正与前篇"诗人歌乐思其德,民皆歌乐之颂其德"遥遥对映,有情有法。(《史记评注·周本纪》)。

懿王崩①,共王弟辟方立②,是为孝王③。孝王崩④,诸侯复立懿王太子燮⑤,是为夷王⑥。

① 【汇注】

章 衡:"懿王艰",共王子,王室衰,诗人兴刺,在位二十五年。(《编年通载》卷一《周》)

李学孔:懿王,讳囏,共王子,丁亥嗣立。在位二十五年。按《谥法》:"温柔贤善曰懿。"(《皇王史订》卷四《周纪·懿王》)

赵光贤：懿王（公元前922—公元前900）在位二十三年。（《先秦史论集·西周诸王年代考》）

荣孟源：懿王，公元前895—公元前880年，共十六年。（《历史笔记·试谈西周纪年》）

【汇评】

孙之騄："二十五年，王陟"，懿王之世，兴居无节，号令不时，挈壶氏不能共其职，诸侯于是携德。（《考定竹书》卷九）

② 【汇注】

梁玉绳："共王弟辟方立，是为孝王"，按：高圉之父名辟方，是孝王与十六世祖同名矣，殊不可解，疑有误。（《史记志疑·周本纪》）

③ 【汇注】

陆唐老：自懿王以来，德政不修，诗人作诗讥刺。至是，王室愈微。七年，大雹，牛马死，江汉俱冻。有非子者，善养马，王封为附庸之君，邑于秦。在位十五年崩，寿年六十五，子燮立。（《陆状元通鉴》卷二〇《外纪·周纪上·孝王》）

潘永圜：孝王，名辟方。懿王弟。壬子即位。嬴秦始封，大雹，江汉冰，牛马死。周道凌迟，在位十五年。《谥法》：慈惠爱亲曰孝。（《读史津逮》卷一《周》）

蒋廷锡：按：《竹书纪年》孝王元年辛卯春正月王即位，命申侯伐西戎。五年，西戎来献马。……九年，王陟（按《通志》作在位十五年，年六十五岁）。（《古今图书集成·明伦汇编·皇极典》卷一〇《周·孝王本纪》）

陈梦家：共王、懿王、孝王：今所存之《古本竹书纪年》记此三王之事仅一条，《开元占经》卷三："《汲冢纪年》书曰懿王元年天再启。"（《太平御览》二、《事类赋》注一引作"天再旦于郑"）皇甫谧既谓共王以下四世无年纪，故其所录共、懿年数实系拟作，彼所定共25、懿20，与《太平御览》所引《史记》定懿25、孝15均取整数，可知其为拟作矣。（《西周年代考》第三部）

张习孔：约前878年，周孝王七年，非子封秦。非子，传说是帝颛顼之后裔。其先世大费（即伯翳，又作伯益）佐禹平水土，佐舜驯鸟兽，舜赐姓嬴氏。是时，非子居犬丘（今甘肃天水西南），善养马，孝王命非子主管养马于汧水、渭水间，马大蕃息，乃封非子于秦（今天水西南），使续嬴氏祀，号曰秦嬴，为秦国始祖（《史记》未系年，从《历代帝王年表》）。（《中国历代大事编年·西周》）

【汇评】

龙体刚：非子始封，即于江汉冰雹之异变，知天之恶秦暴虐者早矣，履霜之象，不可不深察也。（《半窗史略》卷五《西周·孝王》）

④【汇注】

　　章　衡："孝王辟方"：共王弟，在位十五年。（《编年通载》卷一《周》）

　　李学孔：孝王名辟方，懿王弟，壬子嗣立，在位十五年。按《谥法》："慈惠爱亲曰孝。"（《皇王史订》卷四《周纪·孝王》）

　　赵光贤：孝王（公元前899—公元前889）在位十一年。（《先秦史论集·西周诸王年代考》）

　　荣孟源：孝王，公元前879—公元前869年，共十一年。（《历史笔记·试谈西周纪年》）

　　编者按："夏商周断代工程"推算的西周年表：孝王在位为前891年—前886年，共6年。

⑤【汇注】

　　梁玉绳："诸侯复立懿王太子燮，是为夷王"，附按：《人表》独以夷王名摺，与诸书异，恐讹。（《史记志疑·周本纪》）

【汇评】

　　姚允明：王崩，立者懿之子。何失序也！（《史书》卷一《孝王》）

⑥【汇注】

　　皇甫谧撰、徐宗元辑：夷王即位，诸侯来朝，王降与抗礼，诸侯德之。三年，王有恶疾，愆于厥身，诸侯莫不并走群望，以祈王身，十六年，王崩。（《帝王世纪辑存·周第四》）

　　张守节：《纪年》云："三年，致诸侯，烹齐哀公于鼎。"《帝王世纪》云"十六年崩"也。（《史记正义》）

　　李　昉：《礼》曰：礼，天子不下堂而见诸侯。下堂而见诸侯，天子之失礼也。由夷王已下也。（《太平御览》卷八五《夷王》）

　　又：《纪年》曰："夷王二年，蜀人、吕人来献琼，宾于河，用介圭。三年，王致诸侯，烹齐哀公于鼎。"（同上）

　　又：《帝王世纪》曰：夷王即位，诸侯来朝，王降与抗礼，诸侯德之。（同上）

　　司马光：夷王时，王室卑，下堂而见诸侯。（《稽古录》卷九《周》下）

　　方　回：《正义》释天子无客礼，按觐礼，天子负扆依南面，侯氏执玉入，是不下堂见诸侯也。若春朝夏宗，以客礼待诸侯，以车出迎。熊氏云：春夏受三享之时，乃有迎法，义或然也。故齐仆云：各以其等为车送迎之节。《注》节谓王乘车迎宾客及关相去远近之数。紫阳方氏曰：觐礼亦下堂而迎诸侯，自周夷王始，《周礼》齐仆有朝宗下堂以车迎送之节。《正义》有或然之疑，则《周礼》之不可信者，多矣！（《续古今考》卷三五《附论天子下堂不下堂》）

李学孔： 丁卯元年，觐礼废，王始下堂见诸侯。（《皇王史订》卷四《周纪·夷王》）

又： 夷王不立于父，而立于诸侯之手，故王加礼，下堂见之。自此，王室愈衰，永为例矣。（同上）

潘永圜： 夷王，名燮，懿王子，诸侯立之，丁卯即位，始下堂见诸侯，德其立己也。楚僭称王，荒服不至。在位十六年。《谥法》：安心好静曰彝。（《读史津逮》卷一《周》）

孙之騄： 当周夷王之时，王室微，诸侯或不朝。相伐。熊渠甚得江汉间民和，乃兴兵伐庸、扬、粤，至于鄂。熊渠曰："我蛮夷也，不与中国之号谥。"乃立其长子康为句亶王，中子红为鄂王，少子执疵为越章王，皆在江上楚蛮之地。及周厉王之时，暴虐，熊渠畏其伐楚，亦去其王号，后为熊毋康。毋康早卒，熊渠卒，子熊挚红立，挚红卒，其弟弑而代立，曰熊延，熊延生熊勇，六年而周人作乱，攻厉王，王出奔彘。（《考定竹书》卷九《六年，楚子延卒》）

朱孔阳： 夷王讳燮，本懿王太子。孝王崩，诸侯复立之，始下堂见诸侯，觐礼废，荒服不朝。十六年壬午，王崩，寿六十岁。（《历代陵寝备考》卷八《周》）

【汇评】

胡一桂： 王始下堂而见诸侯，纲常自此紊矣。时熊绎五世孙熊渠，甚得江汉民和，西伐庸，东征扬、粤，僭立三子为王。卫康公七世孙顷公，首坏王制，并邘、郿之地。孟子曰："天无二日，民无二王。"孔子曰："天下无道，则礼乐征伐自诸侯出。"况灭人之国而有之乎？斯二者皆凌迟解纽之事，何夷王之不能问也？可为三叹息矣！（引自《纲鉴合编》卷二《周纪·夷王》）

　　夷王崩①，子厉王胡立②。厉王即位三十年③，好利，近荣夷公④。大夫芮良夫谏厉王曰⑤："王室其将卑乎⑥？夫荣公好专利而不知大难⑦。夫利，百物之所生也，天地之所载也⑧，而有专之，其害多矣⑨。天地百物皆将取焉⑩，何可专也⑪？所怒甚多⑫，而不备大难。以是教王，王其能久乎？夫王人者⑬，将导利而布之上下者也⑭。使神人百物无不得极⑮，犹日怵惕，惧怨之来也⑯。故《颂》曰'思文后稷⑰，克配彼天⑱，立我烝民⑲，莫匪尔极⑳'。《大雅》曰'陈锡载周㉑'。是不布利而惧难乎㉒？故能载周以至于今。今王学专利，其可乎㉓？匹夫专利，犹谓之盗，王而行之㉔，其归鲜矣㉕。荣公若用，周必败也㉖。"厉王不听，卒以荣公为卿士㉗，用事㉘。

① 【汇注】
　　章　衡："夷王燮"，懿王太子，在位十六年。(《编年通载》卷一《周》)
　　姚允明：北伐戎太原，南则熊渠以楚子僭王，周之衰，非一事矣。始下堂见诸侯。盖愆于厥身，王政多缺。(《史书》卷一《夷王》)
　　李学孔：夷王名燮，懿王子。丁卯嗣立。在位十六年。按《谥法》："安心好静曰夷"。(《皇王史订》卷四《周纪·夷王》)
　　孙之騄：李善曰：夷王立四年薨，《世纪》云十六年崩。(《考定竹书》卷九《王陟》)
　　蒋廷锡：按《竹书纪年》，夷王元年庚子春正月，王即位。……三年，王致诸侯，烹齐哀公于鼎。……八年，王有疾，诸侯祈于山川，王陟（按《通志》作在位十五年，年六十）。(《古今图书集成·明伦汇编·皇极典》卷十《周·夷王本纪》)
　　齐召南：夷王：懿王子，元年丁卯。……在位十六年崩，子胡嗣。(《历代帝王年表·周世表·夷王》)
　　赵光贤：夷王（公元前888—公元前872）在位十七年。(《先秦史论集·西周诸王年代考》)
　　荣孟源：夷王，公元前868—公元前857年，共十二年。(《历史笔记·试谈西周纪年》)
　　李仲操：夷王在位年数，《御览》引《帝王世纪》曰："夷王即位，诸侯来朝，王降与抗礼，诸侯德之。三年，王有恶疾愆于厥身，诸侯莫不并走群望以祈王身。十六年王崩。"《史记正义》引《帝王世纪》亦云："'十六年崩'也。"今本《竹书纪年》载："夷王八年，王有疾，诸侯祈于山川，王陟。"此二说均据"鲁历"加减推出，由于当时缺乏西周实际历日资料，证据不足，不足为信。因此夷王年数也尚待推求。(《西周年代》四《孝、夷两世年数及其历日》)
　　又：夷世历日资料有《舀鼎》《起毁》《五年师旋簋》《虢季子白盘》《十三年痶壶》等。……证明夷王在位是十三年。(同上)
　　编者按："夏商周断代工程"推算的西周年表：夷王在位为前885年—前878年，共8年。

② 【汇注】
　　司马光：厉王淫昏无道，召穆公作诗刺之，不敢斥言，借商纣以言之，曰："殷鉴

不远，在夏后之世。"（《稽古录》卷九《周》下）

潘永圜：厉王，名胡，夷王子，癸未即位，暴虐侈傲，淮夷入寇，国人叛袭王，王出奔彘，在位三十七年。《谥法》：杀戮无辜曰厉。王出奔时，太子静匿召公家，国人围之，召公以其子代之，得脱。周公、召公二相共理国事，号曰"共和"。起庚申，终甲戌，摄位十四年。（《读史津逮》卷一《周》）

刘于义：厉王，讳胡，夷王太子。以岁壬子即位，在位五十一年。（《陕西通志》卷四八《帝系一·厉王》）

梁玉绳：厉王始见《大雅·民劳》诸序，《左》文二、《周语上》，名胡。夷王子，始见《周纪》《世表》，亦单称厉。以戾虐流彘死。亦曰汾王，亦曰周厉，葬晋州霍邑县东二十九里。按：厉王之年，据《本纪》是三十七年奔彘，五十一年崩，《外纪》《通志》谓在位四十年，通共和五十四年，《竹书》作十二年奔彘，二十六年陟，未知孰是。（《汉书人表考》卷九《厉王胡》）

魏嫏娥：陕西出土时代最早的编钟，都是三枚一组，如长安县的长由钟，宝鸡市茹家庄和竹园沟出土的云纹钟，都是三枚。西周中期的钟有扶风庄白一号窖藏出土的五、六、七式㝬钟和1984年长安县张家坡出土的井叔钟等。西周晚期的中义钟和柞钟，都是八枚一组，它是至今发现西周编钟枚数最多的两组。另外，还有周王与王室自铸的钟，如解放前岐山县出土的"宗周钟"（又名㝬钟，今藏台北故宫博物院）和1982年扶风县白家村出土的"五祀㝬钟"，都是周厉王㝬自铸的钟。"㝬"，唐兰先生考证是西周厉王的名字，自从"㝬簋"出土以后，许多专家学者已认可。（引自《西周史论文集·陕西周代青铜乐器初探》）

编者按：厉王名胡，西周金文皆作"㝬"。《后汉书·东夷传》说："厉王无道，淮夷入寇，王命虢仲征之，不克。"虢仲盨铭曰："虢仲㠯（以）王南征，伐南淮夷，在成周。"虢仲为西虢之君（采邑主），在王室为卿士，其封邑在今凤翔县虢王镇。西周时，"成周"是淮夷攻击的首要目标。㝬钟铭云："王肇遹省文、武勤疆土。南或（国）服子敢陷处我土。王敦伐其至，扑伐厥都，服子乃遣间来逆邵王，南夷、东夷、具见二十有六邦。……㝬其万年，畯保四域。""服子"，过去有学者认为是"濮子"，即濮族之人，这是不对的。宣王时代兮甲盘铭说："淮夷归我帛晦人。"师寰簋铭说："淮夷归我帛晦臣。"这说明淮夷过去一直是向周王朝交纳贡品的人（臣），也就是说向周王朝交纳贡品是淮夷的"服"（职事），因此厉王称淮夷为"服子"。"邵王"，即《孟子·滕文公》所云"绍我周王见休"之义，不是指周昭王。铭文记叙王开始巡视文王、武王开辟的疆土，发现南方贡纳布帛的人（淮夷）敢攻陷我周朝的疆土，王率领大军征伐，到了其国都所在的地方，贡纳布帛的人（淮夷）派中间人来迎接周王，南夷、东夷都来见王，共有二十六国。㝬钟铭文证明，厉王将淮夷征服了。

【汇评】

金履祥：厉王好利，用荣夷公，又以监谤而杀言者。虽芮良夫、召穆公交有陈谏，又皆有《大雅》之刺，而皆不听，卒以流亡，身死于彘。嗜好用舍之间，可不谨诸？赖诸大臣弥缝其间，王室不坠。卒立宣王相之舍，粲然复兴。盖其时周室尚可振也。至幽王再祸，而宗周为墟，迄不复振。悲夫！（《古今人物论》卷一《厉王》）

③【汇注】

梁玉绳："厉王即位三十年"：按厉王在位之年，汉初已无考，故史公作表，断自共和。而据《本纪》所书，是三十七年流彘，五十一年崩，后儒皆从之。其实此《纪》载芮良夫谏用荣夷公与召公谏王监谤二事，俱《国语》文，《国语》无年，但云监谤之后，三年王流于彘而已。史公以良夫之谏系于三十年，以召公之谏系于三十四年，未知何据？《竹书》谓厉王十二年奔彘，二十六年陟，而以命荣夷公为元年事，监谤为八年事。《外纪》又谓厉王在位四十年，恐俱难信。（《史记志疑·周本纪》）

④【汇注】

孙之騄：荣，国名。夷，谥也。（《考定竹书》卷九）

【汇评】

杨一奇辑、陈　简补：公其利者，不利而利；私其利者，利而不利。荣夷不公其利而私之，厉王不屏其人而任之，宜诸侯不来享也。（《史谈补》卷一《厉王》）

【汇评】

熊尚文：《传》曰：长国家而务财用者，必自小人始。其用荣夷公之谓乎？诸侯不享，凛然鉴矣。（《读史日记》卷一《厉王》）

⑤【汇注】

张守节：（芮良夫），芮伯也。（《史记正义》）

陈蒲清：芮良夫：人名。封地在芮（今陕西省大荔县东南）。（引自王利器主编《史记注译·周本纪》）

又：芮良夫关于荣夷公专利的这段议论，出自《国语注·周语上》。（同上）

⑥【汇注】

韦　昭：卑，微也。（《国语注·周语》）

解惠全：其：恐怕，大概。卑：衰微。（《全译史记·周本纪》）

⑦【汇注】

韦　昭：专，擅也。（《国语注·周语》）

郭之奇：荣夷公者，厉王卿士。荣公好利，既为卿士，诸侯不享。《桑柔之什》曰："大风有隧，贪人败类。"芮伯所刺也。（《稽古篇》卷四二《四恶总传》）

⑧【汇注】
　　韦　昭：载，成也。地受天气，以成百物也。(《国语注·周语》)
⑨【汇注】
　　韦　昭：害，谓恶害荣夷公者多也。孔子曰：放于利而行，多怨。(《国语注·周语》)
⑩【汇注】
　　陈蒲清：天地百物皆将取焉：指自然财物人人都可以取得一分。(引自王利器主编《史记注译·周本纪》)
⑪【汇注】
　　韦　昭：天地成百物，民皆将取用之，何可为专其利也。(《国语注·周语》)
⑫【汇注】
　　陈蒲清：所怒：触怒的人，招来的怨恨。(引自王利器主编《史记注译·周本纪》)
⑬【汇注】
　　陈蒲清：王人，作天下人的王。(引自王利器主编《史记注译·周本纪》)
⑭【汇注】
　　韦　昭：导，开也。布，赋也。上谓天神，下谓人物也。(《国语注·周语》)
⑮【汇注】
　　裴　骃：韦昭曰："极，中也。"(《史记集解》)
⑯【汇校】
　　郭嵩焘：犹曰怵惕，按：金陵本"曰"作"日"。《札记》云："'日'，'官本'及'天圣本国语'同，各本作'犹曰'。"(《史记札记·周本纪》)
⑰【汇注】
　　陈蒲清：《颂》：指《诗·周颂·思文》。思：发语词。文：文德。后稷：指周始祖弃。(引自王利器主编《史记注译·周本纪》)
⑱【汇注】
　　陈蒲清：克：能够。配：相配。(引自王利器主编《史记注译·周本纪》)
⑲【汇注】
　　陈蒲清：立我蒸民：使我们众人能够立足生存。蒸：《诗经》作"烝"，众。(引自王利器主编《史记注译·周本纪》)
⑳【汇注】
　　韦　昭："颂"，《周颂·思文》也。谓郊祀后稷以配天之乐歌也。经纬天地曰文。克，能也。蒸，众也。莫，无也。匪，不也。尔，女也。言周公思有文德者后稷，其功乃能配于天。谓尧时洪水，稷播百谷，立我众民之道，无不于女时得其中者，功至

大也。（《国语注·周语》）

解惠全：匪：同"非"，不。尔极：等于说"极尔"，意思是把你当做榜样。（《全译史记·周本纪》）

㉑【汇注】

韦　昭：《大雅·文王》之二章也。陈，布也。锡，赐也。言文王布赐施利，以载成周道也。（《国语注·周语》）

裴　骃：唐固曰："言文王布锡施利，以载成周道也。"（《史记集解》）

马持盈：《大雅》曰"陈锡载周"，《大雅》上说："由于能够普遍的（陈）赐福利（锡）于人民，所以能支持（载）周家的天下。"（《史记今注·周本纪》）

陈蒲清：《大雅》：指《诗·大雅·文王》。陈锡：普遍地赐给福利。陈，普遍地。锡，赐给。载周：载成周道，指成就了周朝天下。《文王》原作"陈锡哉周，侯文王子孙"。（引自王利器主编《史记注译·周本纪》）

㉒【汇注】

韦　昭：言后稷文王，既布利，又惧难也。（《国语注·周语》）

㉓【汇注】

韦　昭："其可乎？"言不可也。（《国语注·周语》）

㉔【汇注】

陈蒲清：而：如果。（引自王利器主编《史记注译·周本纪》）

㉕【汇注】

韦　昭：鲜，寡也。归附周者鲜矣。（《国语注·周语》）

㉖【汇评】

黄省曾：百官专利，则天下怀；胥史专利，则百官怀。何也？百官所操者，天子之功也。胥史所奉者，百官之政也。惟颠覆其功，迷乱其政，而后货贿崇焉，功黩政倾，非怀而何！虽然，百官视天子者也；胥史视百官者也。苟天子采英秀，亲骨鲠，放逋荡，黜饕波，则百官祇节，胥史肃矣。芮良夫以荣公专利而人王之败，何洞明治乱之原也！（引自《史记评林·周本纪》）

㉗【汇注】

李学孔：壬子三十年，以荣夷公为卿士。（《皇王史订》卷四《周纪·厉王》）

编者按：卿士，是后世的称谓，是指西周最高的执政大臣。西周王室的官署分为卿事寮、太史寮。卿事寮的长官由太师或太保担任，例如周初周公官为太师、召公官为太保，先后是卿事寮的长官；太史寮的长官为太史。西周中晚期，太史寮的长官是作册尹，亦单称尹氏。卿事寮的属官有司土（徒）、司马、司工（空）等，太史寮的属官是作册。后世所谓的卿士，是指西周卿事寮的长官，是当时周王室民事方面最高的执政大臣。

西周确实有五等爵位，但是不是像春秋战国以来所说的那样：诸侯爵分公、侯、伯、子、男五等，而是分为王臣和诸侯两部分，王臣中爵分二等，诸侯中爵分三等，合为五等。当时王臣中，卿事寮、太史寮的长官太师、太保、太史等高官，爵位是公，例如太公、周公、召公、毕公等，公是爵称。卿事寮、太史寮的属官司土、司马、司工、作册等爵位是伯，例如金文中的邢伯、单伯、定伯、微伯等，伯是爵称。诸侯爵分侯、甸（子）、男三等。正因为如上所述，所以西周金文中，凡王臣无一称侯者，凡诸侯无一称公、称伯者。

荣夷公是王臣，其先祖成王时称荣伯，说明荣氏爵为伯。厉王命荣夷公为卿土，爵升为公，所以称其为荣夷公、荣公。由于西周卿土的爵位是公，所以后世"公卿"连言。

"国人暴动"未必是发生在西安丰、镐地区，西周自穆王以后至厉王时代，当时的都城实际是在"周"，即岐周，所以"国人暴动"很可能是发生在周原地区。周原遗址发现的西周铜器窖藏，大部分窖藏内所藏青铜器年代下限为西周厉王时期，例如庄白一号窖藏。这一现象可能与"国人暴动"有关。

㉘【汇校】
　　张文虎："用事"，《小大雅谱疏》引作"使用事焉"。（《校刊史记集解索隐正义札记·周本纪》）
【汇注】
　　解惠全：用事：主管国事，掌权。（《全译史记·周本纪》）。

　　王行暴虐侈傲①，国人谤王②。召公谏曰③："民不堪命矣④！"王怒，得卫巫⑤，使监谤者⑥，以告则杀之⑦。其谤鲜矣，诸侯不朝。三十四年，王益严，国人莫敢言⑧，道路以目⑨。厉王喜，告召公曰：吾能弭谤矣⑩，乃不敢言⑪。"召公曰："是鄣之也⑫。防民之口，甚于防水⑬。水壅而溃⑭，伤人必多；民亦如之⑮。是故为水者决之使导⑯，为民者宣之使言⑰。故天子听政⑱，使公卿至于列士献诗⑲，瞽献曲⑳，史献书㉑，师箴㉒，瞍赋㉓，矇诵㉔，百工谏㉕，庶人传语㉖，近臣尽规㉗，亲戚补察㉘，瞽史教诲㉙，耆艾修之㉚，而后王斟酌焉㉛，是以事行而不悖㉜。

民之有口也，犹土之有山川也，财用于是乎出㉝；犹其有原隰衍沃也㉞，衣食于是乎生㉟。口之宣言也，善败于是乎兴。行善而备败㊱，所以产财用衣食者也。夫民虑之于心而宣之于口，成而行之㊲。若壅其口，其与能几何㊳？"王不听。于是国莫敢出言㊴，三年，乃相与畔，袭厉王。厉王出奔于彘㊵。

① 【汇注】

　李　昉：《帝王世纪》曰：厉王荒沉于酒，淫于妇人。（《太平御览》卷八五《厉王》）

② 【汇注】

　钱宗范："国人"是居于"国"（都城）及其近郊之人。……"国人"即"国"中之人，他包括了能向王提意见的公、卿、大夫以下的列士、瞽、史、师、瞍、矇、百工、庶人、近臣、亲戚、耆父等，但公、卿等不包括在"国人"之内，因为这里提到的"民不堪命""防民之口""民亦如之""为民者""民之有口""民虑之于心而宣之于口"中的"民"，就是指"国人谤王""国人莫敢言""国（人）莫敢出言"中的"国人"，"民"和"国人"是等同的。民在周代是与贵族相对而言的，不包括王、公、卿、大夫等贵族，在封建社会中民是与官相对而言的，指社会上各行各业之人。故从《国语》《史记》的记载来看，"国人"指的是当时的"民"，即卿、大夫以下各阶层的人。（引自《西周史论文集·"国人"试说》）

③ 【汇注】

　裴　骃：韦昭曰："召康公之后穆公虎，为王卿士也。"（《史记集解》）

　唐德宜：穆公虎，康公后。（《古文翼·召公谏止谤》）

【汇评】

　唐德宜：中间正说求言，简而赅，前后喻言止谤，婉而劲。其章法两两照应，尤有罗浮二山风雨离合之致。（《古文翼·召公谏止谤》）

④ 【汇注】

　韦　昭：邵公，邵康公之孙，穆公虎也。为王卿士。言民不堪暴虐之政令。（《国语注·周语》）

⑤ 【汇注】

　裴　骃：韦昭曰："卫国之巫也。"（《史记集解·周本记》）

　林云铭："莫敢言"，与下文"乃不敢言"，篇末"莫敢出言"相呼应。"道路以

目，恨尤甚也"。(《古文析义》卷三《召公谏厉王止谤》)

梁玉绳：卫巫始见《周语上》。(《汉书人表考》卷九《卫巫》)

【汇评】

陈仁锡：卫巫，卫国之巫也。监，察也。以巫有神灵，有谤必知之。厉王怒谤，已非，至使卫巫监谤，而以生杀之权寄之于巫祝之口，则将何所不至哉？(《史品赤函》卷二《召虎谏监谤》)

⑥【汇注】

张守节：监音口衔反。监，察也。以巫人神灵，有谤毁必察也。(《史记正义》)

李学孔：乙卯十三年，使卫巫监谤。(《皇王史订》卷四《周纪·厉王》)

【汇评】

林云铭：以巫能役使鬼神，探知造谤者。(《古文析义》卷三《召公谏厉王止谤》)

蒋廷锡：按《竹书纪年》八年，初监谤。芮伯良夫诫百官于朝。(《古今图书集成·明伦汇编·皇极典》卷一〇《周·厉王本纪》)

⑦【汇注】

韦　昭：巫言谤王，王则杀之。(《国语注·周语》)

⑧【汇注】

张文虎："国人莫敢言"，《小大雅谱疏》引"莫"作"不"。(《校刊史记集解索隐正义札记·周本纪》)

⑨【汇校】

梁玉绳："得卫巫，使监谤者，以告则杀之。其谤鲜矣，诸侯不朝。三十四年，王益严，国人莫敢言，道路以目"。按："其谤鲜矣"至"王益严"十五字，《国语》所无，当是误增。《外纪》曰："三十年王杀谤者，三十四年始道路以目，事不相接。"(《史记志疑·周本纪》)

【汇注】

裴　骃：韦昭曰："以目相盼而已。"(《史记集解》)

【汇评】

金圣叹："道路以目"：四字，写愈不堪，愈益谤；如画。(《金圣叹批才子古文》卷三《召公谏厉王止谤》)

⑩【汇注】

唐德宜：弭，止也。(《古文翼·召公谏止谤》)

【汇评】

钱大昕：止谤莫如自修，王文舒之言也。何以止谤？曰：无辩。文中子之言也。谤之无实者，付之勿辩可矣；谤之有因者，非自谤弗能止。(《十驾斋养新录》卷一八

《止谤》）

⑪【汇评】

金圣叹：大愚人语。为此四字，所以必画"以目"四字。（《金圣叹批才子古文》卷三《召公谏厉王止谤》）

林云铭：既言能止谤，又加"乃不敢言"四字者，所以笑民无甚伎俩也。（《古文析义》卷三《召公谏厉王止谤》）

⑫【汇注】

林云铭："鄣"即是防，非民无言，是"鄣"之使不得宣也。（《古文析义》卷三《召公谏厉王止谤》）

唐德宜：鄣，防也。（《古文翼·召公谏止谤》）

【汇评】

金圣叹：一字断住。（《金圣叹批才子古文》卷三《召公谏厉王止谤》）

⑬【汇校】

陈蒲清：水：《国语·周语上》作"川"。（引自王利器主编《史记注译·周本纪》）

【汇注】

金圣叹：以民比川。（《金圣叹批才子古文》卷三《召公谏厉王止谤》）

【汇评】

陈仁锡：防川之论，切至。子产不毁乡校，意亦为此。（《史品赤函》卷二《召虎谏监谤》）

熊尚文：防口甚于防川，召公反复数十言，可谓剀切痛快！（《读史日记》卷一《厉王》）

⑭【汇注】

解惠全：壅：水流堵塞。溃：水冲决堤防。（《全译史记·周本纪》）

⑮【汇注】

韦　昭：民之败乱，害于上也。（《国语注·周语》）

【汇注】

林云铭：民怨日积，日多，一发不可御止。（《古文析义》卷三《召公谏厉王止谤》）

⑯【汇注】

韦　昭：为，治也；导，通也。（《国语注·周语》）

林云铭：所以平其流。（《古文析义》卷三《召公谏厉王止谤》）

唐德宜：为，治也。导之则不至于决。（《古文翼·召公谏止谤》）

⑰【汇注】

韦　昭：宣，犹放也；观民所言，以知得失。(《国语注·周语》)

【汇评】

林云铭：为：治也。所以平民心。此段言止谤所以蓄祸，见王弭谤之非。(《古文析义》卷三《召公谏厉王止谤》)

唐德宜：宣之则不至含怒。(《古文翼·召公谏止谤》)

崔　述：治国之务，莫要于开言路。人主以一人而抚有四方，虽天亶之聪明，其势不能尽知，故以明目达聪为先务也。然非但人主然也；虽大臣，虽群臣，虽一县一邑之长，其才岂能靡不长，其事岂能靡不知，惟能受善言则政皆无失。所以孟子不以"有智虑，多闻识"为贵，而惟欲"四海之内皆将轻千里而来，告之以善"也。所患者，自以为智而不能受人言，则好人得以迎合其心而转其意，甚至听谗而妄害贤人者有之；况于其政尚可问之！(《崔东壁遗书·丰镐考信别录》卷一《周政盛衰续考·〈续考〉序意》)

⑱【汇注】

陈蒲清：听政：处理国家大事。(引自王利器主编《史记注译·周本纪》)

⑲【汇注】

韦　昭：献诗，以讽也。列士，上士。(《国语注·周语》)

张守节：上诗讽刺。(《史记正义》)

林云铭：陈其美刺。(《古文析义》卷三《召公谏谤王止谤》)

⑳【汇校】

梁玉绳："瞽献典"，附按：《左传》襄十四年"瞽为诗"，《疏》引《周语》作"瞽陈曲"，韦昭云"瞽陈乐曲，献之于王"。余舅氏元和陈大令树华有依宋本校定《国语》亦作"曲"，韦注"曲，乐曲也"。则知今本《国语》《史记》并讹为"典"字，典与瞽何涉？(《史记志疑·周本纪》)

郭嵩焘：瞽献典：按《国语》"瞽献曲"，韦昭《注》："曲，乐曲。"《集解》引韦昭《注》不误，知《史》文本作"曲"也。典，非瞽之所能献也。(《史记札记·周本纪》)

【汇注】

韦　昭：无目如瞽。瞽，乐师。曲，乐曲也。(《国语注·周语》)

裴　骃：韦昭曰："曲，乐曲。"(《史记集解》)

林云铭：乐典，陈其邪正。(《古文析义》卷三《召公谏厉王止谤》)

㉑【汇注】

韦　昭：史，外史也。《周礼》，外史掌三皇五帝之书。(《国语注·周语》)

张守节：史，太史也。上书谏。（《史记正义》）

林云铭：三王五帝之书，治体存焉。（《古文析义》卷三《召公谏厉王止谤》）

唐德宜：史，外史；书，三皇五帝之书。（《古文翼·召公谏止谤》）

㉒【汇注】

韦　昭：师，少师也。箴，针刺王阙，以正得失也。（《国语注·周语》）

张守节：音针。师，乐太师也。上箴戒之文。（《史记正义》）

㉓【汇注】

韦　昭：无眸子曰瞍。赋公卿列士所献诗也。（《国语注·周语》）

裴　骃：韦昭曰："无眸子曰瞍。赋公卿列士所献诗也。"（《史记集解》）

㉔【汇注】

裴　骃：韦昭曰："有眸子而无见曰矇。《周礼》矇主弦歌，讽诵箴谏之语也。"（《史记集解》）

林云铭：赋所献之诗，诵典书与箴中之语，欲其不忘。（《古文析义》卷三《召公谏厉王止谤》）

㉕【汇注】

林云铭：以艺事通于道。（《古文析义》卷三《召公谏厉王止谤》）

陈蒲清：百工：百官。（引自王利器主编《史记注译·周本纪》）

㉖【汇注】

裴　骃：韦昭曰："庶人卑贱，见时得失，不得达，传以语王。"（《史记集解》）

张守节：传音逐缘反。庶人微贱，见时得失，不得上言，乃在街巷相传语。（《史记正义》）

林云铭：卑贱不能达，以次相传，而语于王。（《古文析义》卷三《召公谏厉王止谤》）

㉗【汇注】

韦　昭：近臣，谓骖仆之属也。尽规，尽其规计以告王也。（《国语注·周语》）

裴　骃：韦昭曰："近臣，骖仆之属。"（《史记集解》）

唐德宜：尽其规讨以告王。（《古文翼·召公谏止谤》）

㉘【汇注】

韦　昭：补，补过。察，察政也。传曰自王以下，各有父兄子弟，以补察其过也。（《国语注·周语》）

张守节：言亲戚补王过失，及察是非也。（《史记正义》）

林云铭：同休戚者。补其阙而察其几。（《古文析义》卷三《召公谏厉王止谤》）

唐德宜：父兄子弟，各补察其过。（《古文翼·召公谏止谤》）

㉙【汇注】

　　韦　昭：瞽，乐太师。史，太史也。掌阴阳天时礼法之书，以相教诲者。单襄公曰："吾非瞽史，焉知天道？"（《国语注·周语》）

　　裴　骃：韦昭曰："瞽，乐太师。史，太史也。"（《史记集解》）

　　林云铭：太师奏乐，太史掌礼，礼乐教诲之具。（《古文析义》卷三《召公谏厉王止谤》）

㉚【汇注】

　　韦　昭：耆艾，师傅也。师傅修理瞽史之教，以闻于王也。（《国语注·周语》）

　　林云铭：师传乃合众职而修治之。（《古文析义》卷三《召公谏厉王止谤》）

　　姚　鼐："瞽献典……耆艾修之"，此文再言"瞽史"，韦注以前"瞽"为乐师，后为太师。前"史"为外史，后"史"为太史。吾谓此皆兼言太师、太史以下官也。而自"矇诵"以上，言常时也。自"百工谏"以下，言临事王有过而谏诲之。（《惜抱轩笔记》卷四《国语》）

㉛【汇注】

　　韦　昭：斟，取也；酌，行也。（《国语注·周语》）

【汇评】

　　吴见思：多以短句，错落可听。（《史记论文·周本纪》）

㉜【汇注】

　　韦　昭：悖，逆也。（《国语注·周语》）

【汇评】

　　金圣叹："故"字起，"之"字止，"而后"字转，"是以"字证，只是一句文字。（《金圣叹批才子古文》卷三《召公谏厉王止谤》）

　　林云铭：所行之事，皆合于理。以上言天子听政，当斟酌于众言以考得失，"庶人传语"四字最重，见民言不可壅，然连类并主（举），不见侧重之迹，妙！（《古文析义》卷三《召公谏厉王止谤》）

㉝【汇注】

　　韦　昭：犹，若也。山川所以宣地气而出财用，口亦宣人心而言善败也。（《国语注·周语》）

㉞【汇注】

　　韦　昭：广平曰原，下湿曰隰，下平曰衍，有溉曰沃。（《国语注·周语》）

　　裴　骃：唐固曰："下平曰衍，有溉曰沃。"（《史记集解》）

【汇评】

　　金圣叹：前说民谤不可防，则比之以川，后说民谤必宜敬听，则比之以山川原隰：

凡作两番比喻。后贤务须函番细读之，真乃精奇无比之文，不得止作老生常诵而已。(《金圣叹批才子古文》卷三《召公谏厉王止谤》)

㉟【汇评】

金圣叹：上曰民口犹川，言谤口也；此曰民口犹山川原隰，言斟酌之口也，不惟不犯重，须知正欲如此用笔，以力辩民口必宜敬听，不宜怒而监之。(《金圣叹批才子古文》卷三《召公谏厉王止谤》)

㊱【汇注】

韦　昭：民所善者行之，民所败者备之。(《国语注·周语》)

陈仁锡："行善而备败"，即子产所谓"其所善者吾则行之，其所恶者吾则改之"之意。(《史品赤函》卷二《召虎谏监谤》)

㊲【汇校】

梁玉绳："成而行之"，按：《国语》此句下有"胡可壅也"四字，似当补入，否则语意未了，盖《史》脱耳。(《史记志疑·周本纪》)

㊳【汇注】

韦　昭：与，辞也。能几何？言不久也。(《国语注·周语》)

【汇评】

林云铭：此段言，民之有言，原非易发于口，乃素筹之于心，可以见之施行者，如何阻遏得住，若阻遏焉，不久亦当决发伤人，是不得其利，即受其害矣。"壅"字，应上"川壅而溃"，回顾警密。(《古文析义》卷三《召公谏厉王止谤》)

吴见思：作商量语结，不说煞，意味无尽。(《史记论文·周本纪》)

编者按："其与能几何?"不是商量语，非不定之意，乃反诘句，答案在其反面，是抱着否定态度的。

㊴【汇校】

李　笠：按:《国语·周语》"国"下有"人"字，此疑脱。上文"国人莫敢言"，亦与"国人莫敢出言"语同。《小大雅谱疏》引《史记》作"国人不敢出言"，不，莫义通，足证此脱"人"字也。(《史记订补》卷一《周本纪》)

陈蒲清：《国语》公序本在"国"下有"人"字。(引自王利器主编《史记注译·周本纪》)

㊵【汇注】

裴　骃：韦昭曰："彘，晋地，汉为县，属河东，今曰永安。"(《史记集解》)

张守节：《括地志》云："晋州霍邑县本汉彘县，后改彘曰永安。以鄗奔晋也。"(《史记正义》)

章　衡："厉王胡"，夷王子，好利，近荣夷公。暴虐，弭谤，国人叛，袭之，出

奔于彘而死，在位三十七年。（《编年通载》卷一《周》）

王　恢：彘，《汉志》河东郡彘，"周厉王所奔"。《清统志》（一五三）："彘城在霍州东北。"即今山西霍县治。（《史记本纪地理图考·周本纪·厉王奔彘》）

赵光贤：厉王（公元前871—公元前828）在位四十四年。（《先秦史论集·西周诸王年代考》）

荣孟源：厉王，公元前856—公元前827年，共三十年。（《历史笔记·试谈西周纪年》）

编者按：厉王出奔于彘，是国人暴动的结果，这在金文中有反映。宣王时代的㝬盨铭文曰：

雩邦人、正人、师氏人又（有）睾（罪）又（有）故（辜），迺骜侗即汝，迺襞岩，俾复虐逐厥君厥师，迺作余一人咎。

这篇铭文是宣王告诫其大臣㝬说：有些官吏平时懈怠于职，不善检查约束其下属，等到僚属有进退，或"邦人、正人、师氏人有罪有错，只派员报告给你，而自己却照样淫怠，就会重新酿成驱逐国君和官长的事件"。邦人即国人；正指官员中的正长，正人即部门长官属下的人；师氏人指率领氏族军队的将领属下的人。"虐逐厥君厥师"，是指国人暴动赶走厉王及其大臣的事件。此铭不仅证实了国人举行暴动赶跑了厉王及其臣下，使他们流亡于彘的史实，而且透露出参加国人暴动有国都中以士及其子弟为主体的所谓邦人（国人）、官府的下层、工匠、胥徒之类，以及军人等。其声势必然很大，所以宣王以此为戒，用来告诫其大臣。

编者按："夏商周断代工程"推算的西周年表：厉王在位为前877年—前841年，共37年。

【汇评】

孟　子：暴其民甚，则身弑国亡；不甚，则身危国削。名之曰"幽""厉"，虽孝子慈孙，百世不能改也。《诗》云：殷鉴不远，在夏后之世。此之谓也。（《孟子》卷四《离娄上》）

朱　熹：幽，暗；厉，虐，皆恶谥也。苟得其实，则虽有孝子慈孙，爱其祖考之甚者，亦不得废公义而改之，言不仁之祸，必至于此，可惧之甚也。（《四书集注·孟子·离娄上》）

陈仁锡：与上国人莫敢言相照应，见王之监谤适自取祸耳。（《史品赤函》卷二《召虎谏监谤》）

林云铭：厉王虐政之行，谤者非一人，何可尽诛？卫巫岂真能分别谤不谤者？不过借神道设教名色，偶杀一二人以示警耳。"道路以目"，不敢言而敢怒也。厉王之喜，盖以民之愚不能出其彀中。作用如此，可谓痴绝。召公所谏，语语格言……融成一片，警使绝伦。(《古文析义》卷三《召公谏厉王止谤》)。

  厉王太子静匿召公之家，国人闻之，乃围之。召公曰："昔吾骤谏王①，王不从，以及此难也。今杀王太子，王其以我为仇而怼怒乎②？夫事居者，险而不仇怼③，怨而不怒④，况事王乎！"乃以其子代王太子⑤，太子竟得脱。

① 【汇注】
  陈蒲清：骤：多次。(引自王利器主编《史记注译·周本纪》)
② 【汇注】
  陈蒲清：怼：怨恨。(引自王利器主编《史记注译·周本纪》)
③ 【汇注】
  韦　昭：君，诸侯也。在险之中不当怼怒，谓若晋庆郑怨惠公愎谏违卜，弃而不载。(《国语注·周语》)
  裴　骃：韦昭曰："在危险之中。"(《史记集解》)
  马持盈：怼，音对。怼，怨。事君者，虽在危险之中，也不应当有仇怨之心，更其不应当有恨怨之意。(《史记今注·周本纪》)
④ 【汇注】
  韦　昭：怨，心望也。怒，作气也。(《国语注·周语》)
⑤ 【汇注】
  陈蒲清：召公以其子代太子事，出自《国语·周语上》。(引自王利器主编《史记注译·周本纪》)
  【汇评】
  熊尚文：召公以子代王太子，忠矣，乃其言曰："今杀王太子，王其以我为仇而怼怒？"则又似有自全之念在。(《读史日记》卷一《宣王》)
  郭之奇：穆公以其子代君之子，难于婴、臼之取他人子为赵孤矣。厉王虽虐，犹使谏者无辜，故以十七年流彘之躯，而衍卜年八百之旧都。穆公之忠，不难自弃其孥，是以成二相共和之盛理，而开式四方之远图。(《稽古篇》卷九《召虎列传第二》)

  召公、周公二相行政①，号曰"共和"②。共和十四年③，厉王死于彘④。太子静长于召公家⑤，二相乃共立之为王，是为宣王⑥。宣王即位⑦，二相辅之，修政⑧，法文、武、成、康之遗风⑨，诸侯复宗周⑩。十二年，鲁武公来朝⑪。

① 【汇校】
张文虎："二相行政"：《御览》引"二相"下有"共"字。（《校刊史记集解索隐正义札记·周本纪》）
【汇注】
陆唐老：不是周公旦、召公奭，相周室者，皆号周公、否（召）公。（《陆状元通鉴》卷二〇《外纪·周纪上·厉王》）
马维铭：召公奭，姓姬氏，仕文王。王为西伯时，辟国最广，于是徙都于丰而分岐周故地，以为周公、召公之采邑，且使周公为政于国中，而召公宣布于诸侯，于是德化大成于内，南方诸侯之国，江、沱、汝、汉之间，莫不从化。时召伯循行南国，以布文王之政，或舍甘棠之下，其后人思其德，作《甘棠之诗》以美之。西伯卒，相武王，伐纣有功，为太保。王克商，遂通道于九夷、八蛮，西旅底贡厥獒，太保乃作《旅獒》。武王崩，相成王。成王将崩，召太保奭受顾命立康王。奭，元子就封于北燕，子孙在畿内者，食采于召，世为召公。召穆公虎其贤胤也。虎，周畿内诸侯，佐厉王。厉王虐，国人谤王，王怒，使人监谤者，召公谏，弗听，三年，王出居于彘。召公与周公共理国事，号曰二相。宣王立，命召公平淮南之夷，诗人作《江汉之诗》以美之。（《史书纂略·周臣列传》卷一《召公》）
又：周公旦者，武王弟也。自文王在时，旦为子仁孝，异于群子。及武王即位，旦常辅翼武王，用事居多。武王东伐，至孟津，公辅行伐纣。封公于少昊之虚曲阜。公不就封，留佐武王。……武王既丧，管叔及其群弟乃流言于国。周公居东二年，则罪人斯得。于后，公乃为诗以贻王，名之曰《鸱鸮》。……公制礼作乐以致太平，因典章文物之盛，著为六典，实周家一代之礼，是为周礼。……薨，葬于毕。长子伯禽封于鲁。子孙在周畿内者，世为诸侯，俱名周公。（《史书纂略·周臣列传》卷一《周公》）
张大可：召公、周公：武王时召公奭、周公旦，他们的长子分别封于燕和鲁，他们的次子留宰周室，世为召公、周公。（《史记全本新注·周本纪》）
【汇评】
耿定向：吾读《召诰》中语，丁宁反复，言"敬"者凡七八焉。成王享百年之寿，而周家卜世过于夏、商，有以也。及读《君奭篇》，周公殷殷一体之义，至今犹可想见。后世儒生疑召公所不悦于周公者，陋矣！按史，共和之际，时事亦孔艰矣。二公之裔，犹能同心翼蔽元储，镇定王室，况当时哉！（《召公赞》，引自《古今图书集成·理学汇编·经籍典》卷一二八《书经部·艺文二》）

② 【汇校】

房玄龄等： 初太康二年，汲郡人不准，盗发魏襄王墓，或言安釐王冢。得《竹书》数十车。其纪年十三篇，记夏以来至周幽王为犬戎所灭，以事接之三家分，仍述魏事，至安釐王之二十年。盖魏国之史书，大略与《春秋》皆多相应。其中经传大异，则云……厉王既亡，有共伯和者，摄行天子事，非二相共和也。（引自《晋书·束皙传》）

编者按： 徐文靖《笺》云：按幽王当作厉王，共伯国即今之辉县也。见引自《竹书纪年统笺·竹书纪年杂述》，关于周文王徙都于丰，而分岐周之地，以为周公、召公之采邑，今天看来不可信。周原地区的考古发掘已证实，西周时周公的采邑在今天岐山县城西北不足5公里的周公庙一带；而召公的采邑在今岐山县城西南4公里的刘家原村一带，二者与岐周遗址即周原遗址东西相距均为近30公里。另据扶风县庄白一号窖藏出土的墙盘、㝨钟铭文记载，周初岐周为周王室支配的地方，所以当微国史臣入周见武王时，武王则命周公为其在岐周安排宅基地，为其建房居住，因此其家庭几代人的铜器同出于庄白一号窖藏。正因为西周时岐周之地仍属周王室所有，所以西周中晚期，岐周成为周王室实际的都城。

【汇评】

龙体刚： 厉王己未奔彘，至甲戌宣王立，世传周室无君，赖周公、召公协和共理王政，故号曰周召共和。此自史迁以至温公，无异词也。《路史》乃考据司马彪《鲁连子》及《人表》《十三州志》，皆云厉王在彘，有共城伯，名和，修行仁义，以德和民，诸侯请立为王。和辞，弗获克遂，乃立，至十四年，大旱，庐火，卜曰"厉王为祟"，共伯始归其宗，逍遥得意于共山之首。且是时，周、召皆痿弱不足有为。宣王时，始有召穆公虎，而周公并无有闻。然尝考《荡荡民劳》，为虎所作，非召公乎？《板荡》作于凡伯，《桑柔》作于芮伯，皆姬姓也，非周公乎？既各痛伤周室之大坏，岂不和衷共理乎王室哉？但以二相协理，而号为"共和"，则文义浅鄙，殊有牵合之痕。惟两说共载于书，未可此是而彼非也。有共和之摄政，不可无周召之寅恭，有周召之协和，未必无共伯之代御。大抵宣王中兴，赖周、召协和以赞理共伯。记传特错乱其词为周、召"共和"者尔。至谓和之纂位为"篡"，则后此宣王之立，和安能得意于共山者乎？若谓并无周、召，则凡伯、芮伯之与穆公，岂俱避世而罔所闻耶？（《半窗史略》卷五《西周·厉王》）

吕不韦：共伯和修其政，好贤仁，而海内皆以来为稽矣。周厉之难，天子旷绝，而天下皆来谓矣。（《吕氏春秋·开春论》）

③【汇注】

韦　昭：彘之乱，公卿相与和，而修政事，号曰"共和"。凡十四年，而宣王立。（《国语注·周语》）

司马贞：共音如字。若《汲冢纪年》则云"共伯和干王位"。共音恭。共，国；伯，爵；和，其名；干，篡也。言共伯摄王政，故云"干王位"也。（《史记索隐》）

又：周、召二公共相王室，故曰共和。皇甫谧云"共伯和干王位"，以共国，伯爵，和其名也。干王位，言篡也。与史迁之说不同，盖异说耳。（《史记索隐·三代世表》）

张守节：共音巨用反。韦昭云："彘之乱，公卿相与和而修政事，号曰共和也。"《鲁连子》云："卫州共城县本周共伯之国也。共伯名和，好行仁义，诸侯贤之。周厉王无道，国人作难，王奔于彘，诸侯奉和以行天子事，号曰'共和'元年。十四年，厉王死于彘，共伯使诸侯奉王子靖为宣王，而共伯复归国于卫也。"《世家》云："釐侯十三年，周厉王出奔于彘，共和行政焉。二十八年，周宣王立。四十二年，釐侯卒，太子共伯余立为君。共伯弟和袭，攻共伯于墓上，共伯入，釐侯羡自杀，卫人因葬釐侯旁，谥曰共伯，而立和为卫侯，是为武公。"按此文，共伯不得立，而和立为武公。武公之立在共伯卒后，年岁又不相当，年表亦同，明《纪年》及《鲁连子》非也。（《史记正义》）

司马光：大臣共和行政，自是以后，年始可谱。（《稽古录》卷九《周下》）

陆唐老：王在彘，不敢归。二相周公、召公以太子静尚幼，乃相与和协共理国事，故称"共和"。王崩于彘，在位四十年。（《陆状元通鉴》卷二〇《外纪周纪上·厉王》）

罗　泌：夷王崩，厉王立，无道。三十有七年，王流于彘。共和十四年，宣王立。说者曰：周室无君，周公、召公共和王政，故号之曰共和。自史迁至温公，无异议也。敢问所安？曰：予不敢以为然也。夫厉王之时，周公、召公非昔日之周、召也。予闻厉王之后，有共伯和者，修行而好贤，以德和民，诸侯贤之，入为王官四十有四年，天旱庐火，归还于宗，逍遥共山之首，宣王乃立，是以王子朝告于诸侯，犹曰"厉王戾虐，万民弗忍，流王于彘，诸侯释位，以间王政"。宣王有志而后效官，是宣王之前，诸侯有释位，间于天子之事者矣。然则所谓共和者，吾以为政自共伯尔。若曰周、召共和，吾弗信也。……和之贤也，盖干王政而非其得已者也。向秀、郭象援古之说以为共和者，周王之孙也。怀道抱德，食封于共、厉王之难，诸侯立之，宣王立，乃废。立之不喜，废之不怒，斯则得其情矣。和之非篡，顾亦有知之者。厉王之后，或

朝廷之故哉？吾观圣人之书，王子虎卒，而盖知共和之不易也。（《路史·发挥》卷二《共和辩》）

凌稚隆：按沈约云：和有至德，尊之不喜，废之不怒，逍遥得意于共山之首。（《史记评林·周本纪》）

陈子龙：王以得罪于民，不敢入国，共和为政，王号固在也。故王死而后太子立也。（《史记测议·周本纪》）

孙之騄：《吕氏春秋》：共伯和修其行，好贤仁，而海内皆以来为稽矣。周厉之难，天子旷绝，而天下皆来请矣。（《考定竹书》卷九《共伯和摄行天子事》）

徐文靖：厉王"十三年，王在彘，共伯和摄行天子事"。《笺》按，《鲁连子》曰：卫州共城县本周共伯之国也。共伯名和，好行仁义，诸侯贤之。周厉王无道，国人作难，王奔于彘，诸侯奉和以行天子事，号曰"共和"。史迁以为周、召二公行政，号共和，非实录也。（《竹书纪年统笺》卷八）

又：又按徐广曰：自共和元年，岁在庚申，迄敬王四十三年，凡三百六十五年。共和在春秋前一百一十九年，刘恕作《资治通鉴外纪》，起共和庚申，至威烈王二十二年丁丑，四百三十八年。今据《竹书》厉王元年戊申，则十三年为共和元年庚申。（同上）

梁玉绳：共伯和始见《庄子·让王》《吕氏春秋·开春》，《史·周纪正义》引《鲁连子》，商后国，行政十四年。按：《史》以共和为周、召行政之号，子长之单解也。辨见《史记志疑》三。（《汉书人表考》卷四《共伯和》）

翟云升："共伯和"，师古曰："共，国名。伯，爵也。和，共伯之名也。共音恭。而史迁以为周、召二公行政，号曰共和，无所据也。"颜说是也。《竹书纪年》周厉王十三年，共伯和摄行天子事。《吕览·开春》所谓共伯和修其行，好贤仁，即其人也。高注以为夏时诸侯，亦非。（《校正古今人表》第四《共伯和》）

郭庆藩：共伯名和，周王之孙也。怀道抱德，食封于共。厉王之难，天子旷绝，诸侯知共伯贤，请立为王。共伯不听，辞不获免，遂即王位。一十四年，天下大旱，舍屋生火。卜曰："厉王为祟。"遂废共伯而立宣王。共伯退归，还食本邑。立之不喜，废之不怨，逍遥于丘首之山。丘首山今在河内。（《庄子集释·让王篇》）

又：卢文弨曰：按今《蜀书》作"摄行天子事"。（同上）

钱　穆：《史记·三代世表》："孔子因史文，次《春秋》，纪元年，正时月日，盖其详哉。至于序《尚书》，则略，无年月；或颇有，然多阙，不可录。故疑则传疑，盖其慎也。"今按：《春秋》托始鲁隐公元年，实周平王四十九年，而《史记·三代世表》则始于西周共和元年，相距百十有九年。史公既极称孔子传疑之慎，则史公纪年自必有所本。故知中国古史纪年，至迟造始于西周末叶，必已明确可依据也。（《国史

大纲》第二编第四章《霸政时期》）

夏曾佑：共和行政有二说：一说以召公、周公，二相行；一说以为共国之伯名和者摄政。二说未能定论，然以后说为长。固古人曾言共伯和得道也。（《中国古代史·周之列王》）

王　恢：中国历史悠久，而真实有年可数，始于共和元年（前841）。郑玄《诗谱序》："幽厉以上，岁数不明，太史公《年表》，自共和始。"钱大昕《武王克殷》之年（《养新余录》卷上）："《史记年表》断自共和，共和以前，周诸王年历盖已难考。班氏《汉书》载刘歆《三统历》，依《鲁历》及《世家》，推知周初以来纪年，序而次之。夏殷以来，经典无其文也。子长、孟坚之所不论，后儒妄说，皆未可信。"王鸣盛《十七史商榷》（卷三）亦谓"万斯同撰《纪元汇考》，断自共和庚申始。今本亦从此逆溯至唐尧元年甲辰者，乃后人所附益也。"崔适《史记探源》（卷四）："共和元年庚申，至敬王四十四年甲子（公元前477年）共计三百六十五年；年数可考，实始于此。……晋人伪造《竹书纪年》，尽记黄帝以下年数，即使真出魏冢，岂魏末史臣通知古事，过于孔子乎！后世编历代总史，究当以《史记》为法。"（《史记本纪地理图考·周本纪·共和行政》）

又：共和凡三说：

一、共伯名和，见《竹书》《庄子·让王》"共伯得乎共首"，《吕氏春秋·孝行览》及《开春论》《梁伯子》《鲁连子》《世纪》《汉书·古今人名表》皆以为人名。按《卫世家》有太子共伯与其弟和相攻杀，其人亦无德业见称于经传。

二、大臣共同行政，见于齐、晋《两世家》及《本纪·正义》引韦昭云："厉之乱，公卿相与和而修政事，号曰共和也。"

三、史称"召公、周公二相行政，号曰共和"。师古注《古今人名表》，谓"迁摄而称之；传之既久而失其详，遂误以为共伯和摄之，撰《纪年》者因从而载之耳"。又谓《竹书》盖战国时人所撰，东迁以后本之晋魏旧史，而东迁以前简策多逸，或旁采异端之说以补之，是以不能无谬。至于今世所传《纪年》一书，则又不知何人所撰，唐人所引大事无之，而其文往往反采之《汉书·律历志》及《伪古文尚书经传》，此尤不足论矣。

今本《竹书》即综合三说"厉王亡奔彘，共伯行天子事。王陟于彘，周定公、召穆公立太子靖为王，共伯和归其国，逍遥乎共山之首"云云（《汉志》共北山，淇水所出。今辉北九里九峰山）。《志疑》盖从其说："盖厉王流彘，诸侯皆往宗共伯，若霸主然。其时宣王尚幼，匿不敢出，周、召居守京师，辅导太子。及汾王没而民厌乱，太子年亦加长，共伯乃率诸侯会二相而立之。参核情实，必是如此。凡有言共伯至周摄政者，有言共伯干位篡立者，有言共伯卫侯者。尽属不经之谈尔。"（同上）

荣孟源：共和，公元前841—公元前827年，共十五年。(《历史笔记·试谈西周纪年》)

【汇评】

王　恢：梁玉绳怪史公以共和纪年，大违《春秋》天王出居，公在乾侯之义。《志疑》又曰："夫厉以得罪于民，流彘不返，共和摄政，王号固在也；奈何削之？史公作史，往往有不可解处。共和为诸侯，而取以纪元，韩之武子，赵之简、襄、桓、献，身为大夫，而纪其年于晋存百年之前。惠帝不立本纪，反以吕代刘。睹斯众论，咸成乖越。后世如孺子犹在，班《书》附居摄之中。中宗见存，《唐史》著则天之纪。他若宋吕祖谦《大事记》，以义帝纪元，刘氏《外纪》惑于汉人周公践祚之说，别列周公摄位七年，岂非踵仍乱例耶？欧阳公《春秋论》有言，伊尹、周公、共和之臣尝摄矣，不闻商周之人谓之王也。此足以定载笔之失。"详史公以共和纪年，最为特识，与天王出居迥异；以吕代刘，盖纪其实（新莽不纪，官史失其实）。若吕《纪》、刘《纪》，乌得与迁《史》并论。(《史记本纪地理图考·周本纪·共和行政》)

③【汇注】

司马光：十四（年），厉王死，周公、召公举太子靖而立之，共和罢。先是厉王无道，天下荡荡，无纲纪文章，百姓离散，四夷交侵。宣王即位，侧身修行，劳来安集其民，至于鳏寡，靡不得所，赐命诸侯，会之蒐狩。天下喜于王化复行，诗人美之焉。(《稽古录》卷一〇《周》下)

章　衡："共和十四年"：厉王出，召公虎、周公二相行政，号曰共和，凡十四年。(《编年通载》卷一《周》)

李学孔：癸酉五十一年（共和十四年），王崩于彘。周公、召公奉太子静即位。(《皇王史订》卷四《周纪·厉王》)

陈梦家：《竹书纪年》曰"共伯和干王位"(《古史考》卷五引)而无年数。《史记》本纪、世家、年表均作十四年，《太平御览》引《史记》亦作十四年。(《西周年代考》第三部)

编者按："夏商周断代工程"推算的西周年表：共和（一说为共伯和摄行天子政）公元前841年—公元前828年，共14年。

④【汇校】

张文虎："王死于彘"，《小大雅谱疏》引"死"作"崩"。(《校刊史记集解索隐正义札记·周本纪》)

顾应祥：癸酉，王崩于彘，周、召二伯立太子靖，仲山甫、尹吉甫、方叔、申伯为辅，大修文武之功。(《人代纪要》卷三)

王在晋："周厉王陵"：霍州东北。厉王出奔彘而崩，因葬此。(《历代山陵考》卷

上《平阳府》)

李学孔：厉王名胡。夷王之子。癸未嗣立。在位三十七年，又共和十四年，共五十一年。按《谥法》："杀戮无辜曰厉。"(《皇王史订》卷四《周纪·厉王》)

蒋廷锡：按：《竹书纪年》二十六年，王陟于彘。周定公、召穆公立太子靖为王，共伯和归其国，遂大雨。大旱既久，庐舍俱焚。会汾王崩，卜于太阳，兆曰厉王为祟，周公、召公乃立太子靖，共和遂归国（按《通志》，厉王在位四十年，流于彘，并共和十四年，共五十四年，崩于彘）。(《古今图书集成·明伦汇编·皇极典》卷一〇《周·厉王本纪》)

梁玉绳："召公、周公二相行政，号曰'共和'。共和十四年，厉王死于彘"。按：以共和为周、召行政之号，史公之单说也，而韦注《国语》、孔《疏》《左传》及《史通》独宗之，后儒并依斯解。其实不然。昭二十六年《传》云"厉王戾虐，万民弗忍，流王于彘，诸侯释位以间王政，宣王有志而后效官"。则知厉、宣之间，诸侯有代王行政者矣。周、召本王朝卿士，倘果摄天子之事，不可言释位，别立名称，若后世之年号，古亦无此法，故颜师古以史公之说为无据也。考《竹书纪年》《庄子·让王篇》《吕氏春秋·开春篇》及《索隐》引《世纪》《正义》引《鲁连子》，并以"共和"为共伯和。共，国；伯，爵；和其名。《人表》厉王后有共伯和。其地近卫，即汉河内郡之共县，周时亦谓之共头，《吕氏春秋·诚廉篇》"武王使召公盟微子于共头之下"是矣。《古史》从《竹书》，《路史》有《共和辨》，可互相证明。盖厉王流彘，诸侯皆宗共伯，若霸主然。其时宣王尚幼，匿不敢出，周、召居京师，辅导太子，及汾王没而民厌乱，太子年亦加长，共伯乃率诸侯会二相而立之。参核情实，必是如此，凡有言共伯至周摄政者，有言共伯干位篡立者，有言共伯即卫侯者，尽属不经之谈耳。然窃怪史公以"共和"纪年，大违《春秋》"天王出居，公在乾侯"之义，遂使逍遥共首之贤侯，几疑其与羿、浞、莽、卓等，岂不诬哉！夫厉以得罪于民，流彘不返，共和摄政，奈何削之？史公作《史》，往往有不可解处。共和为诸侯，而取以纪元。韩之武子，赵之简、襄、桓、献，身为大夫，而纪其年于晋存百年之前。惠帝不立本纪，反以吕代刘。睹斯众论，咸成乖越。后世如孺子犹在，班《书》附居摄之中。中宗见存，《唐史》著则天之纪。他若宋吕祖谦《大事记》以义帝纪元，刘氏《外纪》惑汉人周公践祚之说，别列周公摄位七年，岂非踵仍乱例耶？欧阳公《春秋论》有言，"伊尹、周公、共和之臣尝摄矣，不闻商、周之人谓之王也。此足定载笔之失"。(《史记志疑·周本纪》)

刘垣：按《史记·十二诸侯年表》，起自周、召共和，无厉王年数，即《周本纪》，于厉王在位年数，亦无明文。然据《周本纪》载："厉王即位三十年，好利，近荣夷公。"又载："三十四年，王益严，国人莫敢言，道路以目。"又载："国莫敢出言，三年，乃相与衅袭厉王，厉王出奔于彘。"又载："召公、周公二相行政，号曰共和。共和十四年，厉王死于彘。"按厉王三十年，近荣夷公三十四年，国人莫敢言，后三年奔彘，是厉王在位三十七年，并卒于共和十四年，通凡五十一年。(《史记纪年表》卷二《周共和以前纪年考·穆王》)

【汇注】

王　恢：《元和志》(一二)："厉王陵在霍邑县东北二十五里。"《清统志》云"在州城西南隅"。(《史记本纪地理图考·周本纪·厉王奔彘》)

⑤【汇注】

孙之騄：(厉)王亡奔彘国人围王宫，执召穆公之子，杀之。彘本《禹贡》岳阳，汉为彘县，属河东郡，东汉改永安县，宋为霍州，属平阳州。南有彘水，有彘城，东南有厉王墓。韦昭曰：召康公之后，穆公虎为王卿士。厉王太子静匿召公之家。国人闻之，乃围之。召公乃以其子代王太子，太子竟得脱。《吕览》曰："厉王有仇而众，故流于彘，祸及子孙。"微召公虎，而绝无后嗣。(《考定竹书》卷九)

姚允明：刚于为暴，废典行意。齐侯不辰，烹，而诸侯骇焉。猃狁淮徐，东西交寇，更专利而恣虐。怨诅兴，而诛谤以防民言也。召公尽谏而不听。三十七年，国人攻王，出诸彘。召公匿宣王以其子代也。与周公共和行政者复十四年，王崩于彘，而太子立。(《史书》卷一《厉王》)

⑥【汇注】

潘永圜：宣王，名静，厉王太子，共和十四年，厉王殂于彘。二相立之，周室中兴，在位四十六年。《谥法》：圣善周闻曰宣。(《读史津逮》卷一《周》)

孙之騄："二十六年，大旱，王陟于彘。周定公，召穆公立太子靖为王，共伯和归其国，遂大雨"。沈约曰：大旱既久，庐舍俱焚，会汾王崩，卜于太阳，兆曰：厉王为祟。周公、召公乃立太子靖，共和遂归国。和有至德，尊之不喜，废之不怒，鲁连子云：共伯后归于国，逍遥得志于共山之首。《郡县志》卫州共城县本周共伯国。共伯奉王子靖，立为宣王，共伯复归于国。《独异志》：周厉王时，北斗与三台并流，不知其所。厉王没后，两主星复见。陈晦伯《学圃蘐苏》云：《汉书古今人表》云共伯和。孟康云：入为三公。师古曰：和，共伯名。迁史以为周召二相行政，号曰共和，无所据也。张守节《正义》辩纪年，鲁连子为非，误。(《考定竹书》卷九)

又："宣王"名靖。《史记》作静。高诱曰：厉王流彘，周无天子十一年，故曰天子旷绝也。(同上)

梁玉绳：宣王始见《诗·小雅大雅·序》《左昭二十六》《周语上》《郑语》。厉王太子，始见《周语》。名静，始见《史·周纪》，亦曰周宣。王杀杜伯不辜，后二年，畋于圃田，见杜伯执朱弓矢射王，中心折脊而死，在位四十六年。(《汉书人表考》卷

二　《宣王靖》）

　　朱孔阳：宣王讳靖（一作静），厉王太子。周、召辅政。二十二年，王后姜氏脱簪珥待罪永巷以谏王，王遂勤于政事，卒成中兴，为周世宗。四十六年己未，王崩。（《历代陵寝备考》卷八《周》）

【汇评】

　　司马光：厉王死，周公、召公举太子靖而立之，共和罢。先是厉王无道，天下荡荡无纲纪文章，百姓离散，四夷交侵。宣王即位，侧身修行，劳来安集其民，至于鳏寡，靡不得所锡，命诸侯会之蒐狩，天下喜于王化复行，诗人美之焉。（《稽古录》卷一〇《十四》）

　　陈　栎：宣王能内修外攘，南征北伐，复文武之境土，周以中兴。（《历代通略》卷一《周》）

⑦【汇注】

　　司马迁：周宣王即位，乃以秦仲为大夫，诛西戎。西戎杀秦仲。秦仲立二十三年，死于戎；有子五人，长者曰庄公。周宣王乃召庄公昆弟五人，与兵七千人，使伐西戎，破之。于是复予秦仲后及其先大骆地犬丘并有之，为西垂大夫。庄公居其故西犬丘。（《史记·秦本纪》）

⑧【汇注】

　　崔　述："宣王即位，二相辅之，修政，法文、武、成、康之遗风，诸侯复宗周"。按：此文即本《诗》《春秋传》所述而言。"二相"，谓周公、召公也。盖宣王初政，皆由大臣匡赞而成。然《二雅》多称召公者，而周公无闻焉；或者亦如唐苏颋之于宋璟乎？藉使周公不贤，召公亦未必能独行其志也。（《崔东壁遗书·丰镐考信录》卷七《二相辅政但称召公》）

【汇评】

　　赵与时：周宣王，中兴之君也。然考之于《诗》，曰"箴"、曰"规"、曰"诲"、曰"刺"，不一而足。第序《诗》者不能直书其事，故后世儒者无敢訾议。余观《国语》所载，如不籍千亩，拒虢文公之谏，而致姜戎之败，舍括立戏激鲁人之变而致诸侯之不睦，及丧师之后，复为料民之举，虽仲山甫之言且不用焉。文武成康之治岂如是哉？周之东迁，焉得尽委其责于幽、平二王乎！其所由来者渐矣。《史记》但书不籍千亩，料民太原二事之目，不若《国语》之详也。（《宾退录》卷一）

⑨【汇注】

　　牛运震："法文、武、成、康之遗风"，按此又与前篇"复修后稷、公刘之业""遵后稷、公刘之业""则古公、公季之法"等语遥作应答，结构精细，真无懈笔。（《史记评注·周本纪》）

⑩【汇校】

张文虎："复宗周"，《小大雅谱疏》引"复"下有"归"字。(《校刊史记集解索隐正义札记·周本纪》)

【汇评】

杨一奇辑、陈　简补：人以姜为宫中之贤后，而余以姜为女中之谏官，可为万世后夫人之程也。(《史谈补》卷一《宣王》)

徐孚远：宣王中兴之业，俱载《毛诗》，其失德则见《国语》，《史记》不详，《毛诗》亦为疏漏。(《史记测议·周本纪》)

姚允明：周、召辅治靖内，而后尹吉甫之师北出。方叔之服荆，自猃狁之回戈也。秦仲伐西戎，召虎平江淮，王亦在徐师中。四国以平，初称中兴也。盖群贤聚朝，仲山甫、申伯、韩奕之属，尤《大雅》所歌咏也。姜后之内政修，尝脱簪以谏晏起，至其俾籲忧旱，维戊太兢，武丁之朝诸侯有天下，岂有让焉。(《史书》卷一《宣王》)

又：然周人犹以革典之王，与厉同讥，大者，若废籍堕农，导鲁于乱，立其少也。败绩姜戎，忿丧南国之师，而料其民。……岂谓仁传而弱也，骤振于刚而蹶乎？抑满矣，忘其初之艰，遂恣也！幽昏而习其末路，乱斯湛矣！(《史书》卷一《宣王》)

汪　越：太史公云：周自厉王始乱，共和行政。此后以强乘弱，兴师不请天子，则是时天下大势在诸侯，不在王室。宣王中兴之业，虽见于《诗·车攻》《吉日》诸章，据小序，《祈父》《白驹》《黄鸟》《行野》诸篇，则皆为刺宣王之诗。而《国语》所载，不籍千亩，败绩姜戎，建少夺长，诸侯不睦，料民太原，卒及幽王乃废灭，则时事亦可知矣。(《读史记十表》卷一《读三代世表》)

⑪【汇注】

蒋廷锡：按郑樵《通志·三王纪》：十二年春，鲁武公与子括、戏来朝。王爱戏，命鲁舍括而立戏。仲山甫谏，不听。卒立戏，是为鲁懿公。……三十一年，鲁括之子伯御杀懿公而自立。(《古今图书集成·明伦汇编·皇极典》卷一〇《周·宣王本纪》)。

宣王不修籍于千亩①，虢文公谏曰②："不可。"王弗听③。三十九年，战于千亩④，王师败绩于姜氏之戎⑤。

①【汇注】

韦　昭：籍，借也。借民力以为之。天子田籍千亩，诸侯百亩。自厉王之流，籍田礼废，宣王即位，不复古也。(《国语注》卷一《周语上》)

张守节：应劭云："古者天子耕籍田千亩，为天下先。"瓒曰："籍，蹈籍也。"按：宣王不修亲耕之礼也。（《史记正义》）

蒋廷锡：按《竹书纪年》二十九年，初不籍千亩。（《古今图书集成·明伦汇编·皇极典》卷一○《周·宣王本纪》）

又：按郑樵《通志·三王本纪》，王不籍千亩，虢文公谏曰："民之大事在农，故稷为大官，今欲修先王之绪，而弃其大功，可乎？"王不听。（同上）

王　恢：千亩，《国语》："宣王即位（前827年），不籍千亩（籍与藉通）。"《本纪》书于"十二年（前816年）鲁武公来朝"之后，今本《竹书》则云："二十九年（前799年）初不籍千亩"，究为何年？无关宏旨。关键是千亩究在何处？

《本纪》"不籍千亩"，《赵世家》奄父在"周宣王时伐戎，为御，及千亩战，脱宣王"，《正义》并引《括地志》："千亩原在岳阳（今安泽县东）北九十里。"《元和志》（十二）从之，并云"周迴四十里"。

《本纪》"战于千亩"，《索隐》盖据《左》桓二年杜《注》："在介休南。"《寰宇记》（四三）则从《括地志》，并申其说曰："《左传》晋穆侯夫人生太子，命之曰仇，其弟以千亩之战生，命之曰成师，即此。今原下有沁水所经。"《纪要》（四一）"即此"又增其词曰："盖晋侯尝破狄于是原也。"近人程发轫《春秋左氏传地名图考》谓顾氏《日知录》（二七）说"穆侯时晋境不得至介休"，以为"姜戎依中条山而居"，盖据僖三十三年杜《注》"姜戎居晋南鄙"（按当在河南伊阳、嵩县），而误说在"今平陆、垣曲之间"。

安泽与介休，中隔灵石与霍县——一在霍山西北之汾东，一在霍山东南之沁西，皆晋地，与宣王"不籍千亩"远不相关。千亩所在，当即籍田所在。籍田所在，虢文公谏宣王就是最好的说明："立春先九日，太史告掌农事的稷官转告于王，王即斋戒；并告主管耕耨籍田的司徒，掌地的司空，除坛于籍，农大夫备农具。先五日，王即斋宫，治事的百官各即其斋所三日。及籍，后稷监之，膳夫农正陈籍礼，太史导王，王敬从之。王耕一坡（发土也），班（公卿）三之，庶民终于千亩。……廪（神仓）于籍东南，钟而藏之，以奉粢盛。"是所谓"籍田"者——如今之破土典礼，义在劝农。历代籍田故事，史不绝书（详《通考》八七），无不行之于附郭。周之籍田，当在镐京东南之郊，其不远在千里之外之山西安泽或介休，可以断言。（《史记本纪地理图考·周本纪》）

【汇评】

柳宗元：古之必籍千亩者，礼之饰也。其道若曰：吾犹耕云尔，又曰：吾以奉天地宗庙，则存其礼诚善矣，然而存其礼之为劝乎农也，则未若时使而不夺其力，节用而不殚其财，通其有无，和其乡闾，则食固人之大急，不劝而劝矣，启蛰也得其耕，时雨也得其种，苗之狻大也得其耘，实之坚好也得其获，享庚得其贮，老幼得其养，取之也均以薄，藏之也优以固，则三推之道，存乎？亡乎？皆可以为国矣。彼之不图，而曰我特以是劝，则固不可。今为书者曰：将何以求福用人？夫福之求，不若行吾言之大德也。人之用，不若行吾言之和乐以死也。败于戎而引是以合焉。夫何怪而不属也！又曰战于千亩者，吾益羞之！（《河东先生集·非国语上·石籍》）

② 【汇注】

左丘明：虢文公谏曰："不可。夫民之大事在农。上帝之粢盛，于是乎出。民之蕃庶，于是乎生。事之供给，于是乎在。和协辑睦，于是乎兴。财用蕃殖，于是乎始。敦庞纯固，于是乎成。是故稷为大官。……今天子欲修先王之绪，而弃其大功，匮神乏祀，而困民之财，将何以求福用民？"王不听。（《国语·周语上》）

韦　昭：贾侍中云："文公，文王母弟虢仲之后，为王卿士。"昭谓虢叔之后，西虢也。及宣王都镐在畿内也。（《国语注·周语》）

裴　骃：贾逵曰："文公，文王母弟虢仲之后，为王卿士也。"韦昭曰："文公，虢叔之后，西虢也。宣王都镐，在畿内也。"（《史记集解》）

司马贞：《国语》曰："虢文公谏曰'夫人之大事在农，上帝之粢盛于是乎出，人之繁庶于是乎生，事之供给于是乎在'。"事具载《国语》。（《史记索隐》）

张守节：《括地志》云："虢故城在岐州陈仓县东西（四）十里。"又云："千亩原在晋州岳阳县北九十里也。"（《史记正义》）

马持盈：虢：在陕西宝鸡县东，为畿内之地，因宣王都于镐也。文公乃文王母弟虢仲之后。（《史记今注·周本纪》）

王　恢：虢，《汉志》弘农郡陕："故虢国。北虢在大阳，东虢在荥阳，西虢在雍州。"虢本有二，皆文王弟，《左》僖五年"虢仲、虢叔，王季之穆也（《逸周书·王会解》《国策·秦策》《新序五》，虢并作郭）"。杜《注》："王季之子，文王之母弟也。"马融谓"虢叔，同母弟，虢仲，异母弟（《左传正义》《晋世家·正义》引）"。其封地，并其徙居，后人以其方位，别为五虢（东、西、南、北、小）。但仲与叔，孰封于东，谁封在西？诚如孔氏《正义》所云："各以意断，不可审知（见陈槃《春秋大事表撰异》东虢、西虢）。"今但据《左》隐元年："制，严邑也，虢叔死焉。"如《世纪》说，定为虢叔封于东，西虢则为虢仲。

（一）东虢：今河南荥阳东。《郑世家》：周宣王庶弟友，初封于郑（前806），是为桓公，为幽王司徒，以王室多故，从太史伯说，东徙其民雒东、河、济之南，而虢、郐十邑（《国语》：虢、郐、鄢、蔽、补、丹、历、莘也），后武公竟国之，故传曰："虢叔死焉。"（参《左》昭十六年子产说）《郡国志》："河南尹荥（荥）阳，有虢亭，虢叔国。"《济水注》："索水又东迳虢亭南，应劭曰，荥阳，故虢公之国也，今虢亭是矣。"《世纪》、杜氏《世族谱》《春秋释例》九、《路史·国名纪戊·后纪》（九下）：并云叔，东虢；惟韦昭以为叔，西虢也。

（二）西虢：今陕西宝鸡市东五十里，渭水北岸虢镇。《左》隐三年，郑武公为平王卿士，王贰于虢，杜云"西虢公也"。《本纪》谏宣王之虢文公，贾逵云："文公，文王母弟虢仲之后，为王卿士。"《渭水注》，雍县"《晋书·地道记》以为西虢地。《太康地记》曰：虢叔之国，有虢宫。平王东迁，叔自此之上阳为南虢矣"。以为虢叔之国则与《左传》异。又《晋世家》，周桓王使虢仲伐曲沃武公，马融以为夏阳之国，是也。

（三）南虢与北虢：即虢仲之西虢，实一国也。《竹书》："晋文侯六年（前775）虢人（石甫）灭焦（焦在陕县南）。"并见《国语》。是虢之东迁在平王东迁（前770）之前四年，一如郑之先东迁二年而徙其民于虢、郐也。西虢既灭焦而居之，国跨大河，别都河北之大阳（山西平陆东五十里），扼茅津之要津。以其在河下流，故曰下阳；又以在夏虚之阳，亦称夏阳。而河南陕县则称上阳。于是后人称河南为南虢，河北为北虢。1956年，黄河水库考古队在三门峡市上村岭的一座古墓中，发现两件铜戈，戈上有"虢太子元徒戈"铭文。于是在其周围进行大规模发掘，终于找到虢都上阳，位置在三门峡市李家窑村一带，遗址长一公里余，从出土的瓦类建筑物和器物中看出，晋陷上阳，城址未被全毁。又在一处墓群中，从发现的西周时代器物看，证明虢国确实建立在东迁稍前。这二百三十八座墓葬，又发掘到车马坑，有二十辆车和四十匹马的遗骸，保存最为完整。车用木造，是两马拉的双轮独辕车，全长三公尺，车的各部，有青铜制的零件和装饰品。（一九五九年《文物》第三期）

（四）小虢：西虢东迁，遗族留居宝鸡者，乃称为小虢。（《史记本纪地理图考·周本纪·宣王千亩之战》）

③【汇注】

李学孔："乙酉十二年，王不籍千亩"，虢文公谏曰："民之大事在农。上帝之粢盛于是乎出；民之蕃庶于是乎生，事之共给于是乎在。故稷为大官，惟农是务，今欲修先王之绪，而弃其大功，匮神乏祀，困民之财，将何以求福用民？"王弗听。（《皇王史订》卷四《周纪·宣王》）

张习孔：前827年，甲戌，周宣王靖元年，楚熊霜元年，燕惠侯三十八年，宣王不籍田。宣王时，"不籍（籍，周王亲耕的传统仪式）千亩"。虢文公谏曰："民之大事在农，古人三时（春夏秋）务农而一时（冬）讲武，故征则有威，守则有财。今天子欲修先王之绪而弃其大功，匮神乏祀而困民财，将何以求福用民？"王不听。（《中国历史大事编年·西周》）

又：前789年，壬子，周宣王三十九年，宣王伐申戎（即西申，今陕西、山西间

地），破之。（同上）

又：宣王伐姜氏之戎，战于千亩（今山西介休南），周军大败，尽丧"南国之师"。（同上）

又：宣王"料民"，宣王末年，"民不肯尽力于公田"，"民卒流亡"，于是，料民（调查户口人丁）于太原。仲山甫（亦作仲山父）谏曰："民不可料也！无故而料民，天之所恶也，害于政而妨于后嗣。"王不听，卒料民。（同上）。

④【汇注】

司马贞：地名也，在西河介休县。（《史记索隐》）

印鸾章：千亩，地名，在辽州城东南，州境多山，惟此地高平，广可千亩，故名。（引自《纲鉴合编》卷二《周纪·宣王》）

⑤【汇注】

韦　昭：姜氏之戎，西戎之别种，四岳之后也。《传》曰：我诸戎，四岳之裔胄。言宣王不纳谏务农，无以事神使民，以致弱败之咎也。（《国语注》卷一《周语上》）

孙之騄："三十九年，王师伐姜戎，战于千亩，王师败逋"，姜氏之戎，西戎别种，四岳之后也。杜注：西河介休县南，有地名千亩，非也。穆侯时，晋境不得至介休。《括地志》："千亩原在晋州岳阳北九十里。"（《考定竹书》卷九）

【汇评】

牛运震："三十九年，战于千亩"，王师败绩于姜氏之戎"，按此突点"战于千亩"，下云"败绩于姜氏之戎"，则知其与姜戎战也，此古文纪事简妙法。（《史记评注·周本纪》）

编者按：周宣王时期与姜氏之戎的千亩之战，先秦重要史籍如《左传》《国语》《竹书纪年》《史记·周本纪》及《晋世家》《十二诸侯年表》皆有记载。但是关于这次战争发生的时间、地点及战争的胜负结果等，诸书暨前人的说法很不一致。

关于千亩之战发生的时间，《国语·周语上》记载的是在周宣王三十九年，《史记·周本纪》采用了这一说法，然而《史记·晋世家》说："（晋穆侯）七年，伐条，生太子仇，十年，伐千亩有功，生少子，名曰成师。"《史记·十二诸侯年表》记载晋穆侯十年"以千亩战，生仇弟成师"。晋穆侯十年相当于周宣王二十六年，与《国语》《周本纪》的说法相差了十三年。

沈长云引《后汉书·西羌传》所引《竹书纪年》云："宣王立，四年，使秦仲伐戎。……后二十七年，王遣兵伐太原戎，不克。后五年，五伐条戎，王师败绩。后二年，晋人败北戎于汾隰，戎人灭姜侯之邑。明年，王征申戎，破之。"他指出，从《纪年》之宣王立四年使秦仲伐戎算起，王伐申戎之年，刚好是宣王三十九年……宣王三十九年，应是可信的千亩之战发生的年份。（沈长云：《关于千亩之战的几个问题》，

《周秦社会与文化研究》，陕西师范大学出版社，2003年）

关于千亩之战发生的地点，《左传》桓公二年杜预注最早提到千亩这一地名说："西河介休县南有地，名千亩。"后来《史记索隐》从其说，认为千亩"地名也，在西河介休县"。据上述，西河介休县在山西省晋中，千亩当在汾河流域的中游。然而学者怀疑此说，清代阎若璩《潜邱札记》文中提出千亩"离镐京应不甚远"。近代学者蒙文通提出："《周语》言，宣王不籍千亩，虢文公之谏，弗听。三十九年战于千亩，王师败绩于姜氏之戎。是明以千亩之战，即不籍之千亩。"认为千亩之地在"王畿之近地"。（蒙文通：《古族甄微》，巴蜀书社，1993年，第59页）沈长云推测千亩之战发生的地点应考虑在距周镐京不远处（同上）。千亩之战发生的地点究竟是在那里？解决这一问题的关键是宣王所征伐的申戎。

申是周初功臣姜太公姜子牙的初封地，在陕西周至县城关镇与眉县青化镇之间。（详见尹盛平：《西周史征》，陕西师范大学出版社，2004年，第85—86页）因为周初姜太公官为太师，所以其采地的后辈子孙世代称太师。西周宣王时将姜太公的后辈申伯改封到河南南阳一带为诸侯（见《诗经·大雅·崧高》），自称"南申"（见南阳地区出土的申再父簋铭文）。宗周镐京畿内未迁徙的申伯族史称其为"西申"，所以《左传·正义》引《竹书纪年》说"平王奔西申"。除西申、南申外，西周还有一个北申。

作册睘卣铭文说："唯王十又九年，王在斥。王姜命作册睘安尸（夷）伯，尸（夷）伯宾贝、布，扬王休，用作文考癸宝尊彝器。"作册睘尊铭文说："在斥，君命余作册睘安尸（夷）伯，尸（夷）伯宾贝、布，用作朕文考日癸旅宝。九。""君"，又称"天君"。《礼记·玉藻》说"君命屈狄"，注："君，女君也。"上述尊铭中的"君"就是卣铭中的"王姜"，是西周康王之妃、昭王之母。以上两件铜器均作于昭王十九年。《诗经·葛覃篇》云"归宁父母"，毛传："宁，安也。""安尸（夷）伯"，是王姜派作册睘去向夷伯问安，属于"归宁父母"性质的问安，夷伯当是王姜之父。《左传》桓公十六年说"卫定公烝于夷姜"，可知夷氏为姜姓。姜姓夷伯的封地当在山西境内。《左传》庄公十六年说："晋武公伐夷，执夷诡诸。"杜注："夷诡诸，周大夫；夷，采地名。"《左传》文公六年说："晋蒐于夷，舍二军。"杜注："夷，晋地。"前述"后二年，晋人败北戎于汾隰，戎人灭姜侯之邑。明年，王征申戎，破之"。"姜侯之邑"，就是夷伯之邑；"申戎"，就是姜姓的夷氏之戎。姜氏之戎夷氏称申戎，说明夷氏与姜子牙有关，因此我们认为姜姓的夷氏当是姜子牙所封采邑西申的一个分支，应称其为北申。（详见尹盛平：《西周史征》第二章第五节，陕西师范大学出版社，2004年）

山西省灵石县旌介村出土过铸有商周之际姜氏之戎族徽□的铜器（山西省考古所等：《山西灵石旌介村商墓》，《文物》，1986年第11期）。灵石在介休县以南，当距千亩之地不远。

综上所述，可知西周晚期申分为三支：西申、南申、北申。宣王千亩之战所伐的申戎当是北申，而不是西申，千亩之战发生的地点当在山西介休县，而不在周镐京附近的周至、眉县一带。

宣王既亡南国之师①，乃料民于太原②。仲山甫谏曰③："民不可料也④。"宣王不听，卒料民⑤。

① 【汇注】
韦　昭：败于姜戎氏时所亡也。南国，江汉之间也。故《诗》云："滔滔江汉，南国之纪。"（《国语注》卷一《周语上》）

王　恢：既亡南国之师，韦昭解："败于姜戎时所亡也。南国，江汉之间也。"唐固曰："南国，南阳也。"皆是也。《周语》："齐、许、申、吕由太姜。"《诗·大雅·崧高》："亹亹申伯，王缵之事。于邑于谢，南国是式。王命召伯，定申伯之宅。登是南邦，世执其功。"申伯之先，四岳之后，故姜姓也。谢在今河南泌阳南，申在南阳北二十里，西距吕三十里（《周语》：吕，姜姓，穆王封。宣王改称甫）。《周语·郑语》，史伯曰："当成周者，南有申吕。"以在周南，故称南国、南邦、南土；周东迁洛，或称西申。以其姻亲，故封于周南，以御荆楚。戎申、戎甫、戎吕，见于《扬之水》。盖亲附则"命以侯伯"（《周语》），叛离则目之为戎狄。……然则"败绩于姜氏之戎"，紧接"既亡南国之师"，姜戎即申戎，与晋穆侯千亩之战生成师，根本不相关。因于此役的败亡，明年，遂料民于太原。（《史记本纪地理图考·周本纪·宣王千亩之战与南国之师》）

② 【汇注】
裴　骃：韦昭曰："败于姜戎时所亡也。南国，江汉之间。料，数也。"唐固曰："南国，南阳也。"（《史记集解》）

孙之騄："（宣王）四十年，料民于太原"，《国语》："宣王既丧南国之师，乃料民于太原。"（《考定竹书》卷九）

又：《后汉书·西羌传》："宣王遣兵伐太原，不克。"《汉书》："宣王征伐，诗人美其功曰：'薄伐猃狁，至于太原。'"毛氏曰："至于太原，言逐出之而已。"《九域志》："古京陵在汾州。周宣王北伐狝狁时立。"《日知录》云："'薄伐狝狁，至于太原'，毛郑皆不详其地，其以为今太原阳曲县者，始于朱子。而愚未敢信也。古之言太原者多矣。若此诗则必先求泾阳所在，而后太原可得而明也。《汉书·地理志》安定郡有泾阳县,笄头山在西。《禹贡》泾水所出。《后汉书·灵帝纪》段颎破先零羌于泾阳。注:泾阳县属安定,在原州。《郡县志》原州平凉县本汉泾阳县地,今县西四十里泾阳故城是也。然则太原当即今之平凉,而后魏立为原州,亦是取太原之名尔。计周人之御獯狁,必在泾、原之间。若晋阳之太原在大河之东,距周京千五百里,岂有寇从西来,兵乃东出者乎?故曰天子命我城彼朔方,而《国语》周王料民于太原,亦以其地近边,而为御戎之备,必不料之于晋国也。又按《汉书》贾捐之言,秦地南不过闽越,北不过太原,而天下溃叛。亦是平凉,而非晋阳也(汉武帝始开朔方郡,故秦但有陇西、北地、上郡而止。若晋阳之太原,则其外有雁门、云中、九原,不得言不过也)。若《书·禹贡》既修太原至于岳阳。《春秋》晋荀吴帅师败狄于太原,及子产对叔向'宣汾洮,障大泽,以处太原',则是今之晋阳,而岂可以晋之太原为周之太原乎?"(同上)

徐文靖: 又按《春秋传》:子产对叔向曰:"宣汾、洮,障大泽,以处太原。晋荀吴帅师败狄于太原。"《谷梁传》曰:"中国曰太原,夷狄曰大卤。"此太原在平阳东北也。(《竹书纪年统笺》卷九《料民于太原》)

王　恢: 太原,《说文》:"高平曰原。"《尔雅·释地》:"广平曰原。"太原,本通名,自秦庄襄四年(前246)于今山西太原境置郡,始为专名。《禹贡》所称之太原,实环今安邑之四周,北带汾川,南襟盐池。《左》昭元年,子产曰:"台骀能业其官,宣汾洮,障大泽,以处太原。"何等明白,杜预深于《左传》尚以晋阳说之,浅学承谬袭误又何足怪。此云:"料民于太原",最好即从(前823)宣王命尹吉甫"薄伐獯狁,至于太原"的《六月》之诗取证。顾氏《日知录·三·太原》条辨颇详,略谓"古之言太原者多矣,若此诗则必求泾阳所在,而后太原可得而明。汉泾阳故城在今县西四十里,然则太原当即今之平凉,后魏立为原州,亦是取古太原之名。若晋阳之太原,在大河之东,距周京千五百里,岂有寇从西来,兵乃东出者乎!故曰天子命我,城彼朔方。《国语》宣王料民于太原,亦以其地近边,而为御戎之备,必不料之于晋国也。关中之地,戎得以整居其间,而陕东之申侯,至与之结盟而入寇。盖宣王之世,其患如汉之安帝也;幽王之世,其患如晋之怀帝也"。宣王中兴,诗人颂扬过情,孟子不信《云汉》之诗,于《武成》取二三策而已。崔述《丰镐考信录·七》谓《二雅》多溢美,小事张皇,城方城申,区区之事,而一若威震万里也。(《史记本纪地理图考·周本纪·宣王千亩之战与南国之师》)

马持盈: 料民:调查人口,计算人口之多少、年龄、性别,以为服兵役之用。(《史记今注·周本纪》)

编者按: 西周早中期有东西二虢,东虢在河南荥阳,西虢在陕西宝鸡。《史记·集解》引贾逵曰:"文公母弟虢仲之后,为王卿士也。"韦昭曰:"文公,虢叔之后,西虢也。宣王都镐，在畿内也。"由于有以上二说，所以东虢与西虢的归属历来争论不休，没有结论。

清代宝鸡县东乡出土一件厉王时代的虢仲盨：1958年岐山县京当乡征集一件厉王时代的虢仲鬲（王光永：《介绍新出土的两件虢器》，中华书局，《古文字研究》，第七集）。另外传世有厉王时代的虢仲簋。清代宝鸡县司川出土一件虢季子白盘，凤翔县出土有虢季子组所作簋、鬲、盘、壶等铜器。虢仲与虢季属于同一个家庭的两个分支，他们的铜器出土于宝鸡县、凤翔县，说明虢仲的封邑是西虢，在今宝鸡县、凤翔县一带。近年发掘的河南三门峡虢国墓地M2001虢季墓、M2009虢仲墓，以及发现的虢国上阳城址，说明西周晚期至春秋时代西虢已迁往河南三门峡，史称南虢。

根据穆王时代的班簋、郑虢遣生簋、孟簋铭文的记载，西虢又称郑虢，表明西虢在郑地。郑地史称西郑，在今凤翔、宝鸡县的周原西部，可能包括岐山、扶风县交界一带的周原遗址。春秋时代，秦德公在凤翔县雍城遗址内建立大郑宫，就是因为建在郑地内而得名。西周金文中西郑的采邑除了有郑虢外，还有一个郑井（邢）。根据散氏盘和长由盉铭文，郑井在今凤翔县秦雍城遗址一带，郑虢很可能是在凤翔县的彪角镇、虢王镇一带。

虢仲在班簋铭文中称为虢城（郑）公，在郑虢遣生簋铭文中称为郑遣生，在孟簋铭文中称为遣仲。虢城（郑）公，是郑虢公的倒文，因知虢仲是公爵。《吕氏春秋·当染》说："周厉王染于虢公长父、荣夷终。"虢公长父当是一代虢仲。厉王时代的虢仲盨盖铭文说："虢仲㠯（以）王南征，伐南淮夷，在成周作旅盨，兹盨友十又（有）二。"今本《竹书纪年》云："厉王三年，淮夷侵洛，王命虢仲长父伐之，不克。"由此可知，虢仲盨盖铭文中的虢仲就是虢仲长父，他是厉王的卿士。周幽王的卿士虢石父，很可能也是一代虢仲。总之，历代的虢仲，多数为西周王朝的卿士，即主政大臣。

李学勤根据周原遗址内强家村西周铜器窖藏出土的师𩕩鼎、师丞钟等，以及传世的师望鼎铭文，排出虢季家族的世系为：

第一世：虢季易父

第二世：师𩕩（虢季冢公）

第三世：师望（幽叔）

第四世：师即（德叔）

第五世：师丞（李学勤：《师𩕩鼎剩义》，《新出青铜器研究》，文物出版社1990年）

师丞的时代约相当于夷厉时期，而虢季子白盘是宣王十二年，其子代其所作的铜器，故其铭文说：

丕显子白壮武于戎功，经维四方，搏伐玁狁于洛之阳，折首五百，执讯五十，是以先行动。趠趠子白，献馘于王。王孔嘉子白义，王格周庙宣射爰飨。王曰："伯父，孔覴有光。"

根据兮甲盘铭文的记载，宣王五年三月在今陕西白水县的洛水之阳，进行了一次阻击厰允的战争，虢季子白当是参加了这次战争，取得了胜利，献俘馘于周庙，因此宣王在周庙的宣榭宴飨他。20世纪50年代，河南三门峡市上村岭虢国墓地出土有虢季子段鬲，郭沫若认为子段即虢文公之子（郭沫若：《三门峡出土铜器二、三事》，《文物》，1959年第1期）。虢文公很可能是虢季子白，因为他有战功，因此成为宣王的卿士，封为北虢之君。金文中的虢季子组、子段当是虢季子白的子孙。

《国语·周语上》说："宣王即位，不籍千亩。虢文公谏曰：'不可。'"韦昭注："贾侍中云：'文公，文王母弟虢仲之后，为王卿士。'"昭谓：虢叔之后，西虢也。及宣王都镐，在畿内也。贾逵的说法是正确的，而韦昭之说错误，虢文公是文王母弟虢仲的后裔。虢仲的始封地是西虢，而虢叔的封地是东虢。

《汉书·地理志》说："北虢在大阳，东虢在荥阳，西虢在雍州。"北虢所在的大阳，即今山西平陆县，当是虢文公的封地。南虢当是周平王东迁洛邑时，西虢随之东迁后建立的采邑。至于北虢虢季家族为什么死后葬于河南三门峡上村岭虢国（南虢）墓地，这可能是因为虢季家庭属于小宗，所以他们死后要归葬于大宗家族墓地。三门峡上村岭虢国墓地，应当是大宗虢仲宗室的墓地。关于在今宝鸡市虢镇的小虢，《史记·秦本纪》说："武公元年……十一年，初县杜、郑。灭小虢。"正义引《括地志》云："故虢城在岐州陈仓县东四十里。次西十余里又有城，亦名虢城。"按：此国灭时，陕州之虢犹谓之小虢。又云，小虢，羌之别种。因知小虢是古矢国的后裔，是西虢迁走以后，"姜氏之戎"建立的小方国，具体位置应当在今宝鸡市虢镇附近。

③【汇注】

韦　昭：仲山父，王卿士，食采于樊。（《国语注》卷一《周语上》）

张守节：毛苌云："仲山甫，樊穆仲也。"《括地志》云："汉樊县城在兖州瑕丘县西南三十五里，古樊国，仲山甫所封也。"（《史记正义》）

马维铭：仲山甫，河南华川人，佐宣王，为太师。食采于樊。鲁武公以括与戏，见王立戏，樊仲山甫谏曰："不可立也。不顺必犯。"王卒立之。宣王既丧南国之师，乃料民于太原。仲山甫谏，不听。王命仲山甫筑城于齐，尹吉甫作《天生烝民》诗以送之。（《史书纂略》卷一《周臣列传·仲山甫》）

孙之騄：樊侯，仲山甫也。食采于樊，在东都畿内。……《潜夫论》曰：昔仲山甫姓樊，谥穆仲，封于南阳。南阳者，在今河南。（《考定竹书》卷九《王命樊侯仲山甫城齐》）

马持盈：仲山甫：周之樊侯。古樊国在山东兖州瑕丘县西南三十五里。宣王时，

仲山甫为卿士，辅佐中兴，诗人美之。(《史记今注·周本纪》)

【汇评】

王　恢：樊，《正义》"毛苌云：仲山甫，樊穆仲也"。《括地志》云："汉樊县城在兖州瑕丘县西南三十五里，古樊国，仲山甫所封也。"盖据《大雅·烝民》"王命仲山甫，城彼东方""仲山甫徂齐，式遄其归"之推测。然仲山甫往城临淄。周且望其速归，何反定居滋阳？《沔水注》："沔水又迳平鲁城南……东对樊城，樊，仲山甫所封也。"樊城与襄阳夹汉水南北对峙；《路史·国名纪丁》又说在邓县樊城镇。陈槃《春秋大事表撰异》，据《樊君鬲》以襄、邓、宜城之间，乃隙（芈）姓之樊君所居，楚之支族、属国，非仲山甫之国，而主阳樊。顾栋高盖据《郡国志》修武、阳樊《注》。服虔曰："樊仲山之所居。"《左》隐十一年杜《注》："野王县西南有阳城。"《清统志》（二〇三）："《府志》：阳樊城在济孟之交，溴水南岸，今呼皮城。"高士奇《地名考略》，以为仲山甫食采于杜陵樊乡，东迁后，子孙再封于河北。姑备其说。(《史记本纪地理图考·宣王千亩之战与南国之师》)

崔　述：余考宣王之事，据《诗》则英主也，据《国语》则失德实多，判然若两人者。……古之人君，勤于始者多，勉于终者少。……宣王在位四十六年，始勤终怠，固宜有之。故《国语》所称伐鲁在三十二年，千亩之战在三十九年，皆宣王晚年事；而《诗》称封申伐淮夷皆召穆公经理之，穆公，厉王大臣，又历共和之十四年，其相宣王必不甚久，则此皆宣王初年事无疑也。且使宣王果能忧勤振作四十余年，何至幽王之世无道十一年而遽亡其国！由是言之，《诗》固多溢美，《国语》固专纪其失，要亦宣王之始终本异也。(《崔东壁遗书·丰镐考信录》卷七《国语记宣王与诗不同之故》)

④ **【汇注】**

左丘明：宣王既丧南国之师，乃料民于太原。仲山父谏曰：民不可料也。夫古者不料民而知其少多，司民协孤终，司商协民姓，司徒协旅，司寇协奸，牧协职，工协革，场协入，廪协出，是则少多死生出入往来者，皆可知也。于是乎又审之以事，王治农于籍，蒐于农隙，耨获亦于籍，狝于既烝，狩于毕时，是皆习民数者也。又何料焉？不谓其少而大料之；是示少而恶事也。临政示少，诸侯避之，治民恶事，无以赋令。且无故而料民，天之所恶也。害于政，而妨于后嗣，王卒料之，及幽王乃废灭。(《国语》卷一《周语上》)

【汇评】

柳宗元：吾尝言圣人之道，不穷异以为神，不引天以为高。故孔子不语怪与神。君子之谏其君也，以道不以诬，务明其君，非务愚其君也。诬以愚其君，则不臣。仲山氏果以职有所协，不待料而具。而料之者政之尨也。姑云尔而已矣，又何以示少恶事为哉？况为大妄以诱乎后嗣，惑于神怪愚诬之说，而以是征幽之废灭，则是幽之悖乱不足以取灭，而料民者以祸之也。仲山氏其至于是乎？盖左氏之嗜诬斯人也已，何取乎尔也！(《河东先生集·非国语上·料民》)

牛运震："宣王不修籍于千亩，虢文公谏曰：不可"，"王料民于太原，仲山甫谏曰：民不可料也"。按此二段，括省《国语》，不载全文，详略有法。(《史记评注·周本纪》)

⑤【汇注】

司马光：战于千亩，王师败绩于姜氏之戎。王乃料民于太原。樊穆仲谏曰："古者不料民而知其多少。若立其官，使之时修其职，则少多生死，出入往来，皆可知也，又何料焉？"王不听。(《稽古录》卷一○《周》下)

【汇评】

陈允锡：宣王善恶半者也。(《史纬》卷一《周》)

　　四十六年，宣王崩①，子幽王宫湦立②。幽王二年③，西周三川皆震④。伯阳甫曰⑤："周将亡矣⑥。夫天地之气，不失其序⑦；若过其序⑧，民乱之也⑨。阳伏而不能出⑩，阴迫而不能蒸⑪，于是有地震。今三川实震⑫，是阳失其所而填阴也⑬。阳失而在阴⑭，原必塞⑮；原塞，国必亡⑯。夫水土演而民用也⑰。土无所演，民乏财用，不亡何待⑱？昔伊、洛竭而夏亡⑲，河竭而商亡⑳。今周德若二代之季矣㉑，其川原又塞，塞必竭。夫国必依山川㉒，山崩川竭，亡国之征也。川竭必山崩㉓。若国亡不过十年㉔，数之纪也㉕。天之所弃，不过其纪㉖。"是岁也，三川竭㉗，岐山崩㉘。

①【汇注】

张守节：《周春秋》云："宣王杀杜伯而无辜，后三年，宣王会诸侯田于圃，日中，杜伯起于道左，衣朱衣冠，操朱弓矢，射宣王，中心折脊而死。"《国语》云："杜伯射王于鄗。"(《史记正义》)

司马光：王崩。王能慎微接下，用贤使能，群臣无不自尽以奉其上。内修政事，

外攘夷狄，命尹吉甫北伐玁狁，方叔南征蛮荆，复文武之境土，周室中兴焉。（《稽古录》卷十《四十六》）

李学孔：宣王，名静。厉王子。甲戌嗣立，在位四十六年。按《谥法》："圣善周闻曰宣"。（《皇王史订》卷四《周纪·宣王》）

蒋廷锡：按郑樵《通志·三王纪》：四十六年，王崩。初，王将杀杜伯，而非其罪。杜伯之友左儒争之于王，九复不许。王曰："汝别君而异友也。"儒曰："君道友逆，则顺君以诛友；友道君逆，则帅友以违君。"王怒曰："易尔言则生，不易则死。"儒曰："士不枉义以从死，不易言以求生。臣能明君之过，以正杜伯之无罪。"王杀杜伯，左儒死之。后宣王畋于圃田，见杜伯执弓矢射王，王竟死，崩于田所。（《古今图书集成·明伦汇编·皇极典》卷十《周·宣王本纪》）

梁玉绳："宣王崩"，按：《国语》内史过曰"杜伯射王于鄗"，韦注引《周春秋》云："宣王杀杜伯不辜，后二年，王田于囿，杜伯射王，中心折脊而死。"《史》但言崩，亦似略。《封禅书》有杜主祠，即杜伯，《索隐》引《墨子》说此事，大同小异。《正义》袭韦注亦云《周春秋》，而不知韦昭本于《墨子》，未尝见《周春秋》。盖《墨子·明鬼》下篇引《周春秋》语，世无其书，韦虚诧其博耳。杜伯射王事，隋颜之推《还冤志》最详。（《史记志疑·周本纪》）

陈梦家：《史记》本纪、世家、年表均谓宣王在位四十六年。《后汉书·西羌传》曰："宣王立四年，使秦仲伐戎，为戎所杀，乃召秦仲子庄公与兵七千人伐戎，破之，由是少却。""后二十七年，王遣兵伐太原戎，不克。""后五年，王伐条戎奔戎，王师败绩。""后二年，晋人败北戎于汾隰，戎人灭姜侯之邑"。"明年，王征申戎，破之"。"后十年，幽王命伯士伐六济之戎，军败，伯士死焉"。注云"并见《竹书纪年》"，伐申戎在宣王既立之三十八年，后十年而幽王伐六济之戎，是《竹书纪年》宣王在位在三十九年与四十八年之间。（《西周年代考》）

荣孟源：宣王，公元前826—前782年，共四十五年。（《历代笔记·试谈西周纪年》）

编者按："夏商周断代工程"推算的西周年表：宣王在位为公元前827年—前782年，共46年。

【汇评】

金履祥：周自厉王乱政日久，纪纲板荡，宣王初年有志拨乱。董子谓其周道灿然复兴，然考之诸书，似不克终者。（引自《纲鉴合编》卷二《周纪·宣王》）

王世贞：周宣王，中兴之令君也。而弗克终，何？居曰：激衰而后国治故也。其于中也未纯，其于政也非学。（引自《史记评林·周本纪》）

李学孔：丁南湖曰：姜后谏王乐色忘德。今观王之于后，既倾欢以听之。且自责以答之；其于虢公之谏不籍千亩，仲山甫之谏料民，则执愎以拒之。……所谓乐色忘德，不即此而弥彰乎？故宣王若无周、召之相，未必其中兴也！（《皇王史订》卷四《周纪·宣王》）

龙体刚：尝读《毛诗》，而叹宣王之美德不终，大负贤卿大夫之辅相为可惜矣。当乃父奔兢十四年，幸嗣洪基，而复振宗周，北伐南征，赫赫业业，外攘内修，常德示武。……其废鲁嫡而酿成弑逆，则廓清摧陷之功，又何能补生平之过举哉？噫！仲山甫之德，柔嘉维则，当王为德不卒，美刺杂揉，山甫忠谏不纳，反出而城彼东方，则王之远贤拒谏，愧于殷高之旁求多矣，惜夫！（《半窗史略》卷五《西周·宣王》）

②【汇校】

张文虎："宫涅"，王、柯、凌、毛作"湼"。（《校刊史记集解索隐正义札记·周本纪》）

【汇注】

裴　骃：徐广曰："（涅），一作'生'。"（《史记集解》）

司马光：王沉湎淫泆，谗谄并进，赋役烦重，百姓愁怨。不以礼信待诸侯，赏罚不当，诸侯怨叛。（《稽古录》卷十《周》下）

潘永圜：幽王，名宫涅，宣王太子。庚申即位，三年，泾、渭、洛竭，岐山崩。嬖褒姒，废申后及太子宜臼，以褒姒为后，伯服为太子。申侯召犬戎，杀王于骊山下，尽取周宝赂而去。在位十一年。《谥法》：动静失常曰幽。（《读史津逮》卷一《周》）

梁玉绳：幽王始见《大小雅》诸序、《左昭二十六》《周语上》《晋语一》《郑语》。宣王子，始见《周纪》，亦曰周幽。亦单称幽，亦与厉王称幽、厉。在位十一年，申、缯、犬戎攻王骊山下，灭于戏。按：字书无涅字，而幽王之名，《竹书》单作湼，《皇王大纪》单作湼，此表及杜《世族谱》《周语》《晋语》注作宫涅，《周纪》作宫涅，《诗·王风谱》疏引《纪》作宫皇，《吕氏春秋·当染》作宫皇，疑当依《外纪》《古史》《通志》作宫涅为是。《集解》徐广曰：一作生，惟名涅，故又作生。《说文》腥、鲤并作胜鲜，知古字凡从星者恒为生也。（《汉书人表考》卷九《幽王宫涅》）

又："子幽王宫涅立"，附按：幽王之名，此作"宫涅"，《纪年》作"湼"，无"宫"字，《人表》及《世族谱》《国语》注作"宫涅"，《吕子·当染篇》注作"宫皇"，《诗·王风·谱疏》引纪作"宫皇"，而《大纪》又只作"湼"。《国语·补音》曰："今官本《史记》作'宫涅'，遍检字书无此字。又或作'宫湟'，然并与'涅'字相乱，皆非是。据《人表》作'宫涅'，宜从'涅'。余谓'涅'乃'涅'之讹，而涅、湟、皇三字亦误，当从《外纪》《古史》作'宫涅'为是也。"知者，徐广曰"一作'生'"，盖涅与生通借耳。若果名涅，安得别作"生"字乎？且更有两确证：鲁惠公名弗涅，一作"弗生"；曹桓公名终生，一名"终涅"。观鲁、曹二公之名，可

以定幽王之名矣。(《史记志疑·周本纪》)

朱孔阳：幽王讳湦，《史记》作宫涅。宣王太子壁宠褒姒，生伯服，废申后及太子宜臼。宜臼奔申，十一年庚午伐申。申侯与犬戎入寇，戎弑王于骊山下。陵在西安府临潼县。(《历代陵寝备考》卷八《周》)

吴汝纶：徐广云：湦一作生。梁云：湦、生通借。鲁惠公名弗湦，一作弗生。曹桓公名终生，一作终湦。《说文》，腥、鲜并作"胜、鮏"。古文从星者恒作生。(《桐城吴先生点勘史记读本·周本纪》)

赵生群：子幽王宫湦立"宫湦"，黄本、彭本、柯本、凌本、殿本作"宫涅"，《汉书》卷二〇《古今人表》同。(点校本二十四史修订本《史记》)

印鸾章：《谥法》：动静乱常曰幽。(引自《纲鉴合编》卷二《周纪·幽王》)

③【汇校】

陆伯焜：《国语》作幽王三年。(《史记考证·周本纪》)

张文虎："幽王二年"，《国语》作"三年"。(《校刊史记集解索隐正义札记·周本纪》)

④【汇注】

韦　昭：西周，谓镐京也，幽王在焉，邠、岐之所近也。三川，泾、渭、洛，出于岐山也。震，动也。地震，故三川亦动也，川竭也。(《国语注》卷一《周语上》)

裴　骃：徐广曰："泾、渭、洛也。"骃按：韦昭云"西周镐京地震动，故三川亦动"。(《史记集解》)

张习孔：前780年，辛酉，周幽王二年。晋文侯仇元年，陈夷公说元年，镐京大地震，泾、渭、洛三川竭，岐山崩。是时，"百川沸腾，山冢崒崩。高岸为谷，深谷为陵"。(《中国历史大事编年·西周》)

⑤【汇注】

张守节：按：泾渭二水在雍州北。洛水一名漆沮，在雍州东北，南流入渭。此时以王城为东周，镐京为西周。(《史记正义》)

梁玉绳：伯阳父始见《周语上》。(《汉书人表考》卷四《伯阳父》)

翟云升："伯阳父"，幽王大夫，见《国语·注》，非老子也。自《史记·周纪》唐周注以老子字伯阳乱之。(《校正古今人表》第四)

【汇评】

凌约言：幽王未得褒姒而地震。伯阳曰："周将亡矣。"幽王既得褒姒而川竭山崩，伯阳曰："周亡矣。"其后幽王废嫡立庶而国本摇，伯阳曰："祸成矣，无可奈何！"然则灾变之叠见，岂偶然启哉？知机其神，伯阳以之。(引自《史记评林·周本纪》)

⑥【汇注】
　　裴　骃：韦昭曰："伯阳父，周大夫也。"唐固曰："伯阳父，周柱下史老子也。"（《史记集解》）
　【汇评】
　　牛运震：伯阳甫曰："周将亡矣。"周太史伯阳读史记曰："周亡矣。"太史伯阳曰："祸成矣，无可奈何！"按此三段顿挫慨叹，复述遥答，迴旋飞动，文情极妙。（《史记评注·周本纪》）

⑦【汇注】
　　韦　昭：序，次也。（《国语注》卷一《周语上》）

⑧【汇注】
　　韦　昭：过，失也。（《国语注》卷一《周语上》）

⑨【汇校】
　　张文虎："乱之"，《御览》倒。（《校刊史记集解索隐正义札记·周本纪》）
　【汇注】
　　韦　昭：言民者，不敢斥王也。（《国语注》卷一《周语上》）
　　马持盈：序：常态的秩序，地震乃是变态。所以发生地震的变态，是由于人们的破坏。（《史记今注·周本纪》）

⑩【汇注】
　　陈蒲清：阳：阳气。这是用阴阳二气来解释自然现象的较早的资料。阳伏：阳气在下（阳气本应在上）。（引自王利器主编《史记注译·周本纪》）

⑪【汇注】
　　裴　骃：韦昭曰："蒸，升也。阳气在下，阴气迫之，使不能升也。"（《史记集解》）

⑫【汇注】
　　解惠全：实：句中语气记号，表示肯定。（《全译史记·周本纪》）

⑬【汇注】
　　裴　骃：韦昭曰："为阴所镇笮也。"（《史记集解》）
　　李　笠：按《国语》及韦注：填俱作镇。填、镇，古今字。《高祖纪》"镇国家，抚百姓"，《汉书》镇作填。《吴王濞传》"无壮王以填之"，《索隐》填作镇。考《一切经音义》二四引《仓颉篇》云："压，镇也，笮也。"盖韦注所本。（《史记订补》卷一《周本纪》）
　　马持盈：填：即"镇"字，阳气失所而为阴气所镇压。（《史记今注·周本纪》）

⑭【汇注】

　　裴　骃：韦昭曰："在阴下也。"（《史记集解》）

　　马持盈：阳失其位而在于阴下。（《史记今注·周本纪》）

⑮【汇校】

　　李　笠："原必塞"：按《国语》作"川原必塞。"与下文"川原又塞"合。《史记》似脱"川"字。然《汉书·五行志》上下俱无"川"字，《汉书》承袭《史记》，则《史记》之误旧矣。或云师古注曰"原谓水泉之本也"，原固含川字在内，不必有"川"字。（《史记订补》卷一《周本纪》）

　　编者按："原"，《国语》作源，相通，下同。

⑯【汇注】

　　韦　昭：国依山川，今源塞，故国将亡也。（《国语注》卷一《周语上》）

⑰【汇注】

　　裴　骃：韦昭曰："水土气通为演。演犹润也。演则生物，民得用之。"（《史记集解》）

　　马持盈：演：衍也，水土通气而润湿，曰衍。（《史记今注·周本纪》）

⑱【汇注】

　　韦　昭：水气不润，土枯不养，故乏财用。（《国语注》卷一《周语上》）

⑲【汇注】

　　韦　昭：竭，尽也。伊出熊耳，洛出冢岭，禹都阳城，伊洛所近。（《国语注》卷一《周语上》）

　　陈蒲清：伊：伊水。洛：洛水（河南洛水）。两水流域是夏王朝的活动中心。（引自王利器主编《史记注译·周本纪》）

⑳【汇注】

　　裴　骃：韦昭曰："商人都卫，河水所经也。"（《史记集解》）

㉑【汇注】

　　韦　昭：二代之季，谓桀、纣也。（《国语注·周语》）

㉒【汇注】

　　韦　昭：依其精气利泽也。（《国语注·周语》）

㉓【汇校】

　　张文虎：汪云《国语》《汉志》"必山"字倒。（《校刊史记集解索隐正义札记·周本纪》）

　　李　笠："川竭必山崩"：按《国语》《五行志》并作"山必崩"，此疑误倒。（《史记订补》卷一《周本纪》）

【汇注】

裴　骃：韦昭曰："水泉不润，枯朽而崩也。"（《史记集解》）

㉔【汇校】

张文虎："国亡"：《国语》《汉志》同。中统、旧刻、游、毛倒。（《校刊史记集解索隐正义札记·周本纪》）

㉕【汇注】

裴　骃：韦昭曰："数起于一，终于十，十则更，故曰纪也。"（《史记集解》）

㉖【汇评】

柳宗元：山川者，特天地之物也。阴与阳者，气而游乎其间者也。自动自休，自峙自流，是恶乎与我谋？自斗自竭，自崩自缺，是恶乎为我设？彼固有所逼引而认之者，不塞则惑。夫釜鬲而爨者，必涌溢蒸郁以糜百物；畦汲而灌者，必冲荡愤激以败土石，是特老圃者之为也，犹足动乎物，又况天地之无倪，阴阳之无穷，以顽洞轇轕乎其中，或会或离，或吸或吹，如轮如机，其孰能知之？且曰："源塞，国必亡。""人乏财用，不亡何待！"则又吾所不识也。且所谓者天事乎？抑人事乎？若曰天者，则吾既陈于前矣；人也，则乏财用而取亡者，不有他术乎？而曰是川之为尤！又曰"天之所弃，不过其纪"，愈甚乎哉！吾无取乎尔也。（《河东先生集·非国语上·三川震》）

㉗【汇注】

徐文靖：韦昭曰：三川，泾、渭、汭。今据《竹书》乃泾、渭、洛也。洛，漆、沮水也。《汉·志》曰：泾水出安定泾阳县笄头山东南，至冯翊阳陵县入渭，行千六十里。渭水出陇西首阳县西南鸟鼠同穴山，东至船司空入河。行千八百七十里。《水经注》，按《尚书·禹贡》、太史公《禹本纪》云：导渭水东北至泾，又东经漆、沮。孔安国曰：漆、沮一名矣。一曰洛水也。《山海经》：白于之山，洛水出于其阳而东流，注于渭。《汉书·匈奴传》：武王放逐戎夷泾、洛之北。《注》云：洛即漆、沮水也。出上郡雕阴泰昌山东南，入于渭。《周礼》雍州之浸曰渭、洛。《殷本纪》西伯献洛西之地于纣。《正义》曰：洛水一名漆沮水，在同州。是泾、渭、洛为三川，韦昭以为泾、渭、汭，非也。（《竹书纪年统笺》卷九《泾渭洛竭》）

㉘【汇注】

班　固：刘向以为阳失在阴者，谓火气来煎枯水，故川竭也。山川连体，下竭上崩，事势然也。时幽王暴虐，妄诛伐，不听谏，迷于褒姒，废其正后，废后之父申侯与犬戎共攻杀幽王。一曰：其在天文，水为辰星，辰星为蛮夷，月食辰星，国以女亡。幽王之败，女乱其内，夷攻其外。京房《易·传》曰："君臣相背，厥异名水绝。"（《汉书·五行志》卷下）

徐文靖：按《地理志》：扶风美阳县，岐山在西北。郭璞曰：漆水出岐山。《地理

通释》：岐山亦曰天柱山。《一统志》：岐山在凤翔府岐山县北一十里。（《竹书纪年统笺》卷九《岐山崩》）

三年①，幽王嬖爱褒姒②。褒姒生子伯服，幽王欲废太子。太子母申侯女③，而为后。后幽王得褒姒，爱之④，欲废申后，并去太子宜臼，以褒姒为后⑤，以伯服为太子⑥。周太史伯阳读史记曰⑦："周亡矣⑧。"昔自夏后氏之衰也，有二神龙止于夏帝庭而言曰："余⑨，褒之二君⑩。"夏帝卜：杀之，与去之，与止之⑪，莫吉⑫。卜，请其漦而藏之⑬，乃吉。于是布币而策告之⑭，龙亡而漦在，椟而去之⑮。夏亡，传此器殷。殷亡，又传此器周。比三代，莫敢发之⑯。至厉王之末⑰，发而观之。漦流于庭，不可除。厉王使妇人裸而噪之⑱，漦化为玄鼋⑲，以入王后宫。后宫之童妾既龀而遭之⑳，既笄而孕㉑，无夫而生子㉒，惧而弃之。宣王之时童女谣曰㉓："檿弧箕服㉔，实亡周国㉕。"于是宣王闻之，有夫妇卖是器者，宣王使执而戮之。逃于道，而见乡者后宫童妾所弃妖子出于路者㉖，闻其夜啼，哀而收之。夫妇遂亡，奔于褒㉗。褒人有罪，请入童妾所弃女子者于王以赎罪㉘。弃女子出于褒，是为褒姒㉙。当幽王三年，王之后宫，见而爱之㉚，生子伯服。竟废申后及太子，以褒姒为后㉛，伯服为太子㉜。太史伯阳曰："祸成矣㉝，无可奈何㉞！"

① 【汇注】
司马光：王娶申女以为后，生太子宜臼。又得褒姒，嬖之，生子伯服。乃废申后，放太子于申，以褒姒为后，伯服为太子。褒姒骄纵，王惑之，诗人知其必亡，刺之曰："燎之方扬，宁或灭之，赫赫宗周，褒姒灭之。"（《稽古录》卷一〇《周》下）

② 【汇注】
司马贞：褒，国名；夏同姓，姓姒氏。礼妇人称国及姓。其女是龙漦妖子，为人

所收，褒人纳之于王，故曰褒姒。（《史记索隐》）

张守节：《括地志》云："褒国故城在梁州褒城县东二百步，古褒国也。"（《史记正义》）

孙之騄："三年，王嬖褒姒"，褒国故城在褒城县东二百步。褒国，姒姓。《郑语》褒人褒姁有狱，而以女入于王，王遂置之而嬖。是女也，《论衡》曰：夏将衰，二龙战于庭，吐漦而去。夏王椟而藏之，夏亡，传于殷。殷亡，传于周，皆莫之敢发。至厉王之时，发而视之，漦流于庭，化为玄鼋，走入后宫，与妇人交，遂生褒姒。"褒姒归周，幽王惑乱，国遂灭亡"。幽厉王之去夏世以为千数岁，二龙战时，幽厉褒姒等未为人也，周亡之兆，已出久矣。（《考定竹书》卷一〇）

徐文靖：按：《后汉书·注》，无德而宠曰嬖。（《竹书纪年统笺》卷九《王嬖褒姒》）

梁玉绳：褒姒始见《诗·正月》《白华亭》《晋语》一、《郑语》，褒，国；姒，姓。以龙韬之妖所生，褒人养而献之。幽王黜申后而使为后，《诗·瞻卬》所谓"哲妇倾城，长舌厉阶"也。不好笑。亦曰艳妻，亦曰褒艳，犬戎攻杀幽王，虏褒姒而去。按：艳亦作剡。《诗》疏引《申侯》云：剡者配姬以放贤，又师古引《鲁诗》作阎，本书《谷永传》阎妻骄扇，外戚《班倢伃传》褒阎为邮，盖古今字异耳。毛以艳妻为褒姒，而郑以为厉王后，谓后姓艳。谷永《对策》：褒姒与阎妻并举。左雄上疏：幽、厉与褒、艳对称，郑仍此解，当是三家之说。师古于《五行志》下注从毛，于《永传》注从郑，李贤于《文苑·崔琦传》注从毛，《左雄传》虽从《毛传》训褒姒美，后又言厉王用妻党，不免歧见。然以《韩奕》《常武》之蹶父、皇父例观，郑义似有未合。故孔仲达不敢强为予夺。（《汉书人表考》卷九《褒姒》）

【汇评】

焦竑：太史公叙事，每一人一事，自成一片境界，自用一等文法。观此叙褒姒一段可见。又曰布币而策告之，椟而去之，莫敢发之，发而观之，裸而譟之，既龀而遭之，惧而弃之，执而戮之，哀而收之，见而爱之，此文法之一也，后可以例观矣。（引自《百大家评注史记·周本纪》）

③【汇注】

梁玉绳：申侯始见《史·周纪》，申伯之后。按：厉、幽二王皆娶于申，故申伯为宣王之舅，申侯为平王之舅。但使言幽王后是申后女，则申侯乃平王外祖，非舅也。故《小序》只云平王母家，韦昭于《晋语》注从之，较合。（《汉书人表考》卷九《申侯》）

王恢：申：申之先，四岳后，国于今河南南阳县北。（《史记本纪地理图考·周本纪·幽王死骊山》）

④【汇校】

张文虎："爱之"：《御览》引作"而笃爱之"。(《校刊史记集解索隐正义札记·周本纪》)

⑤【汇注】

皇甫谧撰、徐宗元辑：幽王三年，纳褒姒；八年，立以为后。(《帝王世纪辑存·周第四》)

⑥【汇注】

崔　述：按：伯服，字也；太子名之，伯服何以字之？况王之幼子亦不礼字以伯也。此事不见于他传记，即《周语》亦无之，独《晋》《郑》二语史苏、史伯之言有是。然观所载二子之言，荒诞殊甚；伊尹、胶鬲之事既诬，安见此文之独为可信也！大抵西周之亡，载籍缺略，其流传失实，以致沿讹踵谬者，盖亦有之；撰《国语》者闻有此说，遂从而采之耳。又按：《左传》称"携王奸命，诸侯替之"，杜氏《集解》以"携王"为伯服。考《竹书纪年》云"虢公翰立王子余臣于携"，则携王乃余臣，非伯服也。事固有在疑似之间，而揣度言之致失其真者。安知《晋语》之不亦类是也！《崔东壁遗书·丰镐考信录》卷七《立伯服事可疑》)

⑦【汇注】

张守节：诸国皆有史以记事，故曰史记。(《史记正义》)

⑧【汇评】

吴见思：先点褒姒，伯服后乃补入，《史记》夏后事妙矣，乃供伯阳一叹，亦曰"周亡矣，祸成无可奈何！"只一句耳，乃分作两半，中嵌《史记》夏后氏一段，作夹序法，关锁前后，不益奇耶？(《史记论文·周本纪》)

⑨【汇注】

陈蒲清：余：龙自称。它自言是褒国的两位先君。(引自王利器主编《史记注译·周本纪》)

⑩【汇注】

裴　骃：虞翻曰："龙自号褒之二先君也。"(《史记集解》)

⑪【汇注】

陈蒲清：去：赶跑。止：留住。(引自王利器主编《史记注译·周本纪》)

【汇评】

冯梦祯：自"卜杀之"至此"见而爱之"，用"之"字凡十有五字而不觉复。(引自《百大家评注史记·周本纪》)

⑫【汇评】

梁玉绳："有二神龙止于夏帝庭而言曰：'余，褒之二君。'夏帝卜杀之与去之与止之，莫吉"。按：《郑语》帝庭作"王庭"，夏帝作"夏后"，史公妄谓夏、殷称帝，故改《国语》以信其说耳。然《国语》不尽可据，龙漦一事，更怪丹朱生穆王。《述异记》言"夏桀宫中有女子化龙，复为妇人，桀命曰蛟妾"，盖从此事影撰也。《白华诗·疏》以为"褒生妖异"，亦是受奇轻信耳。邵氏《疑问》曰："三代建都异地，且经历千年，宝鼎尚难稽问，矧兹木椟漦函。既非传世重珍，何为藏勿敢发？卜云其吉，竟得亡周之姒。玄鼋新化，触非宜孕之人。吐沫几何，千年始变。七龄童妾，难与鼋交。左右思之，殊增迷惑。"（《史记志疑·周本纪》）

⑬【汇注】

  裴　骃：漦，龙所吐沫。沫，龙之精气也。（《史记集解》）

⑭【汇注】

  裴　骃：韦昭曰："以简策之书告龙，而请其漦也。"（《史记集解》）

⑮【汇注】

  裴　骃：韦昭曰："椟，匮也。"（《史记集解》）

  钱大昕："龙亡而漦在，椟而去之"，去，藏也。俗作弄。（《三史拾遗·周本纪》）

  马持盈：椟，音读，柜也。以柜藏其漦而清除其迹。（《史记今注·周本纪》）

  张家英：《国语·郑语》作"椟而藏之"。《汉书·五行志》下之上作"乃匮去之"，颜师古注："去，藏也。"总之，此"去"字为"保藏、收藏"一类的意思，古籍中用此义的例子为数很有限。（《〈史记〉十二本纪疑诂·周本纪》）

⑯【汇校】

  张文虎："莫敢发之"，《杂志》云《文选·幽通赋注》《运命论注》引并作"莫之敢发"，《列女传》同。（《校刊史记集解索隐正义札记·周本纪》）

  吴汝纶："莫敢发之"，依《选·注》，当作"莫之敢发"。（《桐城吴先生点勘史记读本·周本纪》）

【汇注】

  赵生群：莫敢发之，王念孙《杂志史记·第一》："'莫敢发之'，本作'莫之敢发'，浅学人改之耳。《郑语》作'莫之发也'。《文选幽通赋》注、《运命论》注引《史记》并作'莫之敢发'。"（点校本二十四史修订本《史记》）

  马持盈：比三代，莫敢发之：比，连也。一连三代，没有人敢打开的。（《史记今注·周本纪》）

⑰【汇注】

  裴　骃：虞翻曰："末年，王流彘之岁。"（《史记集解》）

⑱【汇注】

  裴　骃：韦昭曰："譟，欢乎也。"唐固曰："群呼曰譟。"（《史记集解》）

⑲【汇注】

　　司马贞：亦作"蚖"，音元。玄蚖，蜥蜴也。（《史记索隐》）

　　马持盈：玄鼋：亦作玄蚖，蜥蜴也。（《史记今注·周本纪》）

⑳【汇校】

　　张文虎："既齓"：《志疑》云《国语》作"未既齓"，此缺。未既齓者，齿未尽毁也。（《校刊史记集解索隐正义札记·周本纪》）

　　李景星："既齓而遭之"，按《国语》"既"字上有"未"字。（《史记评议·周本纪》）

【汇注】

　　裴　骃：韦昭曰："毁齿曰齓。女七岁而毁齿也。"（《史记集解》）

　　梁玉绳："既齓而遭之"，按：《国语》"既齓"有"未"字，似此缺。未既齓者，齿未尽毁也。（《史记志疑·周本纪》）

㉑【汇注】

　　张守节：笄音鸡。《礼记》云："女子许嫁而笄。"郑玄云："笄，今簪。"（《史记正义》）

　　方　苞：《内则》：十有五年而笄。（《史记注补正·周本纪》）

【汇评】

　　司马迁：幽厉以往尚矣。所见天变，皆国殊窟穴，家占物怪，以合时应，其文图籍禨祥不法。（《史记·天官书》）

　　张彦士：史云：褒人之神，化为二龙，既曰人而神矣，何又化龙，一异也；又曰卜请其漦而藏之，漦何物也，而藏之于柜，二异也；又云：历殷周未发，厉王发之，漦流于庭，不可除。漦有几何，至流而难除，三异也；又使妇人不帏而譟之，化为玄鼋，神既化龙，龙化漦，漦又化鼋，何变幻至是？四异也；童妾遭之，胡为而孕，五异也。此亘古未有之妖也。（《读史矕疑·褒姒》）

㉒【汇注】

　　王　恢：《丰镐考信录》谓史公采《郑语》龙漦生褒姒之说最为荒唐。（《史记本纪地理图考·周本纪·幽王死骊山》）

㉓【汇注】

　　陈蒲清：谣：歌谣。此处特指一种预示吉凶的歌谣，往往通过小儿之口唱出。（引自王利器主编《史记注译·周本纪》）

㉔【汇注】

　　裴　骃：韦昭曰："山桑曰檿。弧，弓也。箕，木名。服，矢房也。"（《史记集解》）

李学孔：箕似荻而细，可结为服以盛箭，即今之弓箭袋也。（《皇王史订》卷四《周纪·幽王》）

马持盈：檿，音厌，山桑。山桑所制之弓，曰檿弧。箕，木名。服，矢套。箕服，箕木所制之矢套。（《史记今注·周本纪》）

㉕【汇注】

班　固：刘向以为夏后季世，周之幽、厉，皆悖乱逆天，故有龙鼋之怪。近龙蛇孽也。漦，血也，一曰沫也。檿弧，桑弓也。箕服，盖以萁草为箭服，近射妖也。女童谣者，祸将生于女国，以兵寇亡也。（《汉书·五行志》卷下）

俞　樾：梁元帝《金楼子》云：周幽王嬖爱褒姒，生子伯服，废太子而立之。褒姒者周宣王时歌云"皎皎白服，实亡周国"，宣王下"国内有白服者杀之"。时褒姒初生，父母不养而弃，白服者闻婴儿啼，因取以奔褒。后褒人以姒赎罪，因名褒姒焉。按此与《史记》所载"檿弧箕服"之歌异。（《茶香室丛钞》卷四《褒姒事异说》）

㉖【汇注】

裴　骃：徐广曰："妖，一作'夭'。夭，幼少也。"（《史记集解》）

张守节：夫妇卖檿弧者，宣王欲执戮之，遂逃于路，遇此妖子，哀而收之。（《史记正义》）

马持盈：乡者：即向者，以前，昔日。妖子，即夭子，幼儿也。（《史记今注·周本纪》）

㉗【汇注】

王　恢：褒：《沔水注》："褒水迳褒县故城东，古褒国矣。又南流入汉。"《括地志》："故城在褒城县东二百步。"《清统志》（二三八）："在县东南。"（《史记本纪地理图考·周本纪·幽王死骊山》）

㉘【汇注】

张守节：《国语》云："周幽王伐有褒，褒人以褒姒女焉，与虢石甫比也。"（《史记正义·周本纪》）

马持盈：周幽王伐褒，褒人以褒姒献之。（《史记今注·周本纪》）

㉙【汇评】

牛运震："昔自夏后氏之衰也"云云，至"是为褒姒"，按此段叙事甚奇，屡用"之"字，摇曳摆宕，极有别趣。（《史记评注·周本纪》）

㉚【汇注】

吴见思：一段文法，另出手裁，似《史记》原文：杀之、去之、止之、藏之、告之、去之、发之、观之、谮之、遭之、弃之、闻之、戮之、收之、爱之，十五"之"字住，句以为章法。（《史记论文·周本纪》）

【汇评】

凌约言："布币而策告之"，"椟而去之"，"莫敢发之"，"发而观之"，"裸而譟之"，"既龀而遭之"，"惧而弃之"，"执而戮之"，"哀而收之"，"见而爱之"，此文法之一也。后可以例观矣。（引自《史记评林·周本纪》）

王维桢：自"卜杀之"至"见而爱之"，用"之"凡十有五字而不觉复。（引自《史记评林·周本纪》）

㉛【汇评】

邹德溥：褒氏事甚奇，《国语》文又奇。（引自《百大家评注史记·周本纪》）

㉜【汇注】

司马贞：《左传》所谓"携王奸命"是也。（《史记索隐》）

王　圻：幽王太子称携。按罗泌《路史》谓天子之元子，士也。士无谥，故太子无谥。然幽王次子则谥携矣。他如西周公之共太子，陈之悼太子之类，又不止一人，则泌所谓太子无谥，殆未之考耳。（《谥法通考》卷二《周王及后谥》）

蒋廷锡：按：《竹书纪年》幽王八年，王锡司徒郑伯多父命。王立褒姒之子曰伯服为太子。（《古今图书集成·明伦汇编·皇极典》卷一〇《周·幽王本纪》）

【汇评】

牛运震："当幽王三年"云云，至"伯服为太子"，按此段重提复叙，以起下文，《史记》往往如此，不知者必以为衍文矣。（《史记评注·周本纪》）

㉝【汇注】

章　衡：壬戌，三年，王娶申侯女为后，生太子宜臼；又嬖褒姒，生子伯服，及废申后（及）太子于申，以褒姒为后，伯服为太子。褒姒骄纵，王惑之。诗人兴刺，伯阳父曰："祸成矣。"（《编年通载》卷一《周》）

㉞【汇评】

王　充：夏将衰也，二龙战于庭，吐漦而去。夏王椟而藏之。夏亡传于殷，殷亡传于周，皆莫之发。至幽王之时，发而视之，漦流于庭，化为玄鼋，走入后宫，与妇人交，遂生褒姒。褒姒归周，厉王惑乱，周遂灭亡。幽、厉王之去夏世，以为千数岁。二龙战时，幽、厉、褒姒等未为人也。周亡之妖，已出久矣，妖出，祸安得不就？瑞见，福安得不至？若二龙战时言曰："余褒之二君也。"是则褒姒当生之验也。龙称褒，褒姒不得不生；生则厉王不得不恶，恶则国不得不亡。征已见，虽五圣十贤相与却之，终不能消。善恶同实，善祥出，国必兴；恶祥见，朝必亡。谓恶异可以善行除，是谓善瑞可以恶政灭也。河源出于昆仑，其流播于九河。使尧、禹却以善政，终不能还者，水势当然，人事不能禁也。河源不可禁，二龙不可除……今详修改行，何能除之？（《论衡·异虚篇》）

褒姒不好笑，幽王欲其笑万方①，故不笑②。幽王为烽燧、大鼓③，有寇至则举烽火④。诸侯悉至，至而无寇，褒姒乃大笑⑤。幽王说之，为数举烽火⑥。其后不信，诸侯益亦不至⑦。

① 【汇注】
李学孔：褒姒好闻裂缯声，王发缯裂之，以适其意。（《皇王史订》卷四《周纪·幽王》）
印鸾章：方，计也。万方者，谓设计至于万般以诱其笑也。（引自《纲鉴合编》卷二《周纪·幽王》）

② 【汇注】
钱锺书："褒姒不好笑，幽王欲其笑，万方故不笑"。按：贵主不笑，人君悬重赏，求启颜之方，乃西方民间故事习用题材。如《五日谈》中即三见；格林童话，亦有其事。祖构之作，故为翻案，有谓女君善笑，触事哑哑不能自已，正指褒姒或妹喜，即庾信《谢赵王赍丝布启》："妻闻裂帛，方当含笑。"或李商隐《僧院牡丹》："倾城惟待笑，要裂几多缯？"海涅或自英译俗书《百美新咏》得知此典也。（《管锥篇》第一册）

③ 【汇注】
张守节：峰遂（烽燧）二音。昼日燃烽以望火烟，夜举燧以望火光也。烽，土橹也。燧，炬火也。皆山上安之，有寇举之。（《史记正义》）
郝敬：按：大盾曰橹，城上守御露屋亦曰橹。边方避寇，作高土橹，橹上作桔槔，常低之，寇至，夜则燃火举之以相告，曰烽；昼则积薪焚之，远望其烟，曰燧。（《批点史记琐琐》卷一《周本纪》）

④ 【汇注】
印鸾章：烽，堠表也。边火曰烽，有急则于高处举之以为号。（《国语注·周语》）

⑤ 【汇注】
李学孔：戊辰九年夏六月，陨霜。张南轩曰：当盛夏生长之时而陨霜，是阴盛阳衰之变也。褒姒之灭周，于斯见矣。（《皇王史订》卷四《周纪·幽王》）

⑥ 【汇评】
王　恢：钱穆先生《国史大纲》亦谓举烽乃委巷小人之谈，举烽传警乃汉人备匈奴事。（《史记本纪地理图考·周本纪·幽王死骊山》）

⑦ 【汇评】
司马光：夫信者，人君之大宝也。国保于民，民保于信，非信无以使民，非民无

以守国。是故古之王者不欺四海，霸者不欺四邻。善为国者，不欺其民，善为家者，不欺其亲。不善者反之，欺其邻国，欺其百姓，甚者欺其兄弟，欺其父子，上不信下，下不信上，上下离心，以至于败。所利不能药其所伤，所获不能补其所亡。岂不哀哉！（《资治通鉴》卷二《周纪·显王》）

西门豹：与民约信，非一日之积也。一举而欺之，后不可复用也。（引自《淮南子·人间训》）

  幽王以虢石父为卿，用事，国人皆怨。石父为人佞巧①，善谀好利，王用之②。又废申后，去太子也③。申侯怒④，与缯、西夷犬戎攻幽王⑤。幽王举烽火征兵，兵莫至。遂杀幽王骊山下⑥，虏褒姒，尽取周赂而去⑦。于是诸侯乃即申侯而共立故幽王太子宜臼⑧，是为平王⑨，以奉周祀⑩。

①【汇校】
  张守节：徐广曰："佞，一作'谄'。"（《史记正义》）
【汇注】
  陈蒲清：佞巧：会说话而奸诈。一作"谄巧"。（引自王利器主编《史记注译·周本纪》）

②【汇注】
  吴见思：补明国人怨之之故。（《史记论文·周本纪》）

③【汇注】
  孙之騄：《汲冢琐语》：幽王欲杀太子宜臼，立伯服，释虎将执之，宜臼叱之，虎弭耳而伏。申，姜姓。幽王前后太子宜臼舅也。唐申州之南阳，汉之苑县。（《考定竹书》卷一〇）
【汇评】
  牛运震："又废申后，去太子也"，此又缨带前事，笔法甚妙！（《史记评注·周本纪》）
  刘咸炘："石父为人佞巧"至"去太子也"：王拯谓重笔复述，史公极用意处。然王念孙《读书杂志》校删"用""又"二字，作起下语势。张文虎《札记》谓"王"上依《册府元龟》引加"而"字。据皇甫谧言虢石父与褒姒比，而潜申后太子，则

"王用之"三字，专指此一事。"又"字衍，其说尤当。拯说姑为之词耳。(《太史公书知意·周本纪》)

④【汇校】

张文虎："王用之又废申后去太子也申侯怒"，《杂志》云："'王用之'与上'用事'复，本作'王之废申后去太子也'，因衍'用'字，后人遂加'又'字。《治要》引作'王之废后去太子也'，《御览》引作'幽王之废申后去太子也'。"按：《王风谱疏》引与《治要》同，王说近是。然《元龟》百八十引"王用之"上有"而"字，《小大雅谱疏》引皇甫谧云褒姒与虢石比而谮申后及太子，八年竟以石父谮废申后，逐太子。则"王用之"三字专指此一事，与上泛言"用事"不同，非复衍。"又"字则或误或衍耳。《雅谱疏》引"申侯怒"上有"故"字，文气自贯。古人引书容有删节，未定今本之必非。(《校刊史记集解索隐正义札记·周本纪》)

【汇注】

孙之騄：《竹书纪》宣王四十一年，王师败于申，则宣王之末，申侯已叛。《考定竹书》卷九)

又：《括地志》：故申城在邓州南阳县北二十里。《日知录》云：申伯，宣王之元舅也，立功于周，而吉甫作《崧高》之颂。其孙女为幽王后，无罪见黜，申侯乃与犬戎攻设(杀)幽王。(同上)

周建国：申，姜姓，西周初分封的诸侯国，第一任君主相传是伯夷的后代，建国于申(今陕西与山西间)。西周末，一部分往东迁徙，被周宣王封于谢(今河南南阳)，称为申国。春秋初，是汉水之北小国之一。公元前682年，被楚国消灭。一部分留于原地，曾联结犬戎攻进周，杀死周幽王，拥立周平王，事后退还原地。后被秦国消灭。(《东周列国大观·列国概貌·申》)

编者按：我们在周初武王封功臣谋士的按语中已指出：申原为周初功臣吕尚，即姜太公的封邑，在今陕西周至县与眉县之间，史称西申，是王畿以内的采邑。西周宣王时，改封申伯于河南南阳一带，成为西周王畿以外的诸侯国，称为南申(见南阳地区出土的申禺父簋铭文)。宣王之末，王师败于申，是败于北申，与南申无涉。

⑤【汇校】

张文虎："与缯"：《治要》《王风谱疏》引"与"上有"乃"字。(《校刊史记集解索隐正义札记·周本纪》)

又："攻幽王"：《治要》《王风谱疏》《小大雅谱疏》《御览》引并作"共攻幽王"。(同上)

【汇注】

司马贞：缯，国名，夏同姓。(《史记索隐》)

张守节：缯，自陵反。《国语》云"缯，姒姓，夏禹后"。《括地志》云："缯县在沂州承县，古侯国，禹后。"（《史记正义》）

孙之騄：缯，申之与国。西戎亦党于申。（《考定竹书》卷一〇《九年，申侯聘西戎及鄫》）

徐文靖：按王符《潜夫论》，申城在宛北序山之下。《汉·地志》东海缯县，故缯国，禹后。《郑语》史伯曰：申、缯、西戎方强，周室方骚，将以纵欲，不亦难乎！韦昭曰：申，姜姓。幽王前后太子宜臼之舅也。缯，姒姓，申之与国也。西戎亦党于申。周衰，故戎翟强也。时太子宜咎在申，申后聘西戎及鄫者，正以为太子谋耳。（《竹书纪年统笺》卷九《申侯聘西戎及鄫》）

钱　穆：西周三百年来之力征经营，其面向常对东南，不对西北（因其时周人之敌，多在东南，不在西北也），幽王遭犬戎之难，见杀于骊山下，似犬戎居地亦在周之东南。（《国史大纲》第一编第三章《幽王见杀与平王东迁》）

又：《左传》昭公四年，"周幽为太室之盟，戎狄叛之"。此等戎狄正近在河南省西南太室山一带，证一。犬戎由申侯召来，申在南阳宛县，今河南南阳有申城故址。宣王时申迁于谢，在今南阳稍南。大率其国在周东南千数百里，如犬戎在周西北，相距辽远，申侯何缘越周附戎？戎亦何缘越周合申？形势不合，证二。据《郑语》，当时申、西戎、缯相结。《左传》"楚人致方城之外于缯关"。则缯近方城，与申接壤，证三。幽王与申、缯、西戎之联军遇于骊山，其地在周镐京与申、缯之间，证四。（同上）

王　恢：缯：缯或作曾、鄫，今河南方城县境。《郑语》史伯曰："申、缯、西戎方强，周室方骚。"又曰："缯与西戎方将德申，申吕方强。"《晋语》："太子出奔申，申人、缯人，召西戎以伐周，周于是乎亡。"《竹书》幽王九年，申侯聘西戎及鄫。时宜臼亡在申，申侯之聘，为太子谋也。故十年王师伐申。十一年申人、鄫人及犬戎入宗周杀幽王。又云"先是申侯、曾侯及许文公立平王于申"。立平王而后伐周，知灭周者乃姜氏、申、许之属，而犬戎附之。此时之犬戎当邻近周、申，缯又近申，《左》哀四年，"夏，楚人致蔡于负函（信阳），致方城之外于缯关"。方城在叶县南，缯当近其境。后臣属于楚，楚惠王五十六年徙之西阳。楚王韻（熊）章作《曾侯乙宗彝》，见薛尚功《钟鼎款识曾侯钟》（《文物考古三十年》页二九九）。一九七〇年前后，湖北京山县平坝苏家垅，发现"曾侯中子斿父"器物一组。一九七八年又在随县擂鼓墩发现了曾侯乙墓。据推断与南阳一带的申国相近，缯国活动范围，从新野到随、枣走廊乃至京山、安陆一带（宋代曾在安陆出土楚王赠与曾侯的铜钟）。《汉志》："东海郡缯，故国，禹后。"缯故城在今山东峄县东八十里，与申风马不相及，当别为一国，旧说沿《汉志》误。（《史记本纪地理图考·周本纪·幽王死骊山》）

编者按："西夷犬戎"是西戎犬戎之误。犬戎是"戎"而不是"夷"。由于战国以后把犬戎与犬夷混二为一,所以称犬戎为西夷。西周晚期的犬戎就是严允,大本营在陇东高原,即所谓的"太原"。《汉书·西羌传》说:"夷王衰弱,荒服不朝,乃命虢公率六师伐太原之戎,至于俞泉,获马千匹。""太原之戎",即穆王"迁犬戎于太原"之犬戎,西周中晚期被称为严允,春秋时加犬旁称为玁狁。西周厉王时严允开始强大,侵扰周的边境。厉王时代的多友鼎铭曰:"惟十月,用严允方兴,广伐京师,告追于王,命武公:'遣乃元士,羞追于京师。'""京师",即公刘居邠时王室的所在地,与陇东固原、平凉、庆阳一带的严允邻近,因此首先受到侵扰。

西周晚期,严允,也就是犬戎成为周的北方强敌,《诗·小雅·采薇》云:"靡家靡室,玁狁之故;不遑启居,玁狁之故。"宣王时曾派尹吉甫率军反击玁狁的入侵,《诗·小雅·六月》云:"薄伐玁狁,至于太原,文武吉甫,万邦为宪。"《诗·小雅·出车》云:"赫赫南仲,薄伐西戎……赫赫南仲,玁狁于夷。"金文中《兮甲盘》《不娶簋》《虢季子白盘》,都记载了宣王时代伐严允的史实。与申侯、缯联合举兵攻杀幽王掳走褒姒的犬戎就是玁狁,其居地在泾水上游的固原、平凉、庆阳一带的陇东高原。

【汇评】

崔 述:"邦君诸侯,莫肯朝夕"。(《诗·小雅》)"今也日蹙国百里"。(《诗·大雅》)世皆谓申侯启戎,戎遂克周,杀幽王骊山下。夫周之王畿号为千里,有百二山河之险,关东诸侯皆堪征调;戎虽强大,岂能一旦而遂破之!盖其来有渐矣。观《雨无正》之二章,则诸侯固已多不至者矣。观《召旻》之卒章,则戎之蚕食亦非一日矣。周已衰微不振,是以戎得一举而灭之。但《尚书》无宣、幽之篇,而传记复多缺佚,无从考其详耳,故今采此二篇之文以补其缺。(《崔东壁遗书·丰镐考信录》卷七·《周之衰微由来者渐》)

编者按:《诗·小雅·雨无正》是讽刺幽王的诗。其第二章云:周宗既灭,靡所止戾。《毛诗正义》云:戾,定也。笺云:周宗,镐京也。是时诸侯不朝王,民不堪命,王流于彘,无所安定也。正大夫离居,莫知我勚。《毛诗正义》云:勚,劳也。笺云:正,长也。长官之大夫于王流于彘而皆散处,无复知我民之见罢劳也。三事大夫,莫肯夙夜,邦居诸侯,莫肯朝夕。笺云:王流在外,三公及诸侯随王而行者,皆无君臣之礼,不肯晨夜朝暮省王也。庶曰式臧,复出为恶。《毛诗正义》云:复,反也。笺云:人见王之失所,庶几其自改悔,反出教令,复为恶也。观此,则幽王之怙恶不悛,众叛亲离的形象,诚跃然纸上。此而不亡,实无天理。恶有恶报,乃咎由自取也。在《诗·大雅·召旻》之卒章,直指问题之症结曰:昔先王受命有如召公,日辟国百里,今也日蹙国百里。《毛诗正义》云:辟,开;蹙,促也。笺云:先王受命,谓文王、武王时也。召公,召康公也。言"有如"者,时贤臣多非独召公也。"今",今幽王臣。於乎哀哉!维今之人,不尚有旧。《笺》云:哀哉,哀其不高尚贤者,尊任有旧德之臣，将以丧亡其国。

⑥【汇校】

　　张文虎："骊山下"，"骊"，《王风谱疏》引作"丽"，《小大雅谱疏》《御览》引作"骊山之下"，《字类》引作"郦"。盖本作"丽"，俗增邑旁。郦读邻知切者，乃鲁县，非丽山字，各本他篇亦杂出，不能悉改也。（《校刊史记集解索隐正义札记·周本纪》）

【汇注】

　　皇甫谧撰、徐宗元辑：褒姒，周时褒国之美女也。褒人献于周幽王。王耽之，遂逐申后，立褒姒为皇后。其一笑，有百廿种媚。然褒姒非集大众不笑。幽王于是举烽打鼓，诸侯闻之，谓言有贼，皆赴殿前。王曰：无贼。欲使褒姒笑耳。如是非一。后犬戎来伐，王使放烽，诸侯谓言无贼，止为褒姒笑也。遂皆不往。犬戎来至，王及褒姒，并皆被杀。（《帝王世纪辑存·周第四》）

　　司马贞：在新丰县南，故骊戎国也。旧音黎。徐广音力知反。（《史记索隐》）

　　张守节：《括地志》云："骊山在雍州新丰县南十六里。《土地记》云骊山即蓝田山。"按：骊山之阳即蓝田山。（《史记正义》）

　　李　昉：《史记》曰：幽王得褒姒而笃爱之。……幽王在位凡一十一年。（《太平御览》卷八五《幽王》）

　　章　衡：庚午，十一年，申侯与西戎攻杀幽王于骊山下，虏褒姒，郑桓公死之。申侯复立太子宜臼，迁都洛邑，以避狄难。自是王室微弱，诸侯交争，而齐、楚、秦、晋始大。（《编年通载》卷一《周》）

　　王在晋："幽王陵"，临潼县东北二十五里。（《历代山陵考》卷上《河南府》）

　　姚允明：十一年，王弑于戏。以求太子故，伐申，申连犬戎，亢而灭之也。（《史书》卷一《幽王》）

　　又：是时也，伯服以乱立，曰鄦王。（同上）

　　齐召南：幽王：宣太子，元年庚申。……在位十一年，申侯以犬戎入寇，弑王骊山之下。（《历代帝王年表·周世表·幽王》）

　　朱孔阳：《汲冢纪年》：自武王灭殷至幽王，凡二百五十有七年。（《历代陵寝备考》卷八《周》）

　　陈梦家：《竹书纪年》曰"幽王十年九月，桃李实"（《太平御览》九六八引），是《竹书纪年》幽王至少十年也。幽王在位年数，《史记》世家、年表及《国语·周语上》均作十一年。《晋书·束晳传》曰："其《纪年》十三篇记夏以来至周幽王为犬戎所杀。"与《史记》西周之终同。（《西周年代考》第三部）

　　王　恢：骊山：骊或作丽，又作郦。在陕西临潼县南二里许。《鲁语》幽王灭于戏。《渭水注》："戏水出丽山，东北流迳丽戎城东，又迳鸿门东，又北迳亭东，幽王举烽火戏诸侯者也。"戏盖以之得名。（《史记本纪地理图考·周本纪·幽王死骊山》）

赵光贤：如自武王克商算起至宣王以前，除去康、懿二王各一年，共二百一十八年，加上宣、幽二世，西周共二百七十五年。（《先秦史论集·西周诸王年代考》）

编者按："夏商周断代工程"推算的西周年表：幽王在位为前781年—前771年，共11年。

【汇评】

陈　栎：《诗》曰："赫赫宗周，褒姒灭之。"可哀也已。夏之兴以涂山，其亡以妹喜；商之兴以有莘，其亡以妲己；周之兴以太妊（文王妃）、邑姜（武王妃），其亡以褒姒。人君不能修身以齐家，信不能治国平天下也。平王感申侯立己之德，而忘其报君父之仇，不抚其民，远戍母家，知有母不知有父，纲常绝矣。《黍离》降为国风，王室列于诸侯，《诗》亡而《春秋》作焉，孔子盖不得已也。自是周室微弱，政令不行，诸侯交争，更相吞并，而齐、晋、秦、楚始大矣。（《历代通略》卷一《周》）

杨　慎：周三十七王，八百六十五年，然自武王灭殷至幽王，二百五十七年。而昭王之时，王道已微，懿王之时，王道遂衰，昭王南巡不反，厉王死于彘，盖此二百五十七年之内，变故多矣，东迁以后，不足言也。大莫盛于治，而治日之少如此，有国者其慎之。（引自《史记评林·周本纪》）

刘体智：幽王之世，去成周盛时未远。井牧之田，卒伍之兵，郊关之限，沟洫之防如故也，北伐獯狁，南征荆楚，东取淮夷之威犹在也，吾不知天下有道何以万举而万成，一或不慎，则亡也忽焉。自今观之则信之道得焉尔。理之允者，无所疑于心，令之允者无所贰于民，非虑一事之不可复也，人主以一人之身而行诈虞之术于天下，天下之大，遂悉用诈欺之术以对一人。以一敌万，其始见以为有可胜，其终常患于不可欺，而君心之二三，后虽有至，信彼且以为复然者，亦终于必亡而已矣。幽王之举烽火，犹其显而易见者也。（《辟园史学四种·十七史说》）

⑦【汇注】

裴　骃：《汲冢纪年》曰："自武王灭殷，以至幽王，凡二百五十七年也。"（《史记集解》）

张守节：按：《汲冢书》，晋咸和五年汲郡汲县发魏襄王冢，得古书册七十五卷。（《史记正义》）

徐文靖："犬戎杀王子伯服，执褒姒以归。"（《竹书纪年统笺》卷九）

陈梦家：西周纪年自《竹书纪年》以下共有四说：

一、二百五十七年，裴骃《周本纪集解》曰："《汲冢纪年》曰：自武王灭殷以至幽王凡二百五十七年。"《通鉴外纪》三、《汲冢纪年》曰：自武王至幽王凡二百五十七年;又曰:《汲冢纪年》西周二百五十七年,《通志》卷三下同。

二、三百余年,严安《言世务书》曰:"臣闻周有天下,其治三百余岁,成康其隆也,刑措四十余年不用。及其衰亦三百余年,故五伯更起。"(《史记·平津侯主父偃列传》)此三百余年似指西周而言。

三、四百余年,《史记·匈奴列传》曰:"武王伐纣而营洛邑……其后二百有余年,周道衰而穆王伐犬戎。……穆王之后二百有余年周幽王用宠姬褒姒之故与申侯有郤,申侯怒而与犬戎共杀幽王骊山之下。"穆王前后各二百余年,则西周似为四百余年。

四、三百五十二年,《汉书·律历志》述刘歆之《三统》,其《世经》曰:"春秋、殷历皆以殷、鲁自周昭王以下亡年数,故据周公伯禽以下为纪。鲁公伯禽推即位四十六年至康王十六年而薨,故《左传》(《左》昭十二)曰燮父、禽父并事康王。"又曰:"凡伯禽至《春秋》凡三百八十六年。"按西周终于幽王十一年(公元前七七一年),《春秋》始于鲁隐公元年(公元前七二二年),是西周之终至春秋之始中间尚有四十八年。又据《世经》伯禽即位于成王元年,此以前尚有武王及周公执政各七年,共十四年。是《世经》之西周纪年当如下述:

武王周公	14
伯禽至春秋	+386
武王至春秋	400
西周末至春秋	−48
武王至西周末	352 年

(《西周年代考》第一部)

陈蒲清:赂:财物。《竹书纪年》:"自武王灭殷以至幽王,凡二百五十七年也。"以上为西周。(引自王利器主编《史记注译·周本纪》)

张大可:周赂:周王室所藏财货。(《史记全本新注·周本纪》)

⑧【汇注】

徐文靖:按:时镐京残破,宜臼在申,因就而立子。(《竹书纪年统笺》卷九《申侯鲁侯许男郑子立宜臼于申》)

陈梦家:《左传》昭公二十六年王子朝曰:"至于幽王,天不吊周,王昏不若,用愆厥位,携王奸命,诸侯替之,而建王嗣,用迁郏鄏。"《正义》云:"汲冢书《纪年》曰平王奔西申而立伯盘以为太子,与幽王俱死于戏。先是申侯、鲁侯及许文公立平王于申,以本太子,故称天王。幽王既死而虢公翰又立王子余臣于携,周二王并立。二十一年携王为晋文公所杀,以本非商,故曰携王。"《太平御览》八五引《纪年》曰"幽王立褒姒之子伯盘为太子"。《左传》昭公二十六年《正义》引"束皙云按《左传》携王奸命,旧说携王为伯服,古文作伯盘,非携王,伯服立为王,积年诸侯始废之而立平王，其事或当然"。据此则伯盘非携王。盘古作般，与服形近而讹，故《国语·晋语》及《史记·周本纪》并作伯服。(《西周年代考》第三部)

⑨【汇注】

李学孔：王欲杀故太子宜臼，求之于申，申侯弗与，王伐之。申侯与缯人召西夷犬戎伐王。王举烽火征兵，兵莫至，犬戎遂杀王骊山下，虏褒姒。郑伯死于战，秦襄公力战破戎。晋侯仇，卫侯和，合诸侯师，逐戎，黜伯服。郑世子掘突收父散兵，从诸侯东迎太子宜臼立之，是为平王，西周遂亡。(《皇王史订》卷四《周纪·幽王》)

潘永圜：平王，名宜臼，幽王太子。辛未，郑武公从诸侯即申国立之。以丰、镐逼近犬戎，东迁于洛，谓之东周。王室微弱。始命秦列为诸侯。取岐、丰之地，齐、晋、楚渐大。在位五十一年。春秋始于四十九年。《谥法》：执事有制曰平。(《读史津逮》卷一《周》)

梁玉绳：平王始见《书·文侯之命》《诗·王风序》《左隐三》《郑语》。宜臼，始见《周纪》。幽王子，始见《小弁序传》《周纪》。臼，本作咎。母，申侯女，东迁洛邑。五十一年崩。按：《学林》三讥表不当列平王在愚人之等，非也。避戎东徙，不得谓之中兴，而始奔于申，既立于申，复为之成申，借手叛人，无殊推刃，弃父奉仇，不孝莫大。班氏置之下愚，宜矣。又《左昭二十六》有携王，《竹书》幽王弑后，宜臼立申，虢公翰立王子余臣于携，二王并立者二十年，晋文侯杀之，其立较宜臼为正，乃《史》《汉》并不书，何耶？《晋语》韦注、杜《昭二十六》注及《世族谱》，以携王为伯服，并误。(《汉书人表考》卷九《平王宜臼》)

【汇评】

朱　熹：申侯与犬戎杀幽王，乃王法必诛不赦之罪。平王与其臣子不共戴天之仇也。今平王知有母而不知有父，知其立己为有德，而不知其杀父为可怨。致使复仇讨贼之师反为报施酬恩之举，则其忘亲逆理而得罪于天，已甚矣。昔项安世曰：自天理观之，则申侯为平王不共戴天之仇，而自平王观之，则申侯乃其贾充、成济也。戍之宜矣。愚亦曰自幽王观之，则平王真所谓乱臣贼子，无复人心天理之存者矣。夫子删诗而存《扬之水》，其刺之固宜。由是论之，则《春秋》托始于平王，可以深长思矣！(引自《纲鉴合编》卷二《周纪·平王》)

徐孚远：申侯既伐周，必与救周诸侯为水火，何以共立平王而申侯为主议也？余意申侯阴令戎攻周，而身不与其事，故以兴周之名立平王也。(《史记测议·周本纪》)

李学孔：朱子曰：申族与犬戎杀幽王，乃王法必诛之贼，平王与臣子，不共戴天之仇也。今平王知有母而不知有父，知立己为有德，而不知杀父之为可怨，则其忘亲逆理而得罪于天，甚矣！(《皇王史订》卷四《周纪·幽王》)

⑩【汇注】

解惠全：奉周祀：继承周朝的祭祀。（《全译史记·周本纪》）

　　平王立①，东迁于雒邑②，辟戎寇③。平王之时，周室衰微④，诸侯强并弱⑤，齐、楚、秦、晋始大⑥，政由方伯⑦。

①【汇注】

蒋廷锡：按：郑樵《通志·三王纪》，平王即位，当幽王之亡，丰、镐荡然。犬戎侵逼近郊。于是晋文侯、郑武公、秦襄公夹辅平王于申，而迁于王城，即成王所营之东都也。王劳晋、郑，而赐之盟曰："世世子孙无相害也。"命晋文侯为侯伯赐秬鬯圭瓒，封秦襄公为诸侯，赐岐以西之地。秦始通于上国。命郑武公为司徒，郑于是取郐、虢十邑之地而迁焉，是为新郑。自是齐、楚、秦、晋始大，政由方伯。天子微弱，赖秦人为西堡障，故秦文公伐戎，收周之余民，而得岐内之地，自岐以东献之周。（《古今图书集成·明伦汇编·皇极典》卷一〇《周·平王本纪》）

印鸾章：《谥法》：执中有制曰平。（引自《纲鉴合编》卷二《周纪·平王》）

【汇评】

范光宙：周自（平）王以上，为文武，为成康，是治之终。自王以下，为春秋，为战国，是乱之始。治乱交会，此春秋所以始平王也。然王之不王，非只乱政，不得于父，而假手于人，以杀其父，是己无父。子母废黜，亲遭褒姒之难，而又娼人宠妾，是又无母。忘父母，灭彝伦，此何等人也！始逃于申，而天下怜之，兹反于镐，而天下罪之。其《春秋》已在人心矣。吾故谓周非衰于迁洛，而在于伐幽王之时。（《史评》卷一《周·平王》）

姚允明：晋文侯、卫、郑武公、秦襄公，平戎，诛奸命者，而立王。姚伯子曰：四贤侯首义，天下应之，戎攘，周地固全也。公卿借外致勤，夫亦以保其私邑，顾弃而东窜，幸生甚矣。且秦属新造，齐、晋仍固封也。楚强，蛮耳而未大，建国力敌，莫适相下，复旧宇而修其政，中兴之业，当未之艾。乃迁成周，委秦以畿地，而誓之曰："苟却戎，自有也。"命晋归宁。惟王志遂，地削势去，而并兼者莫之畏，邻弱者，食小以益强。至权在五霸，周遂不复振。（《史书》卷一《平王》）

孙之騄：周平受国于贼而不能讨，诸侯强而莫能制，故不书即位。（《考定竹书》卷一〇）

② 【汇校】
张文虎:"东迁于雒邑",《黍离疏》引作"东徙雒邑"。《御览》引作"乃东徙雒邑"。(《校刊史记集解索隐正义札记·周本纪》)

【汇注】
皇甫谧撰、徐宗元辑:周平王元年,郑武公为司徒,与晋文侯,股肱周室,夹辅平王,率诸侯,勠力一心,东迁洛邑。(《帝王世纪辑存·周第四》)

又:平王时,王室衰微,诗人怨而为刺,今《王风》自《黍离》至《中谷有蓷》是也。(同上)

张守节:即王城也。平王以前号东都,至敬王以后及战国为西周也。(《史记正义》)

胡一桂:平王东迁洛邑之王城,即周公定鼎之所,是为东都。(引自《纲鉴合编》卷二《周纪·幽王》)

陈 栎:自武王至幽王十二世,都镐京,是为西周;自平王东迁洛阳以后,谓之东周。平王至元王十四世,春秋时也;后有贞王、考王、威烈王至赧王六世,战国时也。(《历代通略》卷一《周》)

朱鹤龄:太史公记三代事多疏谬,本纪尤甚。其有可考者,当据《尚书》《左传》《国语》正之;又不妨取《汲冢纪年》《帝王世纪》及秦汉以上之书,参伍其说。如幽亡平立,本纪不载岁月。《诸侯年表》骊山之祸在庚午,平王东迁洛邑在辛未,世家则连书于一年。以愚考之,西周亡后,不即东迁。《本纪》云"犬戎杀幽王骊山下,虏褒姒,尽取周赂而去。诸侯乃即申侯共立故太子宜臼,是为平王"。据此,则平王先逃在申,诸侯求而立之,立后乃迁洛也。又《左传》云:幽王用愆厥位,携王奸命,诸侯替之,而建王嗣,用迁郏鄏。携王不言何人,曰"奸命",必不当立而立者。杜预以为幽王少子伯服,非也。幽王在位十一年,三年嬖褒姒,伯服之生,不过数龄。且幽王以褒姒亡国。褒姒既为犬戎虏去,必无复立其子之理。考《竹书纪年》,幽王见弑,申侯、鲁侯、许男、郑子立太子宜臼于申,虢公翰立王子余臣于携,是谓携王。《竹书》之言,虽未可深信,而携王则不妄;当是幽王既殒,携王僭位,诸侯乃共举兵黜之,而迎立太子宜臼。其迁洛未定何时,大抵自犬戎发难,至平王东迁,必非一二年事。《正月》诗云:"赫赫宗周,褒姒灭之。"又云:"哀我人斯,于何从禄?瞻乌爰止,于谁之屋?"乃西周既亡,王位未定时作也。《竹书》又云:携王为晋文侯所杀。观《文侯之命》,有用"会绍乃辟,多修碑于艰"等语,以此验之,正合其时。卫武公、郑武公、秦襄公同襄王室,而平王于文侯独加殊礼,有秬鬯弓矢之赐,殆以杀携王之故与?太史公纪幽、平间事甚略,故为考之如此。(引自《昭代丛书》壬集卷四〇《畏垒笔记》)

孙之騄：《日知录》引《竹书》云："幽王十一年，申人、鄫人及犬戎入周，弑王及王子伯盘。申侯、鲁侯、许男、郑子立宜曰于申，虢公翰立王子余臣于携。周二王并立。申国在今信阳州。犬戎攻杀周幽王于骊山之下，遂取周之焦、穫而居于泾渭之间，侵暴中国。于是平王却酆、郜而东徙雒邑。"（《考定竹书》卷一〇）

又：沈约曰：武王灭殷，岁在庚寅，二十四年，岁在甲寅，定鼎雒邑。至幽王二百五十七年，共二百八十一年。按：自武王元年己卯至幽王庚午，盖二百九十二年矣。（同上）

徐文靖：按《史记正义》曰：雒邑即王城也。平王以前号东都。又按《地道记》，王城去雒城四十里。《地理志》：河南郡有雒阳县，成周也。有河南县郏鄏，王城也。卜涧水东，瀍水西，平王居之，王城是也。又卜瀍水东，是为成周，故雒城是也。《郡国志》，河南周公所城雒邑也，春秋谓之王城，东城门谓之鼎门，北城门名乾祭。注引《博物记》曰：王城方七百二十丈，郛方七十里，南望洛水，北望郏山，当平王东迁之初，尚未有王城之名，故《竹书》谓东徙洛邑也。（《竹书纪年统笺》卷一〇《平王元年辛未，王东徙洛邑》）

张习孔：前770年，辛未，周平王宜曰元年，鲁孝公三十七年，秦襄公八年，平王东迁。镐京残破，迫近西戎，平王由晋文侯、郑武公、秦襄公夹辅，东徙洛邑（今河南洛阳王城公园一带）。东周开始。（《中国历史大事编年》）

【汇评】

苏　轼：太史公曰："学者皆称周伐纣，居洛邑，其实不然。武王营之，成王使召公卜居九鼎焉，而周复都丰、镐。至犬戎败幽王，周乃东徙于洛。"苏子曰：周之失计，未有如东迁之谬者也。自平王至于亡，非有大无道者也。贾王之神圣，诸侯服享，然终以不振，则东迁之过也。昔武王克商，迁九鼎于洛邑，成王、周公复增营之，周公既没，盖君陈、毕公更居焉，以重王室而已，非有意于迁也。周公欲葬成周，而成王葬之毕，皆岂有意于迁哉？今夫富民之家，所以遗其子孙者，田宅而已。不幸而有败，至于乞假以生可也，然终不可议田宅。今平王举文、武、成、康之业而大弃之，此一败而鬻田宅者也。夏、商之王，皆五六百年，其先王之德无以过周，而后王之败亦不减幽、厉，然至于桀、纣而后亡。其未亡也，天下宗之，不如东周之名存而实亡也。是何也？则不鬻田宅之效也。盘庚之迁也，复殷之旧也。古公迁于岐，方是时，周人如狄人也，逐水草而居，岂所难哉？卫文公东徙渡河，特齐而存耳。齐迁临菑，晋迁于绛、于新田，皆其盛时，非有所畏也。其余避寇而迁都，未有不亡；虽不即亡，未有能复振者也。春秋时楚大饥，群蛮叛之，申、息之北门不启。楚人谋徙于阪高，蒍贾曰："不可。我能往，寇亦能往。"于是乎以秦人巴人灭庸，而楚始大。苏峻之乱，晋几亡矣，宗庙宫室尽为灰烬。温峤欲迁都豫章，三吴之豪欲迁会稽，将从之矣，独王导不可，曰："金陵，王者之都也。王者不以丰俭移都，若弘卫文大帛之冠，何适而不可？不然，虽乐土为墟矣。且北寇方强，一旦示弱，窜于蛮越，望实皆丧矣！"乃不果迁，而晋复安。贤哉导也，可谓能定大事矣！嗟夫，平王之初，周虽不如楚强，顾不愈于东晋之微乎？使平王有一王导，定不迁之计，收丰、镐之遗民，修文、武、成、康之政，以形势临东诸侯，齐、晋虽强，未敢贰也，而秦何自霸哉？魏惠王畏秦，迁于大梁；楚昭王畏吴，迁于鄀；顷襄王畏秦，迁于陈；考烈王畏秦，迁于寿春；皆不复振，有亡征焉。东汉之末，董卓劫帝迁于长安，汉遂以亡，近世李景迁于豫章，亦亡。故曰：周之失计，未有如东迁之谬者也。（《东坡志林·周东迁失计》）

洪　垣：平王东迁之失，苏子论之详矣。然以平王言之，使其不迁，独能免于微乎？其既迁也，又独无可兴乎？丰镐逼近犬戎，迁而远之，以图弘业，未为失也。何于既迁之后，君臣晏然自便，如平康之世，置仇贼于不问，无以纪纲乎天下，乃以救周立己功，命秦列为诸侯，取丰镐之地赐晋侯，以文侯之命，取河内。于是秦、晋、齐、楚渐大，而周室愈微。此周之盛衰一大机会也。故夫子《春秋》首之，而重致意焉。果如苏子，一败而鬻田宅也，夫子东周之志虚矣。予尝谓西周文武之兴也以言，言亦政也。东周与西周并《春秋》之言，与文武之功并然哉！（《说史》卷一《平王》）

又：周宣、平、襄王之世，并重秦以御西戎，至定王，秦执义渠以归，自是中国无戎患，可谓得策矣。而秦由是日以强盛，卒灭六国，有天下而无仁义之风。盖后稷树艺而非子善养马，三代之吏以佩玉，而秦令吏以带剑，其所尚弗端矣。则强盛者乃其所以败亡也。（《说史》卷一《秦非子》）

崔　述：太史公曰："学者皆称周伐纣，居洛邑，其实不然。武王营之，成王使召公卜居之，居九鼎焉，而周复都酆、镐。至犬戎败幽王，周乃东徙于洛。"苏氏曰："周之失计未有如东迁之谬也。自平王至于亡，非有大无道者也；赧王之神圣，诸侯服享，然终以不振，则东迁之过也。"崔述曰：甚矣，崔氏之诬也！夫国之盛衰在德不在势，周之所以不振由其无贤圣之君，不以迁都故也。赧王之神圣，诸侯服享，此子朝之谀词耳；考之经传，曾无一善可纪。岂得归咎平王哉？且平王初未尝有迁都之事也。周之王畿，号为千里；然当幽王之初，诗人已有"蹙国百里"之伤。至骊山之变，宗周之地尽没于戎，所存者唯郑郧耳；然后晋文侯迎太子宜臼而立于洛，是为平王。非平王本都宗周，无故而弃千里之畿以东迁于洛也。平王遭家国之变，不能尝胆卧薪，修德立政，以恢复文、武、成、康之业，诚不为英主矣，然遂谓其弃岐、酆而东迁，岂不诬哉！（《崔东壁遗书·无闻集》卷二《周平王论》）

③【汇校】

张文虎："辟戎寇"：《御览》引末有"也"字。（《校刊史记集解索隐正义札记·周本纪》）

[日]泷川资言：枫、三、南本"戎寇"下有"当此明秦襄公以兵送平王，平王封襄公以为诸侯，赐之以岐以西地，从武王尽幽王，凡十二世"三十六字。《通鉴辑览》云："苏轼谓周之失计，未有如东迁之谬，此言诚然。但谓平王若不迁，以行（形）势东临诸侯，诸侯尚未敢贰，此则不然。平王本非拔乱反正之才，并无奋发有为之志，纵使仍都丰镐，亦唯苟安旦夕，终于不振，其能西却犬戎，东抚诸夏乎？且当时亦必有不得不迁之势矣。"吕祖谦曰：由此而止，则为成康，为言语武，由此而下，则为春秋，为战国，乃消长升降之交会。（《史记会注考证》卷四）

【汇评】

胡　宏：幽王无道，虽天下所不与；其见杀于犬戎，则天下所不忍。而平王乃子也，所宜坐薪尝胆，养民训兵，帅天下诸侯，披其巢穴，诛其宗党，复居镐京，继迹文武成康，以盖前人之愆，则可谓人子矣。愚观其命秦晋之词，语平而不切，志舒而不惨，忘不共戴天之仇，轻弃旧都，以西事委之于秦，而即安于洛邑，亡三纲矣，孔子定《书》而取《文侯之命》何哉？平王虽不自饬励，而晋侯不失藩宣之道，逐西戎，黜伯服，扶立冢嗣，定都成周，号令天下，莫敢不从，使平王稍有仁心义气，而辅之以晋文、卫武，则周室中兴矣。圣人心广道大，权轻重，不失毫厘，是以深取晋文，而于平王犹有望也。及其末年，怠堕放纵，不可救药，日以衰微，名号虽存，其实与杞、守等矣。圣人据事实，本天命，而作《春秋》，固非众人之所识也。（《五峰集》卷四《皇王大纪论·文侯之命》）

梁玉绳："于是诸侯乃即申侯而共立故幽王太子宜臼，是为平王，以奉周祀。平王立，东迁于雒邑，辟戎寇"。按：《竹书》"幽王五年，王世子宜臼出奔申。八年，王立褒姒之子伯服为太子。十一年，申人、鄫人及犬戎入宗周弑王，杀王子伯服，执褒姒以归。申侯、鲁侯、许男、郑子立宜臼于申，虢公翰立王子余臣于携，是为携王。二王并立。平王元年，东徙洛邑。二十一年，晋文侯杀余臣"。史公不录携王，疏矣。尝论申侯者，平王不共戴天之仇也，乃始奔于申，继立于申，终且为之成申，不可谓非与闻乎弑矣，借手腥膻，无殊推刃。虢公明冠履大义，独立余臣，辅相二十年之久，真疾风劲草哉！使当时晋、许、郑皆如虢公，则废宜臼而奉携王，周有祭主，世有人伦，岂不伟欤！余方怪当时群侯之替余臣，而《史》并削余臣不书，毋亦昧于《春秋》之义乎？《日知录》云："《文侯之命》，平王报其立己之功，而望以杀余臣之效也。当时诸侯但知冢嗣当立，而不察其与闻乎弑为可诛，虢公之立余臣，或亦有见于此。后人徒以成败论，遂谓平王能继文、武之绪，而惜其弃岐、丰七百里之地，岂当日之情哉？孔子生于二百年之后，有所不忍言，而录《文侯之命》于《书》，录《扬之水》于《诗》，其旨微矣。《传》言平王东迁，盖周之臣子美其名耳，综其实不然。凡言迁者，自彼之此之词，盘庚迁殷是也。幽王之亡，宗庙社稷以及典章文物荡然皆尽，镐京为西戎所有，平王乃自申东保于洛，天子之国，与诸侯无异，其得存周之祀幸矣，而望其中兴耶？"此辨甚确。杜《世族谱》及昭二十六年《传注》、韦注《晋语》一并误以携王为伯服，言诸侯废伯服立宜臼。孔《疏》引刘炫说褒姒之党立之，引束晳说伯服立积年始废，又以为余臣非嫡，故称携王。均未考《竹书》伯服已见杀，妄生异端，奚足为据。(《史记志疑·周本纪》)

④【汇注】

钱　穆：平王宜臼乃申侯甥，申侯为其甥争王位，故联犬戎杀幽王，凡拥护平王诸国，如许、申、郑、晋、秦、犬戎等，皆别有野心，形成一非正义之集团，为东方诸侯所不齿。因此周室东迁后，政令亦骤然解体。(《国史大纲》第一编第三章《幽王见杀与平王东迁》)

【汇评】

王　恢：《日知录》(二)：《文侯之命》，平王报其立己之功，而望以杀余臣之效也。今平王既立于申(原注：在今信阳州。按唐州治义阳，宋改信阳，顾氏沿朱子《诗集传》误)，自申迁于雒邑，而复使周人为戍申(原注：《竹书纪年》平王三十三年楚人侵申，三十六年王人戍申)，则申侯之伐，幽王之弑，不可谓非出于平王之志者矣。当日诸侯但知其冢嗣当立，而不察其与闻乎弑为可诛。虢公之立王子余臣，或有见乎此也。自文侯用师替携王以除其偪，而平王之位定矣。后之人徒以成败论，而不察其故，遂谓平王能继文武之绪，而惜其弃岐丰七百里之地，岂为能得当日之情者哉！传言平王东迁，盖周之臣子美其名尔。综其实不然：凡言迁者，自彼而之此之辞，盘庚迁于殷是也。幽王之亡，宗庙社稷以及典章文物，荡然皆尽；镐京之地，已为西戎所有。平王乃自申东保于雒，天子之国与诸侯无异；而又有携王与之颃颉，并为人主者二十年，其得存周之祀幸矣，而望其中兴哉(原注：如东晋元帝，不可谓之迁于建康)！(《史记本纪地理图考·周本纪·平王迁洛邑》)

又：钱穆先生《国史大纲》又曰："骊山之役，由幽王举兵讨申。史公对此番事变，大段不甚了了。及东王东迁，以弑父嫌疑，不为正义所归附，而周室为天下共主之威信亦扫地以尽，以下遂成春秋之霸局——如拥护平王诸国如许、申、郑、晋、秦、犬戎等，皆别有野心，形成一非正义之集团，为东方诸侯所不齿(平王崩，鲁不奔丧)。因此周室东迁后，政令亦骤然解体。"(同上)

⑤【汇校】

张文虎："周室衰微诸侯强并弱"，《黍离疏》引作"周室微弱，诸侯以强并弱"，《御览》引作"王室"，余同。(《校刊史记集解索隐正义札记·周本纪》)

⑥【汇注】

钱　穆：自周室东迁，西周封建一统之重心顿失，诸侯如网解纽，内外多事，亟亟不可终日。自有霸政，而封建残喘再得苟延。霸政可以说是变相的封建中心。其事创始于齐，赞助于宋，而完成于晋。（《国史大纲》第二编第四章《霸政时期》）

⑦【汇注】

裴　骃：《周礼》曰："九命作伯。"郑众云："长诸侯为方伯。"（《史记集解》）

陈蒲清：方伯：诸侯中势力强大的首领。（引自王利器主编《史记注译·周本纪》）

【汇评】

李凤雏：按：武王既定天下，都于镐京，则千里王畿，自在陕服。周公营洛邑，为东都，以朝诸侯，谓此天下之中，四方攸同，不过规地数百里以为陪京，未必再有千里之畿也。自西京沦没，播迁东都，地隘民贫，仅亦守府，区区手掌之地，复屡割之以劳有功之诸侯，惠王遭子带之难，割虎牢以东予郑；割酒泉予虢，襄王遭子带之难，割阳樊、温、原、攒茅以予晋，东披西裂，剩此弹丸。夫周之先王，建侯树屏，本以夹辅王室，扶危定倾，非异人任。而朝奏勤王之功，暮披神州之邑，则何异于蕲阙宗周乎？桓、文迭兴，大势屡变。桓之伯也，仗义正名，内安外攘，首止以定储，宁毋以通贡，葵丘以申禁，率天下诸侯以事周；文之伯也，东征西伐，报怨报德，威行四出，胁天下诸侯以事晋而已。自是而后，朝贡之事，绝迹于王廷，任上之贡，悉输于伯国。致天子感鲁壶而兴叹，求金车而乞怜。天下之乱，以有盟主也。然春秋自平至敬，凡十二王，皆久安屠弱，未有发愤自强，克绍文武前烈者。（《春秋纪传》卷一《周本纪》）

牛运震：按此下入东迁以后春秋时事，数句提掇，大纲最为简要。（《史记评注·周本纪》）

钱伯城：平王东迁，周朝事实上就名存实亡了，司马迁用"政由方伯"一句话，概括了东周五百年的历史。东周以后，历史的重点就是春秋史、战国史了。（《史记纪传选译·周本纪·解题》）

四十九年①，鲁隐公即位②。

①【汇注】

司马光：四十九，鲁隐公姑息元（年）。（《稽古录》卷一〇《周》下）

徐文靖：平王"四十九年"，己未，鲁隐公元年，春秋始此。（《竹书纪年统笺》卷一〇）

②【汇注】

司马迁：四十六年，惠公卒，长庶子息摄当国，行君事，是为隐公。初，惠公嫡夫人无子，公贱妾声子生子息。息长，为娶于宋。宋女至而好，惠公夺而自妻之。生子允。登宋女为夫人，以允为太子。及惠公卒，为允少故，鲁人共令息摄政，不言即位。（《史记·鲁周公世家》）

司马贞：《世本》隐公名息姑。（《史记索隐·鲁周公世家》）

吴见思：借春秋为提纲，后世家同。（《史记论文·周本纪》）

牛运震：按：《春秋》一书托始隐公，此纪鲁隐公即位，正以标春秋之始也。（《史记评注·周本纪》）

刘咸炘：书"鲁隐即位"，纬以《春秋》也。（《太史公书知意·周本纪》）

【汇评】

陆唐老：隐之立，为桓立也。《谷梁》曰：君之不取，为公将以让桓也。夫非己有而总其事谓之摄。己有之而推于人谓之让。摄则非让，让则非摄也。惠公爱少子，立为太子，公薨，国人不与而立隐公，隐承袭有国，尝曰："先君有太子矣，吾将让焉。"虽有是语，非诚而伪。眷恋君位，莫能践言，桓公径望十年，隐不推避，羽父伺其间隙，遂成篡夺。虚词兆祸，隐实为之。桓公立，而曰隐，摄也。久不归政，而吾取之。后世惑焉。《春秋》诛意，故不书即位，谓之公而无异辞，明其当立。左氏取桓之说，则曰隐摄，《公羊》《谷梁》信隐诈妄乃曰让国，俱失之也。（《陆状元通鉴》卷二〇《外纪周纪上·平王》）

五十一年①，平王崩②，太子洩父蚤死③，立其子林，是为桓王④。桓王，平王孙也。

① 【汇注】

司马光：五十一年，夏，郑祭足帅师取温之麦。秋，又取成周之禾。（《稽古录》卷一〇《周》下）

② 【汇校】

姚允明：五十一年崩，诸侯缓赗，弱王室矣。（《史书》卷一《平王》）

王士俊：平王陵，在太康县城西金堆乡。（《河南通志》卷四九《陵墓》）

【汇注】

徐文靖：平王"五十一年，春三月庚戌，王陟"，《笺》按：是年辛酉，《春秋》鲁隐公三年春三月庚戌，平王崩。《传》曰：壬戌，平王崩。赴以庚戌，故书之。杜氏曰：周平王也。实以壬戌崩，欲诸侯之速至，故远日以赴，《春秋》不书实崩日，而书远日者，即传其伪，以惩臣子之过也。（《竹书纪年统笺》卷一〇《三月庚戌王陟》）

张习孔：前720年，辛酉，周平王五十一年，三月，周平王宜臼卒，太子泄父早死，太孙林立，是为桓王。（《中国历史大事编年·东周》）

又：四月，周、郑交恶。初，周、郑相依，郑之桓公、武公、庄公辅周室，为周卿士。桓王立，欲授虢公政以分郑伯之权。郑伯遂命祭仲（亦称祭仲足）率师取周温（今河南温县西）地之麦。周、郑始交恶。（同上）

又：秋，郑又取成周（今洛阳市东）之禾。（同上）

③【汇注】

张守节：（父），音甫。（《史记正义》）

④【汇注】

潘永圜：桓王，名林，平王孙。父太子泄早死，故立之。壬戌即位，在位二十三年。《谥法》：克敬勤民曰桓。（《读史津逮》卷一《周》）

朱孔阳：桓王讳林，平王孙，《王后纪》季姜十七年归于京师，二十三年甲申三月乙未，王崩，至庄王六年夏五月始葬。（《历代陵寝备考》卷八《周》）

　　桓王三年，郑庄公朝①，桓王不礼②。五年，郑怨③，与鲁易许田④。许田，天子之用事太山田也⑤。八年⑥，鲁杀隐公⑦，立桓公⑧。十三年，伐郑⑨，郑射伤桓王⑩，桓王去归⑪。

①【汇注】

司马光：三年，冬，郑伯朝王，王不礼焉。周桓公曰："善郑以劝来者，犹惧不至，况不礼焉，郑不来矣。"（《稽古录》卷一〇《周》下）

②【汇注】

司马贞：在鲁隐公六年。（《史记索隐》）

张习孔：前717年，甲子，周桓王三年，鲁隐公六年，郑庄公二十七年。（《中国历史大事编年·东周》）

又：周告饥于鲁，鲁隐公为之请籴于宋、卫、齐、郑。（同上）

编者按：《左传》隐公三年载，"四月，郑祭足帅师取温之麦；秋，又取成周之禾。"刘文淇于《春秋左氏传旧注疏证》隐公六年按曰："桓王怒郑禾，故弗礼也。"桓王冷遇郑庄公，非无因也。

【汇评】

左丘明：郑伯如周，始朝桓王也，王不礼焉。周桓公言于王曰："我周之东迁，

晋、郑焉依。善郑以劝来者，犹惧不蔇。况不礼焉，郑不来矣。"(《左传》隐公六年)

③【汇校】

张文虎："郑怨"，据《正义》云"宛，郑大夫"，似所见本作"宛"，与《经传》合，然今各本皆作"怨"。《志疑》云："《说文》宀部有'悹'字，云宛或从心。则'怨'当为'悹'。"按：《郑世家》"庄公怒周弗礼，与鲁易祊、许田"，疑"怨"是"怒"之讹。又怨怒义亦相近，或不烦改字。《正义》经合刻窜乱，未足为据。(《校刊史记集解索隐正义札记·周本纪》)

④【汇校】

梁玉绳："五年，郑怨，与鲁易许田"。按：是年郑但归祊耳，易许田在后四年也，此与《十二侯表》及《鲁郑世家》同误。《说文》宀部有悹字，云"宛或从心"，则怨当为"悹"。(《史记志疑·周本纪》)

李景星："五年，郑怨，与鲁易许田"。按《春秋》，是年郑但归祊耳，易许田在后四年，此与《十二侯表》及《鲁》《郑世家》皆误。(《史记评议·周本纪》)

【汇注】

左丘明：郑伯请释泰山之祀而祀周公，以泰山之祊易许田。三月，郑伯使宛来归祊，不祀泰山也。(《左传·隐公八年》)

刘文淇：《寰宇记》：鲁城在许州颍昌县南四十里。郑伯易许田，即此城也。(《春秋左氏传旧注疏证》隐公八年)

王　恢：许田：《左》隐八年（前七一五），"郑伯请释泰山之祀而祀周公，以泰山之祊易许田"。杜云："成王营王城有迁都之志，故赐周公许田，以为鲁国朝宿之邑。郑桓公友，周宣王之母弟，封郑，有助祭泰山汤沐之邑在祊，郑以天子不复巡狩，故欲以祊易许田，各从本国所近之宜。许田，近许之田。"《括地志》，许昌县南四十里有鲁城。《清统志》（二一八），鲁城在许州东南。《左》隐八年三月，"郑伯使宛来归祊"，而鲁未即以许田与许（郑）。至鲁桓元年（前七一一），"郑伯以璧假许田"，以祊不足当许田，故复加璧，而卒易祊。《谷梁传》曰："非假而曰假，讳言易也。"祊邑，杜云"郑祀泰山之邑，在费县东南"。《郡国志》：泰山郡费县有祊亭。《括地志》：祊田在费县东南。《续山东考古录》："费县东南祊水南岸有许田城。"《清统志》（一七七）许田城在兰山（临沂）县西北五十五里。按祊即许，盖易名耶？(《史记本纪地理图考·周本纪·许田》)

【汇评】

姚允明：五年，鲁、郑易祊、许。姚伯子曰：于郑有祊，知方有邑也，以给狩。于鲁有许，知畿有邑也，以给朝会朝所，以致天下之聚而无扰也。然于易祊以郑，知天下不复望王狩也。于易许以鲁，知天下不复思朝王也。(《史书》卷一《桓王》)

⑤【汇校】

司马贞：《左传》郑伯以璧假许田，卒易祊。祊是郑祀太山之田，许是鲁朝京师之汤沐邑，有周公庙，郑以其近，故易取之。此云"许田天子用事太山田"，误。（《史记索隐》）

梁玉绳："许田，天子之用事太山田也"，《索隐》曰："祊是郑祀太山之田，许是鲁朝京师之汤沐邑，有周公庙，郑以其近，故易取之。此云许田天子用事太山田，误矣。"（《史记志疑·周本纪》）

【汇注】

张守节：杜预云："成王营王城，有迁都之志，故赐周公许田，以为鲁国朝宿之邑，后世因而立周公别庙焉。郑桓公友，周宣王之母弟，封郑，有助祭泰山汤沐邑在祊。郑以天子不能复巡狩，故欲以祊易许田，各从本国所近之宜也。恐鲁以周公别庙为疑，故云已废泰山之祀，而欲为鲁祀周公，逊辞以求也。"《括地志》云："许田在许州许昌县南四十里，有鲁城，周公庙在城中。祊田在沂州费县东南。"按：宛，郑大夫。（《史记正义》）

马持盈：鲁国有汤沐邑在许昌，郑有祀泰山之田在祊。郑与许近，而鲁与祊近，故欲各得近地而交换也。（《史记今注·周本纪》）

⑥【汇注】

张习孔：周桓王取邬、刘、芳、邘四邑（散处今河南偃师、孟津、沁阳等县）于郑，而予郑以温、原、絺、樊、隰郕、攒茅、向、盟、州、陆、隤、怀十二邑（散处温县、修武、孟县、获嘉、武陟、济源等县）。十二邑本为苏氏封地，苏氏不奉王命，郑实丧四邑。（《中国历史大事编年·东周》）

张家英：这个"用事"，古人也称"有事"，即"有所事"。《左传·成公十三年》载刘康公语："国之大事，在祀与戎。"《周礼·春官·大祝》："过大山川，则用事焉。"郑氏注："用事，亦用祭事告行也。"因此这个"用事"实际是指行祭祀之事。（《〈史记〉十二本纪疑诂·周本纪》）

⑦【汇注】

张守节：子允令公子翚杀隐公也。（《史记正义》）

司马光：冬，鲁公子翚请杀桓公，将求太宰，隐公不许。翚惧，反谮隐公于桓公而弑之。（《稽古录》卷一〇《周》下）

印鸾章：己巳八年，冬十一月，鲁公子轨弑其君隐公而自立。初，羽父请杀桓公，将以求太宰。隐公曰："为其少也，吾将授之矣。"使营菟裘，"吾将老焉"。羽父惧，反谮公于桓公，而请弑之。壬辰，羽父使贼弑公于芳氏，立桓公而讨芳氏，有死者。（引自《纲鉴合编》卷二《周纪·桓王》）

梁玉绳：翚始见《春秋》隐四，公子翚始见《公》《谷》隐四，《春秋》桓三经传又作挥，字羽父，亦曰大夫翚。(《汉书人表考》卷九《公子翚》)

张习孔：前712年，己巳，周桓王八年，鲁隐公十一年……鲁公子翚杀隐公。鲁隐公以庶兄子允主国政。公子翚欲为相，诣谓隐公曰："百姓便君，君其遂立。吾请为君杀子允，君以我为相。"隐公不许。翚惧为允所知，所潛隐公于允，请杀之。允许诺。遂杀隐公。允立，是为桓公。(《中国历史大事编年·东周》)

【汇评】

梁玉绳：隐公始见《左传》首篇，惠公子，始见《鲁世家》。惠公继室声子生隐公，名息姑，亦单称息。立十一年，为羽父（为公子翚之字）所弑。按：隐长而又贤，不幸遇弑，而与羽父、桓公，同居第九，则臣可弑君，弟可杀兄乎？升鳌《人表论》、郭延年《史通释》尝讥之，《广弘明集》二《教论》谓隐既未自全，陷弟不义，《汉书》之评，于是乎得。殆非也。(《汉书人表考》卷九《鲁隐公》)

⑧【汇评】

吴见思：弑君附见周政，从此不纲矣。(《史记论文·周本纪》)

张习孔：前707年，甲戌，周桓王十三年，鲁桓公五年，郑庄公三十七年……繻葛之战。周桓王夺郑庄公政，庄公不朝。王率王师及蔡、卫、陈之师伐郑。王为中军；虢公林父将右军；蔡、卫之师属焉；周公黑肩（周桓公）将左军，陈师属焉。郑庄公纳公子元谋，列三队以迎战，以太子忽为右拒（即矩，方形战阵），祭仲为左拒，自为中军。战于繻葛（即长葛，郑邑，今河南长葛东北）。郑先以二拒鼓而进，蔡、卫、陈之师皆溃，王师亦乱。继而郑三军会攻王师，祝聃射王，中肩，王卒大败。(《中国历史大事编年·东周》)

⑨【汇注】

司马贞：在鲁桓五年。(《史记索隐》)

【汇评】

杨一奇撰、陈　简补：鲁桓弑君而自立，宋督弑君而得政，则遣使聘焉而莫之讨，郑伯不朝，贬其爵可耳，顾乃自将以攻之，亦足见桓王之不君。(《史谈补》卷一《东周》)

⑩【汇注】

左丘明：王夺郑伯政，郑伯不朝。秋，王以诸侯伐郑，郑伯御之。王为中军；虢公林父将右军，蔡人、卫人属焉；周公黑肩将左军，陈人属焉。郑子元请为左拒，以当蔡人、卫人；为右拒，以当陈人。曰："陈乱，民莫有斗心，若先犯之，必奔；王卒顾之，必乱；蔡、卫不枝，固将先奔；既而萃于王卒，可以集事。"从之。曼伯为右拒，祭仲足为左拒，原繁、高渠弥以中军奉公，为鱼丽之陈，先偏后伍，伍承弥缝。战于繻葛，命二拒曰："旝动而鼓。"蔡、卫、陈皆奔，王卒乱，郑师合以攻之，王卒大败。祝聘射王中肩，王亦（不）能军。祝聘请从之，公曰："君子不欲多上人，况敢陵天子乎？苟自救也，社稷无陨，多矣。"夜，郑伯使祭足劳王，且问左右。（《左传》桓公五年）

司马光：十三（年），王夺郑伯政，郑伯不朝。秋，蔡人、卫人、陈人从王伐郑，战于繻葛，王卒大败。祝聘射王中肩。（《稽古录》卷一〇《周》下）

张大可：郑射伤桓王：周桓王伐郑，战于繻葛，郑祝聘射中王肩，事详《左传》鲁桓公五年，即公元前707年。诸侯敢抗王师而射中王肩，政由方伯也。（《史记全本新注·周本纪》）

【汇评】

刘恕：西周至昭王始衰，至厉王而大坏，宣王振修纪纲，天下翕然宗周。幽王无道，平王东迁，晋、郑夹辅，诸侯宾从。自桓王伐郑，师败王伤，天子威令，下同列国。吴、越、楚本小国而迭为盟主。东周之王无中材之主，历二十世至赧王卒灭亡。《诗》曰："不吊昊天，乱靡有定。式月斯生，俾民不宁。"言天下乱日益甚也。（引自《纲鉴合编》卷二《周纪·桓王》）

熊尚文：郑人射王中肩，仅遣使谢劳而已，是尚有王法耶？周道之不振，郑伯之无君，于此判矣。（《读史日记》卷一《桓王》）

华庆远：钟伯敬曰：郑伯射中王肩，乃犹曰"君子不欲多尚人，况敢陵天子乎！"使祭足劳王，且问左右。此何异司马懿拒其君于伊水，送大官食具诣行在乎？乱贼面目，不甚相远。（《论世编》卷四《周》）

龙体刚：桓王时，五国弑逆，无兴问罪之师，郑祝聘射中王肩，未闻王命之讨。孔子《春秋》之作，虽始于平，而其意实寓于桓。先儒陈氏云："《春秋》不始于平王，而始于桓王。"其信然乎！（《半窗史略》卷六《东周·桓王》）

⑪【汇注】

司马贞：《左传》繻葛之役，祝聘射王中肩是也。（《史记索隐》）

姚允明：一十三年，王以政畀虢庄公不朝，伐诸繻葛，王中肩而还。（《史书》卷一《桓王》）

二十三年，桓王崩①，子庄王佗立②。庄王四年③，周公黑肩欲杀庄王而立王子克④。辛伯告王⑤，王杀周公⑥。王子克奔燕⑦。

① 【汇注】

梁玉绳：桓王始见《诗·兔爰序》《左隐六》，名林。平王孙泄父子，始见《史·周纪》。平王太子泄父早死，故立孙，二十三年崩，葬河南渑池县东北百二十里。（《汉书人表考》卷七《桓王林》）

孙之騄："（庄王）六年五月，葬桓王"，《春秋》五月葬桓王。《谷梁传》曰"改葬也"。《春秋感精符》云："恒星不见，夜中星殒如雨，而王不惧。使荣叔政葬桓王，冢奢丽太甚。"杜注云：鲁桓十五年，经书桓王崩。庄三年，经书葬桓王。自此以来，周有庄王，又有僖王，崩、葬皆不见于经传，王室微弱，不能复自通于诸侯。（《考定竹书》卷十一）

② 【汇校】

张文虎："庄王佗"：《王风谱疏》《御览》引作"他"。（《校刊史记集解索隐正义札记·周本纪》）

【汇注】

潘永圜：庄王，名佗，桓王太子，乙酉即位，在位十五年。《谥法》：武而不遂曰庄。（《读史津逮》卷一《周》）

朱孔阳：庄王讳佗，桓王子，十五年己亥冬崩。（《历代陵寝备考》卷八《周》）

③ 【汇校】

李景星："庄王四年，周公黑肩欲杀庄王而立王子克"，按事在三年，非"四年"也。（《史记评议·周本纪》）

④ 【汇校】

梁玉绳："庄王四年，周公黑肩欲杀庄王而立王子克"。按：事在三年，非四年也，说见《表》。（《史记志疑·周本纪》）

张习孔：前694年，丁亥，周庄王三年……周公黑肩谋杀庄王，而欲以王子克代之。周大夫辛伯告庄王，庄王杀黑肩。王子克奔南燕（从《左传》，《史记》系于庄王四年）。（《中国历史大事编年·战国》）

【汇注】

裴　骃：贾逵曰："庄王弟子仪也。"（《史记集解》）

郭之奇：周公黑肩者，周之三公。初，庄王弟克有宠于桓王，属诸周公。辛伯谏曰："并后匹敌，两政耦国，乱之本也。"弗从。庄王立黑肩，欲弑之而立克，辛伯告王，遂杀黑肩，王弟克奔燕。（《稽古篇》卷四三《叛人总传》）

梁玉绳：王子克始见《左桓十八》，即子仪，庄王弟，桓王子。（《汉书人表考》卷七《王子克》）

⑤【汇注】

裴　骃：贾逵曰："辛伯，周大夫也。"（《史记集解》）

⑥【汇注】

姚允明：诛周公黑肩，谋弑王而立王子克也。（《史书》卷一《庄王》）

【汇评】

司马贞：《左传》曰："初，子仪有宠于桓王，桓王属诸周公。辛伯谏曰：'并后匹嫡，两政耦国，乱之本也。'周公不从，故及于难。"然周公阿先王旨，自取诛夷，辛伯正君臣之义，卒安王业，二卿优劣诚可识也。（《史记索隐》）

⑦【汇注】

张守节：杜预云："南燕，姞姓也。"（《史记正义》）

王　恢：燕：此与下"谋召燕、卫师"之燕，同为南燕，与召公之北燕异。《汉志》"东郡南燕，南燕姞姓，黄帝后。"《王补》（编者按：指王先谦《汉书补注》）："王念孙曰：南字涉下南字而衍。国有南北燕，而县无南北燕。燕县于战国时为魏地，秦置燕县，而汉因之。《魏策》苏秦说魏王曰：大王之地，北有河外燕。又《秦策》王举甲而攻魏，拔燕，高《注》（编者按：指高诱《汉书注》）：燕，南燕也。《史记·高祖纪》：复击破楚军燕郭西，《索隐》：故南燕国也。《曹丞相世家》：程处反于燕，《集解》：徐广云：东郡燕县。《灌婴传》：击破柘公王武军于燕西。《郡国志》：东郡本南燕国。《河水注》：河水又东迳燕县故城北。《济水注》：濮渠东北迳燕城南，故南燕姞姓之国也。有北燕，故以南氏国。《通典》《元和志》所见《汉志》，皆衍'南'字。《一统志》：故城今延津县北三十五里。"（《史记本纪地理图考·周本纪·王子克奔燕》）

又：《纪要》（四九）：晋省县而城犹存，谓之东燕。后为东燕北。祖逖在豫州，置东燕郡，后魏为县，隋改置胙城县，唐初于县置胙州，又析置南燕县于此。州旋废，仍省南燕入胙城。胙城在县南，古胙国也。（同上）

徐文靖：桓王"二十三年三月乙未，王陟"，《笺》按：是年甲申，《春秋》桓公十五年三月乙未，王崩。林尧叟曰：桓王至庄三年葬。《一统志》，桓王陵在渑池县北九十七里桓王山上。（《竹书纪年统笺》卷一〇《二十三年三月乙未王陟》）

又：庄王"六年五月，葬桓王"，《笺》按：桓王之崩七年矣，至是始葬。林注谓桓王至庄三年葬者，庄王之六年，鲁庄公之三年也。（《竹书纪年统笺》卷一〇《庄王六年五月葬桓王》）

十五年，庄王崩①，子釐王胡齐立②。釐王三年③，齐桓公始霸④。

① 【汇注】
徐文靖：庄王元年乙酉……十五年，王陟。(《竹书纪年统笺》卷一〇)
【汇评】
龙体刚：克恃宠而阴谋篡逆，颓恃宠而开衅乱国，致他日惠王出奔，祸延三世，要皆因未能修齐，几危周室，庄之不庄，可为龟鉴。(《半窗史略》卷六《东周·庄王》)

② 【汇注】
梁玉绳："子釐王胡齐立"，按：厉王名胡，釐王何以又名胡？不可晓。(《史记志疑·周本纪》)
张守节：釐，音僖。(《史记正义》)
李昉：《帝王世纪》曰：僖王自即位以来，变文、武之制，作玄黄华丽之饰，宫室峻而奢侈，故孔子讥焉。(《太平御览》卷八五《僖王》)
潘永圜：釐王，名胡齐，庄王太子。庚子即位，在位五年。元年，齐桓公会于北杏而霸诸侯。《谥法》：有罚而还曰釐。(《读史津逮》卷一《周》)

③ 【汇注】
蒋廷锡：按《竹书纪年》，釐王三年，曲沃武公灭晋侯缗，以宝献王，王命武公以一军，为晋侯。(《古今图书集成·明伦汇编·皇极典》卷一〇《周·釐王本纪》)

④ 【汇注】
司马迁：桓公既得管仲，与鲍叔、隰朋、高傒修齐国政，连五家之兵，设轻重鱼盐之利，以赡贫穷，禄贤能，齐人皆说。……七年，诸侯会桓公于甄，而桓公于是始霸焉。(《史记·齐太公世家》)
司马光：春，诸侯会于鄄，齐侯霸也。(《稽古录》卷一〇《周》下)
陆唐老：三年，齐桓公始霸。会诸侯，为盟主。桓公用管仲为政，四民不使杂处，制国为二十一乡，作内政，而寄军令，谨正盐策。桓公专任管仲，号曰仲父，国事皆令问仲父。故管仲得以尽其材，故能九合诸侯，不以兵车，成霸功者，管仲之力也。(《陆状元通鉴》卷二〇《外纪周纪上·釐王》)
姚允明：三年，齐桓公会诸侯于鄄，始霸。(《史书》卷一《僖王》)
龙体刚：元年庚子，齐桓公会诸侯于北杏，遂人不至，遂灭遂。又侵郑与宋。(《半窗史略》卷六《东周·僖王·注》)
又：齐桓公伐楚，责其不贡包茅以供王祭，楚使屈完乞盟于召陵，而齐师乃还。(《半窗史略》卷六《东周·惠王·注》)

孙之騄：（僖王）四年，晋犹不与齐桓公之盟（《左传注》晋侯缗是年灭）。（《考定竹书》卷一一）

印鸾章： 初，桓公自莒反于齐，使鲍叔牙为宰。辞曰："君加惠于臣，使不冻馁，则君之赐也。若必治国家，则非臣之所能也。其管夷吾乎！臣所不若管夷吾者五：宽惠柔民，弗若也；治国不失其柄，弗若也；忠信可结于百姓，弗若也；制礼义可法于四方，弗若也；执枹鼓立于军门，使百姓加勇焉，弗若也。"……于是专任管仲，号曰仲父，国事皆令问仲父。而管仲得以尽其材，故能九合诸侯，不以兵车成霸功者，管仲之力也。（引自《纲鉴合编》卷二《周纪·庄王》）

张大可： 齐桓公始霸，会诸侯于鄄，事在周釐王三年，即公元前679年。（《史记全本新注·周本纪》）

张习孔： 前679年，壬寅，周僖王三年，鲁庄公十五年，齐桓公七年……齐桓公称霸。齐桓公再会宋桓公、陈宣公、卫惠公、郑厉公于鄄，诸侯咸服，齐始称霸。（《中国历史大事编年·春秋》）

解惠全： 霸：称霸。霸，即春秋战国时诸侯国的盟主。（《全译史记·周本纪》）

【汇评】

吴见思： 插齐桓事。王衰而霸起，世运变易之大端也。（《史记论文·周本纪》）

牛运震： "齐桓公始霸"，按此为春秋大关目，故特记之。（《史记评注·周本纪》）

　　五年，釐王崩①，子惠王阆立②。惠王二年，初，庄王嬖姬姚③，生子颓④，颓有宠。及惠王即位，夺其大臣园以为囿⑤。故大夫边伯等五人作乱⑥，谋召燕、卫师⑦，伐惠王⑧。惠王奔温⑨，已居郑之栎⑩。立釐王弟颓为王⑪。乐及徧舞⑫。郑、虢君怒⑬。四年⑭，郑与虢君伐杀王颓⑮，复入惠王⑯。惠王十年⑰，赐齐桓公为伯⑱。

①【汇注】

梁玉绳： 釐王胡齐，庄王子，始见《史·周纪》，五年崩。（《汉书人表考》卷七《釐王胡齐》）

【汇评】

龙体刚： 按宋林少颖曰：王风绝于庄，齐霸起于僖。王霸兴衰之机，在此二王也。夫考北杏一会，遂以是灭。陈、宋、蔡、邾皆称人，而齐独书爵，盖予齐之能安中国，免斯民于涂炭也明矣。但此后晋文、宋襄、秦穆、楚庄，递相效尤，以为盟长。霸道兴而王纲尽废，东周其何可为哉？（《半窗史略》卷六《东周·僖王》）

② 【汇注】

　　司马贞：《系本》名毋凉。（《史记索隐》）

　　张守节：谥作"毋凉"也。（《史记正义》）

　　潘永圜：惠王，名阆，釐王太子，乙巳即位。二年，庄王嬖姚所生子颓，与大夫边伯等作乱，自立，王出奔温。已而居郑之栎。郑伯虢公，共伐子颓，杀之。奉王归国，共在位二十五年。《谥法》：柔质慈民曰惠。（《读史津逮》卷一《周》）

　　梁玉绳："子惠王阆立"，附案：《世本》《人表》并名毋凉，《国语》韦注亦然，疑名、字之别。（《史记志疑·周本纪》）

③ 【汇注】

　　张守节：杜预云："姚姓也。"（《史记正义》）

④ 【汇注】

　　司马贞：庄王子，釐王弟，惠王之叔父也。（《史记索隐》）

⑤ 【汇注】

　　裴　骃：《左传》曰大臣，蒍国也。（《史记集解》）

　　张文虎："夺其大臣园以为囿"，《御览》《元龟》引作"夺其大臣蒍国之田以为囿"。（《校刊史记集解索隐正义札记·周本纪》）

⑥ 【汇注】

　　裴　骃：《左传》曰五人者，蒍国、边伯、詹父、子禽、祝跪也。（《史记集解》）

　　司马光：二（年），秋，蒍国等五大夫奉庄王子颓以伐王，弗克，出奔温。苏子奉子纲以奔卫。燕师、卫师伐周。冬，立子颓。（《稽古录》卷一〇《周》下）

⑦ 【汇校】

　　张文虎："燕卫师"：《御览》引作"燕卫之师"。（《校刊史记集解索隐正义札记·周本纪》）

【汇注】

　　张守节：南燕，滑州胙城。卫，澶州卫南也。（《史记正义》）

⑧ 【汇注】

　　张习孔：前675年，丙午，周惠王二年……王子颓伐惠王。王子颓，周庄王之子，惠王异母弟。初，周庄王嬖宠子颓，以大夫蒍国为之师。惠王即位，黜子颓，取蒍国之圃。惠王又取大夫边伯之宫，夺子禽祝跪、詹父二大夫之田，收膳夫之禄。是以五大夫共奉王子颓以攻惠王，不克，出奔于温（从《左传》，《史记》以惠王奔温）。温，苏氏之邑，苏氏奉子颓至卫，用卫师、燕（南燕，《史记》误为北燕）师伐惠

王，惠王自王城（王都，今河南洛阳市瀍水之西）出奔。(《中国历史大事编年·春秋》)

⑨【汇注】

张守节：《左传》云苏忿生十二邑，桓王夺苏子十二邑与郑，故苏子同五大夫伐惠王。温，十二邑之一也。杜预云河内温县也。(《史记正义》)

梁玉绳："惠王奔温"，按：《左传》奔温者子颓五大夫，非惠王也，说在《表》。(《史记志疑·周本纪》)

又："惠王二，燕、卫伐王，王奔温，立子颓"。按：《左传》庄十九年，五大夫奉子颓以伐王，不克，出奔温。燕、卫复伐周，遂立子颓。明年，王处于郑之栎。则燕、卫其再伐也。奔温乃子颓也，非王也。即王之处栎亦在三年也，非二年也。此与《本纪》及《卫郑世家》言奔温同谬。以燕、卫为首，又此所误说。夫伐王大逆，《表》所必书。……子颓之篡立既书矣，而叔带、子朝之篡立俱不书，何欤？(《史记志疑·十二诸侯年表》)

王　恢：温，边伯等作乱，谋召燕、卫师。《卫世家》云："惠公怨周之容舍黔牟，与燕伐周。"惠王奔温，已，居郑之栎（前六七五）。《汉志》河内郡温："古国，己姓，苏忿生所封。"《王补》："苏忿生见《左隐》《成传》。狄灭之，周以与晋，见《僖传》。战国分属魏，宋王偃死焉。安釐王元年予秦，并见《魏世家》。《济水篇》：沇水东，至温县西北为济水，又东过其县北。《一统志》：故城今温县西南三十里。"按温与今济源县南之轵，不仅是"西贾上党，北贾赵、中山"的经济都会，同时扼山东西，河南北的枢纽。在春秋战国占有军事重要地位。(《史记本纪地理图考·周本纪·惠王奔温》)

⑩【汇注】

裴　骃：服虔曰："栎，郑大都。"(《史记集解》)

张守节：杜预云："栎，今河南阳翟县也。"(《史记正义》)

王　恢：栎：音力。《左》桓十五年秋，郑伯因栎人杀檀伯而遂居栎。服虔云："栎，郑之大都。"杜云："郑别都，今河南阳翟县也。"按郑都新郑，栎邑大，以为别都也。战国属韩，周末，韩景侯自郑徙此。秦为阳翟县，置颍川郡治焉。汉初封韩王信，信徙太原，复为颍川郡。明万历改为禹州，即今禹县。(《史记本纪地理图考·周本纪·惠王奔温》)

⑪【汇注】

左丘明：秋，五大夫奉子颓以伐王，不克，出奔温。苏子奉子颓奔卫。卫师、燕师伐周。冬，立子颓。(《左传》庄公十九年)

韦　昭：子颓，庄王之少子，王姚之子。王姚嬖于庄王，生子颓。子颓有宠，国

为之师。及惠王即位，取蔿国之圃，及边伯之宫，又收石速之秩，故三子出王而立子颓。(《国语注》卷一《周语上》)

张习孔：前675年，丙午，周惠王二年……冬，边伯、石速、蔿国等在王城立子颓为周王。(《中国历史大事编年·春秋》)

⑫【汇校】

郭嵩焘：乐及遍舞，《杂志》："《太平御览·皇王部》引此'乐及遍舞'上有'遂享诸大夫'五字，今本脱此五字。《左传》庄二十年'王子颓享五大夫，乐及遍舞'，《周语》'王子颓饮三大夫酒，乐及遍舞'，皆其证。"(《史记札记·周本纪》)

【汇注】

韦　昭：遍舞，六代之乐。谓黄帝曰《云门》，尧曰《咸池》、舜曰《箫韶》，禹曰《大夏》，殷曰《大护》，周曰《大武》也。一曰：诸侯大夫遍舞。(《国语注》卷一《周语上》)

裴　骃：贾逵曰："徧舞，皆舞六代之乐也。"(《史记集解》)

刘文淇：杜《注》：皆舞六代之乐，用贾说也。《周语》"乐及遍舞"《注》：遍舞六代之乐也。谓黄帝曰《云门》、尧曰《咸池》、舜曰《大招》、禹曰《大夏》、殷曰《大护》、周曰《大武》；一曰诸侯大夫遍舞也。韦当用贾义。……《宋书·乐志》魏王肃议曰：说者以周家祀天，唯舞《云门》，祭地唯舞《咸池》，宗庙唯舞《大武》，似失其义矣。《周礼》宾客皆作备乐。《左传》五大夫乐及遍舞，六代之乐也。然则一会之日，具作六代乐矣，天、地、宗庙，事之大者，宾客燕会，比之为细。《王制》曰："庶羞不逾牲，燕衣不逾祭服。"可以燕乐而逾天地宗庙之乐乎？王肃说"遍舞"亦同于贾。(《春秋左氏传旧注疏证》庄公二十年)

⑬【汇注】

左丘明：冬，王子颓享五大夫，乐及遍舞。郑伯闻之，见虢叔曰："寡人闻之，哀乐失时，殃咎必至。今王子颓歌舞不倦，乐祸也。夫司寇行戮，君为之不举，而况敢乐祸乎？奸王之位，祸孰大焉。临祸忘忧，忧必及之。盍纳王乎？"虢公曰："寡人之愿也。"(《左传》庄公二十年)

【汇评】

梁玉绳："乐及遍舞，郑、虢君怒"。按：子颓享五大夫，乐及遍舞，郑伯谓其哀乐失时，必及于祸，何言怒也。(《史记志疑》)

⑭【汇注】

司马光：四（年）夏，虢公、郑伯同伐王城，杀王子颓及五大夫，而纳王。(《稽古录》卷一〇《周》下)

⑮【汇注】

左丘明：郑厉公见虢叔，曰："吾闻之，司寇行戮，君为之不举（乐），而况敢乐祸乎？今吾闻子颓歌舞不息，乐祸也。夫出王而代其位，祸孰大焉。临祸忘忧，是谓乐祸，祸必及之。盍纳王乎？"虢叔许诺。郑伯将王自圉门入，虢叔自北门入，杀子颓及三大夫，王乃入也。(《国语·周语上》)

张守节：贾逵云："郑厉公突，虢公林父也。"(《史记正义》)

孙之騄：《左·庄》十九年，初，王姚嬖于庄王，生子颓。子颓有宠，蔿国为之师。及惠王即位，取蔿国之圃以为囿，边伯之宫近于王宫，王取之。夺子禽、祝跪与詹父田，而收膳夫之秩，故蔿国、边国、石速、詹父、子禽、祝跪作乱，因苏氏。秋，五大夫奉子颓以伐王，不克，出奔温。苏子奉子颓以奔卫。卫师、燕师伐周。冬，立子颓。庄二十年春，郑伯和王室，不克。执燕仲父夏，郑伯遂，以王归。王处于栎（栎，今河南阳翟县）。秋，王及郑伯入于邬，遂入成周，取其宝器而还。二十一年春，胥命于弭夏，同伐王城。郑伯将王自圉门入，虢叔自北门入，杀子颓及五大夫。(《考定竹书》卷一一)

⑯【汇注】

姚允明：二年，王子颓介庄王宠，以卫师、燕师入立。三年，郑厉公奉王于栎。四年，会虢公诛颓，复王。(《史书》卷一《惠王》)

刘文淇：《年表》周惠王二年，诛颓，入惠王。郑厉公七年，救周乱入王。……《郑世家》，厉七年，春，与虢叔袭杀王子颓，而入惠王于周。(《春秋左氏传旧注疏证》庄公二十一年)

【汇评】

范光宙：王惛愦不辨苍素者，王子颓奸王之位，乐祸而为乱，边伯、石速、蔿国等六人，出王立颓，相党恶而助乱，皆冒不臣之辜，于罔赦之律者。一时廷臣莫敢振旅以匡王室，而独郑伯倡义，虢叔勠力，相与诛子颓，戮石速，尸五大夫于朝，其纳王复辟，皆郑与虢力也。义均功等而王顾与虢以酒泉，与郑以虎牢，及爵与鬯鉴，其庆赏不明，一至于此，奚怪郑之恶于王，而遗其隙也。(《史评》卷一《惠王》)

⑰【汇注】

姚允明：十年，齐服陈郑，盟幽，以王命伐卫，赂不卒事。(《史书》卷一《惠王》)

⑱【汇注】

左丘明：王使召伯廖赐齐侯命。(《左传》庄公二十七年)

编者按：清末刘文淇《春秋左氏传旧注疏证》云："杜注：召伯廖，王卿士。召康公之封召也，当在西都畿内。"《释例》曰："扶风雍县东南有召亭也。春秋时召伯犹是召公之后,西都既已赐秦,则东都别有召地,不复知其所在。"高士奇《春秋地名考略》云"在今绛州垣曲县之召原"。《寰宇记》云:"召原在王屋山下。"西都畿内的召亭在今陕西岐山县城西南约4公里的刘家原村,清代称为召亭村。《年表》云:"惠王十年,赐齐侯命。"《周本纪》云:"惠王十年,赐齐桓公为伯。"

解惠全: 伯:诸侯之长。(《全译史记·周本纪》)

张习孔: 前667年,甲寅,周惠王十年,鲁庄公二十七年,齐桓公十九年……周以齐桓公为侯伯。周惠王命其卿士召伯廖赴齐,赐命齐桓公为侯伯(诸侯首领)。周王以卫助王子颓之乱,命齐讨之。齐桓公会鲁庄公于城濮(卫地,今山东鄄城西南),谋伐卫。(《中国历史大事编年·春秋》)

又: 前666年,周惠王十一年……三月,齐桓公伐卫,败卫师,责之以王命,取赂而还。(同上)

二十五年①,惠王崩②,子襄王郑立③。襄王母蚤死,后母曰惠后④。惠后生叔带⑤,有宠于惠王⑥,襄王畏之。三年⑦,叔带与戎、翟谋伐襄王,襄王欲诛叔带,叔带奔齐⑧。齐桓公使管仲平戎于周⑨,使隰朋平戎于晋⑩。王以上卿礼管仲。管仲辞曰⑪:"臣贱有司也⑫。有天子之二守国、高在⑬。若节春秋来承王命⑭,何以礼焉⑮?陪臣敢辞⑯。"王曰:"舅氏⑰,余嘉乃勋⑱,毋逆朕命。"管仲卒受下卿之礼而还⑲。九年,齐桓公卒⑳。十二年㉑,叔带复归于周㉒。

① **【汇校】**

陆伯焜:《年表》在二十四年。(引自《史记考证·周本纪》)

② **【汇校】**

张习孔: 前653年,戊辰,周惠王二十四年……闰十二月,周惠王卒,太子郑立,是为襄王。襄王患其弟带争立,秘不发丧而求助于齐。明年,襄王始以惠王之丧讣告诸侯(《左传》从实,系于本年,《春秋》从讣,系于下年)。(《中国历史大事编年·春秋》)

又: 前652年,己巳,周襄王郑元年,鲁僖公八年,齐桓公三十四年……正月,齐桓公率鲁、宋、卫、许、曹之君及陈世子与襄王之大夫盟于洮(曹邑,今山东鄄城

西南），以固襄王王位。襄王定位而后发丧。（同上）

【汇注】

　　司马光：二十四（年），冬，王崩，襄王畏太叔带之难，不发丧，而告难于齐。（《稽古录》卷一〇《周》下）

　　孙之騄：《左传》僖七年闰月，惠王崩。襄王恶太叔带之难，惧不立，不发丧，而告难于齐。《春秋》书僖八年冬十有二月丁未，告。《周本纪》："二十五年，惠王崩，子襄王郑立。"《水经注》："晋襄城郡，周襄王居之，故曰襄城也。"（《考定竹书》卷一一《襄王》）

　　徐文靖：《笺》按：僖公七年秋七月，盟于宁母。闰月，惠王崩。林氏曰：惠王实以前年闰月崩，以今年十二月丁未告。《传》曰："王人来告丧，难故也，是以缓。"杜氏曰：有叔带之难。（《竹书纪年统笺》卷一〇《二十五年春王陟》）

　　梁玉绳："二十五年，惠王崩"。附按：《春秋》书惠王崩于僖八年十二月，《左传》谓崩于僖七年闰月，疑《左传》有误。从《传》则二十四年，从《经》则二十五年，今依《左传》考之，闰月惠王崩，襄王恶叔带之难惧不立，故不发丧而告难于齐。次年正月盟于洮，定襄王位发丧。则秘丧仅逾月，安得缓至十二月乎？或者惠王有疾弗瘳，襄王恐一旦大故，叔带篡立，先告难于齐，于是桓公合诸侯于洮以定其位，至冬，王乃崩耳。此元吴澄《春秋纂言》之说。又《竹书》惠王之陟在二十五年。（《史记志疑·周本纪》）

　　刘文淇："闰月，惠王崩，襄王恶太叔带之难"。《春秋分纪历书传》于岁尾书闰月，盖十二月也。《经》两书闰，皆于岁末，此后世所以有"归余于终"之较。盖《春秋》闰法不正尔。贾曾曰："此说非也。《传》次于秋，盟于宁母下。"按是年，闰余十四，以十二乘之，得一百六十八，加七者九，得二百三十一。盈章中二百二十八而余三，正处暑闰在八月后，是年闰八月，《周本纪》："二十五年，惠王崩。子襄王郑立，襄王母蚤死，后母曰惠后。惠后生叔带，有宠于惠王，襄王畏之。"《年表》"襄王立，畏太叔"，亦系于二十五年。《集解》徐广曰："皇甫谧云'二十四年惠王崩'。"谧盖据传为说，《本纪》《年表》从八年经也。（《春秋左氏传旧注疏证》僖公七年）

③**【汇注】**

　　司马光：二十五（年），春，诸侯盟于洮，谋王室也。襄王定位而后发丧。（《稽古录》卷一〇《周》下）

　　潘永圜：襄王，名郑，惠王太子，庚午即位。母早卒，后母惠后生叔带，叔带与戎翟谋攻王，畏诛奔齐。十二年，复归于周。王纳翟后，复绌之，翟人来问罪，王出奔郑，居于汜。狄人立叔带为王，取王所绌翟后与居温。王告急于晋，晋文公乃纳王，诛叔带。共在位三十三年。元年，齐桓公盟于葵丘。二十年，晋文公盟于践土。《谥

法》：辟地有余曰襄。(《读史津逮》卷一《周》)

朱孔阳：襄王讳郑，惠王太子，十五年以狄女隗氏为后。十六年，王废狄后。王子带以狄入寇，王出居郑。十七年，晋侯逆王入于王城。三十三年壬寅八月，王崩。(《历代陵寝备考》卷八《周》)

④【汇注】

裴　骃：《左传》曰："陈妫归于京师，实惠后也。"(《史记集解》)

张守节：按：陈国，舜后，妫姓也。(《史记正义》)

⑤【汇注】

司马贞：惠王子，襄王弟，封于甘，故《左传》称甘昭公。(《史记索隐》)

张守节：惠王子，襄王弟，封之于甘。《括地志》云："故甘城在洛州河南县西南二十五里。《左传》云甘昭公，王子叔带也。《洛阳记》云河南县西南二十五里，甘水出焉，北流入洛。山上有甘城，即甘公采邑也。"(《史记正义》)

陆伯煜："襄王母早死，后母曰惠后，惠后生叔带"，《左传·疏》曰：二十四年。《传》曰：不穀不德，得罪于母氏之宠子带。《书》曰"天王出居于郑"，辟母弟之难也。如彼传文，则襄王与子带俱是惠后所出，但是母钟爱其少子，故欲废太子而立之，《周本纪》云："襄王母早死，后母曰惠后，生叔带。"与传不同。(引自《史记考证·周本纪》)

⑥【汇评】

陈允锡：子颓因宠生乱，惠王失位。返国，乃不以为戒，复宠子带。甚矣，殷鉴之难也！(《史纬》卷一《周》)

⑦【汇校】

李景星："三年，叔带与戎、翟谋伐襄王，襄王告急于晋"。按《左传》，事在十六年。(《史记评议·周本纪》)

【汇注】

司马光：三(年)，夏，戎伐京师，王子带召之也。(《稽古录》卷一〇《周》下)

刘文淇：《年表》周襄王三年，戎伐我，太叔带召之。……《齐世家》，桓公三十八年，周襄王弟与戎翟合谋伐周。(《春秋左氏传旧注疏证》僖公十一年)

⑧【汇注】

陆唐老：初，惠王少子叔带有宠，惠后欲立之而不克。叔带欲与戎狄伐周，王知之，将诛叔带，叔带奔齐。(《陆状元通鉴》卷二〇《外纪周纪上·襄王》)

又：在惠王三年奔齐，乃鲁僖公十一年。(同上)

陆伯煜："叔带奔齐"，襄王四年，鲁僖十二年也。叔带奔齐，在四年，此入三年，《年表》亦然，皆与《左传》不符。(引自《史记考证·周本纪》)

⑨【汇校】

梁玉绳："三年，叔带与戎、翟谋伐襄王，襄王欲诛叔带，叔带奔齐。齐桓公使管仲平戎于周"，按：《左传》带奔齐在僖十二年，当襄王四年，此与《表》并误在三年。平戎亦在四年。(《史记志疑·周本纪》)

【汇注】

裴　骃：服虔曰："戎伐周，晋伐戎救周，故和也。"(《史记集解》)

姚允明：带以戎焚王城、伊洛之间者也。齐平戎，而不诛带。(《史书》卷一《襄王》)

刘文淇：《杜注》："平，和也。"前年，晋救周伐戎，故戎与周晋不和。即用服说。(《春秋左氏传旧注疏证》僖公十二年)

⑩【汇注】

陈蒲清：齐桓公叫晋国伐戎救周，故派管仲使周，派隰朋使晋，平定戎乱。(引自王利器主编《史记注译·周本纪》)

⑪【汇评】

吴见思：词命佳。(《史记论文·周本纪》)

⑫【汇注】

陈蒲清：贱有司：地位低下的小臣。(引自王利器主编《史记注译·周本纪》)

⑬【汇注】

裴　骃：杜预曰："国子、高子，天子所命为齐守臣，皆上卿也。"(《史记集解》)

张大可：国、高：国子、高子皆齐之上卿，受周王室之命，世代为齐相，故称天子之二守。(《史记全本新注·周本纪》)

解惠全：守：守臣。天子任命的大臣。《礼记·王制》："大国三卿，皆命于天子……次国三卿，二卿命于天子，一卿命于其君。"齐为次国，二卿为天子所命，即国、高二氏，为上卿。一卿为桓公所命，即管仲，为下卿。(《全译史记·周本纪》)

⑭【汇注】

裴　骃：贾逵曰："节，时也。"王肃曰："春秋聘享之节也。"(《史记集解》)

马持盈：节：时也，春秋聘享之时节也。(《史记今注·周本纪》)

⑮【汇注】

刘文淇：《王制》：诸侯之于天子也，比年一小聘，三年一大聘。《大行人》："殷眺以除邦国之慝。"注：殷眺一服朝之岁。五服，诸侯皆使卿以聘礼来觐天子。诸侯使卿聘皆有定期，故贾以节为时，王书申贾义耳。(《春秋左氏传旧注疏证》僖公十二年)

⑯【汇注】

　　裴　骃：服虔曰："陪，重也。诸侯之臣于天子，故曰陪臣。"（《史记集解》）

　　刘文淇：《杜注》"诸侯之臣曰陪臣"，用服说，而未得服意。《曲礼》："列国之大夫入天子之国曰某士，自称曰陪臣某。"按《疏》云："其君已为王臣，己今又为己君之臣。故自称对曰重臣。"是服注诸侯之臣于天子，谓诸侯已臣于天子，乃释陪臣为重臣之意也。（《春秋左氏传旧注疏证》僖公十二年）

⑰【汇注】

　　裴　骃：贾逵曰："舅氏，言伯舅之使也。"（《史记集解》）

　　张守节：武王娶太公女为后，故呼舅氏，远言之。我善汝有平戎之功勋。（《史记正义》）

　　刘文淇：《杜注》："伯舅之使，故曰舅氏。"杜用贾说。《周本纪·正义》："武王娶太公女为后，故呼舅氏。"阎若璩《古文尚书疏证》云："诸侯既异姓，其臣虽与我同姓，且同出，穆王之后如管仲者，亦只谓之舅氏，则同姓诸侯之臣之称从可知已。或伯父之使，则曰伯氏；或叔父之使，则曰叔氏。一以国之大小而分伯叔，不以其人之字而伯氏、叔氏焉。斯协乎礼矣。"（《春秋左氏传旧注疏证》僖公十二年）

　　解惠全：舅氏：管仲为周之同姓，此处周王称他为舅氏，是据齐与周的关系。周武王娶齐太公女为后，故齐、周世代为舅甥关系。（《全译史记·周本纪》）

⑱【汇注】

　　马持盈：余嘉乃勋：我非常之嘉赏你的功劳。（《史记今注·周本纪》）

　　吴国泰："舅氏余！嘉乃勋，毋逆朕命"。国泰按："余"字与舅氏连读，若"小白余！敢贪天子之命无下拜"之"余"。舅氏，惠王称管仲也。贾逵曰"'舅氏'言伯舅之使也"者，非是。"余"者，语词也。《说文》："余，语之舒也。"舅氏余者，犹舅氏乎也。乃，假为汝，实假为矞也。（《史记解诂》，载《文史》第四十二辑）

⑲【汇注】

　　张守节：杜预云："管仲不敢以职自高，卒受本位之礼也。"（《史记正义》）

　　刘文淇：《年表》齐桓公三十八年，使管仲平戎于周，欲以上卿礼，让，受下卿。（《春秋左氏传旧注疏证》僖公十二年）

⑳【汇注】

　　张习孔：前643年，戊寅，周襄王十年，鲁僖公十七年，齐桓公四十三年……齐诸公子争立。初桓公以昭为太子。桓公疾，无亏、元、潘、商人、雍五公子皆争立；及卒，五公子互相攻伐。易牙人与寺人貂因内宠以杀群吏，立无亏。太子昭奔宋。桓公之尸在床六十七日，尸虫出于户而后殡。（《中国历史大事编年·春秋》）

㉑【汇校】

陆伯焜：《左传》，叔带复归在鲁僖二十二年，于襄王为十四年，《年表》亦然，此作"十二年"，盖误。（引自《史记考证·周本纪》）

【汇评】

金履祥：按五伯，桓公为盛。而周室戎狄之祸自若。王子带以戎伐周，天下之大罪也。桓公不能讨而平戎于王，岂以受王子带之奔为此姑息耶？桓公身不能容子纠，而为王容叔带，固将曲全襄王兄弟之爱，不免卒酿王室异日之祸云。（引自《史记评林·周本纪》）

㉒【汇注】

左丘明：富辰言于王曰："请召太叔。《诗》曰：'协比其邻，昏姻孔云。'吾兄弟之不协，焉能怨诸侯之不睦？"王说。王子带自齐复归于京师，王召之也。（《左传》僖公二十二年）

裴骃：《左传》曰："王召之。"（《史记集解》）

梁玉绳："十二年，叔带复归于周"。按：事在十四年，《表》与《传》合，此误。（《史记志疑·周本纪》）

张习孔：前638年，癸未，周襄王十五年，鲁僖公二十二年……周襄王纳大夫富辰之请，召其弟太叔带自齐反京师。（《中国历史大事编年·春秋》）

十三年，郑伐滑①。王使游孙、伯服请滑②，郑人囚之。郑文公怨惠王之入不与厉公爵③，又怨襄王之与卫滑④，故囚伯服⑤。王怒，将以翟伐郑。富辰谏曰⑥："凡我周之东徙⑦，晋、郑焉依⑧。子颓之乱，又郑之由定。今以小怨弃之⑨！"王不听。十五年，王降翟师以伐郑⑩。王德翟人⑪，将以其女为后⑫。富辰谏曰⑬："平、桓、庄、惠皆受郑劳⑭，王弃亲亲翟，不可从。"王不听。十六年⑮，王绌翟后⑯，翟人来诛，杀谭伯⑰。富辰曰："吾数谏不从，如是不出⑱，王以我为怼乎？"乃以其属死之⑲。

①【汇校】

陆伯焜：《春秋经》伐滑，在鲁僖二十年，于襄王为十二年。（引自《史记考证·周本纪》）

梁玉绳："十三年，郑伐滑"。按：《国语》以伐滑为襄王十三年，与《左传》违。实仍《国语》之误，当作"十六年"。（《史记志疑·周本纪》）

【汇注】

左丘明：郑之入滑也，滑人听命。师还，又即卫。郑公子士、泄堵俞弥帅师伐滑。（《左传》僖公二十四年）

裴　骃：贾逵曰："滑，姬姓之国。"骃按：《左传》曰"滑人叛郑而服于卫"也。（《史记集解》）

张守节：杜预云滑国都费，河南缑氏县，为秦所灭，时属郑、晋，后属周。事在鲁釐公二十年。《括地志》云："缑氏故城本费城也，在洛州缑氏县（南）东二十五里也。"（《史记正义》）

张习孔：前640年，辛巳，周襄王十三年……夏，郑文公之子公子士、郑大夫泄堵寇率师入滑（今河南偃师境，都费，又称费滑），讨其叛郑亲卫。（《中国历史大事编年·春秋》）

② 【汇注】

裴　骃：贾逵曰："二子，周大夫。"（《史记集解》）

马持盈：滑：在河南偃师县南。请滑：为滑国讲情。（《史记今注·周本纪》）

③ 【汇注】

裴　骃：服虔曰："惠王以后之鞶鉴与郑厉公，而独与虢公玉爵。"（《史记集解》）

张守节：《左传》云："庄公二十一年，王巡虢守，虢公为王宫于玤，王与之酒泉，郑伯之享王，王以后之鞶鉴与之。虢公请器，王与之爵。郑伯由是怨王也。"杜预云："后鞶带而以镜为饰也。爵，饮酒器也。玤，地。酒泉，周邑。"（《史记正义》）

④ 【汇注】

裴　骃：服虔曰："滑，小国，近郑，世世服从，而更违叛，郑师伐之，听命，后自愬于王，王以与卫。"（《史记集解》）

吴见思：以滑与卫事补出。（《史记论文·周本纪》）

张大可：与：偏袒。郑文公又怨周襄王偏向卫、滑两国。按：滑为郑之属国，滑诉于襄王，襄王以滑与卫，故郑怨。（《史记全本新注·周本纪》）

⑤ 【汇注】

梁玉绳："故囚伯服"，按：《左传》云郑伯执二子，则此脱游孙一人。（《史记志疑·周本纪》）

⑥ 【汇注】

裴　骃：服虔曰："富辰，周大夫。"（《史记集解》）

【汇评】

黄省曾：《传》称平王以来，臣皆从君于惛靡，能为无有。独辰为有力自信哉！观襄王初以狄师伐郑，惟辰以为不可，至登叔隗为后，又惟辰以为不可，卒之竟遇狄祸而播越焉。君子以其谏为忠矣，至于吁嗟慷慨，率其属而死国之难，岂非卓然烈丈夫也哉！（引自《史记评林·周本纪》）

⑦【汇注】

陈蒲清：东徙，指平王避乱东迁洛邑。（引自王利器主编《史记注译·周本纪》）

⑧【汇注】

马持盈：晋、郑焉依：即晋、郑是依。焉字在此处，不作疑问词用。（《史记今注·周本纪》）

⑨【汇校】

张文虎："今以小怨弃之"，《志疑》云节录《国语》，疑脱"不可"二字。（《校刊史记集解索隐正义札记·周本纪》）

梁玉绳："今以小怨弃之"，按：《史》节录《国语》文，不用《左传》。疑此句下脱"不可"二字，否则此语未了也。（《史记志疑·周本纪》）

⑩【汇校】

梁玉绳："十五年，王降翟师以伐郑"。按：此以伐郑在十五年，《国语》作十七年，俱误，当依《春秋》书于襄王十六年也。（《史记志疑·周本纪》）

【汇注】

张习孔：前636年，乙酉，周襄王十七年……夏，周出狄师伐郑。滑叛郑亲卫，郑师伐之。周襄王遣使赴郑，为滑请命。郑以襄王右袒卫、滑，执王使。襄王遂出狄师伐郑，取栎（郑邑，今河南禹县）。襄王纳狄女隗氏为后。（《中国历史大事编年·春秋》）

吴国泰：国泰按，降者，共之借字。《左哀二十六年传》："六卿三族降听政。"杜解："降，和同也。"即假降为共也。（《史记解诂》，载《文史》第四十二辑）

【汇评】

陈允锡：郑固应伐，但不当使狄伐之也。（《史纬》卷一《周》）

⑪【汇注】

刘文淇：荷其恩者谓之为德，古人有此说也。（《春秋左氏传旧注疏证》僖公二十四年）

⑫【汇注】

陆伯焜："十五年，王降翟师以伐郑，王德翟人，将以其女为后"。《左传》鲁僖二十四年夏，狄伐郑，取栎，于襄王为十六年，《国语》作十七年，此与王绌翟后，玩

《左传》文,似一年事,《史记》分载两年。(引自《史记考证·周本纪》)

⑬【汇评】

魏昭士:能谏之臣,在乎先事,事势既成而后谏,则非有贤明之君不能听也。周襄王以狄伐郑,富辰谏之事是矣。然使辰果能谏则当在于遣伯服、游孙(伯)请滑之时。何则?周室东迁数十年,列国诸侯无强于郑者,繻葛之役可见矣。且《传》有之曰:"周之东迁,晋、郑是依。惠王奔虢,而郑纳之,其功莫大。郑屡有功于王室而无报,反为卫请滑。其执二子也,虽郑之不臣,而王室实开其衅也。呜呼!辰能谏,于此时,则郑不至于失臣,王不至于失君,狄师可以无出,而叔带之祸可不作矣。惜哉!"(《宁都三魏全集·魏昭士先生文集》卷一《富辰论》)

⑭【汇评】

牛运震:"富辰谏曰:'凡我周之东徙'"云云,"富辰谏曰:'平、桓、庄、惠'"云云,按此二谏,括约《左传》,最简妙。(《史记评注·周本纪》)

⑮【汇校】

陈蒲清:十六年,《国语·周语》作"十八年"。(引自王利器主编《史记注译·周本纪》)

【汇注】

章 衡:乙酉十六年夏,王使狄伐郑,因以其女隗氏为后,王子带通于隗氏,王替之。秋,狄人奉大叔以攻王,王出适郑,处于氾。大叔以隗氏居于温。(《编年通载》卷一《周》)

⑯【汇注】

马持盈:绌:降低其地位或取消其地位。(《史记今注·周本纪》)

张习孔:前636年,乙酉,周襄王十七年,襄王王后隗氏私通王子带,襄王废之。狄怒,与王子带共攻襄王,败王师,获周公忌父、原伯、毛伯、富辰,襄王出奔于氾(今河南襄城南)。(《中国历史大事编年·春秋》)

⑰【汇注】

裴 骃:唐固曰:"谭伯,周大夫原伯、毛伯也。"(《史记集解》)

司马贞:按,《国语》亦云:"杀谭伯",而《左传》太叔之难,获周公忌父、原伯、毛伯,唐固据《传》文读"谭"为"原",然《春秋》有谭,何妨此时亦仕王朝,预获被杀?《国语》既云"杀谭伯",故太史公依之,不从《左传》说也。(《史记索隐》)

梁玉绳:"杀谭伯",按:《集解》引唐固曰"谭伯,周大夫原伯、毛伯也"。《索隐》谓"《国语》谭伯,而《左传》原伯,唐固据《传》文读'谭'为'原',然《春秋》有谭,何妨此时亦仕王朝,预获被杀。《国语》既云'杀谭伯',故太史公依之，不从《左传》也"。《索隐》甚谬。唐固引《传》文，正以著"谭""原"之异，未尝读"谭"为"原"。而谭久为齐桓公所灭，此时安得有之，盖《国语》误。小司马不纠《史》之误从《国语》，而妄为之征。（《史记志疑·周本纪》）

⑱【汇注】

马持盈：出：挺身而出与敌人作战。（《史记今注·周本纪》）

⑲【汇注】

刘文淇：《周语》又云："富辰曰：'昔吾骤谏王，王弗从，以及此难。若我不出，王其以我为怼乎？'乃以其属死之。"《周本纪》所载与《周语》同。（《春秋左氏传旧注疏证》僖公二十四年）

【汇评】

范光宙：语云："天之所坏，不可支也。"周至襄王，坏云极矣。郑人不从请滑，远出狄师伐郑；又取狄女为后，是时崇狄为前茅，而不虞养虎遗后患者。辰以国桢，鲠鲠进谏，欲出狄师，曰"不可"，欲后狄女，又曰"不可"。其危言激论，无非欲竭诚以支所坏者。乃王一不见听，而卒焉叔带发难，内乱滋起，曩以狄攻郑者，遂反戈而周矣。天王至尊，触尘而蒙，岂天之所坏，即桢干如辰者，终莫之干邪！（《史评》卷一《富辰》）

陈允锡：无怼君之心，可取！（《史纬》卷一《周》）

初，惠后欲立王子带①，故以党开翟人②，翟人遂入周。襄王出奔郑③，郑居王于氾④。子带立为王，取襄王所绌翟后，与居温⑤。十七年⑥，襄王告急于晋⑦，晋文公纳王而诛叔带⑧。襄王乃赐晋文公珪、鬯、弓矢⑨，为伯⑩，以河内地与晋⑪。二十年⑫，晋文公召襄王⑬，襄王会之河阳、践土⑭，诸侯毕朝。书讳曰："天王狩于河阳⑮。"

①【汇注】

梁玉绳：王子带始见《左僖十一》《周语中》。母惠后陈妫。襄王弟，亦曰太叔，亦曰太叔带，亦曰叔带，亦曰昭公，亦曰甘昭公，亦曰昭叔，亦曰甘公，晋文公勤王，杀之于隰城。（《汉书人表考》卷九《王子带》）

又：王子带，亦曰叔带，见《左传》昭二十六年。（《汉书人表考·补》）

王　恢：王子带，甘昭公也。封于甘，故城在洛阳西南二十五里。（《史记本纪地

理图考·周本纪·天王狩于河阳》）

② 【汇校】

　　梁玉绳："初，惠后欲立王子带，故以党开翟人"。按：《史》著一初字，似非此时事，然《匈奴传》亦云"惠后与狄后，子带为内应，开戎、狄，破逐襄王"。考僖二十四年《传》"初，惠后欲立子带，未及而卒，子带奔齐"。而奔齐在僖十二年，则惠后已卒十余年，故襄王称"先后"也，安得有惠后开翟为内应之事哉，《纪》《传》皆误。（《史记志疑·周本纪》）

　　【汇注】

　　韦昭：言初者，惠后已死，以其党者，谓颓叔、桃子，缘惠后欲立子带，故以子带为党，开狄人伐周也。（《国语注》卷二《周语中》）

　　张大可：党：党徒，部属。惠后欲立子带为王，以自己的徒属为翟人开路，即指使徒属引入翟人。（《史记全本新注·周本纪》）

③ 【汇注】

　　张守节：《公羊传》云："王者无外，此其言出，何？不能事母也。"（《史记正义》）

④ 【汇注】

　　裴骃：杜预曰："郑南氾在襄城县南。"（《史记集解》）

　　张守节：氾，音凡。《括地志》云："故氾城在许州襄城县一里。《左传》云'天王出居于郑，处于氾'是。"（《史记正义》）

　　刘文淇：《郡国志》：颍川郡襄城有氾城。《水经注》：襄城县南对氾城。《一统志》：氾城在开封府氾水县南三十五里，今名周村。氾水在许州府襄城县北七里，亦名七里河。（《春秋左氏传旧注疏证》僖公二十四年）

　　王恢：氾：《左》僖二十四年，杜云："郑南氾，在襄城县南。"《说苑》："襄城南对氾城。"《汝水注》："襄二十六年杜注，涉汝水于氾城下。京相璠曰：周襄王居之，故曰襄城也。"按襄城今河南襄城县西郭外，氾在县南一里临汝水。（《史记本纪地理图考·周本纪·天王狩于河阳》）

⑤ 【汇注】

　　韦昭：黜，废也。狄后既立，而通王子带，故王废之也。（《国语注》卷二《周语中》）

　　张守节：《括地志》云："故温城在怀州温县西三十里，汉、晋为县，本周司寇苏忿生之邑。《左传》云周与郑人苏忿生十二邑，温其一也。《地理志》云温县，故国，己姓，苏忿生所封也。"（《史记正义》）

⑥【汇校】

　　李景星："十七年，襄王告急于晋"。按《左传》，事在十六年。（《史记评议·周本纪》）

　　【汇注】

　　章　衡：丙戌十七年，晋文公用狐偃言。三月，以右师围温，左师纳王。四月丁巳，王入于王城，取太叔，杀之于隰城，王与之南阳之田。（《编年通载》卷一《周》）

⑦【汇校】

　　梁玉绳："十七年，襄王告急于晋"。按：《左传》王使简师父告晋，在鲁僖二十四年，为襄王之十六年，此作"十七"，亦误。（《史记志疑·周本纪》）

⑧【汇注】

　　左丘明：夏，四月丁巳，王入于王城取太叔于温，杀之于隰城。（《左传》僖公二十五年）

　　吕不韦：晋文公欲合诸侯，咎犯曰："不可。天下未知君之义也。"公曰："何若？"咎犯曰："天子避叔带之难，出居于郑，君奚不纳之以定大义？且以树誉。"文公曰："吾其能乎？"咎犯曰："事若能成，继文之业，定武之功，辟土安疆，于此乎在矣！事若不成，补周室之阙，勤天子之难，成教垂名，于此乎在矣！君其勿疑。"文公听之。遂与草中之戎，骊二之翟，定天子于成周。于是天子赐之南阳之地，遂霸诸侯。举事义且利，以立大功，文公可谓智矣。此咎犯之谋也。（《吕氏春秋》卷一五《不广》）

　　【汇注】

　　郭之奇：叔带者，周惠王少子，有宠于惠后，将立之而不克。食采于甘，为甘昭公。襄王立，叔带奔齐。居齐十年，王复之，又通于王后隗氏。初，王怒郑伯，使颓叔、桃子出狄师伐郑，取栎。故以狄女为后，王替狄后。颓叔、桃子曰："我实使狄，狄其怨我。"遂奉太叔以狄师攻王。鲁僖二十四年冬，天王出居于郑。太叔以隗氏居于温。王使告难于诸侯。晋文乃帅诸侯右师围温而杀叔带。左师迎王于郑归周。（《稽古篇》卷四三《叛人总传》）

　　徐文靖：《笺》按，《周语》曰：惠后之难，王出在郑。韦昭曰：惠后，周惠王之后，襄王继母陈妫也。陈妫有宠，生子带。将立，未及而卒。子带奔齐，王复之。又通于襄王之后隗氏。王废隗氏。周大夫纲叔桃子奉带以翟师伐周王，出适郑，处于氾，在鲁僖公二十四年。《史记·郑世家》，郑文公三十七年，襄王出奔郑，郑文公居王于氾。三十八年，晋文公入襄王成周。（《竹书纪年统笺》卷一〇《襄王元年庚午》）

⑨【汇校】

　　张文虎："珪鬯"，《御览》引作"秬鬯"。（《校刊史记集解索隐正义札记·周本

纪》）

马持盈：珪：音圭，玉也。鬯：音唱，祭祀所用酒也。（《史记今注·周本纪》）

⑩【汇校】

梁玉绳："襄王乃赐晋文公珪鬯弓矢，为伯"。按：赐晋为伯是二十年狩河阳时事。此误书于十七年也。或云此十三字当在后文"狩于河阳"之下，错简于十七年。（《史记志疑·周本纪》）

⑪【汇校】

陆伯焜："襄王乃赐晋文公珪鬯弓矢，为伯，以河内地与晋"。《左传》鲁僖二十八年，天王狩于河阳，赐晋文公珪弓矢为伯。此是后事。（引自《史记考证·周本纪》）

【汇注】

张守节：贾逵云："晋有功，赏之以地，杨樊、温、原、攒茅之田也。"（《史记正义》）

王　恢：河内：春秋以前称南阳，以其居太行山之南，大河之阳也。故亦曰河阳。《本纪》"秦召西周君，将以使攻王之南阳"即此。《左传》僖公二十五年（公元前635年），与晋"阳樊、温、原、攒茅之田，晋于是始启南阳"，得以直达中原之捷径，制楚北窥之基地，以故霸业常在晋。战国以后称河内，见《孟子》。汉高二年，更殷国为河内郡，辖怀十八县。（《史记本纪地理图考·周本纪·天王狩于河阳》）

【汇评】

范光宙：晋文请隧以自宠，王弗予隧，予以阳樊、温、原、攒茅之田，夫周自平及惠，割岐丰畀秦，割虎牢畀郑，割酒泉畀虢，而今又捐四邑于晋，疆土已去半矣。夫王非轻视土也，谓晋方挟功以请隧，其心即问鼎之心，王即辞隧而予田，其意即孔子供饩予邑之意，亦不得已也。即是时，阳樊民不归，则大搜以威之；民不服，则举兵以围之，其无王甚矣。故王宁予田以馈其欲，无予隧以酿其觊，非得已也。噫！晋知受田，讵知三家分晋者，已兆于此乎！（《史评》卷一《襄王》）

⑫【汇注】

章　衡：己丑二十年五月，王命晋侯为侯伯。冬，晋侯召王狩于河阳，以诸侯见。（《编年通载》卷一《周》）

又：乙未二十六年，二月癸亥，日有食之。（同上）

⑬【汇注】

张习孔：前632年，己丑，周襄王二十一年，鲁僖公二十八年，晋文公五年……晋文公召周王。晋以卫、许未服，欲会诸侯讨之。惧诸侯不奉命，乃召周王（诸侯召王非礼，《春秋》讳之，书曰"天子狩于河阳"），以朝天子名义会诸侯。晋、齐、宋、

鲁、蔡、陈、郑、莒、邾之君及秦人会于温（晋邑，今河南温县西）。晋侯率诸侯朝王于践土。（《中国历史大事编年·春秋》）

⑭【汇注】
　　裴　骃：贾逵曰："河阳，晋之温也。践土，郑地名，在河内。"（《史记集解》）
　　张守节：《括地志》云："故王宫在郑州荥泽县西北十五里王宫城中。《左传》云晋文公拜楚于城濮，至于衡雍，作王宫于践土也。"按王城，则所作在践土，城内东北隅有践土台，东去衡雍三十余里也。（《史记正义》）
　　陈蒲清：河阳：晋地，在今河南省孟县西。践土：郑地，在今河南原阳县东南。（引自王利器主编《史记注译·周本纪》）

⑮【汇注】
　　左丘明：仲尼曰："以臣召君，不可以训。故《书》曰'天王狩于河阳'。"言非其地也。（《左传》僖公二十八年）
　　裴　骃：《左传》曰："仲尼曰'以臣召君，不可以训'，故书曰'狩'。"（《史记集解》）
　　郦道元：《春秋经书》天王狩于河阳，壬申，公朝于王所，晋侯执卫侯而归于京师。《春秋左传》僖公二十八年冬，会于温，执卫侯，是会也，晋侯召襄王，以诸侯见，且使王狩。仲尼曰："以臣召君，不可以训"，故书曰"天王狩于河阳"，言非其狩地。服虔、贾逵曰：河阳，温也。班固《汉书·地理志》，司马彪、袁崧《郡国志》，《晋太康地道地》《十三州志》河阳别县，非温邑也。汉高帝六年，封陈涓（绢）为侯国，王莽之河亭也。《十三州志》曰：治河上，河，孟津河也。郭缘生《述征记》曰：践土，今治坂城，是名异春秋焉，非今河北见者，河阳城故县也，在治坂西北，盖晋之温地，故群儒有温之论矣。《魏土地记》曰：治坂城旧名汉祖渡，城险固，南临孟津河。（《水经注》卷五《河水》）
　　孙之騄："二十年，周襄王会诸侯于河阳"，杜预曰："《春秋》书'天王狩于河阳'是也。"武王会诸侯于盟津地，后归晋，谓之河阳。战国属魏。《史记》赵惠文王十一年，董叔与魏氏伐宋，得河阳，汉置河阳县，属河内郡。古河阳城在县西南三十里。按：周襄王以翟女为后，翟人周，王出奔郑。扬雄所谓周讥戎女也。（《考定竹书》卷一一）
　　徐文靖：《笺》按：《春秋》僖二十八年冬，王狩于河阳。壬申，公朝于王所。杜注：河阳，晋地，今河内有河阳县，晋实召王，为其辞逆而意顺，故《经》以"王狩"为辞。……孔子读《史记》，至文公曰：诸侯无召王，王狩河阳者，《春秋》讳之也。……《一统志》，河阳城在孟县西南三十里，《春秋》"天王狩于河阳"即此。（《竹书纪年统笺》卷一〇《二十年，周襄王会诸侯于河阳》）

郭嵩焘：书讳曰：天王"狩"于河阳。按此释《春秋》之义而不详其原始，以古书简，《春秋》行世昭著，可以一见而知为释《春秋》之文也。（《史记札记·周本纪》）

王　恢：河阳，《集解》："贾逵曰：河阳，晋之温也。"阚骃《十三州志》："河阳别县，非温邑。"张澍云："服虔、贾逵曰：'河阳，温也。'而班固、司马彪、袁山松、《晋太康地道志》，皆与阚氏说同。盖河阳故城在今孟县西三十五里；温故城在今温县西三十里。"贾说是。《春秋》僖二十八年五月癸丑（十八日），公会（诸侯）盟于践土，公朝于王所。冬，公会（诸侯）于温，天王狩于河阳。壬申（十月十日）公朝于王所。一在五月朝于郑之践土，一在十月朝于晋之温邑——河阳乃其地望——亦即河内、南阳，汉置河阳县，因故名也。（《史记本纪地理图考·周本纪·天王狩于河阳》）

又：践土：《左》僖二十八年四月，晋师还至衡雍，作王宫于践土。杜注"郑地"。《正义》"《括地志》云：'故王宫在郑州荥泽县西北十五里王宫城中。'按：王城则所作在践土城内，东北隅有践土台，东去衡雍三十余里"。衡雍在今原武县西北五里，践土今当沦于河中。（同上）

【汇评】

李光缙："天王狩于河阳"，义举也。《春秋》犹且惜之掩然。居其国而召其君，令致韩师以求免，纪纲紊乱，莫此为甚。（《增订史记评林·周本纪》）

龙体刚：襄王时，晋文会诸侯于温，欲因以朝王，而难其名。遣使请王狩河阳。《左传》谓晋侯召王，以诸侯见，且使王狩。第以臣召君，其何可训。故《春秋》书曰："天王狩于河阳"，名正而义斯严矣。（《半窗史略》卷六《东周·襄王》）

二十四年，晋文公卒①。

① 【汇注】

左丘明：冬，十有二月己卯，晋侯重耳卒。（《左传》僖公三十一年）

司马迁：九年冬，晋文公卒，子襄公欢立。是岁郑伯亦卒。（《史记·晋世家》）

徐文靖：《笺》按：《春秋》僖三十二年冬十有二月己卯晋侯重耳卒。《传》，楚子曰：晋侯在外十九年矣，而果得晋国。杜氏曰：晋侯生十七年而亡，亡十九年而反，凡三十六年，至此四十矣，是卒年四十四也。（《竹书纪年统笺》卷一〇《晋文公卒》）

【汇评】

金履祥：晋文霸功不及齐桓之盛，而晋世主夏盟。齐桓霸止其身，盖齐桓之家不

治而晋文之家治也。有国者不可不知治乱之本也。（引自《纲鉴合编》卷二《周纪·襄王》）

三十一年，秦穆公卒①。

【汇注】
司马迁：三十九年，缪公卒，葬雍。从死者百七十七人，秦之良臣子舆氏三人名曰奄息、仲行、针虎，亦在从死之中。秦人哀之，为作歌《黄鸟》之诗。（《史记·秦本纪》）

刘文淇：《年表》：秦缪公三十九年，缪公薨。葬，殉以人。从死者百七十人。君子讥之，故不言卒。此左氏旧说，《经》不书秦伯"卒"义。（《春秋左氏传旧注疏证》文公六年）

【汇评】
司马迁：君子曰：秦缪公广地益国，东服强晋，西霸戎夷，然不为诸侯盟主，亦宜哉。死而弃民，收其良臣而从死。且先王崩，尚犹遗德垂法，况夺之善人良臣百姓所哀者乎？是以知秦不能复东征也。（《史记·秦本纪》）

三十二年①，襄王崩②，子顷王壬臣立③。顷王六年，崩，子匡王班立④。匡王六年，崩⑤，弟瑜立，是为定王⑥。

① 【汇校】
陆伯焜："三十二年，襄王崩"，此是三十三年之误，合《左传》及《年表》证之自知。（引自《史记考证·周本纪》）

梁玉绳："三十二年，襄王崩"，按："二"当作"三"。（《史记志疑·周本纪》）

② 【汇注】
左丘明：秋，襄王崩。（《左传》文公八年）

章　衡："襄王"，壬寅三十三年八月戊申，王崩，子顷王即位。（《编年通载》卷一《周》）

齐召南：襄王：惠王子。……在位三十三年崩，子任臣嗣。（《历代帝王年表·周世表·襄王》）

【汇评】

　　姚允明：三十三年，王崩，终眷二伯以保，守法之令主也。仁胜于武，忠厚之遗传乎？（《史书》卷一《襄王》）

③【汇注】

　　潘永圜：顷王，名壬臣，襄王子。癸卯即位，在位六年。《谥法》：甄心动惧曰顷。（《读史津逮》卷一《周》）

　　梁玉绳："子顷王壬臣立"，按：《人表》作"王臣"，当是也。（《史记志疑·周本纪》）

　　孙之騄：《左》文十四年春，顷王崩，周公阅与王孙苏争政。（《考定竹书》卷一一）

　　齐召南：顷王：襄王子，元年癸卯。在位六年崩，子班嗣。（《历代帝王年表·周世表·顷王》）

　　刘文淇：《杜注》："四月而葬。"速。（《春秋左氏传旧注疏证》宣公三年）

【汇注】

　　刘文淇：《年表》：周顷王六年崩，公卿争政，故不赴。（《春秋左氏传旧注疏证》文公十四年）

④【汇注】

　　陆唐老：三年，使甘歜败戎于邧垂。（《陆状元通鉴》卷二〇《外纪周纪·匡王》）

　　潘永圜：匡王，名班，顷王子，己酉即位，在位六年。《谥法》：贞心大度曰匡。（《读史津逮》卷一《周》）

　　朱孔阳：匡王讳班，顷王子。六年甲寅十月，王崩。定王元年正月，葬。（《历代陵寝备考》卷八《周》）

　　又：胡氏曰：四月而葬，王室不君，其礼略也。（同上）

⑤【汇注】

　　孙之騄："六年王陟"，宣二年冬十月乙亥，匡王崩。（《考定竹书》卷一一）

　　齐召南：匡王：顷王子，元年己酉。……在位六年崩，弟瑜立。（《历代帝王年表·周世表·匡王》）

⑥【汇注】

　　潘永圜：定王，名瑜，匡王弟，乙卯即位。在位二十一年。三年，老聃生。《谥法》：安民法古曰定。（《读史津逮》卷一《周》）

　　梁玉绳："匡王六年，崩，弟瑜立，是为定王"。按：《通志》以瑜为匡王子，非也。定王之名，《国语》韦注作"揄"，宋庠《国语补音》云"本或作'渝'，或作'歘'"，《人表》又作"榆"，未知孰是。（《史记志疑·周本纪》）

定王元年，楚庄王伐陆浑之戎①，次洛②，使人问九鼎③。王使王孙满应设以辞④，楚兵乃去⑤。十年⑥，楚庄王围郑，郑伯降，已而复之⑦。十六年，楚庄王卒。

① 【汇注】

　　裴　骃：《地理志》，陆浑县属弘农郡。（《史记集解》）

　　陆唐老：定王元年，楚庄王始霸。楚本子爵，夷王之世已僭称王。厉王暴虐乃去王号。东迁之后，王室微弱，遂僭号称王。（《陆状元通鉴》卷二〇《外纪周纪·定王》）

　　又：三年，楚伐陆浑之戎，观兵于周郊。王使王孙满劳之。楚子问鼎之大小轻重，欲逼周，取其鼎。满对曰："在德不在鼎。周德虽衰，天命未改，鼎之大小，未可问也。"楚子羞惧而退。（同上）

　　张守节：浑音魂。杜预云："允姓之戎居陆浑，在秦、晋西北，二国诱而徙之伊川，遂从戎号，今洛州陆浑县，取其号也。"《后汉书》云陆浑戎自瓜州迁于伊川。《左传》云："初，平王之东迁也，辛有适伊川，见被发而祭于野者，曰'不及百年，此其戎乎？其礼先亡矣'。"按：至僖公二十二年秋，秦、晋迁陆浑之戎于伊川，计至辛有言，适百年也。《括地志》云："故蛮城谓之蛮中，在汝州梁县界。《左传》'单浮余围蛮氏'，杜预云'城在河南新城东南，伊洛之戎陆浑蛮氏城也。俗以为麻蛮声相近故耳'。"按：新城，今伊阙县是也。（《史记正义》）

　　刘文淇：服云：陆浑在洛西南。《疏证》《僖十一年传》：扬、拒、泉、皋、伊、雒之戎，同伐京师。即陆浑戎居伊、雒之间者。《二十二年传》：秦、晋迁陆浑之戎于伊川，其部落盖已东徙。故服谓陆浑在洛西南也。《地理志》：客众上洛。《禹贡》：洛水出冢岭山，东北至巩入河，杜注用《汉志》说。江永云：今按上洛，陕西商州也。巩县属河南府，古洛口在巩县，近世乃过开封之汜水县北入河。据江说，则楚师所次，为今河南府巩县也。《年表》，楚庄王八年，伐陆浑，至雒。《楚世家》，伐陆浑戎，遂至洛。（《春秋左氏传旧注疏证》宣公三年）

　　王　恢：陆浑，《汉志》弘农郡陆浑："春秋迁陆浑于此，有关。"《嵩县志》："陆浑故城在县东北五十里。陆浑关在县北七十里，即伊阙关。"《左》僖二十二年（前六三八），秋，"秦晋迁陆浑之戎于伊川"。昭九年（前五三三），景王使詹伯桓伯辞于晋曰："允姓之奸，居于瓜州，伯父惠公归自秦，而诱以来。"襄十四年（前五五九），范宣子"将执戎子驹支，亲数诸朝曰："姜戎氏！昔秦人迫逐乃祖于瓜州，乃祖吾离，来归吾先君。先君惠公有不腆之田，与汝剖分而食之……"驹支对曰："秦人负恃其众，贪于土地，逐我诸戎。惠公蠲其大德，谓我诸戎是四岳之裔胄也，毋是翦弃，赐我南鄙之田。殽之师，晋御其上，戎亢其下，秦师不复，我诸戎实然。"庄二十八年（前六六六），"小戎子生夷吾"，《杜注》："小戎允姓之戎。"姜戎种姓实繁，此居瓜州者，犹曰"诸戎"。瓜州，当在陕西洛水下流，惠公以其母家为秦所偪，乃并诸戎迁之伊川，盖秦利其地，晋利其民也。殽之役，晋以其仇秦而征之以尾塞秦师，晋南渡河正面攻击，南北夹攻，所谓"晋御其上，戎亢其下"也。晋之南鄙，《左》宣二年（前六〇七），秦围焦，晋赵盾救之，遂自阴地及诸侯之师侵郑，杜注"阴地，晋河南、山北，自上洛以东至陆浑"。程发轫《春秋左氏传地名图考》，僖三十三年，以为羌戎"居今山西平陆、垣曲之间"。似未彻底了解此段史实。（《史记本纪地理图考·周本纪·楚子问鼎》）

编者按： 允姓之戎与犬戎、猃狁为同一种族，其考古学文化为寺洼文化。《左传》昭公九年说："先王居梼杌于四裔，以御魑魅，故允姓之奸居于瓜州。"杜注："'允姓'，阴戎之祖，与三苗俱放三危者。"《左传》襄公十四年说："将执戎子驹支，范宣子亲数诸朝曰：'来！姜戎氏！昔秦人迫逐乃祖吾离于瓜州。'"杜注："四岳之后皆姜姓，又别为允姓。'瓜州'，地在今敦煌。"杨伯峻《春秋左传注》指出："瓜州之戎本有两姓，一为姜姓，此戎是也；一为允姓，昭公九年《传》'故允姓之奸居于瓜州'是也，杜注混而一之，不确。"依杜注，允姓与三苗共同被流放于"三危"，因知"瓜州"与"三危"为一地。"三危"在甘肃渭源县西，"瓜州"也在这一带，所以允姓之戎的原居地在今甘南洮河流域，这一带正是寺洼文化的起源地。曾与姜氏之戎共同居住在洮河流域的允姓之戎，因受到兴起于甘肃礼县一带秦人的迫逐，曾向天水市以北的葫芦河流域迁徙。西周穆王时，这一部犬戎受到周穆王的征伐，被迁往陇东平凉一带的"太原"。西周中晚期金文中，称宁夏固原、甘肃平凉、庆阳一带"太原"的允姓之戎为严允（猃狁），所以本居陇东高原的陆浑之戎，在秦晋西北，秦秋时被二国引诱迁往伊川，居于河南伊水流域，因此称为陆浑之戎。陆浑县因陆浑之戎的居住而得名。（详见尹盛平：《猃狁、鬼方的族属及其与周族的关系》，《人文杂志》1985年第1期，又见《周文化考古研究论集》，文物出版社，2012年）。

② 【汇注】
　　马持盈： 次：住止。（《史记今注·周本纪》）

③ 【汇注】
　　程大昌： 武王伐商，迁九鼎于洛邑，故洛阳南有定鼎门及郏鄏陌，此之九鼎乃夏鼎也。既尝自夏入商，又遂自商入周也。春秋时世与之相近，所记必不误也。《史记》言周王入秦献其九鼎，则是鼎尝入关矣。然自汉以后，不闻关中有鼎，不知已入关后竟复何在也？《史记》始皇十八年过彭城，使千人没泗水，求周鼎不得，东坡曰："此周人惩问鼎之祸，沉之泗水以缓祸。"此说非也。泗水属彭城，彭城非商都，亦非周

都，何缘周鼎可反此水也？或是周别有鼎，而人误传耶？（《演繁露》卷七《周鼎》）

章　衡：乙卯定王瑜元年，楚子伐陆浑之戎，遂观兵于周疆，王使王孙满劳楚子，楚子问鼎之大小轻重。满曰："在德不在鼎。昔成王定鼎于郏鄏，卜世三十，卜年七百，周德虽衰，天命未改。鼎之轻重未可问也！"（《编年通载》卷二《周》）

刘文淇：《年表》：楚庄王八年，问鼎轻重。《楚世家》：楚王问鼎大小轻重。江永云："今按《水经注》：王城东南门名曰鼎门，盖九鼎所从入也。故谓是地为鼎中。楚子问鼎于此。然则，楚子观兵于周疆，而问鼎在王城东南鼎中之地，逼近王城矣。"按江说是也。（《春秋左氏传旧注疏证》宣公三年）

【汇评】

贺　详：楚子问鼎，罗泌以为妄。谓楚庄贤君，孙叔敖贤相，灭陈且复于申叔之对，入郑且舍郑伯之服，非复前日之顽犷也。周为共主，彼且遽然而窥之，又谓"鼎非传国之物，问之何益？"亦似有见。第左氏所载王孙满之言，未必皆妄。按：九鼎在周，乃上代所宝者，故周公卜洛，亦以安九鼎为首称，楚居汉南，尝闻鼎之名，欲一见而不可得。故过周之疆，问周之鼎，亦向慕之私耳。王孙满恶其强梗，遂切责之，谓其窥伺神器。而楚子问鼎初心，未必遽至是也。若谓楚实未尝问鼎，而以左氏为罔，则又尽信书之过矣。（《留余堂史取》）

姚允明：元年，楚庄伐戎于周，薄洛观兵，且问鼎焉。而后知桓、文之能臣也，楚德凉齐、晋，而志代王中国无霸，有虎噬而已。（《史书》卷一《定王》）

程廷赞："先王耀德不观兵"，楚子观兵周疆，盖恃其强也。因而问鼎，盖有觊觎天命之心。王孙满开口便说"在德不在鼎"，已足夺其所恃。末假抬出天命二字来，愈见天下非人力所能争。中间论鼎，还他"大小轻重"四字，而实从德上发论，绝不着意于鼎。楚子此时一片跋扈雄心，不觉消归何有？词严义正，不激不随，而笔法短峭警拔，又足起衰式靡。（《古文集解》卷一《楚子问鼎》）

编者按：《太平御览》卷八五《定王》引《史记》"使人问九鼎"下有"之轻重"三字，文义较显豁。

④【汇注】

左丘明：楚子伐陆浑之戎，遂至于雒，观兵于周疆，定王使王孙满劳楚子。楚子问鼎之大小、轻重焉。对曰："在德，不在鼎！昔夏之方有德也，远方图物，贡金九牧，铸鼎象物，百物而为之备，使民知神奸。故民入川泽山林，不逢不若；螭魅魍魉，莫能逢之。用能协于上下，以承天休。桀有昏德，鼎迁于商；载祀六，商纣暴虐，鼎迁于周。德之休明，虽小，重也；其奸回昏乱，虽大，轻也。天祚明德，有所厎止。成王定鼎于郏鄏，卜世三十，卜年七百，天所命也。周德虽衰，天命未改，鼎之轻重，未可问也。"（《左传》宣公三年）

裴　　骃：贾逵曰："王孙满，周大夫也。"（《史记集解》）

梁玉绳：王孙满始见《左传三十二》《周语》中。按《杜谱》，王孙满列杂人，不详其系。《通志·氏族略》四王史氏注则云：周共王生圉，圉曾孙生满，世传史职。《略》五王孙氏注又云："满，顷王孙。"恐不可信。（《汉书人表考》卷四《王孙满》）

【汇评】

吕祖谦：一夫而抗强敌，一言而排大难，此众人之所喜，而识者之所忧也。楚为封豕长蛇，荐食上国，陈师鞠旅，观兵周郊，问九鼎之轻重，其势岌岌，若岱华嵩岳，将覆而未压，王孙满独善为说辞，引天援神，折其狂僭，使楚人卷甲韬戈，逡巡自却，文昭武穆，钟簴不移，瀍水雒都，城阙无改，其再造周室之功，实在社稷，是固众人之所同喜也。夫何忧忧之云者，非忧一时之功也，喜在今日，而忧在他日也。天下之祸不可狃，而幸不可恃。问鼎大变也，国几亡而祀几绝，王孙满持辩口以御之，所以楚子退听者，亦幸焉耳，周人遂以为强楚之凶焰如是，尚畏吾之文告，而不敢前，异时复有跳梁畿甸者，正烦一辩士足矣。是狃寇难为常，而真以三寸舌为可恃也。由东迁以来，周之君臣，上恬下嬉，奄奄略无立志，身不见骊戎之衅，口不诵《板荡》之诗，玩于宴安，渐以偷堕，君子犹意倘遇祸变，庶几儆惧，改前之为。今三代所传之大宝镇器，蛮夷跋扈，乃敢睥睨荡摇，欲以腥膻污浸之侈，然有改玉改步之意。祸变孰大于此？使王公卿士怵惕，祗畏怀覆亡之虞，则后稷、公刘之业，犹有望也。适王孙满之说，偶行其君臣相与高忱，遂谓吾舌尚存，寇至何畏？狃其祸而恃其幸，开之者非满欤？自是之后，相袭成俗，问其治国，则先文华，而后德政；问其御寇，则先辩说，而后甲兵；问其抚邦，则先酬对，而后信义。内观其实，日薄月衄，外观其辞，日新月巧。典册绚丽，尚如在成、康之间，形势陵迟，固已若夏、商之季矣。下逮战国吞噬之际，犹用满之余策，虚张九九八十一万之数以谲齐，左欺右绐，自矜得计，一旦秦兵东出，辩不能屈，说不能下，缓颊长喙，嘿无所施，稽首归罪，甘为俘虏，始知浮语虚辞，果有时而不可恃也。晚矣哉，人有疾病者，偶得刀匕之剂而获瘳，乃凭借余剂，酬纵跌荡，以自投死地，是愈之于先，所以杀之于后也。故吾尝谓王孙满却楚之功，不足偿其怠周之罪。（《东莱先生左氏博议》卷二四《楚子问鼎》）

刘文淇：《梁书·处士传》：何胤谓王果曰：鼎者，神器，有国所先。故王孙满斥言，楚子顿尽。（《春秋左氏传旧注疏证》宣公三年）

⑤【汇注】

郭嵩焘："楚庄王伐陆浑之戎……楚兵乃去"，按：《左传》叙此为"次于洛，观兵于周疆。王使王孙满劳楚子，楚子问鼎之大小轻重焉"。详其问鼎之意亦偶及之而已，而亦足见其偃蹇无王之实，王孙满以义折之，可谓严正矣，要只是因事而为之词，楚之无王固不必系乎问鼎也。史公作"使人问九鼎。王使王孙满应设以辞，楚兵乃

去",恐失当时事实。(《史记札记·周本纪》)

刘文淇:《周本纪》:王使王孙满应说以辞,楚兵乃去。《传》不言楚师即去,史公采他书也。(《春秋左氏传旧注疏证》宣公三年)

⑥【汇注】

章　衡:"定王",甲子十年,春,楚子围郑,郑伯肉袒牵羊以逆。楚子退三十里,许之评。(《编年通载》卷二《周》)

又:丁卯十三年,王孙苏与召氏、毛氏争政,使王札子杀召戴公、毛伯卫,王室乱。(同上)

又:戊辰十四年春,士会帅师灭赤狄、甲氏及留吁、铎辰。三月,献俘于王,请王以黻冕命士会将中军,晋国之盗逃奔于秦。夏,成周宣榭火。秋,王孙苏奔晋,晋人复之。冬,晋侯使士会平王室。(同上)

又:己巳十五年,六月癸卯,日有食之。(同上)

⑦【汇注】

司马迁:十七年春,楚庄王围郑,三月克之。入自皇门,郑伯肉袒牵羊以逆,曰:"孤不天,不能事君,君用怀怒,以及敝邑,孤之罪也。敢不惟命是听!宾之南海,若以臣妾赐诸侯,亦惟命是听。若君不忘厉、宣、桓、武,不绝其社稷,使改事君,孤之愿也,非所敢望也。敢布腹心。"楚群臣曰:"王勿许。"庄王曰:"其君能下人,必能信用其民,庸可绝乎!"庄王自手旗,左右麾军,引兵去三十里而舍,遂许之平。(《史记·楚世家》)

　　二十一年,定王崩①,子简王夷立②。简王十三年,晋杀其君厉公③,迎子周于周④,立为悼公⑤。

①【汇注】

章　衡:乙亥二十一年十一月己酉,王崩。《春秋》不书葬。子简王即位。(《编年通载》卷二《周》)

又:丁亥十二年十二月丁巳朔,日有食之。(同上)

孙之騄:"二十一年,王陟",《春秋》成五年冬十有一月己酉,天王崩。是年,梁山崩,遏河水,三日不流。前定王五年,河徙固浽。班固曰:商碣周移,谓碣石沦于海水。(《考定竹书》卷一一)

齐召南:定王:匡王弟,元年乙卯。在位二十一年崩,子夷嗣。(《历代帝王年表·周世表·定王》)

梁玉绳：定王始见《左宣二》《周语中》。匡王弟，始见《史·周纪》，二十一年崩。按：定王之名，《史》作瑜，《周语·注》作揄，宋庠《补音》云：本作渝，或作渝，皆与此异，未知孰是。（《汉书人表考》卷七《定王瑜》）

② 【汇注】

潘永圜：简王，名夷，定王子，丙子即位。在位十四年。《谥法》：平易不訾曰简。（《读史津逮》卷一《周》）

朱孔阳：简王讳夷，定王子，十四年己丑九月，王崩，灵王元年正月葬。（《历代陵寝备考》卷八《周》）

又：杜氏曰：五月而葬，速也。（同上）

③ 【汇注】

姚允明：厉公将尽易其大夫，杀三郤，而劫栾中行于朝。十三年，书偃因弑公，而立悼公。悼公有治才，然唯抚诸卿以自定也。（《史书》卷一《简王》）

徐文靖：《笺》按：《左传》成十七年，厉公游于匠丽氏，栾书、中行偃遂执公焉。十八年春王正月庚午，晋栾书、中行偃使程滑弑厉公，葬之于翼东门之外，以车一乘。《晋世家》厉公死十日，公子周立，是为悼公。（《竹书纪年统笺》卷一一《晋厉公卒》）

④ 【汇注】

韦　昭：谈，晋襄公之孙，惠伯谈也。周者，谈之子，晋悼公之名也。晋自献公用骊姬之谗诅，不畜群公子，故（子）周适周事单襄公。（《国语注》卷三《周语下》）

张习孔：前573年，戊子，周简王十三年……晋悼公即位。栾书、中行偃杀晋厉公，而迎晋襄公玄孙周子（一作子周）于洛邑，是为悼公，时年十四岁。悼公任官命职，使吕相、士鲂、魏颉、赵武等皆为卿；整顿内政，辅助贫乏，救济灾患，减轻赋敛，使民以时。于是晋势复振。（《中国历史大事编年·春秋》）

⑤ 【汇注】

左丘明：晋孙谈之子周，适周，事单襄公。立无跛，视无远，听无耸，言无远，言敬必及天，言忠必及意，言信必及身，言仁必及人，言义必及利，言智必及事，言勇必及制，言教必及辩，言孝必及神，言惠必及和，言让必及敌。晋国有忧，未尝不戚；有庆，未尝不怡。襄公有疾，召顷公而告之，曰："必善晋周，将得晋国。"顷公许诺，及厉公之乱，召周子而立之，是为悼公。（《国语·周语下》）

司马迁：厉公多外嬖姬，归，欲尽去群大夫而立诸姬兄弟。宠姬兄曰胥童……公使胥童为卿。闰月乙卯，厉公游匠骊氏，栾书、中行偃以其党袭捕厉公，囚之，杀胥童，而使人迎公子周于周而立之，是为悼公。（《史记·晋世家》）

蒋廷锡：按郑樵《通志·三王纪》，简王十三年春，晋人弑厉公，逆襄公之曾孙周

而立之，是为悼公。(《古今图书集成·明伦汇编·皇极典》卷一〇《周·简王本纪》)

徐文靖：《笺》按：悼公名周。其大又捷，晋襄公少子也。号为桓叔。子惠伯谈生悼公周。《周语》曰：既杀厉公，栾武子使如周迎悼公。庚午，大夫迎于清原，乃盟而入。辛巳，朝于武宫。二月乙亥，公即位，三年公始会诸侯。四年，诸侯会于鸡丘。五年，诸戎来请服，使魏庄子盟之。于是乎始复伯。(《竹书纪年统笺》卷一一《定王十四年》)

又：按《春秋》襄公十五年冬，十有一月，癸亥，晋侯周卒。《晋世家》悼公十五年卒，子平公彪立。(《竹书纪年统笺》卷一一《灵王十五年》)

【汇评】

陆唐老：十三年，晋悼公立。悼公年方十四而甚贤明。乃命百官施舍己责，逮鳏寡，振废滞，匡困乏，救灾患，禁淫慝，薄赋敛，宥罪戾，节器用，使魏鲂、魏颉、赵武为卿，凡六官之长，皆民誉也。举不失职，官不易方，爵不逾德，旅不躐师，民无谤言，所以能复霸业。(《陆状元通鉴》卷二〇《外纪周纪·简王》)

十四年，简王崩①，子灵王泄心立②。灵王二十四年，齐崔杼弑其君庄公③。

① 【汇注】

章　衡：己丑十四年，九月辛酉，王崩，子灵王即位（王生而有髭）。(《编年通载》卷二《周》)

又：癸巳四年，春，王使王叔陈生信戎于晋。晋人执之。士鲂如京师，言王叔之贰于戎也。(同上)

又：戊戌九年，王叔陈生与伯舆争政，王右伯舆王叔奔晋。(同上)

又：癸卯十四年，七月丁巳，日有食之。(同上)

又：戊申十九年，十月丙辰朔，日有食之。(同上)

又：辛亥二十二年，二月癸酉朔，日有食之。(同上)

又：壬子二十三年，七月甲子朔，日有食之，既。八月癸巳朔，日有食之。(同上)

又：冬，齐人为王城郊。(同上)

又：乙卯二十六年，十一月乙亥朔，日有食之。(同上)

齐召南：简王：定王子，元年丙子。在位十四年崩，子泄心嗣。(《历代帝王年表·周世表·简王》)

梁玉绳：简王始见《春秋襄二》《周语中》，名夷。定王子，始见《史•周纪》，十四年崩。（《汉书人表考》卷七《简王夷》）

② 【汇校】

陆伯煜：(泄心)，《晋语》作"大心"。(引自《史记考证•周本纪》)

张文虎："泄心"：官本云《晋语》作"大心"。按："泄"疑当作"世"，古世大同用。(《校刊史记集解索隐正义札记•周本纪》)

【汇注】

潘永圜：灵王，名泄心，简王太子。始生有髭而神，人称髭王。庚寅即位。在位二十七年。二十一年冬十一月，孔子生。《谥法》：乱而不损曰灵。(《读史津逮》卷一《周》)

蒋廷锡：按郑樵《通志•三王纪》：灵王生而有髭髯，甚神圣，东迁之后，王室衰微，至灵王始振。(《古今图书集成•明伦汇编•皇极典》卷一〇《周•灵王本纪》)

印鸾章：《谥法》：乱而不损曰灵。(《纲鉴合编》卷二《周纪•灵王》)

梁玉绳："子灵王泄心立"，附按：灵王之名，《周语》韦注亦作"大心"。(《史记志疑•周本纪》)

钱大昕："子灵王泄心立"，梁氏玉绳曰：按《晋语》作"大心"。《周语》韦注亦作"大心"，疑此"泄"字误。大昕谓"泄心"即"世心"也。《礼记•杂记》下"泄柳之母死"，唐石经作"世柳"，岳氏刊本亦作"世"。《春秋三传》"世"与"大"多相通。如《乐》"大心"作"世心"，与此可互证。《夏本纪》帝泄，《左传》疏引《世纪》作"世"，盖泄从世声，亦可读如世。(《三史拾遗•周本纪》)

【汇评】

姚允明：七年，晋会诸侯于邢丘，听命者大夫。姚伯子曰：下移之势畜矣。悼安决防以趋之，增积成重，而政弗可返已。(《史书》卷一《灵王》)

③ 【汇注】

司马迁：初，棠公妻好，棠公死，崔杼取之。庄公通之，数如崔氏，以崔杼之冠赐人。侍者曰："不可。"崔杼怒，因其伐晋，欲与晋合谋袭齐而不得间。庄公尝笞宦者贾举，贾举复侍，为崔杼间公以报怨。五月，莒子朝齐，齐以甲戌飨之。崔杼称病不视事。乙亥，公问崔杼病，遂从崔杼妻。崔杼妻入室，与崔杼自闭户不出，公拥柱而歌。宦者贾举遮公从官而入，闭门，崔杼之徒持兵从中起。公登台而请解，不许；请盟，不许；请自杀于庙，不许。皆曰："君之臣杼疾病，不能听命。近于公宫，陪臣争趣有淫者，不知二命。"公逾墙，射中公股，公反坠，遂弑之。(《史记•齐太公世家》)

张习孔：前548年，癸丑，周灵王二十四年，鲁襄公二十五年，齐庄公六年……

崔杼弑其君。齐庄公私通崔杼之妻，崔杼杀之，立庄公异母弟杵臼，是为景公。崔杼自为右相，以庆封为左相。齐太史秉笔直书"崔杼弑其君"，为杼所杀。太史二弟、三弟嗣书之，又皆为崔杼所杀。其四弟又嗣书，南史氏亦执简以位。闻已书，乃还。崔氏无奈，不敢再杀。晏婴哭庄公，崔氏以晏子民心所向，亦不敢问。（《中国历史大事编年·春秋》）

【汇评】
姚允明：二十四年，晋问罪于齐，崔杼弑庄公以为说。所谓有邦皆崔子者也。（《史书》卷一《灵王》）

二十七年，灵王崩①，子景王贵立②。景王十八年，后太子圣而蚤卒③。二十年④，景王爱子朝⑤，欲立之⑥。会崩⑦，子丐之党与争立。国人立长子猛为王，子朝攻杀猛⑧。猛为悼王⑨。晋人攻子朝而立丐⑩，是为敬王⑪。

① 【汇注】
裴　骃：《皇览》曰："灵王冢在河南城西南柏亭西周山上。盖以灵王生而有髭，而神，故谥灵王。其冢，民祀之不绝。"（《史记集解》）
章　衡：丙辰二十七年，十二月甲寅，王崩。《春秋》不书葬。子景王即位。（《编年通载》卷二《周》）
又：辛酉五年，晋韩起，代赵武为政，诸大夫强，政出多门。公室始卑。（同上）
又：庚辰二十四年，七月壬午朔，日有食之。（同上）
王在晋："灵王陵"，府城西南西周山上。（《历代山陵考》卷上《河南府》）
孙之騄：襄二十八年十二月甲寅，灵王崩。（《考定竹书》卷一一）
齐召南：灵王：简王子，元年庚寅。……在位二十七年崩，子贵嗣。（《历代帝王年表·周世表·灵王》）
徐文靖：《笺》按：《春秋》襄公二十八年十有二月甲寅，天王崩。林尧叟曰：实十一月癸巳崩，而以十二月甲寅告，此缓告，非有事，宜直臣子怠慢。（《竹书纪年统笺》卷一一《灵王十四年，王陟》）
又：《皇览》曰：周灵王葬于河南城西周山上。（同上）
梁玉绳：灵王始见《左襄十二》《周语下》。名泄心，始见《左昭二十六》疏引《世本》。简王子，始见《史·周纪》，又名大心，生而有髭，时号髭王。二十七年崩，葬河南王城西南柏亭西周山上。（《汉书人表考》卷七《灵王泄心》）

② 【汇注】

班　固：灵王崩，景王立二年，儋括欲杀王而立王弟佞夫。佞夫不知，景王并诛佞夫。及景王死，五大夫争权，或立子猛，或立子朝，王室大乱。京房《易传》曰："天子弱，诸侯力政。"（《汉书·五行志》卷下）

司马贞：名贵。按《国语》景王二十一年铸大钱及无射，单穆公及泠州鸠各设辞以谏。今此不言，亦其疏略耳。（《史记索隐》）

姚允明：（十四年），晋会平阴，甲车四千。姚伯子曰：吾于以知其时之军数，又以知其民数也。楚、晋车匹也，而徒有加。吴、越收扬之众，如楚也，齐、秦、晋敌而让焉，使全有青、雍，不让矣。豫、徐、兖，冠带以十数，多千乘者，州当一晋，则夫四万乘者，中国之车数也。外者，梁之巴、蜀，幽、辽之燕，未通。楚南不逾岭，而冀北犹广漠，又古歉今盈之数也。然则知其民数者，若何？曰：以井旬出车，故质之《周礼》，而民数可知也。（《史书》卷一《景王》）

孙之騄：灵王崩，太子晋早卒。《周书》"太子晋"解：王子曰："吾后三年，上宾于帝所。"注云：王子年十七而卒也。按《列仙传》云：王子乔者，周灵王太子晋也。道人浮丘公接以上嵩高山，次子贵立，是为景王。（《考定竹书》卷一一《景王》）

潘永圜：景王，名贵，灵王次子。太子晋早卒，以次立。丁巳即位。在位二十四年。太子圣早卒，王爱子朝，欲立之。会崩，子丐之党与争立，国人立长子猛。《谥法》：由义而济曰景。（《读史津逮》卷一《周》）

朱孔阳：景王讳贵，灵王子，太子晋之母弟也。二十五年辛巳四月乙丘（丑）崩，太子寿先卒，次子猛立，六月葬王，王室乱。（《历代陵寝备考》卷八《周》）

又：按：王有心疾，崩于荣锜氏。陵在今洛阳县。《皇览》曰：冢在洛阳太仓中。秦封吕不韦洛阳十万户，故大其城，并围景王冢也。（同上）

③ 【汇校】

梁玉绳："后、太子圣而蚤卒"，按：昭十五年《左传》，云"六月乙丑，王太子寿卒。八月戊寅，王穆后崩。王子朝告诸侯曰：穆后及太子寿早夭即世"。则"圣而"二字乃一"寿"字之误，不然，岂穆后与太子俱圣乎？《经》无所考也。又后似不可言卒，《表》书"后太子卒"，亦非。（《史记志疑·周本纪》）

徐孚远：太子圣而早卒，疑指王子晋也，而不详其名。（《史记测议·周本纪》）

王　圻：周时王后皆从王谥，《诗》云"亦右文母"，可见。然景王后独谥穆。（《谥法通考》卷二《周王及后谥》）

④ 【汇校】

张文虎："二十年"：官本云《左传》及《年表》"景王二十五年"，脱"五"字，《志疑》说同。（《校刊史记集解索隐正义札记·周本纪》）

刘　坦：景王纪年，《周本纪》载二十年，《年表》载二十五年。据《周本纪》载："灵王二十四年，齐崔杼弑其君庄公。"《十二诸侯年表》载："崔杼以庄公通其妻，杀之，立其弟景公。"亦在周灵王二十四年。考《齐年表》及《世家》，崔杼弑庄公，在庄公六年。是则周灵王二十四年，与齐庄公六年同年。复据《周本纪》载：敬王"三十九年，齐田常杀其君简公"。《十二诸侯年表》载："田常杀简公，立其弟为平公，常相之，专国权。"亦在周敬王之三十九年。考《齐年表》及《世家》，田常弑简公，皆在简公四年。是则周敬王之三十九年，与齐简公四年同年。按《齐年表》及《世家》，自庄公六年，至简公四年，同为六十八年。则周，自灵王二十四年，至敬王三十九年，亦应为六十八年。然依《周纪》景王二十年数之，仅六十三年。更依《周表》景王二十五年数之，则其年适为六十八。是《本纪》载景王历年，明阙五年也。（《史记纪年考》卷二《周共和以后纪年考·景王》）

⑤【汇注】

　　裴　骃：贾逵曰："景王之长庶子。"（《史记集解》）

⑥【汇注】

　　张守节：《左传》云："子朝用成周之宝珪沈于河，津人得诸河上。"杜预云："祷河求福也，珪自出水也。"按：河神不敢受故。（《史记正义》）

⑦【汇校】

　　陆伯熅：《左传》及《年表》景王二十五年崩，此云"二十年"，盖脱"五"字。（引自《史记考证·周本纪》）

　　编者按：杜预注之曰："叔鞅，叔弓子。三月而葬，乱，故速。"

【汇注】

　　韦　昭：景王，周灵之太子，晋之弟也。宠人，子朝及其臣宾孟之属也。（《国语注》卷三《周语下》）

　　又：景王无嫡子，既立子猛，又许宾孟立子朝。未立而王崩，单子、刘子立子猛，而攻子朝，王室大乱。（同上）

　　皇甫谧撰、徐宗元辑：景王遇心疾，崩于荣锜氏。单穆公与刘文公，立太子猛，是为悼王，景王在位二十五年。（《帝王世纪辑存·周第四》）

　　裴　骃：《皇览》曰："景王冢在洛阳太仓中。秦封吕不韦洛阳十万户，故大其城并围景王冢也。"（《史记集解》）

　　章　衡：辛巳二十五年，景王爱长庶子朝，刘献公（狄）、单穆公（旗）恶之。四月，王与宾孟谋杀刘、单而立朝，未及而崩。五月，刘、单杀宾孟立王子猛。六月，葬景王。王子朝攻刘、单，王室乱。王猛居于皇，秋，入于王城。十月，悼王猛卒，刘、单立其母弟王。（《编年通载》卷二《周》）

又：十二月癸卯朔，日有食之。（同上）

孙之騄：昭二十二年夏四月，景王崩。太子寿先卒，国人立王子猛，是为悼王。七月，王子朝弑之，王室乱。景王弟敬王立，二十三年，敬王居于狄泉，曰东王。尹氏立王子朝，据王城，曰西王。二十六年冬十月，敬王入于成周，王子朝奉周之典籍以奔楚。《春秋考异邮》曰："刘子、单子折猛人（入）城，天王奔走。尹氏立朝。国有三王，天下两主，周分为二，莫能救讨。"（《考定竹书》卷一一）

齐召南：景王：灵王子，元年丁巳。……在位二十五年崩，子猛嗣，王室乱，王猛早卒，弟丐立。（《历代帝王年表·周世表·景王》）

梁玉绳：景王始见《左昭十一》《周语下》，名贵，灵王子，始见《史·周纪》。太子晋之弟，在位二十五年，以心疾崩，葬洛阳太仓中。（《汉书人表考》卷八《景王贵》）

又："二十年，景王爱子朝，欲立之，会崩"，按："二十"下脱"五"字，景王在位二十五年也。（《史记志疑·周本纪》）

⑧【汇校】

陈允锡：《春秋》王子猛卒，不言杀。（《史纬》卷一《周》）

【汇注】

皇甫谧撰、徐宗元辑：悼王以景王二十五年四月，始即位，十一月崩。王立凡二百日，故《春秋》称王子猛卒，不成丧，故不言天王崩也。立王母弟，是为敬王。（《帝王世纪辑存·周第四》）

陆唐老：（周之相）单子、刘子立（景）王次子猛为王，子朝因旧官百工之丧职秩者，帅要、饯之甲以逐刘子，刘子奔扬。单子奉子猛于庄宫，子朝之徒夜使人取猛以归，单子出奔，子朝之徒奉王猛以追单子。晋人帅师纳王猛于王城。王猛卒。诸大夫奉王猛母弟丐为王。（《陆状元通鉴》卷二〇《外纪周纪·景王》）

⑨【汇注】

潘永圜：悼王，名猛，景王庶长子，辛巳即位，在位一年，子朝之徒攻而杀之。晋人攻子朝而立丐。《谥法》：恐惧从处曰悼。（《读史津逮》卷一《周》）

蒋廷锡：按郑樵《通志·三王纪》，悼王立，未及一年，王子朝攻杀之。（《古今图书集成·明伦汇编·皇极典》卷一〇《周·悼王本纪》）

梁玉绳：悼王猛始见《春秋·昭二十二》经传。景王子，始见《周纪》，十五年，太子寿卒，王立猛为太子。猛又作邑，亦曰子猛，亦曰王猛，立七月而卒，冢在南阳鄂县西。（《汉书人表考》卷九《悼王猛》）

朱孔阳：悼王讳猛，景王子，辛巳四月嗣位，十月崩。（《历代陵寝备考》卷八《周》）

陈蒲清：悼王：因在位不久即被杀，故谥悼王。《谥法》："年中早夭曰悼。"（引自王利器主编《史记注译·周本纪》）

编者按：《左传》昭公二十二年载："十一月乙酉，王子猛卒。"杜预注曰："乙酉在十一月，经书十月，误。虽未即位，周人谥曰悼王。"

⑩【汇注】

徐文靖：《笺》按：丐，一作匄。《春秋》昭二十三年，天王居于狄泉，尹氏立王子朝。林尧叟曰：居于狄泉，言未得京师也。于是王猛卒，敬王即位，即王猛之母弟也。居于狄泉，谓之东王。子朝入于王城，谓之西王。《书》曰天王居于狄泉，出子朝也。（《竹书纪年通笺》卷一一《敬王》）

⑪【汇校】

梁玉绳："子丐之党与争立，国人立长子猛为王。子朝攻杀猛，猛为悼王。晋人攻子朝而立丐，是为敬王"。按：昭二十二年《春秋·经》《传》，王子朝之党与王子猛争立，非子匄争立也。王猛次正，为太子寿之弟，故单穆公、刘文公立之，非国人所立也。猛立七月而卒，虽未即位，周人谥曰悼王，非子朝杀之也。匄为敬王名，各本讹"丐"，或作"丐"。而匄乃猛之母弟，猛卒而后匄立，安得此时匄与朝争乎？《史》皆误。《广宏明集》法琳《破邪论》引陶公《年纪》，言悼王一百一日，殊不足据。法琳又曰悼王立一百一日，为庶弟子朝所害，谓出齐秘书阳玠《史目》。陶公《年纪》盖依此纪而误者。子朝为景王长庶子，亦不可云庶弟。（《史记志疑·周本纪》）

【汇注】

姚允明：初，太子寿早逝，宾喜傅王子朝而求立。惟单旗，刘狄以为不顺也。王崩，悼王立，诛宾喜，朝呼其党谋篡，持胜而未定。晋勤王，居之王城也，则崩矣。敬王嗣立，乱犹未定也。（《史书》卷一《景王》）

裴　骃：贾逵曰："敬王，猛母弟。"（《史记集解》）

潘永圜：敬王，名丐，悼王同母弟。壬午即位。十五年，杀子朝于郯。十六年，子朝之徒复作乱，多在王城。王出居姑莸（晋地），使晋率诸侯城成周，居之。成周在王城东，故曰东周。而王城在成周西，故曰西周。非以镐京洛阳为东、西也。在位四十四年。四十一年四月，孔子卒。《谥法》：合善典法曰敬。（《读史津逮》卷一《周》）

梁玉绳：敬王始见《左昭二十二》，名匄。景王子，始见《周纪》，亦曰东王，四十四年崩，葬河南三王陵。按：《史记集解》引贾逵、《周语下》韦注、杜《世族谱》及《左注》皆言敬王是悼王母弟，独此以敬为悼兄，恐误。悼殂于乱，君子伤之，敬王能终其世，亦无失德，安得贬居末等，反在子朝之下乎？（《汉书人表考》卷九《敬王匄》）

翟云升："敬王丐"：景王子，悼王兄，兄当作弟。（《校正古今人表》第九）

朱孔阳：敬王讳匄，景王子，悼王母弟也。以王子朝之乱徙都成周，即下都，在

今洛阳县东三十里。四十四年乙丑，王崩。(《历代陵寝备考》卷八《周》)

张习孔：前519年，壬午，周敬王丐元年……夏，京之役，王子朝受挫，晋师遂还。及晋师返，王子朝之势复振，败敬王之师，入居王城。(《中国历史大事编年·春秋》)

又：秋，周敬王居于狄泉。狄泉在王城东，人称东王。王子朝亦在王城称王，人称西王，周东王、西王并立。(同上)

敬王元年①，晋人入敬王；子朝自立②，敬王不得入，居泽③。四年④，晋率诸侯入敬王于周⑤，子朝为臣⑥。诸侯城周⑦。十六年，子朝之徒复作乱⑧，敬王奔于晋⑨。十七年，晋定公遂入敬王于周⑩。

① 【汇注】

章　衡：壬午，恭王(句)元年，秋，天王居于狄泉，尹氏立王子朝于王城。(《编年通载》卷二《周》)

② 【汇注】

姚允明：元年，辞晋师，王之战多败绩矣。出居狄泉。朝入，而尹氏立之也。(《史书》卷一《敬王》)

③ 【汇注】

裴　骃：贾逵曰："泽邑，周地也。"(《史记集解》)

王　恢：泽：《春秋》昭二十三年，"天王居于狄泉"。《左传》："王师在泽邑。"贾逵曰："泽即狄泉。"《谷水注》："无渊池水又东流入洛阳之南池，池即故翟泉也。"《地理通释》："翟泉地在成周东北，晋率诸侯之徒，修缮其城；以成周小，不受王都，故坏翟泉以广焉。"按今为翟泉镇。又按其时敬王居翟泉称东王，子朝入居王城谓之西王。晋入敬王于周，《春秋》曰"子朝奔楚"(敬王十五年春，王人杀子朝于楚)。(《史记本纪地理图考·周本纪·敬王居泽》)

曲英杰：春秋时期，周敬王元年(前519)，为避王子朝之乱，周敬王出居狄泉。学者多以此时周王曾有迁都并筑新城之举，不确。《春秋·昭公二十三年》载："天王居于狄泉。"杜预注："敬王辟子朝也。狄泉，今洛阳城内大仓西南池水也。时在城外。"《春秋·昭公二十六年》又载："天王入于成周。"《左传·昭公二十六年》载此事为"癸酉，王入于成周。甲戌，盟于襄宫。晋师使成公般戍成周而还。十二月癸未，王入于庄宫"。杜预注："庄宫，在王城。"由此可知，周敬王此次出居避乱，不久即返回成周。其成周、王城是同指一城，即洛邑。《左传·僖公二十五年》载："（襄）王入于王城。"《国语·晋语四》作"（襄）王入于成周，遂定之于郏"。亦可表明这一点。（《先秦都城复原研究·洛》）

④【汇注】

章　衡：乙酉四年，秋，晋知跞、赵鞅帅师纳王，十月，王起师于滑，十一月召伯盈逐王子朝，尹氏、召氏、毛伯以朝奔楚。十一月癸酉，王入于成周，晋使成公般城成周而还。（《编年通载》卷二《周》）

又：丙戌五年，冬，诸侯之师戍于周。（同上）

又：戊子七年，三月，王杀召伯盈、尹氏固及原伯鲁之子，皆子朝之党。（同上）

又：辛卯十年，八月，王使富辛、石张请城于晋。冬，晋魏舒合诸侯之大夫城成周。（同上）

又：丙申十五年，春，王人杀子朝于楚。三月辛亥朔，日有食之。（同上）

⑤【汇注】

张习孔：前516年，乙酉，周敬王四年……王子朝奔楚。晋知跞、赵鞅率师助敬王伐王子朝，克巩（今河南巩县西南）。王子朝及召氏之族、毛伯得、尹氏固、南宫嚚奉周之典籍奔楚。敬王还入成周（洛邑）。晋师使成公般城成周而还。（《中国历史大事编年·春秋》）

⑥【汇注】

裴　骃：《春秋》曰："子朝奔楚。"《皇览》曰："子朝冢在南阳西鄂县。今西鄂晁氏自谓子朝后也。"（《史记集解》）

梁玉绳："子朝为臣"，按：《春秋》经传子朝奔楚，为敬王臣乎哉？（《史记志疑·周本纪》）

⑦【汇校】

梁玉绳："诸侯城周"，按：《春秋》城周在昭三十二年，当敬王十年，此书于四年，岂因是岁晋戍周而误欤？（《史记志疑·周本纪》）

【汇注】

韦　昭：成周在瀍水东，王城在瀍水西。初，王子朝作乱，于鲁昭二十三年夏，王子朝入于王城，敬王如刘。秋，敬王居于狄泉。狄泉，成周之城，周墓所在也。鲁昭二十六年四月，敬王师败，出居于滑。十月，晋人救之，王入于成周。子朝奔楚。其余党儋翩之徒，多在王城，敬王畏之，于是晋征诸侯成周，用役烦劳，故苌弘欲城成周，使富辛、石张为主，如晋，请城成周。（《国语注》卷三《周语下》）

姚允明：三年，晋会黄父，期纳王。……四年，晋师纳王，朝奔楚，王室乱者五年。……八年，晋以诸侯城成周。（《史书》卷一《敬王》）

曲英杰：《春秋·昭公三十二年》载："仲孙何忌会晋韩不信、齐高张、宋仲幾、卫世叔申、郑国参、曹人、莒人、薛人、杞人、小邾人，城成周。"其时敬王既早已入居成周，则此次"城成周"只能是修补旧城，而不可能是另筑新城于其外。由于此城多年失修，完全丧失了防御能力，以致于需诸侯国派兵"戍周"，因而有必要对成周城做一次全面的修复。……《左传·定公元年》载："元年春，王正月辛巳，晋魏舒合诸侯之大夫于狄泉，将以城成周。魏子涖政。……魏献子属役于韩简子及原寿过，而田于大陆，焚焉，还，卒于宁。范献子去其柏椁，以其未复命而田也。孟懿子会城成周，庚寅，栽。宋仲幾不受功。……乃执仲幾以归。三月，归诸京师。城三旬而毕，乃归诸侯之戍。齐高张后，不从诸侯。"《国语·周语下》载此事为：敬王十年，刘文公与苌弘欲城周，为之告晋。魏献子为政，说苌弘而与之。将合诸侯。卫彪傒适周，闻之，见单穆公曰："苌、刘其不殁乎？周诗有之曰：天之所支，不可坏也。其所坏，亦不可支也。……今苌、刘欲支天之所坏，不亦难乎？自幽王而天夺之明，使迷乱弃德，而即惛淫，以亡其百姓，其坏之也久矣。而又将补之，殆不可矣。"由周王所言"今我欲徼福假灵于成王，修成周之城"，士弥牟营成周唯计丈数等而不选址"攻位"，"城三旬而毕"，卫彪傒所言"今苌、刘欲支天之所坏"，均可表明此次"城成周"是修复旧的成周城而非另筑新城。此次"城成周"，以晋魏舒为首，有十个侯国参加，本是一件很勉强的事。在修筑过程中，主事者极不负责任，诸侯国或不受功，或后至，前后时间只有一个月，可谓是草草从事。（《先秦都城复原研究·洛》）

⑧【汇注】

吴　澄：子朝据王城曰西王，敬王在狄泉，曰东王。（引自《史记评林·周本纪》）

姚允明：十六年，王子朝戮于楚，其余党以郑师入寇，王辟之姑莸。（《史书》卷一《敬王》）

⑨【汇校】

梁玉绳："敬王奔于晋"，按：《左传》定六年，"天王处于姑莸"，杜注周地，则王未尝奔晋也。此与《表》并误。（《史记志疑·周本纪》）

【汇注】

张习孔：前504年，丁酉，周敬王十六年，鲁定公六年，郑献公十年，晋定公八年……郑伐周，鲁伐郑。王子朝之余党儋翩将在周作乱，郑助之，为之伐周六邑：冯（今洛阳市近郊）、滑、胥靡（皆在今偃师东南）、负黍（今登封西南）、狐人（今临颍）、阙外（伊阙之南）。鲁奉晋命伐郑，讨其攻周，取郑之匡邑（今长垣）。（《中国历史大事编年·春秋》）

又：夏，晋以大夫阎没率师助周戍守，且为周筑城于胥靡。（同上）

又：周儋翩作乱，周敬王自成周出走，居于姑莸（周邑）。（同上）

⑩【汇注】

　　陆唐老：十七年，晋侯帅师纳王，王入于王城。（《陆状元通鉴》卷二〇《外纪周纪·敬王》）

　　姚允明：十七年，齐景公盟郑于咸，盟卫于沙，间晋之失诸侯而收之。晋定王室。（《史书》卷一《敬王》）

　　张习孔：前503年，戊戌，周敬王十七年……晋籍秦（籍谈之子）迎敬王入居王城。（《中国历史大事编年·春秋》）

　　又：周敬王之大夫单武公、刘桓公伐儋翩之党于谷城、简城（两城皆在今洛阳市附近）、仪栗（今地不详）、盂（今沁阳西北），以稳定王室。（同上）

【汇评】

　　王　鏊：晋入敬王始终，历十七年间，不数语而自详尽。（引自《史记评林·周本纪》）

三十九年①，齐田常杀其君简公②。

①【汇注】

　　章　衡：庚申三十九年，夏，齐田常执其君简公于舒州，弑之，立其弟骜，田常遂专齐政。五月庚申朔，日有食之。（《编年通载》卷二《周》）

②【汇注】

　　司马迁：庚辰，田常执简公于徐州。……甲午，田常弑简公于徐州。……田氏卒有齐国，为齐威王，强于天下。（《史记·齐太公世家》）

　　解惠全："齐田常"句：田常于齐简公四年杀简公，立平公，自任齐相，齐国之政由此归田氏。至周安王时，命常曾孙田和为诸侯，齐由田氏代替了姜氏统治。事详《田敬仲完世家》。（《全译史记·周本纪》）

　　张习孔：前481年，庚申，周敬王三十九年……齐陈恒杀简公。陈恒（田成子）与阚止（一作监止）为左右相。相简公。阚止有宠于简公，陈恒忌之。恒修其父田僖子之政，大斗贷，小斗收，国人歌曰："妪乎采芑，归乎田成子。"陈恒知国人附己，遂杀简公、阚止。……陈恒立简公弟骜，是为平公。（《中国历史大事编年·春秋》）

四十一年①，楚灭陈②。孔子卒③。

① 【汇校】

张文虎："四十一年"，《志疑》云：按《左传》在哀十七年，为敬王四十二年。（《校刊史记集解索隐正义札记·周本纪》）

② 【汇校】

章　衡：癸亥四十二年，楚白公之乱，陈入侵楚。秋，楚围陈，杀闵公，遂灭陈。（《编年通载》卷二《周》）

吕祖谦：《史记·年表》（楚灭陈）在前一年。今从左氏（在四十二年）。（《大事记解题》卷一）

【汇注】

司马迁：（惠王）灭陈而县之。（《史记·楚世家》）

吕祖谦：朝，子西之子，武城尹也。陈，舜之后，姓妫氏。自胡公至尽公凡二十三世，虞阏父为周陶正，以服事武王，武王赖其利器用也，与其神明之后也。以元女大姬配其子胡公而封诸陈，以备三恪。按《前汉·地理志》：陈、郑之国，与韩同星分。大姬，妇人，尊贵，好祭祀，用史巫，故其俗巫鬼。（《大事记解题》卷一）

梁玉绳："四十一年，楚灭陈"。按：《左传》楚灭陈在哀十七年，为敬王四十二年，此误作"四十一"。《史记》各处所书灭陈之年，惟《秦纪》《吴》《蔡》《陈世家》不误，其余《周纪》《年表》及《杞》《宋》《楚》《郑世家》俱误也。（《史记志疑·周本纪》）

③ 【汇校】

吕祖谦：《鲁史》《左传》皆书己丑，杜预曰：四月十八日乙丑，无己丑。己丑，五月十二日。日、月必有误。孔子生于鲁襄公二十二年，至是年七十三。（《大事记解题》卷一）

【汇注】

司马迁：孔子年七十三，以鲁哀公十六年四月己丑卒。哀公诔之曰："旻天不吊，不愸遗一老，俾屏余一人以在位，茕茕余在疚。呜呼哀哉！尼父，毋自律！"子贡曰："君其不没于鲁乎！夫子之言曰：'礼失则昏，名失则愆。失志为昏，失所为愆。'生不能用，死而诔之，非礼也。称'余一人'，非名也。"（《史记·孔子世家》）

又：孔子葬鲁城北泗上，弟子皆服三年。三年心丧毕，相诀而去，则哭，各复尽哀；或复留。……弟子及鲁人往从冢而家者百有余室，因命曰孔里。鲁世世相传以岁时奉祠孔子冢，而诸儒亦讲礼乡饮大射于孔子冢。孔子冢大一顷。故所居堂、弟子内，后世因庙，藏孔子衣冠琴车书，至于汉二百余年不绝。（同上）

章　衡：壬戌四十一年，夏，孔子卒，年七十三。（《编年通载》卷二《周》）

【汇评】

姚允明：四十一年，孔子卒。王道穷而师道立矣。（《史书》卷一《敬王》）

陆唐老：恕曰：包牺以来，圣王兴利，知者创物。生民日用，资而仰之。然其祠冢苗裔，自天子至于庶人，莫不宗奉，历千余年未有如孔子之盛者，岂非君臣父子、仁义礼乐之教，虽蛮貊之邦，不可斯须拾乎！（《陆状元通鉴》卷二〇《外纪周纪·敬王》）

四十二年，敬王崩①，子元王仁立②，元王八年③，崩④，子定王介立⑤。

① 【汇校】

张文虎："四十二年，敬王崩"：《御览》引作"四十三年"，与《年表》合。（《校刊史记集解索隐正义札记·周本纪》）

李景星："四十二年，敬王崩"。按"四十二年"当作"四十四年"，此与《表》皆误。（《史记评议·周本纪》）

刘坦：敬王纪年，《周本纪》载四十二年，《年表》载四十三年。据《晋年表》顷公六年载："周室乱，公平乱，立敬王。"又《晋世家》载："顷公六年，周景王崩，王子争立，晋六卿平王室乱，立敬王。"是则敬王元年，与晋顷公七年同年。复据《周本纪》载："定王十六年，三晋灭智伯，分有其地。"《六国表》载魏桓子、韩康子、赵襄子败知伯于晋阳，三分其地，亦在周定王十六年。考智伯之灭，《六国表》载在晋哀公四年。《鲁世家》亦载云："哀公四年，赵襄子、韩康子、魏桓子共杀知伯，尽并其地。"是则周定王之十六年，与晋哀公四年同年。按晋历年，自顷公七年，至哀公四年，凡为六十七年。则周自敬王元年，至定王十六年，亦应为六十七年。然依《年表》载敬王四十三年，适为六十七年。更依《本纪》载敬王四十二年，则仅六十六年。而《本纪》载敬王以下，元王八年，与《年表》同。则其自敬王元年，至定王十六年，为六十六年，所以与《年表》六十七年，不能相符者，实以纪敬王，误阙一年。而敬王历年，亦固以四十三年为是也。（《史记纪年考》卷二《周共和以后纪年考·敬王》）

编者按：《太平御览》卷八五《敬王》"四十二年"引作"四十三年"，文曰：《史记》曰：晋定公遂入敬王于周。四十三年，敬王崩，子元王仁立。

【汇注】

皇甫谧撰、徐宗元辑：敬王三十九年，《春秋经》终。四十四年，敬王崩，子贞定王立。（《帝王世纪辑存·周第四》）

裴　骃：徐广曰："皇甫谧曰敬王四十四年，元己卯，崩壬戌也。"（《史记集解·周本纪》）

王鸣盛：《史记·十二诸侯》及《六国表》纪年历然分明，然自敬王以下，年代世次诸说互异。窃谓《史记》为得其实。《年表》敬王元壬午，崩甲子，凡四十三年。其三十九年为鲁哀公十四年，则获麟之年也。四十一年为鲁哀公十六年，则孔子卒之年也。敬王实崩于哀公十八年，敬王子元王，元乙丑，崩壬申，凡八年。元王子定王，元癸酉，崩庚子，凡二十八年，其元年为鲁哀公二十七年，《左传》尽此，明年哀公卒，其说如此。《左传》哀十九年，"叔青如京师，敬王崩故也"。按其事，似敬王有四十四年，与《史记》异，又《汲郡纪年》敬王元壬午，崩乙丑，凡四十四年，元王元丙寅，崩壬申，凡七年，较之《史记》，敬王多一年，元王少一年，是敬王以哀公十九年崩矣。然《正义》云："叔青如京师，自为敬王崩，未知敬王何年崩也。"考之鲁事，隐公三年三月平王崩，至秋来求赗，以鲁不会葬，又不共奉王丧也。文公八年八月襄王崩，明年二月，叔孙得臣如京师，其怠缓也若是，况哀公之季乎？逾年始往，固无足怪，不得执此以疑《史记》也。《世本》则以定王为贞王，且以敬王崩，贞王介立，贞王崩，元王赤立。其元王之名与《史记》名仁互异，及以敬王亦为崩于哀十九年，皆姑置勿论，惟《史记》元王为定王父，《世本》元王为贞王子，则迥不相合矣。宋忠为《世本注》亦疑而不能定。夫年代既远，世次颠倒，理固有之，但《本纪》定王有三子争立事，长子去疾立，是为哀王，立三月，弟叔杀哀王自立，是为思王，立五月，弟嵬杀思王自立，是为考王。此三王皆定王之子。元王既无此事，则马迁于此不应亦误，《世本》未足信也。杜预《世族谱》又以为敬王四十二年崩，敬王子元王十年，《春秋》之传终矣，如此则敬王崩于癸亥，元王元甲子，崩癸酉，其说与《史记》及《左传》《纪年》《世本》诸书皆不同，不知所据云何，恐未足信，且如此则敬王之崩，叔青逾三年而会葬，殊觉远于情事矣。最后皇甫谧作《帝王世纪》，又谓敬王元己卯，崩壬戌，凡四十四年，贞定王元癸亥，崩壬申，凡十年，元王元癸酉，崩庚子，凡二十八年。公子争立，立嵬为考王，《年表》己卯为景王之二十三年，景王崩于辛巳，凡二十五年。如谧说，则景王当削去三年，以二十二年戊寅崩矣。《国语》："景王二十三年，将铸元射，单穆公谏，不听。二十四年，钟成。二十五年，王崩。"则谧之言妄矣。且如此，则敬王之崩，叔青逾四年而往，此尤必无之理也。其以定王为元王父亦袭《世本》，而遂以三子争立皆移为元王以就其说，但从十一年癸未三晋灭知伯，则灭知伯乃十六年戊子事，是年为晋哀公四年，鲁悼公十四年，在春秋后二十七年。杜预引《世家》及《年表》以解《左传》，其事甚明，吴师道校鲍彪《战国策注》亦同，安得以为癸未争乎？又《索隐》亦从《世本》，以"定"当为"贞"字之误，而曰："岂周家有两定王，代数又非远乎？"皇甫谧见此疑而不决，遂通于《史记》《世本》之错谬，因谓为"贞定王"，未为得其实。按《国语》："景王崩，王室大乱，及定王，王室遂卑。"又："敬王十年，刘文公、苌弘欲城成周，卫彪傒曰：'苌、刘其不没乎。'二十八年，杀苌弘。及定王，刘氏亡。"是《国语》与《史记》合，周有两定王明矣。韦昭强改为"贞"，抑思《国语》所纪，何容两处并误耶？若所谓贞定王者，据《索隐》，系谥妄造，今《纪年》亦作"贞定"，而海宁周广业云：班氏《古今人表》亦作"贞定"，则非谥妄造，年代久远，纪载错互，但当缺疑，不可强说。(《十七史商榷·周敬王以下世次》)

杭世骏："四十二年，敬王崩"，臣世骏按：陆德明《左传·释文》曰：按《传》敬王崩在此年。《世本》亦尔。《世族谱》云："敬王四十二年崩。"敬王子元王十年，《春秋》之传终矣。据此则敬王崩当在哀公十七年。《史记·周本纪》及《十二诸侯年表》，敬王四十二年崩，子元王仁立。则敬王是鲁哀公十八年崩也。《六国年表》起自元王，及《本纪》皆云"元王八年崩，子定王介立"。定王元年，是鲁哀公之二十七年，与杜预《世族谱》为异。又《世本》云：鲁哀公二十年，是定王介崩，子元王赤立，则定王之崩年，是鲁哀公二十七年也。众说不同，未详孰是。(引自《史记考证·周本纪》)

齐召南：敬王：景王子，元年壬午。……在位四十四年崩，子仁嗣。(《历代帝王年表·周世表·敬王》)

徐文靖：《笺》按：《左传》哀十九年，冬，叔青如京师，敬王崩故也。《史记·年表》敬王四十三年崩，则少一年。徐广曰：岁在甲子，从《史记》也。据《竹书》则在乙丑。(《竹书纪年统笺》卷一一《敬王四十四年，王陟》)

梁玉绳："四十二年，敬王崩"，按：《左传》哀十九年书敬王崩，而《春秋》昭二十二年书景王崩，则敬王在位四十四年明甚，《竹书》及《集解》引皇甫谧说俱合。此作"四十二"，表作"四十三"，并误也。但《御览》八五卷引《史记》作"四十四"。(《史记志疑·周本纪》)

② 【汇校】

皇甫谧撰、徐宗元辑：《周本纪》云：元王仁立。元王八年崩，子定王介立。《世本》云：元王赤。贞定王，考据二文，则是元有两名，一名仁，一名赤。如《史记》则元王为定王父，定王即贞王也。依《世本》则元王是贞王子，必有一乖误。然此"定"当为"贞"字误耳。岂周家有两定之，代数又非远乎？(《帝王世纪辑存·周第四》)

吕祖谦：《世本》作贞王介。(《大事记解题》卷一)

【汇注】

裴　骃：徐广曰："《世本》云贞王介也。"(《史记集解》)

陆唐老：三年，越伐吴，灭之。……乃以兵北渡淮，与齐晋诸侯会于徐州，致贡于周，元王使人赐胙，命为伯。诸侯毕贺。（《陆状元通鉴》卷二〇《外纪周纪·元王》）

姚允明：元年，越围吴，三年，灭之。吴之毒于齐、楚也，怨有厚，赵襄子顾盟，而不敢远征，以内有知也，故遂无援而亡。越乃霸上国，朝鲁定邾，出师于卫、齐、晋、秦、楚不敢与争诸侯者，当其时也。（《史书》卷一《元王》）

潘永圜：元王，名仁，敬王太子。壬申即位。在位六年。《谥法》：行义说民曰元。（《读史津逮》卷一《周》）

梁玉绳："子元王仁立"，附按：《人表》依《世本》元王名赤，《索隐》曰元有两名。（《史记志疑·周本纪》）

③【汇校】

李景星："元王八年，崩"。按：元王只七年，此与《六国表》皆误。（《史记评议·周本纪》）

④【汇校】

梁玉绳："元王八年，崩"，按：元王七年，此与《六国表》言八年并误。杜《世族谱》作"十年"，亦误。盖谬减敬王之年以益元王也。（《史记志疑·周本纪》）

【汇注】

齐召南：元王：敬王子，元年丙寅。……在位七年崩，子介嗣。（《历代帝王年表·周世表·元王》）

徐文靖：《笺》按《六国表》起自元王，皆云元王八年崩。今据《竹书》是七年也。（《竹书纪年统笺》卷一一《元王七年，王陟》）

⑤【汇校】

张文虎："定王介"：《御览》引作"贞定王"。（《校刊史记集解索隐正义札记·周本纪》）

夏燮：按《史记·周本纪》，敬王崩，子元王仁立。元王崩，子定王介立。《索隐》引《世本》作元王赤。而《世本》所叙世次则敬王子为贞王，贞王子为元王，贞王名介，与《史记》之以介为定王名者异。《索隐》谓《史记》《世本》父子倒置，必有一乖误。周家两定王，代数非远，不应复谥。因疑《史记》"定"字当为"贞"字之误，皇甫谧见《世本》有贞王，《史记》有定王，疑不能决，遂弥缝两家之错谬，因谓为贞定王，亦未为得云云。今考此表元王为敬王子，贞定王为元王子，即《史记》本纪之说。惟《史记》元王名仁，班从世本作赤耳。贞定王之称，已见班氏表中。疑班氏即据《史记·周本纪》文，而本纪"定王介立"，不云"贞定"，省文耳。《史记》多据《世本》，而《世本》展转沿讹，误分贞定为二世，又倒误元王于贞王下。证以介之名，《世本》以为贞王，《史记》以为定王，明是贞、定本一王，而其名为介，其谥为贞定。《索隐》不察，乃以称"贞定"者出自皇甫谧之杜撰，冤哉！再考"贞定王"以后有考哲王、威烈王、元安王、夷烈王，俱见此表中，皆以两字为谥。司马贞不考前后谥法之例，横生臆说，今特条辨之。（《校汉书人表》卷八《古今人表》）

又：《史记》似非漏去"贞"字，而其言"定王"者，即"贞定王"，犹之下文称考王即考哲王，称安王即元安王，称烈王即夷烈王。班氏则并以双谥具载表中，而徐广乃引考哲王谓为皇甫谧说，毋乃失考。（同上）

【汇注】

裴　骃：徐广曰："《世本》云元王赤也。"皇甫谧曰："元王十一年癸未，三晋灭智伯，二十八年崩，三子争立，立应为贞定王。"（《史记集解》）

司马贞：《系本》云元王赤，皇甫谧云贞定王。考据二文，则是元有两名，一名仁，一名赤。如《史记》，则元王为定王父，定王即贞王也；依《系本》，则元王是贞王子。必有一乖误。然此"定"当为"贞"字误耳。岂周家有两定王，代数又非远乎？皇甫谧见此，疑而不决，遂弥缝《史记》《系本》之错谬，因谓为贞定王，未为得也。（《史记索隐》）

章　衡：丁亥十五年，晋知伯专决国政，并范中行地，最强。（《编年通载》卷二《周》）

潘永圜：贞定王，名介，元王太子。壬申即位，在位二十八年。《谥法》清白守节曰贞，纯仁不爽曰定。（《读史津逮》卷一《周》）

梁玉绳："子定王介立"，附按：周不应有二定王，韦注《国语》《后书·西羌传》，陶公《纪年》并据《世本》作"贞王"，而《竹书》《人表》《世纪》均作"贞定王"，《御览》引《史记》亦作"贞定"，则固有两字谥也。《索隐》不考，妄谓皇甫谧弥缝《史记》《世纪》《世本》之错因谓为贞定，可嗤之甚。至《世本》以元王为贞王子，互易代系，孤文单义，不足取证。《左传》哀十九年《疏》及《释文》两存其说而不能定，未免歧见，岂其信《世本》《世纪》，更胜于信《史记》《竹书》《人表》乎？又《集解》引皇甫谧言王名应，不知何出，殆非也。（《史记志疑·周本纪》）

朱孔阳：贞定王讳介，元王太子。二十八年庚子春，王崩，子去疾践位，是为哀王。弟叔弑王自立，是为思王。秋八月，王子嵬杀叔而自立。（《历代陵寝备考》卷八《周》）

定王十六年①，三晋灭智伯②，分有其地③。

① 【汇注】

　　章　衡：戊子，十六年。赵襄子与韩康子、魏桓子合攻晋知伯，灭之，而三分其地。（《编年通载》卷二《周》）

② 【汇注】

　　司马贞：韩、赵、魏、范、中行及智氏为六卿。后韩、赵、魏为三卿，而分晋政，故曰三晋。（《史记索隐》）

　　徐文靖：《笺》按：《史记·六国年表》三晋灭知伯，在周定王十六年，上距获麟二十七年。皇甫谧曰：元王十一年癸未，三晋灭知伯。据《竹书》则元王七年陟，不得十一年也。又按《晋世家》，晋哀公四年，赵襄子、韩康子、魏桓子共杀知伯，尽并其地。《索隐》曰：如《纪年》之说，此乃出公二十二年事，又按《秦本纪》，知开与邑人来奔。《正义》曰：开，知伯子与从属来奔秦。《晋世家》及《秦本纪》互相矛盾，皆误。（《竹书纪年统笺》卷一一《贞定王十六年》）

③ 【汇注】

　　司马迁：当是时，晋国政皆决知伯……哀公四年，赵襄子、韩康子、魏桓子共杀知伯，尽并其地。（《史记·晋世家》）

　　又：出公十七年，知伯与赵、韩、魏共分范、中行地以为邑。……当是时，晋国政皆决知伯，晋哀公不得有所制。知伯遂有范、中行地，最强。哀公四年，赵襄子、韩康子、魏桓子共杀知伯，尽并其地。（同上）

【汇评】

　　姚允明：知主亡赵氏，连师围之。而自取灭者，骄见，而成韩、魏、赵之合也。地既三分，臣也皆君矣。（《史书》卷一《贞定王》）

　　　　二十八年①，定王崩②，长子去疾立，是为哀王③。哀王立三月，弟叔袭杀哀王而自立④，是为思王⑤。思王立五月，少弟嵬攻杀思王而自立⑥，是为考王⑦。此三王皆定王之子⑧。

① 【汇注】

　　章　衡：庚子二十八年，天王崩，太子去疾立，是为哀王，在位三月，弟叔袭杀去疾而自立，是为思王。在位五月。少弟嵬攻杀叔而自立，是为考王。考王封其弟于河南，是为东周桓公。（《编年通载》卷二《周》）

② 【汇注】

　　裴　骃：徐广曰："皇甫谧曰贞定王十年，元癸亥，崩壬申。"（《史记集解》）

　　龙体刚：贞定王，名介，元王子。癸酉至己亥二十八年。戊子，韩、赵、魏三家，共灭智氏之族。戊戌，昼晦星见。（《半窗史略》卷六《东周·贞定王·注》）

　　齐召南：贞定王，元王子，元年癸酉。……在位二十八年崩，国乱，子嵬立。（《历代帝王年表·周世表·贞定王》）

　　徐文靖：《笺》按：《春秋》成公五年冬十一月己酉，定王崩。（《竹书纪年统笺》卷一一）

③ 【汇注】

　　潘永圜：哀王，名去疾，贞定王太子。庚子即位，三月，弟叔袭弑之。《谥法》：早孤短折曰哀。（《读史津逮》卷一《周》）

　　编者按：李昉注《太平御览》卷八五《贞定王》条下，曰"哀王"，皇甫谧曰"贞定王"。

④ 【汇注】

　　梁玉绳：思王叔袭，定王子，惟见《史·周纪》。定王崩，长子哀王去疾立。三月，弟叔袭杀哀王自立，五月，少弟嵬杀思王。（《汉书人表考》卷八《思王叔袭》）

⑤ 【汇注】

　　潘永圜：思王，名叔，哀王弟。庚子，弑兄自立。五月，弟嵬攻而杀之。《谥法》：追悔前过曰思。（《读史津逮》卷一《周》）

⑥ 【汇注】

　　皇甫谧撰、徐宗元辑：思王即位五月，弟嵬攻杀王而代之，是为考哲王。（《帝王世纪辑存·周第四》）

　　又：考哲王元年辛丑，崩乙卯。（同上）

　　潘永圜：考王，名嵬，思王弟。辛丑，弑兄自立。在位十年。封其弟偈（按语：《正义》为"揭"）于河南王城，是为桓公，以续周公之官职，为东周之始。（《读史津逮》卷一《周》）

　　龙体刚：考敬王之世，以王子朝余党多在王城，敬王畏之，徙都洛阳之成周。至是考王仍敬王旧都，号为东周。又封其弟揭于郑郦王城，号为西周，使续周公之职，分地而治者也。（《半窗史略》卷六《东周·考王》）

　　梁玉绳：考王始见《周纪》《六国表》，名嵬。思王弟，始见《周纪》，又作隗，十五年崩。按：此表于考王曰孝哲，安王曰元安，烈王曰夷烈，显王曰显圣，皆二字谥，不知何出？（《汉书人表考》卷八《考哲王嵬》）

⑦ 【汇注】

　　梁玉绳："是为考王"，附按：《人表》考王以下皆二字谥，《史》惟威烈、慎靓同，它若考王曰考哲，安王曰元安，烈王曰夷烈，显王曰显圣，皆不知何出？陶公《年纪》作"静王"，又一字谥，何也？至《法言·渊骞篇》"周之顺、赧，以成周而西倾"，慎、顺古通，犹靓之为静耳。（《史记志疑·周本纪》）

⑧【汇注】
　　姚允明：二十八年，王崩，子哀王立。三月而弑。五月考王又弑思王也，皆弟弑其兄也。考王既立，分地揭河南地以靖乱，削益甚，诸侯愈慢之。（《史书》卷一《贞定王》）
【汇评】
　　牛运震："此三王皆定王之子"，按此复注一笔，明晰有法。（《史记评注·周本纪》）

考王十五年①，崩②，子威烈王午立③。

①【汇注】
　　朱孔阳：考王讳嵬，思王弟，十五年乙卯，王崩。（《历代陵寝备考》卷八《周》）
②【汇校】
　　章　衡：乙巳二十六年，天王崩，子烈王即位。（《编年通载》卷二《周》）
【汇注】
　　裴　骃：徐广曰："皇甫谧曰考哲王元辛丑，崩乙卯。"（《史记集解》）
　　齐召南：考王：贞定王少子，元年辛丑。……在位十五年崩，子午立。（《历代帝王年表·周世表·考王》）
　　印鸾章：乙卯，十有六年，王崩。（引自《纲鉴合编》卷二《周纪·考王》）
③【汇注】
　　胡三省：《谥法》：猛以刚果曰威；有功安民曰烈。沈约曰：诸复谥，有谥人，无谥法。（《资治通鉴·周纪一》"威烈王二十三年"注）
　　朱孔阳：威烈王讳午，考王太子，二十三年，初命晋大夫魏斯、赵籍、韩虔为诸侯。周室衰微，徒拥虚器，号为天下共主。司马公《通鉴》托始于此。二十四年己卯，王崩。陵在河南府城东北洛阳县境。（《历代陵寝备考》卷八《周》）
　　又：《史记·注》裴骃按：宋衷曰威烈王葬洛阳城中东北隅也。（同上）

考王封其弟于河南①，是为桓公②，以续周公之官

职③。桓公卒，子威公代立④。威公卒，子惠公代立，乃封其少子于巩以奉王⑤，号东周惠公⑥。

① 【汇注】
张守节：《帝王世纪》云："考哲王封弟揭于河南，续周公之官，是为西周桓公。"按：自敬王迁都成周，号东周也。桓公都王城，号西周桓公。(《史记正义》)

归有光：王城河南，在成周西，即定鼎郏鄏之处。平王以下十三王都。敬王避子朝之乱，迁成周，至赧王复来居。考王封其弟桓公于此。是时考王又都成周，故以封其弟。此西周桓公也。成周洛阳在王城东，即迁殷顽民之处。敬王以下九王都。至赧王复居王城。西周惠公封少子于巩，是时威烈王犹都于此，故云以奉王，而号东周惠公也。(引自《史记评林·周本纪》)

曲英杰："河南"，学者多以为即汉时河南县治，原东都洛邑所在，恐不确。其时周王既仍以原东都洛邑为都，似不可能又将其地封于桓公，而另择地为都。因而，"河南"之地只能在此洛邑之外，具体所指已无法推知。河南惠公封其少子于巩之事，《史记·赵世家》记为赵成侯八年"与韩分周为两"。史家多以此为分东、西周之始，不确。其时河南惠公以河南为其采地，而供职仍在周都，即所谓"续周公之官职"。其封少子于巩，是以"奉王"的名义，并非脱离周王而独立。(《先秦都城复原研究·洛》)

② 【汇注】
皇甫谧撰、徐宗元辑：考哲王封弟揭于河南，续周公之官，是为西周桓公。按自敬王迁都成周，号东周也。桓公都王城，号西周桓公。(《帝王世纪辑存·周第四》)

王圻：河南公，名揭，贞定王子，考王所封，谥桓公。(《谥法通考》卷二《周宗室谥》)

徐文靖：《笺》按：《世本》：西周桓公，名揭，居河南。东周惠公名班，居洛阳，盖平王东迁，以丰镐为西周，洛邑为东周，至考王之后，更以河南为西周，显王二年，西周惠公封其少子班于巩，号为东周，于是有东西二周。吕氏曰：东西周各为列国，不复相关，自是而后，称东西周者，皆谓二周君也。(《竹书纪年统笺》卷一一《考王》)

梁玉绳：西周桓公始见《史·周纪索隐》引《世本》。考王弟，始见《周纪》，名揭，封于河南。(《汉书人表考》卷七《西周桓公》)

③ 【汇注】
陈蒲清：周公：周公旦的次子留在京城辅佐周王，世袭周公之职。周庄王杀周公黑肩之后，周公之职便空缺了很久。(引自王利器主编《史记注译·周本纪》)

④【汇注】

梁玉绳：周威公始见《庄子·达生》《吕氏春秋·先识》《博志》。桓公子始见《史·周纪》，名灶。(《汉书人表考》卷七《周威公》)

⑤【汇注】

裴　骃：徐广曰："惠公之子也。"(《史记集解》)

张守节：巩，音拱。郭缘生《述征记》巩县，周地，巩伯邑。史记周显王二年西周惠公封少子班于巩，以奉王室，为东周惠公也。子武公，为秦所灭。(《史记正义》)

王　恢：巩，《汉志》："河南郡巩，东周所居。"《王补》："战国属周，后分为韩地。"《韩策》，苏秦云：韩北有巩也。庄襄王时(前二四八)以献秦，见《秦纪》。《河水注》："河水自平来，东过巩县北，又合洛水，下入河内平皋。"又《洛水注》："洛水自偃师来，东北历鄩中，迳訾城西，合鄩水，东迳訾城北，又东迳巩县故城南，东周所居也。本周畿内巩伯国，《左传》尹文公涉于巩，即此。洛水又东北入河，谓之洛汭。"《清统志》(二〇六)："故城今巩县西南三十里。县本与成皋中分洛水，西则巩，东则成皋，后魏并焉。城周五里，基址尚存。西南至河南府西四十里。隋移今治。"(《史记本纪地理图考·周本纪·东西周》)

[日] 泷川资言：巩故城，在今河南巩县西南。据《正义》惠公封少子，在显王二年，此因封桓公类叙耳。赵翼曰：武王定鼎于郏鄏，周公营以为都，是为王城，则河南也。周公又营下都，以迁殷顽民，是为成周，则洛阳也。平王东迁，定都于王城，其时所谓西周者丰镐也，东周者王城也。及王子朝之乱，敬王徙成周，《公羊传》云："王城者何？西周也。成周者何？东周也。"是时王城为西周，而成周为东周矣。及考王封其弟揭于王城，是为河南桓公，桓公之孙惠公又自封其少子班于巩，号曰东周，则此东周又自西周之王城分出，而并非敬王所都之成周矣。分封于巩者曰东周，而河南惠公本在王城，则仍西周之号，此东周、西周皆在河南，而周王之都于成周，自若也。战国所谓周王者，都于成周之王也，所谓东周君、西周君者，则河南之都于王城，及分封于巩者也。东周谓韩王曰：西周者，故天子之国也。曰故天子国，明乎是时西周已非天子所都也。显王二年，赵与韩分周为二，于是东西各为列国者，即河南之东西周也。而显王抱空名尚在成周，直至赧王始灭，则仍是敬王所迁之东周也。愚按：二周之辩，鲍彪《国策注》、吕祖谦《大事记》、吴澄《东西周辩》、顾栋高《春秋大事表》、崔述《考信录续篇》各有出入。赵说近是。又按：《史记》云"王赧时，东西周分治"，又云"王赧徙都于西周"，恐非。(《史记会注考证》卷四)

⑥【汇注】

司马贞：考王封其弟于河南，为桓公。卒，子威公立。卒，子惠公立。长子曰西周公。又封少子于巩，仍袭父号曰东周惠公。于是有东西二周也。按：《系本》"西周

桓公名揭，居河南；东周惠公名班，居洛阳"。是也。（《史记索隐》）

江 贽：威公卒，子惠公立。惠公乃封其少子于巩，以奉王，号东周惠公。而东西周之称又起于此。（《少微通鉴节要》卷一《周纪·东周君》）

又：复斋胡氏曰：其后揭没而长子成公袭有其地，小子班专制洛阳，兄弟角立，史册逸其世数名氏，至赧王三十四年，楚谋入寇，王使东周君喻止之，盖班之后也。至赧王入秦，秦迁西周公于㥁狐聚，而河南亡。庄襄元年，迁东周君于阳人聚，而洛阳之巩亡。（同上）

姚允明：河南周桓公，封其少子班为东周君，以奉王。（《史书》卷一《考王》）

吕祖谦：此东西周之始分也。初，考王封其弟于河南，是为河南桓公。桓公卒，子惠公立。河南惠公复自封其少子于巩，以奉王，号东周（少子没，亦谥惠公，盖父子同谥也）。自河南桓公续周公之职而秉政，二世益专，所以别封少子，使奉王者殆益独擅河南之地，而不复奉王欤？《前汉·地理志》曰："巩，东周所居，非也。东周者，指威烈王所居之洛阳也。巩，班之采邑也。"《世本》曰："东周惠公名班，居洛阳，是班秉政于洛阳，而采邑则在巩，安得遂指巩为东周乎？当是时，东、西周虽未分治，然河南惠公既号奉王者为东周，亦必自号为西周矣。"（《大事记解题》卷一）

孙之騄："十五年，王陟"，《国策》注《周纪》，考王封其弟揭于河南，是为桓公。桓公子威公，威公子惠公，封其少子班于巩，号东周惠公。然则河南、巩父子同谥也。《汉志》河南、巩，东周君所居。于是周有东、西之名。《水经注》洛水东迳巩县故城南，东周所居也。本周之畿内巩伯国也。《左传》所谓尹文父涉于巩，即于此也。归有光曰："王城、河南在成周西，即定鼎郏鄏之处，平以下十三王都。敬王避子朝之乱，迁成周，至赧王，复来居。考王封其弟桓公于此。是时，考王又都成周，故以封其弟，此西周桓公也。成周洛阳在王城东，即迁殷顽民之处，敬王以下九王都。至赧王，复居王城。西周惠王封少子于巩，是时威烈王犹都于此，故云以奉王，而号东周惠公也。"（《考定竹书》卷一二）

梁玉绳：东周惠公始见《周纪索隐》引《世本》，名班，又作子班，又名根。按：《纪》，威公子惠公，封其少子于巩，号东周惠公，则父子同谥惠，而班乃威公孙也。此作威公子，误。（《汉书人表考》卷七《东周惠公》）

又："考王封其弟于河南，是为桓公，以续周公之官职。桓公卒，子威公代立。威公卒，子惠公代立，乃封其少子于巩以奉王，号东周惠公"。附按：考王初立，封西周桓公，而东周惠公之封，自在显王二年，盖即《赵世家》所云"与韩分周以为两"也。《史类》叙于考王崩后者，特因封桓公而连及之，史家多有此法。然《正义》引《括地志》《述征记》俱言显王二年封东周惠公，谓出《史记》，而今本《周纪》殊不然，何也？岂唐《史记》本有异乎？又《索隐》引《世本》谓西周桓公名揭，东周惠公名班。而《韩子·内储下篇》曰"公子朝，周太子也，弟公子根甚有宠于君，君死遂以东周叛，分为两国"。然则西周武公名朝，而东周惠公又名根矣。盖西周历桓、威、惠、武四世而为秦所灭，东周仅惠、文两世而灭。《国策》有文君，即《吕氏春秋》《淮南子》《人表》所称昭文君，《皇极经世》以为名傑，《史》不纪文君，缺也。《索隐》因《史》不及文，遂谓西周武公之太子为文公，殊失考。第所疑者，东西两惠公，并当显王初年，至为秦灭时，凡历一百十余岁，而各以父子两代延之，年寿何长，岂非小司马所谓"周室衰微，略无纪录，二国代系，甚不分明"者乎？（《史记志疑·周本纪》）

郭嵩焘：按史公叙东、西周情事全未分明。据《书·召诰》"攻位于洛汭"，《传》谓"治都邑之位于洛水北"，所谓东都也，名曰王城。又于其南建城以处殷顽民，名曰成周，《多士》所谓"新邑洛"是也。《传》言"成周，洛阳下都"，以在洛水南，故亦曰河南；考王封其弟河南，即成周城也。其后赧王微弱失其政，而东周惠公、武公代起，相继立国，因而有东、西周之名，而王城因周东都在成周西，至是谓之西周。赧王虽弱，固天子之都也，犹建号为王，其后五十九年尽献其地于秦而周遂亡；秦复归赧王于周，赧王亦旋卒，于是东、西周并建号为东周君、西周君；至秦庄襄元年始并东、西周灭之。赧王之归，其地皆已入秦，犹王城存耳。自巩以东皆东周地，盖东周又后七年乃亡。东、西周地势、事情，史公不加深考，一以传疑言之，亦失之疏矣。（《史记札记·周本纪》）

张大可：考王封其弟于河南：河南，即洛阳。考王封其弟揭于河南以续周公官，号西周桓公。西周桓公三传至惠公，西周惠公封少子班于巩（今河南巩县），是为东周惠公。于是有东、西二周，西周居河南，东周居巩县。惠公长子袭位为武公。西周武公、东周惠公均为秦所灭。世系如下：两周桓公揭——威公——西周惠公——西周武公（前256并入秦）——西周惠公少子班为东周惠公（前249并入秦）。（《史记全本新注·周本纪》）

威烈王二十三年①，九鼎震②。命韩、魏、赵为诸侯③。

① 【汇注】

胡三省："二十三年"，上距《春秋》获麟七十八年，距《左传》赵襄子慧智伯事七十一年。（《资治通鉴·周纪一》"威烈王二十三年"注）

潘永圜：威烈王，名午，考王太子，丙辰即位。二十三年，九鼎震，初命三晋赵、韩、魏为诸侯。坏法乱纪，实始王朝。《通鉴》《纲目》俱始此。在位二十四年。《谥法》：强义执正曰威，秉德尊业曰烈。(《读史津逮》卷一《周》)

② 【汇注】

王　嘉：禹铸九鼎，五者以应阳法，四者以象阴数。使工师以雌金为阴鼎，以雄金为阳鼎。鼎中常满，以占气象之休否。当夏桀之世，鼎水忽沸；及周将末，九鼎咸震，皆应灭亡之兆。(《拾遗记》卷二《夏禹》)

【汇评】

吕祖谦：九鼎，大禹所铸，三代所传王室之大宝，镇也。是岁，大夫篡盗，受王命者三国，盖天下之大变也。九鼎安得不震乎？天下之战国七，秦变于戎者也，楚变于蛮者也，燕变于狄者也，魏、赵、韩、齐皆大夫窃国者也。今一旦而顿命其三焉，三代之礼乐刑政，自是而废。古先圣贤之后，周室所褒封者，自是而尽戎狄。盗贼自是而横行中国。人事之变如此，天地之气岂得不为之动哉？天人之际，可谓无间矣。所以告人者，可谓深切著明矣。(《大事记解题》卷二)

③ 【汇注】

司马光：初命晋大夫魏斯、赵籍、韩虔为诸侯。(《资治通鉴》卷一《威烈王二十三年》)

吕祖谦：此司马氏《通鉴》之所始也。《稽古录》曰：先是，大夫之专国者多矣，未有敢自君者。至是，三大夫始受天子之命，礼之纪纲尽矣。(《大事记解题》卷一)

江　贽：春秋之世，晋有范氏、中行氏、智氏及韩、魏、赵，是为六卿，后三家皆为韩、魏、赵所灭，三分晋地而有之。至此，始请命于天子为诸侯。(《少微通鉴节要》卷一《周纪·威烈王》)

龙体刚：晋三卿韩、赵、魏废幽公，而三分其地，至威烈时请为诸侯，许之。(《半窗史略》卷六《东周·威烈王·注》)

徐文靖：盖春秋之季，晋有范氏、中行氏、知氏，是为六卿。后三家为韩、魏、赵所灭，三分晋地而有之。至是魏斯、赵籍、韩虔始请命于天子为诸侯。司马温公作《资治通鉴》始于是年。胡三省曰：上距春秋获麟七十八年，距《左传》赵襄恤知伯事七十一年。(《竹书纪年统笺》卷一一《威烈王二十三年王命晋卿魏氏赵氏韩氏为诸侯》)

【汇评】

司马光：臣闻天子之职，莫大于礼。礼莫大于分，分莫大于名。何谓礼？纪纲是也；何谓分？君臣是也；何谓名？公、侯、卿、大夫是也。夫以四海之广，兆民之众，受制于一人，虽有绝伦之力，高世之智，莫不奔走而服役者，岂非以礼为之纪纲哉？是故天子统三公，三公率诸侯，诸侯制卿、大夫，卿大夫治士、庶人。贵以临贱，贱以承贵，上之使下，犹心腹之运手足，根本之制枝叶，下之事上，犹手足之卫心腹，枝叶之庇本根，然后能上下相保，而国家治安。故曰天子之职，莫大于礼也。文王序《易》，以乾坤为首，孔子系之曰："天尊地卑，乾坤定矣；卑高以陈，贵贱位矣。"言君臣之位，犹天地之不可易也。《春秋》抑诸侯，尊王室。王人虽微，序于诸侯之上，以是见圣人于君臣之际，未尝不惓惓也。非有桀纣之暴，汤武之仁，人归之，天命之，君臣之分，当守节伏死而已矣。是故以微子而代纣，则成汤配天矣；以季札而君吴，则太伯血食矣。然二子宁亡国而不为者，诚以礼之大节不可乱也。故曰：礼莫大于分也。夫礼辨贵贱，序亲疏，裁群物，制庶事，非名不著，非器不形，名以命之，器以别之，然后上下粲然有伦，此礼之大经也。名器既亡，则礼安得独在哉？昔仲叔于奚有功于卫，辞邑而请繁缨，孔子以为不如多与之邑，惟名与器不可以假人。君之所司也。政亡，则国家从之。……今晋大夫暴蔑其君，剖分晋国，天子既不能讨，又宠秩之，使列于诸侯，是区区之名分，复不能守而并弃之也。先王之礼，于斯尽矣。或者以为当是之时，周室微弱，三晋强盛，虽欲勿许，其可得乎？是大不然。夫三晋虽强，苟不顾天下之诛，而犯义侵礼，则不请于天子而自立矣。不请于天子而自立，则为悖逆之臣。天下苟有桓、文之君，必奉礼义而征之。今请于天子，而天子许之，是受天子之命而为诸侯也。谁得而讨之？故三晋之列于诸侯，非三晋之坏礼，乃天子自坏之也。呜呼！君臣之礼既坏矣，则天下以智力相雄长，遂使圣贤之后为诸侯者，社稷无不泯绝，生民之类，糜灭几尽，岂不哀哉！（《资治通鉴》卷一《威烈王二十三年》）

陆唐老：林之奇曰：世之论封建诸侯以为非，往往借周、唐以为说。盖周、唐之亡也以藩镇，愚独以为不然。诸侯之封建非能亡周、唐也，而周、唐之所以亡者，实自乱也。威烈王不能讨韩、魏之罪，而反封之以为诸侯，唐自肃、代以降，藩镇戮主帅者，因而授以节钺，周、唐之乱实在于此。（《陆状元通鉴》卷二一《周纪·威烈王》）

胡三省：魏之先，毕公高后，与周同姓；其苗裔曰毕万，始封于魏。至魏舒，始为晋正卿；三世至斯。赵之先，造父后；至叔带，始自周适晋；至赵夙，始封于耿。至赵盾，始为晋正卿；六世至籍。韩之先，出于周武王；至韩武子事晋，封于韩原。至韩厥，为晋正卿；六世至虔。三家者，世为晋大夫，于周则陪臣也。周室既衰，晋主夏盟，以尊王室，故命之为伯。三卿窃晋之权，暴蔑其君，剖分其国，此王法所必诛也。威烈王不惟不能诛之，又命之为诸侯，是崇奖奸名犯分之臣也。《通鉴》始于此，其所以谨名分欤！（《资治通鉴·周纪一》"威烈王二十三年"注）

杨一奇辑、陈　简补：晋之三家，弁髦其君，瓜分其国，正天诛所宜加，王法所不赦者。周不能讨亦已矣，反从而命之，何耶？《纲目》于此大书而首揭之，所以继《鲁史》之绝笔，犹托始于隐公之意耳。（《史谈补》卷二《通鉴·威烈王》）

洪　垣：三家分晋，而欲为侯也久矣。惟失其始而不治，此王纲之所由废也，又何威烈之为病乎？夫使威烈而不之许也，彼固无以自安，而亦何敢遽称兵上指哉？上无中兴之君，下无齐桓之霸，既不能止其欲于先，而又无以应其所求于后，废置由彼，是唐藩镇之弊也。因其势而以天子之命命之，以收其权于上，是胡氏所谓不得已之意也。噫，周之强弱也，此其又一机矣！（《说史》卷一《威烈王》）

姚允明：命赵、魏、韩为侯，二十三年也。《纲目》始是以续《春秋》，而后年复可纪也。姚伯子曰：晋以其全，亢楚而服齐、秦，故周弱而纲犹存焉。三晋命，天下并敌为战国，无霸以无王矣。斗力，而民命尽。各更制，而法度坏，人争异说以角名，而道术分裂。魏、韩邻秦而分弱，秦蚕食之以广地，而兼并成。故古今一大升降，三晋之命也。（《史书》卷一《威烈王》）

张　溥：晋分则秦强，秦强则周亡，此周、秦之端也。是故晋悼公合诸侯之众，败秦于棫林，君子美之。三家受幽公之朝，废俱酒为家人，君子恶之。尤而效焉，则安王十六年，齐田和为诸侯矣，显王五年，秦献公有黼黻之服矣，然未若韩、赵、魏氏之甚也。田和之得为诸侯也，犹会魏、楚、卫于浊泽，求之于王也。秦败三晋之师，受衮黼之锡，王之失，止于妄赏也。韩、赵、魏氏则胡为乎？考之世家，无请命之文，列国无会求之牧，三家为侯，直天子自命尔，尤作史者所痛也。（《历代史论二编》卷一《三家分晋》）

孙之騄：《史通》云：史称天子不恤同姓，而爵其贼臣，天下不附矣。按周当战国，微弱尤甚，故君疑窃斧，台名逃债，正比夫泗上诸侯、附庸小国者耳，至如三晋跋扈，欲为诸侯，虽假王命，实由己出，辟夫近代莽称安汉，非平帝之至诚，卓号太师，岂献皇之本愿？而欲苟责威烈，以妄施爵，尝岂原情之论乎！（《考定竹书》卷一三《二十三年，王命晋卿魏氏、赵氏、韩氏为诸侯》）

二十四年①，崩②，子安王骄立③。是岁，盗杀楚声王④。

① 【汇注】

江　贽：威烈王在位二十四年。周自武王至平王，凡十三世。自平王至威烈王，又十八世。是时周室衰微，徒拥虚器，号为天下共主。传至赧王五世，为秦所灭。（《少微通鉴节要》卷一《周纪》）

② 【汇注】

裴　骃：徐广曰："皇甫谧曰元丙辰，崩己卯。"骃按：宋衷曰"威烈王葬洛阳城

中东北隅"也。(《史记集解》)

  章　衡：己卯二十四年，天王崩葬洛阳城东北，子安王即位。(《编年通载》卷二《周》)

  王在晋："威烈王陵"，府城东北隅。(《历代山陵考》卷上《河南府》)

③【汇校】

  李　昉：《帝王世纪》曰：威烈王崩，子耽立，是为元安王（与《史记》有异）。(《太平御览》卷八五《威烈王》)

【汇注】

  江　贽："安王"，在位二十六年。(《少微通鉴节要》卷一《周纪·安王》)

  又：十三年，齐田和求为诸侯。魏文侯为之请于王及诸侯，王许之。(同上)

  又：十六年，初命齐大夫田和为诸侯。(同上)

  又：二十三年，齐康公薨，无子，田氏遂并齐而有之。(同上)

  陆唐老：十三年，齐田和会魏文侯、楚人、卫人于浊泽，求为诸侯。魏文侯为之请于王及诸侯，王许之。(《陆状元通鉴》卷二一《周纪·安王》)

  胡三省：《谥法》：好和不争曰安。(《资治通鉴·周纪一》"安王元年"注)

  徐文靖：《笺》按：《周本纪》威烈王崩，子安王骄立。《古今人表》云"元安王骙"。(《竹书纪年统笺》卷一一《安王》)

  梁玉绳：安王，威烈王子，始见《周纪》，二十六年崩。按：《史》，安王名骄，疑骙之误。(《汉书人表考》卷八《元安王骙》)

  梁玉绳："子安王骄立"，附按：《人表》名骙，疑《史》伪"骄"。(《史记志疑·周本纪》)

  朱孔阳：安王讳骄，威烈王子，十六年，初命齐大夫田和为诸侯。二十六年乙巳，王崩。(《历代陵寝备考》卷八《周》)

  编者按："子安王骄立"，《帝王世纪》"骄"作"骳"。皇甫谧《帝王世纪辑存·周第四》云："威烈王崩，子骳立，是为元安王。"

④【汇注】

  司马迁：二十四年，简王卒，子声王当立。声王六年，盗杀声王，子悼王熊疑立。(《史记·楚世家》)

  张守节：《谥法》云"不生其国曰声"也。(《史记正义》)

  章　衡：威烈王"己卯二十四年，盗杀声王，国人立其子类（一名疑）"。(《编年通载》卷二《周》)

  胡三省：周成王封熊绎于楚，始芈氏，居丹阳。今枝江县故丹阳城是也。《括地志》曰："归州秭归县丹阳城，熊绎之始国，其后强大，北封畛于汝南，并吴越地方五千里。自熊绎至声王，三十世。"《索隐》曰："声王名当，悼王名疑。《谥法》：'不生其国曰声。'注曰：生于外家。'中年早夭曰悼'，注云：年不称志。又云：'恐惧从处曰悼。'注云：从处，言险圮也。"（《资治通鉴·周纪一》"威烈王二十四年"注）

安王立二十六年①，崩②，子烈王喜立③。烈王二年，周太史儋见秦献公曰④："始周与秦国合而别⑤，别五百载复合⑥，合十七岁而霸王者出焉⑦。"

① 【汇注】

吕祖谦："周安王二十六年，魏、韩、赵共徙晋靖公，食一城而分其地"。《解题》曰：按《世家》，靖公二年，魏武侯、韩哀侯、赵敬侯灭晋，而三分其地。所分者，绛与曲沃之地也。其后，又书赵与韩、魏分晋，封晋君于端氏。赵肃侯元年，又书夺晋君端氏，徙处屯留。《水经注》《竹书纪年》梁惠成王元年，韩共侯、赵成侯迁晋桓于屯留，《竹书》所谓晋桓即《史记》所谓晋靖公也。徙屯留之岁，《史记》《竹书》所载虽不同，要之，三晋既分晋地，尚奉靖公以一城，其后夺其城，徙之屯留，始夷于编户矣。田氏篡齐，而徙康公食一城，三家篡晋，而徙靖公食一城，事体略同，然田氏犹待康公死，无后，而收其城。三晋不待靖公之死，而生夺其城，使为庶人，则又不如田氏也。（《大事记解题》卷二）

② 【汇注】

裴　骃：皇甫谧曰："安王元庚辰，崩乙巳。"（《史记集解》）

齐召南：安王：威烈王子，元年庚辰。……在位二十六年崩，子喜嗣。（《历代帝王年表·周世表·安王》）

③ 【汇注】

潘永圜：烈王，名喜，安王子。丙午即位，在位七年。《谥法》，秉德尊业曰烈。（《读史津逮》卷一《周》）

姚允明：元年，韩灭郑而都焉，故或谓郑王。（《史书》卷一《烈王》）

徐文靖：《笺》按：《周本纪》："安王崩，子烈王喜立。"《古今人表》云："夷烈王喜，元安王子。"（《竹书纪年统笺》卷一一《烈王》）

梁玉绳：烈王喜，安王子，始见《周纪》，七年崩。（《汉书人表考》卷八《夷烈王喜》）

【汇评】

龙体刚：安王之时，田和以大夫求为诸侯，效尤三晋，周无词矣。第是时魏文侯斯尚能师礼卜子夏、田子方，四方贤士归之，而反为之请，岂气求而声应哉？烈王时，六国争噬，如虎如狼，侵肌及肤，谁问西归而怀之好音，惟齐威一人，特举朝觐之礼，真空谷足音、晦明之日月矣。《纲目》大书其事，实与人为善之至意也夫！（《半窗史略》卷六《东周·烈王》）

编者按：周宣王母弟友的封地"郑"，也就是郑桓公的初封地，旧说是在今陕西省华县。然而西周都城宗周畿内的郑地是在关中西部的周原一带。

宝鸡市贾村原出土的矢王簋盖铭文说："矢王作郑姜尊簋。"（卢连成、尹盛平：《古矢国遗址、墓地调查记》，《文物》1982年第2期）西周金文中还有"郑井（邢）""郑虢"两个姬姓氏族，其封邑均在周原的西部凤翔县、宝鸡市陈仓区。

李峰提出郑桓公始封的郑地在今关中西部的凤翔县一带（李峰：《西周金文中的郑地和郑国东迁》，《文物》，2006年第9期）。

《汉书·地理志》说"穆王以下都于西郑"，我们认为周穆王以后的西周中晚期西周诸王实际是都于岐周（遗址在今天岐山县、扶风县北部交界一带，今称周原遗址），"西郑"很可能是指关中西部的周原一带。"西郑"的范围虽然有待进一步研究，但是周原西部的凤翔县、原宝鸡县（今为陈仓区）一带，西周时称为郑地是没有问题的，而华县西周时是否称为郑地并无证据，所以郑桓公的初封地有待于研究。

④【汇注】

司马贞：《老子列传》曰"儋即老子"耳，又曰"非也"，验其年代是别人。（《史记索隐》）

张守节：幽王时有伯阳甫。唐固曰："伯阳甫，老子也。"按：幽王元年至孔子卒三百余年，孔子卒后一百二十九年，儋见秦献公。然老子当孔子时，唐固说非也。（《史记正义》）

⑤【汇校】

张家英：此类"始"字，用之于叙述句句首，并非通常的"开始、第一"之类的意义，而是与表"起始"之义的"初"字相当。据统计，在整个《史记》中，此类"始"字用了六十多次，依诵读惯例，遇有此类"始"字时，须作较长之停顿，此示此"始"字有"初"或"始初"之义。（《〈史记〉十二本纪疑诂·周本纪》）

【汇评】

牛运震："周太史儋见秦献公曰：'始周与秦国合而别'云云"，按此段空中着笔，似与前后事迹不属，却早为西周献邑、秦迁九鼎张本。（《史记评注·周本纪》）

⑥【汇注】

裴骃：应劭曰："周孝王封伯翳之后为侯伯，与周别五百载。至昭王时，西周君臣自归受罪，献其邑三十六城，合也。"韦昭曰："周封秦为始别，谓秦仲也。五百岁，

谓从秦仲至孝公强大，显王致伯，与之亲合也。"（《史记集解》）

颜师古：应劭曰："秦伯翳之后也。始周孝王封非子为附庸，邑诸秦。平王东迁洛邑，襄公以兵卫之，嘉其勋力，列为侯伯，与周别五百载矣。昭王时，西州（周）君自归受罪，尽献其邑三十六城，此复合也。"孟康曰："谓周封秦为别，秦并周为合。此襄王为霸，始皇为王也。"韦昭曰："周显王致伯，与之亲，合也。"师古曰："诸家之说皆非也。自非子至西周献邑，凡六百五十三岁，自仲至显王二十六年。孝公称伯止有四百二十六岁，皆不合五百之数也。"按：《史记·秦本纪》及《年表》并云周平王封襄公始列为诸侯，于是始与诸侯通。又《周本纪》及吴、齐、晋、楚诸系家皆言幽王为犬戎所杀，秦始列为诸侯，正与此《志》符合，是乃为别。至昭襄王五十二年西周君自归献邑，凡五百一十六年，是为合也。言五百者，举其成数也。（《汉书注·郊祀志上》）

司马贞：按：周封非子为附庸，邑之秦，号曰秦嬴，是始合也。及秦襄公始列为诸侯，是别之也。自秦列为诸侯，至昭王五十二年，西周君臣献邑三十六城以入于秦，凡五百一十六年，是合也。云"五百"，举其大数。（《史记索隐》）

张守节：《秦本纪》云献公十一年见，见后十五年，周显王致文武胙于秦孝公，是复合时也。（《史记正义》）

【汇评】

王　鏊：至始皇果验。（引自《史记评林·周本纪》）

⑦【汇校】

张文虎："合十七岁"：《封禅书》同。《考异》云："《秦纪》'七十七岁'，《老子列传》'七十岁'，皆传写之误。"《志疑》云："《汉郊祀志》《水经注》十九皆作'七十'。"按：颜师古注《郊祀志》已辨之。（《校刊史记集解索隐正义札记·周本纪》）

【汇注】

裴　骃：徐广曰："从此后十七年而秦昭公立。"骃按：韦昭曰："武王、昭王皆伯，至始皇而王天下。"（《史记集解》）

司马贞：霸王，谓始皇也。自周以邑入秦，至始皇初立，政由太后、嫪毐，至九年诛毐，正十七年。（《史记索隐》）

张守节：周始与秦国合者，谓周、秦俱黄帝之后，至非子未别封，是合也。而别者，谓非子末年，周封非子为附庸，邑之秦，后二十九君，至秦孝公二年五百载，周显王致文武胙于秦孝公，复与之亲，是复合也。合十七岁而霸王者出，谓从秦孝公三年至十九年周显王致胙于秦孝公，是霸也，孝公子惠王称王，是王者出也。然五百载者，非子生秦侯以下二十八君，至孝公二年，都合四百八十六年，兼非子邑秦之后十四年，则成五百。（《史记正义》）

杭世骏：烈王二年，周太史儋见秦献公曰："始周与秦国合而别，别五百岁复合，合十七岁而霸王者出焉。"应劭、孟康、徐广、裴骃、司马贞诸家，解此者多非是，独《正义》之说得之。第其计五百岁之数，则《正义》与《索隐》皆为不合。《索隐》云"自秦列为诸侯，至昭王五十二年，西周君臣献邑三十六城以入于秦，凡五百一十六年。是合也，云百，举其大数（此说本颜师古）"。按五百岁之后，复云十七岁，则必不盈不欶，恰当五百之数，然后再计之为十七岁。若以举大数而言，则十七岁为无凭矣。《正义》云"非子生秦侯已下二十八君，至孝公二年，合四百八十六年，兼非子邑秦之后十四年，则成五百岁。按《秦本纪》及《十二诸侯》及《六国年表》，自非子始封已后，秦侯十，公伯三，秦仲二十三，庄公四十四，襄公十二，文公五十，宁公十二，出公六，武公二十，德公二，宣公十二，成公四，穆公三十九，康公十二，共公五，桓公二十七，景公四十，哀公三十六，惠公十，悼公十四，厉共公三十四，躁公十四，怀公四，灵公十（从《年表》，《秦本纪》作十三，误），简公十五（《本纪》作十六，误），惠公十三，出子二，献公二十三（《本纪》作二十四，误），迄孝公二年，凡四百九十八年，其二年意必非子始封之岁也，恰当五百之数。则《正义》所云，亦缪戾而不可从矣。然太史公之称此言者凡四，皆错杂不出于一。其称十七岁者，惟《封禅书》与《周本纪》同。《秦本纪》则云七十七岁，《老子列传》则云七十岁，诸家皆无所纠正，独颜师古注《汉·郊祀志》，始以十七岁为正。（《道古堂文集》卷二七《书史记周本纪后》）

梁玉绳："合十七岁而霸王者出焉"，按：此语凡四见，《封禅书》同《周纪》，《秦纪》"七十七岁"，《老子传》"七十岁"。三处各异，不免乖讹，注家咸自立解，疑莫能明。夫出者非其初生，则其立也。孟康曰"襄王为霸，始皇为王"。考孝公十九年天子致伯，惠文君十四年改元称王，不可以襄为霸，以政为王；且但言襄王，不知昭襄耶？庄襄耶？核其生立之年，甚不相合。韦昭曰"武王、昭王皆伯，至始皇而王天下"。考武王生十九年立，在位四年；昭王亦生十九年立，在位五十六年；始皇生十三年立，在位三十七年，俱不合年数。且武、昭蒙孝公之余业，而武享国尤浅，不可以霸归之。颜师古及司马贞以十七岁为定，谓伯王指始皇。自昭王灭周至始皇初立，政由太后，未得称伯，九年诛嫪毐，恰十七年。《古史》从之。考昭王五十一年乙巳取西周，嫪毐作乱，岁在癸亥，计十九年，并非十七，况必诛毐而乃称伯，则前此始皇为未出乎？张守节谓孝公二年显王致胙后，从三年至十九年显王致伯，是霸也。子惠王称王，是王者出也。考孝公三年迄惠文改元，共三十六年，数更不合。独周婴《卮林》以七十七年为定，谓孟增幸于成王，造父幸于缪王，非子幸于孝王，始于周合也。宣王以秦仲为大夫，与周别也。宣王元年为秦仲十八年，自此至惠王十四年，依《年表》凡五百二年，于时秦始称王改元，是别五百岁复合也。自惠文王元年至始皇立之载，得七十七年，所云合七十七年而伯王出也。比较诸说，周氏似胜。然考秦仲十八年至惠文十四年，凡五百三年，盖惠文于十四年更元，如欲合五百二年之语，当云"十三"年耳。又惠文更元至始皇立，乃七十九年，周所说年数颇差。余谓始皇生于周赧王五十六年，秦昭襄王四十八年，自始皇初生逆数至惠文改元之岁，为六十六年，而后四年西周亡，鼎入秦。以此准之，恰得七十年，史儋之言，庶不爽矣。（《史记志疑·周本纪》）

十年①，烈王崩②，弟扁立③，是为显王④。显王五年⑤，贺秦献公⑥，献公称伯⑦。九年，致文武胙于秦孝公⑧。二十五年⑨，秦会诸侯于周⑩。二十六年，周致伯于秦孝公⑪。三十三年，贺秦惠王⑫。三十五年，致文武胙于秦惠王⑬。四十四年，秦惠王称王⑭。其后诸侯皆为王⑮。

① 【汇校】

张文虎："十年"：《志疑》云烈王在位七年，此传写误。（《校刊史记集解索隐正义札记·周本纪》）

李景星："十年，烈王崩"。按元王只七年，此作"十年"，非。（《史记评议·周本纪》）

刘　坦：烈王纪年，《周纪》载十年，《年表》载七年，据《周本纪》载："威烈王二十四年崩，子安王骄立。是岁，盗杀楚声王。"考《楚年表》及《世家》，盗杀声王，在声王六年，是则周威烈王之二十四年，与楚声王六年同年。复据《楚世家》载："宣王六年，周天子贺秦献公。"按周贺秦献公，《周本纪》及《周年表》，同载在显王五年。是则周显王之五年，与楚宣王六年同年。更数楚历年，自声王六年，至宣王六年，为三十九年。则周自威烈王二十四年，至周显王五年，亦应为三十九年。然参以《周纪》烈王十年，及《周表》烈王七年两说，《年表》适为三十九年，而《本纪》则为四十二年。是《本纪》多出三年，而烈王纪年，亦固以七年之文为是也。（《史记纪年考》卷二）

② 【汇注】

章　衡：壬子七年，天王崩，弟显王即位。（《编年通载》卷二《周》）

徐文靖：《笺》按：《赵策》，周烈王崩，诸侯皆吊，齐后至，周怒，赴于齐。（《竹书纪年统笺》卷一一《烈王七年，王陟》）

齐召南：烈王：安王子，元年丙午。……在位七年崩，弟扁立。(《历代帝王年表·周世表·烈王》)

③【汇注】

张守节：扁，边典反。(《史记正义》)

④【汇注】

皇甫谧撰、徐宗元辑：显王元年，赵成侯、韩哀侯来攻周，二年，西周威公之嗣，曰惠公，始封惠公子班于巩，以奉王，是为东周惠公，周于是始分为东西，王微弱，政在西周。(《帝王世纪辑存·周第四》)

胡三省：《十一家谥法》：行见中外曰显；受禄于天曰显；百辟惟刑曰显。周公盖未有此谥，而周之末世谥显王曰显，意谓后传写周公《谥法》者遗之。(《资治通鉴·周纪二》"显王元年"注)

江　贽："显王"，在位四十八年。(《少微通鉴节要》卷一《周纪·显王》)

又：四十四年夏四月，秦初称王。(同上)

徐文靖：《帝王世纪》作显圣王。(《竹书纪年统笺》卷一一《显王》)

潘永圜：显王，名扁，烈王弟。癸丑即位。九年，秦孝公始霸。其后诸侯皆僭称王。在位四十八年。《谥法》：施勤无私曰显。(《读史津逮》卷一《周》)

梁玉绳：显王扁始见《周纪》，四十八年崩。按：《史》及《广弘明集·破邪论》以显王为烈王弟，此作子，似误。又扁字元有平上二音，《史正义》音边典反亦与师古异。(《汉书人表考》卷八《显圣王扁》)

梁玉绳："十年，烈王崩，弟扁立，是为显王"。附按：烈王在位七年，此作"十年"，非。盖传写误直其下耳，《史》《汉》中"七"、"十"两字多讹易。《广宏明集·破邪论》谓"烈王弟显王篡立"，以为出《史目》《年纪》二书，不知何据而言篡也。(《史记志疑·周本纪》)

翟云升："周显圣王扁"，夷烈王子。师古曰：扁音篇。《史记·周纪》作显王。(《校正古今人表》第八)

⑤【汇注】

陆唐老：五年，秦献公败三晋之师于石门，斩首六万。王赐以黼黻之服。(《陆状元通鉴》卷二一《周纪·显王》)

⑥【汇注】

司马迁：(献公)二十一年，与晋战于石门，斩首六万，天子贺以黼黻。(《史记·秦本纪》)

⑦【汇注】

姚允明：五年，秦败三晋之师于石门，斩首六万，始播虐也，而王赐献公服。

（《史书》卷一《显王》）

⑧【汇注】

裴　骃：胙，膰肉也。《左传》曰："王使宰孔赐齐侯胙，曰天子有事于文武。"（《史记集解》）

吕祖谦：祭文武归其胙，异姓诸侯之殊礼也。襄王使宰孔赐齐侯胙曰："天子有事于文武，使孔赐伯舅胙。"（《大事记解题》卷三）

⑨【汇注】

司马光：二十五年，诸侯会于京师（胡三省：时天下宗周。以洛阳为京师。京，大也；师，众也）。（《资治通鉴》卷二《周纪·显王》）

吕祖谦："周显王二十五年，秦会诸侯于京师"。《解题》曰：孝公求霸，而为尊周之名也。观逢泽之会，使公子少官会诸侯，朝天子，则今年之会者，孝公亦不亲往欤？（《大事记解题》卷三）

⑩【汇注】

张习孔：前 344 年，丁丑，周显王二十五年，魏惠王二十六年，秦孝公十八年……逢泽之会。魏惠王以朝天子为名，纠合小国谋攻秦，秦使卫鞅入魏游说魏王曰："不如先行王服，然后图谋齐楚。"魏王从之，遂自称为王。同时，召集宋、卫、邹、鲁等国会于逢泽（今河南开封市南），秦使公子少官率师会诸侯。之后，魏率诸侯朝见周天子，是为"逢泽之会"（按：逢泽之会的年代、盟主、参加国记载不一，今从《战国史》关于逢泽之会的考订）。（《中国历史大事编年·战国》）

⑪【汇注】

司马迁：（孝公）十九年，天子致伯。二十年，诸侯毕贺。（《史记·秦本纪》）

司马光：二十六年，王致伯于秦。诸侯皆贺秦。秦孝公使公子少官帅师会诸侯于逢泽以朝王。（《资治通鉴》卷二《周纪·显王》）

姚允明：二十六年，命秦孝公为侯伯。秦专其民以耕战，政既成矣，方谋敝魏而抑其蔽以开东征之路，而山东莫之知也。（《史书》卷一《显王》）

陈蒲清：致伯：送给方伯（诸侯首领）的称号。（引自王利器主编《史记注译·周本纪》）

⑫【汇注】

司马迁：（秦惠文君）二年，天子贺。（《史记·秦本纪》）

吕祖谦："周显王三十三年，天子使人贺秦"。《解题》曰：贺亦聘也。（《大事记解题》卷三）

⑬【汇注】

司马迁：（惠文君）四年，天子致文、武胙。（《史记·秦本纪》）

⑭ 【汇注】

　　张守节：《秦本纪》云惠王十三年，与韩、魏、赵并称王。（《史记正义》）

　　司马光：四十四年夏四月戊午，秦初称王。（《资治通鉴》卷二《周纪·显王》）

　　吕祖谦："周显王四十四年戊午，秦初称王"。《解题》曰：按《张仪传》，仪相秦四岁，立惠王为王，盖张仪之请也。《秦纪》书四月戊午，魏君称王。按《周纪》《齐、楚世家》，是岁皆书秦惠王称王。盖《秦纪》本书君，称王如《韩世家》十一年，君号为王之比，今本衍一"魏"字耳。惠王之未称王也，天子犹致文武胙自称王之后，迄于周亡，史不复书，盖称王，则不复事周矣。（《大事记解题》卷一）

　　程元初：丙申四十四年（赵武灵王元年）夏四月，秦初称王。（《历年二十一传》卷二《季周传·显王》）

⑮ 【汇注】

　　司马贞：谓韩、魏、齐、赵也。（《史记索隐》）

　　梁玉绳："四十四年，秦惠王称王。其后诸侯皆为王"。按：秦惠称王，《秦纪》《秦表》均不书，而《楚世家》《田完世家》附书之。《张仪传》亦云仪相秦四岁立惠王为王，与此《纪》书于显王四十四年正合，乃秦惠十三年也。秦惠在位二十七年，改十四年为元年，岂非以称王之故欤？然此谓诸侯皆王在秦惠称王之后，则误矣。其时称王者，燕、秦、楚、齐、赵、魏、韩七国，宋、中山二小国亦称之。凡兹九国，惟楚僭王远在春秋之前，说见《十二侯表》，其余八国，齐最先，宋次之，魏次之，秦次之，燕、韩、中山次之，赵最后。齐为王始于威王二十六年，当显王十六年也。魏为王始于惠王后元年，当显王三十五年也。《秦纪》于惠王四年书"齐、魏为王"，十三年复书"魏君为王"，《表》亦书魏为王于十三年，俱谬也。宋为王始于偃王十一年，当显王三十三年，以为慎靓三年者误也。燕为王始于易王十年，韩为王始于宣惠王十年，中山不知何君？俱当显王四十六年也。赵武灵为王之年无考，《赵世家》武灵八年"五国相王，赵独否，令国人谓已曰君"。武灵八年为慎靓王三年，是岁无五国相王事，殊不足据，《大事纪》改书于显王四十六年，云"韩、燕、中山皆王，赵独称君"，《大纪》因之。而考《世家》武灵十一年书"王召公子职于韩"，则赵之王，其在慎靓之三年乎？《索隐》《正义》及元吴师道《国策》注言称王之年，皆未详核。（《史记志疑·周本纪》）

　　张习孔：前325年，丙申，周显王四十四年，赵武灵王雍元年，秦惠文王十三年，魏惠王后元十年，韩宣惠王八年，齐威王三十二年，卫平侯八年。（《中国历史大事编年·战国》）

【汇评】

　　牛运震："秦惠王称王，其后诸侯皆为王"，按此纪周道日衰，战国割据，真老笔。

(《史记评注·周本纪》)

四十八年，显王崩①，子慎靓王定立②。慎靓王立六年，崩③，子赧王延立④。王赧时，东西周分治⑤。王赧徙都西周⑥。

① 【汇注】
蒋廷锡：按《竹书纪年》，显王十九年，王如卫，令公子南为侯。……四十二年，九鼎沦泗，没于渊。四十八年，王陟。（《古今图书集成·明伦汇编·皇极典》卷一〇《周·显王本纪》）
齐召南：显王：烈王弟，元年癸丑。……在位四十八年崩，子定立。（《历代帝王年表·周世表·显王》）

② 【汇注】
江　贽："慎靓王"，在位七年。（《少微通鉴节要》卷一《周纪·慎靓王》）
又：三年，楚、赵、魏、韩、燕同伐秦，攻函谷关，秦人出兵逆之，五国之师，皆败走。（同上）
胡三省："慎靓王"，讳定，显王之子也。此复谥也。以《谥法》言之，敏以敬曰慎；柔德安众曰靖。（《资治通鉴·周纪三》"慎靓王元年"注）
潘永圜：慎靓王，名定，显王子。辛丑即位，在位六年。（《读史津逮》卷一《周》）
印鸾章：《谥法》：丧国心恤曰赧。（引自《纲鉴合编》卷三《周纪·赧王》）
梁玉绳：慎靓王，显王子，始见《周纪》。名定，亦曰慎王，亦曰静王，亦曰顺王，亦单称顺，六年崩。（《汉书人表考》卷八《慎靓王》）
梁玉绳："子慎靓王定立"，附按：晋常璩《华阳国志》作"慎王"，而《路史·前纪·注》引志作"静王"，又作"顺王"，盖单称之耳。靓即静字，顺与慎通。（《史记志疑·周本纪》）

③ 【汇注】
章　衡：丙午六年，天王崩，子赧王立。（《编年通载》卷二《周》）
齐召南：慎靓王：显王子，元年辛丑。……在位六年崩，子延立。（《历代帝王年表·周世表·慎靓王》）

④ 【汇注】
司马贞：皇甫谧云名诞。赧非谥，《谥法》无赧。正以微弱，窃铁逃债，赧然惭

愧，故号曰"赧"耳。又按《尚书中候》以"赧"为然，郑玄云"然读曰赧"。王劭按：古音人扇反，今音奴板反。《尔雅》曰面惭曰赧。（《史记索隐》）

江 贽：赧王，在位五十九年。（《少微通鉴节要》卷一《周纪·赧王上》）

胡三省：刘伯庄曰：赧，惭之甚也。轻微危弱，寄住东、西，足为惭赧，故号之曰赧；《谥法》本无赧字也。（《资治通鉴·周纪三》"赧王元年"注）

姚允明：二十七年，秦称西帝，以齐闵王不东帝也而去之。（《史书》卷一《赧王》）

潘永圜：赧王，名延，慎靓王子。丁未即位，称西周始此。在位五十九年。乙巳，秦昭襄王灭之，取其宝器，迁西周公于𫞐狐之聚（在洛阳南），西周亡。《谥法》：丧国心恧曰赧。周亡后，七国争雄，正统不续者凡三十四年。（《读史津逮》卷一《周》）

梁玉绳："子赧王延立"，按：《竹书》称隐王，是也。隐王卒于西周武公、东周文君之前，安得无谥。沈约《竹书注》谓赧、隐声相近，非也。《索隐》云："《谥法》无赧。正以微弱、窃铁逃债、赧然惭愧，故号曰'赧'耳。又皇甫谧云名诞，恐误。"（《史记志疑·周本纪》）

⑤【汇注】

皇甫谧撰、徐宗元辑：以王城为东周，以巩为西周，其子武公为秦所灭。（《帝王世纪辑存·周第四》）

司马贞：西周，河南也。东周，巩也。王赧微弱，西周与东周分主政理，各居一都，故曰东西周。按：高诱曰西周王城，今河南。东周成周，故洛阳之地。（《史记索隐》）

李 昉：《帝王世纪》曰：显王元年，赵成侯、韩哀侯来攻周。二年，西周威公之嗣曰惠公。始封惠公少子班于巩以奉王，是为东周惠公，周于是始分为东西。王微弱，政在西周。（《太平御览》卷八五《显王》）

王维桢：此又东西周也。（引自《史记评林·周本纪》）

吴 澄：敬王四年，子朝奔楚，王遂返国。然以子朝余党多在王城，乃徙都成周，而王城之都废。至考王封其弟揭于王城以续周公之官职，是为周桓公。自此以后，东有王，西有公，而东西之名未立也。桓公生威公，威公生惠公，惠公之少子班又别封于巩以奉王，是为东周惠公。父子同谥，以巩与成周皆在王城之东，故班之兄则仍袭父爵，居于王城，是为西周武公，以王城在成周之西。故自此以后，西有公，东亦有公，二公各有所食，而周尚为一也。显王二年，赵、韩分周地为二，二周分治之，王寄焉而已矣。周之分东西自此始。九年，东周惠公卒，子杰嗣，慎靓以上皆在东，赧王立，始迁于西周，即王城旧都也。《史记》云："王赧时东西周分治。"今按显王二年已分为二，不待此时矣。前建都以镐京为西周，对洛邑为东周。后二公封邑以王城

为西周，对成周为东周。（引自《史记评林·周本纪》）

王　圻：威公子杰，谥惠公。是时与赧王东西分治。（《谥法通考》卷二《周宗室谥》）

又：惠公长子西周公，谥武公。失名。《战国策》作东周武公。（同上）

又：惠公少子东周公，名巩，谥惠公。父子同谥，恐讹。（同上）

张　照：《大事记》曰：周贞定王二十八年，考王初立，封其弟揭于河南，是为河南桓公，河南即郏鄏，武王迁九鼎，周公营以为都，是为王城，洛阳周公所营下都，以迁顽民，是为成周。平王东迁，定都王城。王子朝之乱，敬王徙都成周，至是考王，以王城故地封桓公焉。平王东迁之后，所谓西周者，丰、镐也。东周者，洛阳也。何以称河南为西周，自洛阳下都视王城，则在西也。何以称洛阳为东周，自河南王城视下都，则在东也。河南桓王卒，子威公立，威公卒，子惠公立，考王十五年，河南惠公复自封其少子班于巩，以奉王号。东周没，亦谥惠，是时东西周虽未分治，河南惠公既号奉王者为东周，亦必自号西周矣。显王二年，赵与韩分周为二，于是东西各为列国，显王虽在东周，特建空名，是后史传所载，致伯赐胙之类者，周王也。征伐谋策称东西周君者，皆谓二周也。《周本纪》云：赧王时东、西周分治，非也。赧王特徙都西周耳，当以《赵世家》为正。（《钦定史记·周本纪·考证》）

梁玉绳："王赧时东西周分治"，附按：东西周之分治，始于显王二年赵与韩分周为两之时。显王虽在东周，徒建空名。至赧王复徙都西周，此言王赧时分治，追言之也。而东西周之分，《大事记》考之最详，元苏天爵《元文类》亦有吴澄《东西周辨》。盖周西都镐京，而河南郏鄏，周公以居九鼎，谓之王城，洛阳下都，周公以居顽民，谓之成周。平王居王城，东迁之始，至敬王因子朝之乱徙都成周。及考王初年，以王城故墟封其弟揭，实为西周桓公，而桓公之孙惠公复封其少子于巩，号东周惠公。是西周惠公独擅河南之地，而东周惠公食采于巩，秉政洛阳焉。故平王之后，所谓西周者丰、镐也，东周者洛阳也。显王之后，所谓西周者河南也，东周者洛阳也。《公羊传》以王城为西周，成周为东周，说亦甚明。（《史记志疑·周本纪》）

崔　述：《赵世家》：成侯"七年……与韩攻周"。"八年，与韩分周以为两"。按：《战国策》但有西周君、东周君，而绝无有所谓王者，则周之分无可疑矣。《史记·周本纪》所谓"东西周分治"是也。成侯八年乃显王之二年，而《本纪》此文载于赧王时，又未言所以分之故。盖周自贞王以后，国史散佚，文献无征，故无可考，而但旁见于他国之简策；《史记》但因下文叙东、西周二君之事，故补此文以为后文张本，非至此时始分为东、西周也。（《崔东壁遗书·考古续说》卷二《周分为两》）

王骏观撰、王骏图续：《考证》之意谓王城为西周，洛阳为东周，以《索隐》之说为非，其实未为得也。周自幽王之乱，东徙洛邑，而以丰镐为西周，是以前之东、西京也。自河南桓公都王城，传至河南惠公，复自封其少子班于巩，以奉王号东周，则以巩为东周，以河南王城为西周，是同时之东西二周也。王赧徙都于西周，即河南也。《索隐》谓西周，河南也；东周，巩也。实无疑义，《考证》驳之，误矣。又考东、西周自夷为列国，二君分治，各理疆土，所历年多矣。周君王赧十九年，西周为秦所灭，卒后七岁，二周皆为秦庄襄王所灭。《考证》谓王赧时东、西周无分治事，亦不足据之论也。细玩《索隐》分王政理，文法未洽，王字应是"主"字之讹。(《史记旧注平议·周本纪》)

王　恢：东西周：据《汉志》，其时二周疆域，不过河南、洛阳、谷城、平阴、偃师、巩、缑氏七县，即今洛阳、偃师、巩、孟津四县。东尽于巩，西极洛阳，北距大河，南凭伊阙，错及宜阳、登封而已。敬王四年（前五一六），子朝奔楚，王虽返国，然以子朝余党多在王城，而居成周——下都。洛阳，仍称东都也。王城则称河南矣。考王初（前四四一），封其弟揭于王城，以续周公之官职，是为西周桓公，又以成周为东周矣。自此东有王，西有公，而东西之名未立也。桓公生威公，威公生惠公，惠公又封其少子班于巩，以奉王于成周，是为东周惠公；而班之兄仍父爵居王城为西周武公：是时西有公，东亦有公。二公各有所食，而周尚为一也。显王二年（前三六七），韩赵分周地为二——河南、缑氏、谷城三邑属西周，洛阳、平阴、偃师、巩四邑属东周，二周公治之，王寄焉而已。周之分东西，实自此始。(《史记本纪地理图考·周本纪·东西周》)

又：《纪要》谓"《史记》以赧王（前三一四）时东西周分治，非是。盖东西周之名前后凡三变：初言东西周者，以镐京对洛邑言也。中间言东西周者，以王城对成周言也。最后言东西周者，则以河南对巩言也。"其说为当。(同上)

【汇评】

崔　述：按两周之分，战国时一大关目也。不分则周为有王，分则周为无王；不分则周为正统，分则天下无统，此岂可以略者！而温公《通鉴》、朱子《纲目》皆不载此事，竟如周未尝分然者，所以西周君之事皆移之于赧王，盖误以赧王即西周君也。大抵《通鉴》于战国之世采摘颇杂，疏漏亦多，《纲目》但就《通鉴》原文录之，未尝一一考其首尾，是以如此。昔人尝言《纲目》义例，朱子所定，而《纲目》之文非朱子之笔，乃其徒共成之；以今观之，理或然也。(《崔东壁遗书·考古续说》卷二《通鉴与纲目不载分周之误》)

⑥【汇注】

张守节：敬王从王城东徙成周，十世致王赧，从成周西徙王城，西周武公居焉。(《史记正义》)

吕祖谦：赧王虽徙都西周，特主其祭耳。土地、人民、政事，皆西周武公专之，赧王无预焉。西周武公乃惠公之长子,宋忠谓王赧谥曰西周武公,非也。按《楚世家》,楚欲图周,周王赧使武公谓楚相昭子曰:"西周之地不过百里,名为天下共主,攻之名为弑君。"则武公为赧王之臣明矣,岂可合为一人乎?(《大事记解题》卷四)

郭嵩焘: 王赧徙都西周。按《左传》昭公二十三年,敬王避子朝之乱处于狄泉。二十六年,晋师克巩,王入于成周。定公六年,周儋翩因子朝之徒作乱,王处于姑莸。八年,单子、刘子逆王,王入于王城。是当敬王时,处成周者十七年,盖因王子朝处王城,尹氏为周世臣巨族,亦推奉之,敬王心慑焉,不敢入王城也。定公五年子朝已死,周儋翩犹因子朝之徒作乱,其余党之盛可知。至定公七年单子、刘子始逆王入王城,则经再乱之后,人心亦稍定矣。自平王东迁以后世处王城,未尝有迁徙也。史公于赧王初立云周"徙都西周",而不详其原始,张氏守节遂推敬王徙成周、赧王徙王城为辞,其诬甚矣。(《史记札记·周本纪》)

张习孔: 前315年,丙午,周慎靓王六年……周慎靓王定卒,子延(一作诞)立,是为赧王。(《中国历史大事编年·战国》)

又: 赧王徙都。时东周、西周分治,赧王从成周(今河南洛阳白马寺之东)西徙王城(今河南洛阳王城公园一带)。(同上)

西周武公之共太子死①,有五庶子②,毋適立③。司马翦谓楚王曰④:"不如以地资公子咎,为请太子。"左成曰⑤:"不可。周不听,是公之知困而交疏于周也⑥。不如请周君孰欲立,以微告翦⑦,翦请令楚(贺)资之以地⑧。"果立公子咎为太子。

① 【汇校】

郭嵩焘: 西周武公之共太子死:按此当依《战国策》作"东周武公",《史记》"西"字误。(《史记札记·周本纪》)

【汇注】

裴骃: 徐广曰:"惠公之长子。"(《史记集解》)

司马贞: 按《战国策》作东周武公。(《史记索隐》)

梁玉绳: 西周武公始见《史·周纪》《楚世家》。威公子惠公,惠公子武公,亦曰西周君,亦曰周武君。(《汉书人表考》卷四《西周武公》)

② 【汇注】
　　解惠全：庶子：非王后所生的儿子。(《全译史记·周本纪》)
【汇评】
　　牛运震："西周武王之共太子死,有五庶子"云云,按此下摘录《战国策》十余条,简明疏快,皆关周事得失者。(《史记评注·周本纪》)
③ 【汇注】
　　陈蒲清：毋適立：没有嫡子可立。(引自王利器主编《史记注译·周本纪》)
④ 【汇注】
　　张守节：翦,音子践反,楚臣也。(《史记正义》)
⑤ 【汇注】
　　张守节：楚臣也。(《史记正义》)
⑥ 【汇注】
　　张守节：言以地资公子咎请为太子,周若不许,是楚于周交益疏。(《史记正义》)
⑦ 【汇注】
　　马持盈：微：微言以暗示之。(《史记今注·周本纪》)
⑧ 【汇校】
　　张文虎："贺之"：《志疑》云《国策》"贺"作"资",上文亦云"以地资公子","贺"字传写误。(《校刊史记集解索隐正义札记·周本纪》)
　　李景星："翦请令楚贺之以地"。按《国策》"贺"作"资"。(《史记评议·周本纪》)
【汇注】
　　张守节：楚命翦适周,讽周君欲立谁,以微言告于翦,翦令楚贺(资)之以地,周果立咎为太子也。此以上至"西周武公",是楚令周立公子咎为太子也。(《史记正义》)
　　梁玉绳："翦请令楚贺之以地",附按：《国策》贺作"资",即此处上文亦云"以地资公子咎",则"贺"字是传写之讹。(《史记志疑·周本纪》)

　　八年,秦攻宜阳①,楚救之。而楚以周为秦故,将伐之②。苏代为周说楚王曰："何以周为秦之祸也③？言周之为秦甚于楚者,欲令周入秦也,故谓'周秦'也④。周知其不可解,必入于秦,此为秦取周之精者也⑤。为王计者,周于秦因善之,不于秦亦言善之⑥,以疏之于秦⑦。周绝于秦⑧，必入于郢矣⑨。"

① 【汇注】
　　张守节：《括地志》云："故韩城一名宜阳城，在洛州福昌县东十四里，即韩宜阳县城也。"（《史记正义》）
　　王　恢：宜阳，《索隐》："宜阳，韩地，秦攻而楚救之，周为韩出兵，而楚疑周为秦，因加兵伐周。"时在赧王之八年（前三〇七），赧王还居西周之河南。……《洛水注》："洛水迳宜阳故城南。"《清统志》（二〇六）："故城在河南今县西五十里。"说在东或东北十四里者，并非。（《史记本纪地理图考·周本纪·赧王衰亡》）
　　陈蒲清：宜阳：地名，属韩国。今河南宜阳县。（引自王利器主编《史记注译·周本纪》）
　　张习孔：前307年，甲寅，周赧王八年，秦武王四年，韩襄王五年……秦拔韩宜阳。甘茂攻宜阳，五月而不下，秦王悉起兵佐茂，斩首六万；又涉河取武遂（今山西垣曲东南），筑城。韩相公仲侈入秦请和。（《中国历史大事编年·战国》）
　　【汇评】
　　王　恢：《国策·东周篇》，东周君谓赵累曰："宜阳城方八里，材士十万，粟支数年。"《甘茂传》："宜阳大县，上党南阳积之久矣，名曰县，其实郡也。"秦武王四年（前三〇七）拔之。昭襄王十七年（前二九〇）之宜阳；二十三年（前二八四）会魏王于此（《秦本纪》）。秦不得宜阳，无以尽殽函之险，通三川之道。韩则以宜阳通上党，宜阳失，则韩断而为二。秦越二周而与韩争成皋之险，成皋失，则韩无以为国矣：故为秦韩所必争。秦两取之（前三九一，前三三五），而不能守者，惧魏之塞阴晋、焦、瑕也。今阴晋、焦、瑕既皆入秦，故必取宜阳，东争伊阙、成皋，包二周而临韩魏之郊矣。（《史记本纪地理图考·周本纪·赧王衰亡》）

② 【汇注】
　　司马贞：宜阳，韩地，秦攻而楚救之，周为韩出兵，而楚疑周为秦，因加兵伐周。（《史记索隐》）

③ 【汇注】
　　司马贞：苏代为周说楚王，王何以道周为秦，周实不为秦也。今王责周道为秦，周惧楚，必入秦，是为祸也。（《史记索隐》）
　　张大可：何以周为秦之祸也？凭什么说周助秦为楚祸呢？按：周助秦即为楚之祸。周秦相近，秦欲并周，周恐惧，阳为秦而内实疏。外人不知，从表面看号为"周秦"，楚若信而伐周，恰恰是逼周亲秦，倒不如楚亲近周，周必疏秦。这是苏代替周见楚王的说辞。（《史记全本新注·周本纪》）

④【汇注】

司马贞：周秦相近，秦欲并周而外睦于周，故当时诸侯咸谓"周秦"。（《史记索隐》）

马持盈：说周家之为秦甚于为楚者，就等于使周家入于秦的怀抱，所以一般人都说是"周秦"联合。（《史记今注·周本纪》）

吴国泰：国泰按："何以周为秦之祸也"不可通。疑"何"应假作"盍"，"盍"从"盇"声，与"何"声同。故得以相假。"之""者"双声，"之"假作"者"；"祸""过"同从"呙"声，此祸字应假作"过"。"何以周为秦之祸也"者，言"盍以周为秦者过也"。意谓盍以周为秦者，其言有过也。"言周"句言人谓周为秦甚于为楚者，盖欲使周入秦耳。故谓周为秦也。"周"下"秦"上当有一"为"字夺失者也。《索隐》以为"周秦相近，秦欲并周，而外睦于周，故当时诸侯咸谓'周秦'"者，失之远矣。（《史记解诂》，载《文史》第四十二辑）

⑤【汇注】

张守节：解音纪买反。代言周若知楚疑亲秦，其计定不可解免，周必亲于秦也。是为秦取周精妙之计。（《史记正义》）

⑥【汇注】

吴国泰：国泰按："周于秦""不于秦"两"于"字皆借作"为"（见《释词》），《仪礼·聘礼》"贿在聘于贿"，注："于，读曰为。"于、於同声，故於亦可读为"为"也。言周若为秦，因而善之；即不为秦，亦言善之。言楚善周者何，盖欲使之离间于秦也。旧解非是。（《史记解诂》，载《文史》第四十二辑）

⑦【汇注】

张守节：代言为王计者，周亲秦，因而善之；周不亲，亦言善之。楚若善周，周必疏于秦也。（《史记正义》）

⑧【汇注】

解惠全：绝于秦：与秦断交。（《全译史记·周本纪》）

⑨【汇注】

张守节：郢，楚都也。楚即亲周，秦必绝周亲楚矣。以上至"八年"，苏代说楚合周。（《史记正义》）

【汇评】

吴见思：结得委蛇，与上一样文法。（《史记论文·周本纪》）

秦借道两周之间，将以伐韩①。周恐借之畏于韩，不借畏于秦。史厌谓周君曰②："何不令人谓韩公叔曰：'秦之敢绝周而伐韩者③，信东周也。公何不与周地，发质使之楚④？秦必疑楚，不信周，是韩不伐也。'又谓秦曰：'韩强与周地，将以疑周于秦也。周不敢不受。'秦必无辞而令周不受⑤，是受地于韩而听于秦⑥。"

① 【汇注】
张守节：上"借"音精夕反，下音子夜反。(《史记正义》)
解惠全：两周之间：东周与西周之间，为秦伐韩必经之路。(《全译史记·周本纪》)

② 【汇校】
陆伯焜："史厌"，《战国策》作史黡。(引自《史记考证·周本纪》)
【汇注】
司马贞：周君，西周武公也。时王赧微弱，不主盟会，寄居西周耳。(《史记索隐》)
张守节：(厌)，乌减反，又于点反。(《史记正义》)

③ 【汇注】
裴　骃：徐广曰："(韩)，一作'何'。应劭(曰)《氏姓注》云以何姓为韩后。"(《史记集解》)
陈蒲清：韩公叔：一作"何公叔"，韩国当政者。(引自王利器主编《史记注译·周本纪》)
又：绝：穿过。(同上)

④ 【汇注】
张守节：质，音竹利反。使音所吏反。质使，令公子及重臣等往楚为质，使秦疑楚，又得不信周也。质平敌不相负也。(《史记正义》)

⑤ 【汇注】
张守节：又谓秦曰："韩强与周地，令秦疑周亲韩，则周不敢不受，秦必无巧辞而令周不敢(不)受韩地也。"(《史记正义》)

⑥ 【汇注】
司马贞：此史厌说韩，令与周地，使质于楚，令秦疑楚不信周，得不假道伐韩，而犹听命于秦。(《史记索隐》)
凌稚隆：按一本注云：此皆史厌教周君，谓韩出地，又谓"秦必无辞令周不受"，

故曰：是受地于韩，既不畏韩听于秦，亦不畏于秦也。(《史记评林·周本纪》)

【汇评】

吴见思：住语孤峭。(《史记论文·周本纪》)

秦召西周君，西周君恶往①，故令人谓韩王曰②："秦召西周君，将以使攻王之南阳也③，王何不出兵于南阳④？周君将以为辞于秦⑤。周君不入秦，秦必不敢逾河而攻南阳矣⑥。"

① **【汇注】**

李光缙："恶往"，意不欲往也。(《增订史记评林·周本纪》)

② **【汇注】**

司马贞：按：《战国策》云或人为周君谓魏王云者也。(《史记索隐》)

③ **【汇注】**

陈蒲清：南阳：在今河南获嘉县。非指宛。(引自王利器主编《史记注译·周本纪》)

④ **【汇校】**

梁玉绳："秦召西周君，西周君恶往，故令人谓韩王曰：秦召西周君，将以使攻王之南阳也，王何不出兵南阳？"按：《国策》"或为周君谓魏王曰：秦召周君，将以攻魏之南阳，王何不出兵于河南？"盖《策》所云河南是也，《史》言南阳非。《史》所云韩王是也，《策》言魏王非，西周与韩近也。(《史记志疑·周本纪》)

⑤ **【汇注】**

司马贞：高诱注《战国策》曰："以魏兵在河南为辞，周君不往朝秦也。"(《史记索隐》)

⑥ **【汇注】**

张守节：南阳，今怀州也。杜预云在晋山南河北。以上至"秦召西周君"，是西周君说韩令出兵河南谋秦也。(《史记正义》)

马持盈：南阳：在河南黄河以北之沁阳，不是黄河以南之南阳。(《史记今注·周本纪》)

【汇评】

吴见思：短尽简俊，是一篇小文字。(《史记论文·周本纪》)

东周与西周战①，韩救西周。或为东周说韩王曰②："西周故天子之国，多名器重宝。王案兵毋出，可以德东周③，而西周之宝必可以尽矣④。"

① 【汇评】
　陈允锡：二周此时尚争战耶？（《史纬》卷一《周》）
② 【汇注】
　张守节：为，音于伪反。乃或人为东周说韩王，令按兵无出，则周德韩矣。（《史记正义》）
③ 【汇注】
　张守节：韩按兵不出伐东周，而东周甚媿韩之恩德也。（《史记正义》）
　马持盈：可以德东周：韩王按兵不动，可以使东周感激韩之恩德。（《史记今注·周本纪》）
④ 【汇注】
　张守节：韩出兵助西周，虽不攻东周，西周媿其佐助，宝器必尽归于韩。以上至"东周与西周战"，是或人说韩令无救西周也。（《史记正义》）

王赧谓成君①。楚围雍氏②，韩征甲与粟于东周③。东周君恐④，召苏代而告之。代曰："君何患于是？臣能使韩毋征甲与粟于周，又能为君得高都⑤。"周君曰："子苟能，请以国听子。"代见韩相国曰⑥："楚围雍氏，期三月也⑦。今五月不能拔，是楚病也⑧。今相国乃征甲与粟于周，是告楚病也⑨。"韩相国曰："善。使者已行矣⑩。"代曰："何不与周高都⑪？"韩相国大怒曰："吾毋征甲与粟于周亦已多矣⑫，何故与周高都也？"代曰："与周高都，是周折而入于韩也⑬。秦闻之必大怒忿周，即不通周使，是以弊高都得完周也⑭。曷为不与？"相国曰："善。"果与周高都⑮。

① 【汇注】

　　梁玉绳："王赧谓成君"，《集解》徐广曰："《国策》'韩兵入西周，西周令成君说秦求救'，当是说此事而脱误也。"（《史记志疑·周本纪》）

　　陈蒲清：成君：意即名义上的周王。（引自王利器主编《史记注译·周本纪》）

② 【汇注】

　　裴　骃：徐广曰："阳翟雍氏城也。《战国策》曰'韩兵入西周，西周令成君辩说秦求救'，当是说此事而脱误也。"（《史记集解》）

　　司马贞：如徐此说，自合当改而注结之，不合与"楚围雍氏"连注。（《史记索隐》）

　　张守节：雍，音于恭反。《括地志》云："故雍城在洛阳阳翟县东北二十五里，故老云黄帝臣雍父作杵臼所封也。"按：其地时属韩也。（《史记正义》）

　　王　恢：雍氏，《郡国志》：颍川郡阳翟县有雍氏城。又名雍梁。《左》襄十八年杜注，在县东北。《括地志》：故城在禹县东北二十五里。（《史记本纪地理图考·周本纪·赧王衰亡》）

③ 【汇校】

　　张文虎："韩征甲与粟于东周"，按：《国策》在《西周策》，文无"东"字。（《校刊史记集解索隐正义札记·周本纪》）

　　李景星："韩征甲与粟于东周"，《国策》作"西周"。按西周已见灭于赧王五十九年，即秦昭王五十一年，此与表及《燕世家》皆误，多一"西"字。（《史记评议·周本纪》）

【汇注】

　　梁玉绳："韩征甲与粟东周"，按：《策》作"西周"。（《史记志疑·周本纪》）

　　解惠全：征：求。（《全译史记·周本纪》）

④ 【汇注】

　　潘永圜：东周君：东周自考王封其弟揭于河南，是为桓公，桓公卒，子威公立，威公卒，子惠公立。惠公立长子曰西周武公，又封少子班于巩以奉王。仍袭父号曰东周惠公，于是又称东西二周。惠公卒，子杰嗣。西周亡后七年，壬子，秦庄襄王灭东周，迁其君于阳人聚，东周亡。（《读史津逮》卷一《周》）

⑤ 【汇注】

　　裴　骃：徐广曰："今河南新城县高都城也。"（《史记集解》）

　　司马贞：高诱云："高都，韩邑，今属上党也。"（《史记索隐》）

　　张守节：《括地志》云："高都故城一名郜都城，在洛州伊阙县北三十五里。"（《史记正义》）

王　恢：高都，《郡国志》：河南尹新城县有高都。《伊水注》："伊水自陆浑来，东北迳新城东，又迳高都城，下入洛阳。"《括地志》："高都一名郜城，在伊阙县北三十五里。"当今伊川县西南，伊水西岸，北直洛阳。《竹书》：梁惠成王十七年（前三五四），东周君与郑高都，郑即韩也。高诱误为蒙骜所攻上党之高都。(《史记本纪地理图考·周本纪·赧王衰亡》)

　　马持盈：高都：在河南洛阳县南。(《史记今注·周本纪》)

⑥【汇注】
　　裴　骃：《汉书·百官表》曰："相国，秦官。"骃谓韩亦有相国，然则诸国共仿秦也。(《史记集解》)

　　司马贞：相国，公仲侈也。(《史记索隐》)

⑦【汇校】
　　梁玉绳："期三月也"，按：《策》云"不过一月必拔之"，作"一月"为是。(《史记志疑·周本纪》)

【汇注】
　　解惠全：期：约期，预期。(《全译史记·周本纪》)

⑧【汇注】
　　张守节：谓楚兵弊弱也。(《史记正义》)
　　解惠全：病：疲。(《全译史记·周本纪》)

【汇评】
　　吴见思：两"楚病也"，激转相应。(《史记论文·周本纪》)

⑨【汇注】
　　李光缙："是告楚病"，犹以饥疲告之也。(引自《增订史记评林·周本纪》)

⑩【汇注】
　　司马贞：已，止也。(《史记索隐》)
　　徐孚远："使者已行矣"，言既已发使，故虽善代之言，而不可止，因言宜与周高都也。《索隐》云"已，止也"，非是。(《史记测议·周本纪》)

⑪【汇评】
　　丘　浚：苏代说韩，始惕之害，终诱之利，反得高都。非舌辩之士，故未易能。(引自《史记评林·周本纪》)

⑫【汇注】
　　张守节：言幸甚也。(《史记正义》)
　　陈蒲清：多：足够。(引自王利器主编《史记注译·周本纪》)

⑬【汇注】

陈蒲清：折而入于韩：转而投靠韩国。（引自王利器主编《史记注译·周本纪》）

⑭【汇注】

马持盈：以弊高都得完周：以破烂的高都换得了一个完整的周国。（《史记今注·周本纪》）

陈蒲清：弊：通"弊"，疲惫，凋敝。得完周：得到一个完整的周国。（引自王利器主编《史记注译·周本纪》）

⑮【汇注】

张守节：以上至"楚围雍氏"，是苏代为东周说韩，令不征甲而得高都。（《史记正义》）

徐文靖：《笺》按：《赵世家》，赵成侯七年，与韩攻周。八年，与韩非周以为两。……《史记音义》曰：河南新郑县有高都。《括地志》：高都故城在洛州伊阙县北。又按《国策》曰：雍氏之役，苏代谓周君曰：代能为君令韩不征粟与甲于周，又能为君得高都。遂往见韩相公仲而与高都。是高都卒归周也。（《竹书纪年统笺》卷一一《显王十五年东周与郑高都》）

【汇评】

许相卿：是时，周已折于秦而小，韩故欲以弊高都得周而绝秦，绝秦则周折，周折则韩重，代之策相国以是夫！以是夫！（引自《增订史记评林·周本纪》）

吴见思：两纵之后，分两层写，两山迤逦，一起一伏，峰回岫转，各成奇观。（《史记论文·周本纪》）

三十四年①，苏厉谓周君曰②："秦破韩魏，扑师武③，北取赵蔺、离石者④，皆白起也⑤。是善用兵，又有天命。今又将兵出塞攻梁⑥，梁破则周危矣。君何不令人说白起乎⑦？曰：'楚有养由基者⑧，善射者也⑨。去柳叶百步而射之，百发而百中之。左右观者数千人，皆曰善射⑩。有一夫立其旁，曰："善，可教射矣！"养由基怒，释弓搤剑⑪，曰："客安能教我射乎？"客曰："非吾能教子支左诎右也⑫。夫去柳叶百步而射之，百发而百中之，不以善息⑬，少焉气衰力倦，弓拨矢钩⑭，一发不中者，百发尽息⑮。"今破韩、魏，扑师武，北取赵蔺、离石者，公之功

多矣。今又将兵出塞，过两周，倍韩⑯，攻梁，一举不得，前功尽弃。公不如称病而无出⑰。'"

① 【汇注】
　　程元初：庚辰三十四年，秦伐赵，拔石城。（《历年二十一传》卷七《季周传·赧王》）
　　又："楚谋入寇，王使东周公喻止之。"楚欲与齐、韩联和伐秦，因欲图周，周王赧使武公谓楚相昭子曰："三国以兵割周郊地以便输而南器以尊楚，以为不然。夫弑共主，臣世君，大国不亲；以众胁寡，小国不附。大国不亲，小国不附，不可以致名实。名实不得，不足以伤民。夫有图周之声，非所以为号也。"昭子曰："乃图周则无之。虽然，周何故不可图也？"对曰："军不五，不攻城；不十，不围。夫一周为二十晋，公之所知也。韩尝以二十万之众辱于晋之城下，锐士死，中士伤，而晋不拔。公之无百韩以图周，此天下之所知也。夫怨结于两周以塞邹鲁之心，交绝于齐，声失天下，其为事危矣。夫危两周以厚三川，方城之外，必为韩弱矣。何以知其然也？西周之地，绝长补短，不过百里，名为天下共主，裂其地不足以肥国，得其众不足以劲兵。虽无攻之，名为弑君。然而好事之君，喜攻之臣，发号用兵，未尝不以周为终始。是何也？见祭器在焉。欲器之至而忘弑君之乱，今韩以器之在楚，臣恐天下以器仇楚也。臣请辟之：夫虎肉臊，其兵利身，人犹攻之也。若使泽中之麋蒙虎之皮，人之攻之，必万之于虎。裂楚之地足以肥国，诎楚之名，足以尊主。今子将以欲诛残天下之共主，居三代之传器，吞三翮六翼以高世，主非贪而何？《周书》曰'欲起无先'，故器南则兵至矣。"于是楚计辍不行（同上）。

② 【汇注】
　　陈蒲清：苏厉：著名策士。（引自王利器主编《史记注译·周本纪》）

③ 【汇注】
　　裴　骃：徐广曰："扑，一作'仆'。《战国策》曰秦败魏将犀武于伊阙。"（《史记集解》）
　　陈蒲清：扑：打败。师武：魏将名。一作"犀武"。（引自王利器主编《史记注译·周本纪》）

④ 【汇注】
　　裴　骃：《地理志》曰西河郡有蔺、离石二县。（《史记集解》）
　　张守节：蔺，音力刃反。《括地志》云："离石县，今石州所理县也。"蔺近离石，皆赵二邑。（《史记正义》）
　　马持盈：蔺：县名，在今山西离石县西。离石：县名，在山西。（《史记今注·周

本纪》）

  王　恢：蔺：赵地。魏败赵于此，秦攻之，肃侯时秦取之，复入赵。武灵王十三年（前三一三），为秦将白起所取，并见《赵世家》。亦称北蔺，见《魏世家》。《清统志》（一四四）：故城今山西离石县西。（《史记本纪地理图考·周本纪·赧王衰亡》）

  又：离石：赵肃侯时（前三二八）秦取之，见《赵世家》。《清统志》，即今离石县治。《府志》：东关北隅有街道遗址，古井尚存。（同上）

⑤【汇注】

  梁玉绳："三十四年，苏厉谓周君曰：秦破韩、魏，扑师武，北取赵蔺、离石者，皆白起也"。按：此语最为可疑，《策》与《史》皆不免有误。考伊阙之战，秦败韩、魏，虏韩将公孙喜，杀魏将犀武，其事固属白起，若秦取赵离石在显王四十一年，取蔺在赧王二年，皆非白起之功，盖其时起未出也，此何以称焉？又《策》作"取蔺、离石、祁"，祁属太原。（《史记志疑·周本纪》）

⑥【汇注】

  张守节：谓伊阙塞也，在洛州南十九里。伊阙山今名钟山。郦元《注水经》云："两山相对，望之若阙，伊水历其间，故谓之伊阙。"按：今谓之龙门，禹凿以通水也。（《史记正义》）

  王　恢：塞：《正义》"谓伊阙塞"是也。亦称陆浑关，又名伊阙关，在洛阳西南三十里。《伊水注》："两山相对，望之如阙，伊水历其间，北流，故谓之伊阙，春秋之阙塞也。"宋祈曰："伊阙，洛阳南面之险也。自汝、颍北去，必道伊阙。其间山谷相连，阻扼可恃。汉灵帝置八关都尉以备黄巾，伊阙居其一。"（《史记本纪地理图考·周本纪·赧王衰亡》）

⑦【汇评】

  陆　深：武安君（白起）杜邮之祸，盖基之于善息矣。（引自《增订史记评林·周本纪》）

⑧【汇注】

  张文虎："楚有养由基者"：中统、游本、吴校金本无"者"字。（《校刊史记集解索隐正义札记·周本纪》）

⑨【汇注】

  凌稚隆：按《说山训》云："楚王有白猿，王自射之，则猿搏矢而熙；使养由基射之，始调弓矫矢，未发而猿拥柱号矣。"《幽通赋》曰："养由射而猿号"是也。（《史记评林·周本纪》）

⑩【汇评】

  刘黄裳：先誉其善射，乃不然之词，后可教射，正欲正其射耳。（引自《增订史记

评林·周本纪》)

⑪【汇注】
　　马持盈：搤：音厄，握也。（《史记今注·周本纪》）
⑫【汇校】
　　张文虎："诎右"：宋本、毛本"诎"作"绌"。（《校刊史记集解索隐正义札记·周本纪》）
【汇注】
　　司马贞：按：《列女传》云"左手如拒，右手如附枝，右手发之，左手不知，此射之道也"。又《越绝书》曰"左手如附泰山，右手如抱婴儿"。（《史记索隐》）
　　郝　敬：形容开弓引弦之法。搤、握同。（《批点史记琐琐》卷一《周本纪》）
⑬【汇注】
　　司马贞：言不以其善而且停息。息，止也。（《史记索隐》）
⑭【汇注】
　　李光缙：拨，弓反也。钩，矢锋屈也。（引自《增订史记评林·周本纪》）
⑮【汇注】
　　司马贞：息犹弃。言并弃前善。（《史记索隐》）
⑯【汇注】
　　陈蒲清：倍：通"背"，背对。（引自王利器主编《史记注译·周本纪》）
⑰【汇注】
　　张守节：以上至"三十四年"，是苏厉为周说白起无伐梁也。（《史记正义》）
【汇评】
　　许应元：称病不出，卒成杜邮之祸，所谓有天命者，天亦蹶之。（引自《增订史记评林·周本纪》）
　　徐孚远：白起破邯郸，坚意不出，是亦欲善息也。而卒以谗死，然应侯已用事于秦，白起内危，可以止之。（《史记测议·周本纪》）
　　陈允锡：攻梁而使周止之者，恐有虞虢之忧也。（《史纬》卷一《周》）
　　吴见思：养由基事虚写，说白起事亦虚写，即此便住，妙。（《史记论文·周本纪》）

　　四十二年，秦破华阳约①。马犯谓周君曰："请令梁城周②。"乃谓梁王曰："周王病若死，则犯必死矣③。犯请以九鼎自入于王，王受九鼎而图犯④。"梁王曰："善。"遂与之卒，言戍周⑤。因谓秦王曰："梁非戍周也，将伐周也。王试出兵境以观之⑥。"秦果出兵。又谓梁王曰⑦:"周王病甚矣,犯请后可而复之⑧。今王使卒之周,诸侯皆生心⑨,后举事且不信。不若令卒为周城,以匿事端⑩。"梁王曰:"善。"遂使城周⑪。

① 【汇注】

裴　骃:徐广曰:"一作'厄'。"(《史记集解》)

张守节:司马彪云:"华阳,亭名,在密县。秦昭王三十三年,秦背魏约,使客卿胡伤击魏将芒卯华阳,破之"。《六国年表》云:"白起击魏华阳,芒卯走。"《括地志》云:"故华阳城在郑州管城县南四十里,是。"按:马犯见秦破魏华阳约,惧周危,故谓"请梁城周"也。(《史记正义》)

王　恢:华阳:春秋郑邑,战国属韩。《韩世家》:"赵、魏攻我华阳,韩告急于秦。"《秦纪》,昭王"三十三年(前二七三),客卿胡伤攻魏卷、蔡阳、长社,取之。击芒卯华阳,破之"。《六国年表》:是年"白起击华阳军,芒卯走"。《索隐》《正义》并引司马彪云:"华阳,亭名,在密县。"(按:非《郡国志》文)《括地志》:"故城在郑州管城县南四十里。"管城,即今郑州。《清统志》(一八七),城在新郑东南三十里。(《史记本纪地理图考·周本纪·赧王衰亡》)

② 【汇注】

司马贞:华阳,地名。司马彪曰:"华阳,亭名,在密县。秦昭王三十三年,秦背魏约,使客卿胡伤击魏将芒卯华阳,破之。"是马犯见秦破魏约,惧周危,故谓周君请梁城周,而设诡计也。(《史记索隐》)

③ 【汇注】

张守节:马犯,周臣也。乃说梁王曰,秦破魏华阳之军,去周甚近,周王忧惧国破,犹身之重病,若死,则犯必死也。(《史记正义》)

陈蒲清:犯必死矣:马犯身为周臣,国破君亡,惟有一死。(引自王利器主编《史记注译·周本纪》)

④ 【汇注】

司马贞:图,谋也。犯谓梁王,我方入鼎于王,王当谋救援己也。(《史记·周本纪·索隐》)

⑤ 【汇注】

张守节:戍,守也。周虽未入九鼎于梁,而梁信马犯矫言,遂与之卒,令守周。(《史记正义》)

⑥【汇注】

　　张守节：梁兵非戍周也。将渐伐周而取九鼎宝器，王若不信，试出师于境，以观梁王之变也。（《史记正义》）

⑦【汇注】

　　张守节：马犯说秦，得秦出兵于境，又重归说梁王也。（《史记正义》）

⑧【汇注】

　　司马贞：按：《战国策》"甚"作"瘉"。犯请后可而复之者，言王病愈，所图不遂，请得在后有可之时以鼎入梁也。（《史记索隐》）

　　张守节：复音扶富反。复，重也。秦既破华阳军，今又出兵境上，是周国病秦久矣。犯前请卒戍周，诸侯皆心疑梁取周，后可更重请益卒守周乎？（《史记正义》）

　　吴国泰：国泰按：复者，白之借字。《曲礼上》"愿有复也"注："复，白也。"《说文》："白，此亦自字也。省自者，词言之气从鼻出与口相助。"引申为说白义，与复之古音相近故可相借也。可犹止也。《礼记·少仪》"即席曰可矣"注："可，犹止也。"谓病已止也。此马犯言周君病甚重请待异日病势稍止，然后再以此言白周君也。《索隐》《正义》说皆非。（《史记解诂》，载《文史》第四十二辑）

⑨【汇注】

　　解惠全：生心：产生疑心。（《全译史记·周本纪》）

⑩【汇注】

　　司马贞：梁实图周九鼎，且外遣卒戍周和合。秦举兵欲侵周，梁不救周，是本无善周之事，止是欲周危而取九鼎，故诸侯皆心不信梁矣。故不如匿事端，使卒为周城。（《史记索隐》）

　　张守节：既诸侯生心，不如令卒便为筑城，以隐匿疑伐周之事端，绝诸侯不信之心。梁王遂使城周，解诸侯之疑也。（《史记正义》）

　　马持盈：以匿事端：以隐藏内幕的真情。（《史记今注·周本纪》）

⑪【汇注】

　　张守节：以上至"四十二"年，是马犯说梁王为周筑城也。（《史记正义》）

【汇评】

　　吴见思：先一纵，此一挽，与前一样文法。（《史记论文·周本纪》）

　　四十五年，周君之秦客谓周㝡曰①："公不若誉秦王之孝，因以应为太后养地②。秦王必喜。是公有秦交。交善，周君必以为公功；交恶，劝周君入秦者必有罪矣③。"秦攻周，而周冣谓秦王曰④："为王计者不攻周。攻周，实不足以利，声畏天下⑤。天下以声畏秦，必东合于齐。兵弊于周⑥，合天下于齐，则秦不王矣。天下欲弊秦，劝王攻周。秦与天下弊⑦，则令不行矣⑧。"

① 【汇注】
司马贞：最（冣）音词喻反，周之公子也。(《史记索隐》)
梁玉绳：翟教授曰：景当为最之讹。周最屡见《战国策·西周策》《史·周纪》，亦作周聚，详《策》《史》，又言西周武公之共太子死，将立最为太子而不肯，卒立公子咎，则最是武公之子也。(《汉书人表考》卷六《周景》)

② 【汇注】
裴　骃：徐广曰："《地理志》云应，今颍川父城县应乡是也。"(《史记集解》)
司马贞：《战国策》作"原"。原，周地。太后，秦昭王母宣太后芈氏也。(《史记索隐》)
张守节：《括地志》云："故应城，殷时应国，在父城。"按：应城此时属周。太后，秦昭王母宣太后芈氏。(《史记正义》)
王　恢：应：应有二，一在今山西临晋县，见《魏世家》；一在今河南宝丰县西南，鲁山县东二十余里，武王第四子封国，见《左》僖二十四年，大约无后，地入周。今（前二七〇）如以为秦宣太后养地，后范雎说秦昭王废太后，夺其地以封雎（前二六六），雎又失之于韩也（前二五七）。《索隐》曰："应，《战国策》（二）作'原'。原，周地"。不知所在。河内之原，早已赐晋。(《史记本纪地理图考·周本纪·赧王衰亡》)
解惠全：养地：即食邑，供养之地。(《全译史记·周本纪》)

③ 【汇注】
张守节：客谓周冣曰，周君与秦交善，是冣之功也。与秦交恶，劝周君入秦者周冣，今必得劝周君之罪也。以上至"四十五年"，是周客说周冣，令周君以应入秦，得交善而归也。(《史记正义》)

④ 【汇评】
袁　黄：当战国时，王纲不振，区区以犬戎之秦，敢于召周，又敢于攻周，上下之分荡然矣。周最说秦王，而不言天王不当攻之义，是习于战国之俗者也。(引自《增订史记评林·周本纪》)

⑤ 【汇注】
解惠全：声：名声，声势。畏：使害怕。(《全译史记·周本纪》)

⑥【汇注】

　　解惠全：弊：疲，这里是使疲惫的意思。(《全译史记·周本纪》)

⑦【汇注】

　　解惠全：秦与天下弊：《战国策·西周》作"与天下俱罢（疲）"。(《全译史记·周本纪》)

⑧【汇注】

　　张守节：令，音力政反。秦欲攻周，周冣说秦曰，周天子之国，虽有重器名宝，土地狭少，不足利秦国。王若攻之，乃有攻天子之声，而令天下以攻天子之声畏秦，使诸侯归于齐，秦兵空弊于周，则秦不王矣。是天下欲弊秦，故劝王攻周，令秦受天下弊，而令教命不行于诸侯矣。以上至"秦攻周"，是周冣说秦也。(《史记正义》)

【汇评】

　　吴见思：数句中多少转折。(《史记论文·周本纪》)

　　五十八年，三晋距秦。周令其相国之秦；以秦之轻也，还其行①。客谓相国曰："秦之轻重未可知也②。秦欲知三国之情③，公不如急见秦王曰：'请为王听东方之变。'秦王必重公。重公，是秦重周，周以取秦也④；齐重，则固有周聚以收齐⑤；是周常不失重国之交也⑥。"秦信周，发兵攻三晋⑦。

①【汇校】

　　凌稚隆：按《战国策》作"留其行"。《注》：留不进也。此"还"字恐是"迟"字之误。宋本作"还"。(《史记评林·周本纪》)

【汇注】

　　张守节：以秦轻易周相，故相国于是反归周也。(《史记正义》)

　　陈蒲清：还其行：中途返回。(引自王利器主编《史记注译·周本纪》)

②【汇注】

　　张守节：言秦之轻相国，重相国，亦未可知。(《史记正义》)

③【汇注】

　　陈蒲清：三国：指三晋（韩、赵、魏）。(引自王利器主编《史记注译·周本纪》)

④【汇注】

陈蒲清：周以取秦：周因你而取得秦的重视。（引自王利器主编《史记注译·周本纪》）

⑤【汇校】

裴　骃：徐广曰："一作'冣'，冣亦古之聚字。"（《史记集解》）

李　笠："齐重，则固有周聚以收齐"：按上文客谓周最曰，《索隐》最言词喻反，则裴本作"聚"，小司马本作"最"一也。刊史者当宗一本，不宜前后歧出，以徇注家。《国策》《文选》《过秦论》并作"周最"，则作为"最"为是也。《左传》有郭最（《襄公十八年传》），盖亦取聚义。最依字当作冣，与聚同。诸书多误，惟姚本《战国策·魏策》作"冣"，兹据正。（《史记订补》卷一《周本纪》）

⑥【汇注】

张守节：按：周聚事齐而和于齐周，故得齐重。今相国又得秦重，是相国收秦，周聚收齐，周常不失大国之交也。（《史记正义》）

⑦【汇注】

张守节：三晋，韩、魏、赵也。以上至"五十八年"，是客说周相国，令报三国之情，得秦重也。（《史记正义》）

　　五十九年①，秦取韩阳城、负黍②。西周恐，倍秦，与诸侯约从③，将天下锐师出伊阙攻秦④，令秦无得通阳城⑤。秦昭王怒，使将军摎攻西周⑥。西周君奔秦⑦，顿首受罪，尽献其邑三十六⑧，口三万⑨。秦受其献⑩，归其君于周⑪。

①【汇注】

司马光：五十九年，秦将军摎伐韩，取阳城负黍，斩首四万。伐赵，取二十余县，斩首虏九万。赧王恐，背秦，与诸侯约从，将天下锐师出伊阙攻秦，令无得通阳城。秦王使将军摎攻西周，赧王入秦，顿首受罪，尽献其邑三十六，口三万。秦受其献，归赧王于周。是岁，赧王崩。（《资治通鉴》卷五《周纪·赧天下》）

章　衡：乙巳五十九年，赧王恐，倍秦，与诸侯合纵。秦攻之，王赧如秦。周武王自戊寅建国，尽乙巳，三十一世，三十七王，八百六十七年而亡。（《编年通载》卷三《周》）

程元初：乙巳五十九年，秦伐韩、赵，王命诸侯讨之，秦遂入寇，王入秦，尽献其地，归而卒。（《历年二十一传》卷九《周纪·赧王》）

② 【汇注】

裴　骃：徐广曰："阳城有负黍聚。"（《史记集解》）

张守节：《括地志》云："阳城，洛州县也。负黍亭在阳城县西南三十五里。故周邑。《左传》云'郑伐周负黍'是也。"今属韩国也。（《史记正义》）

马持盈：阳城：在河南登封县东南三十五里。负黍：在河南登封县西南。（《史记今注·周本纪》）

王　恢：阳城：今河南登封县东南三十五里告成镇。王赧五十九年（前二五六），秦取韩阳城、负黍，西周恐，将天下锐师出伊阙，攻秦，令秦无得阳城。秦昭王怒，攻西周。西周君奔秦，尽献其邑三十六，口三万。王赧卒，秦取九鼎，迁西周公于𢠸狐。后七岁（前二四九），秦庄襄王灭东周。（《史记本纪地理图考·周本纪·赧王衰亡》）

又：负黍：《清统志》（二〇六），今河南登封县西南。故周邑，后属韩。《左》定六年（前五〇四），王子朝之乱，敬王奔晋，郑伐负黍，《杜注》"阳城县西南有负黍亭"。《颍水注》："颍水有三源，中水导源少室通阜，东南流，迳负黍亭东。京相璠曰：负黍在颍川阳城县西南二十七里，世谓之黄城也。"（同上）

③ 【汇注】

裴　骃：文颖曰："关东为从，关西为横。"孟康曰："南北为从，东西为横。"瓒曰："以利合曰从，以威势相胁曰横。"（《史记集解》）

张守节：按：诸说未允。关东地南北长，长为从，六国共居之。关西地东西广，广为横，秦独居之。（《史记正义》）

王应麟：《韩非子》云：周去秦为从，期年而灭；卫离魏为衡，半载而亡。是周灭于从，卫亡于衡也。（引自《史记评林·周本纪》）

郝　敬：按六国南北交合为从，西向摈秦为横。犹织布之有经纬也。《诗》"横从其亩"。（《批点史记琐琐》卷一《周本纪》）

【汇评】

梁玉绳："西周恐，倍秦，与诸侯约从"。按：王应麟《通鉴答问》有《赧王倍秦与诸侯约从攻秦》一条，云"《左氏》谓王贰于虢，王不可言贰。此谓王倍秦，王不可言倍。周之空名犹在诸侯之上，天下谓之共主，作史者当有君臣之分也"。余按《左传》有云"王叛王孙苏"，并属载笔之失。（《史记志疑·周本纪》）

④ 【汇注】

张守节：西周以秦取韩阳城、负黍，恐惧，倍秦之约，共诸侯连从，领天下锐师，

从洛州南出伊阙攻秦军，令不得通阳城。(《史记正义》)

⑤【汇注】
陈蒲清：阳城：地名。在今河南登封县东南告城镇。负黍：亭名。在阳城西南。(引自王利器主编《史记注译·周本纪》)

⑥【汇注】
裴　骃：《汉书·百官表》曰："前、后、左、右将军，皆周末官也。"(《史记索隐》)
张守节：摎，音纪虬反。(《史记正义》)

⑦【汇注】
张守节：谓西周武公。(《史记正义》)
郭嵩焘：西周君奔秦：按秦灭周固当自西周始，以西周近距秦，犹能翼蔽东周也。此西周君即赧王也，史公不明著赧王而称西周君，张守节《正义》遂以西周武公当之，而事情、地势益淆混不可辨矣。(《史记札记·周本纪》)

⑧【汇评】
王　鏊：以君求善于臣，而以应为太后养地，是策虽善，非大道也。夫始裂地以封之，终割地以媚之，虽秦之罔上哉，实召侮者周耳！(引自《增订史记评林·周本纪》)

⑨【汇注】
司马贞：秦昭王之五十二年。(《史记索隐》)
解惠全：口三万：人口三万。(《全译史记·周本纪》)

⑩【汇评】
张大龄：周平王东迁，告诸侯曰：有能驱犬戎为我复不共戴天之仇者，以岐周八百里之地与之。秦伯应命而起，逐犬戎出塞，遂有西京。当其时，嬴氏必有天下，不待智者而知也。故周之亡也，不在赧王入秦之岁，而在平王东迁之时。(《玄羽外编》卷三《支离漫语·周秦汉》)

⑪【汇注】
马维铭：秦使将军摎攻西周，赧王入秦，顿首受罪。尽献其邑三十，户三万，秦受其献，而归赧王于周。是岁卒，周氏遂亡。秦取宝器而迁西周公于𢠵狐，丙午，东周君一年，秦徙周民于咸阳。(《史书纂略》卷一《周本纪》)

【汇评】
崔　述：按此文，则倍秦者西周君，非赧王也；顿首献地者亦西周君，非赧王也。周室既分，王无地矣，何献之有？唯"周君、王赧卒"一句殊欠分晓。《索隐》谓"西周武公与王赧皆卒，故连言之"。不知其果然邪？抑《史记》即谓赧王为周君耶？

或"君"字为衍文邪？然要之顿首献地者必非赧王。《通鉴》乃云："赧王恐，倍秦，与诸侯约从。"又云："赧王入秦，顿首受罪。"《纲目》亦书云："秦伐韩、赵，王命诸侯讨之，秦遂入寇；王入秦，尽献其地；归而卒。"皆以西周君事移之赧王，误矣。（《崔东壁遗书·考古续说》卷二《西周之亡》）

> 周君、王赧卒①，周民遂东亡②。秦取九鼎宝器③，而迁西周公于𢠸狐④。后七岁⑤，秦庄襄王灭东周⑥。东西周皆入于秦⑦，周既不祀⑧。

① 【汇校】

梁玉绳："周君王赧卒"，附按：《集解》引宋忠谓王赧谥西周武公，固误，《索隐》谓周君即西周武公，斯时武公与王赧皆卒，亦误。盖东西二周各自有君，王赧特居西周耳，乌得合为一人。且果是西周，不应连书君王，《国策》吴注辨之矣。而西周武公并未偕卒，故下文云"迁西周公于𢠸狐"也。《索隐》谬以武公与王赧同卒，遂移东周之文君，指为武公太子，以当下文之西周公，李代桃僵，岂不乖乎？《史诠》又据徐广说东周惠公薨于显王九年，惠公于武公兄弟，计武公当卒于显王世，此周君乃别一人，《史》失其名谥。亦未然。东周只惠公、文君两代，而历一百十九年之久，本有可疑。但东周惠公是西周惠公之少子，虽与武公为兄弟，年岁悬殊。而《六国表》中徐广所引《纪年》，今《纪年》所无。竹简出于汲冢，断烂倒错，其岁次年数大半不足信，兼有伪乱，当慎取之，《史诠》据以为断，谬矣。然则《史》何以书"周君赧王卒"？曰《史诠》引吴文学云"君"字羡文，是也，盖后人传写羼入。奚以征之？《楚世家》顷襄王十八年，周王赧使武公说楚相昭子毋图周，此称周王赧之明验也。《论衡·儒增篇》述《史记》云"王赧卒"，《御览》八十五卷引《史记》云"周王赧卒"，此《史记》元本无"君"字之的证也。惟"赧"非谥，不书其谥"隐"，而书号曰"赧"，以失国贬书"卒"，未免失史法。（《史记志疑·周本纪》）

陈蒲清：周（君）王赧：即周王赧，"君"字衍文。旧说指西周武公和周王赧。《史记会注考证》："周下'君'字衍文……西周君此时未死，下文可证。"（引自王利器主编《史记注译·周本纪》）

【汇注】

皇甫谧撰、徐宗元辑：赧王二十七年，冬，十月，秦昭襄王仍僭号西帝，齐闵王称东帝，十一月，齐各复去帝号为王，四十五年，王如秦，得罪于秦，秦攻周，或说秦王乃止。王虽居天子之位，为诸侯之所侵逼，与家人无异。多贳于民，无以归之，乃上台以避之，故周人因名其台曰"逃债之台"。洛阳南宫谤台，是也。五十九年，秦攻韩、赵、魏大破之。王惧，乃背秦，与诸侯合纵，将天下锐师，出伊门攻秦，秦昭襄王大怒，使将军樛攻周王，王恐，乃入秦顿首受罪，尽献其邑，秦尽纳其献，使赧王归于周，降为庶人，以寿终。（《帝王世纪辑存·周第四》）

又：赧王尽献其邑三十六于秦，秦昭襄王纳其献，立为三川郡，初理洛阳，后徙荥阳，自平王东迁至赧王，凡二十叶，而周氏灭矣。（同上）

裴　骃：宋衷曰："谥曰西周武公。"（《史记集解》）

司马贞：非也。徐以西周武公是惠公之长子，此周君即西周武公也。盖此时武公与王赧皆卒，故连言也。（《史记索隐》）

张守节：刘伯庄云："赧是惭耻之甚，轻微危弱，寄住东西，足为惭赧，故号之曰赧。"《帝王世纪》云："名诞。虽居天子之位号，为诸侯之所役逼，与家人无异。名负责于民，无以得归，乃上台避之，故周人名其台曰逃责台。"（《史记正义》）

陆唐老：周自武王以来，凡三十六主，八百六十七年。《通鉴》断自威烈王二十三年，至赧王之亡，凡六王，一百四十八年。（《陆状元通鉴》卷二三《周纪·赧王下》）

王在晋："周赧王冢"，陇州西北三十里。（《历代山陵考》卷上《凤翔府》）

孙之騄："隐王"，《史记》作赧王，名延。盖赧、隐声相近，正以微弱，窃铁逃责，赧然惭愧，故号曰赧耳。又按《尚书中侯》以赧为然。郑玄曰："然读曰赧。"《国策》有赧王，注云：《周纪》慎靓王子，岁丁未立，徙都西周，即王城，今河南也。东周、巩，洛阳也，是时王赧微弱，西周与东周分王政理，各居二都，故曰东、西周，王赧仅仅寄居西周耳。（《考定竹书》卷一三）

齐召南：赧王：慎靓王子，元年丁未。……五十九年乙巳，入秦，献其地，邑三十六，口三万于秦。秦归王于周而卒。（《历代帝王年表·周世表·赧王》）

又：东周起平王己未，终赧王乙巳，共传二十三王，凡五百十五年。（同上）

梁玉绳：赧王延，慎靓王子，始见《史·周纪》，是为隐王。又名诞，谥法无赧。政以轻微危弱，寄住东西，窃铁逃债，赧然惭愧，故号赧耳。亦曰王赧，亦曰周王赧，亦曰然王。立五十九年，数极德尽，降为庶人，用天年终。钱宫詹曰：周自思王以后，七传皆在第八，赧王失国之君，当在九等。盖刊本差错，误超两格。（《汉书人表考》卷六《赧王延》）

② 【汇注】

马持盈：东亡：向东逃亡。（《史记今注·周本纪》）

【汇评】

陈允锡：周民宁东亡，不愿入秦，文、武之遗泽也。（《史纬》卷一《周》）

③【汇注】

　　章　衡：丙午，（秦昭襄王）五十二年，取九鼎宝器入秦。（《编年通载》卷三《周》）

　　梁玉绳："秦取九鼎宝器"，附按：九鼎者，一州一鼎，凡有九也。《国策》颜率谓齐王曰："昔周伐殷得九鼎，一鼎九万人挽之，九九八十一万人。"《左传》桓二年《疏》云"颜率挽鼎人数，或是虚言，要知其鼎有九，故称'九鼎'"。《子华子·问鼎篇》"黄帝之铸一，禹之铸九"。《拾遗记》"禹铸九鼎，五以应阳法，四以象阴数"。惟鼎有九，是以威烈王二十三年九鼎震。显王三十三年鼎沦于泗，赧王五十九年鼎入于秦，然一鼎已沦于泗渊，秦所取者八鼎，非九也，此云九者，亦犹上文马犯之言九鼎，统称焉耳。或疑沦泗近于诞，《困学纪闻》十一载颍水李氏说，"泗水在彭城，九鼎无缘至宋"。斯又误以鼎为迁时所沦，因疑从周至秦，不应道经宋地，遂有谓沈泗水者是周鼎非禹鼎，微子封宋，赐以周鼎，宋亡沦于泗。殊不知先沦后迁，相隔八十一年，不得合为一事。鼎沦于宋亡四十一年之前，与宋无涉。而鼎之神异，诚有如《墨子》所称"不举而自藏，不迁而自行"者，夫岂汾阴膺鼎之比哉。《三国志·魏明帝纪·注》言"秦所铸铜人，潸然泪下于将徙"。北魏杨衒之《洛阳伽蓝记》言"尔朱荣入洛，平等寺金像悲泪三日"。《晋书·张华传》言"汉祖之剑，或飞合于水，或飞出于火"。灵爽少矣，尚能若是，况神禹之鼎乎！《史·正义》及《通考》并云一飞入泗水，余八入于秦中。盖犹太丘社之能自亡也。始皇令千人没泗求鼎，欲以完九鼎之旧，未免于愚。而汉得秦宝器，不闻有鼎，抑独何欤？《论衡·儒增篇》既误以九鼎为一鼎，故谓此处秦取九鼎为误，而又谓鼎不能神，俱是妄论。（《史记志疑·周本纪》）

④【汇注】

　　裴　骃：徐广曰："惎音惮。惎狐聚与阳人聚相近，在洛阳南百五十里梁、新城之间。"（《史记集解》）

　　司马贞：西周，盖武公之太子文公也。武公卒而立，为秦所迁。而东周亦不知其名号。《战国策》虽有周文君，亦不知灭时定当何主。盖周室衰微，略无纪录，故太史公虽考众书以卒其事，然二国代系甚不分明。（《史记索隐》）

　　张守节：《括地志》云："汝州外古梁城即惎狐聚也。阳人故城即阳人聚也，在汝州梁县西四十里，秦迁东周君地。梁亦古梁城也，在汝州梁县西南十五里。新城，今洛州伊阙县也。"按：惎狐、阳人傍在三城之间。（《史记正义》）

　　梁玉绳："而迁西周公于惎狐"，按：史公书西周之迁，而不书东周之迁阳人聚，殊为疏漏。（《史记志疑·周本纪》）

　　王　恢：惎狐：《汉志》河南郡梁："惎狐聚，秦灭西周，徙其君于此。阳人聚，秦灭东周，徙其君于此。"《志疑》："史公不书东周之迁阳人聚，殊为疏漏。"《集解》

徐广曰："嚻狐聚与阳人聚相近，在洛阳南百五十里，梁、新城之间。"《汝水注》："汝水又东得鲁公水口，水上承阳人城东鲁公陂，城，古梁之阳人聚也，秦灭东周，徙其君于此。……南流注于汝。汝水迳梁县北，春秋周小邑也，于战国为南梁矣。汝水又左合三里水，水出梁县西北，而东南流迳其县故城西，故嚻狐聚也，秦灭西周，徙其君于此，因乃县之。"据《郦注》《括地志》《清统志》（二二五），古梁城，即嚻狐聚，在今临汝县西北四十里。阳人聚，亦在县西北四十里。（《史记本纪地理图考·周本纪·赧王衰亡》）

⑤【汇注】

张大可：后七岁：西周亡后第七年，即公元前249年东周亡。（《史记全本新注·周本纪》）

⑥【汇校】

梁玉绳："秦庄襄王灭东西周"，按：西周已见灭于赧王五十九年，秦昭王五十一年，此与《年表》及《燕世家》皆误多一"西"字，《田完世家》又但言"秦灭周"，少一"东"字，惟《春申君传》言"取东周"，不误也。《史诠》曰"西"字衍。（《史记志疑·周本纪》）

张文虎："灭东西周"：《志疑》云西周已灭于赧王五十九年，此与《年表》皆多"西"字。（《校刊史记集解索隐正义札记·周本纪》）

【汇注】

裴　骃：徐广曰："周比亡之时，凡七县，河南、洛阳、穀城、平阴、偃师、巩、缑氏。"（《史记集解》）

张守节：《括地志》云："故穀城在洛州河南县西北十八里苑中。河阴县城本汉平阴县，在洛州洛阳县东北五十里。《十三州志》云在平津大河之南也。魏文帝改曰河阴。"（《史记正义》）

江　贽：南宫氏靖一曰：周自武王至东周君灭，而周始亡于秦，斯实录也。后有秉《春秋》之笔者，盍改而正诸！（《少微通鉴节要》卷一《周纪·东周君》）

崔　述：《秦本纪》庄襄王元年："东周君与诸侯谋秦。秦使相国吕不韦诛之；尽入其国。秦不绝其祀，以阳人地赐周君，奉其祭祀。"按：此文即《周本纪》中"秦庄襄王灭东西（'西'字疑衍）周"事也。以此篇较详，故采之以补其缺。前条西周之亡，此条东周之亡，至是而两周皆尽矣。（《崔东壁遗书·考古续说》卷二《东周之亡》）

朱孔阳：东周君七年壬子，与诸侯谋伐秦，秦使相国吕不韦灭之，迁东周君于阳人聚，周遂不祀。周比亡，凡有七邑。时秦庄襄王元年也。嗣后七国无统者二十八年。《一统志》，阳人聚在河南南阳府汝州西。（《历代陵寝备考》卷八《周》）

【汇评】

吴 澂：东西周有二：一以前后建都之殊而名；一以二公封邑之殊而名。昔武王西都镐京，而东定鼎郏鄏，周公相成王宅洛邑，营涧水东、瀍水西以朝诸侯，谓之王城，又谓之东都。实郏鄏，于今为河南，又营瀍水东以处殷顽民，谓之成周，又谓之下都，于今为洛阳。自武王至幽，皆都镐京，幽王娶于申，生太子宜曰，又嬖褒姒，生伯服，欲立之，黜宜曰。申侯以鄫及犬戎入寇，诸侯逐犬戎与申侯共立宜曰，是为平王。畏戎之逼，去镐而迁于东都，平以下都王城曰东周。幽以上都镐京曰西周。此以前后建都之殊而名也。（《东西周辨》，引自《涵芬楼古今文钞》卷七）

又：自平东迁，传世十二，而景王之庶长子朝，与王猛争国，猛东居于皇，晋师纳之，入于王城。入之次日，猛终丐及，逾半期而子朝又入。王辟之，东居于狄泉。子朝据王城，曰西王；敬王在狄泉，曰东王。越四年，子朝奔楚。敬王虽得返国，然以子朝余党多在王城，乃徙都成周，而王城之都废。至考王封其弟揭于王城，以续周公之官职，是为周桓公。自此以后，东有王，西有公。而东西周之名未立也。（同上）

又：桓公生威公，威公生惠公，惠公之少子班，又别封于巩以奉王，是为东周。惠公以巩与成周皆在王城之东，故班之兄则仍袭父爵，居于王城，是为西周。武公以王城在成周之西，故自此以后，西有公，东亦有公，二公各有所食，而周尚为一也。（同上）

又：显王二年，赵、韩分周地为二：二周公治之，王寄焉而已矣。周之分东西，自此始。（同上）

又：九年，东周惠公卒，子杰嗣，慎靓以上皆在东周，赧王立，始迁于西周。即王城旧都也。其后西周武公卒，子文君嗣，王五十九年，秦灭西周，西周公入秦，献其邑而归，是年赧王崩，次年周民东亡，秦迁西周公于𢟥狐聚，又六年，秦灭东周，迁东周公于阳人聚。此以二公封邑之殊而名也。（同上）

又：前后建都之殊者，以镐京为西周，对洛邑为东周而言也。二公封邑之殊者，又于洛邑二城之中，以王城为西周，对成周为东周而言也。（同上）

又：大概周三十六王，前十二王都镐京，中十有三王都王城，王城对镐京，则镐京在西，而王城在东，其东西之相望也远。季十三都成周，赧一王都王城，王城对成周，则成周在东，而王城在西，其东西之相距也近。一王城也，昔以东周称，今以西周称，夫周末东西之分，因武、惠二公各居一都而名。王则或东或西，东西之名系乎公，不系乎王也。（同上）

⑦【汇注】

徐克范：周赧王五十九年，西周君奔秦，尽献其邑。秦受献，归其君于周。周君王赧卒。《索隐》《正义》皆谓西周君，即西周武公也。《通鉴纲目》则书王入秦，尽献其地，归而卒。是西周君即周赧王，非西周武公。按周自敬王迁都成周，号东周，至考王封弟揭于河南，都王城，是为河南桓公，实西周之始。时则东有王，西有公，而东西之名未立。至桓公孙惠公，别封其少子班于巩以奉王，号东周惠公，是则有东西二周公。二公虽各有食邑，而周尚为一。显王二年，赵成侯与韩攻周，分周以为两，事载《赵世家》。《周本纪》云：王赧时，东西周分治，王赧徙都西周，则为西周王，或以其微弱，亦称西周君。而《索隐》释本纪周君王赧卒，云周君指武公，此时与王赧皆卒，故连言之。于文义未安。秦昭王五十二年表书取西周王，明指赧王，庄襄元年表书取东西周，明指二周公。又《周本纪》云：王赧卒，周民东亡，秦迁西周公于𢠸狐。后七岁，秦庄襄王灭东西周，东西周皆入于秦。《秦本纪》则云东周君与诸侯谋秦，秦使吕不韦诛之，尽入其国，不绝其祀，以阳人地赐周君。是时西周公已迁𢠸狐，见于《周本纪》，故《秦本纪》略之也。且本纪载王赧徙都西周，既云徙都，必有国邑。《索隐》寄居西周之说，亦未当也。（《读史记十表补》卷三《读六国表补·存疑》）

【汇评】

潘永圜：《周历年图》曰：周自平王东迁，日以衰微。至于战国，又分而为二，其土地人民，不足比强国之大夫。然天下犹尊而事之以为共主，其故何哉？植本固而发源深也。昔周之兴也，仁以为源，民习于耳目，浃于骨髓，虽后世衰弱，其民将有凌慢之心，则畏先王之礼而不敢为，将有离散之心，则思先王之仁而不忍去。此其所以享国长久之道也。不然，以区区数邑，处于七暴国之间，一旦不可存，况于数百年乎！（《读史津逮》卷一《周》）

朱孔阳：陈仁锡曰：周亡，犹有七邑，即后之河南洛阳、新城、平阴、偃师、巩、缑氏，亦有千里余，可见周之不能自强也。（《历代陵寝备考》卷八《周》）

⑧【汇校】

王　鏊：此下当有缺文，不应如《索隐》注。（引自《史记评林·周本纪》）

【汇注】

皇甫谧撰、徐宗元辑：自尅殷至秦灭周之岁，凡三十七王，八百六十七年，武王一、成王二、康王三、昭王四、穆王五、恭王六、懿王七、孝王八、夷王九、厉王十、宣王十一、幽王十二、平王十三、桓王十四、庄王十五、釐王十六、惠王十七、襄王十八、顷王十九、匡王二十、定王二十一、简王二十二、灵王二十三、景王二十四、悼王二十五、敬王二十六、贞定王二十七、元王二十八、哀王二十九、思王三十、考王三十一、威烈王三十二、元安王三十三、夷烈王三十四、显灵王三十五、慎靖王三十六、赧王三十七。（《帝王世纪辑存·周第四》）

裴　骃：皇甫谧曰："周凡三十七王，八百六十七年。"（《史记集解》）

司马贞：既，尽也。日食尽曰既。言周祚尽灭，无主祭祀。(《史记索隐》)

张守节：按：王赧卒后，天下无主三十五年，七雄并争。至秦始皇立，天下一统，十五年，海内咸归于汉矣。(《史记正义》)

齐召南：东周起平王己未，终赧王乙巳，共传二十三王，凡五百十五年，又东周君七年，至壬子为秦所灭，周遂不祀。周起武王己卯，总共三十五王，凡八百七十四年。(《历代帝王年表·周世表》)

又：周起武王己卯，总共三十五王，凡八百七十四年。(《历代帝王年表·周世表·赧王》)

朱孔阳：周三十七王，并东周君，共计八百七十有三年。(《历代陵寝备考》卷八《周》)

马持盈：周既不祀：既，尽也。周朝的国运尽了，没有人主祭祀了。(《史记今注·周本纪》)

唐嘉弘：两周上限或说是公元前1122年，下限在公元前771年；或说上限为前1066年，或说为前1027年。(《先秦史论集·先秦史概论》)

【汇评】

陈栎：秦自孝公用商鞅以来，内立法度，外修征战，斩刈六国之民，首虏以数十万计者不知其几十战也。当是时，周徒建空名，不绝如线。春秋之时，诸侯犹知以尊周为名，至战国末，诸侯不复知有周，且各僭称王矣。至秦昭襄王五十三年，赧王入秦，而周始亡。周之历世三十有五，历年八百六十有七年，卜年卜世，卒过其历。自有天地以来，享国最为长久，等百世之王，悉不能及之者，非文、武、成、康之泽，入人之深，孰能致是哉！(《历代通略》卷一《周》)

龙体刚：三代历年，惟周为永。然自成康而降，贤哲鲜继。中间虽有宣王能拨乱反正，而又坠节末年，自张而自弛之。故西周三百五十二祀，治有成、康，乱有幽、厉。以十数圣兴之为甚难，以一褒姒灭之则甚易，良可鉴也。东周自平王后，政在列国，贼子乱臣，接踵而作……凌夷至哀、思、考王，三晋互起，七雄渐炽，周之历数，旦夕苟延。迨至威烈时，九鼎一震，如瘫痪人寝处床第，奄奄一息。慎、靓、显、赧虽无凶淫如幽、厉者比，而积病日久，神消气尽。议者谓周惟封建，一任诸侯之篡弑争夺，互逞其强，而自处于弱，止图姑息而苟安焉。周室之病，在封建耳。不知周之传世三十八君，历年八百七十，实赖封建之势分。势分而诸侯各自吞噬，狼顾胁息，无暇肆志于周矣。此周家有道之长，今古无两。否则，秦矫而郡县之，何至二世而即亡耶？盖周以封建而王室不振，亦以封建而国祚始绵。论世者维之。(《半窗史略》卷六《东周·东周君班》)

牛运震："东西周皆入于秦，周既不祀"，按此结周亡，最老。"周既不祀"，泠然

黯然！（《史记评注·周本纪》）

又：一"既"字所谓已矣、邈矣，不胜亡国之痛也。《索隐》解"既"为尽，以为如日食之"既"，失之。（同上）

太史公曰①：学者皆称周伐纣，居洛邑，综其实不然②。武王营之，成王使召公卜居，居九鼎焉③，而周复都丰、镐。至犬戎败幽王，周乃东徙于洛邑④。所谓"周公葬我毕⑤"，毕在镐东南杜中⑥。秦灭周⑦。汉兴九十有余载⑧，天子将封泰山⑨，东巡狩至河南，求周苗裔⑩，封其后嘉三十里地，号曰"周子南君⑪"，比列侯⑫，以奉其先祭祀⑬。

① 【汇注】

张大可：本篇论赞，重点补充作者考证西周、东周王都的所在。（《史记全本新注·周本纪》）

编者按：周武王伐纣灭商以后，确实想要建都于洛邑。出土于宝鸡市贾村原的周成王五年铸造的何尊铭文说：

"惟珷（武）王既克大邑商，则廷告于天曰：'余其宅兹中或（国），自之辥（乂）民。'"

这段铭文是说：周武王攻克了殷都（大邑商）以后，曾在庭院中向天神祷告说："我要居住在中国（洛邑），在这里治理民众。"由此可知，武王灭商以后，曾想建都洛邑。但是武王灭商后不久，大约是两年以后就病死了，未能亲自完成迁都的意愿，所以建都洛邑成了周武王的遗愿。武王之子成王，完成了武王建都洛邑的遗愿，所以何尊铭文开篇就说"王初迁宅于成周。"但是他在洛邑居住了不久，又回到故都丰京。"成王使召公卜居"，是经过占卜，选择为成王建立王宫的地方。成王在洛邑建立的王宫，最初称为"王"（见矢令簋、矢令彝铭文），后来称为王城，周初迁九鼎于此，所以说"居九鼎焉"。太史公关于周都的考证，未提及成王迁都"成周"洛邑，是一处缺失。

【汇评】

叶　适：以迁所纪五帝、三代考之，尧舜以前固绝远，而夏商残缺，无可证，虽孔子亦云独周享国最长，去汉未久，迁竭力收拾，然亦不过《诗》《书》《国语》所记而已。他盖不能有所增益也。是则古史法止于此矣！及孔子以诸侯之史，时比岁次，加以日月，以存世教，故最为详密。左氏因而作传，罗络诸国，备极妙巧，然尚未有变史法之意也。至迁窥见本末，勇不自制，于时无大人先哲为道古人所以然者，史法遂大变，不复古人之旧。然则岂特天下空尽而为秦，而斯文至是亦荡然殊制，可叹矣！（《习学纪言》卷一九《五帝三代本纪》）

② 【汇注】
　　解惠全：综：综合考察。（《全译史记·周本纪》）
【汇评】
　　牛运震：赞语辨居济事，而穆然敦古，无辩驳之迹。（《史记评注·周本纪》）

③ 【汇校】
　　张文虎："卜居居九鼎焉"：《王风谱疏》引作"卜居之，迁九鼎焉"。（《校刊史记集解索隐正义札记·周本纪》）

④ 【汇评】
　　刘鸿翱：周都丰镐，至犬戎败幽王，平王东迁于洛。苏子曰：周之失计，未有如东迁之谬也。武王迁九鼎于洛邑，以重王室而已，岂有意于迁哉？刘子曰：周之东迁，未为失计也。武王克商，南望三途，北望岳鄙，顾瞻有河，粤瞻洛伊，毋远天室，营周居于洛邑而后去，何得谓无迁志？夫洛居天下之中，四方朝聘贡赋，道里维均，天地四时，阴阳风雨之所会合，真王者之都也。召公曰："王来绍上帝，自服于土中。"且曰："其作大邑，其自时中绵。祖宗营之，子孙居之，何为不可？"苏子又以周弃丰镐，比以富家之子孙鬻田宅，不幸有败，当乞假以生，终不当议田宅。余则曰：富家不一，田宅无败则已；有败，鬻其一，居其一，勤俭居积，以致丰盈，未害其为富也，不愈于乞假以生乎？"普天之下，莫非王土"，周以丰镐畀秦，使之列藩，服卫神京，尤非富家之鬻田宅比也。……平王能修文、武、成、康之政，既无王导，即不以形势东临诸侯，齐、晋必不敢贰。周之弱而不复振也，平王不能修文、武、成、康之政也，非形势之失也。虽有王导何益？王者贵自强而已矣。不能自强，而有所畏于人，迁不迁等耳。九州之险，是不一姓，有德者昌，无德者亡。秦都咸阳，二世而失，汉光武起南阳，居河洛，遂有天下，又何形势之足云乎？呜呼！苏子之论，所谓据其末而遗其本者也。（《绿野斋文集》卷一《苏东坡平王论辩》）

⑤ 【汇校】
　　张文虎："葬我毕"：《志疑》云"我"是"于"之误，盖引《书序》。（《校刊史记集解索隐正义札记·周本纪》）

【汇注】
　　刘绍攽：今咸阳原上，有文王、武王墓。程大昌《雍录》据《皇览》谓文、武、周公冢，皆在京兆长安镐聚东杜中，与今不合（徐广谓镐去酆二十五里，皆在长安南数十里，今咸阳在长安北，故云）。因谓今所祀者，秦之文王、武王。顾宁人、王沣川，皆是其言。余按赵岐注《孟子》，第曰毕郢。地名，不言何方。马融曰：毕，文王墓地名也。《南越志》云：郢，故楚都，在南郡，则知毕在郢之地，故曰毕郢。若然，文王之卒与墓，又在江汉之间矣。盖古者墓而不封，久而失其处，又遭秦火，典籍零落，是以诸儒考之而闻见异辞如此也。（《九畹古文》卷八《周文武墓辩》）

⑥【汇校】

裴　骃：徐广曰："（杜），一作'社'。"（《史记集解》）

【汇注】

方　苞：忽出此语，以正书传之伪也。公欲葬毕，近文王之兆也。《书·传》乃谓"公欲葬成周，成王背公垂死之言而葬公于毕"，谬悠极矣。（《史记注补正·周本纪》）

梁玉绳："所谓周公葬我毕，毕在镐东南杜中"。按："我"字不可解，当是"于"字误，史公盖引《书·序》也。毕有二，在渭南者名毕郢，文、武、周公之墓在焉，所谓"镐东南杜中"，韩昌黎《南山诗》"前寻径杜墅，坌蔽毕原陋"是也。在渭北者名毕陌，秦惠文、悼武两陵及汉诸陵在焉，唐刘沧《咸阳怀古诗》"渭水故都秦二世，咸原秋草汉诸陵"是也。毕公高之封亦在渭南。向来注家多混，即程大昌《雍录》辨文王葬毕，尚疑不能明。此本《四书释地又续》，其详别见《日知录》二十二卷。（《史记志疑·周本纪》）

朱孔阳：按刘向曰：文、武、周公葬于毕。《史记·周本纪》太史公曰："毕镐东南杜中。"《皇览》曰：文王、武王、周公冢皆在京兆长安镐东杜中。郭璞《山海经》注同书《序》，"周公薨，成王葬于毕"。《传》曰：不敢臣周公，故使近文、武之墓。《正义》曰，按《帝王世纪》曰："文武葬于毕，毕在杜南。"《晋书·地道记》亦云：毕在杜南，与毕陌异。《史记·周本纪》引《括地志》曰："文王墓在雍州万年县西南二十八里毕原上。"此其在渭水之南杜县之中甚明，而今乃祭于渭北咸阳县之北十五里，盖据颜师古《刘向传·注》毕陌在长安西北四十里之误。按《史记·秦本纪·集解》引《皇览》曰：秦武王冢在扶风安陵县西北毕陌中，大冢是。人以为周文王冢，非也。周文王冢在杜中，《秦始皇本纪》末《正义》曰：秦悼武王陵在雍州咸阳县西十里，俗名周武王陵，非也。是昔人已辨之甚明。今祭周之文王、武王而于秦惠文、悼武王之墓，不亦诬乎？（《历代陵寝备考》卷八《周》）

马持盈：杜中：一作社中。在陕西长安县东南十五里。（《史记今注·周本纪》）

编者按：经考古工作者勘探研究，认为咸阳原上的周文王陵和周武王陵实为战国时期秦惠文王、秦武王陵。

⑦【汇注】

刘　坦：复考周代自武王至赧王之历年总数，已不可知。其概见于《世家》《列传》中者，兹列举于下。然亦约略之辞，不足为据，聊以备闻云耳。按《楚世家》载王孙满云："昔成王定鼎于郏鄏，卜世三十，卜年七百。"又《匈奴列传》载："夏道衰，而公刘失其稷官，变于西戎，邑于豳。其后三百有余岁，戎狄攻大王亶父，亶父亡走岐下，而豳人悉从亶父而邑焉，作周。其后百有余岁，周西伯昌伐畎夷氏。后十有余年，武王伐纣，而营雒邑，复居于酆鄗，放逐戎夷，泾、洛之北，以时入贡，命曰荒服。其后二百有余年，周道衰，而穆王伐犬戎，得四白狼四白鹿以归，自是之后，荒服不至。于是周遂作《甫刑》之辟。穆王之后，二百有余年，周幽王用宠姬褒姒之故，与申侯有郤，申侯怒，而与犬戎共攻杀周幽王于骊山之下。"按是文，自武王伐纣至穆王二百余年，自穆王至幽王亦二百余年，而周自幽王以下至赧王，凡五百余年，是谓周代，凡历九百余年也。然据《鲁纪年》，真公十五年，与周共和元年同年。从真公十五年，上溯至考公，凡一百五十余年。按鲁考公，约与周康王同时。因《鲁世家》纪年，真公十五年，与周共和元年同年。从真公十五年，上溯至考公，凡一百五十余年。按鲁考公，约与周康王同时。因《鲁世家》纪年，考公以上，仅伯禽一公未详。伯禽封于周成王之时，考公在位四年，时间短促，而《周本纪》载："成、康之际，天下安宁，刑错四十余年不用。"则康王历年，虽未能遽定，然总不短。故鲁公伯禽之卒，以及考王在位之四年，似皆在康王时。而周自康王以后，至于共和，亦应为一百五十余年。更按周自共和以后至赧王，凡五百八十余年。益以自康王以后，至于共和之一百五十余年，约凡在七百四十年间。又周自成王以上，武王历年，据考为十四年。并上自康王至赧王七百四十余年，约为七百五六十年，其间仅成康之际未明。假使自武王至赧王，凡历九百余年之说可征，则成、康之际，非实有二百余年之久，无以充其数矣。故本《传》载周自武王至幽王，四百余年，盖未可信。又《平津侯主父列传》载："严安上书曰：'臣闻周有天下，其治三百余岁，成康其隆也，刑错四十余年而不用。及其衰也，亦三百余岁。'"按周自厉王至赧王已六百二十三年，则此谓周有天下通凡六百余岁，又不免失之于少矣。（《史记纪年考》卷二《周共和以后纪年考·总结》）

⑧【汇注】

陈蒲清：汉兴九十有余载：指汉武帝元鼎四年（前113）。（引自王利器主编《史记注译·周本纪》）

⑨【汇注】

马持盈：天子：指汉武帝而言。（《史记今注·周本纪》）

张大可："汉兴"二句：汉武帝封周子南君在元鼎四年东巡至洛阳途中。元鼎四年即公元前113年，上距汉建国之公元前206年是九十三年，下距武帝封禅之公元前110年是三年。(《史记全本新注·周本纪》)

⑩【汇注】

　　解惠全：求：访求。苗裔：后裔，后代。(《全译史记·周本纪》)

⑪【汇注】

　　裴　骃：瓒曰："《汲冢古文》谓卫将军文子为子南弥牟，其后有子南劲，朝于魏，后惠成王如卫，命子南为侯，秦并六国，卫最为后，疑嘉是卫后，故氏子南而称君也。"(《史记集解》)

　　张守节：《括地志》云："周承休城一名梁雀坞，在汝州梁县东北二十六里。《帝王世纪》云'汉武帝元鼎四年，东巡河、洛，思周德，乃封姬嘉三千户，地方三十里，为周子南君，以奉周祀。元帝初元五年，嘉孙延年进爵为承休侯'，在此城也。平帝元始四年，进为郑公。光武、建武十三年，封于观，为卫公。"颜师古云："子南，其封邑之号，为周后，故总言周子南君。"按：自嘉以下皆姓姬氏，著在史传。瓒言子南为氏，恐非。(《史记正义》)

　　马持盈：周子南君，颜师古云："子南，其封邑之号，为周后，故总言周子南君。"(《史记今注·周本纪》)

　　王　恢：承休城：周亡一百四十四年，汉元鼎四年也，武帝将封泰山，至河南，求周后裔嘉，封三千户，地方三十里，为周子南君，以奉周祀。元帝初元五年（前44）嘉孙延年进爵为承休侯，即此城也。《汝水注》："汝水又东，黄水注之；水出梁山，东南迳周承休县故城东，县故子南国也。"(《史记本纪地理图考·周本纪·赧王衰亡》)

⑫【汇注】

　　马持盈：比列侯：与列侯之地位相等。(《史记今注·周本纪》)

⑬【汇注】

　　裴　骃：徐广曰："自周亡乙巳至元鼎四年戊辰，一百四十四年，汉之九十四年也。汉武元鼎四年封周后也。"(《史记集解》)

【汇评】

　　徐孚远：平王东迁，曰"以奉周祀"，《纪》末以"周既不祀"终焉，赞语复封周后，盖自相应，以明汉家继绝之义也。(《史记测议·周本纪》)

　　牛运震：《纪》以迁周结，而赞语附封周事，此正笔法错综变换处。若载封周后裔于纪末，不惟与《殷纪》无别，而周之亡国不见可痛，神致亦为索然矣。(《史记评注·周本纪》)

【篇评】

司马迁：维弃作稷，德盛西伯；武王牧野，实抚天下；幽、厉昏乱，既丧酆、镐；陵迟至赧，洛邑不祀。作《周本纪》第四。（《史记·太史公自序》）

司马贞：后稷居邰，太王作周。丹开雀录，火降乌流。三分既有，八百不谋。苍兕誓众，白鱼入舟。太师抱乐，箕子拘囚。成、康之日，政简刑措。南巡不还，西服莫附。共和之后，王室多故。厌弧兴谣，龙漦作蠹，颓、带荐祸，实倾周祚。（《史记索隐述赞》）

刘知幾：按：《太史公书》上起黄帝，下尽宗周，年代虽存，事迹殊略。（《史通》卷一六《杂说上》）

又：子长之叙事也，自周已往，言所不赅，其文阔略，无复体统，自秦汉以下，条贯有伦，则焕炳可观矣。（引自《史记评林·周本纪》）

司马光：周自平王东迁，日已衰微。至于战国，又分而为二，其土地人民不足以比强国之大夫，然而天下犹尊而事之以为共主，守文、武之宗祧，绵绵焉久而不绝，其故何哉？植本固而发源深也。昔周之兴也，礼以为本，仁以为源。自后稷已来，至于文、武、成、康，其讲礼也备矣，其施仁也深矣。民习于耳目，浃于骨髓，虽后世微弱，其民将有陵慢之志，则畏先王之礼而不敢为，将有离散之心，则思先王之仁而不忍去，此其所以享国长久之道也。不然，以区区数邑，处于七暴国之间，一日不可存，况数百年乎！（《稽古录》卷一一）

苏　辙：及周之亡，天下大坏，强凌弱，众暴寡，而后世乃以为用文之弊。夫自唐虞以至于商，而入于文，至周，而文极于天下。当唐虞夏商之世，盖将求周之文，而其势有所未至，非有所谓质与忠也。自周天下，天下习于文，非文则无以安天下之所不足，此其势然也。今夫冠、昏、丧祭而不为之礼，墓祭而不庙，室祭而无所，仁人君子有所不安于其中，而曰不文以从唐虞夏商之质。夫唐虞夏商之质，盖将求周之文而未至，非所以为法也。（《古史》卷五《周本纪》）

程　楷：周文王之明也，则明德有以顺上帝之则；断也，则一怒而安天下之民，三分天下，肇建有邦，宜也。武王之明也，则明义而建极，断也则大介以灭商。一戎大定，永清四海，宜也。斤斤其明，则成康绩文武之德，奄有万方，则屡世袭咸和之休。然而力可以胜铁，桀非不明断也，夏以之而亡；知足以饰非，勇足以拒谏，纣非不明断也，商以之而灭。则为强梁暴戾，沦于凶恶，适所以为明断之累也。王礼不明，始下堂而见诸侯，夷王之陵替甚矣。王令不行，始归谓而及仲子，平王之衰微极矣，则为昏弱庸懦陷于柔恶，诚所以为明断之羞也。（《明断编》）

陈仁锡：周事独详，以《周书》之多有故。《周纪》文有三体：幽王以前多采《国语》，其文奥；平王以后多采《春秋》，其文简；威烈王以后多采《战国策》，其文

肆。(《陈评史记》卷四)

凌约言：太史公始纪后稷曰："民皆法则之"；继纪公刘；则曰"复修后稷之业，百姓怀之"；纪古公则曰"复修后稷、公刘之业，国人皆戴之，旁国亦多归之"；纪公季则曰"修古公遗道，诸侯顺之"；纪文王则曰"遵后稷公刘之业，则古公公刘之法，士以此多归之"，"盖往归之"，"皆往归之"，"诸侯皆来决平"；纪武王则曰"修文王绪业，诸侯不期而会盟津者八百诸侯"，兵会者"车四千乘，诸侯毕从"，"武王百姓咸待于郊"：见周家世德相承，人心固结，以培八百年之基业有如此。(引自《史记评林·周本纪》)

凌稚隆：按此纪或烦词，或简语，或倒说，或直叙，或出己见，或引成书，所谓信手拈来，头头是道。(引自《史记评林·周本纪》)

又：苏子《古史》曰：《传》曰：夏之政尚忠，商之政尚质，周之政尚文。而仲尼亦云：周监于二代，郁郁乎文哉，吾从周。余读《诗》《书》，历观唐虞，至于夏商，以为自生民以来，天下未尝一日而不趋于文也。文之为言，犹曰万物各得其理云尔。父子君臣之间，兄弟夫妇之际，此文之所由起也。昔者生民之初，父子无义，君臣无礼，兄弟不相爱，夫妇不相保，天下纷然而淆乱，忿斗而相苦，文理不著而人伦不明，然后反而求其所安，属其父子，而列其君臣，联其兄弟，而正其夫妇，至于虞夏之世，乃益去鄙野之制，然犹以天子之尊，饭土塯，啜土铏，土缕三尺，茅茨不翦，至于周而后大备。其粗始于父子之际，其精布于万物。其用甚广而无穷。盖其当时莫不自谓文于前世。而后之人，乃更以为质也。后世乃以为用文之弊。夫自唐虞以至于商，渐而入于文，至周而文极于天下。当唐虞夏周之世，盖将求周之文而其势所未至，非有所谓质与忠也。君子有曰：不文以从唐虞夏商之质。夫唐虞夏商之质，盖将求周之文而未至，非所以为法也。(同上)

宋存标：周家祖孙父子兄弟，俱有一段至性，而皆自艰辛中来。后稷为农师。公刘务耕种，开千古粒食之原。周道之兴，自此两人始也。太王于流离播迁中，何独恋恋一姜女？其营筑城郭宫室，勤恤民人老幼，实内助之力居多。嗣是而思齐、思媚妇德，世美宜才难之，致慨于妇人矣。他若泰伯之让王季之任，文王之柔顺，武王之耆定，周公之制作，管、蔡之达忠，各自行其志，而总以求其安。先圣后圣，其揆一也。成、康刑措四十余年，不失为守成令主。昭王南狩，问诸水滨。穆王东巡，乃获八骏。神仙、封禅，实开端于此。然不犹愈于防川止谤，索笑兴戎乎？女谒为祸，竟使周家有道之长，一旦不振。平王东迁，竟以亡周也。呜呼，可不鉴欤！(《秋士史疑》卷一《周本纪》)

朱鹤龄：太史公记三代事多疏谬，本纪尤甚。其有可考者，当据《尚书》《左传》《国语》正之。又不妨取《汲冢纪年》《帝王世纪》及秦、汉以上之书，参伍其说，如幽亡平立，本纪不载岁月，诸侯年表骊山之祸在庚午，平王东迁洛邑在辛未，世家却尽连书于一年。以愚考之，西周亡后，不即东迁，本纪云：犬戎杀幽王骊山下，虏褒姒，尽取周赂而去；诸侯乃即申侯，共立故太子宜臼，是为平王。据此，则平王先逃在申，诸侯求而立之，立后乃迁洛也。又《左传》云：幽王用愆厥位，携王奸命，诸侯替之而建王嗣，用迁郏鄏。携王不言何人，曰"奸命"，必不当立而立者。杜预以为幽王少子伯服，非也。幽王在位十一年，三年嬖褒姒，伯服之生，不过数龄，且幽王以褒姒亡国，褒姒既为犬戎虏去，必无复立其子之理。考《竹书纪年》，幽王见弑，申侯、鲁侯、许男、郑子立太子宜臼于申，虢公翰立王子余臣于携，是谓携王。《竹书》之言虽非可深信，而携王则不妄。当是幽王既陨，携王潜位，诸侯乃共举兵黜之而迎立太子宜臼。其迁洛未定何时，大抵自犬戎发难，至平王东迁，必非止一二年事。……其时，卫武公、郑武公、秦襄公同奖王室，而平王于文侯独加殊礼，有柜鬯弓矢之赐，殆以杀携王之故欤？（《愚庵小集》卷一三《读周本纪》）

孙　琮：读子长文，当从详略处讨消息，周业开自后稷，而公刘振之，王迹基自太王，而王季绍之。文王、武王成之，其间宜详宜略，分寸都不苟，至咬定世德，看出人心，尤见周之受命非弋取天下者比。（《山晓阁史记选·周本纪》）

凌约言：此纪或烦词，或简语，或倒说，或直叙，或出己见，或引成书，所谓信手拈来，头头是道。（引自《山晓阁史记选·周本纪》）

吴见思：世运至周，文盛事烦矣，乃八百余年，收入于丈尺之简牍，而或烦或简，或正说，或倒序，或自出己裁，或泛引他书，行自为行，队自为队，分之各为一章，合之共为一篇，挢捖之妙，有神力存焉。岂非大手笔乎！前段引《尚书》，古奥离奇，后段引《国策》，流利简净，而删裁之中，自出手眼，所当细看。（《史记论文·周本纪》）

潘永圜：盖尝考夫三代之道，大本相因，其所损益变更，不过制度文为，名号细故而已。自今观之，夏商周之王，有天下者一千六百六十有九年，其间贤圣之君，未尝接踵而生，夏有禹、启、少康，商有成汤、太甲、大戊、盘庚、武丁，周有武王、成王、康王、宣王，此外无闻焉。然后之言至治者，必以三代为称首，巍巍皇皇，复冠千古而莫与京者，禹、汤、文、武以圣人之道，立纲陈纪，创法定制，其尤卓然者，如井田、封建、学校、兵师之要，靡不备具，而又固结之以仁，维持之以礼，端本澄源，自足与天地无极。故其后世子孙，非有刚戾如桀纣，柔弱如共、赧者，皆足以世守而勿失也。岂偶然哉！（《读史津逮》卷一《周》）

李凤雏：吴莱曰：秦之兴始于孝公之用商鞅，成于惠王之取巴、蜀，蚕食六国，并吞二周，战国之秦也，非春秋之秦也。又云：有《秦誓》，故列《秦誓》，有秦诗，故列秦诗，谓夫子逆知天下之将并于秦而存之者，小之乎而知圣人矣。（《春秋纪传》

卷一〇《秦世家》)

印鸾章：右周三十七王，并东周君，按经世书，始武王己酉，终东周君壬子，该八百七十三年。(引自《纲鉴合编》卷三《周纪·东周君》)

牛运震：周代年从（久）事繁，旧古文多有故本纪，不得不详。篇首自后稷以迄成、康，叙周家世家，兴王皆约《诗》《书》之旨，融会成文，而质古笃厚。则太史公独出手法也。共和以来，春秋、战国之间，多用《国语》《左传》《战国策》之文，或备录其令，或节采其要，错综安顿有法，而典雅奇肆，复各极其妙。(《史记评注·周本纪》)

丁晏：按史公《周纪》，刺取《尚书》《左传》《国语》《国策》《孟子》《吕览》诸书为之，煌煌大篇，叙次秩然有条理，自成史公之文。(《史记余论·周本纪》)

吴汝纶：周事兴于仁义，亡于积弱，自成康以前叙其盛，由积善累仁；自幽厉以后叙其衰，即以政由方伯，摄起强侯行政，以为卒亡于秦作势。上下八百年始末，具于一篇之中，体势闳远。(《桐城吴先生点勘史记读本》卷一《周本纪》)

李景星：作《周本纪》比《夏》《殷》二纪为难，盖夏、殷国祚不及周长，而传记所载事迹亦不繁多，是以叙述少易。周传世既远，又以文胜，凡《诗》《书》《三礼》及《春秋内外传》《国策》所著，几于采不胜采。试问此时如何下手？乃太史公以抟掜见长，将前后千余年事缩入尺幅之间，随手点窜，各得其宜。前叙周家世德，约《诗》《书》之旨，融合无迹。共和以来，多采《左传》《国语》《国策》之文，或备录其全，或节采其要，典雅奇肆，无美不具。尤妙者，中间连引伯阳甫等言，曰"周将亡矣"，曰"周亡矣"，曰"祸成矣"，以叹息为叫应，使通篇骨节皆灵。正如常山，率然击中间则首尾皆应。然长篇文字中，脱是一病，后竭又是一病。看他历点世次以后，于周家极衰极弱，他手到此一点即完处，偏又连引《国策》蹴起波澜，使读者精神为之一振。最后却用"周既不祀"，四字陡然收住，如夜半临池，如悬崖勒马，警绝险绝。赞语辨居洛及封周事，则又以谈远胜矣。(《史记评议·周本纪》)

刘咸炘：王拯《归方评点史记合笔》按语，谓《国语》芮良夫与召公语虽佳文，于本纪不甚关要是也。周史缺略，史公只据《尚书》《国语》《国策》，故未能割爱而谥载之。《国策》语尤滥。方式谓当略举事实，芟其蔓词是也。至王谓伯阳甫："夫天地之气"数语，"亦不关要"，则太苛。古人原不徒删语句，以为简也。(《太史公书知意·周本纪》)

夏炯：《史记·周本纪》于威烈王二十三年书命韩、魏、赵为诸侯，定王十六年书三晋灭智伯，显王二十六年书王致伯于秦，四十四年书秦惠王称王，皆一书再书以见笔削之意，独于田齐无文，惟敬王三十九年书齐田常弑其君简公而已。按温公《通鉴》安王十三年田和会魏文侯，楚人卫人于浊泽求为诸侯，文侯为之请于王，王许之，

《本纪》于此既脱而不书，而于显王四十四年秦惠王称王后书云，其后诸侯皆为王。《索隐》以为指韩、魏、齐、齐、赵，则所谓齐称王者，未知指姜齐乎！指田齐乎？其前后矛盾如此。（《夏仲子集》卷五《读史记周本纪》）

汪之昌：东西二周，《大事记》说最明。谓考王初立，封其弟揭于河南，是为河南桓公，河南即郑郏，武王迁九鼎，周公以为都，是为王城。洛阳，周公所营下都，以迁殷顽民，是为成周。平王东迁，定都王城，王子朝之乱，敬王徙都成周。至考王，以王城故地封桓公。平王东迁之后，所谓西周者，丰镐也；东周者，东都也。威烈王以后，所谓西周者，河南也，东周者，洛阳也。考王十五年，河南惠公复自封其少子班于巩，显王二年，赵与韩分周为二，于是东西各为列国，是二周都所瞭如。考《晋书·地理志》河南郡巩注，战国时有东西周，芒山、首阳其界也。则东西二周分界，《晋志》固尝确指其处。（《青学斋集》卷一三《东西周世系都邑考》）

又：《周纪集解》徐广曰：周比亡之时，凡七县：河南、洛阳、谷城、平阴、偃师、巩、缑氏，殆谓周亡时仅此七邑，非谓分此七邑以为二周。《国策》鲍彪注：河南止缑氏。按西周虽微，俨然与于列国，当不独缑氏一县。西周之亡，纪言献其邑三十六，此尤明证。杜佑《通典》，洛阳、平阴、偃师、巩四邑属东周，河南、缑氏、谷城三邑属西周，亦就七号约其概考之。（同上）

钱锺书：《考证》：叶适曰："迁极力收拾，然亦不过《诗》《书》《国语》所记而已。"按叶氏之所憾，正《史通·采撰》等篇之所许，适见马迁载笔之慎也。朱鹤龄《愚庵小集》卷一三《读〈周本纪〉》谓马迁"记幽、平间事甚略，为考订之"；其文有足刺取者。（《管锥篇》第一册《周本纪》）

张大可：司马迁作史，运用了考证的方法。《五帝本纪赞》所述《史记》上限的扩展，夏、商、周、秦诸本纪赞载各王朝祖先统系，均是他对古史考证的成果。西汉学者对殷周之际的历史已不甚了然，认为武王定都洛邑，司马迁作了廓清，有重大的意义。司马迁用历史典籍与实地考察互相参证，纠正误说，得出了正确的结论。他的考信精神及其方法，在今天仍有借鉴的意义。（《史记全本新注·周本纪·简论》）

解惠全：在这篇本纪里，司马迁明显地是以儒家的思想观点来看待周朝历史的，宣扬的是仁义兴邦的道理。这突出地表现在对文王、武王、成王、周公的叙写上。这几个人都是儒家理想中圣主贤臣的典范，周初那种君臣和睦、偃戈释旅的局面也正是儒家理想中的政治环境。篇中对武王着意进行了刻画，在叙写了他灭殷的过程之后，又写了他日不暇食、夜不安寐，立社稷，改正朔，实行分封、以殷制殷等安邦定国、攘边安内的政策策略，给读者展示了一个有宏图大略、有经营之术的古代政治家形象。（《全译史记·周本纪·说明》）

又：周朝自成王以后，没有出现贤圣君主，却出现了几个昏庸暴君，所以司马迁对一般君主都轻轻几笔带过,而对几个昏庸暴君则给以重墨。如厉王的专利塞言、幽王的宠妇戏臣,都写得像精彩的戏剧,既有历史背景的铺排,又有人物性格的展现,于严峻的形势之中,突出了他们的昏庸暴虐,刚愎拒谏,给文学史的人物画廊中增添了几个精彩形象。与此同时,司马公还为读者展示了几位尽忠敢谏的辅臣形象。如穆王将伐犬戎时,祭公谋父对他晓之以情、动之以理。厉王贪图财利,重用专擅财利的荣夷公,芮良夫则直言相劝;厉王以杀戮禁止国人批评朝政,召公不但反复劝谏,在危难之时还舍子救险,与周公一起代行国政,即历史上有名的"共和行政"。这些也都写得精彩感人。(同上)

又:这篇本纪选材精审,详略得当,间或用小说笔法渲染环境,烘托气氛,于细行微言之中突出人物性格,使得一篇约八百年的王朝史简明扼要,跌宕生姿,令人回味。(同上)

研究综述

《史记》是中国第一部纪传体通史,记载了自传说时代的五帝至西汉武帝时期近三千年的中国历史,而且开创了我国纪传体史书的先河。《史记·周本纪》的研究,自汉代以后,经过魏晋南北朝至唐代,出现了第一次高潮,著名的三家注,就形成于这一时期。但是唐代去古已远,因此三家注中的《索隐》与《正义》错误较多。

宋代至清代,由于学者多沿袭旧说,《周本纪》的研究无突破性的进展。近代以来,特别是二十世纪七十年代以来,中国的考古进入了黄金时代,铸有长篇重要铭文的西周青铜器、甲骨文等地下周代文献资料不断出土,为研究周代历史提供了可靠的第一手资料,因此《周本纪》的研究,出现了历史上第二次高潮,取得了多方面的成果。

一、周族起源研究

关于周族的起源,太史公司马迁在《周本纪》中说:"周后稷,名弃。其母有邰氏女,曰姜原。"《集解》引《说文》云:"邰,炎帝之后,姜姓,封邰,周弃外家。"由上述可知周族的父系始祖叫弃,生于母系氏族社会的末期,因此只知其母,不知其父。其母有邰氏女,叫姜原。有邰氏为姜氏之戎,因帮助大禹治水有功封于邰,因此周族的后稷弃也生于邰。关于邰地,《集解》引徐广曰:"今斄乡在扶风。"《索隐》说:"即《诗·生民》曰'有邰家室'是也。邰即斄,古今字异耳。"《正义》引《括地志》云:"故斄城一名武功城,在雍州武功县西南二十二里,古邰国,后稷所封也。有后稷和姜嫄祠。"毛苌云:"邰,姜嫄国也,后稷所生。尧见天因邰而生后稷,故因封于邰也。"

周族起源于陕西关中西部的武功县一带,历来别无异说,但是二十世纪初期,在当时疑古思潮的推动下,钱穆先生于1931年首创周族起源于山西晋南说,他认为"邰"为晋南的邰地,在今山西省南部的新绛、闻喜一带,而且他把与周族起源有关的一些山名、水名,以及氏族、方国都考证在山西晋南,并得出结论说:"周人盖起源于冀州,在大河之东,后稷之居邰,公刘之居豳,皆今晋地,及大王避狄居岐山,始渡河而西。"①

---

① 钱穆:《周初地理考》,《燕京学报》第10期。

晋南说影响极大,后来响应的学者群起而随者众多,时至今日仍有个别学者重提周族起源于白狄说,认为"周族非起源于晋南,亦非出自关中土著,而是出自居住在今陕西东北部及山西西部黄河两岸一带的戎狄族人,也就是以后文献所称的白狄"①。

周族起源于晋南的说法今天看来难以成立,因为在山西省境内至今未发现先周文化,但是却推动了为解决周族起源问题而进行的田野考古调查和发掘。1933 年,前国立北平研究院史学研究会考古组,在渭河两岸进行了田野考古调查,并于 1934—1937 年,对宝鸡市斗鸡台沟东区的墓地进行重点发掘。1943 年,前中央研究院的石璋如先生,在陕西长安、武功、岐山、旬邑、彬县等地,对传说的周都邰、豳、周原、丰、镐进行了田野考古调查。这些工作都是从考古学角度探索周族起源的早期尝试,而在宝鸡市斗鸡台沟东区的考古发掘最有成效,于 1948 年出版了发掘报告《斗鸡台沟东区墓葬》,1954 年又出版了《斗鸡台沟东区墓葬图说》。

《图说》的作者苏秉琦先生在所附《瓦鬲的研究》一文中,依据器物类型学,将墓葬出土的陶鬲分为锥脚袋足(高领袋足)、联裆、折足、矮足四类,并指出斗鸡台瓦(陶)鬲分为前后互相衔接的初、中、晚三期,估计中期年代为商周之际,初期的年代在周武王灭商以前,因此后辈学者赞誉苏先生为探索先周文化开辟了一条新的道路。

1955—1957 年,中国科学院考古研究所在西安市沣河西岸的丰京遗址,进行了大规模的考古发掘,并于 1962 年出版了《沣西发掘报告》,揭示了西周的文化面貌。1959—1960 年,在沣西马王村的发掘中,发现了 H10 打破 H11 的地层,这是第一次发现西周早期灰坑打破先周灰坑的地层关系,可惜当时未能认识到这一点,错把 H11 当作了西周早期灰坑②。同样的问题在《沣西发掘报告》和彬县下孟村的发掘中都有,当时均未能及时识别出先周文化遗存。1967 年在沣西张家坡发现了先周时期的墓葬,后来才被识别出来③。

沣西遗址、彬县下孟村遗址,发现的先周文化遗存,尽管当时未被及时识别出来,但是却推动了先周文化的研究工作,而研究先周文化,是解决周族起源问题最可靠的手段。

20 世纪 60 年代后期,有学者开始研究先周文化,当时研究先周文化的学者以邹衡和徐锡台为代表。70 年代末期,他们的研究成果开始陆续发表。邹衡首先提出了"先周文化"的命题④,后来被学术界普遍采用。先周文化是指周武王灭商以前周族的早期

---

① 沈长云:《周族起源诸说辨证——兼论周族起源于白狄》,《中国史研究》2009 年第 3 期。
② 中国科学院考古研究所沣西发掘队:《陕西长安户县调查与试掘简报》,《考古》1962 年第 6 期。
③ 中国社会科学院考古研究所沣西发掘队:《1967 年长安张家坡西周墓葬的发掘》,《考古学报》1980 年第 4 期。
④ 邹衡:《论先周文化》,《夏商周考古学论文集》,文物出版社 1980 年版。

文化，徐锡台称之为"早周文化"①。

进入 80 年代，在先周文化研究初步成果的推动下，先周文化的考古发掘与研究出现了高潮。这一时期是先周文化的大发现、大讨论阶段。当时发掘的与先周文化有关的最重要的遗址和墓葬有三处：

一是从 1980—1986 年，中国社会科学院考古研究所发掘了陕西长武县碾子坡遗址②。

二是从 1981—1984 年，原宝鸡市考古工作队发掘了武功县郑家坡遗址③。

三是 1981 年，陕西周原考古队清理发掘了周原遗址内扶风法门镇刘家村商代墓葬 20 座④。

这一时期发掘的与先周文化有关的遗址、墓葬，除以上三处外，还有凤翔县南指挥西村墓地⑤、扶风县北吕村墓地⑥、周原遗址内贺家村墓地⑦，以及沣西遗址内发现的几座先周墓葬。

上述与先周文化有关的遗址和墓葬的发现，推动先周文化的研究实现了突破性的进展，考古学界围绕着与先周文化有关的课题展开了空前热烈的大讨论。当时提出来的代表性观点有以下几种：

第一种：认为郑家坡的文化遗存年代属于西周早期，以刘家墓葬为代表的文化不是先周文化，只有包括碾子坡在内的以斗鸡台瓦鬲墓初期为代表的文化遗存才是先周文化⑧。

第二种：认为以联裆鬲为代表的郑家坡遗存是先周文化，将遗址分为早、中、晚三期，早期年代推测为相当于二里头文化晚期至商代初期二里岗下层。晚期年代约在太王迁岐前后。

为什么说以联裆鬲为代表的郑家坡遗存是先周文化？这是因为研究先周文化应以西周文化为基础，而以沣西遗址为代表的西周文化中，普遍使用联裆鬲。西周个别陶鬲虽然为袋足，但是与高领袋足鬲比较，已演变得面目全非。郑家坡遗址中虽然发现

---

① 徐锡台：《早周文化的特点及其渊源的探索》，《文物》1979 年第 10 期。
② 胡谦盈：《试论先周文化及相关问题》，《中国考古学研究》（二），科学出版社 1986 年版。
③ 宝鸡市考古工作队：《陕西武功郑家坡先周遗址发掘简报》，《文物》1984 年第 7 期。
④ 陕西周原考古队：《扶风刘家姜戎墓葬发掘简报》，《文物》1984 年第 7 期。
⑤ 陕西省考古研究所雍城考古队：《凤翔南指挥西村周墓的发掘》，《考古与文物》1982 年第 4 期。
⑥ 扶风县博物馆：《扶风北吕周人墓地发掘简报》，《文物》1984 年第 7 期。
⑦ 徐锡台：《岐山贺家墓葬发掘简报》，《考古与文物》1980 年创刊号。
⑧ 张长寿、梁星彭：《关于先周青铜文化的类型与周文化的渊源》，《考古学报》1989 年第 1 期。

几件高领袋足鬲，但是绝大多数陶鬲是联裆鬲，因此联裆鬲才是先周文化中最具有代表性的陶器。

刘家墓葬中全为高领袋足鬲，没有一件联裆鬲，文化面貌与郑家坡文化遗存截然不同，两者不属于同一个文化谱系，因此高领袋足鬲不是先周文化中所固有的因素，而是周族从姜氏之戎文化中吸收来的文化因素。因此笔者主张以刘家墓葬为代表的文化遗存，包括宝鸡市姬家店、晁峪等早于刘家墓葬的文化遗存，应从先周文化中分出来，称之为刘家文化，从族属上说是姜氏之戎文化，简称姜戎文化①。

邹衡先生根据新资料，对先周文化的内涵、分期、年代、以及文化来源等问题，进行了再研究，认为郑家坡遗存是典型的先周文化，刘家墓地可以命名为姜戎文化，碾子坡遗存可能属于姜戎文化或其分支，提出郑家坡遗址年代的上限不超过殷墟二期②。张忠培等先生认为：郑家坡遗存的年代可到殷墟一期，很有可能是周文化的来源③。

第三种：认为碾子坡、郑家坡和刘家墓地的文化遗存，都是先周文化。并把先周文化划分为两个类型：一是姬家店、石嘴头、晁峪——刘家——斗鸡台类型；二是郑家坡——北吕类型④。

李峰认为：现知最早的先周文化是碾子坡遗存，年代大约是古公迁岐之前，较晚的先周文化遗存可以郑家坡、北吕、斗鸡台、贺家墓葬为代表，年代相当于古公亶父、王季、文王三世。刘家墓地可归于晁峪、石嘴头类型，是古羌人遗留⑤。

这一时期的大讨论中，观点为什么如此不同？这是因为先周文化研究的初期，学者多以斗鸡台瓦鬲墓提供的线索为依据，所以个别学者只承认高领袋足鬲为先周时期，而把联裆鬲统统划归西周陶器。在20世纪80年代的大讨论中，少数学者仍然把以联裆鬲为代表的郑家坡先周文化，认定为西周早期遗存。

俞伟超、张忠培先生在《苏秉琦考古学论述选集》的编后记中指出："在这种意见（指《斗鸡台沟东区墓葬图说》结语中的意见）发表后的三十多年中，许多人显然对这一推断的方法论根据的深刻性认识不足，纷纷想从锥脚袋足鬲的发展系统来寻找周文化渊源，但总是不成功。不久前，宝鸡市文管会的同志在武功尚家坡开始找到了折足类鬲从联裆到瘪裆的中间阶段典型标本，终于看到其前身的确不同于锥脚袋足鬲的

---

① 尹盛平、任周芳：《先周文化的初步研究》，《文物》1984年第7期。
② 邹衡：《再论先周文化》，《周秦汉唐考古与文化国际学术会议论文集》，《西北大学学报》（哲学社会科学版增刊）1988年4月版。
③ 张忠培、朱延平、乔梁：《陕晋高原及关中地区商代考古学文化结构分析》，《内蒙古文物考古文集》，中国大百科全书出版社1994年版。
④ 卢连成：《扶风刘家先周墓地剖析》，《考古与文物》1985年第2期。
⑤ 李峰：《先周文化的内涵及其渊源探讨》，《考古学报》1991年第3期。

前身；而他们在扶风刘家发掘的一处墓地，又说明那种锥脚袋足鬲，原来是源自陕甘邻境地区另一支属于羌戎系统的青铜文化。"①

20世纪90年代前后至今，先周文化的考古发掘与研究进入了验证期。为了验证郑家坡先周文化的年代等问题，1986年，北京大学考古系对扶风壹家堡商代遗址进行了小规模的发掘②。1991—1992年，北京大学考古系与宝鸡市考古队联合对麟游县蔡家河、史家塬、园子坪三处遗址进行了发掘③。1991年，北京大学考古系、陕西省考古研究所在武功县岸底遗址进行了发掘④。1995年，北京大学考古系对礼泉县朱马嘴进行了发掘，初步订正了郑家坡先周文化年代的上限约为商代二里冈上层文化时期⑤。1995年秋，中国社会科学院考古研究所在彬县断泾遗址进行了发掘，发掘报告将遗址分为两期：第一期年代相当于殷墟文化一期左右，是周人居豳时的先周文化。第二期的年代"与迁岐以后的先周文化相当"，个别器物"可以晚到先周末期或西周初年"，很可能是戎狄文化⑥。

1997年，夏商周断代工程"丰镐遗址分期与与年代测定"专题组，在沣西遗址马王乳品厂北进行发掘，发现居址和墓葬，其中H18等灰坑单位被认定为文王居丰至武王伐商以前的先周文化遗存⑦。1996—1997年夏商周断代工程"先周文化的研究与年代测定"专题组，对周原岐山王家嘴、武功郑家坡遗址进行了发掘，在岐山王家嘴遗址发现：约相当于殷墟一期的商式分裆鬲与先周的高领联裆鬲共存于同一个灰坑，说明郑家坡遗址早期年代上限不会晚于殷墟一期。

夏商周断代工程取得上述重要收获之后，曾在西安召开了先周文化的讨论会，与会专家集体参观了沣西马王乳品厂北出土的先周晚期陶器，围绕着改革开放以后发现的先周文化进行了认真的讨论。由于沣西马王村发现的先周晚期文化遗存，既有数量较多的联裆鬲，又有一定数量的高领袋足鬲，所以会上取得了一个共识，即先周文化中既有高领袋足鬲，又有联裆鬲，已不再有学者坚持联裆鬲统统属于西周时期。

从目前发现的先周文化遗存来看，邰地郑家坡遗址的高领袋足鬲数量最少，只发

---

① 《苏秉琦考古学论述选集·编后记》，文物出版社1984年版。
② 北京大学考古系：《陕西壹家堡遗址发掘简报》，《考古》1993年第1期。
③ 北京大学考古系、宝鸡市考古队：《陕西麟游蔡家河遗址商代遗存发掘报告》，《华夏考古》2000年第1期。
④ 陕西省考古研究所：《陕西武功岸底遗址发掘简报》，《考古与文物》1993年第3期。
⑤ 张天恩：《关中商代文化研究》，文物出版社2004年版。
⑥ 中国社会科学院考古研究所泾渭工作队：《陕西彬县断泾遗址发掘报告》，《考古学报》1999年第1期。
⑦ 中国社会科学院考古研究所丰镐考古队：《1977年沣西发掘报告》，《考古学报》2000年第2期。

现了个别的几件。豳地彬县断泾、旬邑孙家遗址的高领袋足鬲数量也少。周原、沣西遗址的先周文化中高领袋足鬲较多，特别是这两地遗址中发现随葬一鬲一罐的先周墓葬，多随葬高领袋足鬲。这似乎说明古公亶父迁岐后，虽然"乃贬戎狄之俗"，但是由于周人和当地的姜氏之戎结为政治、军事同盟，所以先周晚期文化中姜戎式高领袋足鬲增多。正因为如此，所以至今仍有学者认为以高领袋足鬲居多的长武碾子坡遗存是先周文化。

为解决周族起源而进行的先周文化探索，如今已走过了80年的历程，虽然邰地发现的郑家坡类型先周文化，学术界对其年代上限认识上仍有分歧，甚至个别学者还否认其为先周文化，认为是商文化京当类型的延续①。但是由于沣西马王村先周晚期遗存，包括豳地的断泾遗址中的先周文化遗存，文化面貌与郑家坡先周文化相同，而且郑家坡遗址的年代上限显然早于断泾遗址、沣西马王村遗址，证明郑家坡文化遗存是典型的先周文化，而且是沣西马王村先周文化的来源。分布于关中西部的商文化京当类型，是以商式分裆鬲、假腹豆等陶器为特征，而这类器物在郑家坡遗址中根本不见，那么郑家坡遗存怎么就成了商文化京当型的延续呢？真是令人匪夷所思。

周原、沣西遗址发现的先周文化遗存，证明古公亶父迁岐、文王居丰是历史事实，而周人早期都邑邰地的郑家坡遗址、豳地的断泾遗址发现的先周文化，年代都早于古公亶父迁岐，这说明《周本纪》关于周族起源的记载是可信的。关于周族的起源，周人自己的说法是："民之初生，自土沮漆。"（《诗·大雅·绵》）王引之《经义述闻》卷六释"土"为杜，是正确的，但是他认为杜是陶唐氏之后唐杜氏之杜，却是错误的。杜指杜水，是漆水的上游，在今麟游县西部山区。他还说："沮，当为徂，徂，往也。"沮虽然可以释徂，但是古代每每以漆、沮连言，漆为漆水，沮当为沮水。诗中是说周族起源于杜水、沮水、漆水流域，这可以与泾水、杜水、漆水流域发现的先周文化互相印证。总之，周族是起源于泾渭之间。

二、周族名称来源研究

周族的得名，南朝刘宋裴骃《周本纪·集解》引皇甫谧云："邑于周地，故始改国曰周。"唐代张守节《周本纪·正义》说："因太王所居周原，因号曰周。"此后学者均沿袭这种说法，但是这种说法是倒果为因。笔者指出：太王古公亶父迁岐后，不是称族名为周，而是改都邑名称为周。周族居豳时，王室的居住地名为"京"。太王迁岐后，仍称王室的居住地为"京"，而称其都邑为"周"②。《后汉书·匈奴列传》说："亶父亡走岐下，而豳人悉从亶父而邑焉，作周。"《周本纪·索隐述赞》说："后稷居邰，太王作周。"由此可知，太王迁岐后，是改其都邑（岐邑）为"周"。另外，周族

---

① 王巍、徐良高：《先周文化的考古学探索》，《考古学报》2000年第3期。
② 尹盛平：《西周史征》，陕西师范大学出版社2004年版，第27页。

不是因居住地而得名，而是因为其族善于农业而称"周"。徐中舒先生指出：周就是一个发达的农业区，囲像农田整饬，田中有农作物之形①。

刘毓庆先生说："前人认为，周的命名始于太王。《史记·周本纪·集解》引皇甫谧云：'邑于周地，故始改国曰周。'意思是，因为古公迁居周原，所以称国曰周了。近代和现代的学者，还有继续沿用这种观点，这是不正确的。因为武丁时甲骨文，就有了周的称谓。……因此可以说，周之为号，远在古公之前。可是有的学者却认为，武丁甲骨文所记之周，因在太王前，当与周族无关。……周原当因周族而得名，不是周族因周原而有称。"（《雅颂新考·大王迁周为失去商之保护考》）此说正确。

殷墟甲骨卜辞中，族名"周"出现于武丁时代，而周原最早出现于《诗经》。古公迁岐以前，周原本不叫周原。田昌五先生指出："现在看来，姜原当是一个姜姓氏族部落居住之原，如前述姬原一样。在这个原上居住的姜姓氏族部落的女子统称姜原。这在氏族社会中是很自然的现象，后人不明，误以为是指专人了。顺便提一下，在今周原附近，仍有一地名姜原，可资旁证。"② 笔者也曾提出："古公亶父迁岐以前，周原是姜戎的居地，周人视之为姜原，而周族迁岐以后因周族居住才始称为周原。"③

三、先周族世系研究

夏、商、周三族，从建立王朝来说是有先后，但是从其历史来说同样悠久，是三个并行发展的族体。《周本纪》所载先周族世系，也就是从夏代至商代周族的世系，从其始祖弃算起至文王共十五世。夏王朝传十三世十六王，商族夏代共传十四代，所以《国语·国语下》说："玄王勤商，十有四世而兴。"夏代周族从其始祖后稷弃至夏末商初的最后一代后稷不窋，只有两代，所以《毛诗疏》关于先周的世系云："虞及夏、殷共有千二百岁，每位在位皆八十年乃可充其数耳。命之短长，古今一也，而使十五世君在皆八十载，子必将老死生，不近人情之甚。以理而推，实难据信也。"《周本纪·索隐》也说："言世稷官，是失其代数也。若从不窋亲弃之子，至文王千余岁唯十四代，实也不合事情。"清代崔述在《丰镐考信录》中说："不窋之父，乃弃之裔孙为后稷者，不窋非弃子也。"《戴震文集·周之先世不窋以上阙代系考》中也说："盖不窋以上，世为后稷不知凡几，传至不窋，然后失其官也。"

以上历代学者的论述说明先周时期周族的世系中有缺代。周族从公刘到武王，共传十三世，加上不窋和其子鞠两代，共传十五世，这与商王朝传十七世相差不多，所以商代周族的世系应当不缺代，而缺代是在夏代。汉初娄敬对刘邦说："周之先自后

---

① 徐中舒：《周原甲骨初论》，《古文字研究论文集》，《四川大学学报丛刊》第10集。
② 田昌五：《对周灭商前所处社会发展阶段的估计》，《华夏文明》第二辑，北京大学出版社1990年版。
③ 尹盛平：《西周史征》，陕西师范大学出版社2004年版，第27页。

稷，尧封之邰，积德累善十余世。"（《汉书》，中华书局，1962年版，第2119页）由此可知周族担任后稷官职的人有十几代，而《周本纪》记载的夏代周族世系只有两代。徐喜辰先生在《历史人物论集·周文王及其在周族社会发展中的重要地位》中指出："不窋绝非后稷之子，在后稷之后，不窋之前，可能失传了一段较长时间的传闻。"夏代应有十几代后稷，他们都以官名相称，所以隐去了私名，也失去了代数，因此太史公司马迁只好一笔代过，含糊其辞地说："后稷卒，子不窋立。"由于没有交代，不窋之父是末代后稷，所以不窋成了第一代后稷弃之子，于是先周族早期（夏代）的世系与夏王朝相比，缺了十一、二代。

四、太伯、仲雍奔"荆蛮"研究

太伯、仲雍奔"荆蛮"，又称太伯奔吴，是周族历史上的一件大事。太伯、仲雍所奔之"荆蛮"，本来是在陕西陇县境内建立的虞国，西周康王时改封到今江苏省的丹徒县一带，春秋时徙都于苏州，后世以其氏族名称其为吴国。但是《周本纪》没有载明"荆蛮"是什么族，在什么地方，也没有记载虞国的改封与迁都，所以三家注遂以后世吴国都城的所在地，注解吴太伯、仲雍奔"荆蛮"之地。

唐代张守节《周本纪·正义》说："太伯奔吴，所居城在苏州北五十里常州无锡县界梅里村，其城及冢见存。而云'亡荆蛮'者，楚灭越，其地属楚，秦灭楚，其地属秦，秦讳'楚'改'荆'，故通号吴越之地为荆。及北人书史加云'蛮'，势之然也。"《史记·吴太伯世家》说："太伯之奔荆蛮，自号句吴。"南朝刘宋裴骃《吴太伯世家·集解》引宋忠曰："句吴，太伯始所居地名。"并引《皇览》曰："太伯冢在吴县北梅里聚，去城十里。"唐代司马贞《吴太伯世家·索隐》云："荆者，楚之旧号，以州而言之曰荆，蛮者，闽也，南夷之名；蛮亦称越。"又引《吴地记》曰："太伯居梅里，在阖闾城北五十里。"并说："仲雍冢在吴郡常熟县西海虞山上，与言偃冢并列。"这些注解显然是以后世吴国的所在，进行推理性的附会之言，并无证据，因此引起学者的质疑。通过对古代文献的梳理，学者提出了新说。

早在二十世纪三十年代，卫聚贤引《诗经·大雅·皇矣》所云：帝作邦作对，自大伯王季。维此王季，因心则友。则友其兄，则笃其庆，载锡之光。提出："王季友其兄太伯之国，是太伯之国当距王季之国不远。"又引"皇矣上帝，临下有赫……乃眷西顾，此维与宅"，提出："太伯的封地当在陕西的岐山以西。"并进一步指出："太伯的封国在陕西的陇县的吴山。"① 何天行也说："则太伯仲雍所奔之吴，又明为雍之吴山

---

① 卫聚贤：《太伯之封在西吴》，《吴越文化论丛》，江苏研究社1937刊印。转引自江苏省文化研究会编印《吴文化资料选辑》第二辑，1974年10月。

矣。"① 蒙文通提出:"《穆天子传》又言：'赤乌氏其先出自周,太王亶父封其元子吴太伯于东吴。'则赤乌之吴,即《封禅书》之吴岳,《尔雅》之岳山也,实为岍山。太伯之奔固在于此。"② 顾颉刚也认为:"吴者何?吴岳也,《史记·封禅书》记其山于岐山之西,明即《禹贡》之岍,《周礼》《尔雅》之岳也。"③

以上诸位先生关于太伯、仲雍奔"荆蛮"所建的虞国,是在陕西陇县的论断是正确的,但是由于当时考古资料的缺乏,其中有两个问题没有解决,一是"荆蛮"为何种民族?居地在哪里?二是太伯、仲雍所建之国既然是在陇县吴山一带,那么后来吴国为什么是在东南的江苏省境内?

1974—1975 年,宝鸡市博物馆发掘了宝鸡市区茹家庄弓鱼伯墓及其妻井(邢)姬墓。1980 年发掘了宝鸡市竹园沟弓鱼季墓及其氏族墓地。1981 年又发掘了宝鸡市区纸坊头弓鱼伯墓④。

笔者从七十年代末开始研究弓鱼氏的族属,发现弓鱼氏固有的文化是巴蜀文化,而且茹家庄车马坑出土的三件铜车辕饰,铸有"文身断发"人的形象。《史记·吴太伯世家》说:"太伯之奔荆蛮,文身断发,自号句吴,荆蛮义之,而归之者千余家。"这使我认识到弓鱼氏可能与"荆蛮"有关。

当时读到刘和惠先生《荆蛮考》一文,他指出:"句吴,过去多释为地名,这是不正确的。……句吴为族号,在考古资料中也得到论证,出土和传世吴器中的工𠨞、攻敔铭文,即是文献中所说的句吴(句音勾)。"他还指出:古代南方多用复音语,所以吴国读其族名为工𠨞和攻敔,而北方多用单音语,读为吴。这使我深受启发,因此悟出"弓鱼"字应当按南方古代的复音语读为弓鱼。

王国维先生指出:"工𠨞亦即攻吴,皆句吴之异文,古音工在东部,句在侯部,二部之字阴阳对转,故句吴亦读攻吴。"⑤ 童书业先生说:"春秋吴国的铜器铭文中,吴人自称的国名很不一致,有称'攻吴'的(攻吴王夫差鉴),有称'攻敔'的(攻敔王光剑),也有称'工𠨞'的(者减钟),'攻吴''攻敔''工𠨞'该即是一名之变,亦即古书中所谓'句吴'。"⑥ 陈直先生在《史记新证》中说:"勾吴亦作攻吴。《左》宣

---

① 何天行:《仲雍之国——释吴》,《吴越文化论丛》,江苏研究社 1937 刊印。转引自江苏省文化研究会编印《吴文化资料选辑》第二辑,1974 年 10 月。
② 蒙文通:《周秦少数民族研究》,龙门书局 1958 年版。
③ 顾颉刚:《史林杂识·四岳与五岳》,中华书局 1963 年版。
④ 宝鸡市博物馆:《宝鸡国墓地》,文物出版社 1980 年版。
⑤ 王国维:《攻吴王夫差鉴跋》,原文载《学衡》,1925 年 11 月总第 47 期。转引自江苏省文化研究会编印《吴文化资料选集》第二辑,1974 年 10 月。
⑥ 童书业:《释"攻吴"与禹邗》,原文载《文物周刊》,1947 年 11 月总第 98 期。转引自江苏省文化研究会编印《吴文化资料选集》第二辑,1974 年 10 月。

八年传疏作工吴，工与攻古字通用。战国陶器中，工人名皆作攻某可证。而金文中国皆作攻吴，无作勾吴者。如攻吴王夫差鉴，攻敔王光剑，攻吴王元启剑，皆其显例。盖勾攻二字，为一声之转。"

以上诸位先生的论述，使我悟出春秋时代金文中吴国诸王自称的国名、族名工虞、工獻、攻吴、攻敔等，都是沿袭太伯奔吴自称的"句吴"，也就是弓鱼。工、攻与弓音同字通，虞、獻、吴、敔与鱼音同字通。吴国诸王自称的国名、族名，都是彊的同音假借字，而文献中的"句吴"，是"荆蛮"的国族名，为弓鱼的一声之转。

研究表明，"荆蛮"是指居住在荆山地区的巴族廪君蛮，商代溯汉水北上，迁徙至汉中洋县、城固县一带。后来西北大学考古专业人员在城固县宝山遗址的发掘，证实了彊国族的文化是商代的巴文化①。太伯、仲雍奔"荆蛮"就是投奔了当时在洋县、城固县一带的彊族，但是他们所建的虞国是在陇县境内，史称西虞、西吴。武王灭商以后，由于巴人彊族参加武王伐商有功，武王封其君在宗周畿内的宝鸡市区为采邑主，称彊伯。武王又追封太伯、仲雍的四世孙周章为诸侯，封周章之弟虞仲于山西的故夏墟为诸侯，史称北虞、北吴。根据1954年江苏丹徒出土的宜侯矢簋铭文记载，西周康王时，太伯、仲雍的五世孙西虞之君熊遂，被改封到江苏省丹徒一带的宜地为宜侯，春秋时南迁都于苏州，史称东吴。

笔者还指出：太伯、仲雍奔"荆蛮"，在陕西陇县古代的矢地内建立虞国，其宗室遂以居地为氏称矢氏族。宜侯矢簋铭文中，西虞之君熊遂在改封以前康王称其为"虞侯矢"，即虞侯矢氏，也可简称为"虞矢"。康王册命虞侯矢改封为宜侯后，称其为宜侯矢，即宜侯矢氏，也可简称为"宜矢"。河南襄县出土的金文中北虞、北吴自称为"夏矢"，表示是故夏虚的矢氏。春秋时期"宜矢"南迁苏州后，因为"矢"字古代的读音为"吴"，所以后世以其氏名的读音称其国号为"吴"，但是吴国诸王仍沿袭太伯奔吴自称的族名彊，称为工虞王、工獻王、攻吴王、攻敔王②。

五、西周分封诸侯研究

《周本纪》说："武王追思先圣王，乃褒封神农之后于焦，黄帝之后于祝，帝尧之后于蓟，帝舜之后于陈，大禹之后于杞。于是封功臣谋士，而师尚父为首封。封尚父于营丘，曰齐。封弟周公旦于曲阜，曰鲁。封召公奭于燕。封弟叔鲜于管，弟叔度于蔡。余各以次受封。"

晁福林指出："大致而言，武王时期的'分封'，只是夏商时代以来传统的分封现

---

① 西北大学文博学院：《城固宝山》，文物出版社2002年版。
② 尹盛平：《西周的国与太伯、仲雍奔"荆蛮"》《西周氏的族属及其相关问题》《再论西周的国与吴太伯、仲雍奔"荆蛮"》，《周文化考古研究论集》，文物出版社2012年版。

象的继续；周公东征以后大规模的封邦建国才是周代分封制的真正开始。"① 笔者也认为："周武王封诸侯，只是名义上的追认，目的是安抚天下先代之后。"例如《史记·吴太伯世家》说："求太伯、仲雍之后得周章。周章已君吴，因而封之。"这种分封，只是名义上的追认而已。武王封功臣谋士，是为他们封"采邑"，不是分封他们为诸侯。例如封周公、召公、太公（师尚父），是为他们封"采邑"，都封在宗周王畿之内。②

西周真正意义上的分封，是在周公东征以后。例如齐国的分封，《汉书·地理志》说："周成王时，薄姑氏与四国共作乱，成王灭之，以封师尚父，是为太公。"唐兰先生说："前人误信《史记·周本纪》，说武王克殷后，'封功臣谋士而师尚父为首封，封尚父营丘曰齐'，因而把《书序》'迁其君于薄姑'解释为把奄君迁至齐地，并说《汉书·地理志》是错了。不知《史记》这一段所封齐、鲁、燕三国都是错的。成王没有践奄，如何能封周公于鲁，武王根本没有讨伐到殷以北，如何能封召公于燕。这三国实际都是周公东征以后封的。"③ 此说甚是。《诗·鲁颂·閟宫》云："王曰叔父，建尔元子，俾侯于鲁，大启尔宇，为周室辅。"诗中"王"是周成王，所以称周公为叔父，"元子"是指周公长子伯禽，证明鲁国是成王分封的，而不是武王分封的。北京琉璃河193号大墓出土的克罍、克盉铭文说："王曰：'太保，惟乃明（盟）乃鬯，享于乃辟。余大对乃享，令（命）克侯于匽（燕）。'"铭文中"王"是成王，"太保"是召公奭，"克"是太保召公的长子，证明燕国也是成王分封的，而不是武王所封。

除齐、鲁、燕三国以外，蔡国也是成王改封的。《史记·管蔡世家》说："周公旦承成王命伐诛武庚，杀管叔，而放蔡叔，迁之，与车十乘，徒七十人从。……蔡叔度既迁而死，其子曰胡，胡乃改行，率德训善。周公闻之，而举胡以为鲁卿士，鲁国治。于是周公言于成王，复封胡于蔡，以奉蔡叔之祀，是为蔡仲。"《集解》引宋忠曰："胡徙居新蔡。"新蔡县在蔡叔度所迁之上蔡县东南不足百公里。江永《春秋地理考实》说："今按康叔始食采于康，后徙封卫。"据此，管、蔡、卫等原本都是采邑，后来成王改封为诸侯国。总之武王封功臣谋士，是为其建立"采邑"，成王的分封，才是建立周王畿以外的诸侯国，所以墙盘铭文对成王的颂词是："用肇彻周邦。"《诗经·大雅·崧高》云"彻申伯土田"，毛传："彻，治也。"郑笺："治者，正其井牧，定其赋税。""用肇彻周邦"，是指成王开始对周王朝的土地进行治理。成王治理土地的办法就

---

① 晁福林：《试论西周分封制的若干问题》，《西周史论文集》，陕西人民教育出版社1992年版。

② 尹盛平：《西周史征》第二章第一节《武王灭商与成康分封诸侯》，陕西师范大学出版社2004年版。

③ 唐兰：《西周青铜器铭文分代史征》，中华书局1986年版。

是分封诸侯，向外殖民，将新占领的土地分而治之。康王时继续执行成王的政策，分封和改封诸侯，所以墙盘铭文对康王的颂词是"遂尹亿疆"。

关于《周本纪》研究的进展与成果，除上述以外，西周金文的出土，还证实了不少史实。例如：利簋铭文证实武王灭商的"牧野之战"，是在甲子日早晨开始，当时岁星在天空正中央，到了晚上就占领了商都（殷）；例如犅刧尊、禽簋、䢔方鼎等铭文，印证了成王东征践奄的史实；再例如：墙盘、逨盘铭文证明昭王南征荆楚而不返是真实的史实；墙盘、逨盘铭文证实西周文、武、成、康、昭、穆、共、懿、孝、夷、厉、宣、幽十三王的世次是正确的。还有一些西周铜器铭文，补充了文献关于史实的缺载。例如小臣𫵷簋、鲁侯簋、旅鼎等铭文记载了昭王早期征伐东夷叛乱的史实；再例如臣谏簋、师旅簋、吕行壶等铭文记载的穆王初期征伐北戎、方雷的战争，都是文献中缺载的史实。总之，《史记·周本纪》的研究取得了多方面的成果和进展。

尹盛平
2017 年 8 月于西安

引用文献及资料

(按姓氏笔画及朝代先后排序)

书　籍

三画

[宋] 马端临. 文献通考 [M]. 北京：中华书局，1986.

[明] 马维铭. 史书纂略 [M]. 1868 年学识斋复刻本.

[清] 马骕撰，刘晓东等点校. 绎史 [M]. 济南：齐鲁书社，2001.

马持盈. 史记今注 [M]. 台北：商务印书馆，1983.

四画

[汉] 王充著，张宗祥校注，郑绍昌标点. 论衡校注 [M]. 上海：上海古籍出版社，2010.

[宋] 王钦若等编纂，周勋初等校订. 册府元龟 [M]. 南京：凤凰出版集团，2006.

[宋] 王益之. 西汉年纪 [M]. 郑州：中州古籍出版社，1993，

[宋] 王应麟. 通鉴答问 [M]. 北京：北京图书馆出版社，2006.

[宋] 王应麟撰，傅林祥点校. 通鉴地理通释 [M]. 北京：中华书局，2013.

[金] 王若虚. 滹南遗老集 [M]. 北京：人民文学出版社，1983.

[元] 方回. 续古今考 [M]. 上海：上海古籍出版社，1992.

[明] 王在晋. 历代山陵考 [M]. 北京：中华书局，1991.

[明] 仇俊卿. 通史它石 [M]. 北京：中华书局，1985.

[明] 王圻. 稗史汇编 [M]. 北京：北京出版社，1993.

[明] 王圻. 谥法通考 [M]. 文渊阁四库全书本.

[清] 王夫之. 读通鉴论 [M]. 北京：中华书局，1975.

[清] 方苞. 史记注补正 [M]. 北京：中华书局，1991.

[清] 王引之. 经义述闻 [M]. 南京：江苏古籍出版社，1985.

［清］王先谦. 汉书补注［M］. 北京：中华书局，1983.

［清］王先谦. 荀子集解［M］. 北京：中华书局，2013.

［清］王鸣盛. 十七史商榷［M］. 上海：上海古籍出版社，2013.

［清］王念孙. 读书杂志［M］. 南京：江苏古籍出版社，1985.

［清］王筠. 史记校［M］. 台北：商务印书馆，1983.

［清］牛运震. 空山堂史记评注［M］. 北京：中华书局，2012.

［清］牛运震. 读史纠谬［M］. 济南：齐鲁书社，1989.

王骏图撰、王骏观续. 史记旧注平义［M］. 台北：正中书局，1936.

王恢. 史记本纪地理图考［M］. 台北：国立编译馆，1990.

王利器. 新语校注［M］. 北京：中华书局，2012.

王伯祥. 史记选［M］. 北京：人民文学出版社，1982.

王叔岷. 史记斠记［M］. 北京：中华书局，2007.

五画

［汉］司马迁撰，［南朝宋］裴骃集解，［唐］司马贞索隐，［唐］张守节正义. 史记［M］. 北京：中华书局，1959.

［汉］司马迁撰，［南朝宋］裴骃集解，［唐］司马贞索隐，［唐］张守节正义. 史记（点校本二十四史修订本）［M］. 北京：中华书局，2014.

［宋］司马光编著，［元］胡三省音注. 资治通鉴［M］. 北京：中华书局，2013.

［宋］叶适. 习学记言［M］. 北京：中华书局，1977.

［明］丘濬著，朱逸辉编. 世史正纲［M］. 海口：海南出版社，2005.

［明］冯梦龙. 纲鉴统一［M］. 上海：上海古籍出版社，1993.

［明］归有光. 归震川全集［M］. 北京：国学整理社，1936.

［清］卢文弨撰，杨晓春点校. 读史札记［M］. 北京：中华书局，2010.

丘述尧. 史记新探［M］. 台北：成文出版社，1992.

白寿彝. 史记新论［M］. 北京：求实出版社，1981.

六画

［汉］扬雄. 法言［M］. 北京：中华书局，1985.

［汉］刘安. 淮南子［M］. 开封：河南大学出版社，2010.

［汉］刘向. 列女传［M］. 哈尔滨：哈尔滨出版社，2009.

［汉］刘向. 说苑［M］. 北京：中国文史出版社，1999.

［唐］刘知幾. 史通［M］. 上海：上海古籍出版社，2009.

［宋］江贽. 少微通鉴节要［M］. 济南：齐鲁书社，1996.

［明］朱之蕃等汇辑，百大家评注史记［M］. 1919年上海图书馆刊印.

［清］孙琮. 山晓阁史记选［M］. 清康熙三年刊本.

［清］齐召南. 历代帝王年表［M］. 北京：中华书局，1989.

［清］毕沅. 中州金石记［M］. 北京：商务印书馆，1985.

［清］毕沅撰，张沛校点. 关中胜迹图志［M］. 西安：三秦出版社，2004.

［清］过商侯选编，周郁年标点，朱太忙校阅. 古文评注读本［M］. 北京：广益书局，1936.

［清］朱孔阳. 历代陵寝备考［M］. 扬州：广陵书籍刻印社，1990.

［清］刘沅. 史存［M］. 成都：巴蜀书社，2006.

［清］刘咸炘. 太史公书知意［M］. 上海：上海科学技术文献出版社，2008.

［清］孙德谦. 古书读法略例［M］. 上海：上海书店出版社，1983.

曲英杰. 先秦都城复原研究［M］. 哈尔滨：黑龙江人民出版社，1991.

吕思勉. 论学集林［M］. 上海：上海古籍出版社，1987.

刘坦. 史记纪年考［M］. 上海商务印书馆1937年石印本.

刘体智. 辟园史学四种［M］. 台北：中新书局，1977.

齐思和. 中国史探研［M］. 北京：中华书局，1981.

七画

［汉］应劭. 风俗通［M］. 北京：中华书局，1981.

［唐］杜佑撰，王文锦等点校. 通典［M］. 北京：中华书局，1992.

［唐］李吉甫. 元和郡县图志［M］. 北京：中华书局，1983.

［宋］陆唐老. 陆状元通鉴［M］. 济南：齐鲁书社，1996.

［宋］李昉等编. 太平御览［M］. 北京：中华书局，1960.

［宋］苏轼. 苏轼文集［M］. 北京：中国文史出版社，1999.

［明］杨一奇辑，［明］陈简补辑. 史谈补［M］. 济南：齐鲁书社，1996.

［明］吴崇节. 古史要评［M］. 济南：齐鲁书社，1996.

［明］张应泰. 史疑［M］. 北京：中华书局，1991.

［明］李笠. 史记订补［M］. 长沙：岳麓书社，1994.

［明］李贽. 藏书［M］. 北京：中华书局，1984.

［明］李贽. 史评纲要［M］. 北京：中华书局，1974.

［明］陈允锡. 史纬［M］. 济南：齐鲁书社，1996.

［明］陈子龙、徐孚远撰. 史记测议［M］. 北京：中华书局，1962年《明经世文

编》影印本.

［明］陈士元. 孟子杂记［M］. 北京：中华书局，1985.

［清］李景星. 四史评议［M］. 长沙：岳麓书社，1986.

［清］吴汝纶. 桐城吴先生点勘史记读本［M］. 北京：都门书局，1919.

［清］吴国泰. 史记解诂［M］. 成都：巴蜀书社，2006.

［清］吴非. 楚汉帝月表［M］. 北京：中华书局，1986.

［清］吴见思. 史记论文［M］. 长春：东北师范大学出版社，1986.

［清］李景星. 史记评议［M］. 上海：上海古籍出版社，2008.

［清］汪之昌. 青学斋集［M］. 北京：中国书店出版社，1981.

［清］张文虎. 校刊史记集解索隐正义札记［M］. 北京：中华书局，1977.

［清］张照等撰. 钦定史记［M］. 北京：国家图书馆出版社，2009.

［清］邵泰衢. 史记疑问［M］. 台北：商务印书馆，1983.

杨家骆. 史记今释［M］. 台北：正中书局，1977.

杨伯峻. 春秋左传注［M］. 北京：中华书局，1981.

陈梦家. 殷墟卜辞综述［M］. 北京：科学出版社，1991.

陈直. 史记新证［M］. 北京：中华书局，2006.

陈直. 汉书新证［M］. 北京：中华书局. 2008.

吴汝煜. 史记论稿［M］. 南京：江苏教育出版社，1986.

张家英. 《史记》十二本纪疑诂［M］. 哈尔滨：黑龙江教育出版社，1997.

张大可. 史记全本新注［M］. 西安：三秦出版社，1990.

陈致. 当代西方汉学研究集萃上古卷［M］. 上海：上海古籍出版社，2016.

陈蒲清. 史记注译周本纪［M］. 西安：三秦出版社，1988.

李仲操. 西周年代［M］. 北京：文物出版社，1991.

八画

［宋］林駉. 古今源流至论［M］. 上海：上海古籍出版社，1992.

［宋］罗大经. 鹤林玉露［M］. 上海：上海古籍出版社，2012.

［明］茅坤辑. 史记钞［M］. 文渊阁四库全书本.

郑权中. 史记选讲［M］. 北京：中国青年出版社，1980.

［日］泷川资言. 史记会注考证［M］. 上海：上海古籍出版社，2015.

［日］泷川资言考证，［日］小泽利忠校补. 史记会注考证附校补［M］. 上海：上海古籍出版社，1985.

［美］帕克. 匈奴史［M］. 太原：山西人民出版社，2015.

九画

［宋］洪迈. 容斋随笔［M］. 上海：上海古籍出版社，2015.

［明］胡应麟. 少室山房笔丛［M］. 上海：上海书店出版社，2009.

［明］郝敬. 批点史记琐琐［M］. 文渊阁四库全书本.

［清］赵翼. 陔余丛考［M］. 上海：上海古籍出版社，2011.

［清］赵翼. 廿二史札记［M］. 北京：商务印书馆，1987.

［清］段玉裁. 说文解字注［M］. 上海：上海古籍出版社，1988.

［清］俞樾. 春在堂全书［M］. 北京：中华书局，1995.

［清］俞樾. 茶香室续钞［M］. 北京：中华书局，1995.

［清］恽敬. 大云山房文稿［M］. 北京：商务印书馆，1936.

［清］洪颐煊. 读书丛录［M］. 上海：上海古籍出版社，1996.

［清］姚苎田选评. 史记菁华录［M］. 北京：中华书局，2010.

闻一多. 神话与诗［M］. 天津：天津古籍出版社，2008.

荣孟源. 历史笔记［M］. 北京：中国社会科学出版社，1983.

赵光贤. 周代社会辨析［M］. 北京：人民出版社，1980.

十画

［明］唐汝询. 顾氏诗史［M］. 济南：齐鲁书社，1996.

［明］袁黄、王世贞. 纲鉴合编［M］. 北京：中国书店出版社，1985.

［明］凌稚隆辑校，［明］李光缙增补，于亦时整理. 史记评林［M］. 天津：天津古籍出版社.

［清］顾炎武著，［清］黄汝成集释，栾保群、吕宗力校点. 日知录集释［M］. 上海：上海古籍出版社，2006.

［清］钱谦益著，［清］钱曾笺注，钱仲联校. 牧斋初学集［M］. 上海：上海古籍出版社，1985.

［清］夏之蓉. 读史提要录［M］. 北京：北京出版社，2000.

［清］钱大昕. 十驾斋养新录［M］. 南京：江苏古籍出版社，2000.

［清］钱大昕. 三史拾遗［M］. 上海：上海古籍出版社，1996.

［清］钱大昕著，方诗铭、周殿杰校点. 廿二史考异［M］. 上海：上海古籍出版社，2004.

［清］徐文靖. 竹书纪年统笺［M］. 上海：上海图书集成局，1879.

［清］浦起龙撰，王煕华整理. 史通通释［M］. 上海：上海古籍出版社，2009.

［清］唐德宜. 古文翼［M］. 清光绪二十七年石印本.

［清］郭嵩焘. 史记札记［M］. 北京：商务印书馆，1957.

顾颉刚. 顾颉刚古史论文集［M］. 北京：中华书局，2010.

钱锺书. 管锥编［M］. 北京：中华书局，1979.

徐中舒. 先秦史论稿［M］. 成都：巴蜀书社，1992.

钱穆. 史记地名考［M］. 北京：九州出版社，2011.

高锐. 中国上古军事史.［M］. 北京：军事科学出版社，1995.

十一画

［宋］章衡. 编年通载［M］. 上海：上海古籍出版社，1996.

［清］崔述. 丰镐考信别录［M］. 上海：商务印书馆，1937.

［清］崔述. 崔东壁先生遗书［M］. 北京：北京图书馆出版社，2007.

［清］阎若璩. 潜邱札记［M］. 台北：商务印书馆，1983.

［清］梁玉绳. 汉书人表考［M］. 上海：商务印书馆，1936.

［清］梁玉绳撰，贺次君点校. 史记志疑［M］. 北京：中华书局，1981.

梁友尧等编著. 中国史问题讨论及其观点［M］. 太原：山西人民出版社，1984.

十二画

［宋］程大昌. 雍录［M］. 北京：商务印书馆，2002.

［宋］程大昌撰，刘尚荣校注. 考古编［M］. 北京：中华书局，2008.

韩兆琦. 史记博议［M］. 北京：文津出版社，1995.

韩兆琦. 史记题评［M］. 西安：陕西人民出版社，2000.

程馀庆. 历代名家评注史记集说［M］. 西安：三秦出版社，2011.

十三画

解惠全、张德萍. 全译史记［M］. 西安：三秦出版社，2007.

十五画

［清］潘永秀. 读史记札记［M］.《昭代丛书》丁集补本.

［清］潘永圜. 读史津逮［M］. 济南：齐鲁书社，1996.

十七画

［宋］魏了翁. 古今考［M］. 台北：学生书局，1971.

［清］戴震. 戴东原集［M］. 成都：四川人民出版社，1957.

十八画

瞿方梅. 史记三家注补正［M］. 台北：广文书局，1973.

期　刊

于省吾.《诗》"履帝武敏"歆解［J］. 中华文史论丛，第6辑.

于薇.《史记·周本纪》"不显示不宾灭"考［J］. 中山大学学报（社会科学版），2011（6）.

史念海. 秦县考［J］. 禹贡，第7卷第6、7合期.

李裕民. 周武王年寿考［J］. 文史，第25辑.

陈铁民. 史记校点正误一例［J］. 文史，第11辑.

唐兰. 关于夏鼎［J］. 文史，第7辑.

颜克述. 王若虚《史记辨惑》质疑（上）［J］. 中国历史文献研究集刊，第2集.